Julius Rosenbaum

Geschichte der Lustseuche im Altertum

REPRINT – VERLAG
LEIPZIG

Die zum Teil geminderte Druckqualität ist auf den
Erhaltungszustand der Originalvorlage zurückzuführen

Volker Hennig, Goseberg 22-24, 37603 Holzminden
ISBN 3-8262-1809-4

Reprint der Originalausgabe von 1904
nach dem Exemplar des Verlagsarchives

Lektorat: Andreas Bäslack, Leipzig
Einbandgestaltung: Jens Röblitz, Leipzig
Gesamtfertigung: Sebald Sachsendruck Plauen

Geschichte

der

Lustseuche

im

Altertume

nebst

ausführlichen Untersuchungen über den Venus- und Phalluskultus, Bordelle, *Νοῦσος ϑήλεια* der Skythen, Paederastie und andere geschlechtliche Ausschweifungen der Alten

als

Beiträge zur richtigen Erklärung ihrer Schriften

dargestellt

von

Dr. Julius Rosenbaum.

Siebente, revidierte und mit einem Anhange vermehrte Auflage.

Berlin W. 30

Verlag von H. Barsdorf

1904.

Vorrede zur 1. Auflage.

Als ich vor nunmehr sechs Jahren, während meines Aufenthaltes zu Berlin, behufs einer geschichtlichen Darstellung der Frieselfieberepidemien, ein näheres Studium der Volkskrankheiten des XV. und XVI. Jahrhunderts begann, mußte ich notwendig auch auf die in jenem Zeitraume so gewaltig in das physische, wie moralische Leben der Völker eingreifende Lustseuche mein Augenmerk richten und, gewohnt, die Geschichte nicht als ein gleichsam mechanisches Aggregat von Tatsachen zu betrachten, drängte sich mir auch bald die Wahrnehmung auf, daß die damalige Lustseuche nur aus einer sorgfältigen Prüfung der epidemischen Krankheitsverhältnisse jener Zeit zu begreifen sei und daß ich daher vor allem von der fast allgemein herrschenden Ansicht, jene furchtbare Geißel der Menschheit gleichsam als einen Idioten zu betrachten, abstrahieren müsse. Einmal angeregt gewann ich, bei fortgesetzter Beschäftigung mit dem Gegenstande, das überraschende Resultat, daß die Lustseuche des XV. Jahrhunderts ihren furchtbaren Charakter einzig und allein dem damaligen exanthematisch-typhösen *Genius epidemicus* verdanke, welcher sich im Süden Europas durch Petechialfieber, im Norden durch den *Sudor anglicus* zu erkennen gab, und daß die Krankheit keine epidemische, wohl aber eine unter epidemischem Einfluß stehende sei, mithin vor dem Eintritt jenes *Genius epidemicus* bereits vorhanden gewesen sein müsse. Zeit und Verhältnisse zwangen mich bei diesem allgemeinen Resultate vorläufig stehen zu bleiben und erst nachdem ich in Halle einen festen Wohnsitz genommen, konnte ich die früheren Untersuchungen wieder aufnehmen, welche jedoch abermals unterbrochen wurden, teils durch die Bearbeitung der Hautkrankheiten für das vom Herrn Professor Blasius herausgegebene Handwörterbuch der Chirurgie, teils durch meine Habilitation an der hiesigen Universität, wozu ich nach dem unerwarteten Tode des Dr. Baumgarten Crusius mehrfach aufgefordert worden war. Endlich gelang es mir, dem indes nie ganz aus den Augen gelassenen Gegenstande den größeren Teil meiner Mußestunden zuwenden zu können. Ich begann das sich bedeutend angehäufte Material zu sichten und zu ordnen, überzeugte mich aber bald, daß ich bei der Bearbeitung einen anderen als den bisher befolgten Weg einzuschlagen hatte, wenn ich auch im einzelnen zu bestimmten Resultaten gelangen wollte, und daß es unmöglich sein würde, die ganze

Darstellung in einem einzigen, mäßigen Bande zu beendigen. Dies hatte zur Folge, daß ich zunächst mich auf die Untersuchung: ob im Altertume die Lustseuche vorhanden gewesen oder nicht? beschränkte, und diese Untersuchung ist es, welche ich als ersten Teil der Geschichte der Lustseuche jetzt der Öffentlichkeit übergebe. Über den bei der Bearbeitung befolgten Plan, wird die Einleitung hinreichenden Aufschluß geben, und die Lektüre der Schrift zeigen, in welchem Verhältnis meine Untersuchungen zu denen meiner Vorgänger stehen, zugleich aber auch dartun, in wie weit diese selbst von mir benutzt wurden und werden konnten. Daß die ganze Darstellung mehr das Ansehen einer kritischen gewinnen mußte, lag in der Natur der Sache, da es sich ja nicht allein um die Geschichte der Krankheit, sondern auch um die Prüfung einer nicht geringen Zahl von bereits aufgestellten Ansichten und Meinungen handelte. Zu beurteilen, wie diese Prüfungen unternommen wurden, ist zwar Sache des Lesers, indessen glaube ich mir selbst das Zeugnis geben zu können, daß es stets nur die Sache, niemals die Person war, welche ich der Kritik unterwarf. Weniger darauf bedacht, glänzende Resultate zu gewinnen, und den Mangel an Tatsachen durch schimmernde Hypothesen zu verdecken, lag mir vielmehr alles daran, der Wahrheit so nahe als möglich zu kommen und ich zog es vor, lieber meine Unwissenheit zu bekennen, wenn mich die mir zu Gebote stehenden Hilfsmittel und Quellen verließen, als Behauptungen aufzustellen, deren Ungrund eine nüchterne Kritik nur zu bald nachzuweisen imstande ist. „Mir selbst legte ich das Gesetz auf, niemand auf sein Wort zu glauben; nur aus Urschriften zu lernen; jede Stelle mit eigenen Augen anzusehen; sie in ihrem Zusammenhange zu lesen; die einfältige Wahrnehmung aus dem Wuste der Hypothesen auszuheben, und nur das, was ich aus der Quelle selbst herleiten konnte, und was die Wahrnehmung klärlich besagte, allein für richtig zu achten, unbekümmert, wie es zu jeder beliebten Theorie passen, und wie das geweihte Ansehen irgend eines Mannes dabei stehen oder dabei fallen möchte. Warum soll man aber auch große Männer unfehlbar achten? warum sie nicht ehren können, und doch ihrer Meinung nicht sein dürfen? — Dieselbe Treue in Darlegung der Sache und der Beweise davon, war ich aber auch meinem Leser schuldig. Da ich selbst nicht glauben, sondern prüfen und sehen wollte: so mußte ich auch den Glauben meinem Leser nicht anmuten, und ihm die Belege und die Urkunden also mitteilen, aus denen ich geschöpft hatte. Hier war es aber mit bloßem Citieren der Bücher nicht getan, — sondern ich mußte die Erweise vor Augen legen." Diese Worte Henslers waren meine Richtschnur und wenn ich im dritten Abschnitt davon abgewichen bin, so geschah es nur, weil der größere Teil jener Stellen bereits mehrfach von meinen Vorgängern mitgeteilt ist und ich fürchten mußte, die Stärke und somit auch die Kosten des Buches auf eine für den Leser nutzlose Weise zu vergrößern. Wohl weiß ich, daß diese Art zu arbeiten nicht gerade dem Geschmacke der Gegenwart entspricht; leid sollte es mir aber tun, wenn man darin bloß einen eitlen Citatenluxus finden wollte; dennoch will ich lieber den Vorwurf der Pedanterie für den der Leichtfertigkeit eintauschen. Mit den Schwierigkeiten, welche sich mir bei den einzelnen Untersuchungen entgegenstellten, mag ich den Leser nicht weiter unterhalten, da sie jedem, welcher sich mit ähnlichen Forschungen beschäftigte, hinreichend bekannt sind; nur daran zu erinnern möge mir erlaubt sein, daß die Zusammenfügung einer so bedeutenden Anzahl von zerstreuten Angaben, welche ich bei dem fast gänzlichen Mangel an Vorarbeiten, dem größern Teil nach durch eigne Lektüre der verschiedensten Schriftsteller erst zu sammeln hatte, eine Gleichmäßigkeit in der Darstellung um so schwieriger machen mußte, als mehr als einmal das Auffinden einer einzigen Stelle mich zwang einen nicht geringen Teil des Manuskripts, oft so gar noch kurz vor dem Drucke, von neuem umzuarbeiten. Aus demselben Grunde wird der geneigte Leser auch entschuldigen, wenn hier und da eine spätere Anmerkung eine Ergänzung und teilweise Berichtigung des früher Gesagten enthält, was noch weit häufiger stattgefunden haben würde, wenn ich nicht hätte fürchten müssen, das Material zu sehr zu zerstreuen. Denn es würde mir schon jetzt leicht werden, eine Menge, die Richtigkeit des bereits Mitgeteilten freilich nur bestätigender Belege anhangsweise beizufügen, welche ich der fortgesetzten Lektüre der Alten verdanke. Da indessen eine absolute Vollständigkeit für den Einzelnen zu erreichen unmöglich ist, und ich hoffen darf, daß meine hiermit ausgesprochene bescheidene Bitte, besonders bei den Altertumsforschern von Fach, mich mit passenden Beiträgen und Bemerkungen, sei es öffentlich oder privatim, zu erfreuen, nicht ganz erfolglos bleiben werde, so läßt sich späterhin vielleicht ein zweckmäßigerer Gebrauch davon machen, wenn der Anteil, welchen das gelehrte Publikum dem Unternehmen schenkt, der Art ist, daß eine Umarbeitung des Ganzen erforderlich wird. Die Notwendigkeit, jene Bitte um Unterstützung von Seiten der Altertumsforscher auszusprechen, ist es auch besonders, welche mich veranlaßte, diesen ersten Teil ihrer besonderen Berücksichtigung selbst auf dem Titel anzuempfehlen, und es soll mich freuen, wenn die hier und da eingeflochtenen Versuche, eine bessere Einsicht in die Reliquien des Altertums zu gewinnen, falls sie ihre Billigung finden, Veranlassung werden, dem Arzte bei seinem Studium der menschlichen Schwächen die Hände zu bieten. Es handelt sich ja um nichts geringeres als um die klare Einsicht in die Natur und Entstehungsweise eines das Mark der Völker zerstörenden Krankheitsprozesses, ohne welche der Arzt nicht imstande ist eine gründliche Heilung im einzelnen wie im ganzen zu erzielen, und bei keiner Krankheit ist es klarer, wie die Dunkelheit der Geschichte die Dunkelheit der Heilung bedingt, als grade bei der Lustseuche. Gelingt es nur erst mit unumstößlicher Gewißheit zu beweisen, daß die Alten von diesem *morbus mundanus* eben so gut wie die Neuern heimgesucht wurden, so werden nicht nur achtbare Nationen von dem Vorwurf einer schändenden Vaterschaft befreit, sondern die Ärzte auch mit Gewalt gezwungen, die zeitweilige Unzuverlässigkeit der sogenannten *Specifica* nicht in dieser selbst, sondern in den Veränderungen zu suchen, welche die Krankheit durch äußere Einflüsse erlitt, und sie werden dann auch finden, daß die jetzt so sehr gerühmte nichtmerkurielle Behandlung, weit entfernt das bloße Produkt der Mode zu sein, vielmehr eine unmittelbare Folge der Umänderung des allgemeinen Krankheitsgenius war, welche sich jetzt bereits wieder nach und nach zu verlieren scheint. Die Gründe für diese Behauptung habe ich meinen Zuhörern bereits mehrmals in den wiederholten Vorträgen über die Lustseuche entwickelt, und ich werde sie in dem nach denselben Grundsätzen wie der erste bearbeiteten zweiten Teile meiner Geschichte der Lustseuche ausführlich mitteilen. Ob und wann ich denselben aber der Öffentlichkeit übergebe, wird nicht nur von der Aufnahme des vorliegenden Bandes, sondern auch davon abhängen, ob mir günstigere Außenverhältnisse einerseits diejenige Muße verschaffen, welche zu geschichtlichen Forschungen der Art unumgänglich notwendig ist, andererseits aber auch einen vollständigern literarischen Apparat zu Gebote stellen, als es bis jetzt der Fall war. Gibt es für geschichtlich medizinische Studien überhaupt kaum einen ungünstigern*) Ort als Halle, so gilt dies noch ganz besonders in Betreff der epidemischen Krankheiten, und was die Lustseuche anlangt, so besteht der literarische Reichtum unserer Universitätsbibliothek etwa in zehn bis zwölf Schriften, von denen die Hälfte beinahe ganz wertlos ist. Obgleich ich selbst nun keine Kosten gescheut, mich in Besitz der literarischen Hilfsmittel zu setzen, und meine Sammlungen, besonders im Fache der Epidemien kaum denen irgend eines Privatmannes etwas nachgeben dürften, so sind sie doch noch mehr als unzureichend, da so vieles, namentlich aus den früheren Jahrhunderten sich gar nicht mehr auf dem Wege des Kaufes herbeischaffen läßt. Aber mit dem Besitz des bereits Vorhandenen ist die Sache noch keineswegs abgetan. Ich bedarf noch einer nicht geringen Menge von Tatsachen, welche nur die Resultate der Beobachtungen in der neueren Zeit sein können. Deshalb möge es mir erlaubt sein, mich an meine älteren Berufsgenossen, besonders aber an die verschiedenen medizinischen Vereine und Gesellschaften des In- und Auslandes mit der Bitte zu wenden, mir auf direktem oder indirektem Wege zu dem Besitz jener Tatsachen zu verhelfen. Es sind dies besonders solche, welche den Einfluß des *Genius epidemicus* auf die verschiedenen Formen der Lustseuche betreffen, und vor allem liegt es mir daran zu erfahren, welchen Einfluß der Typhus in den ersten fünfzehn Jahren unseres Jahrhunderts, namentlich seit 1811 in den verschiedenen Ländern gezeitigt hat. Daß ein solcher Einfluß, und zwar ein verderblicher, statt-

*) Man würde sehr irren, wenn man aus dem Umstande, daß Sprengel hier seine Geschichte schrieb, das Gegenteil folgern wollte. Den größten Teil der von ihm angeführten Schriften sucht man hier vergebens. Es ist nur zu klar, daß die früheren Verwaltungen, namentlich der als Literarhistoriker so berühmte Ersch, das medizinische Fach fast ganz unberücksichtigt gelassen haben, und welche Lücken die jetzige Verwaltuug auszufüllen hat, davon geben die jährlich erscheinenden Acquisitionsverzeichnisse hinreichendes Zeugnis.

gefunden hat, dafür sprechen nicht nur die S. 364 angeführten Schriftsteller, sondern auch die Angaben des genialen Sachs in seinem Handwörterbuch der praktischen Arzneimittellehre II. Abtl. 1. (Art. Guajac) S. 637, zu deren Kenntnis ich leider erst jetzt, nach Erscheinen des Registers zu jenem schätzbaren Werke, gelangte, die mir aber um so erfreulicher waren, als sie meine auf historischem Wege gewonnenen Resultate durchaus bestätigen. Auch Sachs ist, und so viel ich weiß, der erste welcher sie öffentlich aussprach, der sicher begründeten Ansicht, daß die Lustseuche des XV. Jahrhunderts nur dem herrschenden *Genius epidemicus typhodes* ihren damaligen Charakter verdankte, wenngleich ich seine Annahme einer vorhandenen leprös-syphilitischen Diathese nicht billigen kann. Nichts ist geeigneter, eine klare Einsicht in jene früheren Verhältnisse zu verschaffen, als die Zeiten des 30jährigen Krieges und die der Typhusepidemien zu Anfange unseres Jahrhunderts. Möchte es einem der Heroen unserer Kunst, die eine tätige Rolle in dem großen Drama jener Zeit spielten, gefallen, durch eine ausführlichere medizinische Schilderung desselben sein Tagewerk zu krönen. Die Zahl der dazu Befähigten wird immer kleiner, die Möglichkeit der Herbeischaffung des dazu nötigen Materials immer schwieriger, und was jetzt nicht noch geschieht, dürfte späterhin unmöglich sein!

Schließlich sei es mir erlaubt, allen denen, welche auf irgend eine Weise mir eine tätige Unterstützung bei meinen Untersuchungen gewährten, hier meinen aufrichtigen Dank zu sagen; ich würde ihre Namen gern niederschreiben, müßte ich nicht fürchten, daß es ihnen unlieb sein könnte, sich in einer Geschichte der Lustseuche genannt zu sehen; trotzdem fühle ich mich gedrungen mit einem derselben eine Ausnahme zu machen, und dies ist mein Freund, Herr Dr. Eckstein, Oberlehrer am hiesigen Königl. Pädagogium, welcher dadurch, daß er das so überaus schwierige Geschäft der Korrektur mit mir teilte, mich und gewiß auch den Leser, zu dem wärmsten Danke verpflichtet hat.

Geschrieben am Geburtstage C. Sprengels.

Vorwort zur siebenten Auflage.

Rosenbaum's wahrhaft klassisches Buch von der Lustseuche im Altertume ist seit seinem Erscheinen (1839) nicht mehr verändert worden. So sehr nun auch in den seitdem verflossenen 65 Jahren die Literatur über den Gegenstand angeschwollen ist, und so mannigfache Fortschritte auch die Textkritik der von Rosenbaum behandelten griechischen und römischen Autoren gemacht hat, sodaß eine Anpassung an den Standpunkt der Jetztzeit erwünscht, ja erforderlich erscheint, glaubt der Herausgeber doch keine Änderung des Buches vornehmen zu sollen. Von anderer Seite ist ja schon eine eingehende Prüfung von Rosenbaum's Ansichten und Ergebnissen in nahe Aussicht gestellt worden: nämlich von Bloch (Syphilis I, p. X), dessen Arbeit hoffentlich bald erscheinen wird. Er will geradezu ein Supplement zu Rosenbaum liefern, in dem „alle seitdem gemachten Fortschritte der Altertumskunde berücksichtigt" werden sollen, „so daß diese Abteilung auch für Archäologen und klassische Philologen von Wert sein wird" — In einem Anhange sind Belege und Hinweise besonders aus indischen Quellen zusammengestellt worden, die bekanntlich jetzt durch R. Schmidt („Kamasutram", „Beiträge zur indischen Erotik" und „Liebe und Ehe in Indien") den der indischen Sprache unkundigen Forschern leicht zugänglich gemacht worden sind.

Mai 1904.

Der Herausgeber.

Inhalt.

Die Lustseuche im Altertume.

Einleitung.

§ 1.

Begriff und Inhalt der Geschichte einer Krankheit im allgemeinen.

Wenn wir die Darstellung der Geschichte einer Krankheit unternehmen wollen, so ist es zuvörderst nötig, uns einen klaren Begriff von dem zu verschaffen, was die Geschichte einer Krankheit überhaupt sei, da sich erst aus dem richtigen Begriffe die richtigen Bedingungen ergeben werden, welche der Geschichtsschreiber als solcher zu erfüllen hat. Fragen wir die Erfahrung, d. h. forschen wir nach dem, was man gewöhnlich unter Geschichte einer Krankheit verstanden hat, so finden wir damit einerseits eine mehr oder weniger vollständige chronologische Zusammenstellung dessen, was zu den verschiedenen Zeiten von den verschiedenen Ärzten über irgend eine Krankheit beobachtet und gedacht worden ist, andererseits wiederum die Darstellung des Verlaufs einer Krankheit im Individuum bezeichnet. Nun ist das Erstere aber eigentlich nur Geschichte der Meinungen der Ärzte, also gewissermaßen die Literärgeschichte der Krankheit, welche der wirklichen Geschichte vorausgehen muß, während das letztere nichts als die Geschichte einer Krankheit in einem einzelnen Falle, d. h. die Geschichte eines Krankheitsfalles, eine Krankengeschichte gibt, welche wir längst gewohnt sind der Klinik zu überweisen. Selbst die Summe sämtlicher Krankengeschichten wird uns noch nicht zur wirklichen Geschichte einer Krankheit verhelfen, sobald sie nur die Erscheinungen ins Auge fassen, wodurch die Krankheit als vorhanden sich darstellt; wir werden vielmehr auf diese Weise nur den idealen Verlauf, das Krankheitsbild, wie es die spezielle Pathologie bedarf, gleichsam nur die innere Geschichte der Krankheit erhalten. So wenig wir nun aber die Geschichte eines einzelnen Menschen, eines einzelnen Volkes als ein zu ihrem Erkennen und ihrer richtigen Würdigung notwendiges Ganzes darzustellen vermögen, wenn wir nur die innere oder Kulturgeschichte derselben auffassen, und sie selbst somit als ein für sich abgeschlossenes Ganze betrachten, nicht aber die Gestaltung ihrer Verhältnisse zu ihrer Umgebung, zur Außenwelt, ihre äußere Geschichte berücksichtigen, eben so wenig werden wir auch imstande sein, die Geschichte einer Krankheit zu liefern, wenn wir nur den Verlauf der Krankheit, nicht ihre Außenverhältnisse zum Gegenstande unseres Forschens machen. Nur die innige genetische Verbindung beider, der inneren wie der äußeren Geschichte, denn auch die Krankheit hat eine solche, kann uns also zur wirklichen Geschichte der Krankheit führen und sie wird dann bestehen in der genetischen Darstellung der Erscheinung der Krankheit unter den verschiedenen Verhältnissen und in den verschiedenen Individuen, von dem ersten Zeitpunkt ihrer Entstehung und Beobachtung bis zu dem Momente der Darstellung; was man kürzer so ausdrücken könnte, die Geschichte einer Krankheit ist die genetische Darstellung der Entwicklung und Ausbildung derselben in der Zeit. Werden Zeit, Verhältnisse und Zahl der Individuen begrenzt, so wird die Spezialgeschichte entstehen, während die allgemeine Geschichte einer Krankheit eigentlich niemals als abgeschlossen betrachtet werden kann; es müssen denn die Bedingungen zur Erzeugung und Entstehung dieser Krankheit überhaupt und für immer aufhören.

Zerlegen wir nun den Begriff der Geschichte der Krankheit in seine einzelnen Bestandteile, so werden wir den speziellen Inhalt derselben, die einzelnen Momente aus der sie zusammengesetzt wird, welche der Geschichtschreiber mithin aufzufassen und darzustellen hat, erkennen. Da die Geschichte etwas Geschehenes darstellen soll, so ist es natürlich, daß sie sich zunächst nach dem Zeitpunkte umzusehen hat, in welchem das Werden begann; indem aber zu jedem Werden gewisse erzeugende Momente und Einflüsse notwendig sind, deren Wirksamkeit wiederum von gewissen begünstigenden Außenverhältnissen bedingt wird, so ist es die nächste Aufgabe des Geschichtschreibers, das Vorhandensein jener begünstigenden Einflüsse, wie der erzeugenden Momente nachzuweisen, und zugleich darzutun, auf welche Weise sie in Wirksamkeit traten. Da jedoch zuweilen die vermittelnden oder begünstigenden wie die erzeugenden Momente als vorhanden erkannt werden, wir aber dennoch eine Krankheit gar nicht oder nur unvollkommen entstehen sehen, so wird es auch des Nachweises derjenigen Einflüsse bedürfen, welche das Wirksamwerden jener Momente hemmten oder modifizierten. Erst wenn dieses alles auf eine genügende Weise auseinandergesetzt ist, wird es möglich werden, die Entwicklung und den Verlauf der Krankheit selbst zu verfolgen und die Veränderungen nachzuweisen, welche sie von ihrem ersten Auftreten bis zur Zeit der Darstellung ihrer Geschichte bemerken ließ. Da diese Veränderungen nun ihr entweder eigentümlich oder von außen aufgedrungen sind, so muß der Geschichtschreiber auch über diese Verhältnisse Aufklärung geben. So wie nämlich auch im Individuum keineswegs sämtliche Äußerungen oder Zeichen einer Krankheit mit einem Male auftreten, sich vielmehr der Reihe nach entwickeln, so wird auch die Krankheit in ihrem allgemeinen geschichtlichen Verlauf eine solche Reihenfolge ihrer Symptome mehr oder weniger deutlich wahrnehmen lassen, ohne daß sie von Außenverhältnissen direkt bedingt würde. Da ferner jede Krankheit wieder mit einer andern zu irgend einer Zeit in Konflikt geraten kann, so wird der Geschichtschreiber auch hier nachzuweisen haben, wie sich die Verhältnisse beider alsdann gestalteten, ob sich die in Rede stehende Krankheit bestimmend äußerte oder bestimmt wurde, Verbindungen einging, Vernichtung herbeiführte oder vernichtet wurde, oder ob sich beide gewissermaßen neutral verhielten. Endlich muß auch des Einflusses der Kunsthilfe, so wie überhaupt des Verhältnisses der Ärzte zu der Krankheit gedacht werden. Gelingt es, diese verschiedenen Punkte auf eine genügende Weise in gleichsam organische Verbindung zu setzen, so wird die daraus hervorgehende Geschichte der Krankheit, als Krankengeschichte der Menschheit, das wichtigste Moment für die Einsicht in das Wesen der Krankheit abgeben; sie wird nicht bloß dem Theoretiker die Materialien zur Spekulation über die Krankheiten im allgemeinen und ihre Systematik, sondern auch dem Praktiker die Bedingungen einer rationellen Therapie darbieten, mithin für beide nicht bloß gleiches Interesse, sondern auch gleiche Notwendigkeit haben. Diese organische Verbindung kann aber nur dann hergestellt werden, wenn der Geschichtschreiber sich Schritt vor Schritt die Lehren der Physiologie und Pathologie ins Gedächtnis zurückruft; denn nur mit ihrer Hilfe wird es möglich, stets und überall die innere Notwendigkeit des Verhältnisses von Ursache und Wirkung nachzuweisen und das Wesentliche von dem Zufälligen zu scheiden.

§ 2.

Möglichkeit der Geschichte einer Krankheit im allgemeinen und der Lustseuche im besonderen.

Nachdem wir den Begriff und Inhalt der Geschichte einer Krankheit kennen gelernt haben, liegt natürlich die Frage sehr nahe: ob auch alle Krankheiten einer solchen geschichtlichen Darstellung fähig sind? Obschon sich von vorn herein wohl mit ziemlicher Gewißheit annehmen läßt, daß die Beantwortung dieser Frage für den größten Teil der wirklichen Krankheiten bejahend ausfallen wird, wenigstens läßt sich von theoretischer Seite kaum etwas dagegen einwenden, so müssen wir doch auch der Erfahrung hierbei eine Stimme einräumen. Leider aber vernehmen wir von dieser nicht eben viel Tröstliches; denn bis jetzt hat man kaum den Anfang gemacht, die Geschichte einer Krankheit in dem angegebenen Sinne darzustellen, und hierzu zunächst Krankheiten gewählt, bei denen sich das geschichtliche Moment gleichsam von selbst aufdrängt, die epidemischen nämlich. Für die übrigen ist noch beinahe gar nichts geschehen, wenn wir den Aussatz und die Lustseuche, für die man sonderbarer Weise ebenfalls die epidemische Natur in Anspruch genommen hat, ausnehmen, deren proteusartige Natur jedes spekulative Eindringen in ihr Wesen verhinderte, weshalb man sich gezwungen sah, die Geschichte um Rat zu fragen. Dennoch aber zeigt ein oberflächlicher Blick auf die Bearbeitung der Geschichte der Lustseuche (wie auch des Aussatzes), daß sie kaum etwas mehr als eine ungenügende Sammlung der Materialien zu einer wirklichen Geschichte derselben zu Tage förderte, obgleich eine nicht geringe Zahl der ausgezeichnetsten Gelehrten, oft sogar lebenslänglich, Zeit und Mühe darauf verwendeten. Es könnte daher scheinen, wie es auch wirklich ausgesprochen ist, daß es überhaupt unmöglich sei, hier zu einem bestimmten Resultate zu gelangen. Indessen betrachten wir die Sache genauer, so wird sich bald ergeben, daß ein großer Teil jener Gelehrten nur einem einzelnen Punkte ihre Aufmerksamkeit schenkten, dem Alter und der Zeit der Entstehung nämlich; alle übrigen Momente aber nur insofern berücksichtigten, als sie die eine oder andere von ihnen gefaßte Meinung unterstützten; und auch hier erscheint die Verbindung jener Momente als eine mehr lose, weshalb man auch niemals zu einem allgemeinen Resultate gelangen konnte. Die wenigen Männer, deren Wille es sicher wohl war, ein solches Resultat zu erzielen, konnten bei der Schwierigkeit der Herbeischaffung des Materials die beabsichtigte Vollständigkeit nicht erreichen und verschoben somit die Verarbeitung des Gesammelten, bis der Tod ihrem Forschen ein Ende machte. Dies war besonders mit Hensler der Fall, und der nicht erschienene zweite Teil seiner Geschichte der Lustseuche wird gewiß noch lange als ein unersetzlicher Verlust zu beklagen sein. Da die Vergangenheit, aus der jede Erfahrung zu entnehmen ist, uns hier nur so wenig bietet, so müssen wir freilich alles von der Zukunft erwarten; denn das Vorhandene ist eben so wenig imstande, die Möglichkeit einer Geschichte der Lustseuche, wie wir sie meinen, zu verneinen, als es uns von der Existenz derselben überzeugt hat. Es gilt also zunächst den Versuch zu machen, das vorhandene und zugängliche Material dem oben angegebenen Begriff und Inhalte der Geschichte einer Krankheit gemäß, insofern es die Lustseuche betrifft, zu ordnen und zu sichten, wozu eine relative Vollständigkeit der Sammlung schon ausreicht, indem, wenn es gelingt, daraus wenigstens die Geschichte der Lustseuche in ihren allgemeinen Zügen zu entwerfen, es füglich den fortgesetzten

Bemühungen anderer Forscher überlassen bleiben kann, die einzelnen Züge des Gemäldes zu vervollständigen, zumal da alsdann schon im voraus die Stelle ausgemittelt ist, wo das neu Hinzugekommene eingefügt werden muß.

Da es bei jeder Geschichte zunächst darauf ankommt, die Quellen kennen zu lernen, aus denen das Material zu ihrer Darstellung geschöpft werden kann und dies der Inhalt der Literargeschichte der Krankheit ist, so werden auch wir damit zu beginnen haben, eine Übersicht der literarischen Hilfsmittel zu geben, welche zur Benutzung dem Geschichtschreiber der Lustseuche bereits vorliegen, und dabei zugleich andeuten, inwieweit dieselben uns selbst zugänglich waren, damit der Leser gleich von vorn herein ein Urteil über die Vollständigkeit des Gegebenen gewinne und der nachfolgende Bearbeiter die Lücken erkenne, welche ihm zur Ausfüllung übrig gelassen sind. Hieran wird sich dann eine Übersicht der bisher gewonnenen geschichtlichen Resultate in betreff des Alters und der Entstehung der Krankheit schließen, worauf es möglich sein wird, den speziellen Plan, welchen wir bei der vorliegenden Bearbeitung zu befolgen gedenken, anzugeben.

§ 3.

Quellensammlungen.

1) Nicolai Leoniceni, Vicentini, et Joannis Almenar, Hispani, l. de morbo Gallico, Angeli Bolognini, Bononiensis, de cura ulcerum exteriorum et unguentis communibus in solutione continui lib. II. Alexandri Benedicti Veronensis, l. de pestilenti febre, Dominici Massariae, Vicentini, de ponderibus et mensuris medicinalibus lib. III. Papiae ex offic. Bernhardini de Garaldis. M. D. XVI. fol.

Das Werk ist äußerst selten und scheint nur Astruc (II. S. 623.) zu Gesicht gekommen zu sein. Vergl. Girtanner II. S. 41. Gruner Aphrodisiac. p. IV.

2) Nicolai Massae, Veneti, Artium et Medicinae Doctoris, Liber de morbo Gallico, mira ingenii dexteritate conscriptus. Joannis Almenar, Valentini Hispani, Philosophi ac Medici, Liber perutilis

de morbo Gallico, VII. capitulis quidquid desideratur complectens. Nicolai Leoniceni, Vicentini, fidissimi Galeni interpretis, compendiosa ejusdem morbi cura. Angeli Bolognini, Medici eximii, libellus de cura ulcerum exteriorum: et de unguentis in soluta continuitate a Modernis maxime usitatis, in quibus multa ad curam Morbi Gallici pertinentia inserta sunt. s. l. MDXXXII. 8.

Diese Schrift fand sich in der Bibliotheca Sloaniana und Trewiana. Astruc II. S. 652. vermutet, daß das Buch zu Venedig gedruckt sei; was Haller biblioth. med. pract. I. S. 535. mit Unrecht als bestimmt angibt. — Vergl. Girtanner II. S. 70. — Gruner Aphrod. S. V.

3) Liber de morbo Gallico, in quo diversi celeberrimi in tali materia scribentes medicinae continentur auctores, videlicet Nicolaus Leonicenus, Vicentinus. Ulrichus de Hutten, Germanus. Petrus Andreas Matheolo, Senensis. Laurentius Phrisius. Joannes Almenar, Hispanus. Angelus Bologninus. Venetiis per Joannem Patavinum et Venturinum de Ruffinellis. Anno Domini MDXXXV. 8.

In dem Exemplare, welches Astruc II. S. 659. aus der Bibliotheca Sloaniana vor sich hatte, fand sich noch auf demselben Papier, mit denselben Typen, obschon der Titel nichts davon enthielt: „Nicolai Poll, Medicinae Professoris et sacrae Caesareae Majestatis Physici, Libellus de cura Morbi Gallici per lignum Guajacanum.“ Gruner Aphrod. S. V., welcher dieselbe Ausgabe besaß, erwähnt davon nichts, sagt aber, daß das Buch ohne Seitenzahl gedruckt sei und jedes Buch einen besondern Titel (nova cuique libro inscriptione praefixa) habe, daher leicht ein Stück fehlen konnte. Auch Trew und Hensler besaßen das Werk. Vergl. Girtanner II. S. 73.

4) Morbi Gallici curandi ratio exquisitissima a variis iisdemque peritissimis medicis conscripta: nempe Petro Andrea Matheolo, Senensi. Joanne Almenar, Hispano. Nicolao Massa, Veneto. Nicolao Poll, Caesareae Majestatis Physico. Benedicto de Victoriis, Faventino. Hic accessit Angeli Bolognini de ulcerum exteriorum medela opusculum perquam utile. Ejusdem de unguentis ad cujusvis generis maligna ulcera conficiendis lucubratio. Cum indice rerum omnium quae

in curationem cadere possunt copiosissimo. Basileae apud Joann. Bebelium. MDXXXVI. 299 S. 4.

Diese Ausgabe wurde laut der Dedication an Adam Bresinius (Basil. Idib. Martii 1536) von Joseph Tectander aus Krakau besorgt. Die darin enthaltene Schrift des Benedictus de Victoriis ist ein Kollegienheft, welches Tectander nachgeschrieben und ohne Vorwissen des Benedictus de Vict. hatte mit abdrucken lassen. Vergl. Astruc II. S. 660. — Girtanner II. S. 74. — Gruner Aphrod. S. V.

Ein Nachdruck dieser Ausgabe erschien zu Lyon: Lugduni 1536. expensis Scipionis de Gabiano et fratrum, mense Augusto. 280 und 16 S. 8 mit Kursivschrift. Vergl. Astruc II. S. 660. u. Choulant H. Fracastori Syphilis. Lips. 1830. S. 8.

5) De morbo Gallico omnia quae extant apud omnes medicos cujuscunque nationis, qui vel integris libris, vel quoque alio modo hujus affectus curationem methodice aut empirice tradiderunt, diligenter hinc inde conquisita, sparsim inventa, erroribus expurgata et in unum tandem hoc corpus redacta [ab Aloysio Luisino, Utinensi]. In quo de ligno Indico, Salsa Perillia, Radice Chyne, Argento vivo, ceterisque rebus omnibus ad hujus luis profligationem inventis, diffusissima tractatio habetur. Cum indice locupletissimo rerum omnium scitu dignarum, quae in hoc volumine continentur. Opus hac nostra aetate, quo Morbi Gallici vis passim vagatur, apprime necessarium. Catalogum scriptorum sexta pagina comperies. [Sebast. Aquilanus, Nicol. Leonicenus, Nic. Massa, Natal. Montesaurus, Anton. Scanarolus, Jac. Cataneus, Joan. Benedictus, Hier. Fracastorius, Georg. Vella, Joan. Paschalis, Nic. Poll, Petr. Andr. Mathaeolus, Ulr. ab Hutten, Wendelinus Hock de Brackenau, Coradinus Gilinus, Laurent. Phrisius, Gonsalvus Fernandez de Oviedo, Joan. Almenar, Aloysius Lobera, Leonh. Schmaus, Petr. Maynardus, Anton Benivenius, Alphons. Ferrus, Joan. de Vigo, Anton. Gallus, Casp. Torella, Joan. Bapt. Montanus, Andr. Vesalius, Leonhard. Fuchsius, Joan. Manardus, Joan. Fernelius, Benedictus Victorius, Amatus Lusitanus, Anton. Musa Brassavolus, Alex. Fontana, Nic. Macchellus, Hier. Cardanus, Gabr.

Fallopius, Ant. Fracantianus, Joan. Langius, Petr. Bayr]. Tomus prior. Venetiis apud Jordanum Zilettum. 1566. 8. 736 u. 28 S. fol.

De morbo gallico Tomus posterior, in quo medicorum omnium celebrium universa monumenta, ad hujus morbi cognitionem et curationem attinentia, quae hucusque haberi potuerunt nunquam alias impressa, nunc primum conjecta sunt. Cum indice locupletissimo rerum omnium scitu dignarum, quae in hoc volumine continentur. Catalogum scriptorum quarta pagina comperies. [Bartholomaeus Montagnana, Martin. Brocardus, Benedict. Rinius, Francisc. Frizimelica, Petr. Trapolinus, Bernard Tomitanus, J. Sylvius, Mich. J. Paschalius, Prosp. Borgarutius, Bartholom. Maggius, Alex. Trajan. Petronius]. Venetiis MDLXVII. ex officina Jordani Ziletti. 24 u. 216 S. fol.

Appendix tomi prioris de morbo gallico, in quo, qui eidem iam antea destinati fuerant, reliqui congesti sunt auctores. Cum indice rerum memorabilium in eo contentarum abunde amplo et copioso. Catalogum scriptorum quarta pagina comperies. [Anton. Chalmeteus, Leonh. Botallus, Dominic. Leonus Augerius Ferrerius, Petr. Haschardus, Guilielmus Rondeletius, Dionys. Fontanonus, Jos. Struthius.]. Venetiis MDLXVII. Ex officina Jord. Ziletti. 4, 96 und 6 S. fol.

Mit Recht tadelt Astruc II. S. 780. die regellose Zusammenstellung der Schriften, das Weglassen der Vorreden, Dedicationen und ganzer Sätze aus den Schriften selbst. Diese Ausgabe erhielt später ein neues Titelblatt, wie dies nach Astruc II. S. 846. daraus erhellt, daß nicht bloß Seiten-, Linien- und Wortzahl mit der vorhergenannten genau übereinstimmen, sondern auch am Ende des ersten Teils der Name des Buchdruckers Ziletti mit der Jahreszahl 1556 steht. Der neue Titel aber ist folgender:

Aphrodisiacus sive de lue venerea in duo volumina bipartitus, continens omnia quaecunque hactenus de hac re sunt ab omnibus Medicis conscripta, ubi de ligno Indico, Salsa parillia, Radice Chinae, Mercurio ceterisque omnibus ad hujus luis profligationem inventis diffusissima tractatio habetur ab excellente Aloysio Luysino, Utinensi Medico celeberrimo novissime collectus. Venet. apud Baretium et socios. 1599. fol.

6) Aphrodisiacus sive de lue venerea; in duos tomos bipartitus, continens omnia quaecunque hactenus de hac re sunt ab omnibus Medicis conscripta. Ubi de Ligno Indico, Salsa Perilla, Radice Chynae, Argento vivo, ceterisque rebus omnibus ad hujus luis profligationem inventis, diffusissima tractatio habetur. Opus hac nostra aetate, qua Morbi Gallici vis passim vagatur apprime necessarium: ab excellentissimo Aloysio Luisino Utinensi, Medico celeberrimo novissime collectum, indice rerum omnium scitu dignarum adornatum. Editio longe emendatior, et ab innumeris mendis repurgata. Tomus primus et secundus. Lugd. Batav. apud. Joann. Arnold. Langerak et Joh. et Herm. Verbeck. MDCCXXVIII. 1366 gespaltene Seiten, ohne 11 Blatt Vorrede und 10½ Blatt Index. fol.

Ist, wie Astruc II. S. 1071 richtig bemerkt, ein bloßer Abdruck der Venediger Ausgabe, ohne eine andere Veränderung, als daß der Appendix zum ersten Teil gleich dem ersten Teile beigefügt ist. Vergl. Choulant l. c. S. 9. Die von Boerhave vorgesetzte Praefatio enthält dessen Ansichten über die Lustseuche und ist späterhin mehrmals besonders gedruckt und auch übersetzt worden.

7) Daniel Turner: Aphrodisiacus, containing a Summary of the Ancient Writers on the Venereal Disease, under the following heads: I. of its Original; II. of the Symptoms; III. of the various Methods of cure. London, printed for John Clarke. MDCCXXXVI. 8.

Ein nach den genannten drei Beziehungen gefertigter Auszug aus dem Aphrodisiacus des Luisinus. s. Astruc II. S. 1110.

8) John Armstrong: A Synopsis of the history and cure of the venereal disease. London 1737. 8.

Ein anderer Auszug aus dem Luisinus. s. Girtanner III. S. 430.

9) Aphrodisiacus sive de lue venerea in duas partes divisus, quarum altera continet ejus vestigia in veterum auctorum monimentis obvia, altera quos Aloysius Luisinus temere omisit

scriptores et medicos et historicos ordine chronologico digestos, collegit, notulis instruxit, glossarium indicemque rerum memorabilium subjecit D. Christianus Gothofredus Gruner etc. Jenae apud Christ Henr. Cunonis heredes. MDCCLXXXVIII. XIV 166 und 16 S. fol.

Auf einem zweiten beigegebenen Titel steht: Tomus tertius. In der Vorrede nimmt Gruner den Maranischen Ursprung an, den er in der folgenden Schrift noch weiter verteidigte und liefert eine Übersicht der Quellensammlungen. In der ersten Abteilung gibt er die Stellen aus der Bibel, den griechischen, römischen, arabischen und arabistischen Schriften an, soweit sie damals aufgefunden waren. Die zweite Abteilung enthält die in der Sammlung des Luisinus fehlenden oder mangelhaft mitgeteilten Schriften und Stellen von folgenden Autoren: Joan. Nauclerus, Steph. Infessura, Petr. Delphinius, Joan. Burchardus, Philipp. Beroaldus, Alex. Benedictus, Conrad. Schelling, Jac. Wimphelingius, Chronicon Monasterii Mellicensis, Joan. Salicetus, Marcellus Cumanus, Chronica von Cöln, Joan. Trithemius, Universitas Manuasca, Sebast. Brant, Joh. Grünbeck, Decretum Senatus Parisiensis, Proclamatio Anglica, Joan. Sciphover de Meppis, Bartholom. Steber, Simon Pistoris, Anton. Benivenius, Petr. Pinctor, Joan. Bapt. Fulgosus, Christoph. Columbus, Petr. Martyr, Franciscus Roman. Pane, Elias Capreolus, M. Anton. Coccius Sabellicus, Albericus Vesputius, Wendelinus Hock de Brackenau, Petr. Crinitus Linturius, Clementius Clementinus, Joan. Vochs, Angel. Bologninus, Francisc. Guiccardinus, Berlerus, Leo Africanus, Petr. Bembus, Paul. Jovius, Joan. de Vigo, Symphor. Champegius, Francisc. Lopez de Gomara, Ulric. ab Hutten, Desider. Erasmus, Missa de ben. Job., Joannes le Maire, Gonsalvus Ferdinandus de Oviedo, Joan. de Bourdigne, Joan. Ludov Vives, Aureolus Theophr. Paracelsus, Magnus Hundt, Leonh. Fuchs, Sebast. Frank, Sebast. Montuus, Joan. Bapt. Theodosius, Hieron. Benzonus, Petr. de Cieca de Leon, Joan. Fernelius, Michael Angel. Blondus, Augustin. de Zaratte, Joan. Stumpf, Rodericus Diacius Insulanus. Hieron. Montuus.

10) De morbo gallico scriptores medici et historici partim inediti partim rari et notationibus aucti. Accedunt morbi gallici origines maranicae. Collegit, edidit, glossario et indice auxit D. Christ. Gothofr. Gruner. Jenae sumptibus bibliopolii academici 1793. XVIII. XXXVI. 624 S. 8.

Bildet den zweiten Nachtrag zur Sammlung des Luisinus und enthält Schriften und Stellen von folgenden Autoren etc. Alte nürnbergische

Gesetze, Matthaeus Landauer, Julianus Tanus (de saphati), Antonius Codrus, Anonymi prognosticatio, Jacob. Unrestus, Bilibaldus Birkheimer, Augustinus Niphus, Hieron. Emser, Philipp. Beroaldus, Leonard. Giachinus, Janus Cornarius, Thomas Rangonus, Joan. Anton. Roverellus (de patursa), Remaclus Fuchs, Aloysius Mundella, Anton. Fumanellus, Hier. Cardanus, Hier. Bonacossus, Bernard. Corius, Joan. Langius, Joach. Curaeus, Joan. Hessus, Thom. Erastus, Achill. Pirmin. Gasserus, Joan. Crato, Thom. Jordanus (luis novae Moravia exorte descriptio). Vergl. N. allg. deutsch Bibl. Bd. IX. S. 183.

11) D. Christ. Goth. Gruner Spicilegium scriptorum de morbo gallico. Spic. I—XV. Jenae 1799—1802. 4.

Dieser dritte Nachtrag zum Luisinus ist nicht in dem Buchhandel erschienen, die einzelnen Spicilegia wurden als Programme behufs der Ankündigungen medizinischer Doktorpromotionen zu Jena ausgegeben. Spic. I–VI. enthält Untersuchungen über die Geschichte und Natur der Krankheit; Spic. VII—XI. Stellen aus den Gedichten und Briefen des Conrad Celtes, aus einem Briefe Albert Durr's, aus Symphorian. Champerius vocabulor. medic. epitoma; Spic. XII. aus den Gedichten des Henric. Bebelius, Hel. Eoban. Hessus und eine Stelle aus einer Schrift des Petr. Parvus; Spic. XIII—XIV. Stellen aus Erasmus, Jac. a Bethencourt, Jo. Lud. Vives, Enric. Cordus, Georg, Bersmannus, Engelbert. Werlichius und die lateinische Übersetzung eines Fragments aus einem in koptischer Sprache geschriebenen Buche, welches die Missionsgesellschaft dem Kardinal Borgia gesandt hatte; Domeier teilte dasselbe Baldinger mit und dieser übergab es Gruner zur Benutzung. Im Spic. XV. macht Gruner einige Einwürfe gegen die von Hensler in s. Programm de herpete seu formica veterum ausgesprochene Ansicht. Diese Sammlung gehört also zum Teil zu den Schriften des folgenden Paragraphs, scheint aber überhaupt wenig gekannt zu sein, da sie selbst Choulant in seiner sonst vollständigen Übersicht der Scripta historica de morbo gallico, in der Ausgabe von Fracastoris Gedicht S. 5—9. entgangen ist. Hacker S. 20. erwähnt sie zwar, scheint sie aber nicht selbst gesehen zu haben, da er nichts Näheres über ihren Inhalt angibt.

§ 4.

Geschichtschreiber.

1) Patin, Carol. Eques. D. Marci Paris. primar. Prof. Luem veneream non esse morbum novum; Oratio habita in Archilyceo Patavino die V. Nvbr. 1687. Patavii 1687. 4.

Astruc II. S. 991. kannte diese Rede nur aus einer Anführung Zach. Platners, der sie gleichfalls nicht gesehen hatte, und meinte, sie sei wahrscheinlich gar nicht erschienen, da auch Nic. Comnenus Papadopoli in seiner historia gymnasii Patavini Tom. I. sect. 2. cap. 25. Nr. 159., obschon er weitläufig über Patin spreche und seine einzelnen Schriften anführe, dieselbe gar nicht erwähne. Girtanner II. S. 279 führt indessen den obigen vollständigen Titel an, muß sie mithin gesehen haben, obgleich er über ihren Inhalt nichts weiter bemerkt, als: „Er wiederholt die längst bekannten Gründe für das Alter der Lustseuche." Übrigens scheint Patin das Meiste wohl aus seines Vaters Guy Patin Lettres choisies T. III. lettre 370. p. 95., wo dieser schon das Alter der Lustseuche verteidigt, entnommen zu haben.

2) Quaestio medica quodlibetariis disputationibus mane discutienda die Jovis 9 Dcbris 1717. M. Johanne Baptista Fausto Alliot de Mussay, Doctore medico praeside. An Morbus antiquus Syphilis? Proponebat Johannes Franciscus Leaulté, Parisinus, Anno R. S. H. 1717. Typis Johann. Quillau, facultatis medicinae Typographi. 8 Blatt. 4.

Nach Astruc II. S. 1054 besteht diese Dissertation aus 8 Corollarien, von denen nur das fünfte das Alter der Lustseuche durch Anführung von Horatius Lib. I. od. 37. Satir. Lib. I. Satir. 5. v. 62. (morbus campanus). Juvenal Satir. II. — Martialis Epigr. Lib. I. 66. — Tacitus Annal. Lib. IV. — Suetonius Vita Octav. Augusti c. 80. — Lucian Pseudologista. — Valerius Maximus Memorab. Lib. III. cap. 5. — Lucius Apulejus Metamorphos. Lib. X. zu erweisen sucht. Die von Astruc gegebene Widerlegung wiederholt fast wörtlich Girtanner Bd. II. S. 357—363., gibt sie aber wie gewöhnlich für sein eigenes Produkt aus.

3) Becket, William. An attempt to prove the antiquity of the venereal disease long before the discovery of the Westindies. In Philosophical Transactions Vol. XXX. 1718. No. 357. S. 839. — A letter to Dr. W. Wagstaffe concerning the antiquity of the venereal disease. Ebendaselbst Vol. XXXI. 1720. No. 365. p. 47. — A letter to Dr. Halley, in answer to some objections made to the history of the venereal disease. Ebend. No. 366. S. 108.

Diese Abhandlungen finden sich deutsch in: Auserlesene Abhandlungen praktischen und chirurgischen Inhalts, aus den Londner philosoph. Transact. von 1695—1757 gesammelt, von Leske, Lübeck 1775. gr. 8. Bd. II. S. 290 folg. Auch Foot, J. Abh. über die Lustseuche und Urinverhaltungen. A. d. Engl. von G. Chr. Reich. Leipz. 1793. gr. 8. Bd. I.

S. 11-57 teilte sie, nebst der Kritik dieser Abhandlungen von Astruc S. 57—81 mit. — In England sucht Nic. Robinson A new treatise of the venereal disease, in three parts. Lond. 1736. 8. Part. I. cap. 1—4. die von Becket für das Alter der Lustseuche aufgestellten Gründe zu entkräften. — Nach Astruc Vol. II p. 1058. soll bereits Hans Sloane Voyage to the Islands Madera, Barbados, Nieves, St. Christophers and Jamaica, with the natural history. Lond. 1707. fol. T. I. in der Einleitung S. 2—3., die wichtigsten von Becket angeführten Stellen angedeutet haben.

4) Sanchez, (Antonio Nunhez Ribeiro) Dissertation sur l'origine de la maladie venerienne, pour prouver: que le mal n'est pas venu d'Amerique, mais qu'il a commencé en Europe, par une Epidemie. à Paris chez Durand et Pissot. MDCCLII. 110 S. 8. Wieder abgedruckt 1765. 12.

Der erste Abdruck dieser ohne den Namen des Verf. herausgegebenen Schrift muß bereits im Jahre 1750 fertig gewesen sein, denn nicht nur ist das Privilegium in diesem Jahr (August und Oktober) unterzeichnet, sondern auch Sanchez selbst sagt in der Vorrede zur zweiten Schrift, daß diese erste 1750 bei Durand in Paris erschienen sei. Es heißt dort: M. Castro, Médecin de Londres avant traduit en Anglais une dissertation avec ce titre: Sur l'origine de la Maladie Venerienne; imprimée à Paris, chez Durand 1750, envoya un Exemplaire de la traduction à M. le Baron de Van-Swieten. Der Titel dieser englischen Übersetzung ist: A dissertation on the origin of Venereal disease; proving that it was not brought from America, but began in Europa by an epidemical distemper. Translated from the original manuscript of an eminent Physician. London 1751. 8. Demnach muß diese Übersetzung mindestens gleichzeitig mit dem Originale erschienen sein. — Eine deutsche Übersetzung kam heraus unter dem Titel: Abh. von dem Ursprung der Venusseuche, worin bewiesen wird: daß dieses Übel nicht aus Amerika gekommen sei, sondern in Europa durch eine Epidemie seinen Anfang genommen habe. Eine Übersetzung aus dem Französischen, herausgegeben von Georg Heinrich Weber, d. Arz. W. und WAK. D. Bremen 1775. 94 S. 8. — Ein Auszug aus dem Originale findet sich in: Commentaria de rebus in scientia naturali et medicina gestis, secund. decad. supplement. Lips. 1772. gr. 8. p. 156—159. — Allgem. deutsche Bibliothek. Bd. 28. S. 461. — Tode med. chir. Bibliothek. Bd. IV. Hft. 1. S. 49. — Hallers Tagebuch. Bd. III. S. 331. — Das Werk selbst ist in 7 Abschnitte geteilt. Der erste Abschnitt enthält: Beweistümer, welche dartun, daß die Lustseuche in dem größten Teile von Europa seit 1493, und spätestens im Monat Juni 1495 bekannt und verbreitet gewesen. S. 1—10. — Zweiter Abschnitt: Wann hat Christoph Columbus die Insel Hispaniola entdeckt und wann ist er von seiner ersten und zweiten Reise nach Spanien zurückgekehrt? S. 11—20. — Dritter Abschnitt: Ist die Lustseuche bei der Rückkehr des Columbus von seiner zweiten Reise aus Amerika gekommen? S. 21—39. — Vierter Abschnitt: Haben die Truppen des Fernandes Cordova den Franzosen die Lustseuche mitgeteilt? S. 40—47. — Fünfter Abschnitt: Beantwortung einiger Einwürfe, welche man machen könnte, um zu beweisen, daß die Lustseuche ihren Ursprung aus Amerika genommen habe. S. 47—79. — Sechster Abschnitt: Ursachen, welche die Schriftsteller über die Lustseuche seit dem Jahre 1517 glauben ließen, daß diese Krankheit aus Amerika gekommen. S. 79—87. — Siebenter Abschnitt: Die Lustseuche ist eine epidemische Krankheit, welche in Italien begann und sich fast zu derselben Zeit über Frankreich und das übrige Europa verbreitete. S. 88—108. — Resultat: Die Krankheit war in Italien und Frankreich eher als Columbus von seiner zweiten Reise zurückkehrte; die Truppen des Cordova konnten sie den Franzosen nicht mitteilen, da beide nie in Berührung kamen; die Krankheit bot alle Erscheinungen einer Epidemie dar; die Entdeckung des Guajac gab zur Annahme des amerikanischen Ursprungs Veranlassung. — Die in diesem Buche dargelegten Gründe suchte nun van Swieten, welcher die engliche Übersetzung von Castro zugeschickt erhalten hatte, in Commentar. in Boerhavii Aphorismos Lugd. 1772. Tom. V. p. 374 sq. zu entkräften, was Sanchez veranlaßte, die folgende, ebenfalls anonym erschienene Schrift herauszugeben.

5) Examen historique sur l'apparition de la maladie venerienne en Europe, et sur la nature de cette epidemie. A Lisbonne MDCCLXXIV. VIII. u. 83 S. 8.

H. Dav. Gaubius ließ diese Schrift mit der vorigen zusammen Leiden 1777. 8. nebst einer Vorrede wieder abdrucken; eine englische Übersetzung besorgte Jos. Skinner. London 1792. 8. Die Schrift zerfällt in 8 Paragraphen. § 1. Auszüge aus Pet. Pintor, Sebast. Aquilanus, Pet. Delphinus, Petr. Martyr. S. 1—24. — § 2. Symptome der sogenannten venerischen Krankheit, wie sie in Italien im Monat März 1793 und 1794 beobachtet wurden. S. 24—31. — § 3. Es findet sich in der Geschichte der Medizin keine Beschreibung einer epidemischen Krankheit, welche in allen ihren Folgen der ähnlich ist, welche in Italien, Spanien und Frankreich in den Jahren 1493 und 1494 aufgetreten ist. S. 31—42. — § 4. Die venerischen Zufälle, welche seit Hippocrates beobachtet sind, waren nicht die Folge der entzündlichen oder chronischen venerischen Krankheit, wie sie seit den Jahren 1493 und 1494 beobachtet ist. S. 42—45. — § 5. Über einige Stellen in Astruc's Buche de lue venerea. S. 46—54. — § 6. Schlüsse aus den Stellen des Pet. Pintor u. Pet. Delphinus über die venerische Epidemie in Italien, Frankreich und Spanien in den Jahren 1493 und 1494. S. 54—61. — § 7. Haben die ersten Seefahrer, welche die Häfen und Nationen des nördlichen und südlichen Amerika's entdeckten, die venerische Krankheit beobachtet, oder wurde ihre Mannschaft damit angesteckt? S. 62—72. — § 8. Über die Verbreitung der ansteckenden Krankheiten zu Wasser, und die Quarantänen, welche man während der Pest an den Küsten des mittelländischen Meeres beobachtet hat. S. 73—81. — Resultat. Die venerische Krankheit herrschte als Febris pestilentialis im März 1493, nach Carls VIII. Ankunft in Italien 1494 erhielt sie den Namen Morbus gallicus; die im Altertum beobachteten venerischen Affektionen sind von der venerischen Krankheit seit 1493 verschieden; die Spanier brachten sie nach den Antillen, die Franzosen waren bereits angesteckt, als sie nach Italien kamen, wo dieselbe Krankheit schon vor ihnen herrschte. Die ersten Seefahrer melden nichts davon, daß sie die Krankheit bei den Wilden gefunden haben. Amerika, Afrika und Ostindien hat niemals seine epidemischen und endemischen Krankheiten Europa mitgeteilt, daher kann auch die venerische Krankheit nicht durch die Spanier von Amerika nach Europa gebracht sein. — Beide Schriften des Sanchez sind übrigens jetzt selten. Vergl. Girtanner Bd. III. S. 460—471, 603. — Richter, chirurg. Bibliothek. Bd. III. S. 381.

6) Berdoe, Mermaduke: An essay on the Pudendagra. Bath 1771. 8.

Girtanner Bd. III. S. 577 sagt: der Verf. hat alles gesammelt, was man in älteren Schriftstellern über die Pudendagra findet, und zeigt, worin sie von der Lustseuche verschieden sei.

7) Hensler, Ph. Gabr., Geschichte der Lustseuche, die zu Ende des XV. Jahrhunderts ausbrach. Erster Band. Altona 1783. 335. 134 S. 8. Neuer Abdruck oder Titel? 1794.

Das Werk zerfällt in zwei Bücher. Erstes Buch: Nachrichten von gleichzeitigen Schriften über die Lustseuche. S. 1—140. I. Abschnitt. Schriften vor dem Leonicenus S. 5—26. — II. Abschn. Schriften von Leonicenus bis auf den Almenar. S. 27—68. — III. Abschn. Werke gleichzeitiger Schriftsteller nach Minderung der Seuche. S. 69—140. — Zweites Buch. Beschreibung der Krankheit. I. Abschn. Lokalzufälle. § 1. Behaftung der geheimen Teile. S. 144—150. — § 2. Verbrennen und Harnbrennen bei der Vorzeit und zur Zeit der Lustseuche. S. 151—168. — § 3. Der männliche Fluß der Rute. S. 169—203. — § 4. Der weibliche Fluß. S. 204—217. — § 5. Das unreine Geschwür. S. 218—244. — § 6. Der Leistenschwären. S. 245—264. — § 7. Lokalfolgen des unreinen Flusses und Geschwüres. S. 265—275. (Hodengeschwülste, Harnröhrengeschwüre, Harnbrennen, Harnstrenge, Geschwüre und Fisteln am Mittelfleisch, Phimosis und Paraphimosis, Verlust der Genitalien). — § 8. Andere Lokalübel der bedeckten Teile. S. 277—302. (Ausschläge, Auswüchse, Geschwüre am After, Hämorrhoiden). — § 9. Spuren der früheren Unreinheit bei nicht medizinischen Schriftstellern S. 307—328. — Als Anhang

S. 1—134 finden sich Excerpte aus Schellig, Wimpheling, Cumanus, Brant, Grunpeck, Widmann, Steber, Pinctor, Grünbeck, Benedictus, verschiedenen Geschichtschreibern des XV. und XVI. Jahrh., die Messe des St. Job und Chr. Columbus Epistola de insulis nuper in mari Indico repertis.

8) Hensler, Ph. Gabr., über den westindischen Ursprung der Lustseuche. Hamburg 1789. 92. 15 S. 8.

Auch unter dem Titel: Geschichte der Lustseuche etc. Zweiten Bandes zweites Stück. Das erste Stück dieses Bandes, welches die Beschreibung der Krankheit enthalten sollte, ist niemals erschienen. Die Schrift ist besonders gegen Girtanner gerichtet, untersucht § 2 den Zeitpunkt der Erscheinung der Lustseuche in Italien. § 3. Die Augenzeugen von der Überkunft der Lustseuche aus Hispaniola nach Spanien. § 4. Augenzeugen von der Heimat der Lustseuche in Hispaniola. § 5. Zeugnisse, daß die Lustseuche auf dem festen Lande von Amerika endemisch gewesen. § 6. Spätere Zeugen von der Überkunft der in Hispaniola endemischen Lustseuche nach Spanien. Die Belege von S. 1—15 sind aus Oviedo, Welsch, Lopez de Gomara, Roman. Pane, Pedro de Cieça de Leon, Augustin. de Zaratte, Hieron. Benzoni.

9) Hensler, Phil. Gabr., Programma de Herpete seu Formica veterum labis venereae non prorsus experte. Kilon. 1801. 64 S. 8.

Dieses Programm, welches H. bei der Niederlegung des Dekanats und zur Ankündigung einiger Promotionen schrieb, ist in 10 Paragraphen geteilt, von denen der erste eine Übersicht des Inhalts gibt, der zweite einige Stellen aus den echten Schriften des Hippocrates (Prorrhetic. II. 18. 21. de aere aquis et loc. II. Aphorism. V. 22.) über den Herpes betrachtet, aus denen hervorgeht, daß unter Herpes fressende Geschwüre verstanden wurden, der H. esthiomenes besonders den Unterleib und die Genitalien ergriff, die Epinyctis vorzüglich das männliche Alter befiel, weshalb Verdacht auf Mitteilung durch den Beischlaf entstehe. § 3. teilt die Ansicht über die Herpesarten bis auf Celsus mit, § 4. diejenigen über Epinyctis, wo besonders auf die nächtlichen Schmerzen Gewicht gelegt wird. § 5. bespricht das Therioma des Celsus (V. 28. 3), welches nach Pollux Onomast. IV. 25. besonders an den Genitalien vorkommt und der Epinyctis sehr nahe steht. § 6. teilt die Ansichten Galens über den Herpes mit. In § 7. geht der Verf. zur Formica der Araber über und zeigt, daß sie verschiedene Hautübel damit bezeichnet haben. § 8. betrachtet die Ansichten der Arabisten bis zum XV. Jahrhundert, deren Gestaltung während des XV. Jahrhunderts § 9. gibt. Aus dem Beigebrachten zieht H. nun in § 10 folgende Schlüsse: Formica war der Herpes der Griechen, unter beiden Namen, jedoch keineswegs ausschließlich, wurden syphilitische Affektionen beschrieben; die Unsittlichkeit erzeugte zu allen Zeiten die Lustseuche, welche früher mehr sporadisch, gegen Ende des XV. Jahrh. wegen ihrer allgemeinen Verbreitung gleichsam epidemisch auftrat. Die frühere Vernachlässigung der Ätiologie hinderte eben so wie die Galenischen Hypothesen von den Säftefehlern die richtige Erkenntnis der Krankheit. Die Lustseuche ist keine einfache Krankheit, sondern eine Diathese, die sich je nach Zeit und Art in verschiedenen Formen äußern kann: „Hujusmodi vero lues mihi illa omnis esse videtur, quae ipso coitu, quo quidem loco luis praecipuus focus est, facillime cum aliis communicari et ad ipsam prolem propagari possit. Summa ejus genera esse equidem arbitror Lepram, malum, quod Pians vocant, ipsamque Syphilidem.“ (S. 54). Die Pians seien die Variolae magnae, deren Samen die Maranen verbreiteten, die Syphilis ein Morbus Europae inquillinus. Jene drei Krankheiten sind verwandt, gehen in einander über.

10) La America vindicada de la calumnia de haber sido madre del mal venereo. Madrid 1785. 4.

Sprengel in den Anmerkungen zu P. Ant. Perenotti di Cigliano von der Lustseuche S. 348 nennt diese Schrift, welche sich auf der Universitätsbibliothek zu Göttingen befinden soll: „einen gut geschriebenen Traktat, worin von S. 34 an bewiesen wird, daß die Lustseuche nicht aus Hayti gekommen.“ Vergl. Götting. gelehrte Anzeig. 1788. St. 169. S. 1614.

11) Perenotti di Cigliano P. Ant. Storia generale dell' origine dell' essenza e specifica qualita della infezione venerea. Turin 1788. 8.

Diese Schrift wurde mit einer andern desselben Verfassers, die Behandlung der Lustseuche betreffend, von C. Sprengel ins Deutsche übersetzt und mit Zusätzen versehen, unter dem Titel: P. A. Perenotti Cigliano von der Lustseuche, a. d. Ital. mit Zusätzen. L[illegible]z. 1791. XVI. 384 S. gr. 8. Ihr Verf. verteidigt das Altertum der Krankh[illegible]

12) Turnbull, Will. An inquiry into the origin and antiquity of the lues venerea, with observations on its introduction and progress in the Islands of the South-Sea. London 1786. 8.

Es erschien davon eine deutsche Übersetzung von Dr. Christ. Friedr. Michaelis, Zittau und Leipzig 1789. 110 S. gr. 8. Der Verf. verteidigt den amerikanischen Ursprung und sucht besonders Becket und Raynold Forster zu widerlegen.

13) Arnemann, Just. De morbo venereo analecta quaedam ex manuscriptis musei Britannici Londinensis. Göttingen 1789. 4.

Diese Schrift soll nach Girtanner III. S. 733. neue Beweise für den amerikanischen Ursprung enthalten.

14) Sarmiento, M. Antiquitad de los bubas. Madrid 1788. 32 S. 8.

Vergl. the English Review. 1788. S. 221. — Allgem. Literaturzeitung 1789. Bd. II. S. 647.

15) Schmidt, M. S. G., praeside (et auctore) C. Sprengel, de ulceribus virgae tentamen historico-chirurgicum. Halae 1790. 8.

16) Gruner, Christ. Gothofr., Morbi Gållici origines Maranicae. Progr. Jen. 1793. 4.

Findet sich wieder abgedruckt in der oben S. 11. No. 10 angeführten Sammlung Scriptores de morbo Gallico.

17) Sind die Maranen die wahren Stammväter der Lustseuche von 1493? Im Journal der Erfind., Theorien und Widersprüche in der Natur- und Arzneiwissenschaft. Stück III. Gotha 1793. S. 1—34. Stück VI. Gotha 1794. S. 119—129.

Diese beiden Aufsätze sollen den Prof. Aug. Hecker zu Erfurt zum Verf. gehabt haben, und sind besonders gegen Gruners ebengenannte Schrift, so wie gegen den Maranischen Ursprung überhaupt gerichtet. Gruner suchte seine Ansicht in folgenden Aufsätzen zu verteidigen:

18) Die Maranen sind die wahren Stammväter der Lustseuche von 1493; in s. Almanach Jahrgang 1792. S. 51—92. — Geschichte der Maranen und der Eroberung von Granada. Ebendaselbst S. 158—196. — Die Maranen dürften doch wohl die Stammväter der Lustseuche von 1493 sein. Ebendas. 1793. S. 69—89. 1784. S. 229—268.

Vergl. auch einige frühere Aufsätze im Jahrg. 1784. S. 224—237. Jahrg. 1790. S. 139—157.

19) Linguet, Sim. N. H. Histoire politique et philosophique du Mal de Naples. Paris 1796. 8.

Diese Schrift scheint nicht mehr im Buchhandel zu sein, wir konnten sie wenigstens auf keinem Wege erhalten.

20) Sprengel, C. Über den mutmaßlichen Ursprung der Lustseuche aus dem südwestlichen Afrika. In dessen Beiträgen zur Geschichte der Medizin. Halle 1796. Bd. I. Hft. 3. S. 61—104.

Der Verf. behauptet hier nach einer vorausgegangenen Andeutung Henslers, daß Yaws und Pians die Urformen der Lustseuche seien.

21) Bouillon la Grange, J. F. B., Observations sur l'origine de la maladie vénérienne dans les Isles de la mer du Sud. In Recueil periodique de la société de Santé. T. I. 1797. 38—47.

22) Sickler, Wilh. Ernest. Christ. Aug., Diss. exhibens novum ad historiam luis venereae additamentum. Jenae 1797. (VIII. April.) 32 S. 8.

Der Verf. behandelt hier einige vor ihm nicht benutzte Stellen aus dem alten Testamente, welche sich auf die Plage der Juden, die sich über dieselben wegen der Verehrung des Baal Peor verbreitete, beziehen. Die kleine Schrift scheint von den späteren Schriftstellern nicht benutzt zu sein, weder Hacker noch Choulant führen sie auf. Der Bruder des Verf. hatte auf die Stellen zuerst in Augusti theologische Blätter, Gotha No. 13 aufmerksam gemacht.

23) Schaufus, Dr., Neueste Entdeckungen über das Vaterland und die Verbreitung der Pocken und der Lustseuche. Leipzig 1805. 160 S. 8.

Vergl. Ehrhardt mediz. chirurg. Zeitung. Insbruck 1806. Bd. I S. 375. Pierer allgem. med. Annalen. 1866. S. 364.

Der Verf. leitet die Lustseuche von Ostindien her und läßt sie durch die Zigeuner nach Europa gebracht werden. Ausführlich handelt er von S. 65 bis zum Schluß des Werks von der Lustseuche auf den Inseln der Südsee, indem er zugleich vollständig die Quellen über diesen Gegenstand mitteilt.

24) Törnberg, Carol. Sam., Spec. inaug. med. sistens sententiarum de vera morbi gallici origine synopsin historicam. Jenae XXIX. August. 1807. 26 S. 8.

Der Verf. entscheidet sich für den amerikanischen Ursprung, ohne etwas Neues beizubringen.

25) Rousseau, J. B. C., New observations on Syphilis, tending to settle the disputes about its importation, by proving that

it is a disease of the human race, that has and will always exist among the several nations of the globe. In Coxe Philadelph. med. Museum. 1808. Vol. IV. No. I. S. 1—11.

26) Robertson, H. A., historical inquiry into the origin of the Venereal Disease. P. I. II. in the London medical Repository 1814. Vol. II. S. 112—119. 185-192.

Der Verf. verteidigt das Altertum der Lustseuche, leugnet aber, daß die Krankheit, welche bei der Belagerung von Neapel unter den Franzosen geherrscht habe, wahre Syphilis gewesen sei; er hält sie vielmehr für ein der Pest ähnliches Fieber mit blatterartigem Ausschlage. Ein späterer Aufsatz in derselben Zeitschrift 1818. Vol. IX. S. 465—495 enthält das Resultat seiner Beobachtungen in Spanien während des Krieges, insofern sie seine frühern Ansichten bestätigen.

27) Hamilton, Rob., On the early history and symptoms of Lues. In the Edinburgh medical and surgical Journal. 1818. Vol. XIV. S. 485—498.

Der Verf. sucht zu beweisen, daß die Krankheit zu Ende des XV Jahrhunderts nicht Lues venerea, sondern Sibbens gewesen sei. Vergl. Ehrhart medic. chirurg. Zeitung. 1819. Bd. 1. S. 198.

28) Werner, Gust. Adolf, de origine ac progressu luis venereae animadversiones quaedam. Diss. inaug. med. Lips. 1819. 29 S. 4.

Verteidigung des Altertums der Krankheit durch Anführung der bereits früher bekannten Stellen. Die Alten hätten die Syphilis mit der Lepra zusammengeworfen, die zu Ende des 15. Jahrhunderts herrschende Unzucht und die Ankunft der Maranen in Italien gaben Gelegenheitsursachen der allgemeinen Verbreitung der Krankheit ab. Nach Choulant in Pierer allgem. med. Annalen Jahrg. 1825. S. 237, ist Prof. Heinrich Robbi Verfasser dieser Dissertation.

29) Wendt, J. L. W., Bydrag til historien af den veneriske sygdoms begyndelse og fremgang i Danemark. Kjöbnhaven 1820. 8. Deutsch in Hufelands Journal. 1822. Bd. 55. S. 1—51.

Nachweis, daß die Lustseuche seit 1495 in Dänemark bekannt; ihre Behandlung besonders den Chirurgen und Laien überlassen gewesen sei, nebst Angabe der medizinischen Polizeianstalten gegen die Krankheit.

30) Barbantini, Nicol., Notizie istoriche concernanti il contagio venereo, le quali precedono la sua opera sopra questo contagio. Lucca 1820. 8.

Scheint in Deutschland noch nicht näher bekannt zu sein. Weder durch den Buchhandel, noch sonst auf einem Wege konnten wir zu der Schrift gelangen, da sie vergriffen sein soll.

31) Thiene, Domenico, Lettere sulla storia de' mali venerei. Venezia 1823. 303 S. gr. 8.

Es finden sich darin folgende 9 Briefe: I. Sulla opinione comune della origine americana della lue venerea, al Sign. C. Sprengel, S. 7—27, worin der amerikanische Ursprung und Girtanners Gründe dafür widerlegt werden. Er führt hier in den Bemerkungen S. 238 ein bisher nicht gekanntes italienisches Gedicht des Georg Summaripa, eines Patriciers zu Verona von 1496 an, worin die Krankheit als von Gallien hergekommen dargestellt wird, was auch ein S. 236 abgedruckter Brief des Nicolaus Scillatius bestätigt, welcher schon früher in Brera Giornale di medicina 1817. Agosto Vol. XII. S. 123 mitgeteilt und auch daraus v. Huber S. 37 und Sprengel Gesch. der Medizin. 3. Ausg. Bd. II. S. 701. benutzt war, wonach die Angabe Choulants a. unt. angef. O. S. 238 zu berichtigen. — II. Della Scolagione ossia gonorrea degli antichi, al Sign. Christ. Goff. Gruner,*) beweist, daß die Gonorrhoe der Alten kein Samenfluß, sondern wirklicher Tripper gewesen sei. S. 31—48. — III. Della scolagione ossia gonorrea dei Bassi tempi, al Sign. F. Swediaur. S. 51—73. Nachweis, daß im Mittelalter wirklicher Tripper existiert habe. — IV. Della ulcere, dei bubboni, e di altri vizi delle parti segrete appresso l'antichita, al Sign. Nic. Barbantini. S. 77—92. — V. Della vera lue venerea ossia morbo gallico, al Sign. Anton Scarpa. S. 95—119. Darstellung der Lustseuche zu Ende des 15. Jahrhunderts und ihrer Veränderungen, mit besonderer Berücksichtigung der Sympathie der Genitalien und der Organe des Halses. — VI. Di alcune forme morbose moderne riferibili alla lue venerea, al Sign. Cullerier. S. 123—144. Betrachtet die Brünnsche Krankheit im Jahre 1577, die Sibbens, Amboinapocken, Kanadische Krankheit, Scherlievo und Falcadina. — VII. De alcune forme morbose antiche riferibili alla lue venerea, al Sign. Dr. Cambieri. S. 148—178. Es werden hier die Yaws, Pians, Judham, Mentagra Malum mortuum und Morphea genauer beschrieben und auf die nahe Verwandtschaft des Aussatzes mit der Lustseuche hingedeutet. — VIII. Della provenienza della lue venerea, al Sign. Filip. Gabr.

*) Ein merkwürdiger Beweis von der Bekanntschaft italienischer Gelehrten mit der Literaturgeschichte Deutschlands! Der Verf. widmete im Jahre 1823 dem bereits 1815 verstorbenen Gruner diesen Brief und übersandte ihm auch ein Exemplar mit einer eigenhändigen Zuschrift. Beide bewahrt die Universitätsbibliothek zu Jena.

Hensler. P. 182—208. Der Verf. betrachtet die Krankheit als endemisch in Afrika, von wo aus sie mit den Maranen nach Italien, mit den Negersklaven nach Amerika gekommen sei. — IX. Sulla publica igiene de' mali venerei, al Franc. Aglietti P. 212—225. Chronologische Übersicht der Bordellgesetze. Den Schluß machen von S. 230—303 Annotazioni, worin er besonders die Beweisstellen, worauf sich seine Behauptungen stützen, angibt, und zwar nach den im Text gegebenen Zahlen geordnet.

Einen Auszug aus dieser, wie es scheint, in Deutschland seltnen Schrift gibt Choulant in Pierers allgem. med. Annalen Jahrg. 1825. S. 236—244.

32) Huber, V. A., Bemerkungen über die Geschichte und Behandlung der venerischen Krankheiten. Stuttgart und Tübingen. 1825. 124 S. 8.

Der Verf. sucht besonders den amerikanischen Ursprung zu bekämpfen und hört zu diesem Zweck namentlich die spanischen Chronikenschreiber ab. Indessen ohne gerade ein bestimmtes Resultat erzielen zu wollen, begnügt er sich mehr damit die Inconsequenzen in der Beweisführung von Seiten der Verteidiger der einen oder der andern Ansicht aufzudecken. — Belobende Anzeigen des Buchs finden sich in Heidelb. Jahrb. 1825. Stück XII. S. 1194—1199. — Hecker's lit. Annalen 1826. Bd. IV. S. 77—97. — Hufelands Bibliothek d. prakt. Heilkde. 1826. Bd. LV. S. 262—268.

33) Dubled, Alex., Coup d'oeil historique sur la maladie vénérienne. Paris 1825.?

Hacker S. 164 sagt: „soll mehreres Interessante enthalten." Wir konnten die Schrift nicht zu Gesicht bekommen; indessen scheint sie ganz mit dem übereinzukommen, was D. in einer spätern Schrift: Auseinandersetzung der neuen Lehre über die Lustseuche. A. d. Franz. Leipz. 1830. S. VI—VIII und S. 1—10 wiederholt hat; er sagt nämlich S. V. d. Vorrede: „Endlich, weil mir das historische Studium der venerischen Krankheit die Wahrheit meiner Meinung ebenfalls zu bestätigen scheint, habe ich dieser Schrift den historischen Überblick vorausgeschickt, welchen ich zu seiner Zeit der chirurgischen Sektion der königlichen Akademie der Medizin vorgelesen habe. Ein Bericht, welcher davon abgestattet werden sollte, ist nicht erfolgt." Es folgt dann eine zu dem historischen Überblick gehörende Vorrede, welche Paris im Oktober 1823 unterzeichnet ist, in welches Jahr dann die obige Schrift zu setzen wäre. Das Gegebene ist aber, wie man schon aus der geringen Seitenzahl schließen kann, mehr als oberflächlich.

34) Beer, S. J., Beiträge zur Geschichte der Syphilis. In Okens Isis. Jahrg. 1828. Bd. II. S. 728—731.

Der Verf., ein jüdischer Arzt, sucht zu beweisen, daß die Maranen nicht an Lustseuche gelitten haben, weil sie Märtyrer ihres Glaubens, mithin nicht ausschweifende, unmoralische Menschen sein konnten, weil (Moses V. Kap. 33 v. 17) Ausschweifungen in der Liebe, besonders mit Nichtjuden (Nehemia Cap. X v. 29, 30) streng untersagt seien, endlich weil Don Isac Abarbanel, geboren 1437, in seiner Auslegung der Propheten (gedruckt 1650), zu Sacharia v. 12 ausdrücklich sage: daß die Krankheit Zarfosim nur einzig unter den Goiem (Nichtjuden) und nicht unter den Israeliten vorkomme. Der Verf. verspricht zuletzt auch eine größere Abhandlung über Syphilis, die er in Arbeit habe, herauszugeben; sie ist jedoch unseres Wissens nicht erschienen.

35) Spitta, H., Beitrag zur Geschichte der Verbreitung der Lustseuche in Europa. In Heckers lit. Annalen 1826. Bd. IV. S. 371—374.

Besteht in der Mitteilung einer Stelle aus folgendem Buche: Libro que trata de las cosas, que traen de las Indias Occidentales, que sirven al uso de medicina, y de la orden qui se ha de tener en tomar la Rayz de Mechoacan etc. Hecho y copilado por el Doctor Monardes, medico de Sevilla. 1565 — welche den Guajac betrifft, und worin der amerikanische Ursprung auf eine Weise dargestellt wird, als wäre der Verf. dabei gewesen. Den Wert d s ganzen Raisonnements kann man schon aus folgender Stelle schließen: ıser Schöpfer wollte, daß von daher, wo die Lustseuche (el mal de las .uvas) kam, auch das Mittel gegen dieselbe kommen sollte."

36) de Jurgenew, Pet., Luis venerae apud veteres vestigia. Diss. inaug. Dorpati Livon. 1826. 54 S. 8.

Eine fleißige, zum Teil kritische Zusammenstellung der hierhergehörigen Stellen bis auf Petrus Martyr in chronologischer Folge, von denen jedoch vielleicht nur die S. 11 freilich auch nur unvollständig aus dem Lusus in Priapum s. Priapeia mitgeteilte vorher noch nicht berücksichtigt war. Vergl. Recens. von Struve in Rust's und Caspers krit. Repertor. Bd. XX S. 141.

37) Simon, Friedr. Alex., Versuch einer kritischen Geschichte der verschiedenartigen, besonders unreinen Behaftungen der Geschlechtsteile und ihrer Umgegend, oder der örtlichen Lustübel, seit der ältesten bis auf die neueste Zeit, und ihres Verhältnisses zu der Ende des XV. Jahrhunderts erschienenen Lustseuche; nebst praktischen Bemerkungen über die positive Entbehrlichkeit des Quecksilbers bei der Mehrzahl jener Behaftungen, oder der sogenannten primairen syphilitischen Zu-

fälle. Ein Beitrag zur Pathologie und Therapie der primairen Syphilis, für Ärzte und Wundärzte. I. Tl. Hamburg 1830. XVIII. 253 S. II. Tl. 1831. XVI. 543 S. gr. 8.

Der erste Teil dieses mit großem Fleiße gearbeiteten Werkes enthält die Geschichte des Trippers, der Hodengeschwülste, Geschwüre und warzigen Auswüchse in der Harnröhre, Harnbrennen, Strikturen, Geschwüre und Fisteln im Mittelfleisch, in sofern diese Nebenzufälle vor Erscheinung der Lustseuche bemerkt wurden; der zweite Teil die Geschichte der Geschwüre oder Schanker an den Geschlechtsteilen, besonders nach der Unreinheit verdächtigem Beischlaf, bis auf die neueste Zeit. Die versprochene kritische Geschichte der Lustseuche mit Rücksicht auf die zweckmäßigste Behandlung derselben ist leider noch immer nicht erschienen, obschon man erst aus dieser die Richtigkeit mancher Ansichten und Behauptungen des Verf., welche die örtlichen Zufälle betreffen, wird beurteilen können. Möchte der Verf. nicht länger säumen!

38) Jaudt, Math., de lue veterum et recentium. Diss. inaug. med. Monachii 1834. 23 S. 8.

In dieser etwas flüchtig gearbeiteten Abhandlung nimmt der Verf. mit den Engländern eine Lues antiqua an, die sich nur durch ähnliche Genitalaffektionen ausgesprochen habe und eine Lues universalis seit 1494—1496, welche beide noch jetzt vorkommen, woraus die Verschiedenheit in der Behandlung mit Quecksiber abzuleiten sei; für erstere sei der Mercur nicht nötig, wohl aber für letztere.

39) Schrank, Max Ludov., de luis venereae antiquitate et origine. Dissert. inaug. Ratisbonae (Monachii) 1834. 24 S. 8.

Der Verf. sucht durch Anführung der bekannten Stellen der Alten zu erweisen: 1. luem veneream antiquissimis temporibus jamjam cognitam itidemque contagiosam, sub finem saeculi XV. majorem nonnisi malignitatis gradum conditionibus secundis concurrentibus ostendisse, ideoque 2. Americam ejusdem patriam non esse habendam. Er scheint besonders Hubers Schrift benutzt zu haben.

40) Naumann, Prof., Zur Pathogenie und Geschichte des Trippers, in Schmidts Jahrb. der in- und ausländ. gesamten Medizin. Jahrgang 1837. Bd. XIII. S. 94—105.

Enthält schätzbare Notizen zur Geschichte der Lustseuche, besonders den Tripper im Altertum betreffend, führt mehrere sehr wichtige bisher übersehene Stellen aus Galen an und verteidigt so das Altertum der Krankheit. Übrigens ist der Inhalt dieser Abhandlung bereits in den VII. Band des Handbuches der med. Klinik desselben Verf. übergegangen.

41) Zennaro, August, Diss. inaug. de syphilidis antiquitate et an sit semper contagio tribuenda. Patav. 1837. 32 S. gr. 8.

42) Masarei, Jos. Ferd., Diss. sist. argumentum, morbos venereos esse morbos antiquos. Viennae 1837. 8.

Außer diesen sich vorzugsweise und allein mit der Geschichte der Lustseuche beschäftigenden Schriften, behandeln diesen Gegenstand auch die meisten der größeren Hand- und Lehrbücher über diese Krankheit, namentlich Swediaur, Bertrandi, Foot, Barbantini, Jourdan, besonders aber haben wir hier zu nennen:

Astruc, Joan., de morbis venereis libri sex. In quibus disseritur tum de origine, propagatione et contagione horumce affectuum in genere: tum de singulorum natura, aetiologia et therapeia, cum brevi analysi et epicirsi operum plerorumque quae de eodem argumento scripta sunt. Paris 1736. XVIII. 20. 628. 50 S. 4. Paris (Nachdruck zu Basel). 1738. 4. — Translated by Will. Borrowby Lond. 1737. 8. — Editio secunda: de morbis venereis libri IX. Paris 1740. 4. Vol. I. XXXVI. 608 S. (Enthält zugleich Dissertatio I. de origine, appellatione, natura et curatione morborum venereorum inter Sinas S. DXXXVII—DLXVI.) Vol. II. 537—1196 S. (Unsere Citate beziehen sich auf diese Ausgabe.) — Paris 1743. Vol. I.—IV. 12. Die ersten 4 Bücher wurden von Boudon und Aug. Franc. Jault ins Französische übersetzt. Paris 1740. 12. Vol. I.—III. — Editio tertia aucta per Jo. Astruc et Ant. Louis. Paris 1755. Vol. I—IV. 12. Nachdruck Venetiis 1760. 4. mit Hinzufügung von Gerardi van Swieten Epistolae duae de mercurio. — sublimato und Jos. Mar. Xav. Bertini diss. de usu mercurii. — Translated by Sam. Chapmann Lond. 1755. 8. Deutsch von Joh. Gottlob Heise. Frankf. und Leipz. 1784. gr. 8. Editio quarta: Paris 1773. Vol. I. — IV. 12. — Editio quinta, cura Ant. Louis. Paris 1777. Vol. I—IV. 12.

Astruc gebührt das Verdienst der erste gewesen zu sein, welcher das seit Jahrhunderten aufgehäufte Material zu einer Geschichte der Lustseuche auf eine umfassende Weise sammelte und zu sichten begann; sind auch seine geschichtlichen Resultate mangelhaft und einseitig, insofern sie sich nur auf die Verteidigung des amerikanischen Ursprungs beziehen, so ist doch seine chronologische Übersicht der Schriftsteller von 1475—1740 auch jetzt noch immer fast unentbehrlich, da er umfassende Auszüge aus sämtlichen ihm zu Gebote stehenden Schriften mitteilt, welche den ganzen zweiten Band seines Werkes füllen. Bis auf Hensler verdanken ihm fast alle späteren Geschichtschreiber ihr Quellenstudium, obschon sie nicht immer so ehrlich sind, die Fundgrube ihres Wissens zu nennen. Nach Bertrandi Abh. von den venerischen Krankheiten A. d. Ital. von C. H. Spohr. Bd. I S. 44 Anmerkg. k. hat Astruc fast das ganze erste Buch seiner Schrift aus: Charles Thuilier Observations sur les maladis veneriennes avec leur cure sure et facile, lettres sur les accidens, l'origine et les progrès de la verole. Paris 1707. 8 S. 211—261 abgeschrieben, ohne den Verfasser zu nennen!?

Girtanner, Christoph, Abhandlung über die venerische Krankheit. I. Bd. Göttingen 1788. 459 S. II. und III. Bd. 1789. 933 S. gr. 8. — Zweite Ausgabe 1793. III. Bd. gr. 8. — Dritte Ausgabe vom I. Bde., 1796. — Vierte Ausgabe vom I. Bde., mit Zusätzen und Anmerkungen herausgegeben von Ludw. Christoph Wilh. Cappel 1803. XVI. 455 S. gr. 8.

Der Verf. gibt im ersten Bande, Buch I, Abteilung 1, S. 1—57 eine Geschichte der Lustseuche, worin er mit aller nur möglichen Spitzfindigkeit und Verdrehung der Tatsachen den amerikanischen Ursprung der Krankheit zu verteidigen sucht. Im zweiten und dritten Bande, welche eine fortlaufende Seitenzahl (808) haben, gibt er eine Übersicht sämtlicher von 1595—1793 erschienenen Schriften über die Lustseuche, deren Zahl mit den Zusätzen 1912 ist. So weit als Astruc reichte, hat er ihn oft wörtlich übersetzt, ohne dies anzugeben. Da aber nur diejenigen Schriften, welche seine Ansichten, besonders den amerikanischen Ursprung verteidigten, genauer gewürdigt, die übrigen vornehm, häufig ohne nähere Angabe ihres Inhalts abgefertigt werden, so ist seine ganze Übersicht eigentlich nur der Titel wegen für den Geschichtsforscher brauchbar. Eine Fortsetzung dieser literarischen Übersicht gab:

Hacker, Heinr. August, Literatur der syphilitischen Krankheiten vom Jahr 1794 bis mit 1829 etc. Leipzig 1830. 264 S. gr. 8.

Leider kam ein großer Teil der Schriften, besonders der ausländischen, nicht wirklich in die Hände des Verf., er mußte sich daher häufig mit der bloßen Titelangabe begnügen, und bei den genauer bezeichneten fehlt, wie freilich auch bei Girtanner, die Angabe des Umfangs (Seiten- oder Bogenzahl) der Schriften, woraus sich doch wenigstens ein relatives Urteil über die Vollständigkeit derselben bilden ließe. Da seit der Herausgabe fast wieder ein Jahrzehnt verflossen ist, und es sich erwarten läßt, daß der Verf. seine Sammlung fortgesetzt habe, so dürfte eine zweite bis auf die neueste, in literarischen Produkten sehr regsam gewesene Zeit, fortgeführte Ausgabe eben so notwendig als erwünscht sein, in der sich das fehlende dann leicht ergänzen ließe. Auch aus der frühern Literatur würden sich manche Zusätze und Nachträge des von Girtanner Übersehenen oder nicht näher Bezeichneten machen lassen. Sollte es aber überhaupt nicht zweckmäßiger sein eine ganz neue Bearbeitung der ganzen Literatur der Lustseuche, jedoch nach andern als den Girtannerschen Prinzipien, vorzunehmen? Freilich müßte man dazu eine Bibliothek wie die Göttinger benutzen können. Manche Ausbeute lieferte gewiß

Rees, George, On the primary symptoms of the lues venerea, with a critical and chronological account of all the english writers on the subject, from 1735 to 1785. London 1802. 8.

Endlich haben wir noch der Geschichtschreiber der Medizin zu erwähnen, welche sich mehr oder weniger ausführlich mit der Geschichte der Lustseuche beschäftigten. Es gehören hierzu besonders:

Freind, J., histoire de la medicine, traduit de l'Anglais par Etienne Coulet. Leide 1727. 8. T. III. S. 192—277.

Sucht den amerikanischen Ursprung zu erweisen.

Gruner, Chr. Godofr., Morborum antiquitates. Vratislav. 1774. gr. 8. S. 69—101.

Stimmt hier für den amerikanischen Ursprung.

Sprengel, Curt, Versuch einer pragmat. Geschichte der Arzneikunde. 3. Auflage. Halle 1828. Bd. II. S. 521—525. 697—714. Bd. III. S. 204—217. Bd. V. S. 579—594.

Der Verf. nimmt hier die Entwicklung der Lustseuche aus dem Aussatze an.

In Verbindung mit anderen Krankheiten wird auch die Lustseuche geschichtlich behandelt in folgenden Schriften:

Raymond, Franc., Histoire de l'éléphantiasis, contenant aussi l'origine du Scorbut, du Feu St. Antonie, de la Verolea etc. Lausanne 1767. 132 S. 8.

Der Verf. verteidigt das Altertum der Krankheit. Vergl. Commentat de rebus in scient. a naturali et medicina gestis. Lips. Vol. XVI. S. 455—460.

Gebler, Gerhard, Diss. Migrationes celebriorum morborum contagiosorum. Göttingen 1780. 4.

Nach Girtanner Bg. III. S. 646 ist das die Lustseuche Betreffende wörtlich aus Astruc.

§ 5.

Übersicht der im Laufe der Zeit aufgestellten Meinungen über das Alter und die Entstehung der Lustseuche.

Die verschiedenen, im Laufe der Zeit über das Alter und den Ursprung der Lustseuche aufgestellten Meinungen lassen sich zunächst auf zwei Klassen zurückführen, indem man entweder annahm, die Krankheit sei bereits im Altertum bekannt gewesen und seitdem fortwährend beobachtet worden, oder sie als erst in den neunziger Jahren des XV. Jahrhunderts entstanden betrachtete. Beide Meinungen bildeten sich wohl gleichzeitig, je nach dem Bildungsgrade dessen, welcher sein Urteil abgab, und man könnte die erste die der Gelehrten, die zweite die des Volkes nennen, obschon auch zu jener bei ihrem Entstehen nicht sowohl wissenschaftliche Gründe als vielmehr Vorurteile die Basis lieferten. Die wenigen, wirklich gelehrten Ärzte zu Ende des XV. und im Anfange des XVI. Jahrhunderts waren, da sie eben weniger die Natur als die noch lange nicht von ihnen ausgebeuteten Schriften der Griechen und Araber zum Gegenstand ihres Forschens machten, viel zu sehr überzeugt, daß Hippocrates, noch mehr aber Galen und Avicenna bereits alles in ihren Schriften umfaßt hätten, was jemals Gegenstand der Behandlung zu irgend einer Zeit sein konnte. Indem man die anfangs vorherrschende Hautaffektion ins Auge faßte, war es natürlich, daß man sie für eine Art des Aussatzes hielt und bald Elephantiasis (Seb. Aquilanus, Phil. Beroaldus), bald Formica (Schellig, Cumanus, Gilinus, Leonicenus, Steber), Saphat (J. Widmann, Nat. Montesaurus, Jul. Tanus, Jo. de Fogueda, Sim. Pistor) nannte, woraus dann späterhin Sydenham, Haller, Plenk, Haward und eine zeitlang auch Sprengel die Ansicht bildeten, daß die Urform der Lustseuche die Yaws und Pians seien, mithin Afrika das Vaterland der Krankheit genannt werden müsse, womit dann auch die Maranen in Verbindung gebracht wurden. Als man späterhin sich überzeugte, daß der Anfang der Krankheit in örtlichen Affektionen der Genitalien bestehe, war es leicht, das Vorhandensein derselben seit den ältesten Zeiten nachzuweisen. Da man jedoch über das Verhältnis der Genitalaffektionen zu dem Hautleiden keine direkten Andeutungen bei den früheren Schriftstellern auffinden konnte, sah man sich zu der Annahme gezwungen, daß die syphilitischen Hautaffektionen mit dem Aussatze im Altertume zusammengeworfen seien; eine Ansicht, die zuerst Becket genauer nachzuweisen suchte, andern dagegen zu gewagt erschien, weshalb sie einen Ausweg darin zu finden glaubten, daß der Aussatz sich unter günstigen Außenbedingungen in die Lustseuche umgewandelt habe, wofür das seltnere Auftreten des erstern zu sprechen schien. Verteidiger der letztern Ansicht sind besonders Sprengel und Choulant in der Vorrede zu Fracastori's Syphilis. Während man hierbei das eigentliche Vaterland der Krankheit dahingestellt sein ließ, glaubten Swediaur und Beckmann dasselbe in Ostindien zu finden und den daselbst bekannten Dschossam oder das persische Feuer als die Grundform ansehen zu müssen. Ihnen schloß sich Schaufus in sofern an, als er durch die Zigeuner die Lustseuche von Ostindien nach Europa gebracht glaubte, während Dr. Wizmann[1]) die Krankheit im II. Jahrhundert in Dacien entstehen läßt, welches damals unter Trajan in eine römische Kolonie umgewandelt, die lüderlichen römischen Soldaten habe

[1]) Über die Lustseuche in den nördlichen Provinzen der europäischen Türkei in: Russische Sammlung für Naturwissenschaft und Heilkunst, herausgegeben von Alex. Crichton, Jos. Rehmann, C. Fr. Burdach Bd. I. Riga und Leipz. 1845. gr. 8 S. 230.

aufnehmen müssen, deren Ausschweifungen in fremdem Klima, unter Beihilfe einer begünstigenden epidemischen Konstitution, die Krankheit hervorgebracht habe, welche sich noch jetzt in der Türkei genuin erzeuge. Wizmann ebenso wie Sprengel und Choulant, und zum Teil auch Gruner, welcher die Maranen als die Stammväter der Lustseuche betrachtete, können daher als Vermittler der beiden Extreme angesehen werden und machen somit den Übergang zu denjenigen Ansichten, welche die Krankheit als eine neue ansehen.

Die Verteidiger der Neuzeit der Krankheit waren, wie gesagt, besonders die Nichtärzte, obschon ein nicht geringer Teil derer, die sich Ärzte nannten, freilich aus anderen Gründen, ihnen beistimmte, nur daß man über die Art der Entstehung verschieden dachte. Die herrschenden astrologischen Ansichten fanden die Ursache der Lustseuche in der als Unheil bringend voraus verkündeten Konjunktion der Planeten, womit dann noch Überschwemmungen, gedrückte Lage der Völker, Hungersnot und dergleichen in Verbindung gesetzt wurden, weshalb man die Krankheit eine epidemische, oder, was in jener Zeit ziemlich gleichbedeutend war, eine pestilenzialische, eine Pest nannte, und sie auch wohl dem Zorne der Gottheit zuschrieb; Behauptungen, welche immer noch mehr Wahrscheinlichkeit haben konnten, als wenn man die Krankheit aus Vergiftung der Brunnen und des Weins (Caesalpinus), Vermischung des Mehls mit Gyps (Fallopia), oder gar aus dem Genuß von Menschenfleisch (Fioraventi) herleitete. Als der Beischlaf als vermittelndes Moment nicht mehr zurückgewiesen werden konnte, nahm man zu mancherlei abenteuerlichen Anekdoten seine Zuflucht, zu dem Coitus einer Buhlerin mit einem Aussätzigen, mit Tieren, besonders Affen, so wie endlich auch mit den wollüstigen indianischen Frauen Amerika's, woraus sich dann zum Teil der amerikanische Ursprung der Lustseuche bildete, welcher besonders an Astruc und Girtanner seine Verteidiger fand, und trotz der Bemühungen Hensler's noch jetzt nicht ganz vergessen zu sein scheint.

§ 6.

Plan der Darstellung.

Es käme nun darauf an, diese verschiedenen Ansichten, sowie die dafür aufgestellten Gründe näher zu betrachten und einer Prüfung zu unterwerfen. Da das Resultat dieser Prüfung aber die Darstellung der Geschichte gewissermaßen in sich begreift, so wird es zweckmäßig sein, beide so viel als möglich miteinander in Verbindung zu setzen, woraus sich dann die Haltbarkeit der einzelnen Ansichten, wie die Gültigkeit der dafür beigebrachten Gründe von selbst ergeben wird. Dies ist aber um so notwendiger, als einerseits dadurch zugleich eine Menge Wiederholungen vermieden, andererseits aber auch nur auf diesem Wege die vorhandenen Lücken deutlich erkannt und fühlbar gemacht werden. — Sämtliche Ansichten zerfallen, wie bereits erwähnt, in zwei Gruppen, insofern sie das Altertum oder die Neuheit der Lustseuche verteidigen, und so werden auch wir unsere Untersuchungen zunächst in zwei Teile sondern müssen, von denen der erste die Lustseuche im Altertume, der zweite die Lustseuche zu Ende des XV. Jahrhunderts umfassen soll, woran sich dann, gleichsam als dritter Teil, die Geschichte der Krankheit bis auf unsere Zeit anschließen wird. Jeden der beiden ersten Teile werden wir, den oben mitgeteilten Ansichten gemäß, zunächst mit der Betrachtung der Quellen eröffnen, und darauf die Einflüsse untersuchen, welche Krankheiten infolge des Gebrauchs oder Mißbrauchs der Genitalien im allgemeinen hervorrufen, ihre Entstehung begünstigen, zu hindern oder die bereits entstandenen zu modifizieren imstande waren; eine Untersuchung, welche eben so notwendig als schwierig ist, da es hierzu fast ganz an brauchbaren Vorarbeiten mangelt, und wir doch nur mit ihrer Hilfe einen tieferen Blick in die Geschichte der Lustseuche zu tun vermögen. Das Verhalten der Kunst diesen Einflüssen und ihren Folgen gegenüber wird hierauf unsere Aufmerksamkeit in Anspruch nehmen, insofern es bestimmend und modifizierend auf die Form und Beschaffenheit der Krankheit einzuwirken imstande ist, wobei es besonders darauf ankommt, nachzuweisen, ob die Ärzte auch diese Krankheiten als solche richtig erkannt, oder überhaupt zu erkennen Gelegenheit hatten, ob Theorieen sie das Rechte zu sehen hinderten u. s. w. Sind wir über alle diese Punkte, soweit es möglich, in's Klare gekommen, so werden wir auch vermögen, als Schluß der einzelnen Teile wie des Ganzen eine genetische Darstellung der Entwicklung der Krankheit selbst zu geben, und somit unsere Aufgabe zu lösen.

Erster Teil.

Die Lustseuche im Altertume.

Quellen.

Da wir im Altertume längere Zeit hindurch die ärztlichen Kenntnisse keineswegs in der Hand eines bestimmten Standes allein antreffen, und auch da, wo dies der Fall zu sein scheint, uns immer noch ein nicht geringer Teil dieser Kenntnisse nur als Volksmedizin entgegentritt, so ist es klar, daß, wenn wir uns über das Vorhandensein einer Krankheit im Altertum unterrichten wollen, wir uns keineswegs auf die ärztlichen Schriftsteller beschränken dürfen. Dies wird um so notwendiger, wenn wir uns zugleich nach den ätiologischen Verhältnissen einer solchen Krankheit umsehen müssen, von der sich schon von vornherein bestimmen läßt, daß sie eng mit dem ganzen Leben und Treiben der Völker zusammenhängt. Der Geschichtschreiber sieht sich also genötigt, alles, was ihm über jene Verhältnisse Aufklärung zu verschaffen vermag, prüfend zu durchmustern, die Literatur sämtlicher Völker zu befragen. Nun tritt aber der Übelstand ein, daß nur ein verhältnismäßig sehr geringer Teil der Schriftsteller des Altertums bis auf uns gekommen ist, abgesehen davon, daß noch mancher in irgend einem Winkel der Erde versteckt liegen mag; daß ferner die geretteten Schriftsteller fast nur Griechen und Römer sind, also für den größten Teil der Nationen des Altertums die Nationalquellen fast ganz fehlen, oder, wo sich dergleichen noch finden, sie in einer Sprache geschrieben sind, deren richtiges Verständnis zum Teil erst noch zu erwarten ist. Schon hieraus geht deutlich hervor, daß eine vollständige Aufklärung über einen streitigen Gegenstand im Altertume eigentlich niemals zu erwarten steht, daß es aber auch ein sehr voreiliger Schluß sein würde, wenn man behaupten wollte, eine Krankheit sei deshalb im Altertume nicht vorhanden gewesen, weil sie in den vorhandenen und bekannten Schriften desselben nicht erwähnt werde. Indessen da diese allgemeine Unvollständigkeit der Nachrichten alle Verhältnisse des Altertums trifft, und dennoch über viele derselben bereits genügende Aufschlüsse gewonnen wurden, so ist es natürlich notwendig, daß wir auch für unsern Gegenstand den Versuch machen müssen, in wie weit die vorhandenen Quellen Aufklärung zu geben vermögen; ein Unternehmen, welches freilich die Kräfte eines Menschen übersteigt, selbst wenn er alle Bedingungen, die zum Verständnis jener Quellen unerläßlich sind, zu erfüllen vermöchte. Es bleibt daher dem Einzelnen nichts anderes übrig, als zunächst eine Übersicht des bisher Geleisteten und Bekanntgewordenen zu veranstalten und daran das, was ihm das eigene Quellenstudium darbot, anzureihen, in der Hoffnung, daß Gleichgesinnte und mehr Befähigte sich in der Folge seinen Bestrebungen anreihen, und so durch vereinte Kräfte das vorgesteckte Ziel dereinst erreicht werde.

Da wir für die ätiologischen Verhältnisse ins Besondere sämtliche Reliquien des Altertums als Quellen in Anspruch genommen haben, so würde es nutzlos sein, sie hier besonders zu betrachten, wohl aber dürfte es zweckmäßig erscheinen, diejenigen näher anzugeben, aus denen wir über die Krankheit selbst Nachricht zu schöpfen imstande sind. Diese zerfallen nun in Ärzte und Nichtärzte. Die Würdigung der ersteren als Quellen für die Lustseuche verlangt eine Menge Bedingungen, welche wir erst im Verlaufe der nachfolgenden Darstellung der ätiologischen Verhältnisse selbst kennen lernen werden, und sie wird deshalb zweckmäßiger nach dieser, da, wo von dem Verhältnisse der Kunsthilfe zu der Krankheit die Rede ist, ihre Stelle finden. Hier also nur einiges von den Nichtärzten, bei welchen wir begreiflicher Weise nur mehr fragmentarische Nachrichten zu erwarten haben, welche aber um so wichtiger sind, wenn sie sich finden, als dadurch die allgemein verbreitete Bekanntschaft mit der Krankheit nachgewiesen wird, und man ihnen nicht Schuld geben kann, daß sie ihre Beobachtungen durch irgend eine theoretische Brille gemacht haben. Je reichhaltigere Materialien uns der Historiker über die ätiologischen Verhältnisse liefern wird, desto karger werden seine Mitteilungen über die Existenz der Krankheit sein, da ihm hierzu höchstens bedeutende geschichtliche Personen oder auffallende Häufigkeit der Krankheit Veranlassung geben können. Anders verhält es sich nun schon mit den Dichtern. Die Satiriker und Lustspieldichter können freilich nur Andeutungen geben, und auch diese sind für spätere Zeiten oft ganz unverständlich, wenn nicht Scholiasten und Glossatoren die Mühe der Erklärung auf sich genommen haben, obgleich man auch ihre Angaben nur mit Vorsicht benutzen darf, da sie so leicht der frühern Zeit die Ansichten ihrer eignen aufbürden. Aber auch hier ist das Feld der Andeutungen sehr begrenzt, indem sie nur in so weit möglich sind, als der Sache ein lächerliches, satirisches Moment abzugewinnen ist (*versus iocosi, carmina plena ioci* verlangt ja selbst Priapus), und auch dann wird stets die Bekanntschaft mit dem Faktum im allgemeinen bei dem Hörer, wie dem Leser vorausgesetzt. Schon hieraus ergibt sich, wie unüberlegt die Behauptung derjenigen ist, daß Dichter wie Horatius, Juvenalis oder Martialis, wenn sie mit den nachteiligen Folgen des Beischlafs mit Hetären bekannt gewesen wären, schwerlich ermangelt haben würden, mit unzweideutigen Worten gelegentlich darauf anzuspielen. Vortrefflich sagte ja schon Hensler[1]): *„In unserm Jahrhundert redet gewiß kein deutscher Dichter, weder die liebelnden minniglichen, noch die ernsten, ein Wort davon. Aber daraus den Schluß zu machen, also hat die Lustseuche bei dem Volke nicht existiert, also hat sie heuer in Deutschland sich nicht sehen lassen, des würden doch Ärzte und Barbiere lachen!"* Nun rechne man hierzu noch den verschiedenen Charakter der Völker und ihrer Sprachen. Der blumenreiche Asiate und Inder war der Satire an und für sich schon fern genug, und würde auch bei andern Gelegenheiten zu Bildern seine Zuflucht genommen haben, welche für uns mehr als dunkel erscheinen dürften. Die griechischen Jambographen fehlen uns fast ganz, und von den Lustspieldichtern haben wir nur Aristo-

---

[1]) Gesch. d. Lustseuche Bd. I. S. 326.

phanes, in dessen Verständnis wir noch keineswegs soweit vorgeschritten sind, daß uns alle Anspielungen klar wären. Überhaupt scheinen diejenigen, welche so kurz über das Vorhandensein von Andeutungen absprechen, kaum eine Idee von dem noch in vieler Beziehung sehr kläglichen Zustande der Lexicographie der griechischen wie auch der lateinischen Sprache zu haben. Außerdem war der Grieche und eine Zeitlang fast noch mehr der Römer[1]) überaus decent in seiner Sprache; lezterer beobachtete bei aller seiner späteren Frivolität noch immer gewisse Schranken, welche nur erst zur Zeit der gänzlichen Sittenverderbnis durchbrochen wurden, dann uns aber auch um so reichere Ausbeute liefern. Aber auch hier ist es nicht das Faktum, welches Gegenstand der Satire wurde, sondern nur das Sittlichkeit affektierende Benehmen der Lüstlinge, wie dies deutlich z. B. aus der im Zusammenhange gelesenen Stelle des Juvenalis[2]) hervorgeht; auch wird die folgende Darstellung es hinreichend dartun, daß selbst bei den Römern die Genitalaffektionen niemals dem natürlichen, sondern nur dem unnatürlichen Beischlaf, der Paederastie etc. zugeschrieben wurden, und daß man stets das Laster, nicht aber eigentlich die Folgen verhöhnte. Den Satirikern schließen sich die Epigrammendichter an; ob die Griechen hier viel Material bieten werden, müssen spätere Forschungen entscheiden, wie reichhaltig der Römer Martialis

[1]) Celsus de re medica Lib. VI. cap 18. „Proxima sunt ea quae ad partes obscoenas pertinent, quarum apud Graecos vocabula et tolerabilius se habent et accepta iam usu sunt, cum omni fere medicorum volumine atque sermone iactentur, apud nos foediora verba, ne consuetudine quidem aliqua verecundius loquentium commendata sunt." Wie streng man in späterer Zeit noch die Worte besonders der Dichter in dieser Beziehung beurteilte, lehrt die Stelle bei A. Gellius Noct. Attic. Lib. X. cap. 10; und bei Petronius Satir. 132 sagt Polyaenus: „Ne nominare quidem te (scil. penem) inter res serias est. — Poenitentiam agere sermonis mei coepi, secretoque rubore perfundi, quod oblitus verecundiae meae cum ea parte corporis verba contulerim, quam ne ad cogitationem quidem admittere severiores notae homines solent." Daher ruft auch der Sammler der Priapeia dem Leser zu: Conveniens Latio pone supercilium! und man sagte späterhin von solchen Reden, man wolle latine dicere, wie wir auch wohl sagen: deutsch reden; der Grieche entschuldigte sich durch sein ἄγροικος καὶ ἄμουσός εἰμι.

[2]) Satir II. 8—13.

unsere wiederholte Lektüre belohnte, davon wird sich der Leser bald überzeugen können. Von den Erotikern, welche unter dem Einflusse der von den Grazien umgebenen Aphrodite oder des schelmischen Eros ihre Lieder dichteten, wird niemand für unsern Zweck Ausbeute verlangen, daß aber die lasciven Erotiker des Altertums größtenteis verloren gegangen, kann der Geschichtschreiber der Lustseuche nur bedauern, denn vorhanden waren dergleichen sicher in beträchtlicher Anzahl, nur daß sie, wie jetzt, sorgfältig dem Auge der Uneingeweihten verborgen wurden. Daß die Griechen nicht arm daran waren, lehrt uns Cynulcus, welcher zu einem Sophisten sagt:[1]) *„Du liegst in den Kneipen, nicht in Gesellschaft von Freunden, sondern von Huren, hast eine Menge Kuppler um dich und trägst stets die Schriften des Aristophanes, Apollodor, Ammonius, Antiphanes und des Atheners Gorgias, welche alle über die atheniensichen Hetären geschrieben haben, bei Dir. Man kann dich füglich einen Pornographen nennen, wie die Maler Aristides, Pausanias und Nicophanes.“* Dergleichen Schriften waren noch zu Martialis[2]) Zeiten vorhanden. Bei den Römern nahm ihre Zahl überhand, da die lasciven Epigramme an den Wänden der Grotten, Tempel und Bildsäulen des Priapus[3]), den Gartenmauern etc. eine unversiegbare Quelle für sammelnde

---

[1]) Athenaeus Deipnosoph. lib. XIII. c. 21. — Vergl. Aristoteles Polit. lib. VII. cap. 17.

[2]) Lib. XII. epigr. 43. — Vergl. Paldamus H. Römische Erotik. Greifswald 1833. gr. 8.

[3]) Priapeia. Carm. 1.

Ludens haec ego teste te, Priape,
Horto carmina digna, non libro. —
Ergo quidquid est, quod otiosus
Templi parietibus tui notavi
In partem accipias bonam rogamus.

Carm. 41.

Quisquis venerit huc, poeta fiat
Et versus mihi dedicet iocosos,
Qui non fecerit, inter eruditos
Ficosissimus ambulet poeta.

Liebhaber darboten, denen wir auch die bis auf uns gekommenen Priapeia verdanken. Wären sie alle der Nachwelt aufbewahrt worden, gewiß würden wir uns nicht über Mangel an deutlichen Nachrichten über die Lustseuche im Altertum zu beklagen haben. — Zu den Dichtungen gehören auch die Mythen und Sagen des Altertums, welche, an und für sich schon schwer verständlich, durch den Wirrwarr, welcher noch immer in den Ansichten und Darstellungen derselben herrscht, kaum zur Benutzung geeignet sind. Endlich müssen wir noch die Kirchenväter als Quellen der Geschichte der Lustseuche erwähnen, indem namentlich ihre *Orationes contra Gentes* ein sehr reiches Material für die Kenntnis des sittlichen Zustandes der Völker des Altertums darbieten. Mag es auch sein, daß sie sich nur zu gern auf Kosten des Heidentums Übertreibungen erlauben und einer frühern Zeit bereits aufbürden, was ihrer eignen angehört, so verlieren diese Übelstände doch in sofern vieles an ihrer Bedeutung, als es sich ja zunächst nur darum handelt, zu erforschen, ob vor dem Ende des XV. Jahrhunderts die Lustseuche vorhanden gewesen ist oder nicht. — Die Schwierigkeiten, welche sich dem Studium und der Benutzung aller dieser Quellen entgegenstellen, bedürfen hier weiter keiner Erörterung, da sie dem Altertumsforscher, mag er nun Arzt oder Nichtarzt sein, hinlänglich bekannt sind.

Carm. 49.

Tu quicunque vides circa tectoria nostra
Non nimium casti carmina plena ioci;

Auch bei Martial. lib. XII. epigr. 62 heißt es:

Qui carbone rudi, putrique creta
Scribit carmina, quae legunt cacantes.

Erster Abschnitt.

Einflüsse, welche die Erzeugung von Krankheiten infolge des Gebrauchs oder Mißbrauchs der Genitalien begünstigten.

---

§ 1.

Sobald es sich darum handelt, die Krankheiten eines Teiles oder Organs kennen zu lernen, zu denen die Art des Gebrauchs desselben Gelegenheit gibt, so ist es zunächst erforderlich, die verschiedenen Arten dieses Gebrauchs selbst genauer zu erforschen; denn nur alsdann werden wir imstande sein, den Anteil zu bestimmen, welchen anderweitige Einflüsse zur Hervorbringung jener Krankheiten auszuüben imstande sind. Der naturgemäße Gebrauch der Genitalien ist nun der Akt der Zeugung; da hierauf aber die Erhaltung der ganzen Gattung beruht, so ist es nicht wahrscheinlich, daß, wenn die Genitalien nur zu diesem Zwecke benutzt werden, in diese Benutzung ein Grund des Erkrankens von der Natur gelegt sein sollte. In der Tat zeigt auch die Erfahrung aller Zeiten, daß in einer vernünftigen Ehe, deren natürlicher Zweck die Erzeugung von Kindern ist, Krankheiten der Genitalien selten oder nie vorkommen. Es muß daher auch noch einen anderweitigen Gebrauch der Genitalien geben, welcher ohne Absicht der Zeugung ausgeführt wird, oder wobei doch die Zeugung eine Nebenrolle spielt, mithin ein anderer als der natürliche Zweck verfolgt wird. Dieser Zweck ist aber das Wollustgefühl, welches mit dem Gebrauch der Genitalien verbunden ist, der Gebrauch der Genitalien zur Erreichung dieses Zwecks, die Wollust. Wie jeder

Mißbrauch irgend eines Organs nur mit Nachteil sowohl für das Organ selbst, als für den ganzen Organismus verbunden sein kann, so muß dies notwendig auch mit den Genitalien der Fall sein,[1]) und wir haben daher auch in dem Mißbrauch derselben, der Wollust, die vorzüglichste Gelegenheitsursache zu den Genitalaffektionen zu suchen. Handelt es sich nun darum, eine Geschichte der Genitalaffektionen zu geben, so ist diese nur dann möglich, wenn wir zuvor eine klare Einsicht in die Geschichte der Wollust gewonnen haben. Allerdings ist es eine traurige Aufgabe des Geschichtschreibers, die moralische Entartung der Völker und Nationen bis in ihre scheußlichsten Einzelnheiten zu verfolgen und zu enthüllen, und die Sittenlehre selbst dürfte manches gegen ein solches Beginnen einzuwenden haben. Indessen, ist der Arzt gezwungen, in den einzelnen Fällen die Spuren des Lasters in seinen geheimsten Schlupfwinkeln aufzusuchen, um das Wesen der Krankheit eines Individuums zu ergründen, um wie viel mehr wird es ihm nicht nur erlaubt, sondern selbst Pflichtgebot sein, das Treiben ganzer Völker und ihrer einzelnen Stämme ins Auge zu fassen, um die Natur einer Krankheit zu enthüllen, die, eben weil ihre Genesis im Verborgenen vor sich geht, das Mark der Völker um so sicherer und gräßlicher zerstört. Der Vorwurf, daß das moralische Ansehn der Nationen dadurch vernichtet und der Masse aufgebürdet werde, was doch immer nur Einzelne verschuldeten, kann um so weniger hier eine Stelle finden, als eben nur durch die genaue Kenntnis des Treibens jener Einzelnen eine richtige Würdigung der Gefahr, welche dem Ganzen dadurch droht, möglich wird. Hätte nicht von jeher den Einzelnen wie die Masse ein falsch verstandenes Sittlichkeitsgefühl die Wahrheit zu reden abgehalten, wahrlich, wir wären längst weiter in der Erkenntnis einer Krankheit, deren charakteristisches Symptom es ist, daß diejenigen, welche daran leiden, so viel als nur immer möglich die Ursache derselben zu verbergen suchen!

---

[1]) Clemens Alexandr. Paedag lib. II. c. 10. *ὅσοι δὲ τὴν παραβολὴν διώκουσι, πταίουσι περὶ τὸ κατὰ φύσιν, σφᾶς αὐτοὺς βλάπτοντες, κατὰ τὰς παρανόμους συνουσίας.*

§ 2.

Der Venuskultus. [1])

War der phantasiereiche Sohn des Südens schon an und für sich geneigt, alles, was sein wenig geübter Verstand nicht zu fassen vermochte, der Einwirkung einer besondern Gottheit zuzuschreiben, um wie viel mehr mußte er dies bei dem noch jetzt für uns in ein undurchdringliches Dunkel gehüllten Akt der Zeugung und Empfängnis tun? Wie sollte er sich aber diese Gottheit, [2]) welche, ihn selbst als Werkzeug gebrauchend, zugleich den höchsten sinnlichen Genuß ihm gewährte, anders denken als unter dem Bilde eines eben so reizenden als liebevollen Wesens, das noch unendlich reizender [3]) sein mußte, als die Geliebte, die er umfangen hielt? Des Jünglings Phantasie verlangte eine liebliche Jungfrau, die Jungfrau aber bedurfte einer

---

[1]) Larcher Memoire sur Venus. Paris 1775. 312 S. 8. — Dela Chau Dissertation sur les attributs de Venus. Paris 1776. 91 S. 4. deutsch von C. Richter. Wien 1783. 179 S. 8. — J. C. F. Manso Über die Venus, in: Versuche über einige Gegenstände aus der Mythologie der Griechen und Römer. Leipz. 1784. gr. 8. S. 1—308. Der Aufsatz ist das Vollständigste, was wir über die Venus bis jetzt besitzen. — Lenz, C. G., die Göttin von Paphos auf alten Bildwerken und Baphomet. Gotha 1808. 26 S. 4. Mit Kpf. — Münter, Fr., der Tempel der himmlischen Göttin von Paphos. Kopenhagen 1824. 40 S. Mit Kpf. — Lajard, Felix, Recherches sur le culte, les symboles, les attributs et les monuments figurés de Venus en orient et en occident. Paris 1834. 4. avec XXX planches in Folio. Kennen wir nur aus der Anzeige.

[2]) Orpheus Hymn. 55.

Οὐρανίη Ἀφροδίτη,
παντογενὴς, γενέτειρα θεὰ, — γεννᾷς δὲ τὰ πάντα,
ὅσσα τ᾽ ἐν οὐρανῷ ἐστὶ καὶ ἐν γαίῃ πολυκάρπῳ
ἐν πόντου τε βυθῷ. — γαμοστόλε, μῆτερ ἐρώτων.

Homer Hymn. 9. in Venerem:

Κυπρογενῆ Κυθέρειαν ἀείσομαι, ἥτε βροτοῖσιν
μείλιχα δῶρα δίδωσιν, ἐφ᾽ ἱμερτῷ δὲ προσώπῳ
αἰεὶ μειδιάει, καὶ ἐφ᾽ ἱμερτὸν φέρει ἄνθος.

[3]) Hesiod Theogonia 190—206.

liebenden Schwester, der sie sich vertrauensvoll in die Arme werfen konnte, die alle ihre süßen Gefühle, für die sie vergebens nach Worten suchte, deren sie sich selbst kaum bewußt zu werden wagte, ahnend verstand! Zu ihrem Tempel wallte sie dann, schüttete ihr an Wünschen reiches Herz vor ihr aus[1]) und brachte sich ihr endlich selbst an heiliger Stätte als Opfer dar, damit die Göttin (Ἀφροδίτη εὔκαρπος, κουροτρόφος, γενετύλλις) sich in ihr verherrliche und sie selbst des höchsten Glückes des Weibes, der Mutterfreuden, teilhaftig werde. Durch körperliche Reinigung bereitete sie sich vor,[2]) ehe sie die Schwelle des Tempels betrat, an dessen Altare sie dann die geistige Reinheit empfing, und so von dem Heiligsten durchschauert, führte sie die Hand des Priesters[3]) in die Arme des Geliebten, welcher, unverdorben wie sie, noch nicht die erhabensten Geheimnisse der Natur mit frecher Hand zu entschleiern versucht hatte, wonnetrunken die Geliebte auf den mit duftenden Blüten geschmückten Torus niederzog und so, seiner selbst fast unbewußt, zum Schöpfer eines Wesens wurde, in dem beide sich verjüngt sahen! — Ist der Mensch wirklich das edelste der Geschöpfe, vom Schöpfer selbst als sein Ebenbild erschaffen, wahrlich, so muß die Kraft, die den Menschen unbewußt zum Schöpfer erhebt, auch eine göttliche sein, und zum hehrsten Gottesdienst der Akt werden, wo sie selbst in Tätigkeit tritt. Sollte es niemals eine Zeit gegeben haben, wo der Mensch rein, wie er aus der Hand des Schöpfers hervorgegangen, in der Einfalt seines Herzens nur dem Gesetz folgte, das ihm ins Herz

---

[1]) Man sehe das Gedicht der Sappho in Brunck Analect. vet. poet. Graec. Vol. I. p. 54., — Suidas s. v. ψιθυριστής, als Beiwort der Venus. Eustathius ad Homeri Odyss. XX. p. 1881. Ihr Attribut war ein Schlüssel zu dem Herzen. Pindar Pyth. IV. 390. Vergl. Ovid. Fast. IV. 133 sq.

[2]) Die Troerinnen begaben sich vor ihrer Verheiratung zum Fluß Skamander, badeten sich in ihm und sagten: Empfange, Skamander, unsre Jungfrauenschaften. Aeschines Epist. II. p. 738.

[3]) Herodot. lib. II. cap. 64. Καὶ τὸ μὴ μίσγεσθαι γυναιξὶ, ἐν ἱροῖς, μηδὲ ἀλούτους ἀπὸ γυναικῶν ἐς ἱρὰ ἐσιέναι, οὗτοι εἰσὶ οἱ πρῶτοι θρησκεύσαντες. οἱ μὲν γὰρ ἄλλοι σχεδὸν πάντες ἄνθρωποι, πλὴν Αἰγυπτίων καὶ Ἑλλήνων, μίσγονται ἐν ἱροῖσι. Vergl. Clemens Alexandr. Stromat. lib. I. p. 361.

geschrieben war? Sicher nicht in den Träumen des Dichters allein fand sich die Sage von einem Eden, aus dem der Mensch durch eigne Schuld vertrieben ward: wir alle werden ja noch in ihm geboren. Allein fremde oder eigne Schuld reißt uns heraus aus dem Garten des Paradieses, noch ehe wir oft das Auge aufschlagen konnten, um uns an seiner Pracht zu weiden, und so hat mancher auch nicht einmal mehr das Andenken eines Traumes, das ihn auf der Pilgerfahrt durchs Leben geleitet, oder hofft in der Zukunft zu finden, was längst, ehe er es noch wußte, der Vergangenheit anheimfiel. Was war der unselige Genuß der Frucht vom Baume der Erkenntnis vielleicht anders als der Mißbrauch der Genitalien zur Befriedigung tierischer Lüste, zur Erweckung eines entnervenden Kitzels?[1]) „Da wurden ihrer beiden Augen aufgetan, und sie wurden gewahr, daß sie nackend waren!" Das Tierische hatte den Sieg über das Göttliche davongetragen, dies floh von dem geschändeten Altare, und der Genius der Menschheit weinte über ihren Fall! — Dies ist die Geschichte des einzelnen Menschen wie die ganzer Völker; auch dem Tempeldienst der Aphrodite stand eine solche Krisis bevor, und früher oder später wandelten sich die heiligen Hallen der Venus Urania in das Lupanar der Venus vulgivaga um.

---

[1]) Schon der heilige Hieronymus behauptete: omnem concubitum coniugale esse peccatum, nisi causa procreandi sobolem; und Andr. Beverland (de peccato originali p. 60.): Ingenitum nefas nil aliud est, quam coeundi ista libido. Man vergleiche damit die Ansicht des Lycurgus, welche Plutarch in dessen Leben mitteilt. Auch Athenaeus (Deipnosoph. Lib. XII. p. 510.) sagt: *προκριθείσης γοῦν τῆς Ἀφροδίτης, αὕτη δ᾽ ἐστὶν ἡ ἡδονὴ, πάντα συνεταράχθη.* Clemens Alexandr. Paedag. lib II. c, 10. *Ψιλὴ γὰρ ἡδονὴ, κἂν ἐν γάμῳ παραληφθῇ, παράνομός ἐστι καὶ ἄδικος καὶ ἄλογος.* — Philo de opificio mundi p. 34. 35. 38., de Allegoria II. p. 1100, *ὄφιν εἶναι σύμβολον ἡδονῆς.* Etwas derb erklärt der Rabbi Zahira den Sündenfall. Der Baum, welcher die verbotene Frucht trug, bedeute das Zeugungsglied des Menschen; nicht der Baum in der Mitte des Gartens Eden, merkt er an, sondern der Baum in der Mitte des Körpers, welcher ist nicht in der Mitte des Gartens, sondern in der Mitte des Weibes, denn dort ist es, wo der Garten gepflanzt ist. Nork, Braminen und Rabinen. Meißen 1836. gr. 8. S. 91.

§ 3.

Eine genaue Kenntnis der Verbreitung des Venuskultus in chronologischer Folge würde uns leicht die Mittel an die Hand geben, die sittliche Entartung der Völker des Altertums geschichtlich zu verfolgen; so lange wir aber jene nicht besitzen, kann auch von diesem nicht viel Ersprießliches erwartet werden. Was wir für jetzt mit Rücksicht auf unseren Zweck zu geben imstande sind, ist folgendes: „Die Verehrung dieser Urania, sagt Pausanias,[1]) haben zuerst die Assyrer bei sich eingeführt, nach den Assyrern die Paphier in Cypern,[2]) und unter den Phöniziern[3]) die Einwohner von Ascalon in Palästina. Von den Phöniziern lernten sie die Einwohner von Cythere[4]) kennen und verehrten sie. Bei den Athenern führte Aegeus ihre Verehrung ein.“ Von Babylon ging also der Kultus der Venus als Mylittadienst aus, verbreitete sich über das Binnenland nach Mesopotamien als sabäischer Kultus,[5]) während die

[1]) Descript. Graeciae lib I. c. 14.

[2]) Homer Odyss. VIII. 362. — Hesiod. Theog. 193. — Strabo XIV. 983. — Tacitus hist. II. 3. — Pausanias VIII. 5. 2.

[3]) Sanchoniath. fragment. ed. Orelli p. 34., Eusebius praeparat. evang. I. 10. τὴν δὲ Ἀστάρτην Φοίνικες τὴν Ἀφροδίτην εἶναι λέγουσι.

[4]) Herodot. lib. I. cap. 105. Homer. Hymn. IX. 1. Ruhnken Epist. crit. I. p. 51. Heyne antiquarische Aufs. I. S. 135.

[5]) Daher sagt der Kirchenvater Ephraim Syrus (Hymn. in Opp. Vol. II. p. 475. Gesenius Kommentar zum Jesaias Tl. II. S. 540. Ephraim lebte 379 n. Chr.): Venus ist es, welche ihre Verehrer, die Ismaeliter, verführt hat. Auch in unser Land kam sie, jetzt verehren sie am häufigsten die Söhne Hagars.

Eine Straßenläuferin (nennen sie) den Mond,
Gleich einer Buhlerin stellen sie die Venus da.
Zween nennen sie weiblich unter den Sternen.
Und nicht sind es nur Namen,
Namen ohne Bedeutung, diese weiblichen Namen,
Voller Wollust sind sie selbst.
Denn da sie die Weiber aller sind,
Wer unter ihnen kann sittsam sein,
Wer unter ihnen keusch,
Der nicht nach der Vögel Weise seine Ehe triebe?

Wer (anders als die Chaldäer) hat die Feier jener unsinnigen Göttin eingeführt, an deren Festen die Weiber Buhlschaft treiben.?

Phönizier ihn als Astartedienst den Küstenländern mitteilten. Da wo dieser Kultus zuerst entstanden war, erhielt er sich auch am längsten in seiner ursprünglichen Reinheit, denn noch Herodot[1]) konnte berichten, daß zu Babylon die Töchter des Landes gezwungen, einmal im Leben zu Gunsten der Göttin für Geld sich einem fremden Manne preiszugeben, dann nur um so sittiger in ihre Wohnung zurückkehrten, und weder Versprechungen noch Geschenke, so groß sie auch sein mochten, führten sie jemals wieder in die Arme eines Fremden. Späterhin wurde dies freilich auch hier, vielleicht durch den Einfluß der viel mit ihnen verkehrenden Phönizier,[2]) anders. Denn derselbe Herodot erzählt (I. 196), daß nach Eroberung der Stadt durch die Perser, die ärmere Volksklasse, aus Furcht vor der gewaltsamen Wegführung ihrer Töchter, wenn es ihnen an Unterhalt fehlte, diese zu Hafenhuren[3]) machten. Und so

---

[1]) Histor. Lib. I. cap. 199. *Ἐπεὰν δὲ μιχθῇ, ἀποσιωσαμένη τῇ θεῷ, ἀπαλλάσσεται ἐς τὰ οἰκία καὶ τ'ωπὸ τούτου οὐκ οὕτω μέγα τί οἱ δώσεις ὥς μιν λάμψεαι.* Dasselbe erzählt auch Baruch VI. 42. 43. Vergl. Voss zu Virgils Landbau. II. v. 523. folg. Ja noch heute finden wir bei den kühnen Söhnen der Wüste, den Arabern, einen Teil jener Andacht der Väter. So schreibt Niebuhr (Beschreibung von Arabien. Kopenhagen. 1772. S. 54. Anmkg.): *„Ich lese, daß die Europäer mit großer Gelehrsamkeit und Beredsamkeit untersucht haben: Num inter naturalis debiti et coniugalis officii egerium liceat psallere, orare etc.? Ich weiß nicht was die Muhamedaner über diese Materie geschrieben haben. Man hat mich aber versichert, daß sie, so wie sie alle ihre Beschäftigungen mit den Worten: Bism allâh errachmân errachhîm (im Namen des barmherzigen und gnädigen Gottes) anfangen, auch eben dieses ante coniugalis officii egerium sagen sollen, und daß kein ehrbarer Mann dies versäumt.“* Neigt sich doch auch jetzt noch in Italien die Buhlerin vor dem Bilde ihrer Madonna, ehe sie sich preisgibt und spricht ihr: Madonna, mi ajuta! oder Madonna, mi perdonna! indem sie einen Schleier über deren Bild zieht, und nennt dies cristianita! Übrigens schaffte Constantin die in Rede stehende Sitte in Babylon wie in Heliopolis ab und vernichtete die dortigen Tempel der Venus. Eusebius vita Constantin. III. S. 58. Socrates hist. eccles. I. 18.

[2]) Heeren, Ideen über Politik und Handel T. I. 2. p. 257.

[3]) So glauben wir das *καταπορνεύει τὰ θήλεα τέκνα* des Textes verstehen zu müssen, da es offenbar auf dieselbe Weise gebildet ist wie das *καθῆσθαι ἐπ' οἰκήματος* bei Plato Charmid. 163. c., weil die Bordelle am

sah sich Q. Curtius[1]) gezwungen, von Babylon zu schreiben: *Nihil urbis eius corruptius moribus, nec ad irritandas illicendasque immodicas voluptates instructius. Liberos coniugesque cum hospitibus stupro coire, modo pretium flagitii detur, parentes maritique patiuntur. — Feminarum convivia ineuntium in principio modestus est habitus, dein summa quaeque amicula exuunt paulatimque pudorem profanant: ad ultimum ima corporum velamenta proiiciunt; nec meretricum hoc dedecus est sed matronarum virginumque apud quas comitas habetur vulgati corporis vilitas.* In weiterer Ausdehnung finden wir jene Sitte bei den Armeniern wieder, welche nach Strabo[2]) längere Zeit hindurch ihre Töchter der Anaitis weihen und sie dann erst verheiraten. Von den Lydiern berichtet Herodot[3]) dieselbe Sitte, wie sie in späterer Zeit in Babylon ausgeartet war, denn auch hier gaben die niederen Volksklassen ihre Töchter des Erwerbs wegen preis. Noch in ihrer Reinheit kam der Gebrauch zu den Phöniziern,[4]) artete hier aber auch wahrscheinlich

---

Hafen, also in der tieferen Gegend, von Athen aus, lagen. Auf dieselbe Weise gebrauchten die Römer descendere, z. B. Horatius Satir. I. 2. 34., weil die öffentlichen Häuser zu Rom sich im Tale, in der Subura befanden.

[1]) Histor. Alexandri magni Lib. V. c. 1. Vergl. Jesaias XIV. 11. XLVII. 1. Jeremias LI. 39. Daniel V. 1.

[2]) Lib. XI. p. 532. *Ἀλλὰ καὶ θυγατέρας οἱ ἐπιφανέστατοι τοῦ ἔθνους ἀνιεροῦσι παρθένους, αἷς νόμος ἐστὶ, καταπορνευθείσαις πολὺν χρόνον παρὰ τῇ θεῷ μετὰ ταῦτα δίδοσθαι πρὸς γάμον.* Daher sagt auch der Scholiast zu Juvenal Satir. I. 104.: Mesopotameni homines effrenatae libidinis sunt in utroque sexu, ut Salustius meminit; und Cedrenus: Chaldaeorum et Babyloniorum leges plenae sunt impudicitiae atque turpitudinis.

[3]) Lib. I. cap. 93. 94. Die hier erwähnten *ἐνεργαζόμεναι παιδίσκαι* sind Mädchen, welche, mit Heine zu reden, ihr horizontales Handwerk treiben. Die Erzählung von Herodot findet sich auch bei Strabo lib. XI. p. 533., Aelian. Var. Hist. lib. IV. cap. I. und Athenaeus Deipnos. lib. XII. p. 516. erwähnt.

[4]) Augustin. de civit. dei lib. IV. cap. 10. Cui (Veneri) etiam Phoenices donum dabant de prostitutione filiarum, ante quam iungerent eas viro. Athenagoras adv. Graecos. p. 27. D. *Γυναῖκες γοῦν ἐν εἰδωλείοις τῆς Φοινίκες πάλαι προκαθέζοντο ἀπαρχόμεναι τοῖς ἐκεῖ θεοῖς ἑαυτῶν τὴν τοῦ σώματος αὐτῶν μισθαρνίαν, νομίζουσαι τῇ πορνείᾳ τὴν θεὸν ἑαυτῶν ἱλάσκεσθαι.* Vergl. Eusebius de praeparat. evangel. IV. 8. — Athanasius Orat. c. gentes. — Theodoret. hist. eccles. I. 8.

zuerst aus, obschon in einzelnen Städten dieses Landes die Sitte nur bedingungsweise befolgt worden zu sein scheint. Denn Lucian[1]) erzählt, daß die Frauen zu Byblus, wo sich ein Tempel der Ἀφροδίτη Βυβλίη befand, wenn sie sich nicht am Trauerfeste des Adonis die Haare abscheren lassen wollten, einen Tag lang zu Ehren der Venus sich den Fremden preisgeben mußten. Auch bei den Puniern,[2]) sowie in Cypern[3]) mußten sich die Jungfrauen ihre Morgengabe verdienen, und der Tyrann Dionysius führte diese Sitte, freilich aus einer habsüchtigen Nebenabsicht, bei den Locrensern[4]) ein.

§ 4.

Was den Grund zu dieser Sitte betrifft, so könnte man einen solchen in der bei den Asiaten im Altertum ziemlich allgemein herrschend gewesenen Ansicht finden, daß die Erstlinge vor allem der Gottheit geweiht, das Hymen der Jungfrau also der Venus dargebracht werden mußte; indessen würde dadurch keineswegs erklärt werden, warum die Preisgebung fast

---

[1]) De dea Syra cap. 6.

[2]) Valerius Maximus lib. II. cap. 6. § 15. Sicae enim fanum est Veneris, in quod se matronae (Poenicarum) conferebant; atque inde prosedentes ad quaestum, dotes corporis iniuria contrahebant.

[3]) Justinus histor. Philipp. lib. XVIII. cap. 5. Mos erat Cypriis, virgines ante nuptias statutis diebus, dotalem pecuniam quaesituras, in quaestum ad litus maris mittere, pro reliqua pudicitia libamenta Veneri soluturas. Vergl. Athenaeus Deipnos. lib. XII. p. 516.

[4]) Justinus hist. Philipp. lib. XXI. cap. 3. Cum Rheginorum tyranni Leophronis bello Locrenses premerentur, voverant, si victores forent, ut die festo Veneris virgines suas prostituerent. Quo voto intermisso cum adversa bella cum Lucanis gererent, in concionem eos Dionysius vocat: hortatur ut uxores filiasque suas in templum Veneris quam possint ornatissimas mittant, ex quibus sorte ductae centum voto publico fungantur, religionisque gratia uno stent in lupanari mense omnibus ante iuratis viris, ne quis ullam ataminet. Quae res ne virginibus voto civitatem solventibus fraudi esset, decretum facerent: ne qua virgo nuberet, priusquam illae maritis traderentur. etc. Vergl. Athenaeus Deipnos. lib. XII. p. 516. Strabo lib. VI. p. 259. sagt: προεγάμει-τὰς νυμφοστοληθείσας.

überall gerade an Fremde (ἀνδρὶ ξείνῳ) erfolgen mußte. Heyne[1]) und Fr. Jacobs,[2]) welche sich speziell mit dieser Sitte beschäftigten, sind zwar darüber einig, daß ihr ein religiöses Moment zugrunde liege, weichen aber in der Auffassung desselben von einander ab, ohne indessen das Rechte getroffen zu haben. Wir müssen hier wohl die Zeremonie des Preisgebens und den Akt desselben unterscheiden; erstere war religiös, letzterer nicht, denn die Weiber wurden in Babylon außerhalb des Bezirks des Tempels und in Cypern an das Meeresufer geführt, um sich dort den Fremden zu ergeben.[3]) Wäre der Akt als religiös damals betrachtet worden, so hätte er wie früher und später im Tempel oder doch in dessen Bezirk und zwar mit Einheimischen geübt werden müssen; Fremde durften ja an keiner vaterländischen Religionsübung teilnehmen. Die Differenzen lösen sich aber bald, wenn man bedenkt, daß im Altertume, wie noch jetzt bei mehreren wilden Völkern, nicht bloß das Menstrualblut (wovon später ausführlicher), sondern auch das bei der Defloration durch Zerstörung des Hymens fließende Blut, somit auch der Akt der Defloration für unrein gehalten ward. Dasselbe galt für den Beischlaf mit Witwen, weil man glaubte, daß sich bei ihnen das Menstrualblut in größerer Menge angehäuft habe, dann beim ersten Coitus entleere und dem Manne notwendig Nachteil bringen müsse. Hieraus erklärt sich nun auch, warum Herodot a. a. O. γυναῖκες und nicht bloß κόραι oder παρθένοι sagt; und Heyne's Bedenken (p. 32) wie Heerens[4]) Zweifel sind beseitigt. Die Strandbewohner, welche in lebhafterem Verkehr standen, überließen nun den Fremden die verunreinigende Entjungferung, in den Binnenländern übernahmen dies Geschäft für die Vornehmen[5])

---

[1]) De Babyloniorum instituto, ut mulieres ad Veneris templum prostarent, ad Herodot. I. p. 199. in den Commentat. Soc. Reg. Götting. Vol. XVI. p. 30—42.

[2]) Verm. Schriften Bd. VI. S. 23—50. „Über eine Stelle bei Herodot."

[3]) Nach Tacitus histor. II. 2. durfte ja auf den Altären der Paphischen Göttin überhaupt kein Blut fließen.

[4]) Ideen über Politik und Handel I. 2. S. 180. Anmerk. 2.

[5]) Der König von Kalikut auf der südlichen Spitze von Malabar gibt seinem vornehmsten Priester eine Belohnung von 500 Talern, damit er im

die Priester oder ein besonders dazu bestimmtes Götzenbild, ein Priapus oder Lingam (s. nachher). Späterhin mochte mehrfach der Grund zu dieser Sitte verkannt werden, man hielt sich nur noch daran, daß dem Bräutigam die Defloration nicht gebühre, vielmehr eine Ehrensache sei und so brachten sich die Bräute zuerst den Hochzeitsgästen dar, wie bei den Nasomonen in Afrika [1]) und auf den Balearischen Inseln, [2]) wo dem Alter zugleich das Vorzugsrecht zukam.

Wir müssen also mehrfache veranlassende Momente zur Erklärung der in Rede stehenden Sitte zu Hilfe nehmen. Das ursprüngliche mag die Weihe der Jungfrau an die Göttin [3]) überhaupt gewesen sein (Hierodulen im ältern Sinne). Sie sollte ferner dadurch der Göttin der Lust [4]) ihren Tribut bringen, um sich dann nur behufs des Kinderzeugens mit dem Manne zu vereinigen. Die Sitte verlor ihren reinern Charakter nach und nach, ward dann auch nicht mehr allgemeine Volkssitte, sondern nur für die ärmere Klasse verbindlich, die zugleich darin eine Gelegenheit fand, sich eine Morgengabe [5]) zu erwerben, während die Reichen dafür Sklavinnen dem Tempel der Göttin zustellten und dadurch zur Entstehung der beständigen Hierodulen, aus denen späterhin die eigentlichen Freudenmädchen hervorgingen, Veranlassung gaben, somit zur Entstehung der Bordelle den Grund legten (s. nachher). Aus der Idee der Weihe entwickelte sich später die der Initiative für den Ehestand, welche wir in

---

Namen der Gottheit seinen Weibern den Gürtel löse. Sonnerat Voyage aux Indes orient. T. I. p. 69. Hamilton New Account of the East Indies. T. I. p. 308.

[1]) Herodot. lib. IV. cap. 172. — Pompon. Mela lib. I. cap. 8. § 35.

[2]) Diodorus Sic. lib. V. cap. 18.

[3]) Die Menstruation stand unter dem Schutze der Göttin Mena (Augustin. de civ. dei IV. 11. VII. 2.), Mylitta war aber der Mond!

[4]) Deshalb wählten sich auch die Lydierinnen selbst die Fremden aus. Strabo lib. XI. p. 533. *δέχονται δὲ οὐ τοὺς τυχόντας τῶν ξένων, ἀλλὰ μάλιστα τοὺς ἀπὸ ἴσου ἀξιώματος.*

[5]) So war es selbst im Mittelalter, z. B. in Venedig ganz herkömmlich, daß die Töchter ihre Mitgift mit dem Leibe verdienten, und hier, wie in Frankreich waren es die Mütter, welche ihre Töchter zu diesem Zweck zu verkuppeln pflegten. Etienne Apologie d'Herodote, T. I. p. 46—49. Fr. Jacobs a. a. O. S. 40.

den Probenächten des Mittelalters wiederfinden, auf der einen Seite, auf der andern die der Hörigkeit, woraus das Jus primae noctis hervorging. Als zweites Moment ist dann die Ansicht von der Schädlichkeit des Scheidenblutes bei der Defloration zu betrachten, verbunden mit dem wirklichen Nachteil, welchem zuweilen die Genitalien des Mannes bei der Entjungferung von Mädchen mit enger Scheide ausgesetzt sind, oder mindestens der Anstrengung, welche die Perforation des Hymens notwendig macht, ein Moment, das für den trägen Asiaten immer von Wichtigkeit war.[1]) Noch jetzt dankt ja der Bräutigam in Goa dem Priap, welcher seiner Braut dem Gürtel löste, mit der tiefsten Anbetung, daß er ihm durch diese ehrenvolle Wohltat einer so schweren Arbeit überhoben habe.[2]) Da die Defloration für die Jungfrau noch schmerzlicher ist, und sie nur einmal mit dem Fremden zu tun hatte, so konnte sie leicht zu der Idee gelangen, daß nur der Fremde daran Schuld, mithin jedes Hingeben an Fremde mit denselben Schmerzen verbunden sei, wodurch sie dann umsomehr abgeschreckt wurde, als die Umarmung des Ehemannes ihr ja nur angenehme Gefühle erregte, sie also keine Veranlassung hatte, die eheliche Treue zu brechen.

§ 5.

Wann und wie der Venuskultus nach Griechenland gekommen sei, läßt sich kaum ausmitteln, doch behauptet Pausanias

---

[1]) Memorari quoque solent causae physicae, seu marium seu feminarum corporis infirmitatis, quibus floris virginei decerpendi molestia aggravatur. Heyne l. c. p. 39. Als diese gewissermaßen diätetischen oder prophylaktischen Beziehungen aus dem Gedächtnis des Volkes schwanden, behielt der Priap nur seine befruchtenden Eigenschaften, und so lesen wir bei Augustin. de civitae dei lib. VI. cap. 9. Sed quid hoc dicam, cum ibi sit et Priapus nimius masculus, super cuius immanissimum et turpissimum fascinum sedere nova nupta jubeatur more honestissimo et religiosissimo matronarum? Vergl. Lactantius I. 20. — Tertullian adnot. II. 11. Dasselbe erzählt Arnobius lib. VI. cap. 7. von dem ähnlichen Gott Mutuus: Etiamne Mutuus, cuius immanibus pudendis, horrentique fascino, vestras inequitare matronas, et auspicabile ducitis et optatis.

[2]) Linschoten orientalische Schiffahrt. Tl. I. cap. 33.

in der oben angeführten Stelle, daß ihn Aegeus (Erechtheus) nach Athen gebracht habe. Lange Zeit spielte er nur eine untergeordnete Rolle, da er von dem uralten Eros[1]) unterdrückt ward. Das physische Element mag frühzeitig von außen gekommen sein,[2]) indessen wurde ihm bald so sehr der Stempel des geistigen aufgedrückt (es wurden der Aphrodite ja die Grazien als Dienerinnen beigegeben!), daß die Idee der zeugenden Kraft immer mehr in den Hintergrund trat, um der der Liebe Platz zu machen, welche Asien durchaus fremd war. Die Verschmelzung des Eros und der Aphrodite, welche von ihm ja erst geheiligt oder, wie der Dichter sagt, in die Versammlung (Reihe) der Götter eingeführt ward, geschah so allmählich und innig, daß es kaum gelingen dürfte, eine klare Anschauung von den Ansichten der Griechen darüber zu gewinnen. Durch den fortschreitenden Verkehr mit den Asiaten, namentlich den Phöniziern,[3]) wurden fremde Sitten und Gebräuche immer häufiger übertragen und angenommen; und so sehen wir in der Blüte Griechenlands den asiatischen Charakter des Venuskultus immer deutlicher hervortreten, die Göttin selbst gewissermaßen von neuem eingeführt werden Besonders war dies auf den Inseln und in den Hafenstädten der Fall, wo die Verehrung der Aphrodite überhaupt ihren Anfang nahm. Deshalb nannte man sie eben „die aus (Meeres-) Schaum-Geborne“ und baute ihr Tempel als Hafenbeschützerin.[4]) Dem griechischen Genius widerstand aber jener physische Kultus zu sehr, er konnte ihn nicht mit seinem Eros in Einklang bringen

---

[1]) Orpheus Argonaut. 422. — Lucian de saltat. c. 27. Dialog. deor. 2.

[2]) Strabo XI. p. 495.

[3]) Herodot. lib. I. cap. 105. *καὶ γὰρ τὸ ἐν Κύπρῳ ἱρὸν ἐντεῦθεν ἐγένετο, ὡς αὐτοὶ λέγουσι Κύπριοι· καὶ τὸ ἐν Κυθήροισι Φοίνικές εἰσι οἱ ἱδρυσάμενοι, ἐκ ταύτης τῆς Συρίης ἐόντες.* Clemens Alexandrinus ad Gentes p. 10. nennt den Cinyras als den, welcher den Tempeldienst in Cypern eingeführt habe. Vergl. Jul. Firmiçus de error. profan. relig. p. 22. Arnobius ad Gent. lib. V.

[4]) *Ποντία, Λιμενιάς* zu Hermione, Pausanias Attica. cap. 34. Mitscherlich zu Horat. Od. lib. I. 3. 1. Auch der Beiname *εὔπλοια* (Pausanias Attic. I. 3.) gehört hierher. Musaeus Hero und Leander 245 Horat. Od. III. 26· 3. Venus marina.

und so schied er seine Aphrodite als Urania[1]) von der der übrigen Völker, der Pandemos,[2]) welche den Inseln[3]), besonders Cypern mit dem gemeinen Eros überlassen blieb und niemals eigentlich Nationalgottheit geworden ist. Überhaupt ist es interessant, daß die Venus Urania durchaus dem Binnenlande, die Pandemos dagegen den Hafenstädten und Inseln anzugehören scheint,[4]) wie sich denn überhaupt der asiatische Venuskultus von Osten nach Westen den Küsten entlang verbreitete, was nicht anders als durch ein frühzeitig schiffahrttreibendes Volk wie die Phönizier geschehen konnte.

Da es nicht ohne Interesse für unsern Gegenstand sein dürfte, die geographische Verbreitung des Venuskultus näher kennen zu lernen, so wollen wir hier eine kurze Übersicht der Orte mitteilen, an welchen sie ihre Tempel hatte. Die Belege dazu wird der Leser bei Manso am S. 46 a. O. S. 158 folg. ziemlich vollständig angegeben finden.

Auf Cypern in Paphos, wohin jährlich zum Feste der Aphrodite eine große Menge Menschen kamen,[5]) in Pamphylien, in Klein-Asien, längs der Küste des ägeischen Meeres, in Carien (Cnidos), Halicarnass, Milet, Ephesus, Sardes, Pergamus, Pyrrha, Abydos (A. πόρνη), in Thessalien zu Tricca; in Boeotien (Tanagra am Meere); in Attika (Athen, Kolias, Pera,[6]) Megara, am Kephissus; auf den Inseln des ägeischen Meeres (Ceos, Cos, Samos, wo der Tempel vom Hetärengelde erbaut

---

[1]) Pausanias lib. III. 23. VI. 25. VIII. 32. IX. 16. — Plato Sympos. — Xenophon Symos. cap. 8.

[2]) Augustinus de civit. dei lib. IV. cap. 10. An Veneres duae sunt, una virgo, altera mulier? An potius tres, una virginum, quae etiam Vesta est, alia coniugatarum, alia meretricum?

[3]) Quae Cnidon fulgentesque tenet Cycladas et Paphon. Horat. Od. III. 28. 13. Ἐνοικέτις τῶν νήσων Suidas.

[4]) Merkwürdig genug wollen Einige das Wort Bordeaux (Bordel) vom Französischen bord und eau herleiten, weil die Freudenhäuser sich beinahe immer am Ufer des Flusses oder in Badehäusern befänden! Parent-Duchatelet die Sittenverderbnis in der Stadt Paris. Bd. I. S. 125.

[5]) Strabo XIV. 683.

[6]) Suidas s. v. κύλλου πήραν führt an, daß hier eine Quelle gewesen, welche fruchtbar machte und die Niederkunft erleichterte.

war; auf dem Peloponnes in Argolis, Epidaurus, Troezen, Hermione, (wurde von den Jungfrauen und Witwen vor der Hochzeit besucht), in Laconien (Amyklä, Cythere), Arcadien (Megalopolis, Tegea, Orchomenos); Elis (Olympia, Elis); Achaja (Patrae. Corinth); auf der Küste des corinthischen Meerbusens. Von Griechenland kommen wir auf Sicilien, wo der Tempel der Venus auf dem Berge Eryx dem von Paphos kaum etwas nachgab, in Syrakus[1]). — Nicht unwichtig für unsern Zweck ist die Angabe des Strabo[2]), daß auf der Insel Cos in dem Tempel des Aesculaps ein Bildnis der Venus Anadyomene, und nach Pausanias[3]) zu Epidaurus in einem Gehölze nahe am Tempel desselben Gottes eine Kapelle der Aphrodite sich befunden habe, indem dies vielleicht imstande ist, einiges Licht auf die Kenntnis der Cosischen Ärzte von den Genitalaffektionen zu werfen. Böttiger[4]) ist der Meinung, daß aus den Krankenanstalten und Lazarethen der Phönizier auf den Inseln Cos, Aegina, an der peloponnesischen Küste, besonders zu Epidaurus, die älteste Medizin der Griechen hervorgegangen sei. Wahrscheinlich wurden also jene Anstalten anfangs unter den Schutz der Nationalgottheit gestellt, bis diese durch den Aesculap ersetzt ward.

Was den Kultus der Aphrodite selbst betrifft und die Art, wie er in Griechenland gefeiert ward, so scheint es, als fehlte es überhaupt an genügender Kenntnis der Einzelheiten, besonders insofern dies die Pandemos betrifft. Wir beschränken uns daher hier darauf, der weiblichen Hierodulen[5]) zu gedenken,

---

[1]) Nach Athenaeus Deipnosoph. XII. p. 647. wurden hier am Feste der Thesmophorien aus Sesam und Honig bereitete *μύλλοι*. Figuren von weiblichen Genitalien, herumgetragen. Es erinnert dies an die Yoni der Inder und die Phallusbilder.

[2]) Lib. XIV, pag. 657.

[3]) Lib. II. cap. 27.

[4]) Ideen zur Kunst-Mythologie. Dresd. 1826. gr. 8. S. 207,

[5]) Coveel de sacerdotio veterum virginum. Abo 1704. 8. — Hirt, A. die Hierodulen, mit Beilagen von Böckh und Buttmann I. Heft. Berlin 1818. gr. 8 — Kreuser, J., der Hellenen Priesterstaat, mit vorzüglicher Rücksicht auf die Hierodulen. Mainz 1822. 8. — Adrian, die Priesterinnen der Griechen. Frankf. a. M. 1822. 8. — Schincke in Ersch und Grubers allgem. Encyclopädie II. Sekt. 8. Tl. S. 50.

welche als Hörige der Aphrodite in dem Bezirk ihrer Tempel sich aufhielten und die notwendigen Geschäfte für dieselben besorgten. Sie waren, wie wir bereits angedeutet, asiatischen Ursprungs und in großer Zahl besonders in Ameria[1]) und Comana[2]) im Pontus zu finden, wo sie neben dem Tempeldienst auch mit ihrem Körper Gewerbe trieben (*τῶν ἐργαζομένων ἀπὸ τοῦ σώματος*), ebenso wie die männlichen Hierodulen sich späterhin zur Paederastie gebrauchen ließen. Als der Venuskultus nach Griechenland kam, wurden auch die Hierodulen mit eingeführt, streiften hier aber ihren asiatischen Charakter ab, den sie nur in einzelnen Hafenstädten zur Zeit des Verfalls der moralischen Größe des Volkes wieder erhielten, wo sich die Tempel der Aphrodite ***Πόρνη*** befanden. Besonders war dies zu Corinth[3]) der Fall, wo sich mehr als tausend weibliche Hierodulen, welche als Sklavinnen dem Tempel geschenkt waren, befanden, eine große Menge Volks nach der Stadt zogen und besonders die Seefahrer ausplünderten. Vielleicht fand aber auch hier eine Verwechslung der eigentlichen Hierodulen mit den Hetären statt, welche man euphemistisch Priesterinnen, Dienerinnen der Aphrodite nannte, weil sie sich unter dem Schutze der Aphrodite befanden; wie man ja auch überhaupt den geschlechtlichen Genuß ein Opfer der Venus nannte. Auf diese Weise würde sich der früher angeregte Streit über die Sittlichkeit der Hierodulen am besten beilegen lassen. Dem Gefühl des Griechen widerstand es allerdings auf asiatische Weise die Aphrodite in

---

[1]) Strabo lib. XII. p. 557.

[2]) Strabo lib. XII. p. 559. — Heyne, Ch. G. Comment. de sacerdotio Comanensi omninoque de religionum cis et trans Taurum consensione. Comment. soc. reg. Götting. Vol. XVI. p. 101—149.

[3]) Strabo lib. VIII. p. 378. *Τό τε τῆς Ἀφροδίτης ἱερὸν οὕτω πλούσιον ὑπῆρξεν, ὥστε πλείους ἢ χιλίας ἱεροδούλους ἐκέκτητο ἑταίρας, ἃς ἀνετίθεσαν τῇ θεῷ καὶ ἄνδρες καὶ γυναῖκες· Καὶ διὰ ταύτας οὖν ἐπολυοχλεῖτο ἡ πόλις καὶ ἐπλουτίξετο. οἱ γὰρ ναύκληροι ῥᾳδίως ἐξανηλίκοντο, καὶ διὰ τοῦτο ἡ παροιμία φησίν. Οὐ παντὸς ἀνδρὸς ἐς Κόρινθον ἔσθ᾽ ὁ πλοῦς.* Vgl. die Ausleg. zu Horat. Epist. I. 77. 36. Alexander ab Alexandro Genial. dier. lib. VI. cap. 26. Corinthi supra mille prostitutae in templo Veneris assiduae degere et inflammata libidine quaestui meretricio operam dare et velut sacrorum ministrae Deae famulari solebant.

ihren Tempeln zu verehren; und wie er deshalb seine Venus Urania von der Pandemos trennte, so schied er auch ihre Tempel und ließ aus den Tempeln der Pandemos, Porne und Praxis die *οἰκήματα τῆς Ἀφροδίτης* als eigentliche Bordelle hervorgehen, welche ursprünglich nur für Fremde bestimmt waren.

Wie und in welcher Gestalt der Venuskultus nach Italien kam, ist zweifelhaft, doch läßt die Sage ihn durch Aeneas von Troja her nach Lavinium und Laurentum[1]) bringen, und bereits zu Romulus Zeit wurde in Rom eine Venus Myrtea verehrt, außer welcher noch eine Venus Cloacina, Erycina, Victrix, Verticordia und Calva erwähnt wird, deren Verehrung der König Ancus eingeführt haben soll, als den Römerinnen die Haare durch eine Krankheit ausgefallen und sie durch Hilfe der Venus wieder gewachsen waren.[2]) Da nicht nur die Nachrichten über den Venuskultus in Italien sehr sparsam sind, sondern auch alles darauf hindeutet, daß er selbst in den späteren Zeiten wenig von dem asiatischen Gepräge gezeigt habe, so können wir die Untersuchungen darüber füglich auf sich beruhen lassen. Einiges hierher Gehörige wird bei den Bordellen noch erörtert werden. Auch in Spanien war die Verehrung der Aphrodite zu unbedeutend, als daß wir nötig hätten näher darauf einzugehen.

§ 5.

Lingam- und Phalluskultus.[3])

Während in der Mitte von Asien der Kultus der Venus entstand und von dort aus weiter verbreitet wurde, scheint in

[1]) Solinus Polyhist. c. 2. Festus F. v. Frutinal. — Micali d'Italia avanti il Dominio dei Romani. II. p. 47. — Heyne ad Virgil. Aeneid. lib. V. Excurs. 2. — Bamberger über die Entstehung des Mythus von Aeneas Ankunft zu Latinum, in Welckers und Näke's Rhein. Museum f. Phil. VI. 1. 1838. S. 82–105.

[2]) Servius ad Virgil. Aeneid. lib. 1. 720. — Julius Capitolinus Vita Maximin. c. 7. Kahlköpfigkeit war im Altertum, besonders auch in Rom, wie noch jetzt eine häufige Folge der geschlechtlichen Ausschweifungen.

[3]) Richard Payne Knight. An account of the remains of the worship of Priapus, lately existing at Isernia, in the kingdom of Naples: in two lettres: one from Sir William Hamilton to Sir Joseph Banks,

Indien der dem Egoismus des Mannes mehr entsprechende Lingamdienst seinen Ursprung genommen zu haben. Die früh durch Beobachtungen sich bildende Idee, daß des Mannes Genitalien das Bestimmende bei der Zeugung, mußte diese selbst, bei dem herrschenden Pantheismus unter der unmittelbaren Herrschaft einer Gottheit gestellt, sich also besonders heilig denken.[1]) Der Gott aber, wie konnte er anders als durch den Teil, durch welchen er vorzüglich wirksam sich zeigte, dem Auge des Menschen dargestellt werden? Die spätere Sage gestaltete die Sache freilich anders, und so finden wir bei Sonnerat[2]) den Mythus vom Lingamdienste unter den Vishnuverehrern folgendermaßen erzählt:

„Die Büßer hatten durch ihre Opfer und Gebete große Gewalt erlangt; aber ihre und ihrer Frauen Herzen mußten stets rein bleiben, wenn sie sich im Besitz derselben erhalten wollten. Çiva hatte aber die Schönheit dieser letzteren rühmen gehört und faßte den Entschluß, sie zu verführen. Zu diesem Entzweck nahm er die Gestalt eines jungen Bettlers[3]) von voll-

---

and the other from a person residing at Isernia. To which is added a discurse on the worship of Priapus and its connexion with the mystic. theology of the Ancients. London, by T. Spilsburg. 1786. 195 S. 4. mit 18 Kpf. Vergl. über dies seltene Werk C. A. Böttiger in Amalthea Bd. 3. S. 408—18. und Choulant in Heckers Annalen Bd. XXXIII. (1836) S. 414—18. — J. A. Dulaure Les divinités génératrices, ou sur le culte du Phallus, Paris 1805, welche Schrift wir leider nicht benutzen konnten.

[1]) Daher heißt bei Orpheus Hym. V. 9. der Protogonos (Eros) *Πρίηπος ἄναξ*.

[2]) Voyage aux Indes et à la Chine T. I. — Schaufus neueste Entdeckungen über das Vaterland und die Verbreitung der Pocken und der Lustseuche. Leipzig 1805. S. 31 folg., woraus wir das Folgende mitteilen.

[3]) Die Bettler oder Fakire in Indien ziehen zu Tausenden im Lande umher, fast unbedeckt, (Augustin. de civit. dei c. 14. 17) und äußerst schmutzig (Hayus historica relatio de regno et statu magni regis Magor. Antwerp. 1605. p. 1695), nach ihren Besuchen werden besonders unfruchtbare Frauen fruchtbar (*δύνασθαι δὲ καὶ πολυγόνους ποιεῖν καὶ ἀῤῥενογόνους διὰ φαρμακευτικῆς* sagt Strabo Lib. II.), das Volk beeifert sich, ihnen jede Ehre zu erweisen, und die Männer verlassen ihre Dörfer, um den Mönchen freies Spiel zu lassen. Papi Briefe über Indien S. 217. — P. v. Bohlen das alte Indien, Königsberg 1830. Bd. I. S. 282.

kommner Schönheit an, hieß den Vishnus sich in ein schönes Mädchen verwandeln, und sich an den Ort begeben, wo sich die Büßer aufhielten, um sie in sich verliebt zu machen. Vishnus begab sich dahin, und indem er bei ihnen vorüberging, warf er ihnen so zärtliche Blicke zu, daß sie alle in ihn verliebt wurden. Sie verließen alle ihre Opfer, um dieser jungen Schönen zu folgen. — Ihre Leidenschaften nahmen dadurch noch mehr zu, am Ende schienen sie ganz leblos und ihre schmachtenden Körper glichen dem Wachs, das in der Nähe des Feuers schmilzt. — Çiva selbst begab sich an den Wohnort der Frauen. Wie Bettler trug er in der einen Hand eine Wasserflasche und sang dabei, wie diese zu tun pflegen. Sein Gesang war aber so entzückend, daß sich alle Frauen um ihn versammelten, worauf sie durch den Anblick des schönen Sängers erst völlig in Verwirrung gerieten. Diese war bei einigen so groß, daß sie ihren Schmuck und ihre Bekleidung verloren und ihm im Gewande der Natur folgten, ohne es zu bemerken. — Nachdem er das Dorf durchzogen hatte, verließ er es, aber nicht allein, denn alle folgten ihm in ein benachbartes Gebüsch, wo er von ihnen erhielt, was er wünschte. Bald darauf wurden die Büßer gewahr, daß ihre Opfer die vorige Kraft nicht mehr hatten, und daß ihr Vermögen nicht mehr dasselbe war, wie ehedem. Nach einigen frommen Betrachtungen wurden sie nun gewahr, daß es Çiva gewesen, der in Gestalt eines Jünglings ihre Frauen zur Ausschweifung verleitet hatte und daß sie selbst vom Vishnus in der Gestalt eines Mädchens irre geführt worden waren. — Sie beschlossen daher, Çiva durch ein Opfer zu töten. — (Nach vielen vergeblichen Versuchen) beschämt, ihre Ehre verloren zu haben, ohne sich rächen zu können, versuchten sie das Äußerste; sie vereinigten alle ihre Gebete und Büßungen und sandten sie gegen Çiva. Dies war das schrecklichste ihrer Opfer, und Gott selbst konnte dessen Wirkungen nicht widerstehen. Wie eine Feuerflamme gingen sie aus und ergriffen Çivas Zeugungsteile und trennten sie von seinem Körper. Erzürnt über die Büßer, nahm sich nun Çiva vor, die ganze Welt damit in Brand zu setzen. Derselbe fing nun auch schon an, um sich zu greifen, als Vishnus und Brahma, denen es oblag, die Geschöpfe zu erhalten, auf Mittel dachten, demselben Einhalt zu tun. Brahma nahm die Gestalt eines Fußgestells (?) und Vishnus die der weiblichen Zeugungsteile an, und so nahmen sie Çivas Zeugungsteile auf, wodurch der allgemeine Brand verhindert wurde. Çiva ließ sich nun durch ihre Bitten besänftigen und versprach, die Welt nicht zu verbrennen, wenn die Menschen den losgetrennten Teilen göttliche Ehre erweisen würden.

Betrachten wir diese Mythe, wie sie hier erzählt wurde, näher, so können wir uns des Gedankens kaum erwehren, daß sie eine von den in späterer Zeit vielfach erdichteten und untergeschobenen sei; denn sie ist ganz geeignet, die Entstehung der Lustseuche auf eine wenig zu wünschen übrig lassende Weise zu erklären, weshalb sie auch von Schaufus zur Begründung seiner Ansicht, daß die Lustseuche von Indien aus nach Europa gekommen sei, benutzt wurde. Auf der andern Seite ist aber das Einzelne wieder so mit dem alten Glauben der Inder übereinstimmend, daß man mindestens zugeben muß, die Mythe, wenn sie neuern Ursprungs ist, sei mit Benutzung älterer zusammengestellt worden. Die fortdauernde Vereinigung mit dem Gott, die Kraft, welche die Büßer ihm verdankten, war an die Reinheit des Herzens, der Vermeidung der Wollust geknüpft, [1]) sobald sie dieser frönten, wurden sie des göttlichen

[1]) Schon Strabo und Arrian Indic. 17. behaupten wenigstens von den edleren Inderinnen, daß sie um keinen Preis zur Ausschweifung hätten gereizt werden können, außer um einen Elephanten. Nach von Bohlen (das alte Indien Bd. II. S. 17. Bd. I. S. 275.) soll sich nicht die leiseste Spur (?) von dem unmoralischen Lebenswandel der indischen Priester im Altertume finden, im Gegenteil sei die Keuschheit die erste Bedingung, sich Ansehn und Ehre zu erwerben, und die gesamte Literatur wisse einen Priester oder Helden nicht besser zu erheben, als wenn er den Anlockungen zur Unkeuschheit widerstanden habe. Unwahr ist es daher auch größtenteils, was von den Devadâsîs oder Götterdienerinnen als Buhlerinnen der Priester behauptet wird, indem es wie bei den Hierodulen meistens auf Verwechslung mit den Bhayatri (Bayaderen, den Hetären der Griechen) beruht, oder nur für einige Gegenden gilt (Häfner, Landreise längs der Küste Orixa und Koromandel. Weimar 1809. Bd. I. S. 80 folg. — Papi, Briefe über Indien. S. 356. — Wallace, Denkwürdigkeiten S. 301). Hierzu gehört auch die in anderer Beziehung verdächtige Erzählung jenes Jesuiten in den erbaulichen Briefen nach Schau-

Einflusses verlustig, gerade wie die in der Mosaischen Sage vom Sündenfall. Dies ist der eine Teil der Sage, die offenbar eine doppelte ist, der andere schließt die Strafe dessen, der jene Entheiligung bewirkt hatte, in sich, seine Genitalien wurden durch Brand zerstört, welcher sich der Welt (den Männern durch die von Çiva gebrauchten Frauen?) mitteilte und nur durch die wieder wirksam werdenden Gebete der Büßer aufhörte, worauf die glücklich geheilten Teile als Weihgeschenke in dem Tempel des Gottes aufgehängt wurden. Hiernach hätte also die Erkrankung der männlichen Genitalien zu ihrer Heilighaltung und Verehrung Veranlassung gegeben, was in sofern nicht widersinnig wäre, als die äußere Lage der männlichen Geschlechtsteile jede Affektion, jede Zerstörung sogleich und mit leichter Mühe sichtbar werden läßt, während die weiblichen mehr im Verborgenen liegen; wie denn ja auch bis auf den heutigen Tag die Krankheiten der männlichen Genitalien bei weitem genauer bekannt und gewürdigt sind als die der weiblichen. Wollte man die Erklärungsversuche noch weiter treiben, so könnte man aus der Angabe, daß Vishnus als weibliche Genitalien die brandigen Geschlechtsteile Çivas aufgenommen habe, sogar eine Art natürlichen Grund für das Aufhören des Brandes herausbringen, die Andeutung eines Heilversuchs nämlich, welcher im Mittelalter gar häufig empfohlen und geübt ward, indem man den Tripper durch Beischlaf mit Jungfrauen beseitigen wollte. Indessen ist dies sicher nichts anderes als Erklärung des Lingam [1]) auf dem Symbole der Yoni, des weiblichen Prin-

---

fus l. c. S. 40., daß während seines Aufenthaltes in einer hindostanischen Stadt bekannt gemacht sei: es wäre unsicher, die fremden jetzt anwesenden Devadâsîs kommen zu lassen, dagegen habe man von denen der Pagode des Orts nichts zu fürchten. Selbst wenn wir die Wahrheit dieser Erzählung für die neuere Zeit auch gelten lassen, so ist doch der Schluß, welchen Schaufus daraus zieht, in Hindostan sei jede Pagode ein Bordell, wohl etwas voreilig. — Einige andere Sagen von der Entstehung des Lingamdienstes in Indien gibt Meiners allgem. kritische Geschichte der Religionen Bd. I. S. 254.

[1]) Anquetil Voyage p. 139. Le lingam, c'est à-dire, les parties naturelles de l'homme réunies à celles de la femme. Vergl. Roger neu eröffnetes indisches Heidentum. Nürnberg 1663. 8. II. 2.

zips, in Gestalt des Dreiecks, was Böttiger mit dem Nabelstein der paphischen Göttin für identisch hält.

F. G. Klein[1]) soll aus malabarischen Jahrbüchern nachgewiesen haben, daß lange vor der Entdeckung Westindiens in Ostindien die Lustseuche bekannt gewesen sei, denn die Malabarischen Ärzte Sangarasiar und Alessianambi, welche vor mehr als neun Jahrhunderten lebten, und auch schon andere Ärzte vor ihnen, sollen der Lustseuche und ihre Heilung durch Quecksilber erwähnen. Indessen dürften im Altertum Genitalaffektionen bei den Indern gewiß zu den Seltenheiten gehört haben, da die Griechen[2]) die Inder zu den Macrobien rechnen, weil sie wegen ihrer Mäßigkeit nur wenigen Krankheiten unterworfen seien, und das Klima Indiens keineswegs zu den begünstigenden Momenten zu rechnen ist, weshalb auch Munro[3]) versichert, daß einfache Kräuter und mäßige Lebensart den Inder genesen mache, wo jeder Europäer unterliegen würde.

§ 7.

Ob der Phallusdienst in Ägypten, wo er durch die vom Typhon getrennten Zeugungsteile des Osiris entstanden sein soll, einen indischen Urspung habe, können wir nicht entscheiden,[4]) daß er aber vorhanden war, ist bestimmt, denn nicht nur werden kleine Phalli häufig in Mumien gefunden, sondern

---

[1]) De morbi venerei curatione in India orientali usitata. Hafn. 1795. Vergl. Tode med. Journal. Bd. II. Heft 2. Leider konnten wir weder die Dissertation noch Todę zur Einsicht bekommen. —

[2]) Strabo Geogr. p. 1027. 1037. *μηδὲ γὰρ νόσους εἶναι πολλὰς διὰ τὴν λιτότητα τῆς διαίτης καὶ τὴν ἀοινίαν.* Vergl. Ctesias Indic. 15. Lucian Macrob. c. 4. Diodor. Sic. Lib. II. c. 40. Plinius histor. nat. Lib. XVII. c. 2.

[3]) Sprengels Neue Beiträge zur Völkerkunde. Bd. VII. S. 76.

[4]) Hierher gehört auch die Ansicht, welche Clemens Alexandrinus ad Gentes p. 10. über die Entstehung der Aphrodite äußert: *Ἡ μὲν ἀφρογενής τε καὶ κυπρογενής, ἡ Κινύρᾳ φίλη, τὴν Ἀφροδίτην λέγω, τὴν φιλομηδέα, ὅτι μηδέων ἐξεφαάνθη, μηδέων ἐκείνων τῶν ἀποκεκομμένων Οὐρανοῦ, τῶν λάγνων, τῶν μετὰ τὴν τομὴν τὸ κῦμα βεβιασμένων· ὡς ἀσελγῶν ὑμῖν μορίων ἄξιος Ἀφροδίτη γίνεται καρπὸς ἐν ταῖς τελεταῖς.*

im Tempel zu Karnak fand er sich auch abgebildet,[1]) und Herodot[2]) erwähnt des Phallusdienstes, indem er zugleich anführt, daß an den Bildsäulen die Phallen beweglich gewesen. Vielleicht entwickelte sich aus ihm zum Teil der Kultus des Mendes, von dem wir später sprechen werden. Obgleich Herodot[3]) berichtet, daß die Ägypter die ersten gewesen seien, welche den Beischlaf in den Tempeln zu vollziehen verboten hätten, so schreibt doch noch Strabo,[4]) daß sie ihrem Zeus die schönsten und vornehmsten Jungfrauen, welche die Griechen Pallades nannten, geweiht, und diese gezwungen hätten, sich so lange den Männern zu ergeben, bis zum ersten Male ihre Menstruation eintrat, worauf sie dann verheiratet wurden.

Für Griechenland dagegen ist es kaum zweifelhaft, daß der Kultus des Bacchus und mit ihm der Phallusdienst[5]) aus Indien dorthin verpflanzt ward. Bei Gelegenheit dieser Einführung wird uns eine für die Geschichte der Genitalaffektionen höchst merkwürdige Sage mitgeteilt, welche Natalis Comes[6])

---

[1]) Minutoli, Reise zum Tempel des Jupiter Ammon p. 121. — Münter, Religion der Babylonier. S. 130.

[2]) Lip. II. cap. 48. Description de l'Egypte II. p. 411. — Wyttenbach ad Plutarch. Isid. 186.

[3]) Histor. Lib. II. c. 64. *Καὶ τὸ μὴ μίσγεσθαι γυναιξὶ ἐν ἱροῖσι, μηδὲ ἀλουτους ἀπὸ γυναικῶν ἐς ἱρὰ ἐσιέναι, οὗτοί εἰσι οἱ πρῶτοι θρησκεύσαντες· οἱ μὲν γὰρ ἄλλοι σχεδὸν πάντες ἄνθρωποι, πλὴν Αἰγυπτίων καὶ Ἑλλήνων, μίσγονται ἐν ἱροῖσι· καὶ ἀπὸ γυναικῶν ἀνιστάμενοι, ἄλουτοι ἐσέρχονται ἐς ἱρόν.* Vergl. auch Clemens Alexandr. Stromat. Lib. I. p. 361.

[4]) Geograph. Lib. XVII. cap. 46. *Τῷ δὲ Διΐ, ὃν μάλιστα τιμῶσιν, εὐειδεστάτη καὶ γένους λαμπροτάτου παρθένος ἱερᾶται, ἃς καλοῦσι οἱ Ἕλληνες Παλλάδας· αὕτη δὲ καὶ παλλακεύει, καὶ σύνεστιν οἷς βούλεται, μέχρις ἂν ἡ φυσικὴ γένηται τοῦ σωματος κάθαρσις· μετὰ δὲ τήν κάθαρσιν δίδοται πρὸς ἄνδρας.* Hier wurde also mit dem Zeus der Egypter in Verbindung gebracht, was wir bei den Asiaten im Venuskultus sahen.

[5]) Nach Herodot lib. II. 51. erhielten die Griechen den Phallusdienst als Hermensäule mit Phallen von den Pelasgern, worunter man nach Böttiger Kunstmythologie S. 213. Phönizier zu verstehen hat. Vergl. Cicero de nat. deor. lib. III. cap. 22., und Creuzers Anmerkung dazu.

[6]) Mythologiae, sive explicationis fabularum libri X. Frankf. 1588. 8. S. 498. Der Verf. entlehnte diese Sage nach S. 487. aus Perimander de sacrificiorum ritibus apud varias gentes Lib. II. Sie findet sich aber auch

folgendermaßen erzählt: *„Fuerunt et Phallica in Dionysi honorem instituta, quae apud Athenienses agebantur, apud quos primus Pegasus ille Eleutheriensis Bacchi cultum instituit,*[1] *in quibus cantabant quem ad modum Deus hic morbo Athenienses liberavit et quem ad modum multorum bonorum auctor mortalibus extitit. Fama est enim quod Pegaso imagines Dionysi ex Eleutheris civitate Boeotiae in Atticam regionem portante Athenienses Deum neglexerunt neque, ut mos erat, cum pompa acceperunt: quare Deus indignatus pudenda hominum morbo infestavit, qui erat illis gravissimus: tunc eis ab oraculo, quo pacto liberari possent petentibus, responsum datum est: solum esse remedium malorum omnium, si cum honore et pompa Deum recepissent; quod factum fuit. Ex ea re tum privatim tum publice lignea virilia thyrsis alligantes per eam solennitatem gestabant. Fuit enim Phallus vocatum membrum virile. Alii Phallum ideo consecratum Dionyso putarunt, quia sit autor creditus generationis.“* Noch auffallender ist die Sage, welche derselbe Natalis Comes[2] von der Einführung des Priapuskultus in Lampsacus mitteilt, obschon sie soviel Ähnlichkeit mit der vorigen hat, daß man fast an eine Übertragung glauben

bei dem Scholiasten zu Aristophanes Acharn. v. 242. *ὁ Ξανθίας τὸν φαλλὸν, — περὶ δὲ αὐτοῦ φαλλοῦ τοιαῦτα λέγεται. Πήγασος ἐκ τῶν Ἐλευθήρων λαβὼν τοῦ Διονύσου τὰ ἀγάλματα ἧκεν εἰς τὴν Ἀττικήν· οἱ δὲ Ἀττικοὶ οὐκ ἐδέξαντο μετὰ τιμῆς τὸν θεόν· ἀλλ᾽ οὐκ ἀμισθί γε αὐτοῖς ταῦτα βουλευσαμένοις ἀπέβη. μηνίσαντος γὰρ τοῦ θεοῦ, νόσος κατέσκηψεν εἰς τὰ αἰδοῖα τῶν ἀνδρῶν, καὶ τὸ δεινὸν ἀνήκεστον ἦν, ὡς δὲ ἀπεῖπον πρὸς τὴν νόσον κρείττω γενομένην πάσης μαγγανείας καὶ τέχνης, ἀπεστάλησαν θεωροὶ μετὰ σπουδῆς· οἱ δὲ ἐπανελθόντες ἔφασαν ἴασιν εἶναι μόνην ταύτην, εἰ διὰ πάσης τιμῆς ἄγοιεν τὸν θεόν· πεισθέντες οὖν τοῖς ἠγγελμένοις οἱ Ἀθηναῖοι, φαλλοὺς ἰδίᾳ τε καὶ δημοσίᾳ κατεσκεύασαν, καὶ τούτοις ἐγέραιρον τὸν θεόν, ὑπόμνημα ποιούμενοι πάθους.* Abweichend von dieser Darstellung ist die Erklärung des Scholiasten zu Lucian. de Syra dea cap. 16, wo der Phallusdienst gewissermaßen mit der Paederastie in Verbindung gebracht wird.

[1]) Vergl. Pausanias descript. Graeciae Lib. I. cap. 2.

[2]) l. c. p. 258 Vielleicht nach Posidonius de heroibus et daemonibus? cf. S. 391. Doch hat diese Sage auch Servius zu Virgil Georg. IV. 111. Suidas s. v. *Πρίαπος*. Scioppius, welcher dieselbe in seiner Ausgabe der Priapeia ebenfalls erzählt, setzt hinzu: fuit autem morbus ille quem hodieque Gallicum vocamus.

möchte. Aphrodite war nämlich auf dem Zuge des Bacchus[1]) nach Indien von diesem geschwängert, und gebar auf der Rückkehr zu Lampsacus den Priapus, dessen Mißgestalt die Juno,[2]) welche der Gebärenden Beistand leistete, veranlaßt hatte: *Deinde, cum adolevisset (Priapus) pergratusque foret Lampsacenis mulieribus, Lampsacenorum decreto ex agro Lampsaceno exulavit. — Fuerunt qui memoriae prodiderint Priapum fuisse virum Lampsacenum, qui cum haberet ingens instrumentum et facile paratum plantandis civibus, gratissimus fuerit mulieribus Lampsacenis. Ea causa postmodo fuisse dicitur, ut Lampsacenorum omnium ceterorum invidiam in se converterit, ac demum eiectus fuerit ex ipsa insula. At illud facinus aegerrime ferentibus mulieribus et pro se deos precantibus, post cum nonnullis interiectis temporibus Lampsacenos gravissimus pudendorum membro-*

---

[1]) Diodor. Sic Lib. IV. c. 4. sagt vom Bacchus: Er hatte einen zarten Körper und war äußerst weichlich; durch seine Schönheit zeichnete er sich vor allen andern aus, und zur Wollust hatte er einen starken Hang. Auf seinen Zügen führte er eine Menge von Weibern mit sich etc. Clemens Alexandr. Paedag. Lib. II. c. 2. Ὀργῶσι γοῦν ἀναιδέστερον ἀναζέοντες οἴνου, καὶ οἰδοῦσι μαστοί τε καὶ μόρια, προκηρύσσοντες ἤδη πορνείας εἰκόνα. Merkwürdig genug ist folgende Stelle bei Augustin de civit. dei. lib. VI. cap. 9. Liberum a liberamento appellatum volunt, quod mares a coeundo per eius beneficium emissis seminibus liberentur; hoc idem in feminis agere Liberam quam etiam Venerem putant, quod et ipsas perhibeant semina emittere et ob hoc Libero eandem virilis corporis partem in templo poni, femineam Liberae.

[2]) Die Juno war nicht bloß Schutzgöttin der Geburt, sondern auch der Unzucht. Vergl. Dousa praecidan. pro Tibull. c. 18. — Politianus Miscell. c. 89. Daher schwuren auch die Freudenmädchen bei der Juno, wie wir aus Tibull. Lib. III. Eleg. 4.

Esti perque suos fallax iuravit ocellos,
Junonemque suam, perque suam Venerem.

Lib. IV. Eleg. 18.

Haec per sancta tuae Junonis numina iuro,
Quae sola ante alios est mihi magna Deos.

und aus Petronius ersehen, wo Satir. c. 25. ein Freudenmädchen erklärt: Junonem meam iratam habeam, si unquam me meminerim virginem fuisse. Nach Lucian. de Syra dea c. 16. weihte Bacchus der Juno noverca mehrere Phallen.

rum morbus invasisset, Dodonaeum oraculum adeuntes percunctati sunt an ullum esset eius morbi remedium. His responsum est: morbum non prius cessaturum, quam Priapum in patriam revocassent. Quod cum fecissent, templa et sacrificia illi statuerunt, Priapumque hortorum Deum esse decreverunt.[1])

Mögen wir diesen Sagen vom Bacchus und Priapus eine Deutung geben, welche wir wollen, so geht doch unzweifelhaft soviel aus ihnen hervor, daß Affektionen der männlichen Genitalien in der Zeit ihrer Entstehung, für die Ursache der Einführung des Phalluskultus in Verbindung mit der § 4 erwähnten Defloration gehalten wurden, was für das Alter der genannten indischen Sage vom Lingamdienste nicht ohne Wichtigkeit ist, ebenso wie es klar ist, daß jene Genitalaffektionen notwendig einen bösartigen Charakter haben mußten, den man sich nicht anders als vom Zorn einer Gottheit erklären konnte, welche wiederum allein imstande war, jene Affektionen zu beseitigen; ein Moment, welches für die Geschichte der Genitalaffektionen im Altertum von um so größerer Wichtigkeit ist, als es uns darauf hinführt, daß man zu ihrer Heilung nicht menschliche, sondern göttliche Hilfe in Anspruch nahm, zum Teil freilich aus Gründen, welche wir späterhin noch näher erörtern werden, die sich jedoch bereits aus folgendem höchst wichtigen Gedicht der Priapeia,[2]) worauf zuerst de Jurgenew in seiner Dissertation S. 11 aufmerksam machte, ohne es indessen vollständig mitzuteilen, entnehmen lassen:

---

[1]) Die Griechen bildeten kleine männliche Figuren aus Holz mit großen Genitalien, welche sie *Νευρόσπαστα* nannten. Lucian de Syra dea. c. 16. Herodot II. 48. Diodor. I. 88. — Hesychius sagt: *νάνος ἐπὶ τῶν μικρῶν· ὡς νάνον καὶ αἰδοῖον ἔχοντα μέγα· οἱ γοῦν νάνοι μεγάλα ἔχουσιν αἰδοῖα*, was an die unglücklichen Cretins mit monströsen Zeugungsteilen erinnert, welche bekanntlich auch leidenschaftliche Onanisten sind.

[2]) Priapeia sive diversorum poetarum in Priapum lusus, illustrati commentariis Casp. Scioppii, Franci, L. Apuleji Madaurensis *Ἀνεχομένος* ab eodem illustratus. Heraclii Imperatoris, Sophoclis Sophistae, C. Antonii, Q. Sorani et Cleopatrae reginae epistolae de prodigiosa Cleopatrae reginae libidine. Huic editioni accedunt Jos. Scaligeri in Priapeia Commentarii ac Friderici Linden-Bruch. Batavii 1664. 8. pag. 45. carmen XXXVII.

Voti solutio.

Cur pictum memori sit in tabella
Membrum quaeritis unde procreamur?
Cum penis mihi forte laesus esset,
Chirurgique manum miser timerem,
Diis me legitimis, nimisque magnis
Ut Phoebo puta, filioque Phoebi
Curatum dare mentulam verebar.
Huic dixi, fer opem, Priape, parti,
Cuius tu, pater, ipse par videris:[1]
Qua salva sine sectione facta,
Ponetur tibi picta, quam levaris,
Parque consimilisque concolorque.
Promisit fore: mentulamque movit
Pro nutu deus et rogata fecit.

Dies Gedicht, mag sein Verfasser gewesen sein, wer er will,[2] bezeugt auf das Evidenteste, daß des Dichters Genitalien

---

[1]) Ähnlich heißt es in dem Distichon des Antipater (Antholog graec. lib. II. tit. 5. No. 3.)

Ἑστηκὸς τὸ Κίμωνος ἰδὼν πέος, εἶφ᾽ ὁ Πρίηπος,
Οἴμοι, ὑπὸ θνητοῦ λείπομαι ἀθάνατος,

[2]) In dem Codex Coburgensis fangen die Priapeia mit folgenden Worten an: P. Virgilii Maronis Mantuani poetae clarissimi Priapi carmen incipit feliciter. Vergl. Bruckhusius Noten zu Tibull. Lib. IV. Eleg. 14. Jedenfalls gehören die meisten der Gedichte dem goldenen Zeitalter der römischen Literatur an. Für die Leser der alten Dichter dürfte hier vielleicht die Bemerkung nicht am unrechten Orte stehen, daß der Priapus als Cultor hortorum nicht selten in zweideutigem Sinne erwähnt wird, wenn er nicht gar durch Mißverständnisse in die Gärten gekommen ist. So heißt es Priapeia carm. 4:

Quod meus hortus habet, sumas impune licebit;
Si dederis nobis, quod tuus hortus habet,

und im Anechomenos des Apulejus:

Thyrsumque pangant hortulo in Cupidinis.

Ähnlich sagt Lucret. Lib. IV. 1100. ut muliebria conserat arva, und Virgil. Georg. III. 136. genitali arvo. Vielleicht findet hierdurch das *irriguo nihil est elutius horto* des Horatius Satir. Lib. II. 4. 16. ein besseres Verständnis. Die Griechen gebrauchten eben so ihr *κῆπος* z. B. Diogenes Laert. II. 12., und Hesychius erklärt es durch *τὸ ἐφήβιον γυναικαῖον*. Ähnlich ist bei Aristophanes das *καλὸν ἔχουσα τὸ πεδίον*. Auch der Koran sagt: Dein Weib ist dein Acker!

(von Phimosis und Geschwüren?) schwer affiziert waren, er aus Furcht *(timerem)* vor dem Messer des Chirurgen, aus Scham *(verebar)*, wegen des affizierten Teiles, wie wegen der Art, wie er dazu gekommen, vor dem ordentlichen Arzte seine Zuflucht zum Gebet und Gelübde vor dem Bilde des Priapus nahm, worauf er glücklich ohne ärztliche Hilfe genas!

Die Verehrung des Priapus war in Italien ziemlich allgemein, wie uns die römischen Dichter lehren, ebenso der Phalluskultus, wovon die häufigen Darstellungen, welche sich in Pompeji finden, Zeugnis ablegen, ja der letztere hat sich, wie man aus Knight sieht, noch bis in das vorige Jahrhundert in Verbindung mit der Verehrung des Cosmus und Damianus zu Isernia erhalten. Das eben angeführte Gedicht der Priapeia dürfte vielleicht dazu dienen, einen Fingerzeig zu geben, wie der Phallusdienst mit jenen christlichen Heiligen zusammengekommen ist; denn wahrscheinlich beteten die von der Lustseuche Befallenen ebenso zu diesen Heiligen wie die Römer zum Priapus. Vielleicht finden sich Beispiele solcher Heilungen jener Heiligen in den Actis Sanctorum Bollandi (Septbr. 27.), welche uns nicht zur Hand sind. Jene Heiligen waren es aber nicht allein, welche man im Mittelalter gleich dem Priapus der Alten verehrte, denn in Frankreich beteten die unfruchtbaren Weiber zum St. Guerlichon, in der Normandie zum St. Gilas, in Anjou zum St. René, mit welchem sie Dinge trieben, die Etienne[1]) sich zu erzählen scheute.

§ 8.

Plage des Baal Peor.

Obschon es sich nicht bestimmen läßt, wann der Kultus des Priapus überhaupt bei den einzelnen Völkern eingeführt sein mag, und die klassische Mythologie ihn stets zu den neuern[2]) Göttern rechnet, so scheint er doch in Syrien[3]) schon

---

[1]) Apologie pour Herodote II., 253.

[2]) Strabo lib. XIII. 588.

[3]) Lucian de dea Syra. § 28. erzählt, daß zu Hieropolis ein Phallus von 180 oder 1800 Fuß Größe gewesen.

frühzeitig eine nicht unbedeutende Rolle gespielt zu haben, wenn anders die ziemlich allgemeine Annahme[1]) richtig ist, daß der von den Moabitern verehrte Baal Peor eine Art Priapus gewesen sei, in dessen Tempel, welcher sich auf dem Berge Peor[2]) befand, junge Mädchen preisgegeben wurden. Die Rabbinen[3]) leiten seinen Namen von פִּיעוֹר, *aperire* sc. *hyminem virgineum* her, alsdann wäre er aus dem Phallusdienste hervorgegangen, wie er sich auch jetzt noch in Italien findet. In Goa nämlich ist in der Pagode ein männliches Glied von Eisen oder Elfenbein befestigt, welches einer jeden Braut von den Eltern und Verwandten in die Scheide gestoßen wird, bis es die blutigen Spuren der Zerstörung des Hymens deutlich an sich trägt[4]); ein Verfahren, welches, wie § 4. gezeigt, mit dem Glauben an die Malignität des Menstruationsblutes sowie des Scheidenblutes im Zusammenhange steht. Auf der Küste von Koromandel soll ebenfalls ein hölzerner Priapus noch jetzt sehr eifrig von den Einwohnern verehrt werden.[5])

---

[1]) Creuzer Symbolik Bd. II. S. 85. — de Wette Archäologie § 233. k. — Wiener, biblisches Realwörterbuch 2. Aufl. Leipzig 1833. Bd. I. S. 139. Artikel Baal u. S. 260. Artikel Chamos.

[2]) IV. Moses Kapit. 23. v. 28. V. Moses Kap. 4. v. 46.

[3]) Jonathan ad Num. c. 25. v. 1. Dürfte man an das alte griechische πέος, welches sich bei Aristophanes und Antipater am S. 72. Not. 2. a. O. findet, erinnern? Das Adjectivum πεοίδης (πεώδης) hat Eustathius nach Schneider, in der Bedeutung: mit dickem, geschwollenem Zeugungsgliede, und Rodigin. Lect. antiq. Lib. VIII. c. 6. p. 377. sagt: Postremo qui ex intemperanti Veneris usu pereunt, dicuntur Peolae, media producta, quia Peos signet pudendum, sive veretrum. Vielleicht war die alte Form ebenfalls πέορ, ähnlich wie etwa πόϊρ im Lakonischen für πάϊς steht. Auch dürfte penis sich gewiß leichter von πέος ableiten lassen, als von dem gewöhnlichen pendendo, da die Teile des Körpers wohl nach dem Zustand ihrer Tätigkeit, nicht aber von dem der Ruhe benannt werden. Baal-Peor wäre demnach Herr des Penis! ἄναξ Πρίηπος.

[4]) Linschoten orientalische Reisen. Thl. I. Kap. 33. — Beyer ad Seldens. Syntagm. de Diis Syris p. 235. Vielleicht nannten die Griechen aus diesem Grunde auch den Penis κτεις, von κτέω ich spalte!

[5]) Gynaeologie Bd. II. S. 337. Die Verehrung des Lingam unter den Drusen berichtet Buckingham Travels among the arab Tribe inhabiting the countries east of Syria and Palestine etc. London 1825. p. 394. Über

Wir stoßen hier abermals auf eine Sage, welche für die Geschichte der Affektionen infolge des Mißbrauchs der Genitalien nicht ohne Wichtigkeit ist, nämlich auf die Plage, welche unter den Juden infolge ihrer Teilnahme an der Verehrung des Baal Peor zu Sittim entstand. Sickler[1]) war es zuerst, welcher sie behufs Verteidigung des Altertums der Lustseuche einer nähern Prüfung unterwarf. Um aber eine so viel als möglich klare Einsicht zu erlangen, wird es notwendig sein, die hierhergehörigen Stellen des alten Testaments ausführlich, nach der Übersetzung von de Wette,[2]) mitzuteilen.

1) „Und Israel wohnete in Sittim und das Volk begann zu huren mit den Töchtern Moabs.[3]) — 2) Die luden das Volk zu den Opfern ihrer Götter und das Volk aß und betete ihre Götter an. — 3) Und Israel hängte sich an Baal Peor. Da entbrannte der Zorn Jehovas über Israel. — 4) Und Jehova sprach zu Mose: Nimm alle Häupter des Volks und hänge sie auf zur Versöhnung Jehovas, gegen die Sonne, auf daß sich wende der Zorn Jehovas von Israel. — 5) Da sprach Mose zu den Richtern Israels: Tötet ein jeglicher seine Leute, welche sich gehängt haben an Baal Peor. —

6) Und siehe da kam ein Mann von den Söhnen Israels und brachte zu seinen Brüdern eine Medianitin, vor den Augen Moses und der ganzen Gemeinde der Söhne Israels, die da weineten vor der Türe des Versammlungszeltes. — 7) Und als Pinehas, der Sohn Eleasars, des Sohnes Aarons, des Priesters,

---

Verehrung des Gopalsami, eines dem Priap ähnlichen Gottes in der Nähe von Jagrenat und die bei seinem Feste üblichen unzüchtigen Darstellungen, selbst unnatürlicher Lüste vergl. Hamilton A New Account of the East-Indies. Edinburg 1727. 8. S. 378. folg. Moore, C., Narrative of the operations of Capit. Littles detachment, and of the Mahratta army. Louden 1794. 4. S. 45. — Ähnliche Darstellungen fanden sich in mehreren Tempeln von Mexiko. Kircher, Oedipus Aegypt. I. s. 5. S. 422. — J. de Laet Beschryvinge van West-Indien. Leiden 1630 fol. Lib. VI. c. 5. S. 284.

1) Diss. exhibens novum ad historiam luis venereae additamentum. Jenae 1797. 32. S. 8.

2) Die heilige Schrift, übersetzt von Dr. de Wette. 2. Aufl. Heidelberg 1835. gr. 8.

3) s. Moses Buch IV. Kap. 25. v. 1—18.

es sah, stand er auf aus der Gemeinde, und nahm einen Spieß in seine Hand, — 8) Und ging dem israelitischen Manne nach in das Gemach, und durchstach sie beide, den israelitischen Mann und das Weib, durch ihren Bauch. Da ward die Plage abgewehrt von den Söhnen Israels. — 9) Es starben aber in der Plage 24000.[1]) — 14) Der Name aber des israelitischen Mannes, der erschlagen wurde mit der Medianitin, war Simri, Sohn Salus, Fürst eines Stammhauses der Simeoniter. — 15) Und der Name des Weibes, das erschlagen wurde, der Medianitin, Casbi, Tochter Zurs, welcher Volkshaupt eines Stammhauses unter den Medianitern war. — 16) Und Jehova redete zu Mose und sprach: — 17) Befeindet die Medianiter und schlaget sie. — 18) Denn sie haben euch befeindet durch ihre List, womit sie euch belistet in Ansehung des Baal Peor und in Ansehung der Tochter eines Fürsten von Midian, ihrer Schwester, die erschlagen wurde am Tage der Plage wegen des Baal Peor." —

7) „Und sie zogen wider Midian, so wie Jehova Mose geboten und töteten alles Männliche.[2]) — 9) Und die Söhne Israels führten die Weiber der Medianiter und ihre Kinder gefangen, und all ihr Vieh u. s. w. — 14) Und Mose zürnte über die Hauptleute des Heeres. — 15) Und Mose sprach zu ihnen: Ihr habt alle Weiber leben lassen? — 16) S i e h e, s i e w a r e n d e n S ö h n e n I s r a e l s a u f d e n R a t B i l e a m s U r s a c h e z u r V e r g e h u n g a n J e h o v a, w e g e n d e s P e o r, u n d s o k a m d i e P l a g e a u f d i e G e m e i n d e J e h o v a s. — 17) Und nun tötet alles Männliche unter den Kindern, und a l l e W e i b e r, w e l c h e e i n e n M a n n e r k a n n t i m B e i s c h l a f e, t ö t e t. — 18) Aber alle Kinder unter den Weibern, welche n i c h t den Beischlaf eines Mannes kennen, lasset auch leben. — 19) Ihr aber lagert euch außerhalb des Lagers 7 Tage, alle die ihr Menschen getötet und Erschlagene angerührt, sollt euch entsündigen am 3. Tage und am 7. Tage; ihr und eure Gefangenen. — 20) Und alle Kleider und

---

[1]) Auch laßt uns nicht Hurerei treiben, wie etliche unter jenen Hurerei trieben und fielen auf einen Tag 23000. P a u l u s I. Brief an die Corinth. Kap. 10. v. 8. *μέμνησθε γὰρ τὰς τέσσαρας καὶ εἴκοσι χιλιάδας διὰ πορνείαν ἐπωσμένας.*

[2]) M o s e s, Buch IV. Kap. 3. v. 7—24.

alle Geräte von Leder und alle Arbeit von Ziegenhaaren und alle Geräte von Holz sollt ihr entsündigen. — 21) Da sprach Eleasar, der Priester zu den Kriegsleuten: Das ist die Satzung, welche Jehovah Mosen geboten. — 22) Gold und Silber, Kupfer, Eisen, Zinn und Blei, — 23) alles was ins Feuer gebracht werden kann, sollt ihr durchs Feuer gehen lassen, daß es rein werde; doch mit dem Reinigungswasser soll es entsündigt werden; was aber nicht ins Feuer gebracht werden kann, sollt ihr durchs Feuer gehen lassen. 24) Und waschet eure Kleider am 7. Tage, so seid ihr rein, und darnach sollt ihr ins Lager kommen.“

Außer diesen Stellen der mosaischen Bücher finden wir die Plage Peors noch an folgenden im alten Testamente erwähnt:

„Ist es uns zu wenig an der Missetat Peors, von welcher wir uns nicht gereinigt, bis auf diesen Tag, weshalb die Plage kam über die Gemeinde Jehovas?[1])

„Und sie hängten sich an Baal Peor, und aßen Opfer der toten (Götzen) und reizten durch ihre Werke den Zorn: darum brach in sie ein die Plage. Darum trat Pinehas auf und strafte, und so ward der Plage gewehret.“ [2])

„Wie Trauben in der Wüste fand ich Israel, wie eine Frühfeige zur ersten Feigenzeit erblickt ich eure Väter; doch sie wandten sich zum Baal Peor, und weiheten sich dem schändlichen Götzen und wurden abscheulich gleich ihrer Buhlschaft.“ [3])

§ 9.

Wir finden hier die Juden auf ihrem Zuge nach Canaan bereits am Jordan angelangt, von welchem Sittim nach Josephus[4]) 60 Stadien oder $2^1/_2$ Stunde lag, und die umliegenden Völker durch ihre Nähe wie durch ihre Siege in Schrecken gesetzt. Der König der Moabiter, Balak, hatte zu dem Wahrsager Bileam gesandt, daß dieser durch seine Künste (seinen Fluch) den drohenden Feind vernichte. Bileam indessen, vom Geiste des Herrn beseelt, segnete die Söhne Israels, anstatt sie zu verfluchen,

---

[1]) Josua Kap. 22. v. 71.
[2]) Psalm 106. v. 28—30.
[3]) Hosea Kap. 9. v. 10.
[4]) Antiquitat. Judaeor. Lib. V. c. 1.

gab aber dem Balak einen Rat, wie er auf andere Weise das Verderben der Juden herbeiführen könne, wie dies im angeführten 16. Vers des 31. Kapitels angedeutet worden, ohne den Rat selbst näher zu bezeichnen, welcher freilich zum Teil dem Zusammenhange des Ganzen entnommen werden kann, wie dies auch vielleicht der Verfasser der Apocalypsis getan haben mag, wenn er sagt:[1] „Aber ich habe ein Kleines wider dich, daß du daselbst hast, die an der Lehre Balaams halten, welcher lehrte durch den Balak ein Ärgernis aufrichten vor den Kindern Israel, zu essen der Götzen Opfer und Hurerei treiben." Philo, so wie der vielleicht nur wenig später lebende Josephus schildern den Hergang der Sache, freilich nach unbekannten Quellen, ausführlich. Philo[2]) schreibt folgendes: *Quae prius, inquit (Bileam), dixi oracula sunt omnia et vaticinationes: de reliquo quae loquar, animi mei coniecturae erunt. — Age vero praeclara eius monita videamus, quibus artibus instructa fuerint ad certissimam offensionem eorum, qui semper vincere poterant. Cum enim intelligeret Hebraeos una tantum ratione capi posse, violata facinore aliquo lege, per stupri libidinem et intemperantiam, magna malo, ad maius impietatis scelus inducere studebat voluptatis esca. Huius enim, aiebat, regionis o rex, mulieres specie reliquis longe praestant: viri autem nulla re facilius quam mulieris forma expugnari possunt. Proinde si formosissimas quaestum facere prostareque permiseris, iuventutem adversariorum velut hamis capient. Ita autem doceri eas oportet, ne statim floris sui volentibus copiam faciant. Nam molestus ille aculeus simulatae recusationis libidinem acrius excitabit, et amorem accendet, actique libidine tanquam obtorto collo trahuntur, quidvis et facere et pati in animum inducent. Amatorem igitur ut quaeque sic affectum nacta erit, quae ad venationem illam subornantur, ferociter dicat: tibi consuetudine mea frui nefas est, nisi a patriis institutis desciveris, mutataque sententia eadem iuxta mecum colere coeperis. Huius defectionis fides ea demum mihi perspecta fuerit, si libamentorum eorundem*

---

[1]) Kap. 2. v. 14. Vergl. Areth. Commentar. in Apocalyps. c. 2. Isidor. Pel. lib. III. ep. 150. Suidas s. v. προφητεία.

[2]) Vita Mosis. Opp. Vol. II. p. 217.

et sacrorum particeps esse volueris, quae simulacris et statuis reliquisque signis ex ritu facere solemus. — Sic igitur ille tum consulebat: rex ista non abs re dici ratus, sublata de adulteris lege et abrogatis omnibus de stupro corruptelaque sanctionibus, proinde quasi nunquam rogatae essent, liberam facit mulieribus quibuscum vellent consuescendi potestatem. Illae vero licentia et impunitate data adolescentulorum multitudinem illiciebant, multo ante eorum animis circumventis et illecebrarum praestigiis ad impietatem impulsis: usque dum postremo pontificis filius Phinees, facta ista supra modum indignatus (teterrimum enim ei videbatur eodem tempore corpora et animos pro deditiis, illa voluptatibus, hos sceleri et impiae fraudi tradi[1]) *iuvenilis audaciae memorabile facinus viroque dignum forti edidit. Nam quendam sui generis sacris operatum ad scortum ingredi conspicatus, neque submittentem in terram vultum, neque latere cupientem, neque, ut assolet, clanculum aditum suffurantem, sed inverecundam fiduciae intemperantiam prae se ferentem et in flagitio ridiculo velut in re praeclara magnifice se efferentem, exacerbatus indignitate rei et iusta repletus ira, cursu irrumpens adhuc in lecto iacentes amatorem et meretriculam confodit, genitaliaque eis praeterea desecat, quibus incestum satum patrarant. Istud exemplum aliqui continentiae et religionis studiosi iussu Mosis imitati, omnibus qui initiati fuerant simulacris manu factis, propinquis iuxta necessariisque occidione occisis, scelus gentis expiarunt inexorabili sceleratorum supplicio, — unoque die viginti quatuor millia hominum caesa sunt, et una statim sublata est communis labes, qua totus exercitus maculosus polluebatur.*

Auf eine ähnliche Weise, nur noch etwas ausführlicher erzählt Josephus[2]) die Sache. Die Unzucht hatte fast das ganze Heer ergriffen, und die väterlichen Sitten waren in Gefahr ganz verlassen zu werden. Moses habe daher eine Versammlung des Volkes angeordnet und in einer Rede auf die drohenden Gefahren aufmerksam gemacht, Sambrias (Simri) habe sich verteidigt, sie

[1]) Factis per mulierum obscenam libidinem et protervam petulantiam quae corpora consuescentium stupro debilitarent, animosque impietate profligarent. ibid. p. 129.

[2]) Antiquit. iudaic. lib. IV. cap. 6. § 6—13.

hätten lange genug tyrannischen Gesetzen gehorcht und wollten jetzt frei leben, worauf er aus der Versammlung gegangen und von dem in Zorn geratenen Phinees in seinem Zelte ermordet sei. Hierauf fährt Josephus (§ 12) fort: *Iuvenes autem omnes, qui virtutis aliquid sibi vindicarent et honestatis studio tenerentur, Phineesis fortitudinis exemplo accensi, eiusdem cum Zambria criminis reos interfecerunt. Multi itaque illorum, qui leges patrias violarant, horum egregio virtute perempti sunt. Peste autem reliqui omnes perierunt, deum hunc illis morbum immittente. Et quotquot e cognatis, qui cum prohibere debuerint, eos ad haec impulerant, a deo pro sceleris sociis habiti, pariter sublati erant.*[1]) Sind auch Philo und Josephus nicht als vollgültige Augenzeugen zu betrachten, so beweisen die aus ihnen angeführten Stellen doch so viel, daß man schon zu ihrer Zeit die darin ausgesprochenen Ansichten hegte.

Die Juden wurden also von den Töchtern der Moabiter verführt, trieben mit ihnen Hurerei und opferten in ihren Tempeln dem Landesgott, dessen Priesterinnen nach Bileams Aussage durch ihre Schönheit sich vor andern auszeichneten. Die Folge dieser Ausschweifungen war eine ansteckende Krankheit (nach Josephus teilte sie sich auch und zwar nur den Verwandten! mit), welche vielen[2]) das Leben kostete, keineswegs aber 24,000, denn diese fielen größtenteils durch das Schwert ihrer Brüder, wie Philo und Josephus ausdrücklich bemerken und der Verfasser der mosaischen Bücher dadurch andeutet,

---

[1]) *Ἀπόλλονται μὲν οὖν καὶ ὑπὸ τῆς τούτων ἀνδραγαθίας πολλοὶ τῶν παρανομησάντων, ἐφθάρησαν δὲ πάντες καὶ λοιμῷ, ταύτην ἐνσκήψαντος αὐτοῖς τοῦ Θεοῦ τὴν νόσον· ὅσοι τε συγγενεῖς ὄντες, κωλύειν δέον, ἐξώτρυνον αὐτοὺς ἐπὶ ταῦτα, συναδικεῖν τῷ Θεῷ δοκοῦντες, ἀπέθνησκον.*

[2]) Indessen auch dies scheint keine bedeutende Anzahl gewesen zu sein, da die Krankheit wohl die Kraft der Juden schwächen, sie selbst aber nicht vernichten konnte. Bileam sagt nämlich bei Josephus (l. c. § 6.) Hebraeorum quidem genus nunquam funditus peribit, nec bello, nec peste, nec inopia terrae fructuum, nec alio casu inopinato delebitur. — In mala autem nonnulla et calamitates ad breve tempus incident; a quibus licet deprimi humique affligi videantur, postea tamen reflorescent, cum eos timere coeperint qui damna illis intulerant. Dies nun zu bewerkstelligen, gab er seinen oben angeführten Rat.

daß er (IV. Kp. 25 v. 5) sagt: Da sprach Moses zu den Richtern Israels: töte ein jeglicher seine Leute, welche sich gehängt haben an Baal Peor. Wenn gleich der Erzähler erklärt, daß durch jene Ermordung die Plage von den Söhnen Israels abgewehrt sei, so hatte sie darum keineswegs ganz aufgehört, wie aus der angeführten Stelle des Josua erhellt, wo Pinehas behauptet, daß sein Volk noch bis auf diesen Tag nicht gereinigt sei von der Missetat Peors; mithin konnte die Krankheit auch kein schnell vorübergehendes Leiden gewesen sein. Die Krankheit mußte ferner von den Moabiterinnen ausgegangen und unter ihnen sehr verbreitet, zugleich aber leicht ansteckend sein, wie aus dem ganzen Verfahren des Moses hervorgeht. Moses zürnte, daß man die Weiber hatte leben lassen, und befahl alle diejenigen, welche Männer im Beischlafe erkannt hatten, zu töten, die reinen Jungfrauen aber leben zu lassen, und deren Zahl war (nach Kap. 31 v. 35) zweiunddreißigtausend! welche als Gefangene in das Lager gebracht und dort verteilt wurden. Die Tötung geschah also nicht deshalb, daß den Juden die Gelegenheit zum Beischlaf mit den heidnischen Frauen, der dem Herrn an und für sich schon ein Greuel hätte sein können, überhaupt genommen werden sollte, wie hätten da die Jungfrauen leben, ins Lager gebracht und verteilt werden können?[1]) sondern es sollte dadurch die Gefahr der Weiterverbreitung der Krankheit für immer vernichtet werden. Daß diese Gefahr aber nach Moses Ansicht groß sein mußte, lehrt endlich auch die Reinigung des Heeres, welches er zur Niedermetzlung der Moabiter und ihrer Frauen ausgesandt hatte: er ließ es mit den Gefangenen und der ganzen Beute 7 Tage lang außer dem Lager sich aufhalten und zweimal ganz und gar sich reinigen.

[1]) Ja Moses erlaubt gradezu die Gefangenen zu ehelichen. Buch V. Kap. 21. v. 11—13. Und siehest unter den Gefangenen ein schönes Weib, und hast Lust zu ihr, daß du sie zum Weibe nehmest: so führe sie in dein Haus — darnach schlaf bei ihr, und nimm sie zur Ehe und laß sie dein Weib sein. Vergl. außerdem Ruth Kap. 1. v. 4. Kap. 4. v. 13. — I. Chronic. Kap. 2. v. 17. — I. König. Kap. 3. v. 1. Kap. 14. v. 21. Erst nach dem Exil wurde die eheliche Verbindung mit Fremden untersagt. Esra Kap. 9. v. 2. Kap. 10. v. 3. Nehemia Kap. 13. v. 23. Joseph. Antiq. iud. XI. 8. 2. XII. 4. 6. XVIII. 9. 5.

Die Juden hatten in den bisherigen Kriegen manches Tausend erschlagen, ja selbst ehe sie gegen die Moabiter zogen, 24,000 ihrer eignen jungen Mannschaft umgebracht, ohne daß ihnen jemals geboten wäre, das Lager auf 7 Tage zu verlassen und sich zweimal während dieser Zeit mit aller ihrer Habe zu reinigen; erst nach der Vernichtung der Moabiterinnen (nicht aber der Moabiter), von der sie eben zurückgekehrt waren, geschah dies, der Grund dazu mußte also ein sehr triftiger sein. Es kam hier dasselbe Gesetz in Anwendung, welches bei der Reinigung nach dem Aussatze und dem unreinen Flusse geboten war: freilich auch nach der Berührung eines Toten, indessen sie hatten ja Lebende erst getötet! Niemand wird daher auch wohl der Ansicht des Philo[1]) beistimmen, wenn er über die Reinigung nach der Vernichtung der Moabiter sagt: *Nam ut legitima hostium caedes sit, attamen qui hominem interfecit quamquam iure, quamquam vim propulsans, quamquam coactus, non insons esse videtur nec extra noxiam, propter summam illam et communem hominum inter ipsos cognationem. Quo nomine piacula suscipienda fuerunt interfectoribus ad luendum scelus, quod conceptum censebatur.* Welcher Art nun die Krankheit war, welche sich die Juden durch den Beischlaf mit den Moabiterinnen zugezogen hatten, läßt sich nun freilich nicht bestimmen; daß sie die Genitalien betraf, möchte sich kaum bezweifeln lassen. Daß nicht wenige ihr Leben dadurch verloren, kann, selbst wenn es wahr wäre, kein Gegengrund sein, da die Genitalgeschwüre auch zu Ende des XV. Jahrhunderts eine ähnliche Gefahr zeigten und, wie wir sehen werden, der unbeschnittene Apion auf gleiche Weise zugrunde ging. Die Juden waren aber fast sämtlich in jener Zeit noch unbeschnitten, da erst Josua[2]) bei seiner Ankunft in Canaan im Auftrage Jehovas die Kinder Israels auf dem Hügel Araloth mit steinernen Messern beschnitt. Mit der Verehrung des Baal Peor hatten sie sicher auch die väterlichen Reinigungsgesetze aufgegeben, wenn diese selbst in Bezug auf den unreinen Fluß und den

---

[1]) Vita Mosis Lib. I. Opp. Vol. II. p. 130.

[2]) Kap. 5. v. 5. Aber alles Volk, das in der Wüste geboren war, auf dem Wege, da sie aus Egypten zogen, das war nicht beschnitten.

Aussatz, sowie den Umgang mit Menstruierten nicht etwa, wie wir fast glauben möchten, erst infolge jener Plage des Baal Peor mit aller ihrer Schärfe aufgestellt wurden. Und selbst die Notwendigkeit der Beschneidung in Palästina könnte durch diese Erfahrung erst erkannt und darum von Jehova befohlen worden sein!

§ 10.

Bordelle und Lustdirnen. [1])

Da ohne Zweifel in dem asiatischen Venuskultus die Elemente zu geschlechtlichen Ausschweifungen gegeben waren, so kann man sich nicht wundern, wenn diese selbst, wie wir gezeigt haben, immer mehr hervortraten und so den ursprünglichen Kultus zurückdrängten. Wie überhaupt mit der steigenden Aufklärung das Ansehen der Götter schwand, so verlor auch die Venus bald ihren alten Charakter als Göttin der Zeugung und sank herab zur Schützerin der Wollust. Ihre Tempel wie ihre heiligen Haine verloren das Anrecht, der Umarmung der Geschlechter allein befruchtenden Segen zu bringen, und konnten daher nur noch als der sinnlichen Lust bestimmte Sammelplätze dienen. Die Weihgeschenke, welche man darbrachte, sollten nicht mehr die Sicherung der Nachkommenschaft erflehen, es wurden Schutzgelder für die freie Gelegenheit der Wollust zu frönen, sie sanken zum Hurenzins herab, wie die Tempel zu Bordellen. Die Priesterinnen der Astarte oder Mylitta standen Fremden wie Einheimischen zu Gebote und der geschlechtlichen Befriedigung die Gelegenheit offen. Daher werden wir uns auch vergebens nach einer Bezeichnung für das Bordell in Asien

---

[1]) J. Laurentii de adulteris et meretricibus tract. in Gronov. thesaur. antiq. Gracor. Vol. VIII. p. 1403—16. — G. Franck de Franckenau Disp. qua lupanaria s. i. v. Hurenhäuser ex principiis quoque medicis improbantur. Heidelberg 1674. 4. in dessen Satirae medicae. p. 528—549. — J. A. Freudenberg (C. G. Flittner) über Staats- und Privatbordelle, Kuppelei und Concubinat, in moralisch-politischer Hinsicht, nebst einem Anhange über die Organisierung der Bordelle der alten und neuen Zeiten. Berlin 1796. 8. Konnten wir nicht benutzen.

umsehen, man hatte dort die Sache, ohne daß man des Namens bedurfte; und der Staat brauchte kein Institut zu schaffen, das sich ohne sein Zutun längst unter dem Deckmantel der Religion herausgebildet hatte. Selbst bei den Juden, welche zwar häufig, aber immer nur vorübergehend dem fremden Kultus anhingen, scheint es niemals eigentliche Bordelle gegeben zu haben. [1]) Obgleich im alten Testament häufig Lustdirnen erwähnt werden, und selbst die Wohnung einer Buhlerin sowie ihr Benehmen ziemlich ausführlich geschildert wird, [2]) so scheint auch dies mehr einen Privat- als öffentlichen Charakter gehabt zu haben; abgesehen davon, daß manche Stellen gewiß nur metaphorisch zu fassen sind. Als Gewerbe war die Unzucht den Töchtern Israels streng untersagt, [3]) und diejenigen, welche sie öffentlich trieben, scheinen meistens Fremde, vielleicht aus Phönizien und Syrien, welche zugleich durch Tanz und Saitenspiel belustigten, [4]) gewesen zu sein. Hieraus aber einen Schluß auf die vorzugsweise Keuschheit der Jüdinnen ziehen zu wollen, wie z. B. Beer a. a. O. S. 25, würde weder für die älteren noch

---

[1]) Michaelis mosaisches Recht. Tl. V. S. 304. Aus I. Könige Kap. 3. v. 16. könnte man freilich folgern, daß dergleichen vorhanden gewesen, doch beweist diese Stelle eigentlich nur, daß zwei solcher Dirnen in einem Hause wohnten. Vergl. Philo de special. leg (Opera ed. Mangey. Vol. II. p. 308). Die nach II. Könige XVII. 30. XIII. 7. im Bezirk des Tempels zu Jerusalem errichteten Mädchenhütten waren Zellen mit Astartebildern, in denen sich die jüdischen Mädchen der Göttin zu Ehren preisgaben, also zwar der Sache, nicht aber der Idee nach Bordelle.

[2]) Sprüche Salomonis VII. 6—27. Vergleiche I. Moses XXXVIII. 14. — Ezechiel XVI. 25.

[3]) III. Moses XIX. 19. — V. Moses XXIII. 17., welche letztere Stelle Beer a. a. O. benutzen wollte, um die Juden von dem Verdachte der Verbreitung der Lustseuche im XV. Jahrhundert zu befreien. Schon Spencer de legg. Hebraeor. ritualib. p. 563. zeigte, daß das Verbot eigentlich nur dahin ging, daß keine Hurerei zur Ehre Gottes, wie bei den andern Asiaten, getrieben werden sollte und erklärt die erste Stelle dahin, daß die Juden ihre Töchter nicht, wie geschehen, dem Mylittadienst weihen sollten.

[4]) Richter XVI. 1. — I. Könige III. 16. — Sprüchw. II. 16. V. 3. VII. 10. XXIII. 27. — Amos II. 7. VII. 17. — Baruch VI. 43. Vergl. Grotius ad Matthaei Evangel. V. 3. 4. — Hartmann, die Hebräerin am Putztisch und als Braut. Amsterdam 1809. Thl. II. S. 493 folg.

für die späteren Zeiten zu rechtfertigen sein, da die Stellen des alten Testaments über Sodom und die Lüderlichkeit unter Manasse selbst im Tempel zu Jerusalem, allein hinreichen, das Gegenteil zu beweisen.

Über Macedonien findet sich beim Athenaeus[1]) eine Stelle des Hermesianax, wo es heißt:

ἀλλὰ Μακηδονίης πάσας κατενίσατο λαύρας

wo Dalechamp *λαύρας* durch Lupanar übersetzt: indessen bezweifelte bereits Casaubonus die Bedeutung. Vielleicht hängt aber jener Ausspruch mit einer ähnlichen Unzucht bei den Macedoniern zusammen, wie wir sie bei den Persern[2]) finden, welche mit ihren eignen Müttern, Töchtern etc. den Beischlaf übten und Kinder zeugten, was Euripides[3]) den Barbaren überhaupt Schuld gibt. Indessen wenn es wirklich Bordelle in Macedonien gab, so würde dies weniger auffallen, da seine Bewohner in mancher Beziehung zu den Griechen gerechnet werden können.

Der Grieche kannte genau die Grenze des Physischen und Ethischen und suchte das erstere stets dem letzteren unterzuordnen. Sein ganzes Leben gehörte vorzugsweise dem Staate, ihm mußte er Bürger sein und sein Streben darauf richten, ihm gute Bürger zuzuführen; daher schwand frühzeitig die Vielweiberei, wie die nur in Sparta noch geltende Gemeinschaft der Weiber, und Monogamie war das erste Gesetz der Ehe, welche jeder wahre Bürger eingehen mußte,[4]) damit sein Geschlecht

---

[1]) Deipnosoph. lib. XIII. p. 598. v. 65.

[2]) Philo de special. legg. Opera ed. Mangey. Vol. II. p. 301. Clemens Alexandr. Stromat. III. führt aus Xanthus an: *μίγνυντο δέ, φησίν, οἱ Μάγοι μητράσι, καὶ θυγατράσι, καὶ ἀδελφαῖς μίγνυσθαι θεμιτὸν εἶναι.* Vergl. dess. Recognit. lib. IX. c. 20. — Sextus Empiricus Pyrrh. hypot. lib. III. 24. — Origenes contra Celsum lib. V. p. 248. — Hieroymus contra Jovian. lib. II. — Cyrillus adv. Julian. lib. IV. — Sophocles Oedip. Tyrann. 1375 und 452.

[3]) Andromach. 174.

τοιοῦτον πᾶν τὸ βάρβαρον γένος,
Πατήρ τε θυγατρὶ, παῖς τε μητρὶ μίγνυται.

[4]) Osann de caelibum apud veteres populos conditione Commentat. I. Giessen 1827. 4.

nicht ausgehe. Während aber des Asiaten Stolz in der Anzahl seiner Kinder bestand, fand ihn der Grieche nur in der Trefflichkeit derselben. Nur um Kinder zu zeugen, sollte er in den Armen der Gattin ruhen (*ἐπ' ἀρότῳ παίδων γνησίων*) und den heiligen Torus nicht durch Wollust entweihen. Wo diese sich in ihm regte, hörte der Mann auf frei zu sein; als Sklave der Wollust durfte er nur mit Sklavinnen, nicht aber mit freien Bürgerinnen umgehen.[1]) Und auch dies ließ man nur um größeren Übeln vorzubeugen, geschehen, ohne daß man aufhörte, den außerehelichen Beischlaf für etwas *οὐ καλόν* zu halten,[2]) zumal wenn er von Verheirateten geübt ward. Wir haben gesehen, wie unter dem heitern griechischen Himmel der asiatische Venuskultus eine dem Menschen würdigere Gestalt annahm, wie der Grieche seine Venus Urania von der der andern Völker, der Pandemos, trennte und so der eindringenden Sittenlosigkeit einen Damm entgegensetzte, der freilich in späterer Zeit allmählich durchbrochen wurde. Die Fremden, besonders die wollüstigen Asiaten, führten, als sie sahen, daß der griechische Kultus nicht wie der heimische ihren Begierden Vorschub leistete, Sklavinnen ein, welche von den Griechen gekauft, als Weihgeschenke den Tempeln der Aphrodite unter den Namen von Dienerinnen oder

---

[1]) Demosthenes Orat. in Neaeram. ed. Wolf. p. 534. *τὰς μὲν γὰρ ἑταίρας ἡδονῆς ἕνεκ' ἔχομεν, τὰς δὲ παλλακὰς τῆς καθ' ἡμέραν θεραπείας τοῦ σώματος, τὰς δὲ γυναῖκας τοῦ παιδοποιεῖσθαι γνησίως καὶ τῶν ἔνδον φύλακα πιστὴν ἔχειν.* Denselben Satz führt Athenaeus Deipnos. lib. XIII. cap. 31. aus Demosthenes an, nur mit dem Unterschiede, daß er *παλλακὰς τῆς καθ' ἡμέραν παλλακείας* sagt. Vergl. Plutarch. praecept. coniugal. cap. 16. 29. Allerdings stach diese ursprünglich rein sittliche Ansicht von der Ehe in der spätern Zeit der eigentlichen Blüte Griechenlands gegen das übrige phantasiereiche Leben der Griechen so sehr ab, daß sie leicht als eine sehr hausbackene Prosa erscheint und man verleitet wird, ein nicht eben günstiges Urteil über die Lage und den Kulturgrad der griechischen Ehefrauen zu fällen. Ob dies aber recht ist?

[2]) Aristoteles Politic. lib. VII. cap. 16. Viri autem cum alia muliere aut aliorum concubitus omnino indecorus et inhonestus habeatur, cum sit apelleturque maritus. Quod si quid tale tempore procreandis liberis praescriptio quispiam facere manifesto deprehendatur, ignominia scelere digna notetur. — Seneca Controvers. lib. IV. praef. sagt: Impudicitia in ingenuo crimen est, in servo necessitas.

Hierodulen übergeben wurden [1]) und bekannt mit den Bedürfnissen ihrer Landesleute, diesen auf jede Weise abzuhelfen suchten, wie dies namentlich in Corinth der Fall war. Das Beispiel konnte nicht ohne Einfluß auf das Privatleben bleiben. Nahm der Grieche auch nicht an der asiatischen Verehrung der Venus Teil, so wurde der außereheliche Beischlaf doch allgemeiner, und da er auf andere Weise nicht geübt werden konnte, so gerieten die Frauen [2]) und Töchter der Mitbürger in Gefahr. Diese abzuwenden, führte Solon (594 v. Chr.) nach den Angaben des Philemon und Nicander [3]) nun wirkliche Bordelle, *οἴκημα, πορνεῖον*, und öffentliche Mädchen, *πόρναι*, ein, welche um geringe Preise zugänglich waren. Die Häuser lagen, wie

---

[1]) Athenaeus Deipnos. lib. XIII. p. 374.

[2]) Zu den Zeiten des Xenarchus war die Hurerei mit verheirateten Frauen besonders allgemein. Athenaeus XIII. p. 569.

[3]) Athenaeus Deipnosoph. lib. XIII. p. 569. *Καὶ Φιλήμων δ᾽ ἐν Ἀδελφοῖς προσιστορῶν, ὅτι πρῶτος Σόλων, διὰ τὴν τῶν νέων ἀκμὴν, ἔστησεν ἐπὶ οἰκημάτων γύναια πριάμενος· κυθὰ καὶ Νίκανδρος ὁ Κολοφώνιος ἱστορεῖ ἐν τρίτῳ Κολοφωνιακῶν, φάσκων αὐτὸν καὶ Πανδήμου Ἀφροδίτης ἱερὸν πρῶτον ἱδρύσασθαι ἀφ᾽ ὧν ἠργυρίσαντο αἱ προστᾶσαι τῶν οἰκημάτων· ἀλλ᾽ ὅγε Φιλήμων οὕτως φησί·*

Σὺ δ᾽ εἰς ἅπαντας εὗρες ἀνθρώπους, Σόλων,
σὲ γὰρ λέγουσιν τοῦτ᾽ ἰδεῖν πρῶτον [βροτῶν].
δημοτικὸν, ὦ Ζεῦ, πρᾶγμα καὶ σωτήριον·
μεστὴν ὁρῶντα τὴν πόλιν νεωτέρων,
τούτους τ᾽ ἔχοντας τὴν ἀναγκαίαν φύσιν,
ἁμαρτάνοντας τ᾽ εἰς ὃ μὴ προσῆκον ἦν,
στῆσαι, πριαμενόντοι, γυναῖκας κατὰ τόπους
κοινὰς ἅπασαι καὶ κατεσκευασμένας,
Ἑστᾶσι γυμναί· μὺ ᾽ξαπατηθῇς· πάνθ᾽ ὅρα·
— — — — ἡ θύρα ᾽στ᾽ ἀνεῳγμένη·
εἷς ὀβολός· εἰσπήδησον· οὐκ ἔστ᾽ οὐδὲ εἷς
ἀκκισμὸς, οὐ δὲ λῆρος, οὐ δ᾽ ὑφήρπασεν·
ἀλλ᾽ εὐθὺς ὡς βούλει σὺν χ᾽ ὃ βούλει τρόπον
Ἐξῆλθες;· οἰμώζειν λέγ᾽ ἀλλοτρία ᾽στί σοι.

Alexander ab Alexandr. Genial. dier. lib. IV. cap. 1. Solon vero, ut ab adulteriis cohiberetur iuventus, coëmptas meretriculas Athenis prostituit primus, obviasque in Venerem esse voluit, ne matronarum contagio polluerentur. Vergl. Meursii Solon, sive de eius vita, legibus, dictis atque scriptis. Hafn. 1632. 4. p. 98.

uns Pollux[1]) berichtet, zu Athen in der Nähe des Hafens und am Kerameikos nach Hesychius,[2]) in der spätern Zeit auch in der Stadt.[3]) Ihnen stand ein Hurenwirt (*πορνοβοσκός, πορνοτρόφος*) vor. Über die innere Einrichtung der Bordelle bei den Griechen konnten wir bis jetzt nichts näheres auffinden, wahrscheinlich aber fanden dieselben Verhältnisse wie bei den Römern statt.

Außer den eigentlichen Bordellen wurden auch Dirnen in den Wirtshäusern,[4]) (*καπηλεία, καπηλεῖον, καπήλιον, πανδοκεῖα*) gehalten, welche ebenfalls vorzüglich in der Hafengegend lagen. Die Dirnen selbst waren gekaufte Sklavinnen, wie aus den S. 84 Note 3 angeführten Stellen hervorgeht, und selbst die freien Griechinnen,[5]) welche sich später zu diesem Gewerbe hergaben, wurden dann als Sklavinnen betrachtet.[6]) Sämtliche Mädchen standen nebst den Hurenwirten als Gewerbetreibende

---

[1]) Onomast. lib. IX. c. 5. 34. *Τὰ δὲ περὶ τοὺς λιμένας μέρη, δεῖγμα, χῶμα, ἐμπόριοι — του δ' ἐμπορίου μέρη, καπηλεῖα, καὶ πορνεῖα ἃ καὶ οἰκήματα ἄν τις εἴποι.* Meursius Piraeeus cap. ult. — Von dieser tiefern Lage der Bordelle kommt der Ausdruck *ἐπ' οἰκήματος καθῆσθαι*, z. B. bei Platon Charmid. 163 c. — C. Ernesti ad Xenophont. Memorab. Socrat. II. 2. 4.

[2]) s. v. *Κεραμεικός· τόπος Ἀθήνῃ ἐστιν, ἔνθα αἱ πόρναι προεστήκεσαν· εἰσὶ δὲ δύο Κεραμεικοί, ὁ μὲν ἔξω τείχους, ὁ δὲ ἐντός.* Vergl. Meursii Graecia feriata p. 186.

[3]) Pollux Onomast. lib. IV. cap. 5. 48. *Καὶ ταῦτα δὲ, εἰ καὶ αἰσχίω, μέρη πόλεως, ἀσωτεῖα, πεττεῖα, κυβεῖα, κυβευτήρια, σκιραφεῖα, ματρυλεῖα, ἀγωγεῖα [προαγωγεῖα].*

[4]) Philostratus Epist. 23. *πάντα με αἴρει τὸ σὰ, τὸ καπηλεῖον ὡς Ἀφροδίσιον.*

[5]) In den bessern Zeiten Athens kam dies niemals vor, da die Frauen viel zu eingezogen gehalten wurden und ihr sittliches Verhalten unter der Aufsicht der *γυναικονόμων* stand. Meursii Lect. Attic. II. 5. — Reiske Index. graec. in Demosthen. p. 66. Eine Einrichtung, welche sich selbst bei den genußsüchtigen Sybariten fand. Athenaeus Deipnos. lib. XII. p. 521. Späterhin war es besonders die Armut, welche die freien Griechinnen zum Gewerbe einer Hure trieb. Demosthenes in Neaeram. p. 533. *παντελῶς ἤδη ἡ μὲν τῶν πορνῶν ἐργασία ἥξει εἰς τὰς τῶν πολιτίδων θυγατέρας δι' ἀπορίαν, ὅσαι ἂν μὴ δύνωνται ἐκδοθῆναι.*

[6]) Lysias Orat. I. in Theomnestum.

unter der Aufsicht der Agoranomen,[1]) welche bestimmten, wie viel eine jede für den Besuch nehmen durfte; dieser Lohn hieß *μίσθωμα, διάγραμμα* oder *ἐμπολή*. Er war verschieden, 8 Chalcos (*τριαντοπόρνη*,[2]) 2 Obolus (*διωβολιμαῖα, χαλκιδῖτις*,[3]) eine Drachme,[4]) ein Stater (*στατηριαία*.[5]) Die Hetäre scheint hierin größere Willkür gehabt zu haben und die Kenntnis ihrer Preise als etwas außerordentliches betrachtet worden zu sein.[6]) Die Gnathaena zu Athen forderte 1000 Drachmen für eine Nacht von einem fremden Satrapen;[7]) die Phryne eine Mine; am berüchtigsten von allen war aber die Lais zu Corinth wegen des hohen Preises, um welchen sie ihre Gunstbezeugungen verkaufte, woher das Sprichwort entstand: *Non cuivis homini contingit adire Corinthum.*[8]) Die Erlaubnis zur Betreibung des Gewerbes erhielten die Wirte wie die Dirnen gegen eine bestimmte Abgabe, Hurenzins (*τέλος πορνικόν*[9]) genannt, welche jährlich von dem

---

[1]) Suidas: *διάγραμμα· τὸ μίσθωμα· διέγραφον δὲ οἱ ἀγορανόμοι, ὅσον ἔδει λαμβάνειν τὴν ἑταίραν ἑκάστην· — μίσθωμα· ὁ μισθὸς ὁ ἑταιρικὸς.*

[2]) Hesychius s. v. *τριαντοπόρνη· λαμβάνουσα τριαντα, ὅ ἐστι λεπτὰ ἓν εἴκοσι.*

[3]) Suidas s. v. *χαλκιδῖτις· παρά Ἰωσήπῳ ἡ πόρνη, ἀπὸ τῆς εὐτελείας τοῦ διδομένου νομίσματος.* — Eustathius ad Homer. Jl. ψ. p. 1329. Od. X. p. 777.

[4]) Aristophan. Thesmoph. 1207. *δώσεις οὖν δραχμήν.*

[5]) Pollux Onomast. IX. 59. *οὔ φησιν εἶναι τῶν ἑταιρῶν τὰς μέσας Στατηριαίας.*

[6]) Athenaeus XII. p. 547. heißt es von dem Peripatetiker Lycon: *καὶ πόσον ἑκάστη τῶν ἑταιρουσῶν ἐπράττετε μίσθωμα.*

[7]) Athenaeus Deipnos. lib. XIII. cap. 44. 45.

[8]) Horatius Epist. I. 17. 36. — A. Gellius Noct. Attic. lib. I. cap. 8. Vergl. S. 58. Note 3.

[9]) Aeschines Orat. in Timarch. p. 134. ed. Reisk. *Ἀποθαυμάζει γὰρ, εἰ μὴ πάντες μέμνησθ᾽, ὅτι καθ᾽ ἕκαστον ἐνιαυτὸν ἡ βουλὴ πωλεῖ τὸ πορνικὸν τέλος· καὶ τοὺς πριαμένους τὸ τέλος τοῦτο οὐκ εἰκάζειν, ἀλλ᾽ ἀκριβῶς εἰδέναι τοὺς ταύτῃ χρωμένους τῇ ἐργασίᾳ· ὁπότε οὖν δὴ τετόλμηκα ἀντιγράψασθαι, πεπορνευμένῳ Τιμάρχῳ μὴ ἐξεῖναι δημηγορεῖν, ἀπαιτεῖν φησὶ τὴν πρᾶξιν αὐτὴν οὐκ αἰτίαν κατηγόρου, ἀλλὰ μαρτυρίαν τελώνου τοῦ παρὰ Τιμάρχου τοῦτο ἐκλέξαντος τὸ τέλος· ἀλλὰ τοὺς τύπους ἐπερωτήσει ὅπου ἐκαθέζετο, καὶ τοὺς τελώνας, εἰ πώποτε παρ᾽ αὐτοῦ πορνικὸν τελὸς εἰλήφασιν.* Diese Stelle zeigt zugleich auf das deutlichste, daß Schneider in s. Lexikon Un-

Magistrat verpachtet und von besondern Hurenzinspächtern oder Einnehmern (*πορνοτελώνης*), die zugleich eine vollständige Liste über Namen und Wohnung der Steuerpflichtigen, wozu selbst die Pathici gehörten, hielten, eingetrieben ward. Von diesem Hurenzins soll nun Solon zu Athen einen Tempel der Aphrodite Pandemos haben erbauen lassen,[1]) woraus man, selbst wenn man etwa nur ein Bordell darunter verstehen wollte, einen Schluß auf die bedeutende Zahl solcher Dirnen und die beträchtliche Einnahme der Stadt machen kann. — Die öffentlichen Dirnen waren nun entweder solche, die sich in den Bordellen

---

recht hat, wenn er *πορνοτελώνης*, welches sich bei Pollux Onomast. VII. 202. IX. 29. findet, durch privilegierten Hurenwirt, der eine Abgabe an den Magistrat für sein Gewerbe zahlt, erklärt. An eine gleichzeitige gesundheitspolizeiliche Aufsicht der Agoranomen ist übrigens gar nicht zu denken. Denn das *ἀσφαλῶς* in dem Bruchstück des Eubulus (Athenaeus lib. XIII. p. 568.) wo von den Bordelldirnen gesagt wird:

παρ᾽ ὧν βεβαίως ἀσφαλῶς τ᾽ ἔξεστί σοι
μικροῦ πρίασθαι κέρματος τὴν ἡδονήν

erklärt sich leicht, wenn man sich diese gemeinen Dirnen nicht den Hetären, sondern den freien Bürgerinnen gegenübergestellt denkt, mit denen der außereheliche Beischlaf für den Lüstling stets gefahrbringend war, da er als Schändung oder Ehebruch gestraft ward. Den sprechendsten Beweis liefert uns die Stelle beim Diogenes Laertius lib. VI. cap. 4., wo es heißt: Als Antisthenes einen des Ehebruchs Angeklagten sah, sagte er zu ihm: Unglücklicher, welcher großen Gefahr hättest du mit einem Obolus entgehen können (*ὦ δυστυχὴς, πηλίκον κίνδυνον ὀβολοῦ διαφυγεῖν ἐδύνασο*). Auch die Stelle des Xenarchus (Athenaeus lib. XIII. p. 569.) gehört hierher, wo gesagt wird: *καὶ τῶν δ᾽ ἑκάστην ἐστὶν ἀδεῶς, εὐτελῶς*. Daher sind auch die Verse des Menander (Lucian. Amor. 33.) zu lesen:

καὶ φαρμακεῖαι, καὶ νόσων χαλεπωτάτη
φθόνος, μεθ᾽ οὗ ζῇ πάντα τὸν βίον γυνή

und nicht wie die Vulgate sie gibt:

καὶ φαρμακεία, καὶ νόσοι· χαλεπώτατος
φθόνος.

[1]) Vergl. die Note S. 84. Nr. 3. Harpocration Lexikon X. rhetor. — Eustathius Comment. in Homeri Iliad. XIX. 282. p. 1185. Quod auro gaudeat Venus, de qua est in fabula, ille quoque manifestum facit, qui tradit: Solonem Veneris vulgaris templum dedicasse e mulierum quaestu, quos coemtas prostituerat in cellis, in adolescentum gratiam. Vergl. Boeckh Corp. Inscript. I. p. 470.

aufhielten (*πόρναι, αἱ προστᾶσαι τᾶν οἰκημάτων*), wo sie an den Türen, und zwar reihenweise (*ἐπὶ κέρως τεταγμένας*), mehr oder weniger entblößt, in fast durchsichtigen Gewändern (*γυμναί, ἐν λεπτοπήνοις ὑμέσιν*) standen,[1]) oder sie waren zum teil als *ἑταῖραι μουσικαί* wie unsere Harfenmädchen in den Kneipen, oder bei den Kupplern (*μαστροπός προαγωγός*) in deren Tabernen (*προαγωγεῖα, μαστρόπιον, ματρύλλεια*), oder sie trieben sich auf dem Hafenmarkte (*δεῖγμα*) als *δεικτηριάδες*,[2]) der *στοὰ μακρά*, überhaupt auf den Gassen herum (*χαμαιτύπαι*,[3]) *χαμαιευνάδες, χαμαιεύνης, χαμαιτηρις, χαμεύνης*) wo sie entweder sogleich sich preisgaben oder sich nach bestimmten Hurenwinkeln (*χαμαιτυπεῖον*) oder Absteigequartieren (*τέγος*[4]) begaben.

Schon ihr Aufenthalt zeigt, welche Klasse von Menschen sich dieser Gattung von Freudenmädchen bedienten. Es waren vorzugsweise fremde Matrosen,[5]) welche sich hier für ihre Enthaltsamkeit auf der See entschädigten; von den Griechen nur die Hefe des Volkes und ganz gesunkene Wüstlinge, und auch diese lagen mehr in den Tabernen,[6]) wo zugleich Kuppelei getrieben ward,[7]) weshalb sie auch sämtlich in Verruf gerieten. Denn zu Aristophanes[8]) Zeit nahm die niedere Klasse der Bürger noch keinen Anstand, sich selbst mit ihren Frauen in den Wirtshäusern zu vergnügen. Dagegen war es angesehenen, in

---

[1]) W[ie] sauber sie waren, kann man daraus abnehmen, daß eine gewisse Pha[ni]strata den Beinamen Phtheiropyle erhielt, *ἐπειδήπερ ἐπὶ τῆς θύρας ἑστ[ῶ]σα ἐφθειρίζετο*, quod in porta manens pediculos quaereret!

[2]) Athenaeus Deipnos. lib. XIII. c. 37. Vergl. Palmerius Exercitat. p. 523.

[3]) Athenaeus Deipnos. lib. XIII. cap. 27. — Suidas s. v. *ἡ πόρνη, ἀπὸ τοῦ χαμαὶ κειμένη ὀχεύεσθαι.*

[4]) Hier zahlten sie „Geld für die Stube.“ *ἐνοίκιον* oder *στεγανόμιον* (Pollux Onomast. I. 75.) welches eigentlich das pretium mansionis der Römer in den Gasthöfen war. Vergl. Casaubonus ad Athenaeum l. c. 14.

[5]) Bergler ad Alciphr. VI. p. 25.

[6]) Zell, Ferienschriften. Erste Sammlung. Freiburg 1826. No. 1. Die Wirtshäuser der Alten. S. 3—53.

[7]) Athenaeus Deipnos. lib. XIII. p. 567. *Σὺ δὲ ὦ Σοφιστά, ἐν τοῖς καπηλείοις συναναφύρῃ οὐ μετὰ ἑταίρων, ἀλλὰ μετὰ ἑταιρῶν, μαστροπευούσας περὶ σαυτὸν οὐκ ὀλίγας ἔχων.*

[8]) Lysistrat. 467.

Amt und Würden stehenden Personen sogar gesetzlich verboten, solche Orte zu besuchen. „Wenn ein Areopagit in einem Wirtshause auch nur einmal gewesen wäre, sagt Hyperides,[1]) so hätten ihn seine Kollegen nicht mehr als Mitglied des Areopagus geduldet.“ Späterhin änderte sich die Sache, denn der moralisierende Isocrates[2]) sagt: nicht einmal ein ordentlicher Sklave wagt es in einem Wirtshaus etwas zu essen oder zu trinken; und Theophrast, in der Charakterschilderung eines ganz schamlosen und tollen Menschen, führt unter den Zügen desselben an, er sei imstande sogar ein Wirtshaus zu halten!

Von der *πόρνη* haben wir die *ἑταίρα* zu unterscheiden, obgleich sie mit der ersteren unter gleichen polizeilichen Verhältnissen stand. Auch sie war eigentlich Sklavin, welche meistens jung geraubt oder erbeutet von Kupplerinnen oder älteren Hetären gekauft und in allem unterrichtet[3]) ward, was die Alten Musik nannten, um neben ihren körperlichen Reizen besonders durch ihre geistige Bildung ihre Liebhaber an sich zu fesseln, die sie kauften, um sie frei zu lassen, aber auch meistens bald wieder von ihnen verlassen zu werden. Die Pflanzschule der Hetären war besonders Corinth, von wo aus sie ganz Griechenland, wie z. B. die Neaera, durchzogen und sich nicht selten ungeheure Reichtümer erwarben. Die bessern von ihnen standen überall

---

[1]) Athenaeus Deipnos. lib. XIII. p. 567.

[2]) Areopagit. p. 350. ed. Wolf. — Athenaeus Deipnos. lib. XIII. p. 567. *ἐν καπηλείῳ δὲ φαγεῖν ἢ πινεῖν οὐδεὶς οὐδ᾽ ἂν οἰκέτης ἐτόλμησεν.*

[3]) Am besten sehen wir dies aus der Rede des Demosthenes in Neaeram ed. H. Wolf. Basil. 1572. fol. p. 519., wo es in lateinischer Übersetzung heißt: Iam peregrinam esse Neaeram, id vobis ab ipso primordio demonstrabo. Septem puellas ab ipsa infantia emit Nicareta, Charisii Elei liberta, Hippiae coqui eius uxor, gnara et perita perspiciendae venustae parvulorum naturae et eos sollerter educandi instituendique scia, ut quae artem eam exerceret, atque ex ea re victum collegisset, filiarum autem eas nomine compellavit, ut quam maximas ab iis, qui earum consuetudinem, tanquam ingenuarum appetebant, mercedes exigeret, posteaquam autem florem aetatis earum magno cum questu prostituit: uno, ut dicam, fasce, corpora etiam earum, cum septem essent, vendidit: Antiae, Stratolae, Aristocleae, Metanirae, Philae, Isthmiadis et Neaerae. Quam igitur unusquisque earum emerit, et ut ab iis qui eos a Nicareta emerant, libertate donatae sint.

in großem Ansehn, und manche, ihres Standes überdrüssig, reichte einem Manne die Hand, um als treue Gattin ihr Leben zu beschließen,[1]) oder zog sich zurück, um wenigstens ein tadelloses Leben zu führen.[2]) Häufig waren sie freilich auch *Dames de maison* und hielten oft eine bedeutende Anzahl Mädchen, unter dem Titel von Dienerinnen; so außer der genannten Nicareta in Corinth, auch die Aspasia in Athen, welche letztere damit ganz Hellas überfüllte.[3]) Die weniger in Ansehn stehenden begaben sich oft unter den Schutz der Berühmtern oder trieben, zumal wenn sie weniger gebildet, nicht musikalisch (*πέζαι ἑταίραι*[4]) waren, ihr Gewerbe auf eigne Hand, gingen zu Athen nach dem Piraeeus, um die ankommenden Kaufleute zu sich einzuladen, während die vornehmern sich dort nur zeigten.[5]) Oft folgten sie haufenweise dem Heere, so dem Heerführer Chares[6]) und dem Pericles nach Samos, wo sie eine so reiche Einnahme hatten, daß sie daselbst der *Ἀφροδίτῃ ἐν Καλάμοις* einen Tempel bauen ließen.[7]) Über das übrige Leben der Hetären vergleiche man die klassische Abhandlung von Friedrich Jacobs.[8]) Auch diese eigentlichen Freudenmädchen waren anfänglich fast nur

---

[1]) Vergl. den besonders aus Athenaeus zusammengetragenen Catalog der berühmtesten Hetären bei Musonius Phiosophus de luxu Graecorum cap. XII. in Gronovii thesaurus antiq. Graecor. Vol. VIII. p. 2516. sq.

[2]) Athenaeus Deipnosoph. lib. XIII. p. 577. *μεταβάλλουσαι γὰρ αἱ τοιοῦται εἰς τὸ σῶφρον, τῶν ἐπὶ τούτῳ σεμνυνομένων εἰσὶ βελτίους.*

[3]) Athenaeus Deipnos. lib. XIII. p. 569. *Καὶ Ἀσπασία δὲ ἡ Σωκρατικὴ ἐνεπορεύετο πλήθη καλῶν γυναικῶν καὶ ἐπλήθυνεν ἀπὸ τῶν ταύτης ἑταιρίδων ἡ Ἑλλάς.* Auch der König der Sidonier, Strato, ließ seinen Bedarf von dort herkommen. Athenaeus lib. XII. p. 531.

[4]) Hesychius s. v. *πέζας μοίχους· οὕτως ἐκάλουν τὰς μισθαρνούσας ἑταίρας χωτὶς ὀργάνου.* Vergl. Photii Lexicon s. v. — Procopii Anecdot. p. 41. — Cuperi Observat. I. 16. p. 116. — Casaubonus ad Sueto. Neron. cap. 27.

[5]) Athenaeus Deipnos. lib. XIII. p. 582.

[6]) Dieser nahm Flötenspielerinnen, Sängerinnen und *πέζαι ἑταῖραι* mit sich, nach Athenaeus Deipnos. lib. XII. p. 532.

[7]) Athenaeus Deipnos. lib. XIII. p. 573. Als Darius gegen den Alexander zu Felde zog, hatte er 350 *παλλακὰς* bei sich (Athenaeus XIII. p. 557.), von denen 329 Musik verstanden (ib. p. 608.)

[8]) Vermischte Schriften. Bd. IV. S. 311 folg.

für Fremde vorhanden, welche oft ungeheure Summen in ihren Armen verschwelgten, die Athener gingen wenigstens noch zur Zeit des Themistokles nicht mit ihnen um.[1]) Indessen war das Beispiel zu mächtig; nach und nach fanden die Jüngern Geschmack an dem freiern Umgange mit den fein gebildeten und üppig geschmückten[2]) Courtisanen, welche Takt genug besaßen, das rein Sinnliche dem Geistigen unterzuordnen, um den Schönheitssinn der Griechen zu fesseln; selbst die Ältern zu ihren Füßen zu sehen, konnte nicht schwer werden, da die Griechinnen selbst zu wenig über die häusliche Sphäre hinauszugehen wußten.[3]) So fiel es denn nicht mehr auf, als Chares auf seinem Zuge, wie gesagt, eine Anzahl Hetären mit sich nahm, denn die atheniensische Jugend verbrachte bereits ihre Zeit bei ihnen,[4]) und welche Rolle sie zu den Zeiten des Pericles spielten, bedarf keiner nähern Darlegung. Bis zur schamlosesten tierischen Rohheit sank aber der Grieche nie; er hatte die fremde Buhlerin erst zu sich emporgehoben, ehe er sich in ihre Arme warf; denn aus der dienenden Sklavin war eine Freundin oder Hetäre geworden! — Das Gesagte gilt übrigens vorzüglich nur von Athen, da es uns bis jetzt noch nicht gelang, über die Bordelle und Lustdirnen in den übrigen Staaten und Städten Griechenlands etwas näheres aufzufinden.

---

[1]) Athenaeus Deipnos. lib. XII. p. 533. Θεμιστοκλῆς δ', οὔπω Ἀθηνείων μεθυσκομένων, οὐδ' ἑταίραις χρωμένων, ἐκφανῶς τέθριππον ζεύξας ἑταιρίδων κ. τ. λ.

[2]) Athenaeus Deipnos. lib. XII. p. 532.

[3]) Vergl. Bernhardy Grundriß der Griechischen Literatur. Tl. I. S. 40.

[4]) Die Hetären mußten gesetzlich bunte Kleider tragen, Suidas s. v. ἑταιρῶν ἄνθινον. Νόμος Ἀθήνησι, τὰς ἑταίρας ἄνθινα φέρειν; bei den Locrern schrieb es Zaleucus vor. Suidas s. v. Ζάλευκος; auch bei den Syracusanern war es Gesetz. Athenaeus Deipn. lib. XII. c. 4, Vergl. Petit. Legg. Attic. p. 476. Von den Lacedaemoniern führt dasselbe Clemens Alexandr. Paedag. lib. II. c. 10. an. Vergl. Wesseling ad Diodor. Sic. IV. 4. — Sidon. Apoll. epist. XX. 3. Jamblich. de vita Pytagor. cap. 31. — A. Borremans Var. Lect. c. 10. p. 94. — Artemidor. Oneirocrit. lib. II cap. 3.

§ 11.

Kaum Sinn für andere Gefühle als seinen Stolz habend, konnte in des Römers Leben die Liebe nur eine geringe Rolle spielen, und selbst seine Achtung vor der Ehe und der Ehefrau war nicht sowohl Folge einer reinen Sittlichkeit, als vielmehr des Interesses, welches der Staat notwendig auf die Pflegerinnen immer neuer Generationen nehmen mußte, kann also kaum als etwas anderes, denn eine polizeiliche Maßregel betrachtet werden. Wenn ein Censor wie Metellus in einer öffentlichen Rede zur Aufmunterung zum Heiraten sagen durfte:[1]) *Si sine uxore possemus, Quirites, esse, omnes ea molestia careremus: sed quoniam ita natura tradidit, ut nec cum illis satis commode, nec sine illis ullo modo vivi possit, saluti perpetuae potius quam brevi voluptati consulendum* — und selbst der strenge Cato erklärte:[2]) *In adulterio uxorem tuam si deprehendisses, sine iudicio impune necares: illa te, si adulterares, digito non auderet contingere, neque ius est* — so kann es uns nicht Wunder nehmen, daß, bei solchem Mangel des geistigen oder gemütlichen Elements in dem Geschlechtsleben, dasselbe sich bei den Römern nie eigentlich weit über das Tierische erhob, Huren uns bereits an der Schwelle der römischen Geschichte begegnen[3]) und der Umgang mit ihnen, weit entfernt jemals getadelt zu werden, vielmehr als eine durch uralten Brauch geheiligte Sitte, die niemals verboten, dargestellt wird.[4]) Trotzdem aber, und wenn auch die Etrus-

---

[1]) A. Gellius N. Attic. lib. I. cap. 6.

[2]) A. Gellius N. Attic. lib. X. cap. 23.

[3]) Livius hist. I. 4. II. 18.

[4]) Cicero Orat. pro Coelio cap. 29. Si quis est, qui etiam meretriciis amoribus interdictum iuventuti putet, est ille quidem valde severus, negare non possum; sed abhorret non modo ab huius seculi licentia, verum etiam a maiorum consuetudine atque concessis Quando enim factum non est? quando reprehensum, quando non permissum? Horat. lib. I. Satir. 2. v. 31—35.

Quidam notus homo, cum exiret fornice: Macte
Virtute esto, inquit sententia dia Catonis.
Nam simul ac venas inflavit tetra libido,
Huc iuvenes aequum est descendere; non alienas
Permolere uxores.

ker[1]), als Rom fast noch im Entstehen war, bereits ein mehr als schlüpfriges Leben führten, Messapier, Samniter und Locrer, wie wir gesehen haben, ihre Töchter preisgaben, — trotz allem diesen sage ich, waren die geschlechtlichen Ausschweifungen der Römer doch in den ersten fünf Jahrhunderten im Ganzen nur gering, da ihre Lebensart als Krieger und Ackerbauer sie kaum in träge Ruhe, den Beginn alles Lasters, versinken ließ und das Gesetz der XII Tafeln: *coelibes prohibeto*[2]) den kräftigen Mann zwang, den Drang der Natur in den Armen der rechtmäßigen Gattin zu befriedigen. Je mehr aber die Römer mit fremden Völkern in Verbindung traten, desto mehr nahmen sie von den Sitten und Lastern derselben auf. Im Jahre 513 U. C. (240 v. Chr.) wurden die Floralien eingeführt, welche, wenn sie auch nicht

---

Eine Stelle, welche uns unwillkürlich an das S. 82 angeführte Bruchstück des Philemon erinnert.

[1]) Sie hatten Gemeinschaft mit den Frauen, die es nicht für schändlich hielten, halbnackend (*γυμναί*) zu erscheinen, unter sich wie mit den Männern gemeinschaftlich gymnastische Übungen zu treiben, in Gegenwart Anderer, selbst der Jüngern, die sogar dazu angehalten wurden, den Beischlaf zu üben und sich von eigenen männlichen Künstlern den ganzen Körper glätten und enthaaren zu lassen. Athenaeus Deipnos. lib. XII. p. 517. 518.

[2]) Das Gesetz war anfangs wohl nur für die Zukunft gegeben, um dem Staat eine hinreichende Zahl von Bürgern zu sichern, Sozomenes histor. eccles. I. 9. Vetus lex fuit apud Romanos, quae vetabat, ne coelibes ab anno aetatis quinto et vigesimo pari iure essent cum maritis. — Tulerant hanc legem veteres Romani, cum sperarent, futurum hac ratione, ut urbs Roma et reliquae provinciae imperii Romani hominum multitudine abundarent. Deshalb setzte auch Caesar nach dem Afrikanischen Kriege, als die Stadt wegen der Menge der Gebliebenen sehr entvölkert war, Preise für diejenigen aus, welche die meisten Kinder hätten. Dio Cassius Lib. XLIII. 226. Alles dies vermochte wenig. Die Censoren Camillus und Posthumius mußten schon zur Steuer des ehelosen Lebens die Hagestolzsteuer (Aes uxorium) einführen (Festus p. 161. L. Valerius Maximus lib. II. cap. 9.) Augustus suchte durch die Lex Julia de maritandis ordinibus (Sueton. August. 34. 89.) vergeblich ihm entgegenzuwirken, bis die vom Senat ausgegangene Lex Papia Poppaea 9 v. Chr. Geltung erhielt, (Tacit. Annal. III. 25. — Dio Cassius LIV. 16. LVI. 10.) obschon auch sie nicht lange in Kraft blieb. Vergl. Lipsius Excurs. ad Tacit. Annal. III. 25. — Heineccii Antiquit. Roman. iurisprud. I. 25. 6. S. 209. — Hugo Gesch. des römischen Rechts. I. S. 237. II. S. 861.

den Ursprung haben dürften, welchen Lactantius[1]) angibt, doch durch die Art ihrer Feier aller guten Sitten Hohn sprachen, dennoch aber so allgemein gefielen, daß Cato durch sein Eifern dagegen nichts weiter erlangte, als daß man mit den Schlußscenen derselben so lange wartete, bis er sich entfernt hatte.[2]) Die ungeheuren Reichtümer, welche die Römer in ihren steten Eroberungskriegen erbeutet hatten, konnten nicht ungenützt aufgespeichert werden, sie mußten genossen werden; auf welche Weise, wußten die Krieger bereits. Die Jugend des Ritterstandes und der Patricier ging auf Reisen, lernte in den Armen griechischer und asiatischer Buhlerinnen kunstgerecht schwelgen und da ihr, nach Rom zurückgekehrt, die Scorta nicht mehr behagen konnten, führte sie die libertine Amica mit sich, welche wohl an Habsucht, nicht aber an Bildung der griechischen Hetäre gleich kam. Dennoch erlag die altväterische Matrone bald in dem Kampfe mit ihr und wurde durch das nur zu gut gelingende Streben, die fremde Buhlerin in ausgesuchter Lüsternheit und Frechheit zu übertreffen, dem stolzen Römer nur um so verächtlicher, sie hatte wohl

[1]) Instit. divin. I. 20., 6. Flora cum magnas opes ex arte meretricia quaesivisset, populum scripsit haeredem, certamque pecuniam reliquit, cuius ex annuo foenere suus natalis dies celebraretur editione Judorum, quos appelant Floralia. — I. 20, 10. Celebrantur cum omni lascivia. Nam praeter verborum licentiam, quibus obscoenitas omnis effunditur, exuuntur etiam vestibus populo flagitante meretrices, quae tunc mimarum funguntur officio et in conspectu populi, usque ad satietatem impudicorum hominum cum pudendis motibus detinentur. Bedenkt man, daß kaum 40 Jahre nach der Einführung der Floralien P. Scipio Africanus in seiner Verteidigungsrede zum Tib. Asellus sagen konnte: Si nequitiam defendere vis, licet; sed tu in uno scorto maiorem pecuniam absumsisti, quam quanti omne instrumentum fundi Sabini in censum dedicavisti. Ni hoc ita est: qui spondet mille nummum? Sed tu plus tertia parte pecuniae paternae perdidisti atque absumsisti in flagitiis (Gellius Noct. Attic. VII. 11.) — Da nicht nur Hetären einen Tempel der Aphrodite bauen ließen, sondern ihnen zu Ehren auch ein solcher zu Abydus erbaut ward (Athenaeus XIII. p. 573) und die einzige Phryne ganz Theben wieder aufbauen wollte, wenn man als Inschrift setzen wolle: Alexander zerstörte sie, die Hetäre Phryne stellte sie wieder her, so hat man nicht eben Ursache, die obige Erzählung zu den ganz absurden Erfindungen der Kirchenväter zu rechnen.

[2]) Valer. Maximus II. 10. 8. — Seneca Epist. 97. — Martial. Epigr. I. 1 u. 36.

empfangen, niemals aber lieben gelernt. Er selbst aber auf diese Weise nirgends von einem versöhnenden Elemente umgeben, hörte nicht nur auf, Bürger des Staates, sondern überhaupt auch Mensch zu sein, und der Beherrscher des Erdreiches versank endlich zur Zeit der Kaiser in eine so kolossale Lasterhaftigkeit, daß ihm der Ruhm ward, auch hierin einzig dazustehen.

Ist es nun auch gewiß, daß erst seit den Kriegen in Asien die römische Sittlichkeit untergraben wurde,[1]) so ist es doch dem oben Beigebrachten zufolge unmöglich, die Zeit zu bestimmen, zu welcher Bordelle und öffentliche Mädchen in Rom zuerst aufkamen, oder als solche von der polizeilichen Aufsicht der Stadt als vorhanden anerkannt wurden. Desto genauer sind uns aber die Einrichtungen bekannt. Die Bordelle, *lupanaria,*[2])

---

[1]) Man lese die Rede des Cato bei Livius hist. lib. XXXIV. 4, wo es unter anderem heißt: Haec ego, quo melior laetiorque in dies fortuna rei publicae est, imperumque crescit, et iam in Graeciam Asiamque transcendimus, omnibus libidinum illecebris repletas, et regias etiam attrectamus gazas, eo plus horreo, ne illae magis res nos ceperint, quam nos illas. Kaum 10 Jahre nachher sagt derselbe Schriftsteller (lib. XXXIX. 6): Luxuriae enim peregrinae origo ab exercitu Asiatico invecta in urbem est. Juvenal. Satir. VI. 299.

Prima peregrinos obscoena pecunia mores
Intulit et turpi fregerunt secula luxu
Divitiae molles.

Vor allem aber gehören hierher desselben Dichters Worte III. 60. sq.

Non possum ferre, Quirites!
Graecam urbem, quamvis quota portio faecis Achaei?
Iam pridem Syrus in Tiberim defluxit Orontes,
Et linguam et mores et cum tibicine chordas
Obliquas, nec non gentilia tympana secum
Vexit et ad Circum iussas prostare puellas.

[2]) Gewöhnlich leitet man das Wort lupanar von der Frau des Faustulus, der Lupa (Livius I. 4) ab, so Lactantius lib. I. divin. instit. 20.: fuit enim Faustuli uxor et, propter vulgati corporis vilitatem, Lupa inter pastores, it est meretrix, nuncupata est unde etiam lupanar dicitur. Vergl. Isidor lib. XVIII. etymolog. 42. Hieronymus in Chron. Euseb. Indessen mühte man sich vergebens ab, lupa wie lupanar mit lupus, der Wolf, in Beziehung zu setzen. Irren wir nicht, so ist der Stamm das griechische

fornices[1]) befanden sich besonders in der zweiten Region der Stadt,[2]) der *Coelimontana*, namentlich in der an der Stadtmauer angrenzenden, in den Carinis (dem Tale zwischen dem Mons Coelius und Esquilinus) liegenden Subura (Suburbana). Hier war auch das Macellum magnum oder der große Markt für allerlei Lebensmittel[3]) längs dem Tiber, so wie die Popinae, Tabernae (der Tonsoren, selbst des Carnifex[4]) und die Castra peregrina, Kasernen für fremde Truppen, welche in Rom unter den Kaisern als Besatzung lagen; alles Umstände, welche einen großen Zusammenfluß von Menschen bedingten.[5]) Gegen Mitternacht grenzte die Subura an die Isis et Serapis, die dritte Region, woselbst sich der Isistempel mit seinen Gärten und Hainen befand. Die eigentlichen Bordelle werden uns als höchst unreinlich und schmutzig geschildert,[6]) so daß die Besuchenden

---

λῦμα, Schmutz, schändlicher Mensch; daraus entstand lupa, wie aus λῦμαρ lupar gebildet ward, als älteste Form für lupanar, welche in dem Adjektivum luparius, und in lupariae bei Rufus und A. Victor als identisch mit lupanar, sich erhalten hat. Freilich erinnert Lactantius an die Hetäre Leaena und Cedrenus an die γυναῖκας λυκαίνας.

[1]) Gemeinhin leitet man fornix von furnus oder fornax ab, oder hält es für identisch mit fornix, der Schwibbogen. Isidor lib. X., 110. schreibt: fornicatrix est, cuius corpus publicum ac vulgare est. Hae sub arcuatis prosternebantur, quae loca fornices dicuntur, unde et fornicariae. Wenn wir nun auch gern zugeben, daß sich die Dirnen häufig unter den Schwibbögen in der Stadtmauer, wodurch man Ausfälle zu machen pflegte (Livius XXXVI. 23. XLIV. 11.), aufhielten, so zeigen doch mehrere Stellen bei den Alten deutlich, daß die fornices Häuser waren (besonders Petron Satir. 7. Martial XI. 62). Die Glossae veteres haben: fornicaria: πορνὴ ἀπὸ καμάρας ᾗ ἵστανται. Wahrscheinlich aber erhielten die Bordelle ihren Namen daher, weil sie in der Nähe der Stadtmauer und deren Schwibbögen lagen, weshalb die Dirnen auch Summoenianae hießen. Martial. XI. 62. III. 82. I. 35. XII. 32. Oder sollte fornix aus πορνικὸν entstanden sein?

[2]) Adler. Beschreibung der Stadt Rom. S. 144. folg.

[3]) Martial. lib. VII. eprigr. 30. lib. X. epigr. 94.

[4]) Martial. lib. II. epigr. 17.

[5]) Daher sagt auch Martial. XII. 18. clamosa Subura.

[6]) Horat. Satir. I. 2. 30. Contra alius nullam nisi olenti in fornice stantem. — Priapeia

Quilibet huc, licebit, intret
Nigra fornicis oblitus favilla.

Prudentius contr. Symmachum lib. II.: spurcam redolente fornice cellam.

den Geruch davon mit sich nahmen; sie hatten eine bestimmte Anzahl von Zellen, Cellae,[1]) über jeder derselben befand sich der Name der Dirne, welchen sie bei ihrer Aufnahme empfangen hatte[2]) und der Preis ihrer Umarmung.[3]) In jeder Zelle befand sich ein Lager *(pavimentum, cubiculum, pulvinar)*, welches mit einer besondern Decke, *lodix, lodiculum,*[4]) belegt ward, und eine Leuchte, *lucerna.*[5]) Was den Bordellwirt betrifft, so scheinen

— Seneca Controv. I. 2. Redoles adhuc fuliginem fornicis. — Juvenal Sat. VI. 130. sagt von der Messalina:

Obscurisque genis turpis, fumoque lucernae
Foeda lupanaris tulit ad pulvinar odorem.

[1]) Juvenal. Sat. VI. 122. 127. — Petron. Sat. 8. — Lipsius Saturn. 1. 14. Daher wird Cella und Cellae auch überhaupt für lupanar gebraucht.

[2]) Martial. lib. XI. 46. Intrasti quotis inscriptae limina cellae. Seneca Controv. lib. I. 2. Deducta es in lupanar, accepisti locum, pretium constitutum est, titulus inscriptus est. — Meretrix vocata es, in communi loco stetisti, superpositus est cellae tuae titulus, venientes recepisti. — Nomen tuum pependit in fronte, pretia stupri accepisti, et manus, quae diis datuta erat sacra, capturas tulit. Man hat diese letztere Stelle so deuten wollen, daß der Titel auf der Stirn der Dirne befestigt sei, allein abgesehen davon, daß dann wohl tibi für tuum stehen müßte, ist es ja bekannt, daß die Alten frons von der Vorderseite der Tür gebrauchten (Ovid fast. I. 135. Omnis habet geminas, hinc atque hinc, ianua frontes). Seneca sagt ja auch pependit und nachher wird auf die Liste des Leno provocirt!

[3]) Am besten sieht man dies aus der folgenden Stelle in der Vita Apollonii Tyrii p. 695. Puella ait, prosternens se ad pedes eius: miserere, domine, virginitatis meae, ne prostituas hoc corpus sub tam turpi titulo. Leno vocavit villicum puellarum et ait, ancilla, quae praesens est et exornetur diligenter et scribatur ei titulus, quicunque Tarsiam deviolaverit, mediam liberam dabit: postea ad singulos solidos populo patebit. Sogar in den Namen herrschte also ein gewisser Luxus, eine Jungfrau mit schönem Körper wollte auch einen schön klingenden Namen haben. —

[4]) Petron. Satir. 20. — Barth ad Claudian. n. 1173. — Martial. XIV. 148. 152. — Juvenal. VI. 194. Die Dirnen selbst hießen daher auch wohl lodices meretrices zum Unterschiede von den Gassenhuren.

[5]) Martial. XIV. 39—42. XI. 105. — Apulejus Metam. V. p. 162. — Horat. Satir. II. 7. v. 48. — Juvenal, Sat. VI. 131. — Tertullian. ad Uxor. II. 6. Dei ancilla in laribus alienis — et procedet de ianua laureata et lucernata, ut de novo consistorio libidinum publicarum, wo zugleich der Ausdruck consistorium libidinum für Bordell zu merken ist.

die Römer keinen eignen Ausdruck dafür gehabt zu haben; sie gebrauchen zwar das Wort leno dafür, indessen bezeichnet dies eigentlich den Kuppler, der nur seine Wohnung dazu hergibt, nicht aber die Dirnen in Lohn und Kost hat. Vielleicht kam dies daher, daß in den frühern Zeiten gar keine eigentlichen Bordelle in Rom vorhanden waren, die Dirnen sich bloß eine Wohnung mieteten und der Hausbesitzer gar nichts mit ihrem Gewerbe zu tun hatte, während der Gelegenheitsmacher oder Kuppler sich darauf beschränkte, den Liebhabern Dirnen zu schaffen und seine Zellen gegen eine bestimmte Abgabe, *merces cellae,*[1]) von jedem Besuchenden, zu vermieten. Erst als das Geschäft einträglicher wurde, hielten die Lenones oder Lenae, denn auch Frauen trieben das Lenocinium, selbst Dirnen, welche sie als Sklavinnen kauften.[2]) Der Leno hatte seinen *Villicus puellarum,* welcher den Titel und den Preis aufschrieb, den Dirnen Kleider reichte[3]) und eine Liste über sie und das was

[1]) Petron. Satir. 95. Vos me hercule ne mercedem cellae daretis. Die Abgabe betrug gewöhnlich einen Ass. Petron. Sat. 8. Iam pro cella meretrix assem exegerat. Martial. I. 104. Constat et asse Venus. II. 53. Si plebeia Venus gemino tibi vincitur asse. Vergleiche die Inschrift bei Gruter Inscript. antiq. totius orbis Romani. Amstelod. 1616. No. DCLII. 1. — Heinsius ad Ovid. remed. amor. 407.

[2]) Seneca Controv. I. 2. Nuta in litore stetit ad fastidium emptoris, omnes partes corporis et inspectae et contrectatae sunt. Vultis auctionis exitum audire? Vendit pirata, emit leno. — Ita raptae pepercere piratae, ut lenoni venderetur: sic emit leno, ut prostitueret. — Quinctilian. Declam. III. Leno etiam servis excipitur, fortasse hac lege captivos vendes. — Lex § 1. de in ius vocando; Prostituta contra legem venditionis venditorem habet patronum, si hac lege venierat, ut, si prostituta esset, fieret libera. Der Verkauf geschah in der Subura. Martial. VI. 66.

[3]) Seneca Controv. 1. 2. Stetisti cum meretricibus, stetisti sic ornata ut populo placere posses, ea veste quam leno dederat. Die Kleidung der öffentlichen Mädchen überhaupt war bunt und sehr frei, sie mußten die männliche Toga tragen. Cicero Philipp. II. Sumsisti virilem togam, quam statim muliebrem reddidisti. Primo vulgare scortum: certa flagitii merces, nec ea parva. — Tibull. IV. 10. Martial. II. 30. Daher hießen öffentliche Dirnen auch togatae. Martial VI. 64. Horat. Sat. I. 2. 63. Quid interest in matrona, ancilla, peccesque togata? Ebend. 80—83.

Nec magis huic inter niveos virideisque lapillos
(Sit licet hoc, Cerinthe, tuum,) tenerum est femur aut crus
Rectius; atque etiam melius persaepe togatae.

sie einbrachten, hielt.[1]) Die hörigen Dirnen mußten nämlich nicht bloß den Aß für die Zelle, wie die nicht hörigen, sondern auch den ganzen Lohn, wie ihn der Leno bestimmt hatte[2]) aus-

Es ist bekannt, welche Mühe sich Bentley gegeben hat, diesen locus implicatissimus, wie er ihn nennt, zu erklären, indem er die Vulgata für corrumpiert hielt, und deshalb den Text änderte, um nur eine Vergleichung der Schenkel des Cerinthus herauszubringen, die gar nicht im Sinne des Horatius lag. Wir haben bereits vor mehreren Jahren in unserer Schrift: De sexuali organismorum fabrica. Spec. I. Halae 1832. gr. 8. S. 61. das Sachverhältnis auseinander gesetzt und gezeigt, daß das „Sit licet hoc, Cerinthe, tuum" als Parenthese zu fassen, die gewöhnliche Lesart mithin die richtige ist. Da indes das Buch in wenig Hände, am wenigsten in die von Philologen, gekommen sein dürfte, so mag es uns erlaubt sein, hier nochmals unsere Ansicht zu entwickeln. Es wird die Matrona und die togata mit einander verglichen und behauptet, daß die Matrone, d. h. die adlige Dame wegen ihres Demantschmucks weder einen zartern Oberschenkel noch einen gradern Unterschenkel als die Togata, die Dirne gemeinern Schlages, besitze, daß die letztere sogar beides oft besser aufzuweisen habe, obschon auch ihre Unterschenkel wie der der Matrone krumm sei, eine Eigenschaft, welche jeder weibliche Unterschenkel hat, da das Knie bei dem Weibe mehr einwärts steht; eine Bemerkung, die schon Aristoteles hist. anim. IV. 11. 6. macht, indem er sagt: τὸ θῆλυ τῶν ἀῤῥένων καὶ γονυκροτώτερον. Vergl. dessen Physiognom. 3. 5. 6. Adamant. Physiogn. II. 107. ed. Sylb. Polemo Physiogn. p. 179. Die anatomische Untersuchung weist dies auch aufs genaueste nach. Da dies aber Cerinthus nicht zu wissen scheint, trotzdem, daß es eine bekannte Sache ist, er sich durch den äußern Schmuck, wie durch die vornehme Geburt täuschen läßt, und glaubt, die Matrone sei besser gebaut, dafür bekömmt er seinen Seitenhieb. Horatius gibt durch diese Stelle nur den Commentar zu dem vorhergehenden Vers 63. Man vergleiche nur hiermit, was Plautus Mostell. I. 3. 13. die Scopha zur Philemathion sagen läßt: Non vestem amatores mulieris amant, sed vestis fartum, so wie Martial III. epigr. 33. und die Albernheit des Cerinthus wird ganz klar werden. Das: Sit licet hoc tuum, für: magst du auch darauf sehen, dies, nämlich den Juwelenschmuck, für das Criterium weiblicher Schönheit halten, bedarf wohl keiner nähern Begründung.

[1]) Seneca Controv. 1. 2. Da mihi lenonis rationes; captura conveniet.

[2]) Seneca Controv. I. 2. Deducta es in lupanar, accepisti locum, pretium constitutum est. Ovid Amor. I. 10. Stat meretrix cuivis certo meracabilis aere. Der Lohn hieß captura (vgl. Schulting zu Senec. I. c. u. Casaub. ad Sueton. Calig. 40), quaestus meretricius (Cicero Philipp. II. 18.), auch bloß quaestus; merces und pretium stupri; aurum lustrale. Die Dirnen forderten ihn voraus. Juvenal.

liefern, wenn gleich hierbei mancherlei Unterschleif vorkam.[1]) Die Bordelle durften nicht vor der neunten Stunde (4 Uhr Nachmittags) geöffnet werden, um die Jugend nicht von den Übungen abzuhalten;[2]) die Dirnen standen *(Prostibula*[3]) oder saßen *(Prosedae*[4]) vor den Zellen oder Lupanarien, um die Vorübergehenden zu sich zu rufen. Fand sich ein Liebhaber ein, so wurde die Zelle meistens sorgfältig verschlossen[5]) und über die Tür „*occupata*" geschrieben,[6]) die nicht besetzte Zelle hieß *nuda.*[7]) Gegen Morgen wurden die Zellen geschlossen, und der

---

Sat. VI. 125. Excepit blanda intrantes atque aera poposcit. Daher die basia meretricum poscinummia beim Apulejus Met. X. P. 248. Die Preise waren übrigens bei den Bordellhuren wie bei den übrigen sehr verschieden. Vergl. Martial. X. 75 IX. 33. III. 54. Der geringste Lohn war ein Ass oder 2 Obolen, daher hießen dergleichen Dirnen auch bei den Römern diobolares meretrices (Festus) oder diobolaria scorta (Plautus Poen. 1. 2. 58.) Vergl. S. 86.

[1]) Plautus. Trinum. IV. 2. 47. Quae adversum legem accepisti a plurimis pecuniam.

[2]) Daher hießen die Dirnen auch Nonariae. Persius Sat. I. 133. Der Scholiast bemerkt dazu: Nonaria dicta meretrix, quia apud veteres a nona hora prostabant, ne mane omissa exercitatione illo irent adolescentes.

[3]) Nonius Marcell. V. § 8. Inter meretricem et prostibulum hoc interest: quod meretrix honestioris loci est et quaestus: nam meretrices a merendo dictae sunt, quod copiam sui tantummodo noctu facerent: prostibula, quod ante stabulum stent quaestus diurni et nocturni causa. — Plautus Cistell. fragm. Adstat ea in via sola: prostibula sane est.

[4]) Plautus Poenul. I. 2. 54.

An te ibi vis inter istas vorsarier
Prosedas, pistorum amicas, reliquias alicarias,
Miseras coeno delibutas, servilicolas, sordidas,
Quae tibi olent stabulum, statumque, sellam et sessibulum merum?
Quos adeo haud quisquam tetigit, neque duxit domum,

woraus sich auch die Stelle bei Juvenal III. 136, Et dubitas alta Chionem deducere sella erklärt.

[5]) Martial. XI. 45. 1. 35. Gewöhnlich scheint dies jedoch nur geschehen zu sein, wenn man unnatürliche Lüste befriedigte.

[6]) Plautus Asin. IV. 1. 15. In foribus scribat, occupatam esse se.

[7]) Martial. XI. 62.

Quem cum fenestra vidit a Suburana
Obscoena nudum lena fornicem clausit.

Leno entließ die Mädchen,[1]) woraus hervorzugehen scheint, daß dieselben entwender gar nicht im Hause des Leno wohnten oder diese Zellen an einem andern Orte als im Hause des Leno sich befanden. Aus einer Stelle des Juvenal[2]) hat man vielleicht nicht mit Unrecht geschlossen, daß jene Zellen am Cirkus maximus waren; dergleichen werden wenigstens vom Dionysius Halicarnass, als am Porticus über den Tabernen befindlich, erwähnt,[3]) und in der Tat finden sich mehrere Stellen bei den Schriftstellern, aus denen hervorgeht, daß die Dirnen gleich nach dem Schlusse der Vorstellungen sich preisgaben;[4]) und daß dergleichen Schauspiele auch außer den Ludis circensibus im Zirkus aufgeführt wurden, ist bekannt.

Juvenal. VI. 121.

Intravit calidum veteri centone lupanar,
Et cellam vacuam atque suam.

Die Messalina hatte sich also eine eigne Zelle gemietet, wo sie sich unter dem Namen Lycisca preisgab.

[1]) Juvenal. VI. 127.

Mox, lenone suas iam dimittente puellas,
Tristis abit — tamen ultima cellam clausit.

[2]) III. 65. et ad circum iussas prostare puellas.

[3]) Vom Heliogabal erzählt Lampridius Vita Heliogab. c. 26. Omnes de circo, de theatro, de stadio — meretrices collegit. Ein altes Gedicht (Priapeia carm. 26.) sagt:

Deliciae populi, magno notissima circo
Quintia.

Vergl. Buleng. de circo. c. 56. Wäre diese Ansicht die richtige, so könnte man in der Stelle des Juvenal III. 136. mit mehrern Kritikern „alta Chionem deducere cella" lesen.

[4]) Schon Livius II. 18. erzählt: Eo anno Romae, cum per ludos ab Sabinorum iuventute per lasciviam scorta raperentur etc. Plautus Casin. Prolog. 82—86., welcher mehrfach dafür angeführt wird, gehört nur entfernt hierher; beweisend dagegen sagt Isidor. XVIII. 42. Idem vero theatrum idem et prostibulum, eo quod post ludos exactos meretrices ibi prosternerentur. Vergl. Buleng. de theatro I. 16. und 49. Lipsius Elect. l. 11. Freilich können sich diese Angaben auch auf die Floralien oder, da Isidor aus so später Zeit ist, auf die unzüchtigen Darstellungen aus dem Bordelleben, von denen uns Tertullian berichtet, sich beziehen: dieser schreibt nämlich, de spectaculis c. 17. Ipsa etiam prostibula, publicae libidinis hostiae, in scena proferantur, plus miserae in praesentia feminarum,

Außer den Bordellen finden wir nun auch besonders in den Kneipen *(cauponae, tabernae)* und Garküchen *(popinae, ganea*[1]*)* von den Wirten Dirnen zum Vergnügen der Gäste gehalten. Auch dies waren meistens gekaufte Sklavinnen, welche die Gäste bedienten, sie durch Tanz und Musik unterhielten und nach Belieben sich preisgaben. Die Wirtinnen selbst gaben sich zu beiden Geschäften her, wie dies z. B. aus der dem Virgil zugeschriebenen Copa hervorgeht, und sie sowie ihre Männer standen daher vor dem Richter auf gleicher Stufe mit den Lenonen und Meretrices.[2]) Wer besuchte nun aber diese Orte? Bis zur Kaiserzeit nur die niedrigste Klasse des Volkes, besonders Matrosen,[3]) Freigelassene und Sklaven,[4]) späterhin freilich, als

---

quibus solis latebant; perque omnis aetatis, omnis dignitatis ora transducuntur, locus, stipes, elogium, etiam quibus opus est, praedicatur. Würden doch 1791 auf einem öffentlichen Theater zu Paris ganz gleiche Dinge aufgeführt, wie sie Juvenal in seiner sechsten Satire erzählt. Gynaeologie III. Thl. S. 423. Daß sich die Huren am Theater wie am Zirkus aufhielten, zeigt Lampridius vit. Heliogab. cap. 32. fertur et una die ad omnes circi et theatri et amphitheatri et omnium urbis locorum meretrices ingressus. Vergl. cap. 26. und Abram. ad Cic. Orat. pro Milon. c. 24, p. 177. Vielleicht waren an allen jenen Orten Zellen angebracht, worauf das locorum hindeuten könnte.

[1]) Horat. Epist. I. 14. 21.

Fornix tibi et uncta popina
Incutiunt urbis desiderium, video; et quod
Angulus iste feret piper et thus ocius uva
Nec vicina subest vinum praebere taberna
Quae possit tibi; nec meretrix tibicina, cuius
Ad strepitum salias terrae gravis.

Über die Häufigkeit von derartigen Lokalen beschwert sich Martial VII. 60. Hier, besonders aber bei den Wechslerbuden, hielten sich auch die Kuppler auf. Plautus Trucul. I. 1. 47.

Nam nusquam alibi si sunt, circum argentarias
Scorti lenones quasi sedent quotidie.

Vergl. Stockmann de popinis. Lips. 1805. 8.

[2]) Codex Theodos. lib. IX. tit. VII. 1. p. 60. ed. Ritter.

[3]) Horat. Epod. XVII. 20. Amata nautis multum et institoribus. — Petron. Satir. 99. — Juvenal Sat. VIII. 173—75. Seneca Controvers. I. 3.

[4]) Columella R. R. I. c. 8. Socors et somniculosum genus id mancipiorum, otiis, campo, circo, theatris, aleae, popinae, lupanaribus consuetum, nunquam non easdem ineptias somniat.

Claudius und Nero[1]) mit so guten Beispielen vorangingen, konnte man Hohe und Niedrige in den Bordellen wie in den Kneipen und Garküchen finden. Die Bäcker, auf den Gewinn jener Wirte neidisch, richteten ihre Tabernen (Brodbänke) in den Mühlen so ein, daß sie ebenfalls für ihre Kunden sorgen konnten,[2]) was zuerst in Campanien geschehen zu sein scheint.[3]) Aber nicht bloß in bestimmten Häusern und Zellen finden sich die Lustdirnen, sie trieben sich auch als *Scorta erratica,* die gemeinste Sorte, auf allen öffentlichen Plätzen, an den Straßenecken,[4]) den Grabmälern und Monumenten,[5]) in den abgelegenen Winkeln

---

[1]) Sueton. Claud. c. 40. — Nero c. 27. — Tacitus Annal. XIII. 25.

[2]) Paulus Diacon. XIII. 2. Horum mancipes tempore procedente pistrina publica latrocinia esse fecerunt: cum enim essent molae in locis subterraneis contitutae, per singula latera earum domuum tabernas instituentes, meretrices in eis prostare faciebant, quatenus per eas plurimos deciperent, alios qui pro pane veniebant, alios qui pro luxuriae turpitudine ibi festinabant.

[3]) Festus p. 7. Lind. alicariae meretrices appellabantur in Campania solitae ante pistrina alicariorum versari quaestus gratia. — Plautus Poenul. I. 2. 54. Prosedas, pistorum amicas, reliquias alicarias.

[4]) Catull. LVIII. 1.

Illa Lesbia, quam Catullus unam
Plus quam se atque suos amavit omnes,
Nunc in quadriviis et angiportis
Glubit magnanimos Remi nepotes,

woraus wir sehen, daß es zum Teil solche libertine Dirnen waren, welche abgelebt und heruntergekommen, von den Reichern nicht mehr besucht wurden und ihren Verdienst nun auf den Gassen suchen mußten. — Plaut. Cistell.

Intro ad bonam meretricem: adstat ea in via
Sola; prostibula sane est.

Paut. Sticho: Prostibuli est stantem stanti suavium dare, woraus man schließen könnte, daß nur Gassenhuren Prostibula genannt wurden. Prudentius Peristeph. XIV. 38.

Sic elocutam publicitus iubet
flexu in plateae sistere virginem.

[5]) Martial. I. 35. 8. Abscondunt spurcas et monumenta lupas. Sie hießen daher bustuariae. Martial. III. 93. Admittat inter bustuarias moechas. Vergl. Turnebus Advers. XIII. 19.

der Stadt und den Gehölzen in der Nähe derselben[1]) herum, wo sie teils auf ihre eigene Hand ihr Gewerbe trieben, teils vielleicht auch als Sklavinnen für ihre Herren und Herrinnen eine bestimmte Summe täglich einliefern mußten. Wenn nun auch die bisher genannten Arten von Lustdirnen sämtlich aus Sklavinnen bestanden, so fanden sich doch in Rom auch eine nicht geringe Anzahl Buhlerinnen, welche ihr Gewerbe rein für sich betrieben, entweder nur nebenbei, wie die Mimen, Tänzerinnen, Harfenmädchen, Ambubajae[2]) oder als alleinigen Zweck ihres Daseins als *Scorta nobilia* oder *bonae meretrices,* wie Plautus sagt. Sie waren sämtlich Fremde, namentlich Libertinae[3]) und zeichneten sich nicht nur durch ihre sorgfältigere Kleidung,[4]) sondern auch durch ihre die römischen Frauen bei weitem übertreffende Bildung aus, ohne indessen die der griechischen Hetären in der Blüte des Staates zu erreichen, weshalb sie auch niemals den Einfluß auf das bürgerliche und Staatsleben zu Rom erlangten, welchen jene in Athen besaßen, obschon sie weniger die Amicae als die Dominae des Römers oder jenes doch nur

---

[1]) Prudentius Symmach. I. 107.

Scortator nimius, multaque libidine suetus
Ruricolas vexare lupas, interque salicta,
Et densas sepes obscoena cubilia inire,

wo Barth Advers. X. 2. für ruricolas lesen will lustricolas, die an Wildlagern, abgelegenen Orten sich preisgaben; daher auch das Bordell lustrum, cellae lustrales und der Hurenlohn aurum lustrale genannt wird. — Cedrenus de Romulo et Remo: *ὁ τοίνυν πάππος Ἀμούλιος διὰ τὴν πορνείαν παροξυνθεὶς εἰς τὰς ὕλας αὐτοὺς ἐξέθετο οὓστ' εὑροῦσα γυνὴ πρόβατα νέμουσα ἐν τῷ ὄρει ἀνεθρέψατο. Εἴθιστο δὲ τοῖς ἐγχωρίοις λυκαίνας τὰς τοιαύτας καλεῖν γυναῖκας διὰ τὸ ἐπίπαν ἐν τοῖς ὄρεσι μετὰ λύκων διατρίβειν διὸ καὶ τούτους ὑπὸ λυκαίνης ἀνατραφῆναι μυθολογεῖται.*

[2]) Horat. Sat. I. 2. 1. Ambubajarum collegium. — Sueton. Nero c. 27.

[3]) Plaut. Cist. I. 1. 39.

Eunt depressum, quia nos sumus libertinae,
Et ego et mater tua, ambae meretrices sumus.

Livius. XXXIX. 9.

[4]) Sie hießen daher vestita scorta. Juvenal. Satir. III. 135. — Horat. Sat. 1. 2. 28. Sunt qui nolint tetigisse, nisi illas — Quarum subsuta talos tegat instita veste. — Vergl. Burmann zu Petron. p. 64. und 95. — Ferrarius de re vestar. lib. III. cap. 23.

für den Körper, nicht aber für den Geist waren. Sie erwarten übrigens noch einen Fr. Jacobs als ihren Geschichtschreiber. Entweder wurden sie von einem Einzelnen erhalten oder sie gaben sich doch nur den Reicheren in ihren von dem Markt- und Straßengewühl entfernt gelegenen Privatwohnungen[1]) preis, sanken aber freilich, wenn die Zeit ihrer Blüte vorüber war, zur gemeinen Buhlerin oder selbst zur Gassenhure herab. — Wie in Griechenland, so verbreitete sich die Unzucht auch nach und nach unter die Töchter und Frauen der römischen Bürger, und wenn unter Germanicus bereits Tacitus[2]) berichten konnte: *Eodem anno gravibus senatus decretis libido feminarum coercita, cautumque ne quaestum corpore faceret, cui avus aut pater aut maritus Eques Romanus fuisset* — so kann es uns nicht Wunder nehmen, wenn Martial[3]) erklärt:

Quaero diu totam, Sophroni Rufe, per urbem:
Si qua puella neget; nulla puella negat.

Nicht wenig hatte hierzu die Einführung des Isisdienstes in Rom[4]) beigetragen, wo die Matronen unter dem Scheine der Verehrung der Isis ungehindert in den Armen ihrer Buhlen schwelgten,[5]) da die Männer den Tempel nicht betreten durften, wenn ihre Frauen dort die zehntägige Andacht hielten. Wahrscheinlich beteten die römischen Frauen in Krankheiten der Genitalien ebenso zur Isis wie die Männer zum Priapus, denn die Tempel

---

[1]) Horat. Od. II. 11. 21. Quis devium scortum eliciet domo — Lyden?

[2]) Annal. II. 85. Es hatte sich nämlich die Vestilia aus der Familie eines Prätors als öffentliche Dirne gemeldet.

[3]) Lib. IV. epigr. 71. Durfte doch schon Ovidius sagen: casta est, quam nemo rogavit.

[4]) Obschon die Isis bereits unter Sulla verehrt wurde (Apulejus Metam. XI. p. 817. Oud.), so erhielt sie doch erst unter den Triumvirn 711. U. C. öffentliche Tempel (Dio Cassius lib. XLVII. 15. p. 501. XLIII. 2. p. 692. LIV. 6. p. 734. XL. 47. p. 252. ed. Fabricius. — Tertullian. Apologet. c. 6. Spartian. Caracall. 9. Sueton Domit. 12.

[5]) Ovid. Art. amand. I. 27. — Burmann ad. Propert. p. 348. Josephus antiq. Jud. XVIII. 4. Daher Isiacae sacraria lenae bei Juvenal. Sat. VI. 488.

derselben waren voller Abbildungen der geheilten Teile und Gebrechen[1]) und zahlreiche Krankenanstalten in ihrem Gebiete. — Mehr als alles dies wirkte aber das Beispiel, welches die Kaiser Tiberius, Nero, Caligula und die berüchtigte Messalina[2]) gaben; nicht zufrieden, einen Harem zu besitzen, legten sie selbst Bordelle in ihren Palästen an, worin die Vornehmern bald nachfolgten, indem sie ähnliche Institute auf ihren Landgütern errichteten, um sich ungestört in dem Schlamme tierischer Lüste wälzen zu können.[3]) — Von der Unzucht in den Bädern und von den männlichen Huren in den Bordellen wird späterhin die Rede sein.

Wie verhielten sich nun Bordelle und Lustdirnen zur Polizei des Staates in Rom? Es wurde schon oben gezeigt, daß weder auf dem unehelichen Beischlafe noch auf dem Preisgeben überhaupt irgend eine Strafe ruhte, indem man die Schande, welche damit für den Einzelnen in den Augen der Übrigen ver-

---

[1]) Tibull. lib. I. carm. 3. 27.

Nunc dea, nunc succurre mihi; nam posse mederi,
Picta docet templis multa tabella tuis.

Gerning, Reise durch Östreich und Italien. Bd. II. S. 188—199. — St. Non, Voyage pittoresque. T. II. p. 170 ff. Das Verhältnis des Isisdienstes zur Krankenheilung ist noch fast ganz unbekannt, zumal in Betreff der Krankenanstalten, da das, was Hundertmark de principibus Diis artis medicae tutelaribus. Lips. 1735. und Diss. de artis medicae incrementis per aegrotorum apud veteres in vias publicas et templa expositionem. Lips. 1739. 4. — gesammelt hat, nur sehr unzureichend ist.

[2]) Juvenal. Sat. VI. 121. 131. Tacitus Annal. XI. cap. 37. — Dio Cass. IX. p. 686. Messalina adulteriis et stupris non contenta (iam enim etiam in cella quadam in palatio et ipsa sessitabat et alias prostituebat) maritus simul multos ritu legitimo habere cupivit. — Xiphilinus LXXIX. p. 912. Denique in palatio habuit cellam quandam, in qua libidinem explebat, stabatque nuda semper ante fores eius, ut scorta solent. Sueton. Caligula c. 41. Ac ne quod non manubiarum genus experiretur, lupanar in palatio constituit: distinctisque et instructis pro loci dignitate compluribus cellis, in quibus matronae ingenuique starent.

[3]) Ulpian, l. ancillarum ff. de haered. petit. Pensiones, licet a lupanario praeceptae sint: nam et multorum honestorum virorum praediis lupanaria exercentur.

bunden war, für hinlänglich hielt, wenigstens die Töchter der Bürger vor der Unzucht zu sichern. Anders war dies dagegen mit den Ehefrauen, welche sich des Ehebruchs schuldig machten. Von den mannigfachen Strafen erwähnen wir hier nur die, daß sie eingesperrt wurden und sich öffentlich preisgeben mußten, wobei jedesmal, wenn dies geschah, ein Zeichen mit einer Glocke gegeben ward; ein Verfahren, welches erst Theodosius aufhob.[1]) Den Strafen suchten sie nun freilich dadurch zu entgehen, daß sie das Lenocinium für sich anmeldeten, oder unter die Schauspielerinnen gingen, indessen steuerte diesem Unwesen die Lex Papia.[2]) Das Lenocinium nämlich mußte ebenso wie die *licentia stupri* bei den Aedilen angemeldet werden,[3]) welche besonders darauf zu sehen hatten, daß keine Matrone sich preisgab.[4]) Sie mußten zu diesem Zweck öfter die obgenannten Orte *(loca aedilem metuentia)* durchsuchen,[5]) durften aber selbst nicht etwa der

[1]) Paulus Diaconus hist. miscell. lib. XIII. cap. 2. Aliam rursus abrogavit huiusmodi causam. Si qua mulier in adulterio capta fuisset, hoc non emendabatur, sed potius ad augmentum peccandi contradebatur. Includebant eam in augusto prostibulo et admittentes qui cum ea fornicarentur, hora qua turpitudinem agebant, tintinnabula percutiebant, ut eo sono illius iniuria fieret manifesta. Haec audiens Imperator, permanere non est passus, sed ipsa prostibula destrui iussit.

[2]) De adult. l. X. Mulier quae evitandae poenae adulterii gratia lenocinium fecit, aut operas suas scenae locavit, adulterii accusari damnarique senatus consulto potest. — Sueton. Tiber. 35. Feminae famosae, ut ad evitandas legum poenas iure ac dignitate matronali exsolverentur, lenocinium profiteri coeperant: quas ne quod refugium in tali fraude cuiquam esset, exsilio affecit.

[3]) Tacitus Annal. II. 85. Nam Vistilia, praetoria familia genita, licentiam stupri apud aediles vulgaverat, more inter veteres recepto, qui satis poenarum adversum impudicas in ipsa professione flagitii, credebant. Vergl. Lipsius Excurs. O. p. 599. — Schubert. de Roman. aedilibus lib. IV. Regiomont. 1828. p. 512.

[4]) Livius lib. X. 31. lib. XXV. 2.

[5]) Seneca de vita beata cap. 7. — Die Aedilen hatten nämlich die polizeiliche Aufsicht über die öffentliche Wohlfahrt, besonders auch über die Maße und Gewichte, den Verkauf der Waren (Sueton. Tiber. c. 34.), die Hazardspiele etc. Martial. V. 85. lib. XIV. 1. Vergl. Schubert a. a. O. lib. III. cap. 45.

Unzucht darin fröhnen.[1]) Als der saubere Caligula zur Regierung kam, führte er den Hurenzins *(vectigal ex capturis)* als eine Staatsabgabe ein,[2]) welche Alexander Severus zwar beibehielt, aber den Erlös, als des Staats-Schatzes unwürdig, zur Unterhaltung der öffentlichen Gebäude bestimmte.[3])

Das Gegebene, so mangelhaft es auch in vieler Beziehung sein mag, wird doch ausreichen, über die äußeren Verhältnisse der Bordelle und Lustdirnen einige Aufklärung zu geben und uns überzeugen, daß bei dem gänzlichen Mangel gesundheitspolizeilicher Aufsicht, Krankheiten, wenn sie überhaupt im Altertum infolge des Beischlafs vorkamen, in den Bordellen und ihren Bewohnerinnen ihren vorzugsweisen Sitz und Herd haben mußten. Welcher Art jene Krankheiten aber waren und an welchen Teilen sie vorkamen, werden wir alsdann erst beurteilen können, wenn wir die Ausschweifungen selbst, sowohl in als außer den Bordellen, näher betrachten.

§ 12.

Die Paederastie.

Wir haben in den bisherigen Untersuchungen gezeigt, wie der natürliche Zweck des Coitus, die Zeugung, nach und nach

---

[1]) A. Gellius Noct. Attic. lib. IV. 14. wird eine Prozeßsache angeführt, wo der Aedil Mancinus des Nachts hatte in die Wohnung der Mamilia, einer Lustdirne, dringen wollen und von ihr mit Steinwürfen verjagt worden war, worauf es heißt: Tribuni decreverunt aedilem ex eo loco iure deiectum, quo eum venire cum coronario non decuisset. Dies geschah, wie wir aus der Vergleichung mit Livius lib. XL. cap. 35. sehen im Jahre 180 v. Chr.

[2]) Sueton. Calig. cap. 40. Vectigalia nova atque inaudita — exercuit; — ex capturis prostitutarum quantum quaeque uno concubitu mereret. Additumque ad caput legis, ut tenerentur publico et quae meretricium et qui lenocinium fecissent, nec non et matrimonia obnoxia essent.

[3]) Lampridius Alex. Sever. cap. 24. Lenonum vectigal et meretricum et exoletorum in sacrum aerarium inferri vetuit, sed sumptibus publicis ad instaurationem theatri, circi, amphitheatri et aerarii deputavit. Auch in Byzanz wurde dem Staate eine solche Abgabe unter dem Namen χρυσάργυρον entrichtet, welche aber der Kaiser Anastasius aufhob und zugleich die Heberollen zu verbrennen befahl. (Zonoras Annal. — Nicephorus hist. eccles. lib. XVI. c. 40.)

in den Hintergrund trat, um der Wollust Platz zu machen und die Institute kennen gelernt, welche zur Frönung derselben im Laufe der Zeit entstanden sind. Die Leichtigkeit, mit der man aber den tierischen Trieb befriedigen, den Kitzel der Wollust sich verschaffen konnte, mußte notwendig auch der gewöhnlichen Art der Befriedigung bald den Reiz der Neuheit nehmen und der entarteten Phantasie des Lüstlings die Aufgabe stellen, mehrfache Variationen in den einfachen Akt des Beischlafs zu bringen. Einmal soweit gekommen konnte es nicht fehlen, daß auch die natürlichen Wege der Vereinigung der Geschlechter als unzureichend erschienen und die Theorien der sogenannten unnatürlichen Venus entstanden, in denen zuletzt sogar fast jede Spur des eigentlichen Zwecks der Genitalien schwand. Obgleich die *figurae Veneris legitimae* nicht ganz ohne Interesse für den Arzt sind,[1]), so ist ihre Kenntnis doch für unsern Zweck weniger notwendig; anders ist es dagegen mit den Figuren der *Venus illegitima,* deren größter Teil von den Geschichtschreibern der Lustseuche leider gar nicht in den Kreis ihrer Betrachtungen gezogen sind, woher es denn auch gekommen ist, daß sie auf der einen Seite mehreren Affektionen eine ganz falsche Deutung gaben, auf der andern aber auch wieder Ausdrücke für Krankheiten nahmen, die nichts weiter als eben jenen unnatürlichen Geschlechtsgenuß bezeichnen. Allerdings ist der Boden, welchen der Geschichtschreiber hier zu betreten hat, ein sehr schlüpfriger; selbst wenn er sich über die etwaigen Vorwürfe der Moral mit den Worten des Paulus[2]) hinwegsetzt, so findet er doch bei den Untersuchungen selbst nirgends einen sichern Haltpunkt, er entbehrt fast aller Hilfe von außen, und ist somit rein auf sich

---

[1]) Vergl. Gruner Ch. G. Diss. de coitu eiusque variis formis, quatenus medicorum sunt. Jenae 1792. 4. Deutsch: Über den Beischlaf. Leipzig 1796. 8. Vergl. Salzburg. med. chir. Zeitung. Jahrg. 1796. Bd. III. S. 5. — Forberg a. S. 118. a. O.

[2]) ad Titum c. I. v. 15. *Πάντα μὲν καθαρὰ τοῖς καθαροῖς· τοῖς δὲ μιασμένοις — οὐδὲν καθαρὸν, ἀλλὰ μεμίανται αὐτῶν καὶ ὁ νοῦς καὶ ἡ συνείδησις.* Auch der Kirchenvater Clemens Alexandrinus, welcher sehr weitläuftig besonders über die Paederastie spricht, sagt Paedagog. !ib. III. c. 3. *εἰ γὰρ μηδὲν ἄπρακτον αὐτοῖς ὑπολείπεται, οὐδὲ ἐμοὶ ἄῤῥητον.*

selbst angewiesen. Denn nicht nur lassen die besten und ausführlichsten Wörterbücher der griechischen und lateinischen Sprache ihn hier fast ganz im Stiche, sondern er hat auch nicht selten sogar mit Unrichtigkeiten in ihnen, sowie in den Erklärungen der Schriften des Altertums von Seiten der Philologen vom Fach zu kämpfen, welche er nicht allein erst auffinden, sondern auch noch verbessern soll. Was ein solches Unternehmen aber auf sich hat, welche Kräfte es erfordert, wird jeder leicht einsehen, der nur einigermaßen mit dem Studium der Alten vertraut ist. Dennoch darf der Versuch nicht unterbleiben, wenn wir anders jemals über die in Rede stehenden Verhältnisse ins Klare kommen wollen, und so mögen auch die folgenden Untersuchungen, welche anzustellen uns das geringe Maß unserer Kräfte erlaubte, hier eine Stelle finden, wobei wir gern gestehen, ein nicht geringes Hilfsmittel in den Abhandlungen von Forberg[1]) und Meier[2]) gefunden zu haben.

Die Paederastie scheint, wie alle geschlechtlichen Ausschweifungen, dem zur Üppigkeit und Wollust reizenden Klima Asiens ihren Ursprung zu verdanken, und der Grund der Entstehung derselben dürfte hier leicht gefunden werden, wenn man neben der Angabe Forbergs a. a. O. S. 235: *„Et voluptas quidem paediconis facile intelligitur, cum omnis voluptas mentulae pendeat ex frictione,* — berücksichtigt, daß die Genitalien der Frauen in Asien, ebenso wie die der Italienerinnen und

---

[1]) Antonii Panormitae Hermaphroditus. Primus in Germania edidit et apophoreta adiecit Frider. Carol. Forberg. Coburgi 1824. 8. Die Apophoreta des Herausgebers handeln von S. 205—393: De figuris Veneris und zwar cap. I. de fututione S. 213—234. — cap. 2, de paedicatione S. 234—277. — cap. 3., de irrumando S. 277—304. cap. 4. de masturbando S. 304—321. — cap. 5. de cunnilingis S. 322—345. — cap. 6. de tribadibus S. 345—369. — cap. 7. de coitu cum brutis S. 369—372. — cap. 8. de spintris S. 373. Die betreffenden Stellen der Alten finden sich hier überall genau verzeichnet und im Original mitgeteilt. — Rambach, C., Glossarium eroticum, Commentur zu den Dichtern und Prosaikern des klassischen Altertums, und Supplement zu jedem Lexikon der lateinischen Sprache. Zweite Ausg. Stuttg. 1836. war uns leider nicht zugänglich.

[2]) Ersch und Gruber Allgemeine Encyclopädie. III. Sect. 9 Tl. S. 149—189. Artik. Paederastie.

Spanierinnen,[1]) gleich ihrem ganzen Körper eine große Schlaffheit zeigen, und daß der Sphincter ani[2]) den Constrictor cunni bei weitem an Kraft übertrifft. Daher ist es auch nicht unwahrscheinlich, daß der Apostel Paulus Recht hat, wenn er sagt:[3]) „Darum gab sie auch Gott bei den Lüsten ihres Herzens der Unzucht preis, daß ihre Leiber untereinander geschändet wurden. — Denn ihre Weiber verwandelten den natürlichen Genuß in den unnatürlichen, und gleicherweise verließen auch die Männer den natürlichen Genuß des Weibes und entbrannten in ihrer Begierde gegeneinander, indem sie Mann mit Mann Schändlichkeiten übten." Wie der natürliche Beischlaf einen Teil des Tempeldienstes der Venus in Asien ausmachte, so wurde auch die Paederastie damit vereinigt, wie wir dies aus folgender Stelle des Heiligen Athanasius[4]) ersehen: *Sane olim*

---

[1]) Patentiora sunt nobis Italis Hispanisve, quis neget? Veneris ostia Aloysia Sigaea Satira sotadica p. 305. Vergl. Martialis Lib. XI. epigr. 22. Seltener, und nur für die spätere Zeit mag der Grund, welchen Martialis Lib. XI. epigr. 79.

Paedicare semel cupido dabit illa marito
Dum metuit teli vulnera prima novi,

von der jungen Frau angibt, stattgefunden haben. Vergl. Priapeia carm. II.

[2]) Deswegen nannten die Griechen den Pathicus auch *σφιγκτὴρ* oder *σφίγκτης* Hesychius: *σφίγκται οἱ κίναιδοι καὶ ἅπαλοι.* Photius: *σφίγκται Κρατῖνος τοὺς κιναιδώδεις καὶ μαλθάκους.* Stratho in Antholog. MS.

Σφιγκτὴρ οὐκ ἔστιν παρὰ παρθένῳ, οὐδὲ φίλημα
Ἁπλοῦν, οὐ φυσικὴ χρωτὸς εὐπνοΐη.

Hesychius s. v. *μεγαρικαὶ σφίγγες· Καλλίας πόρνας τινὰς οὕτως εἰρηκειν.* — Suidas s. v. *μεγαρικαὶ σφίγγες· αἱ πόρναι οὕτως εἴρηνται, ἴσως δὲ ἐντεῦθεν καὶ σφίγκται οἱ μαλακοὶ ὠνομάσθησαν· ἢ καὶ ἀπὸ Μαιας οὕτω λεγομένης ἐν Μεγάροις·*

Ἀλλ᾽ ἔστιν ἡμῖν Μεγαρική τις μηχανή·

ἀντὶ τοῦ, πονηρὰ· διεβάλλοντο γὰρ ἐπὶ πονηρίᾳ οἱ Μεγαρεῖς.

[3]) Brief an die Römer. Kap. I. v. 24—26. 27.

[4]) Oratio contra Gentes c. 26. in: Opera omnia studio Monachorum Ord. St. Benedicti, Patavii 1777. fol. Tom. I. P. 1. *Γυναῖκες γοῦν ἐν εἰδωλείοις τῆς Φοινίκης πάλαι προεκαθέζοντο, ἀπαρχόμεναι τοῖς ἐκει θεοῖς ἑαυτῶν τὴν τοῦ σώματος αὐτῶν μισθαρνίαν, νομίζουσαι τῇ πορναίᾳ τὴν θεὸν ἑαυτῶν ἱλάσκεσθαι, καὶ εἰς εὐμένειαν ἄγειν αὐτὴν διὰ τούτων, ἄνδρες δὲ τὴν φύσιν ἀρνούμενοι, καὶ μηκέτι εἶναι θέλοντες ἄῤῥενες, τὴν*

Phoniciae mulieres in idolorum templis prius prostabant, suique meretricii quaestus primordia diis, qui illic colebantur, consecrabant, suam deam stupris propitiam reddi, benevolamque hoc pacto effici ratae. Viri quoque propriam ementiti naturam, nec amplius mares esse sese patientes, in feminas se converterunt, pergratum et honorificum matri deorum se ita facturos arbitrati. Omnes denique una cum perditissimis vivunt, et secum ipsi pugnant ut peiores quotidie evadant, atque ut ita dixit sanctus Christi minister Paulus — (Hier folgt die eben angeführte Stelle aus dem Briefe an die Römer.) — *Haec autem et similia agendo, fatentur certe et arguunt deos, quos ipsi colunt, huiusmodi vitam duxisse, scilicet ex Iove puerorum corruptiones atque adulteria, ex Venere meretriciam vitam — ex aliis alia didicere, quae quidem cum leges puniunt, tum probi homines abhorrent.*" Aus dieser Stelle wird es uns nun auch erklärlich, wie das alte Testament dazu kommt, die Kinaeden oder Pathici mit dem Ausdruck קָדֵשׁ *(kadêsch)*, sanctus zu bezeichnen, welcher ursprünglich nichts anderes bedeutet, als eine Person, welche sich zu Ehren einer Gottheit in deren Tempel preisgibt, und wir glauben nicht ganz ohne Grund die Vermutung aufstellen zu können, daß die ganze Lehre von den Priestern der Cybele etc., welche sich entmannt haben sollen und unter dem Namen der Galli bekannt sind, ursprünglich auf einem bloßen Mißverständnis der Ausdrücke *εὐνοῦχοι* und *ἀνδρόγυνοι*, welche wir nachher noch besprechen werden, beruhe, indem sie anfänglich weiter nichts als Kinaeden bezeichneten. Daß wenigstens erst in der späteren Zeit die Paederastie zur Kastration, durch welche man dem männlichen Körper die jugendliche, dem Weibe nahestehende, Knabenhaftigkeit für längere Zeit

---

γυναικῶν πλάττονται φύσιν, ὡς ἐκ τούτων καταθύμια· καὶ τιμὴν τῇ μητρὶ τῶν παρ' αὐτοῖς λεγομένων θεῶν ποιοῦντες, πάντες δὲ ὁμοῦ τοῖς αἰσχίστοις βιοῦσι, καὶ τοῖς χείροσιν ἑαυτοῖς ἁμιλλῶνται· καὶ ὡς εἶπεν ὁ ἅγιος τοῦ Χριστοῦ διάκονος Παῦλος — Ταῦτα δὲ καὶ τοιαῦτα πράσσοντες. ὁμολογοῦσι καὶ ἐλέγχουσι καὶ τοὺς λεγομένους αὐτῶν θεοὺς τοιοῦτον ἐσχηκέναι τὸν βίον, ἐκ μὲν γὰρ Διὸς τὴν παιδοφθορίαν καὶ τὴν μοιχείαν, ἐκ δὲ Ἀφροδίτης τὴν πορνείαν — καὶ ἐξ ἄλλων ἄλλα τοιαῦτα μεμαθήκασιν, ἃ οἱ νόμοι μὲν κολάζουσι, πᾶς δὲ σώφρων ἀνὴς ἀποστρέφεται.

erhalten wollte, Veranlassung wurde, zeigt die folgende Stelle des Lucian,[1]) welche für die Geschichte der Paederastie auch überhaupt nicht ohne Interesse ist: „Anfangs, als man nach den Sitten der Vorzeit lebte und die nachbarliche Tugend der Götter verehrte, richtete man sich auch nach den Gesetzen der Natur, und die nur nach der Rücksicht des Alters Verheirateten wurden Väter trefflicher Kinder. Nach und nach sich aber von jener (sittlichen) Größe in den Abgrund der Lüste stürzend, schlug man fremde und ungewöhnliche Wege des Genusses ein; die alles unternehmende Schwelgerei verletzte selbst die Gesetze der Natur, und irgend jemand sah zuerst den Mann für ein Weib an, es geschah eins von beiden, er übte die tierische Wollust entweder mit Gewalt oder suchte durch List dazu zu überreden. Einerlei Geschlecht verband sich also auf einem Lager. Sich selbst aber in dem andern sehend, schämten sie sich nicht dessen, was sie taten und was sie mit sich geschehen ließen. Auf unfruchtbaren[2]) Felsen, wie man zu sagen pflegt, säend, tauschten sie um geringen Genuß große Schmach. Bei einigen der Art ging die Kühnheit ihrer despotischen Lebensart so weit, daß sie mit dem Messer die (männliche) Natur raubten.

---

[1]) Amor. cap. 20. 21. Die Hetäre Glycera soll, wie Clearch berichtet, gesagt haben, *καὶ οἱ παῖδές εἰσι καλοὶ, ὅσον ἐοίκασι γυναικὶ χρόνον.* Athenaeus Deipnos. lib. XIII. p. 605. D. Dem Hellanicus zu Folge, wie Donat zu Terent. Eunuch. I. 2. 87. berichtet, soll die Sitte, Knaben zu entmannen, von den Babyloniern ausgegangen sein. Nach Herodot III. 92. mußten die Bablylonier dem persischen Könige jährlich 500 Verschnittene als Tribut liefern.

[2]) Der Kuriosität halber mag hier eine Erzählung des Phlegon de rebus mirabilibus c. 26. stehen, wo nach dem Berichte des Arztes Dorotheus zu Alexandrien in Aegypten ein Kinaede ein Kind geboren habe, welches daselbst aufbewahrt worden ist. Der Text heißt: *Δωρόθεος δέ φησιν ὁ ἰατρὸς ἐν Ὑπομνήμασιν, ἐν Ἀλεξανδρείᾳ, τῇ κατ' Αἴγυπτον, κίναιδον τεκεῖν· τὸ δὲ βρέφος ταριχευθὲν, χάριν τοῦ παραδόξου, φυλάττεσθαι.* Dasselbe wird im folgenden Kapitel von einem Sklaven im römischen Heere in Deutschland, welches T. Curtilius Mancias führte, berichtet. Diese Erzählungen könnten durch die neuern Untersuchungen über den foetus im foetus einige Wahrscheinlichkeit erhalten. Der Ausdruck „auf unfruchtbaren Felsen säen“ kommt übrigens sehr häufig in Verbindung mit der Paederastie bei den Kirchenvätern vor.

Sie fanden erst das Ziel ihrer Genußsucht, nachdem sie das Männliche den Männern entrissen hatten. Aber die Armen und Unglücklichen, damit sie noch länger Knaben sind, bleiben nicht weiter Männer, ein zweideutiger Ausdruck einer Doppelnatur, bewahren sie weder, wozu sie geboren, noch wissen sie, wozu sie zu rechnen sind. Die in der Jugend aufbewahrte Kraft läßt sie frühzeitig im Alter entkräftet werden, denn während man sie noch zu den Knaben rechnet, werden sie schon Greise, und sie haben keine Zwischenstufe des Mannesalters. So sank die schändliche und jedes Schlechte lehrende Wollust, ein niedriges Vergnügen aus dem andern schöpfend, bis zu jenem nicht mit Anstand zu nennenden Laster (*μέχρι τῆς ῥηθῆναι δυναμένης εὐπρεπῶς νόσου*), sodaß keine Art der Unzucht ihr mehr unbekannt war." In der spätern Zeit kastrierte man allerdings nach erreichter Mannbarkeit, damit die Eunuchen ohne Gefahr der Schwängerung den Wollustkitzel der Frauen stillen konnten.[1]) In Syrien, wo diese Unzucht der Paederastie besonders geübt ward, scheinen auch die Juden damit bekannt geworden zu sein.[2]) Von Asien aus, sei es nun durch die Phönizier oder, wie Welcker[3]) will, durch die Lydier, kam die Paederastie zu-

[1]) Juvenal. Sat. VI. 371.
Sunt quas eunuchi imbelles ac mollia semper
Oscula delectent et desperatio barbae.
Et quod abortivo non est opus, illa voluptas
Summa tamen, quod iam calida matura iuventa
Inguina traduntur medicis, iam pectine nigro.
Ergo exspectatos ac iussos crescere primum,
Testiculos, postquam coeperunt esse bilibres,
Tonsoris damno tantum rapit Heliodorus.

Martial. VI. 67.
Cur tantum Eunuchos habeat tua Gellia, quaeris
Pannice? vult futui Gellia, non parere.

In longam securamque libidinem exsectus spado sagt der heilige Hieronymus. Merkwürdig ist die Nachricht des Galenus (de usu partium Lib. XIV. 15. ed Kühn. Vol. IV., p. 571.), daß man zu Olympia die Athleten kastriert habe, damit ihre Kraft durch den Beischlaf nicht verloren gehe. Sind hier etwa die Olimpia agona mißverstanden worden?

[2]) Genesis XIX. 4. Levit. XVIII. 2. XXIX. 13.

[3]) Aeschylus Trilogie S. 356.

nächst nach Kreta und verbreitete sich von dort aus über ganz Griechenland.[1]) So wie der Venuskultus, so nahm auch die Knabenliebe hier eine ganz andere Gestalt an, sie trat als Paedophilie in die Reihe der Erziehungsmittel, wurde von dem himmlischen Eros geheiligt, während die Paederastie dem gemeinen Eros anheimfiel. Bis auf die neueste Zeit ist die Paedophilie mit der Paederastie verwechselt und so der griechischen Nation ein Schandfleck angehangen worden, von dem sie erst Meier nach Jacobs und K. O. Müllers Vorgange a. a. O. gereinigt hat. Allerdings bestanden beide nebeneinander, aber niemals ist die Paederastie von den Griechen gebilligt worden;[2])

---

[1]) Athenaeus Deipnosoph. p. 602. *τοῦ παιδεραστεῖν παρὰ πρώτων Κρητῶν εἰς τοὺς Ἕλληνας παρελθόντος, ὡς ἱστορεῖ Τίμαιος.* — Heraclit. Pontic. fragment. *περὶ πολιτ.* III. p. 7. — Servius ad Virgilii Aeneid. Lib. X. 325. de Cretensibus accepimus, quod in amore puerorum intemperantes fuerunt, quod postea in Laconas et totam Graeciam translatum est. Vergl. K. O. Müller, die Dorier. Bd. II. S. 240 folg. K. Höck, Kreta. Bd. III. S. 106. Wenn gleich in Kreta die Paedophilie wie in allen dorischen Staaten allgemeines Staatsinstitut war, so war Paederastie doch ebenfalls häufig genug, dies beweist der Tadel des Plato (de Legib. Lib. I. 636. Lib. VII. 836) und Plutarch (de pueror. educat. c. 14.) ebenso wie das *Κρῆτα τρόπον* (Hesychius) und wahrscheinlich ist das *κρητίζειν* von eben dieser Seite aus zu fassen (Pfeffinger de Cretum vitiis. Argentorat. 1701. 4.) Deshalb mag auch Aristoteles (Polit. II. 7. 5.) auf die Idee gekommen sein, daß der Gesetzgeber in Kreta die Paederastie eingeführt habe, um die Vermehrung der Population zu hindern. Hesychius sagt wenigstes *κρῆτα τρόπον, παιδικοῖς χρῆσθαι.* Von den Skythen späterhin.

[2]) So sagt Plutarch Eroticus cap. 5. *Ἡ δὲ ἀπὸ τῶν ἀῤῥένων ἀκόντων, μετὰ βίας γενομένη καὶ λεηλασίας, ἂν δὲ ἑκουσίως, σὺν μαλακίᾳ καὶ θηλύτητι βαίνεσθαι κατὰ Πλάτωνα νόμῳ τετράποδος καὶ παιδοσπορεῖσθαι παρὰ φύσιν ἐνδιδόντων, χάρις ἄχαρις παντάπασι καὶ ἀσχήμων καὶ ἀναφρόδιτος.* Die hier bezeichnete Stelle bei Plato findet sich im Phaedr. p. 250. E. *ὥστε οὐ σέβεται προσορῶν, ἀλλ' ἡδονῇ παραδοὺς τετράποδος νόμον βαίνειν ἐπιχειρεῖ καὶ παιδοσπορεῖν, καὶ ὕβρει προσομιλῶν οὐ δέδοικεν οὐδ' αἰσχύνετει παρὰ φύσιν ἡδονὴν διώκων.* Als etwas *παρὰ φύσιν* finden wir die Paederastie ferner bezeichnet beim Athenaeus Deipnosoph. lib. XIII. p. 605. Lucian Amor. 19. Philo de legg. spec. II p. 306. 17. Libanius Orat. XIX. p. 500. *ἡ παράνομος Ἀφροδίτη.* Galen. de diagnos. et curat. anim. effect. ed. Kühn. Vol. V. p. 30. *τῆς παρὰ φύσιν αἰσχρουργίας.* In der Antholog. graeca lib. II. tit. 5. No. 10. findet sich folgendes Distichon eines Unbekannten:

denn in Sparta wurde die Knabenschändung mit Entehrung, Exil oder Tod bestraft,[1]) und daß es in Athen nicht anders war, hat Meier a. a. O. S. 167. folg. hinlänglich dargetan. Da hier die betreffenden Gesetze offenbar erst nach Solons Zeit gegeben sind, so geht daraus hervor, daß die Paederastie, sowie die Bordelle, erst um diese Zeit in Aufnahme gekommen ist. Allerdings wurde Athen in der spätern Zeit ebenso berüchtigt wegen der dort herrschenden Paederastie, als es Corinth wegen seiner Buhlerinnen war,[2]) und die Comödien des Aristophanes zeigen nur zu häufig, wie viel Gelegenheit sich ihm zur Geißelung der Pathici darbot, wie aber auch die Gymnasien und Palaestren einen großen Teil der Schuld trugen. Denn[3])

Sonst durfte der Knabe nicht anders bei uns, denn mit lang ausreichenden Schenkeln
In der Kampfbahn sitzen, um Fremdlingen nichts Ungeziemendes offen zu zeigen;
Er vergaß dort nie, aufstehend vom Sitz, in dem Sande die Spur zu verwischen,

---

Υἱὸς Πατρικίου μάλα κόσμιος, ὃς διὰ Κύπριν
Οὐχ ὁσίην ἑτάρους πάντας ἀποστρέφεται.

Vor allem gehört hierher aber die Stelle des Aeschines Orat. in Timarch. ed. Reiskii p. 146.: *ὁρίζομαι δ' εἶναι, τὸ μὲν ἐρᾶν τῶν καλῶν καὶ σωφρόνων φιλανθρώπου, πάθος καὶ εὐγνώμονος ψυχῆς· τό δὲ ἀσελγείνειν ἀργυρίου τινὰ μισθούμενον, ὑβριστοῦ καὶ ἀπαιδεύτου ἀνδρὸς ἔργον εἶναι ἡγοῦμαι· καὶ τὸ μὲν ἀδιαφθόρως ἐρᾶσθαι, φημὶ καλὸν εἶναι· τὸ δὲ ἐπαρθέντα μισθῷ πεπορνεῦσθαι, αἶσχρόν.* Wer diese Stelle und das folgende in der Rede aufmerksam gelesen hat, kann unmöglich noch die Paedophilie mit der Paederastie verwechseln und behaupten, daß letztere von den Griechen gebilligt sei!

[1]) Aelian Var. hist. III. 12. — Xenophon de republ. Lacedaem II. 13. Sympos. VIII. 35. Plato de leg. VIII. p. 912.

[2]) Lucian Amor. 41. *Μηδὲν ἀχθεσθῇς, εἰ ταῖς Ἀθήναις ἡ Κόρινθος εἴξει*, wobei die Scholien die Erklärung hinzufügen: *ἢ ὡς τῆς Κορίνδου μὲν ἀνακειμένης Ἀφροδίτῃ (διὸ καὶ πολλὴ ἐν Κορίνθῳ ἡ γυναικεία μίξις) Ἀθηνῶν δὲ παιδεραστίᾳ κομώντων ἤτοι τῇ κατὰ φιλοσοφίαν καὶ σώφρονι ἢ τῇ τῷ ὄντι μιαρᾷ καὶ διαβεβλημένῃ.* Aristophanes Plutus v. 149—152.

Καὶ τὰς χ' ἑταίρας φασὶ τὰς Κορινθίας,
Ὅταν μὲν αὐτάς τις πένης πειρῶν τύχῃ
Οὐδὲ προσέχειν τὸν νοῦν· ἐὰν δὲ πλούσιος,
Τὸν πρωκτὸν αὐτὰς εὐθὺς ὡς τοῦτον τρέπειν.

[3]) Aristophanes Wolken, übers. von F. A. Wolf. v. 966.

Daß den Liebenden nicht der Natur Abbild unreine Begierden erregten.

Neben den Gymnasien und Palaestren dienten die Barbierstuben[1]) (*κουρεῖα*), die Salbenläden (*μυρωπολεῖα*[2]) die Arzneibuden (*ἰατρεῖα*[3]), die Wechselbuden (*τράπεζαι*[4]), die Badehäuser[5]) und mehr oder weniger alle, zumal am Markte gelegenen, Werkstätten (*ἐργαστήρια*[6]) zu Versammlungsorten der Paederasten, um hier die Opfer ihrer Unzucht sich auszusuchen, ebenso wie der Pathici, um ihren Leib zu verkaufen; und manche der Inhaber jener Orte mögen dabei als Kuppler (*προαγωγοί μαστροποί*) gedient haben. Die Unzucht selbst wurde besonders an einsamen dunklen Orten der Stadt und namentlich auf der Pnyx getrieben.[7])

Den Eleern und Boeotiern wird nicht nur Knabenschändung nachgesagt, sondern auch behauptet, sie sei bei ihnen erlaubt gewesen.[8]) Megara wurde zwar *ὕβρις*, eine gewöhnliche Bezeichnung der Paederastie, vorgeworfen,[9]) ob aber

---

[1]) Lysias contr. Pankl. 731, woraus auch hervorgeht, daß jeder Demos sein eigenes *κουρεῖον* in der Stadt hatte. Demosthenes contr. Aristogit. 786. 7. Theophrast. Charact. VIII. 5. XI. Plutarch Sympos. V. 5. Aristophanes Plut. 339.

[2]) Aristophanes Equit. 1380, wo das *τὰ μειράκια ταυτῷ μύρῳ* absichtlich doppelsinnig steht.

[3]) Aelian. Var. hist. VIII. 8. Aeschines in Timarch. § 40. sagt, daß Timarch sich in der Arzneibude des Euthydikus nicht um Medizin zu erlernen, sondern um seinen Leib zu verkaufen, aufgehalten habe.

[4]) Theophrast. Charact. V. ed Ast. pag. 183.

[5]) Theophrast. Charact. VIII. 4.

[6]) Xenophon Memorab. IV. 2. 1. Diogenes Laert. III. 21.

[7]) Aeschines in Timarch. p. 35. *τὰς ἐρημίας καὶ τὸ σκότος ἐν πλείστῃ ὑποψίᾳ ποιούμενος.* p. 112. p. 90. *ἡ πρᾶξις αὕτη εἴωθε γίγνεσθαι λάθρα καὶ ἐν ἐρημίαις.* p. 104. wird gesagt, daß Timarch mehr Erfahrung habe *περὶ τῆς ἐρημίας ταύτης· καὶ τοῦ τόπου ἐν τῇ Πνυκὶ* als der Areopag. Vergl. Plato Sympos. p. 217. b.

[8]) Plato Sympos. p. 182. 6. Xenophon Sympos. VIII. 34. — Cicero de Republ. IV. 4. Apud Eleos et Thebanos in amore ingenuorum libido etiam permissam habet et solutam licentiam. Maximus Tyrius Diss. XXXIX. p. 467. Plutarch de pueror. educat. c. 14 Die eleische Knabenliebe war noch verrufener als die böotische. Xenophon de republ. Lacedaem. II. 13. Maximus Tyrius Diss. XXVI. p. 317.

[9]) Theognis sentent. 39.

der Tempel der *Ἀφροδίτη Πρᾶξις*, welchen Pausanias[1]) erwähnt, auf die Unzucht der Paederastie zu beziehen ist, möchten wir sehr bezweifeln. Jener Schriftsteller sagt: „Nach dem Heiligtum des Dionysus zeigt man einen Tempel der Venus, das Bild der Venus ist von Elfenbein, und hat den Beinamen *Πρᾶξις*. Das ist das älteste Bild in diesem Tempel.“ Nun erwähnt aber kein alter Schriftsteller einen solchen Kultus in Megara, und wenn auch das Wort *πρᾶξις*, wie Meier a. a. O. S. 153 Anmerkung 49 durch Beispiele gezeigt hat, besonders von der Paederastie gebraucht wird, so beweist doch die Stelle des Euripides Jon. 894.

ϑεὸς ὁμευνέτας ἄγες ἀναιδείᾳ
Κύπριδι χάριν πράσσων

deutlich, daß *πράσσειν* überhaupt von dem Beischlaf gebraucht ward.[2]) Da ferner in der oben angeführten Stelle des Plutarch die Paederastie *χάρις ἄχαρις* und nachher *Ἔρως, Ἀφροδίτης μή παρούσης, Ἔρως χωρὶς Ἀφροδίτης* genannt wird, wie kann sie bei den Griechen unter dem Schutze der Venus gestanden haben? Sicher ist *πρᾶξις* hier synonym mit *πόρνη* und die *A. πρᾶξις* in Megara nichts anders als die *A. πόρνη* anderer Städte. — Chalcis war durcn die Paederastie so in Verruf gekommen,[3]) daß man *χαλκιδίζειν* sprichwörtlich für *παιδεραστεῖν* sagte; eben so ging es Chios und Siphnos, wie die Ausdrücke *χιάζειν* und *σιφνιάζειν* bei Hesychius beweisen, letzterer sagt nämlich *σιφνιάζειν, καταδακτυλίζειν· διαβέβληνται γὰρ οἱ Σίφνιοι ὡς παιδικοῖς χρώμενοι· σιφνιάσαι οὖν τὸ σκιμαλίσαι.* Indessen die erstere Erklärung durch *καταδακτυλίζειν*, so wie die Glosse des

[1]) Descript. Graeciae Lib. I. c. 43. *Μετὰ δὲ τοῦ Διονύσου τὸ ἱερόν ἐστιν Ἀφροδίτης ναός· ἄγαλμα δὲ ἐλέφαντος Ἀφροδίτη πεποιημένον, Πρᾶξις ἐπίκλησιν· τοῦτό ἐστιν ἀρχαιότατον ἐν τῷ ναῷ.*

[2]) Pollux Onomast. lib. VII. cap. 33. sagt: *εἰ δὲ χρὴ καὶ τὰς αἰσχίους πράξεις τέχνας ὀνομάζειν*, und führt dann die verschiedenen Benennungen der Huren, Bordelle ete. an.

[3]) Hesychius s. v. *χαλκιδίζειν.* Athenaeus Deipn. Lib. XIII. p. 601. e. Plutarch. Amat. 38. 2.

Suidas[1]) zeigen deutlich, daß die Bewohner der Insel Siphnos (eine der Cycladen) eine Art Onania postica, wenn wir uns so ausdrücken dürfen, trieben; ähnlich wie jener Schuster in Wien, welcher sich, um die Prurigo ani zu stillen, seinen Hammer in den After steckte, den er freilich nicht wieder herausziehen konnte, bedienten sich die Siphnier ihrer Finger.[2])

Die Italioten waren nach Suidas s. v. *Θάμυρις* Erfinder der Knabenliebe, und den Etruskern, Samniten, Messapiern, sowie den Großgriechenland bewohnenden Griechen wurde nachgesagt, daß sie zum Teil die unzüchtigste Männerliebe und Knabenschändung geübt hätten.[3]) Wahrscheinlich verbreitete sich auch von hier aus dieses Laster nach Rom, wo wir es bereits 433 nach Erbauung der Stadt[4]) finden, und es nahm so zu, daß schon 585 (oder 169 v. Chr.), wie Meier nachgewiesen hat, die *lex Scantinia* gegen dasselbe gegeben werden mußte. Doch war dies alles noch nichts gegen die Greuelszenen, welche sich unter den Kaisern Tiberius, Caligula etc. darboten, von denen Martialis[5]) sagt:

---

[1]) *Σιφνιάζειν· ἐπὶ τῶν τὰς χεῖρας προσαγόντων τοῖς ἰσχίοις ὥσπερ λεσβιάζειν ἐπὶ τῶν παρανομούντων ἐν τοῖς ἀφροδισίοις· σιφνιάζειν δὲ καὶ λεσβιάζειν, ἀπὸ τῆς νήσου Σίφνου καὶ τῆς Λέσβου· ὡς καὶ τὸ κρητίζειν ἀπὸ τῆς Κρήτης· καὶ τὸ Σίφνιος δὲ ἀῤῥαβὼν, ὁμοίως σιφνιάζειν γὰρ τὸ ἅπτεσθαι τῆς πυγῆς δακτύλῳ. Λεσβιάζειν δὲ τὸ τῷ στόματι παρανομεῖν.* Hesychius s. v. *Σίφνιοι· ἀκάθαρτοι· ἀπὸ Σίφνου τῆς νήσου. Σίφνιος ἀῤῥαβών· περὶ τῶν Σιφνίων ἄτοπα διεδίδοτο, ὡς τῷ δακτύλῳ σκιμαλιζόντων· δηλοῖ οὖν τὸν διὰ δακτυλίου αἰδούμενον, ἐπὶ τοῦ κακοοχόλου.* Verg. *σκιμαλίσαι, σκινδαρεύεσθαι* bei demselben.

[2]) Vergl. Libanius in florent. p. 430. Toup. Opusc. critic. Lips. 1780. p. 420.

[3]) Athenaeus Deipnos. Lib. XII. p. 517. f.

[4]) Dionysius Halicarn. Exc. p. 2336. Valerius Maxim. Lib. VI. 1. 9. Suidas. s. *Γαΐος Λαιτάριος.*

[5]) Lib. IX. epigr. 9. Vergl. Sueton. Nero 28. 29. Dio Cassius LXII. 28. LXIII. 13. Juvenal. Satir. I. 62. und vor allen Tacitus Annal. Lib. XV. 37. — Tatianus Orat. ad Graec. p. 100. *Παιδεραστία μὲν ὑπὸ βαρβάρων διώκεται, προνομίας δὲ ὑπὸ Ῥωμαίων ἠξίωται, παίδων ἀγέλας, ὥσπερ ἵππων φορβάδων, συναγείρειν αὐτῶν πειρωμένων.* Justinus Martyr. Apolog. I: p. 54. *Πρῶτον μὲν ὅτι τοὺς πάντας σχεδὸν ὁρῶμεν ἐπὶ πορνείᾳ προάγοντας, οὐ μόνον τὰς κόρας, ἀλλὰ καὶ τοὺς ἄρσενας· καὶ ὃν τρόπον λέγονται οἱ παλαιοὶ*

Tanquam parva foret sexus iniuria nostri
Foedandos populo prostituisse mares[1])
Iam cunae lenonis erant, ut ab ubere raptus
Sordida vagitu posceret aera puer,
Immatura dabant infandas corpora poenas.
Non tulit Ausonius talia monstra pater:
Idem qui teneris nuper succurrit ephebis,
Ne faceret steriles saeva libido viros.
Dilexere prius pueri, iuvenesque senesque:
At nunc infantes te quoque, Caesar, amant.

Doch half dies wenig, das Laster erbte fort von Geschlecht zu Geschlecht, und ging über auf die christlichen Völker, wie die Strafen Roms in ihre Gesetzbücher.

§ 13.

Krankheiten infolge der Paederastie.

Bedenken wir, daß die Spannkraft des Sphincter ani dem Paederasten großen Widerstand leistete, dieser Widerstand also mit Gewalt zu überwinden ist, daß die Drüsen des Afters ein stinkendes Smegma absondern, welches unter dem später näher zu erörternden Einfluß des Klimas eine mehr oder weniger scharfe Beschaffenheit annimmt, so wird es nicht auffallen, wenn die Alten bei dem Paederasten wie bei dem Kinaeden mehrfache Affektionen entstehen sahen, die um so bedeutender sein mußten, wenn der eine oder andere Teil bereits krankhaft afficiert war. Für den Paederasten sind die direkten Angaben sparsam, indessen fehlen sie doch nicht ganz, wie wir dies aus dem folgenden Epigramm des Martialis[2]) ersehen:

ἀγέλας βοῶν, ἃ αἰγῶν, ἢ προβάτων τρέφειν, ἢ ἵππων φορβάδων, οὕτω νῦν δὲ παῖδας, εἰς τὸ αἰσχρῶς χρῆσθαι μόνον, καὶ ὁμοίων θηλειῶν, καὶ ἀνδρογύνων, καὶ ἀῤῥητοποιῶν πλῆθος κατὰ τὸ πᾶν ἔθνος ἐπὶ τούτου τοῦ ἄγους ἕστηκεν.

[1]) Daß Knaben in den Bordellen zu Rom für Liebhaber gehalten wurden, sehen wir aus einer Menge Stellen bei den Alten, z. B. Martial. lib. IX. ipigr. 45.

Intrasti quotis inscriptae limina cella
Seu puer arrisit, sive puella tibi.

Von ihnen mußte auch der Hurenzins gezahlt werden. Vergl. S. 108. Note 3.

[2]) Lib. III. epigr. 71.

In Naevolum.

Mentula cum doleat puero, tibi, Naevole, culus,
Non sum divinus, sed scio quid facias.

Hier waren also beide Teile, der Paederast an seinem Penis, der Pathicus am After erkrankt, und daraus schließt eben Martialis, daß Naevolus ein Kinaede sei. Besonders leicht mußten beim Paederasten aber Phimosen und Paraphimosen entstehen, welche man anfangs, da der dabei stattfindende fortdauernde Erectionszustand des Penis offenbar die am meisten in die Augen fallende Erscheinung war, mit dem für letztern gebräuchlichen Namen Satyriasis belegte, woher denn auch die vom Themison in Kreta[1]) (einem Orte, der, wie wir gesehen haben, durch seine Knabenschänderei berüchtigt war) beobachtete Tötlichkeit, wie überhaupt die dort oft fast epidemische Häufigkeit der Satyriasis zu erklären sein möchte. (Wie häufig wurde nicht schon bei Onanisten Paraphimosis beobachtet!) Die Ärzte schweigen freilich über die Gelegenheitsursache und lassen die Krankheit aus einer *Acrimonia humorum* oder von dem Genuß eines Philtrons entstehen. Naumann[2]) scheint die auf Kreta herrschende Satyriasis einer leprösen Affektion zuschreiben zu wollen, wofür wir aber durchaus keinen Grund auffinden können. Zunächst sind es Risse und in deren Folge Geschwüre des Afters, weshalb denn auch die Ausdrücke sectus, percidi u. dergl. so häufig bei den Römern für den Pathicus und seine Unzucht überhaupt stehen. Daher sagt Martialis[3])

In Carinum.

Secti podicis usque ad umbilicum
Nullas reliquias habet Carinus,
Et prurit tamen usque ad umbilicum.
O quanta scabie miser laborat!
Culum non habet, est tamen cinaedus.

---

[1]) Caelius Arelianus Acut. morb. Lib. III. c. 18. Aliorum autem medicorum, excepto Themisone, nullus hanc passionem conscribit, cum non solum raro, verum etiam coacervatim, saepissime invasisse videatur. Memorat denique Themison, apud Cretam multos satyriasi interfectos.

[2]) Handb. der. medicin. Klinik. Bd. 7. S. 88. und. S. 670.

[3]) Lib. VI. Epigr. 37.

In Lesbiam.[1])

De cathedra quoties surgis, jam saepe notavi,
Paedicant miseram, Lesbia, te tunicae.
Quas cum conata es dextra, conata sinistra
Vellere, cum lacrimis eximis et gemitu.
Sic constringuntur gemina Symplegade culi,
Et Minyas intrant Cyaneasque nates.
Emendare cupis vitium deforme? docebo.
Lesbia, nec surgas censeo, nec sedeas!

Gewöhnlich suchte der Pathicus sein Übel freilich zu verbergen und dasselbe mit einem andern Namen zu belegen, wie Charisianus:

De Charisiano.[2])

Multis jam, Lupe, posse se diebus
Paedicare negat Charisianus.
Causam cum modo quaererent sodales:
Ventrem, dixit, habere se solutum.

Am häufigsten werden aber die feigenähnlichen Auswüchse am After *(Ficus, Mariscae)* als eine Folge der Paederastie von den Alten aufgeführt.

De se Priapus.[3])

Non sum de fragili dolatus ulmo;
Nec quae stat rigida supina vena,
De ligno mihi quolibet columna est,
Sed viva generata de cupresso. —
Hanc, tu quisquis es, o malus, timeto:
Nam si vel minimos manu rapaci
Hoc de palmite laeseris racemos:
Nascetur, licet hoc velis negare,
Inserta tibi ficus a cupresso.[4])

---

1) Martial. Lib. XI. epigr. 100.
2) Martial. XI. 89.
3) Martial. VI. 49.
4) Ebenso heißt es in der Antholog. graec. IV. tit. 12. ep. 93.

Ἄλλό τι χρῆμα φιλῶ· ποῖον τόδε; τ' ἀμὰ κατέσθον
Σῦκα, δὸς εὐθύμως ἰσχάδα τὴν ὀπίσω.

u. Epigr. 94.

Ἢν δὲ μόνον σὺ θίγῃς τῆς ἰσθάδος, ἰσχάδα δώσεις,
Ὡς ἰσότης πάντων ἐστὶ δικαιοτάτη.

De Labieno.[1])

Ut pueros emeret Labienus, vendidit hortos,
Nil nisi ficetum nunc Labienus habet.

Ad Caecilianum.[2])

Cum dixi ficus, rides quasi barbara verba,
Et dici ficos, Caeciliane, iubes.
Dicemus ficus, quas scimus in arbore nasci,
Dicemus ficos, Caeciliane tuos.

Wir werden nun auch das *medico ridente* in der folgenden Stelle des Juvenalis (II. 12) verstehen:

Sed podice laevi
Caeduntur tumidae, medico ridente, mariscae.

Ebenso wie es keinem Zweifel unterliegt, daß in der Stelle des Horatius[3])

Nam, displosa sonat quantum vesica, pepedi
Diffissa nate ficos

und nicht, wie gewöhnlich *ficus* gelesen werden muß. Daß diese Auswüchse nicht ganz ohne Contagium waren, scheinen die folgenden Stellen zu beweisen. Im 50. Carmen der Priapeia heißt es:

Quaedam, si placet hoc tibi, Priape,
Ficosissima me puella ludit,
Et non dat mihi, nec negat datturam;
Causasque invenit usque differendi.
Quae si contigerit fruenda nobis,
Totam cum paribus, Priape, nostris
Cingemus tibi mentulam coronis.

Die Geliebte, welche mit Feigwarzen stark behaftet war, und zwar wahrscheinlich auch an den Schamteilen, versagt dem Geliebten den Coitus, dieser dringt auch nicht weiter darauf,

---

[1]) Martialis Lib. XII. epigr. 33.

[2]) Martialis Lib. I. epigr. 66. Die alten Grammatiker hatten folgende Verse:

Haec ficus, fici vel ficus, fructus et arbor,
Hic ficus, fici, malus est in podice morbus.

[3]) Satir. Lib. I. Sat. VIII. 46.

sondern fleht zum Priapus, wie dies bei allen Genitalaffektionen zu geschehen pflegte (s. S. 68) und verspricht, ihm den Penis zu bekränzen. Der Geliebte wußte also, daß die Feigwarzen ihm Nachteil brächten, wenn er das Mädchen, von dem der Dichter sagt: *nec negat daturam,* zum Beischlafe zwingen würde. Ein noch deutlicherer Beweis dürfte in dem folgenden Epigramm des Martialis liegen, wo eine ganze Familie mit Feigwarzen behaftet ist:

De familia ficosa.[1])

Ficosa est uxor, ficosus et ipse maritus,
Filia ficosa est, et gener atque nepos.
Nec dispensator, nec villicus ulcere turpi,
Nec rigidus fossor, sed nec arator eget.
Cum sint ficosi pariter iuvenesque senesque,
Res mira est, ficus non habet unus ager.

Wir sehen übrigens aus dem *ulcere turpi,* daß *ficus* wie das griechische *σύκος* und *σύκωσις* nicht nur einen feigenähnlichen Auswuchs, sondern auch ein Geschwür mit körniger Oberfläche, ähnlich einer durchgeschnittenen Feige, bedeutet. Doch könnte man hier vielleicht besser in Ulceration übergegangene Feigwarzen verstehen.[2])

Sprechen nun die angeführten Stellen der Nichtärzte deutlich genug dafür, daß die Feigwarzen Folge der Paederastie sind, so ist es auffallend, daß keiner der alten Ärzte, trotz des *medico ridente* des Juvenalis, soviel uns bekannt, diese Un-

---

[1]) Martialis Lib. VII. epigr. 71. Vergl. S. 122. N. 4.

[2]) Zweifelhaft ist uns noch die Bedeutung eines andern Epigramms des Martial. Lib. IV. epigr. 52.

Gestari iunctis nisi desinis, Hedyle, capris
Qui modo ficus eras, iam caprificus eris.

Wenn capra hier die Bedeutung von Scortum hat, wie es kaum anders sein kann, so ist diese Stelle ein unzweideutiger Beweis, daß die Feigwarzen eine Folge des Beischlafs mit gemeinen Huren waren, und letztere gewöhnlich damit behaftet waren. Bei Petronius Satir. c. 46. heißt es von jemandem: Ingeniosus est et bono filo etiamsi in nave morbosus est. Burmann bemerkt hierzu: In nave — id est mariscas habet. Navis est podex ficosus. Hinc dictum illud Casellii apud Quinctil. de instit. orat. (VI. 3, 87.) Consultori dicenti, navem dividere volo, respondentis, perdes.

zucht jemals als Ursache von dergleichen Affektionen aufführt. Auf der andern Seite können wir die Bemerkung nicht unterdrücken, daß die Häufigkeit der Feigwarzen zur Zeit des Martialis und Juvenalis schwerlich allein aus der Häufigkeit der Paederastie erklärt werden können, daß vielmehr hieran der *Genius epidemicus,* wie noch jetzt, einen nicht unbedeutenden Anteil gehabt haben mag, ebenso wie dies beim Mentagra (s. nachher) der Fall war.

Aber nicht bloß primäre Affektionen am After waren die Strafe des Kinaeden, sondern auch sekundäre im Munde und Halse. Zunächst war es die Heiserkeit der Stimme, worauf auch wohl Martialis [1]) anspielt, wenn er den Verteidiger der Bäder des Kinaeden Charinus *raucidulo ore* reden läßt. Deutlicher finden wir nach Reiskes [2]) Angabe davon bei Dio Chrysostomus [3]) gehandelt: „Dies aber allein ist der Erwähnung wert, was niemand leugnen wird. Ich meine die merkwürdige Tatsache, daß in dieser Stadt eine Krankheit so viele befallen hat, welche, wie ich hörte, früher bei andern weit öfter als bei Euch vorgekommen ist. Was ich meine? Wenn ich mich auch nicht deutlicher erklären könnte, so dürftet ihr es doch leicht vermuten. Glaubt nicht, daß ich von Geheimnissen, von verborgenen Handlungen rede, wenn die auffallende Tatsache deutlich genug spricht. Denn viele schlafen im Gehen, Stehen und Sprechen, wenngleich sie den meisten zu wachen scheinen, dem ist aber nicht also. — Sie geben aber, wie ich

---

[1]) Lib. VII. epigr. 33. Persius Satir. I. 33. Hic·aliquis — Rancidulum quiddam balba de nare locutus. Sidonius Apollinaris Epist. lib. IX. Orationem salebrosas passam iuncturas, per cameram palati volutatem balbutire.

[2]) Reiske Joa. Jac. et Joa. Ern. Fabri Opuscula medica ex monumentis Arabum et Ebraeorum, ed. Ch. G. Gruner. Hal. 1776. 8. S. 61 Not.: Ita tamen miror, ab antiquitatis patronis argumentum inde allatum non fuisse, quod veterum cinaedi passi fuerint in naribus et in palato vitium, a quo clare non potuerint eloqui, sed ῥέγχειν, stertere et rhonchissare debuerint. cf. diserta sed arcis oratio Dionis Chrysostomi Tarsica prior etc. Gruner Antiq. morborum S. 77 führte diese Bemerkung ebenfalls auf, ohne jedoch, wie es scheint, die Stellen selbst genauer verglichen zu haben.

[3]) Orationes ex recens. J. Jac. Reiske. Voll. II. Lips. 1784. 8 maj. Vol. II. Orat. XXXIII. (nicht XXXII. wie bei Reiske und Gruner steht) S. 14 folg.

glaube, den deutlichsten Beweis, daß sie schlafen, sie schnarchen (ῥέγχουσιν). Ich kann mich, bei den Göttern, nicht anständiger ausdrücken. Zwar leiden nur wenige der Schlafenden daran, und von den andern trifft es nur die Trunkenen, Überfüllten und schlecht Gelagerten. Ich behaupte aber, daß diese Unzucht (ἔργον) die Stadt schändet und öffentlich brandmarkt; den größten Schimpf tun aber die dem Vaterlande an, welche bei Tage schlafen, und sie müßten von euch so wie überall über die Grenze geschafft werden; denn weder der Zeit noch dem Orte nach trifft man sie selten an, sondern zu jeder Zeit und an jedem Orte der Stadt, man mag drohen, höhnen oder sie verlachen. Übrigens ist die Gewohnheit selbst schon zu den noch kleinen Knaben gedrungen und die Erwachsenen, welche ehrbar sein wollen, lassen sich doch verführen, die Sache als Geringfügigkeit zu betrachten, und wenn sie auch vor dem Schritte sich abwenden, so war doch ihr Begehren dasselbe. Wenn es eine Stadt gäbe, in der man beständig Winselnde hörte, und niemand, nicht eine Minute ohne diesen Jammer einhergehen könnte, wahrlich, wer möchte da gern sich aufhalten? Das Winseln ist doch aber, wie jeder sagt, ein Zeichen des Unglücks; jenes jedoch das Zeichen der Schamlosigkeit und schändlichsten Geilheit. Sicher wird man wohl lieber mit unglücklichen Menschen umgehen wollen als mit Paederasten. [1]) Ich möchte nicht zuhören, wenn jemand beständig Flöte bläst, wenn aber an einem Orte ein beständiger Schall von Flöten, Gesang oder Zithern ist — wie dies auf den vom Gesang der Syrenen tönenden Felsen sein soll — so könnte ich, dort angelangt, mich nicht aufhalten. Diesen unharmonischen und rauhen Ton, [2]) welcher tugendhafte Mensch kann ihn ertragen?

---

[1]) Ἀκολάστοις. Dies Wort kommt mehrmals in der Bedeutung von Päderast vor, besonders wenn ein solcher die Unzucht leidenschaftlich trieb. So Aeschines in Timarch. p. 63. 183. Plato Sympos. 186. c.

[2]) Τόν δέ γε ἄγριον τοῦτον καὶ χαλεπὸν ἦχον. Das Wort ἄγριος wird besonders vom Paederasten gebraucht, Aristoph. Nub. 347, und daselbst der Scholiast; ebenso ist es mit χαλεπός. Der Scholiast zu Aeschines in Timarch. p. 731. R. ἀγρίους τοὺς σφόδρα ἐπτοημένους περὶ τὰ παιδικὰ καὶ χαλεποὺς παιδεραστάς. Überhaupt finden sich in dieser Rede eine große

Wer vor einem Hause vorübergeht, in welchem er denselben vernimmt, der sagt gewiß, daß dort ein Bordell sei. Was wird man aber von einer Stadt sagen, in welcher überall nur dieser eine Ton herrscht, und weder eine Zeit, noch ein Tag, noch irgend ein Ort ausgenommen werden kann? Denn in Gassen, Häusern, auf öffentlichen Plätzen, im Theater, im Gymnasium herrscht die Paederastie.[1]) Auch habe ich des Morgens bis jetzt noch keinen Flötenbläser in der Stadt gehört, diese schreckliche Weise hebt aber sogleich mit dem Tage an.[2]) Es ist mir allerdings nicht verborgen, daß man sagen wird, ich rede wahrscheinlich albernes Zeug, indem ich dergleichen vorbringe, und daß nichts daran sei; ihr führt wohl nur Küchengewächse auf dem Wagen, und beseht das viele Weißbrot auf dem Wege, sowie das gesalzne und frische Fleisch. Betrachtet selbst aber einmal auch das Ding (*πρᾶγμα*, die Paederastie) auf diese Weise: Wenn jemand von diesen in eine Stadt käme, in der alle, welche worauf hinweisen, mit dem mittlern Finger[3]) hinzeigen, wenn jemand die Rechte auflegt, sie so auflegt, und wenn er die Hand so ausstreckt, wenn das Volk stimmt und die Richter ihr Votum geben, was wird er von einer solchen

---

Menge Anspielungen auf die für die Paederastie gebräuchlichen Ausdrücke, die leicht das richtige Verständnis erschweren.

[1]) *Τὸ πρᾶγμα* hat hier dieselbe Bedeutung wie *πρᾶξις* bei Aeschines in Timarch. p. 159. 160. Plato Sympos. 181. b.

[2]) *Κινεῖται*, woher auch das Wort Kinaede kommt.

[3]) Über den digitus medius oder intamis vgl. Upton ad Arriani Diss. Epictet. III. p. 176. — Abhandlung von den Fingern, deren Verrichtungen und symbolische Bedeutung. Leipzig 1756. 8. S. 172—221. Besonders aber Forberg l. c. S. 338. Not. h. Cum digitus medius porrectus, reliquis incurvatis, tentam repraesentet mentulam cum coleis suis, factum est, ut medium digitum hoc modo ostenderent (Graeci uno verbo dixerunt *σκιμαλίζειν*) cinaedis, sive pelliciendis, sive irridendis. Martial. I. 93. Saepe mihi quaeritur Cestus] — Tangi se digito, Mamuriane, tuo. VI. 70. Ostendit digitum, sed impudicum. *Οἱ δὲ Ἀττικοὶ καὶ τὸν μέσον τῆς χειρὸς δάκτυλον καταπὺγωνα ὠνόμαζον.* Pollux Onomast. II. 4. 184. Sueton. Calig. c. 56. Osculandum manum offerre, formatam commotamque in obscoenum modum. Th. Echtermeyer Progr. üb. Namen u. symbol. Bedeutung d. Finger bei d. Griechen u. Römern. Halle 1835. 4. S. 41—49. handelt sehr ausführlich über diesen Gegenstand.

Stadt glauben? Wenn ferner alle mit aufgehobenen Röcken einhergehen, als wadeten sie im Sumpf? Wißt ihr denn wirklich nicht, was die Veranlassung zu eurer Lästerung gegeben hat, was denen, die gegen euch feindlich gesinnt sind, Stoff zum Tadel eurer Stadt darbietet? Aber woher nennt man euch denn *κερκίδας* (Turmfalken?[1])? Doch ihr meint, es sei nicht die Rede davon, was andere von euch sagen, sondern was ihr selbst treibt? Gut, wenn eine solche Krankheit einige im Volke befällt, daß sie sämtlich Weiberstimmen annehmen und niemand, weder Jüngling noch Greis, etwas mit einer Männerstimme vorbringen kann, ist das nicht schrecklich und (ich sollte meinen) schwerer zu ertragen als jede Pest? (denn weder Fieber haben, noch sterben ist schändlich) — Doch mit Weiberstimmen reden ist mit Menschenstimmen reden und niemand wird mit Widerwillen erfüllt, wenn er eine Frau hört. Wessen ist aber dieser Ton? nicht der von Androgynen, Kinaeden? oder von solchen, denen die Genitalien abgeschnitten sind? Aber er findet sich nicht stets und bei allen diesen, ist jedoch ihnen eigentümlich wie ein Symbolum. — Wohlan, wenn jemand aus der Ferne von euren Stimmen urteilen wollte, was ihr für Menschen seid und was ihr treibt (*τί πράττειν*)? (denn zu Rinder- oder Schafhirten paßt ihr auch nicht). Ob euch jemand für Abkömmlinge der Argiver, wie ihr behauptet, oder vielmehr für Hellenen, welche die Phönizier an Geilheit übertreffen, halten wird? Ich bin wenigstens der Meinung, daß es einem moralischem Manne weit mehr zukömmt in einer solchen Stadt sich die Ohren mit Wachs zu verkleben, als wenn er vor den Syrenen vorbeischifft. Hier liefe er Todesgefahr, dort aber Gefahr der Unzüchtigkeit, der Schändung, der niedrigsten Verführung. — Sonst herrschte Jonische, Dorische, eine andere Phrygische und Lydische Harmonie, jetzt herrscht die Musik der Aradier und der Phönizier Weisen gefallen euch; diesen Rhythmus liebt ihr vor allen ebenso, wie andere den spondeischen. Gab es irgend einen

[1]) Wegen der Ähnlichkeit der rauhen, kreischenden Stimme? Reiske bemerkt zu dieser Stelle: Est autem *κερχνίς* avis quaedem a stertendo sic dicta, vel stridore, quem edit similem iis qui stertunt. Vergl. Schneider Lex. s. v. *κέρχνος* und *κέρχω*.

Menschenstamm, der mit der Nase gut musizierte? — (p. 409) Einem solchen Rhythmus muß aber notwendig noch anderes folgen. Solltet ihr nicht wissen, daß, wie bei anderen der göttliche Zorn auf einen einzelnen Teil, die Hände, Füße oder das Gesicht einbrach,[1]) so unter euch eine endemische Krankheit die Nase befallen hat; gleichwie man sagt, daß die erzürnte Aphrodite den Lemnischen Weibern die Achselhöhlen verdorben hat, so seid überzeugt, daß ein göttlicher Zorn die Nasen der meisten zerstörte und sie daher die eigentümliche Sprache haben. Woher wohl sonst? Es ist dies aber ein Zeichen der schändlichsten Unzucht, des schändlichsten Wahnsinns, der Verachtung alles Anstandes (aller Moralität) und (ein Beweis) daß man gar nichts mehr für schimpflich hält. Ihre Sprache, ihr Gang, ihr Blick entsprechen dem." —

Wir sehen aus dieser Stelle des Dio Chrysostomus, welcher zu Ende des ersten und zu Anfange des zweiten Jahrhunderts n. Chr. lebte, daß damals zu Tarsus das Laster der Paederastie in einer furchtbaren Allgemeinheit herrschte, und vielleicht gründet sich auch hierauf der Ausspruch des Apostel Paulus,[2]) dessen Vaterstadt bekanntlich Tarsus war, wenn er sagt: „Darum gab sie auch Gott bei den Lüsten ihres Herzens der Unzucht preis, daß ihre Leiber unter einander geschändet wurden. — Denn ihre Weiber[3]) verwandelten den natürlichen Genuß in den unnatürlichen, und gleicherweise verließen auch die Männer den natürlichen Genuß des Weibes und entbrannten in ihrer Begierde gegen einander, indem sie Mann mit Mann Schändlichkeiten übten, und so den gebührenden Lohn ihres Wahnsinns an sich selber empfingen." Dieser Lohn würde nun das ῥέγχειν gewesen sein, welches nach Reiske die Folge einer

[1]) Horat Od. II. 8.

Ulla si iuris tibi peierati
Poena, Barine, nocuisset unquam,
Dente si nigro fieres, vel uno
Turpior ungui,
Crederem.

[2]) Brief an die Römer. Kapit. I. v. 24. 26. 27.

[3]) Namen berühmter Frauen führt Martial. lib. XI. epigr. 95. an. Vergl. S. 121 Note 3.

Affektion des Rachens und der Nase war, wodurch das Atmen mit einem eigentümlichen Geräusch vor sich ging. Zur Erhärtung dieser Ansicht führt Reiske in seiner Ausgabe des Dio Chrysostomus die folgende Stelle des Ammianus Marcellinus[1]) an, welcher, die Sitten der Römer in der Mitte des vierten Jahrhunderts schildernd, folgendes schreibt: *Haec nobilium instituta. Ex turba vero imae sortis et pauperrimae, in tabernis aliqui pernoctant vinariis: nonnulli velabris umbraculorum theatralium latent, quae Campanam imitatus lasciviam Catulus in aedilitate sua suspendit omnium primus; aut pugnaciter aleis certant, turpi sono fragosis naribus introrsum reducto spiritu concrepantes.*" Nun wissen wir freilich, daß die Paedicones aus dem Munde riechen, was auch schon Martialis[2]) bemerkte, mithin die Schleimhaut des Mundes bei ihnen in krankhafter Tätigkeit begriffen ist, daß sie ferner raucidulo ore redeten,[3]) was bei manchen immerhin die Folge eines vorausgegangenen Verschwärungsprozesses gewesen sein kann; und somit mag auch davon eine Andeutung in der Rede des Dio Chrysostomus, wie Reiske annimmt, gegeben sein, allein der

[1]) Rerum gestarum lib. XIV. cap. 19. — Petronius Satir. c. 68. sagt von einem Sklaven: duo tamen vitia habet, quae si non haberet, esset omnium nummorum: recutitus est et stertit. — Terentius Eunuch. Act. V. sc. 8. v. 53. Fatuus et insulsus, bardus, stertit noctes et dies. Neque istum metuas ne amet mulier.

[2]) Lib. XII. epigr. 87.

Paediconibus os olere dicis.
Hoc si sic, ut ais, Fabulle, verum est,
Quid tu credis olere cunnilingis?

[3]) Lucian Philopatr. c. 20. erzählt: *Ἀνθρωπίσκος δέ τις, τ᾽ οὔνομα Χαρίκενος, σεσημμένον γερόντιον, ῥέγχον τῇ ῥινὶ, ὑπέβηττε μύχιον, ἐχρέμπτετο ἐπισεσυρμέεον· ὁ δὲ πτύελος κυανώτερος θανάτου· εἶτα ἤρξατο ἐπιφθέγγεσθαι κατισχνημένον.* Ähnliches wird von einem ägyptischen Knaben im Navigium cap. 2. gesagt. A. Gellius Noct. Attic. Lib. III. c. 5. erzählt Folgendes: Plutarchus refert, Arcesilaum philosophum vehementi verbo usum esse de quodam nimis delicato divite, qui incorruptus tamen et castus et perinteger dicebatur. Nam cum vocem eius infractam, capillumque arte compositum et oculos ludibundos atque illecebrae voluptatisque plenos videret: Nihil interest, inquit, quibus membris cinaedi sitis, posterioribus an prioribus. Vergl. § 16.

Hauptsache nach wurde durch *ῥέγχειν* etwas ganz andres von dem Verfasser der Tarsica bezeichnet, wie dies der ganze Zusammenhang deutlich nachweist. Es war nämlich ein Lockzeichen, womit die Pathici die Paederasten an sich zu locken und zur Unzucht aufzufordern suchten, wie dies aus folgender Stelle des Clemens Alexandrinus[1]) noch deutlicher hervorgeht: *Αἱ δὲ ἀνδρογύνων συνουσίαις ἥδονται· παρεισῤῥέουσιν δὲ ἔνδον κιναίδων ὄχλοι, ἀθυρόγλωσσοι· μιαροὶ μὲν τὰ σώματα, μιαροὶ δὲ τά φθέγματα· εἰς ὑπουργίας ἀκολάστους ἠνδρωμένοι, μοιχείας διάκονοι, κιχλίζοντες καὶ ψιθυρίζοντες, καὶ τὸ πορνικὸν ἀναίδην εἰς ἀσέλγειαν διὰ ῥινῶν ἐπιψοφοῦντες ἐπικιναίδισμα, ἀκολάστοις ῥήμασι καὶ σχήμασι τέρπειν πειρώμενοι, καὶ εἰς γέλωτας ἐκκαλούμενοι, πορνείας παράδρομον· ἔστι δ᾽ὅτε καὶ ὑπεκκαιόμενοι διὰ τὴν τυχοῦσαν ὀργὴν, ἤτοι πόρνοι αὐτοι ἢ καὶ κιναίδων ὄχλον εἰς ὄλεθρον ἐζηλωκότες, ἐπικροτοῦσι τῇ ῥινὶ, βατράχων δίκην, καθάπερ ἔνοικον τοῖς μυκτῆρσι τὴν χολὴν κεκτημένοι.* — Vielleicht waren die Tarsier aber auch noch Fellatoren (s. später) und schnarchten als solche bei ihrer Arbeit, denn das *ῥέγχειν* ist offenbar in mehrfacher Bedeutung gebraucht. Erwähnen wollen wir noch, daß auch eine blasse Gesichtsfarbe zu den Kennzeichen der Kinäden, von denen wir sogleich noch ausführlicher reden werden, gerechnet wurde, wohin die Worte des Juvenalis (II. 50) *Hippo subit iuvenes et morbo pallet utroque* gehören.

§ 14.

Νοῦσος θήλεια.[1])

Die soeben erörterte Stelle des Dio Chrysostomus führt uns, mehrfacher Andeutungen wegen, auf die so viel besprochene

---

[1]) Paedagog. lib. III. cap. 4. p. 230.

[1]) Bose, E. G., Progr. de Scytharum *νόσῳ θηλείᾳ*. Lips. 1774. 4. — Heyne, Chr., de maribus inter Scythas morbo effeminatis et de hermaphroditis Floridae, in Commentat. societ. Gotting. 1779. Vol. I. p. 28—44. — Nebel, E. L. W., de morbis veterum obscuris. Sect. I. Giess. 1794. No. 1. p. 17—18. — Graaf, morbus femineus Scytharum Diss. Wirceb. s. a. 8. wird von Friedreich S. 33. angeführt. — Stark, C. W., de *νούσῳ θηλείᾳ* apud Herodotum Prolusio. Jenae 1827. S. 64. 4. — Friedreich, J. B., *Νοῦσος*

Νοῦσος ϑήλεια der Skythen, über welche Stark mit großer Sorgfalt alles gesammelt hat, was bis dahin zur Erklärung derselben von den verschiedenen Schriftstellern beigebracht worden ist, weshalb wir seine Schrift auch bei der folgenden Untersuchung zugrunde legen müssen.

Herodot[1]) erzählt, daß die Skythen sich ganz Asiens bemächtigt und einige derselben auf ihrem Rückzuge zu Askalon, einer Stadt in Syrien, den sehr alten Tempel der *Venus Urania* beraubt hätten; und nun lesen wir folgendes:

„Auf diejenigen der Skythen, welche den Tempel zu Askalon beraubten, so wie auf ihre ganze folgende Nachkommenschaft, ließ die Göttin die *ϑήλειαν νοῦσον* hereinbrechen. So wie denn auch die Skythen selbst sagen, daß sie deswegen leiden und die das skythische Land Besuchenden bei ihnen, jene sich in solcher Lage Befindenden, welche die Skythen *ἐναρέας* nennen, sehen können."

Die verschiedenen Ansichten, welche im Laufe der Zeit über die *νοῦσος ϑήλεια* aufgestellt wurden, lassen sich leicht folgendermaßen ordnen. Man sah darin

1) ein *Laster* und zwar a) die Paederastie. Offenbar die älteste, bereits von Longin angedeutete, besonders aber von Bouhier[2]) verfochtene Meinung, welche die Ausleger des Longin, Toll und Pearce, so wie Casaubonus (Epistolae) und Costar[3]) ebenfalls hegten; — b) die Onanie, wofür sich Sprengel[4]) zu entscheiden geneigt war;

ϑήλεια. Ein historisches Fragment, in dessen Magazin für Seelenheilkunde. Heft I. Würzburg 1829. S. 71—78. und in dessen Analekten zur Natur- und Heilkunde. Würzburg 1831. 4. S. 28—33.

[1]) Hist. Lib. I. c. 105. *Τοῖσι δὲ τῶν Σκυϑέων συλήσασι τὸ ἱρὸν τὸ ἐν Ἀσκάλωνι, καὶ τοῖσι τούτων αἰεὶ ἐκγόνοισι, ἐνέσκηψε ἡ ϑεὸς ϑήλειαν νοῦσον· ὥστε ἅμα λέγουσί τε οἱ Σκύϑαι διὰ τοῦτό σφεας νοσέειν, καὶ ὁρᾶν παρ᾽ ἑωυτοῖσι τοὺς ἀπικνεομένους ἐς τὴν Σκυϑικὴν χώρην ὡς διακέαται, τους καλέουσι Ἐναρέας οἱ Σκύϑαι.*

[2]) Recherches et Dissertations sur Herodote. Dijon 1746. 4. p. 207—212. Chap. XX. Ce que c'étoit, que la maladie des femmes, que la Deesse Venus envoya aux Scythes.

[3]) Costar, defense des Oeuvres de Voiture, und Apologie p. 194.

[4]) Apologie des Hippocrates. Leipz. 1792. Tl. II. S. 616.

2) eine *körperliche Krankheit,* nämlich a) die Hämorrhoiden, was Paul Thomas de Girac,[1]) Valckenarius in seinen Bemerkungen zum Herodot, Bayer[2]) und die Verfasser der allgemeinen Weltgeschichte[3]) behaupteten; — b) wirkliche Menstruation, wofür sich le Fèvre und Dacier ausgesprochen haben sollen; c) den Tripper, welchen Patin,[4]) Hensler[5]) und Degen[6]) darin finden wollten; d) wirklichen Verlust der Hoden, wahre Eunuchen glaubte Mercurialis[7]) darin finden zu müssen, woran sich zum Teil Starks Ansicht schließt, welcher eine Krankheit darin sieht, die mit gänzlichem Verlust der männlichen Kraft in körperlicher und psychischer Hinsicht verbunden, eine wirkliche Umwandlung des männlichen Typus in den weiblichen bewirkte;

3) eine *Geisteskrankheit* und zwar eine Art Melancholie nahmen Sauvages,[8]) Heyne, Bose, Koray[9]) und Friedreich an.

Es würde nun unsere Aufgabe sein, die Gründe, welche für und gegen diese einzelnen Ansichten aufgestellt sind, zu prüfen. Da indessen, wenn es gelingt, eine dieser Ansichten ausreichend als richtig darzustellen, die übrigen zugleich als nichtig sich erweisen, so wollen wir hier den Versuch machen, die älteste Ansicht, welche in der νοῦσος θήλεια das Laster der Paederastie fand, zu vertreten. Nur müssen wir darauf aufmerksam machen, daß unter dem Namen Paederastie nicht bloß die Unzucht des eigentlichen Paederasten, desjenigen, welcher als handelnd auftritt, sondern auch desjenigen, welcher sich leidend dabei verhält, mithin die Unzucht des Pathicus zu verstehen ist; ein Moment, welches besonders die Gegner dieser Ansicht ganz außer acht gelassen haben.

---

[1]) Réponse à l'apologie de Voiture pas Costar p. 54.

[2]) Memoria scythica in Commentat. Petropolitan. 1732. T. III. p. 377. 78.

[3]) Tl. VI. S. 35.

[4]) Comment. in vetus monument. Ulpiae Marcellin. p. 413.

[5]) Geschichte der Lustseuche. Altona 1783. Bd. I. S. 211.

[6]) Übersetzung des Herodot. Bd. I. S. 81. Anmerk.

[7]) Variae lection. Lib. III. p. 64.

[8]) Nosologia methodic. Lyon. 1772. T. VII. p. 365.

[9]) Hippocrat. de aere aq. et loc. T. II. p. 326.

Die nächste Frage, welche wir zu beantworten haben, dürfte wohl die sein, konnte die Paederastie als Folge der Rache der Venus betrachtet werden? Da von den Skythen die Rede ist, so würde hier freilich zunächst dargetan werden müssen, welche Vorstellung die Skythen von der Venus hatten. Da uns jedoch die Data zu einer solchen Beantwortung fehlen, die Skythen aber selbst die *νοῦσος ϑήλεια* der Rache der Venus zuschreiben, so können wir die erstere Frage wohl ganz allgemein auf den Venuskultus überhaupt beziehen,[1]) und demnach scheint kein Hindernis obzuwalten, jene Frage zu bejahen. Mag die Venus nun als Göttin der Befruchtung oder als Spenderin der Freuden der Liebe betrachtet worden sein, so entzog sie in dem einen wie in dem andern Falle den Gestraften (Paederasten) die Beweise ihrer Gunst, sie erzielten weder Nachkommenschaft, noch genossen sie die mit dem natürlichen Beischlaf verbundenen Freuden, wurden gleichgiltig gegen das eine wie das andere,[2]) und das erste Zeichen der Rache der Göttin besteht doch in dem Entziehen ihrer Wohltaten!

Wie daher Stark nach dem Vorgange eines von Larcher[3]) angeführten ungenannten Franzosen behaupten kann, dies könne keine Strafe sein, da die Venus alsdann gegen ihr eignes Interesse handle, sehen wir nicht ein, und Larcher selbst nennt diesen Unbekannten *un homme d'esprit, mais peu instruit,* Beweis genug, wie wir glauben, daß hier nur von einem Scherze die Rede ist, welchen aber Stark S. 7. (Anmerkg. 19. und 20.)

---

[1]) Bei Euripides Hippolyt. 5. sagt die Venus von sich selbst:
Ich lieb' und schütze den, der meine Macht erkennt,
Und stürze, wessen Stolz sich wider mich empört.

[2]) Plato Sympos. 192. b. *πρὸς γάμους καὶ παιοποιΐας οὐ προσέχουσι τὸν νοῦν φύσει, ἀλλὰ ὑπὸ τοῦ νόμου ἀναγκάζονται ἀλλ' ἐξαρκεῖ αὐτοῖς μετ' ἀλλήλων καταζῆν ἀγάμοις.*

[3]) Histoire d'Herodote, traduite du Grec par M. Larcher. Tom. I. Paris 1786. p. 368. Un homme d'esprit, mais peu instruit, croyoit que le sentiment de M. le President Bouhier se detruisoit, de lui-même. Peut-on supposer, disoit-il, que Vénus aveugle en sa vengeance, se soit fait à elle même l'affront le plus sanglant, et qu'aux dépens de son culte, elle ait procuré des adorateurs au Dieu de Lampsaque, qu'elle ne doit chérir que lorsqu'il vient sacrifier sur ses autels.

sehr ernsthaft genommen hat. Unsere Ansicht wird aber auch noch direkt durch eine andere Sage unterstützt, welche, wie wir gesehen haben, auch Dio Chrysostomus, freilich vom Achselschweiß sprechend, erwähnt, wo die Venus die Lemnierinnen bestraft:[1]) *Haec Dea veluti etiam ceteri, sua sacrificia praetermitti*

[1]) Natalis Comitis Mythologia p. 392., nach dem Berichte mehrerer Scholiasten. Der Scholiast zum Lucian. Amor. c. 2. schreibt *Ἐπεὶ καὶ ταῖς Λημνίαις γυναιξὶν ἔγκυτος Ἀφροδίτη γενομένη, εἶτε δυσώδεις αὐτὰς ποιήσασα, ἀποκοίτους αὐτὰς ποιῆσαι τοὺς ἄνδρας αὐτῶν ἠνάγκασεν·* Ähnlich der Scholiast zum Apollonius Rhodius Argonaut. I. 609.: *αἱ Λήμνιαι γυναῖκες — τῶν τῆς Ἀφροδίτης τιμῶν κατολιγωρήσασαι, καθ᾽ ἑαυτὰν τὴν θεὸν ἐκίνησαν· πάσαις γάρ δυσοσμίαν ἐνέβαλεν, ὡς μηκέτι αὐτὰς τοῖς ἀνδράσιν ἀρέσκειν.* Ebenso der Scholiast zu Euripides Hecuba v. 887., welcher den Didymus als Gewährsmann aufführt. *Ἐν Λήμνῳ γυναῖκες ἐτέλουν ἐτήσιον ἑορτήν Ἀφροδίτῃ· ἐπεὶ οὖν ποτε καταφρονήσασαι τῆς θεοῦ, ἀπέλιπον τὸ ἔθος, ἡ Ἀφροδίτη ἐνέβαλεν αὐταῖς δυσωδίαν, ὥς μὴ δύνασθαι τοὺς ἑαυτῶν ἄνδρες αὐταῖς πλησιάσαι· αἱ δὲ νομίσασαι, ὑπὸ τῶν ἀνδρῶν καταφρονεῖσθαι, τούτους πάντας ἀπέκτειναν. ὁ δὲ Δίδυμος οὕτω.* Auf eine andere Weise erzählt der Lesbier Myrtilus oder Myrsilus die Entstehung des üblen Geruchs der Lemnierinnen, indem er ihn als Folge der Zauberkünste der Medea, welche mit dem Jason auf Lemnos gelandet war, im ersten Buche seines Lesbica darstellt. Aus der verloren gegangenen Schrift des Myrtilus nahm es Antigonus Carystius histor. mirabil. collect. ed. J. Meursius Lugd. Bat. 1629. 4. cap. 130. S. 97. *Τὰς δὲ Λημνίας δυσόσμους γενέσθαι, Μηδείας ἀφικομένης μετ᾽ Ἰάσονος καὶ φάρμακα ἐμβαλλούσης εἰς τὴν νῆσον· κατὰ δέ τινα χρόνον καὶ μάλιστα ἐν ταύταις ταῖς ἡμέραις, ἐν αἷς ἱστοροῦσι τὴν Μήδειαν παραγενέσθαι, δυσώδεις αὐτὰς οὕτως γίνεσθαι ὥστε μηδένα προσιέναι.* Auch der Scholiast zum Apollonius Rhod. I. 615. sagt: *τῶν ἄλλων ἱστορούντων, ὅτι κατὰ χόλον τῆς Ἀφροδίτης αἱ Λημνιάδες δύσοσμοι ἐγένοντο, Μυρτίλος ἐν πρώτῳ Λεσβικῶν διαφέρεται· καὶ φησὶ τὴν Μήδειαν παραπλέουσαν, διὰ ζηλοτυπίαν ῥίψαι εἰς τὴν Λῆμνον φάρμακον, καὶ δυσοσμίαν γενέσθαι ταῖς γυναιξίν, εἶναί τε μέχρι τοῦ νῦν κατ᾽ ἐνιαυτὸν ἡμεραν τινὰ, ἐν ᾗ διὰ τὴν δυσωδίαν ἀποστρέφονται τὰς γυναῖκας ἄνδρές τε καὶ υἱεῖς.* Endlich findet sich auch in der griechischen Antologie (ed. ab H. de Bosch. Vol. I. p. 416.) Lib. II. Tit. 14. No. 4. ein Epigramm des Lucillius, welches den üblen Geruch der Lemnierinnen erwähnt:

Οὔτε Χίμαιρα τοιοῦτον ἔπνει κακὸν, ἡ καθ᾽ Ὅμηρον,
Οὐκ ἀγέλη ταύρων (ὡς ὁ λόγος) πυρίπνους,
Οὐ Λῆμνος σύμπασ᾽, οὐχ Ἁρπυιῶν τὰ περισσὰ,
Οὐδ᾽ ὁ Φιλοκτήτου πούς ἀποσηπόμενος,
Ὥστε σε παμψηφεὶ νικᾶν, Τελέσιλλα, Χιμαίρας,
Σηπεδόνας, ταύρους, ὄρνεα, Λημνιάδας.

non aequo animo ferebat: quae cum Lemniae mulieres Veneris sacrificia sprevissent, Deae maxime iram in se concitasse creditae sunt, quod etiam non impune putantur fecisse. Nam tantum foetorem illis excitasse feminis Dea perhibetur, ut a suis maritis contemnerentur. Ist die oben angeführte Ansicht des Apostel Paulus und des Heiligen Athanasius die richtige, so würden die Lemnierinnen sich von ihren Männern haben zur Paederastie brauchen lassen, in deren Folge dann der üble Geruch aus dem Munde enstanden wäre, weshalb die Männer sie verließen, um mit den gefangenen Thracierinnen (Apollonius) zu leben. Überhaupt scheint aber das Altertum, wenigstens die Griechen und Römer, die Ansicht gehabt zu haben, daß der unnatürliche Coitus, sowie dessen Surrogate, eine Folge der Rache der Venus seien, gegen welche sich die Individuen vergangen hatten.[1]) Dies zeigt auch das Beispiel des Philoctet, von dem

---

Der Gestank der Telesilla übertraf also alle bekannten üblen Gerüche, selbst den der Lemnierinnen etc. Auch bei Valerius Flaccus lib. II. 99—241 findet sich die Sage von den Lemnierinnen.

[1]) Dahe· sagt auch Iphis bei Ovidius Metam IX. 723 sq.

ıis amat, qua posse frui desperat, et auget
Hoc ipsum flammas: ardetque in virgine virgo.
Vix tenens lacrimas: Quis me manet exitus, inquit,
Cognita quam nulli, quam prodigiosa novaeque
Cura tenet Veneris? si dii mihi parcere vellent.
Naturale malum saltem et de more dedissent.
Nec vaccam vaccae, nec equas amor urit equarum.
Femina femineo correpta cupidine nulla est.
Vellem nulla forem.

Ähnlich sagt Lucillius vom Paederasten Cratippus in der Antholog. graeca. lib. II. tit. V. No. 1.

Τὸν φιλόπαιδα Κράτιππον ἀκούσατε· θαῦμα γὰρ ὑμῖν
Καινὸν ἀπαγγέλλω· πλὴν μεγάλαι νεμέσεις·
Τὸν φιλόπαιδα Κράτιππον ἀνεύρομεν ἄλλο γένος. τί;
Τῶν ἑτεροζήλων ἤλπισα τοῦτ᾽ ἂν ἐγώ;
Ἤλπισα τοῦτο, Κράτιππε; μανήσομαι, εἰ λύκος εἶνει
Πᾶσι λέγων ἐφάνης ἐξαπίνης ἔριφος.

Vor allem aber gehört hierher die Stelle des Aeschines Orat. in Timarch. p. 179. *μὴ γὰρ οἴεσθει, ὦ Ἀθηναῖοι, τὰς τῶν ἀτυχημάτων ἀρχὰς ἀπὸ θεῶν ἀλλ᾽ οὐχ ὑπ᾽ ἀνθρώπων ἀσελγείας γίνεσθαι, μηδὲ τούς ἠσεβηκότας, καθάπερ ἐπ ταῖς τραγῳδίαισι, Ποινὰς ἐλαύνειν καὶ κολάζειν δᾳσὶν ἡμμέναις· ἀλλ᾽ αἱ*

der Scholiast zum Thucydides[1]) sagt: „Auch Philoctet, wegen der Tötung des Paris von der *θήλεια νοῦσος* ergriffen und die Schmach nicht ertragend, verließ das Vaterland und gründete eine Stadt, welche er wegen jenes *πάθος* Malakia nannte.“ Dieselbe Sage hatte Martialis[2]) vor Augen, wenn er schrieb:

In Sertorium.

Mollis erat, facilisque viris Paeantius heros,
Vulnera sic Paridis dicitur ulta Venus.
Cur lingat cunnum Siculus Sertorius, hoc est,
Ex hoc occisus, Rufe, videtur Eryx.

Von derjenigen Krankheit, welche den Philoctet auf Lemnos zurückhielt und an dem Zuge nach Troja Teil zu nehmen hinderte, kann hier gar nicht die Rede sein, und wenn die ältere Sage über die *νοῦσος θήλεια* des Philoctet nichts mitteilt, so ist dies daraus erklärlich, daß, wie Meier a. a. O. nachgewiesen hat, erst in jener Zeit, wo die Paederastie herrschend wurde, alle jene Sagen erfunden wurden, um so gewissermaßen durch einen berühmten Vorgänger eine Art Entschuldigung zu haben, ähnlich wie Martialis zum Gaurus sagt[3])

Quod nimio gaudes noctem producere vino,
Ignosco: vitium, Gaure, Catonis habes.
Carmina quod scribis Musis et Apolline nullo,
Laudari debes: hoc Ciceronis habes.
Quod vomis: Antoni, quod luxuriaris: Apici;
Quod fellas — vitium dic mihi, cuius habes?

προπετεῖς τοῦ σώματος ἡδοναὶ, καὶ τὸ μηδὲν ἱκανὸν ἡγεῖσθαι. Vergl. Theo Progymnas. c. 7. — Cicero Orat. in Pison. § 20. Nolite putare P. C. ut in scena videtis homines consceleratos impulso deorum terreri Furiarum taedis ardentibus. Sua quemque fraus, suum facinus, suum scelus, sua audacia de sanitate ac mente deturbat. Hae sunt impiorum Furiae, hae flammae, hae faces.

[1]) De bello peloponnesiac. Lib. I. c. 12. ed Bauer. Lips. 1790. 4. p. 33. *καὶ Φιλοκτήτης διὰ τὸν Πάριδος θάνατον θήλειαν νόσον νοσήσας, καὶ μὴ φέρων τὴν αἰσχύνην, ἀπελθὼν ἐκ τῆς πατρίδος, ἔκτισε πόλιν, ἣν διὰ τό πάθος Μαλακίαν ἐκάλεσε.* Unsere Ansicht über diese Stelle teilt auch Manso an S. 46. a. O. p. 70.

[2]) Lib. II. epigr. 84. Wie Meier a. a. O. S. 160. aus dieser Stelle den Beweis hernehmen konnte, daß Philoctet der Pathicus des Hercules gewesen sei, ist uns nicht begreiflich, da Hercules ja längst tot war, als Philoctet mit diesem Laster von der Venus bestraft ward.

[3]) Lib. II. epigr. 89.

Jenes obige Epigramm des Martialis zeigt aber deutlich, wie die Dichter jede unnatürliche Befriedigung des Geschlechtstriebes als Rache der Venus auffaßten, denn es ist hier von einem Cunnilingus die Rede, dessen Laster dadurch erklärt wird, daß, wie Philoctet wegen des Mordes des Paris von der Venus mit der Paederastie gestraft sei, so sei der Sicilier Sertorius wahrscheinlich Cunnilingus geworden, weil er einen Bewohner von Eryx, woselbst ein berühmter Tempel der Venus war, getötet habe. Hiernach kann es nun auch nicht auffallen, wenn man neben der Paederastie dem Philoctet auch das Laster der Onanie in der späteren Zeit aufgebürdet hat, wie dies aus folgendem Gedicht des Ausonius[1]) hervorgeht:

Subscriptum picturae Crispae mulieris impudicae.

Praeter legitimi genitalia foedera coetus,
Repperit obscoenas Veneres vitiosa libido.
Herculis haeredi quam Lemnia suasit egestas,
Quam toga facundi scenis agitavit Afrani,
Et quam Nolanis capitalis luxus inussit;
Crispa tamen cunctas exercet corpore in uno:
Deglubit, fellat, molitur per utramque cavernam,
Ne quid inexpertum frustra moritura relinquat.

Darin hat Stark S. 19. allerdings Recht, daß diese Stelle nichts mit der *θήλεια νοῦσος* zu tun habe, aber der Dichter ist keineswegs, wie es in der Anmerkung heißt, *temporum ordine lapsus;* er spricht ja gar nicht von einer Rache der Venus und sagt nichts weiter, als daß die Einsamkeit den Erben (der Pfeile) des Herkules zur Onanie verleitet habe, und dies ist nicht etwa bloß als Vermutung, wie es Stark tut, aufzustellen, sondern läßt sich außer der *Lemnia egestas* aus der ganzen Gedankenfolge des Epigramms als notwendig entwickeln. Es werden hier die Laster der Crispa in der Reihenfolge ihrer Schändlichkeit aufgeführt. Das am wenigsten schändliche ist die Onanie, wie sie Philoctet trieb, darauf folgt die Unzucht des Kinaeden oder Pathicus, wofür Afranius als Beispiel angeführt wird und endlich das

---

[1]) Opera, in usum Delphini rec. J. B. Souchay. Paris 1730. 4. (wo nach jener lächerlichen Sitte die Obscoena e textu Ausoniano resecta am Ende des Werks zusammengedruckt und besonders paginiert sind.) S. 4. Carm. 71.

Fellare. Die Interpreten haben daher ganz sinnlos das obige Scholion zum Thucydides hier als Erklärung angeführt. Wäre Philoctet als Pathicus gemeint, so würde der folgende Vers ganz überflüssig stehen, welchen die Erklärer freilich mit keinem Worte berührt haben, wahrscheinlich weil ihnen die Anspielung unverständlich war. Die Erklärung dazu gibt eine Stelle des Quinctilian:[1]) *Togatis excellit Afranius, utinamque non inquinasset argumenta puerorum foedis amoribus, mores suos fassus.*" Forberg a. a. O. S. 283 führt diese Stelle zwar an, erklärt aber hier, wie S. 343 die libido des Philoctet dennoch für die des Pathicus. — Als Beweise, daß die Venus auf die genannte Weise ihren Zorn zu erkennen gab, können wir ferner das Geschlecht der Heliaden anführen, welche sie durch unzüchtige Liebe bestrafte. So sagt Hyginus:[2]) *Soli ob indicium (concubitus cum Marte) Venus ad progeniem eius semper fuit inimica,* und Seneca[3])

Stirpem perosa Solis invisi Venus
Per nos catenas vindicat Martis sui
Suasque: probris omne Phoebeum genus
Onerat infandis.

Ein Beispiel einer solchen Rache war die Pasiphae, von welcher der Scholiast zu der sogleich anzuführenden Stelle des Lucian erzählt, daß sie: *ἐπεὶ Ἡλίου οὖσα ἐκ μήνιδος Ἀφροδίτης ταύρου ἠρᾶσθαι*, was man, da *ταῦρος* sowie *Κένταυρος* in der Bedeutung von Paederast vorkommt, recht gut so erklären könnte, daß sie Pathica geworden sei. Daher sagt nun auch Theomnestes bei Lucian:[4]) „Ein solcher geiler Blick wohnt in den Augen, welcher

---

[1]) Institut. orat. Lib. X. c. 1.

[2]) Fab. 148. — Barth ad Statii Thebaid. V. 59.

[3]) Tragoed. Hippolyt. 124. und Servius ad Virgil. Aeneid. Lib. VI. v. 14. Venus vehementer dolens stirpem omnis Solis persequi infandis amoribus coepit.

[4]) Amores c. 2. *οὕτω τις ὑγρὸς τοῖς ὄμμασιν ἐνοικεῖ μύωψ. ὃς ἅπαν κάλλος εἰς αὑτὸν ἁρπάζων ἐπ' οὐδενὶ κόρῳ παύεται· καὶ συνεχὲς ἀπορεῖν ἐπέρχεταί μοι, τίς οὗτος Ἀφροδίτης ὁ χόλος· οὐ γὰρ Ἡλιάδης ἐγώ τις, οὐδὲ Λημνιάδων ἔρις, οὐδὲ Ἱππολύτειον ἀγροικίαν ὠφρυωμένος, ὡς ἐρεθίσαι τῆς θεοῦ τὴν ἄπαυστον ταύτην ὀργήν.* Das *ἔρις* in dieser Stelle ist offenbar corrumpiert und wahrscheinlich durch das in dem MS. dicht darunter-

alles Schöne in sich hineinreißend, von keiner Sättigung befallen wird; und oft war ich ungewiß, ob dies etwa ein Zorn der Aphrodite sei. Doch bin ich keiner der Heliaden, weder ein natürlicher Erbe der Lemnierinnen, noch stolz auf eine hippolyteische Dummheit, daß ich solch einen unversöhnlichen Haß der Göttin mir zugezogen haben könnte.“ Auch der Jude Philo[1]) stellt die Paederastie als Strafe derjenigen, welche eine gesetzlich Verstoßene etc. heirateten, dar: πρὸς δὲ συμβάσεις εἴ τις ἐθέλοι χωρεῖν ἀνὴρ τῇ τοιαύτῃ γυναικὶ, μαλακίας καὶ ἀνανδρίας ἐκφερέσθω δόξαν, ὡς ἐκ τετμημένος τῆς ψυχῆς τὸ βιωφελέστατον μισοπόνηρον πάθος. — δίκην οὖν τινέτω σὺν τῇ γυναικί. Beim Athenaeus (Deipnos. XIII. p. 605. D.) ruft einer der Redenden aus: Ὁρᾶτε οὖν καὶ ὑμεῖς, οἱ φιλόσοφοι παρὰ φύσιν τῇ Ἀφροδίτῃ

---

stehende ἐρεθίσαι in den Text gekommen. Jacobs hat ἔρνος vorgeschlagen, was aber nach Lehmann zu poetisch für Lucian ist; man könnte dann wohl ἐρεὺς, welches denselben Sinn gibt, lesen. Sollte vielleicht ὕβριν in dem Texte gestanden haben? Mit Rücksicht auf die oben angeführte Bestrafung der Lemnierinnen von der Venus muß die Stelle von Lucian geschrieben sein, und unter Δημνιάδων hat man nicht die Nachkommen der Lemnierinnen, sondern diese selbst zu verstehen, wie denn auch Apollonius Rhod. Argon. I. 653. Δημνιάδες δὲ γυναῖκες von jenen Bewohnerinnen von Lemnos sagt. Die Griechen bezeichneten aber ein jedes Betragen der Menschen, welches den Zorn der Götter nach sich zieht, durch ὕβρις (ἐπιθυμία γάρ κακὴ ὄνομα ὕβρις, καὶ τὸν τῆς ἐπιθυμίας ἵππον, ὑβριστὴν ὁ Πλάτων (Phaedr. p. 1226. 27.) προσεῖπεν, Ἵπποι θηλυμανεῖς ἐγενήθητέ μοι, ἀναγνούς. Clemens Alex. Paedag. lib. II. c. 10.) und dies würde gerade in unserer Stelle ganz passend sein, da schon das οὐδὲ — οὐδὲ eine Ähnlichkeit des Inhalts beider Sätze verlangt, und ὕβρις und ἀγροικία sich ganz gut entsprechen: wir würden dann zu übersetzen haben: ich bin weder stolz auf den Übermut der Lemnierinnen, noch auf die hippolyteische törichte Zurückhaltung. Würde der Attiker sich vielleicht auch nicht auf diese Weise ausgedrückt haben, so bedenke man, daß der feine Kenner des Altertums, Fr. Jacobs, ob orationem difficilem valdeque impeditam diese Schrift bereits dem Lucian absprach. Das nachteilige Urteil, welches Lehmann in seiner Ausgabe über diese Schrift fällt, hat übrigens in Bezug auf den Inhalt fast nur die Verwechslung der Paedophilie mit der Paederastie zur Grundlage. Auf die Unzucht der Lemnierinnen selbst ist jedoch eine Anspielung unter keiner Bedingung gemacht worden, wenn Belin, de Ballu u. A. auch so übersetzen.

[1]) de special. legib. Opera Vol. II. p. 304.

χρώμενοι, καὶ ἀσεβοῦντες εἰς τὴν θεὸν, μὴ τὸν αὐτὸν διαφθαρῆτε τρόπον. Nach Diodor (V. 55) fielen die Söhne des Neptuns infolge der Rache der Venus in solche Raserei, daß sie ihre Mutter notzüchtigten. Die Propotiden, welche die Gottheit der Venus geleugnet hatten, wurden von ihr in eine solche Liebeswut gestürzt, daß sie sich öffentlich preisgaben und dann erst in Steine verwandelt wurden.[1]) Die Myrrha, deren Mutter schöner als die Venus sein wollte, wurde von ihr zur Unzucht mit dem eignen Vater getrieben.[2]) In der spätern Zeit hat man dies sogar auf das Gestirn der Venus übergetragen; denn beim Firmicus soll sich folgende Stelle finden: *In octavo ab horoscopo loco, Mercurius cum Venere, si vespertini ambo, inefficaces et apocopos reddent, et qui nihil agere possint.* Eine Idee, welche vielleicht erst aus dem Namen Hermaphroditus hervorgegangen ist.[3])

Den allgemeinen Ansichten des Altertums nach konnte also die *νοῦσος θήλεια* der Skythen wie des Philoctet recht gut als Folge der Rache der Venus angesehen werden, denn daß die Paederastie von den Alten (besonders den Griechen) stets als Laster betrachtet wurde, ist oben nach Meiers Vorgange, wie wir glauben, hinlänglich bewiesen. Stark, welcher dies wiederholt (S. 12. 16. 20) leugnet, ist nur durch den noch zu seiner Zeit allgemein herrschenden Irrtum, die Verwechslung der Paedophilie mit der Paederastie, verleitet worden, daraus einen Gegengrund herauszunehmen. Wie die Skythen nun zu diesem Glauben, daß die Rache der Venus Schuld daran sei, gekommen sind, müssen wir freilich dahingestellt sein lassen, indessen erinnere man sich daran, daß nicht die Pathici selbst, sondern nur die übrigen Skythen diese Ansicht hegten, denn es heißt im Herodot

---

[1]) Ovidius Metamorphos. lib. X. 238.

[2]) Ovidius Metamorphos. lib. X. 298. — Servius ad Virgil. Eclog X. 18. Fulgentius Mytholog. III. 8.

[3]) Ausonius Epigr. C.

De Hermaphrodito

Mercurio genitore satus, genetrice Cythere,
Nominis ut mixti, sic corporis Hermaphroditus,
Concretus sexu, sed non perfectus, utroque:
Ambiguae Veneris, neutro potiundus amori.

ausdrücklich λέγουσί τε οἱ Σκύθαι διὰ τοῦτό σφεας νοσέειν. Auch waren es ja nur ὀλίγοι τινὲς αὐτῶν ὑπολειφθέντες, wenige von den Nachzüglern, die den Tempel der Aphrodite beraubt haben sollten, ein Moment, das sicher erst später mit dem Laster in Verbindung gesetzt wurde, eben wie die Tötung des Paris durch den Philoctet mit der Sage von seiner Unzucht.

§ 15.

Die zweite Frage, welche wir zu beantworten haben, dürfte die sein, wie konnte Herodot schreiben, daß die jedesmaligen Nachkommen dieser Wenigen an der νοῦσος θήλεια gelitten hätten. Schon daraus, daß doch eigentlich nur von den männlichen Nachkommen die Rede ist, kann man sehen, daß die Behauptung nur eine allgemeine ist und weiter nichts bedeuten soll als: nur Glieder dieser Familien seien Kinaeden gewesen, keineswegs daß sämtliche Nachkommen an der νοῦσος θήλεια gelitten hätten. So wie wir nun noch heute sehen, daß die Geilheit des Vaters auf den Sohn übergeht, so kann es durchaus nicht auffallen, wenn auch die Unzucht des Kinaeden sich auf diese Weise unter den Gliedern einer Familie gleichsam forterbt, und in der Tat sind die skythischen Tempelräuber keineswegs die einzigen, von denen das Altertum dergleichen behauptet, denn der Redner Lysias[1]) sagt von der Familie des Alcibiades, die meisten Mitglieder derselben wären Lohnhuren gewesen. Ja was noch mehr ist, man hatte im Altertum geradezu die Ansicht, daß die Pathici mit der Anlage zu dem Laster geboren wurden; namentlich war es Parmenides (509 v. Chr.), welcher diese Meinung aussprach, in dem Fragmente, welches uns Caelius Aurelianus[2]) in einem Kapitel seines Werkes

---

[1]) Orat. contra Alcibiad. I. p. 550. οἱ μὲν πολλοὶ αὐτῶν ἡταιρήκασιν. Vergl. Meier a. a. O. S. 173., welcher auch S. 154. Anmerkg. 79. die Bedeutung von ἑταιρεῖν von Männern gesagt: seinen Leib um Lohnes willen andern zur Schändung überlassen, nachgewiesen hat.

[2]) De morbis acutis et chronicis lib. VIII. ed. Amman. Amstelod. 1722. 4. Morbor. chronic. lib. IV. cap. 9. Es werden in diesem Buche die Krankheiten des Darmkanals abgehandelt und unmittelbar vorher gehen die Würmer. Man muß also die Unzucht gleichsam als Krankheit des Mastdarmes be-

aufbewahrt hat, welches ganz von der Unzucht des Pathicus handelt und für unsern Gegenstand von der größten Wichtigkeit ist, weshalb wir uns einer ausführlichen Mitteilung um so weniger entschlagen können, als es die einzige Quelle für die Ansichten der Ärzte über jene Unzucht ist und bisher ganz übersehen worden zu sein scheint.

De mollibus sive subactis, quos Graeci μαλθακοὺς vocant

Molles sive subactos Graeci μαλθακοὺς vocaverunt, quos quidem esse nullus facile virorum credit. Non enim hoc humanos ex natura venit in mores, sed pulso pudore, libido etiam indebitas partes obscoenis usibus subiugavit. Cum enim nullus cupiditati modus, nulla satietatis spes est, singulis Sparta non sufficit sua. Nam sic nostri corporis loca divina providentia certis destinavit officiis. Tum denique volentes alliciunt veste atque gressu, et aliis femininis rebus, quae sunt a passionibus corporis aliena, sed potius corruptae mentis vitia. Nam saepe tumentes [timentes], vel quod est difficile, verentes quosdam, quibus forte deferunt, repente mutari parvo tempore virilitatis quaerunt indicia demonstrare, cuius quia modum nesciunt, rursum nimietate sublati, plus quoque quam virtuti convenit, faciunt et maioribus se peccatis involvunt. Constat itaque etiam nostro iudicio, hos vera sentire. Est enim, ut Soranus ait, malignae ac foedissimae mentis passio. Nam sicut feminae Tribades[1]) *appellatae, quod utramque Venerem*

---

trachtet haben, obschon sie nach dem Verf. ihren Grund in einer Seelenstörung hatte. Vergl. C. Barth Adversar. lib. IV. cap. 3. lib. XLIII. cap. 21. lib. XLVIIII cap. 3. lib. XXIII. cap. 2. lib. XIII. cap. 13., woselbst sich mehrere Verbesserungen des corrumpierten Textes finden.

[1]) Tribades dictae a τρίβω, frico, frictrices; sunt quibus ea pars naturae muliebris, quam clitoridem vocant, in tantam magnitudinem excrescit, ut possint illa pro mentula vel ad futuendum vel ad paedicandum uti, sagt Forberg a. a. O. S. 345. Vergl. Hesychius ἑταιρίστριαι τριβάδες. Die Lesbierinnen waren deshalb besonders berüchtigt. Lucian dialog. meretr. 5. τοιαύτας (ἑταιριστρίας) ἐν Λέσβῳ λέγουσι γυναῖκας, ὑπὸ ἀνδρῶν μὲν οὐκ ἐθελούσας αὐτὸ πάσχειν, γυναιξὶ δὲ αὐτὰς πλησιαζούσας, ὥσπερ ἄνδρας. Man hüte sich aber, hierauf das λεσβιάζειν zu beziehen, dessen Bedeutung eine ganz andere ist, wie wir später sehen werden. Die Milesierinnen waren

exerceant, mulieribus magis quam viris misceri festinant et easdem invidentia pene virili sectantur et cum passione fuerint desertae, seu temporaliter relevatae, ea quaerunt aliis obiicere quae pati noscuntur, iuvamini humilitate [iuvandi voluptate ex] duplici sexu confecta, velut frequenti ebrietate corruptae in novas libidinis formas erumpentes, consuetudine turpi nutritae, sui sexus iniuriis gaudent, illi comparatione talium animi passione iactari noscuntur. Nam neque ulla curatio corporis depellendae passionis causa recte putatur adhibenda, sed potius animus coercendus, qui tanta peccatorum labe vexatur. Nemo enim pruriens corpus feminando correxit, vel virilis veretri tactu mitigavit, sed communiter querelam sive dolorem alia ex materia toleravit. Denique etiam a Clodio historia curationis data ascaridarum esse perspicitur, quos de lumbricis scribentes vermiculos esse docuimus longaonis[1]) *in partibus natos. Parmenides*[2]) *libris quos de natura scripsit, eventu, inquit conceptionis molles aliquando, seu subactos homines generare. Cuis quia*

---

künstliche Tribaden, indem sie sich eines aus Leder gefertigten künstlichen Penis bedienten, welcher bei den Griechen *ὄλισβον* hieß. Aristophanes Lysistrat. 108—110.

ἐξ οὗ γὰρ ἡμᾶς προὔδοσαν Μιλήσιοι,
οὐκ εἶδον οὐδ᾽ ὄλισβον ὀκτωδάχτυλον,
ὃς ἦν ἂν ἡμῖν σκυτίνη ᾿πικουρία

Suidas s. v. *ὄλισβος· αἰδοῖον δερμάτινον· ᾧ ἐχρῶντο αἱ Μιλήσιαι γυναῖκες· ἃς τριβάδες καὶ αἰσχρουργοί· ἐχρῶντο δὲ αὐτοῖς καὶ αἱ χῆραι γυναῖκες.* s. v. *μισήτην· μισῆται δὲ γυναῖκες ὀλισβῳ χρήσονται.* Vergl. die Scholien zu der angeführten Stelle des Aristophanes. Es gab auch Backwaren in Gestalt eines solchen *ὄλισβος*, welche *ὀλισβόκολλιξ* hießen (Hesychius) und an die Backwaren in Gestalt eines Penis erinnern, welche in Italien am Feste des Cosmus und Damianus verkauft wurden. s. Knight a. S. 62. a. O.

[1]) Longao oder Longano bezeichnet den Mastdarm, den Dickdarm, gleichsam longus anus. Das Wort findet sich mehrmals bei Cael. Aurelianus und bei Vegetius de re veterin. II. 14. 21. 34. 28. IV. 8. Da der Dickdarm zu Würsten benutzt ward (Apicius de re coq. lib. IV. cap. 2.) so nannte man auch die Wurst longano oder longavo. Varro de ling. lat. V. 111.

[2]) Ob das hier angeführte Fragment auch griechisch vorhanden ist, konnten wir nicht ausmitteln, da uns die Fragmente des Parmenides von G. G. Fülleborn. Züllichau 1795. 8., so wenig als Brandis Commentationes Eleaticae zugänglich waren.

graecum est epigramma et hoc versibus intimabo [imitabo]: Latinos enim, ut potui, simili modo composui, ne linguarum ratio misceretur.

Femina, virque simul Veneris cum germina miscent
Venis, informans diverso ex sanguine virtus
Temperiem servans bene condita corpora fingit.
At si virtutes permixto semine pugnent,
Nec faciant unam, permixto in corpore dirae
Nascentem gemino vexabunt semine secum.

Vult enim seminum praeter materias esse virtutes, quae si se ita miscuerint et [ut] eiusdem corporis [vim unam] faciant, unam congruam sexui generent voluntatem. Si autem permixto semine corporeo virtutes separatae permanserint utriusque Veneris natos adpetentia sequatur. Mulli praeterea sectarum principes genuinam dicunt esse passionem et propterea in posteros venire cum semine, non quidem naturam criminantes, quae suae puritatis metas aliis ex animalibus docet: nam sunt eius specula a sapientibus nuncupata: sed humanum genus, quod ita semel recepta tenet vitia, ut nulla possit instauratione purgari, nec ullum novitati liquerit locum, sitque gravior senescentibus mentis culpa, cum plurimae genuinae, seu adventitiae passionis corporibus infractae consenescant, ut podogra, epilepsia, furor et propterea aetate vergente mitiores procul dubio fiant. Omnia et enim vexantia validos effectus dabunt firmitate opposita subiacentium materiarum, quae cum in senibus deficit, passio quoque minuitur, ut fortitudo; sola tamen supra dicta, quae subactos seu molles efficit viros, senescenti corpore gravius invalescit et infanda magis libidine movet, non quidem sine ratione. In aliis enim aetatibus adhuc valido corpore et naturalia ventris [veneris] officia celebrante, gemina luxuriae libido non dividitur, animorum nunc faciendo, nunc facie iactata [animo eorum nunc patiendo nunc faciendo iactato]: in iis vero qui senectute defecti virili veneris officio caruerint, omnis animi libido in contrariam ducitur appetentiam, et propterea femina validius Venerem poscit. Hinc denique coniiciunt plurimi etiam pueros hac passione iactari. Similiter enim senibus virili indigent officio, quod in ipsis est nondum illos deseruit. — Lassen wir jetzt die mancherlei Folgerungen, wozu uns diese

Stelle des Caelius Aurelianus notwendig führen muß, bei Seite, da sie späterhin einen passenderen Ort finden werden, und kehren zu unserer Frage zurück, so hätte die Erwähnung der Nachkommenschaft bei Herodot allein schon von der Idee der wirklichen Unmänner, des Verlustes der Zeugungskraft abhalten sollen; denn hätten die von Ascalon zurückkehrenden Skythen die Zeugungskraft verloren gehabt, so hätten sie ja keine Nachkommen mehr erzielen und somit auf diese die νοῦσος θήλεια nicht übergehen können, sie wäre also mit ihnen erloschen. Auf die bereits vor jener Zeit von ihnen gezeugten Kinder hätte aber eine durch Zeugung mitteilbare Krankheit keinen Einfluß haben können. Die νοῦσος θήλεια kann also unmöglich bei jenen Skythen auf die Zeugungskraft vernichtend eingewirkt haben, beide mußten nebeneinander bestehen können, und aus Herodot wird sich niemals das Gegenteil nachweisen lassen. Über das etwa hier anzuführende von Herodot an einer andern Stelle dem ἐνάρεες beigefügte ἀνδρόγυνος werden wir nachher sprechen.

§ 16.

Aber man konnte ja, behaupten die Gegner, den Individuen ansehen, daß sie an der νοῦσος θήλεια litten, diese konnte also kein bloßes Laster, sie mußte eine körperliche Affektion sein. Wir wollen gar nicht weiter an die allgemeinen Aussprüche der Alten, z. B. an die Worte des Ovidius: *Heu! quam difficile est crimen non prodere vultu,* erinnern, sondern nur fragen: gab es für die Alten wirklich keine körperlichen Kennzeichen, wodurch sie das Laster des Pathicus oder Kinaeden an einem Individuum erkannten? Die Physiognomen müßten uns hier Auskunft geben, und in der Tat tun sie dies ziemlich vollständig. Zunächst Aristoles:[1])

[1]) Physiognomicon cap. 3. in Scriptores Physiognominae veteres ed. J. G. Fr. Franzius. Altenburg 1780. gr. 8. p. 51. *Κιναίδου σημεῖα, ὄμμα κατακεκλασμένον, γονύκροτος, ἐγκίσεις τῆς κεφαλῆς εἰς τὰ δεξιά· αἱ φοραὶ τῶν χειρῶν ὕπτιαι καὶ ἔκλυτοι, καὶ βαδέσεις διτταί, ἡ μεν περινεύοντος, ἡ δὲ κρατοῦντος τὴν ὀσφύν, καὶ τῶν ὀμμάτων περιβλέψεις· οἷος ἂν εἴη Διονύσιος ὁ σοφιστής.* p. 77. wird *γονύκροτος* als Eigentümlichkeit des

Kennzeichen des Kinaeden.

„Ein (gleichsam) gebrochenes Auge, einwärtsgebogene Kniee, Beugung des Kopfes nach der rechten Seite, die Bewegungen der Hände gehen nach hinten und sind schlaff, und der Gang (gleichsam) doppelschlägig, indem sie nämlich den einen Schenkel über den andern schlagen (überschreiten), Umherwerfen der Augen; ein solcher war der Sophist Dionysos.“ Etwas ausführlicher ist Polemon:[1])

Kennzeichen des Androgynen.

„Der Androgyne hat einen schmachtenden und lüsternen Blick, verdreht die Augen und läßt sie umherschweifen, zuckt mit der Stirn und den Wangen, die Augenbrauen ziehen sich auf einen Fleck zusammen, der Hals wird gebogen, die Hüfte ist in beständiger Bewegung; alles zuckt, Kniee und Hände scheinen zu knacken, wie ein Stier schaut er um sich und vor sich nieder. Er spricht mit feiner, aber krächzender und kreischender, sehr verdrehter und zitternder Stimme.“ Ganz ähnlich schildert Adamantus[2]) den Pathicus. Dio Chrysosto-

---

Weibes aufgestellt. (Vergl. S. 99) p. 155 heißt es *οἱ ἐγκλινόμενοι εἰς τὰ δεξιὰ ἐν τῷ πορεύεσθαι, κίναιδοι.* p. 50. *καὶ ἰσχνὰ ὄμματα κατακεκλασμένα — ἅμα δε καὶ τὰ κεκλασμένα τῶν ὀμμάτων, δύο σημαίνει, τὸ μὲν μαλακὸν καὶ θῆλυ.* Clemens Alexandr. Paedagog. lib. III. c. 11. *οὐδὲ κατακεκλασμένος, πλάγιον ποιήσας τὸν τράχηλον, περιπατεῖν ὥσπερ ἑτέρους ὁρῶ κιναίδους ἐνθάδε πολλοὺς ἄστει.*

[1]) Physiognom. lib. II. 9. 1. c. p. 290. *Ἀνδρογύνου σημεῖα. Ὑγρὸν βλέπει καὶ ἰταμὸν ὁ ἀνδρόγυνος, καὶ δονεῖται τὰ ὄμματα, καὶ περιτρέχει· μέτωπον σπᾶ, καὶ παρειάς, αἱ ὀφρύες οἰδαίνουσι κατὰ χώραν, τράχηλος κέκλιται, ὀσφὺς οὐκ ἀτρεμεῖ· κινεῖται πάντα τὰ μέλη ἅλματι· γονάτων, κρότος καὶ χειρῶν φαίνεται· ὡς ταῦρος περιβλέπει εἰς ἑαυτὸν καὶ καταβλέπει· φωνεῖ λεπτὸν, κράζει δὲ λιγυρὰ, σκολιὰ πάνυ καὶ πάνυ ἔντρομα.* p. 275. *οἱ τὰ γόνατα ἔσω νεύοντες, γυναικεῖοι τε θηλυδρίαι.*

[2]) Physiognom. lib. II. 38. I. c. p. 440. *Εἶδος ἀνδρογύνου. Ὁ ἀνδρόγυνος ὑγρὸν βλέπει, καὶ ἰταμὸν καὶ δονεῖται τὰ ὄμματα καὶ περιτρέχει· μέτωπον σπᾶ καὶ παρειάς, αἱ ὀφρύες μένουσι κατὰ χώραν, τράχηλος κέκλιται, ὀσφὺς οὐκ ἀτρεμεῖ· κινεῖται πάντα τὰ μέλη καὶ ἐπιθρώσκει· ἁλματίας ἐστί, γονύκροτος, χειρῶν φοραὶ ὕπτιαι· περιβλέπει ἑαυτὸν φωνὴ λεπτή, ἐπικλάζουσα, λιγυρά, σχολαία πάνυ.* p. 382. *οἱ τὰ γόνατα ἔσω νεύοντες ὥσπερ συγκρούειν, γυναικεῖοι καὶ θηλυδρίαι.*

mus erzählt in der oben angeführten Rede,[1]) „es sei ein Physiognom in eine Stadt gekommen, um daselbst Zeugnis von seiner Kunst abzulegen, und habe behauptet, es einem jeden anzusehen, ob er mutig oder furchtsam, aufschneiderisch oder geil, Kinaede oder Ehebrecher sei. Diesem habe man einen Menschen vorgeführt, welcher einen hagern Körper, zusammengewachsene Augenbrauen, ein schmutziges Ansehn hatte, sich in schlechter Verfassung befand, mit Schwielen in den Händen, und mit einem grauen groben Gewande bekleidet, bis an die Knöchel mit Haaren bewachsen und schlecht rasiert war, und jenen gefragt, was das für ein Mensch sei. Als der Physiognom ihn längere Zeit betrachtet hatte, und endlich, wie es mir scheint, unschlüssig war, was er zuletzt sagen sollte, erklärte er, es nicht zu wissen und befahl jenem zu gehen. Als dieser aber weggehend nieste, rief er sogleich, es sei ein Kinaede. So verriet das Niesen die Sitten des Menschen und bewirkte trotz allem übrigen, daß sie nicht verborgen blieben." — Sicher hatte der Gang des Menschen dem Physiognomen Aufschluß gegeben, und die Gebärde, welche jener beim Niesen machte, bestätigte dann schnell seine Diagnose. Wahrscheinlich griff der Kinaede nämlich während des Niesens gleich nach dem After, um seine Mündung zu schließen, da der geschwächte oder vielleicht zerstörte Sphincter diesen Dienst nicht mehr versehen konnte (*χαυνοπρώκτος* bei Aristophanes!) ist es ja schon bei gesundem Sphincter oft kaum möglich, während des Niesens die andringenden Winde und selbst wohl auch den flüssigeren Kot zurückzuhalten.[2]) Es gehört hierher ferner die folgende Stelle des Lucian:[3]) „Aber

---

[1]) Tarsica I. p. 410. Daß jene Kennzeichen auch für die Römer ausreichend waren, sehen wir aus der S. 130. angeführten Stelle des A. Gellius, der wir noch eine andere desselben Schriftstellers beifügen können. Lib. VII. cap. 12.

[2]) Doch wäre nach Clemens Alexandr. Paedog. lib. II. c. 7. p. 189. *καὶ μὴν καὶ τῶν ὤτων οἱ γαργαλισμοὶ καὶ τῶν πταρμῶν οἱ ἐρεθισμοὶ, ὑώδεις εἰσὶ κνησμοὶ, πορνείας ἀκολάστου* eine andere Erklärung möglich. Übrigens sagt auch Seneca Epist. 114. Non vides — si ille effeminatus est, in ipso incessu apparere mollitiam?

[3]) Adversus indoctum cap. 23. — *μυρία γάρ ἐστι τὰ ἀντιμαρτυροῦντα τῷ σχήματι, βάδισμα καὶ βλέμμα, καὶ φωνὴ, καὶ τράχηλος ἐπικεκλασμένος, καὶ*

o Pathicus — deine Handlungen sind so offenkundig, daß sie selbst den Blinden und Tauben erkenntlich. Wenn du nur deine Stimme erhebst, dich beim Baden auskleidest, ja wenn du dich auch selbst nicht auskleidest, und nur deine Sklaven die Kleider ablegen, was meinst du, werden da nicht sogleich alle deine nächtlichen Geheimnisse offenbar? Sage mir einmal, wenn euer Sophist Bassus, oder der Flötenbläser Batalus, oder der Kinaede Hemitheon aus Sybaris, welcher eure saubern Gesetze verfaßte, wie man sich polieren, die Haare ausrupfen, (zwicken), wie man mit sich Paederastie treiben lassen und selbst Paederastie treiben soll, wenn nun einer von diesen sich eine Löwenhaut umwürfe und mit einer Keule in der Hand einherginge, was würden die, welche dies sähen, wohl glauben? daß es Herkules sei? Gewiß nicht, wenn sie nicht gerade Triefaugen haben. Tausend Dinge sprechen gegen einen solchen Aufzug, der Gang, der Blick, die Stimme,[1]) der gebogene Hals, das Bleiweiß, der Mastix, die Schminke auf den Wangen, womit ihr euch ausstaffiert, und überhaupt ist es nach dem Sprichwort leichter fünf Elephanten unter den Achseln zu verbergen als einen Kinaeden."

Wenn nun die genannten natürlichen Merkmale bereits hinlänglich den Kinaeden verrieten, selbst wenn er alles äußeren künstlichen Schmuckes entbehrte,[2]) um wieviel mehr mußte der Pathicus erkennbar werden, wenn er auch seine Tracht der

---

ψιμύθιον, καὶ μαστίχη καὶ φῦκος οἷς ὑμεῖς κοσμεῖσθε, καὶ ὅλως, κατὰ τὴν παροιμίαν, θᾶττον ἂν πέντε ἐλέφαντας ὑπὸ μάλης κρύψειας, ἢ ἕνα κίναιδον.

[1]) Auch Clemens Alexandr. Paedag. Lib. II. c. 7. p. 173 sagt: *ἀλλὰ τὸ τεθρυμμένον τῆς φωνῆς, θηλυδρίου.*

[2]) Martialis Lib. VII. epigr. 57.

— sed habet tristis quoque turba cinaedos,
Difficile est, vero nubere, Galla, viro.

Vergl. Lib. IX. epigr. 48. und Juvenalis Satir. II. 8—13.

Quis enim non vicus abundat
Tristibus obscoenis? castigas turpia, cum sis
Inter Socraticos notissima fossa cinaedos:
Hispida membra quidem et durae per brachia setae
Promittunt atrocem animum: sed podice laevi
Caeduntur tumidae, medico ridente, mariscae.

Seneca epist. 114. Ille et crura, hic nec alas vellit.

schändlichen Praxis gemäß einrichtete,[1]) wovon Martialis an unzähligen Stellen den Beweis liefert. Es ließen sich nämlich diese männlichen Huren den Bart ganz glatt scheeren (ἐξυρημένοι) und nicht bloß am After, sondern überhaupt am ganzen Körper, mit Ausnahme des Hauptes, entfernten sie sorgfältig die Haare, um so auch dem Weibe ähnlicher zu werden.

αὐτίκα γυναικεῖ' ἢν ποιῇ τις δράματα,
μετουσίαν δεῖ τῶν τρόπων τὸ σῶμ' ἔχειν.

läßt Aristophanes den Agatho in den Thesmophorien sagen, wo Mnesilochus durch die Enthaarung zu einem Weibe umgestaltet wird, um den Euripides gegen die Anfälle der Weiber bei jenem Feste verteidigen zu können. Dagegen ließen sich die Kinaeden das Haupthaar[2]) wachsen *(comae)* und kleideten sich ganz wie die Weiber. Deshalb sagt auch der Cyniker Diogenes[3]) zu einem auf diese Weise gekleideten Jüngling, welcher ihn nach etwas fragte: daß er ihm nicht eher antworten würde, als bis er seine Kleider heraufgenommen und ihm sein Geschlecht gezeigt hätte! Nicht weniger bedeutungsvoll ist die Unterhaltung des Socrates mit dem Strepsiades in den Wolken des Aristophanes, welche wir nach Fr. A. Wolfs Übersetzung hier mitteilen wollen.

Strepsiades. Doch sage, wie kömmt es,
Daß, ob eigentlich bloß Wolken sie sind, sie wie Weibespersonen erscheinen?
Man erblickt sie ja sonst in den Lüften nicht so. —

---

[1]) Trefflich sagt Aeschines Orat. in Timarch. p. 179. *οὕτω τοὺς πεπορνευμένους, κἂν μὴ παρῶμεν τοῖς αὐτῶν ἔργοις, ἐκ τῆς ἀναιδείας καὶ τοῦ θράσους καὶ τῶν ἐπιτηδευμάτων γινώσκομεν.*

[2]) Es bestand ja darin besonders der Schmuck des Weibes und war der Venus heilig, denn

Barba Jovi, crines Veneri decor: ergo necesse est,
Ut nolint demi, quo sibi uterque placet,

sagt Ausonius. Daher schreibt auch Ambrosius Hexamer lib. VI. Haud inscitum exstat adagium: nullus comatus qui non idem cinaedus. Bei Martial. III. 58 heißen sie capillati.

[3]) Diogenes Laertius vita Diogenis Lib. VI. 54.

Sokrates. Leicht werden sie das, was so ihnen beliebt.
Zum Exempel, ersehen sie einen
Von den Knabenbeleckenden, zottigen Kerls, so wie dorten
den Sohn Xenophantos,
Dann zeigen sie sich, zu des Wüstlings Hohn, Kentauren an
Bildung ähnlich. —
So jetzo auch hier, da sie Kleisthenes sahn, drum siehst Du,
erscheinen sie Weiber!

Kleisthenes war aber ein berüchtigter Kinaede in Athen, welchen Aristophanes besonders zur Zielscheibe seines Witzes gemacht hatte, wie er denn auch den oben genannten Mnesilochus nach seiner Umwandlung sagen läßt: er komme sich wie Kleisthenes vor. — Doch dies wird, wie wir glauben, hinreichen, den Beweis zu liefern, daß die Skythen Grund genug hatten zu sagen, man könne es den so beschaffenen (Kinaeden) ansehen, weß Geistes Kind sie seien, und daß Juvenalis[1]) Recht hatte zu schreiben:

Verius ergo
Et magis ingenue Peribomius: hunc ego fatis
Imputo, qui vultu morbum incessuque fatetur.

Eine Stelle, welche das Gesagte aufs beste bestätigt. Peribomius ist ganz offenherzig, er gesteht, Pathicus zu sein, da ja ohne-

---

[1]) Satir. II. 16. Unrichtig hat W. E. Weber (die Satiren des D. J. Juvenalis. Halle 1838.) die Stelle gefaßt, indem er nicht nur dem Juvenal des Peribomius Worte in der Übersetzung zuschreibt, sondern auch in den Anmerkungen S. 286. folg. von mehreren Worten ganz falsche Erklärungen gibt. So sagt er z. B. „inter Socraticos — cinaedos, das Sokratische Buhlergezüchte, welches sich die Miene enthaltsamer und hochsittlicher Weisen, wie Sokrates, gibt;" der Dichter wollte aber hierdurch nur die Ansicht der Spätern, daß Sokrates Paederast gewesen, ausdrücken. Zu der Stelle vom Peribomius bemerkt Weber: „Der in Mienen und Gang, als weichlicher und sich weibisch gebärender Zierbold, sein Übel die Entnervtheit und weiberartige Verbuhltheit, bekennet," während Peribomius in der Tat kein anderes Geständnis ablegt, als daß er Pathicus ist. Daß wir nicht etwa eine absichtliche Unterdrückung der Sache zu vermuten haben, zeigt nicht nur die übrige Übersetzung, sondern auch ausdrücklich S. VI. der Vorrede; wir müssen also diese Stellen als wirkliches Mißverständnis bezeichnen.

hin sein Äußeres dies verrät, und findet um so weniger Grund zum Leugnen, da er das Laster, dem er sich ergeben, als eine Schickung *(fatis imputo)* betrachtet; ein Beweis, daß die Ansicht der Griechen: daß der Pathicus ein vom Zorne der Gottheit getroffener sei, noch zu den Zeiten des Juvenalis eine gewöhnliche war, wenngleich sie weniger aus Überzeugung, als vielmehr um sich zu entschuldigen beibehalten sein mag. Deshalb müssen wir auch für *hunc ego fatis imputo — hoc* lesen, wenn wir nicht konstruieren wollen *ego, qui morbum vulto incessuque fatetur, hunc (scil. morbum) fatis imputo.* — Die Worte sind offenbar Ausspruch des Peribomius selbst, und erst im Folgenden fährt der Dichter fort:

Horum simplicitas miserabilis, his furor ipse
Dat veniam: sed peiores, qui talia verbis
Herculis invadunt et de virtute locuti
Clunem agitant.

§ 17.

Aber die Stelle des Juvenalis ist noch von größerem Gewicht dadurch, daß die Unzucht des Kinaeden hier *morbus* genannt wird, und sie ist vermöge ihrer Klarheit allein schon hinreichend, jeden Zweifel darüber zu beseitigen, daß dies eine bei den Römern gewöhnliche Ausdrucksweise sei, welche jedes Laster mit dem Namen *morbus* belegten.[1]) Es frägt sich daher

[1]) Wenn Juvenal. v. 50 sagt: Hippo subit iuvenes et morbo pallet utroque," so hat man dies so zu verstehen, daß H. nicht nur Pathicus, sondern auch Fellator (s. nachher) ist. Es gehört hierher das 131. Epigramm des Ausonius:

Inguina quod calido levas tibi dropace, causa est:
Irritant volsas levia membra lupas
Sed quod et elixo plantaria podice vellis,
Et teris incusas pumice Clazomenas,
Causa latet: bimarem nisi quod patientia morbum
Appetit et tergo femina, pube vires.

Manilius Astronomicon lib. V. v. 140—156 sagt:

Taurus, in aversos praeceps cum tollitur artus,
Sexta parte sui certantes luce sorores
Pleiades ducit: quibus aspirantibus almam

nur, ob auch die Griechen diese Ausdrucksweise hatten? Der genauere Kennner der griechischen Sprache steht gewiß keinen

---

In lucem edentur Bacchi Venerisque sequaces:
Perque dapes, mensamque super petulantia corda,
Et sale mordaci dulces quaerentia risus.
Illis cura sui cultus, frontisque decorae
Semper erit: tortos in fluctum ponere crines
Aut vinclis revocare comas et vertice denso
Fingere et appositis caput emutare capillis,
Pumicibusque cavis horrentla membra polire,
Atque odisse virum, sterilesque optare lacertos.
Feminae vestes; nec in usum tegmina plantis,
Sed speciem; fractique placent ad mollia gressus.
Naturae pudet atque habitat sub pectore caeca
Ambitio et morbum virtutis nomine iactant.
Semper amare parum est: cupient et amare videri.

Seneca Quaest. nat. lib. VII. cap. 31. Egenus etiam in quo morbum suum exerceat, legit. — Derselbe Epist. 114. Cum vero magis vires morbus exedit et in medullas nervosque descendere deliciae. — Vergl. Epist. 75. — Cicero de finib. I. 18. in Verrem II. 1. 36. Tusc. quaest. IV. 11. — Wyttenbach in bibliothec. critic. P. VIII. p. 73. — Horatius Sat. I. 6. 30. Quo morbo Barrus haberi et cupiat formosus. Auch die Stelle desselben Dichters I. Od. 37. 9.

Contaminato cum grege turpium
Morbo virorum

muß hier erwähnt werden, welche von Stark wie von den meisten Auslegern auf bloße Kastraten bezogen wird, obschon sie eigentlich weiter nichts als eine schimpfliche Umschreibung für Ägypter bezeichnet. Die Knaben, welche zu Rom in den Bordellen für die Paederasten gehalten wurden, waren größtenteils aus Ägypten, woher sie schaarenweis gebracht wurden, daher nennt der Dichter hier die ganze Umgebung der Cleopatra — Pathici, was gar nicht zu verkennen ist, wenn man nur ganz einfach konstruiert: cum contaminato grege virorum, morbo turpium. Horatius hatte hierzu um so mehr Recht, als in der Tat sich die Cleopatra Kinaeden hielt, wie wir aus Suidas sehen, s. v. *κίναιδα καὶ κιναιδία· ἡ ἀναισχυντία· ἀπὸ τοῦ κινεῖν τὰ αἰδοῖα. Ὁ τῆς Κλεοπάτρας κίναιδος Χελιδὼν ἐκαλεῖτο.* Allerdings läßt Terentius Eunuch. I. 2. 87. die Phaedria sagen:

Porro eunuchum dixti velle te,
Quia solae utuntur his reginae, repperi,

und Donat bemerkt hierzu, daß reginae hier für feminae divites stehe; so gut wie nun Eunuchus für Kinaede oder Pathicus gebraucht wird, eben so konnte Kinaede auch bei Suidas für Eunuch stehen, und immerhin mag

Augenblick an, diese Frage zu bejahen, da die Beispiele[1]) dazu bereits von den ausführlichen Lexicographen beigebracht sind.

---

auch die Umgebung der Cleopatra aus wirklichen Eunuchen bestanden haben, dem Horatius ist es aber die Hauptsache, daß sie Pathici waren. Über den Grund, warum sich übrigens die reginae Kastraten hielten, vergl. S. 114. — Das Lateinische grex wird hinreichend erklärt durch das *παίδων ἀγέλας* in den S. 119 angeführten Stellen des Tatianus and Justinus Martyr, denen wir auch die *μειρακίων ὡραίων ἀγέλαι* des Clemens Alexandr. Paedagog. lib. III. cap. 4. beifügen können. In demselben Sinne gebraucht Seneca Epist. 95. das Wort: Transeo puerorum infelicium greges, quos post transacta convivia aliae cubiculi contumeliae exspectant. Transeo agmina exoletorum per nationes coloresque descripta. Cicero ad Attic. I. 13. Concursabant barbatuli iuvenes, totus ille grex Catilinae. Petron. Sat. cap. 40. Grex agit in scena mimum. Überhaupt wurde grex für jede Schaar gemeiner Menschen gebraucht. — Das contaminatus erinnert uns an catamitus, welches die Bedeutung von Pathicus hat, z. B. Cicero Philipp. II. 31. Appuleius. Metam. I. p. 107. und besonders als Beiwort des Ganymedes gebraucht wird. Plautus Menaechm. I. 2. 34. — Festus: Catamitum pro Ganymede dixerunt, qui fuit Jovis concubinus, was wahrscheinlich auf die lächerliche Ansicht, z. B. bei Scheller, geführt hat, als sei das Wort aus Ganymedes durch verdorbene Aussprache entstanden! Da das Wort aber ein Paeon tertius, das i in der dritten Silbe nämlich lang ist, so hätte dies schon darauf führen können, daß es ursprünglich entweder catamytus geheißen und vom Griechischen *καταμύσσω* abzuleiten ist, also dasselbe bedeutet, wie das lateinische percisus oder, daß es für *καταμικτος* steht und zu *καταμίγνυμι* gehört, also in der Tat concubinus, wie Festus sagt! — Die oben aus Cicero und Seneca angeführten Stellen, welche sich leicht noch vermehren ließen, beweisen übrigens, daß Starks S. 22. ausgesprochene Annahme, morbus werde nur von Dichtern so gebraucht, unrichtig ist.

[1]) Menander bei Lucian Amor. c. 43. sagt *νόσων χαλεπωτάτη φθόνος.* Vom Neide gebraucht es Aristophanes Aves 21. *νόσον νοσοῦμεν τὴν ἐναντίαν Σάκα.* Euripides Medea 528. *ἡ γλωσσαλγία αἴσχιστος νόσος.* Besonders aber wurde *νόσος* von der Liebe gebraucht. Pollux Onomast. Lib. VI. 42. *εἰς Ἀφροδίτην νοσῶν.* Eubulus in Nannio bei Athenaeus Deipnosoph. Lib. XIII. c. 24. sagt:

> *μικροῦ πρίασθαι κέρματος τὴν ἡδονήν*
> *καὶ μὴ λαθραίαν Κύπριν (αἰσχίστην νόσων*
> *πασῶν) διώκειν, ὕβρεος, οὐ πόθου χάριν.*

Ebenso wird *νόσημα* gebraucht bei Lucian Amor. 3. und *πάθος* an vielen Stellen in derselben Schrift. Plutarch Amator. p. 763. *καὶ λελάληκε (Μένανδρος) περὶ τοῦ πάθους φιλοσοφώτερον.* Interessant ist die folgende

Plutarch[1]) sagt, indem er die Wirkung der Sonne mit der der Liebe vergleicht: *Καὶ μὴν οὔτε σώματος ἀγύμναστος ἕξις ἥλιον, οὔτε Ἔρωτα δύναται φέρειν ἀλύπως τρόπος ἀπαιδεύτου ψυχῆς. ἐξίσταται δ' ὁμοίως ἑκάτερον καὶ νοσεῖ, τὴν τοῦ θεοῦ δύναμιν, οὐ τὴν αὑτοῦ μεμφόμενον ἀσθένειαν.* — (cap. XXIII.) *Τὴν μὲν πρὸς ἄῤῥενα ἄῤῥενος ὁμιλίαν, μᾶλλον δὲ ἀκρασίαν καὶ ἐπιπήδησιν εἴποι τις ἂν ἐννοήσας,*

Ὕβρις τάδ' οὐχ ἡ Κύπρις ἐξεργάζεται[2]).

Διὸ τοὺς μὲν ἡδομένους τῷ πάσχειν εἰς τὸ χείριστον τιθέμενοι γένος κακίας, οὔτε πίστεως μοῖραν, οὔτε αἰδοῦς. — *Ἀλλὰ πολλὰ φαῦλα καὶ μανικὰ τῶν γυναικῶν ἐρώτων. Τί δὲ οὐχὶ πλείονα τῶν παιδικῶν; Ἀλλ' ὥσπερ τοῦτο παιδομανία*[3]) *τὸ πάθος, οὐδέτερον δέ Ἔρως ἐστίν.* Diese Stellen sind für unsern Gegenstand von der größten Wichtigkeit, da sie das oben über die Rache der Venus Gesagte auf das evidenteste bestätigen, des bessern Ver-

---

Stelle bei **Philo** de specialibus legibus, Opera ed. Mangey. Vol. II. p. 301. *Ἔχει μὲν οὖν καὶ ἡ κατὰ φύσιν ἡδονὴ πολλάκις μέμψιν, ὅταν ἀμέτρως καὶ ἀκορέστως χρῆταί τις αὐτῇ, καθάπερ οἱ ἄπληστοι περὶ ἐδωδὴν, κἂν εἰ μηδὲν τῶν ἀπηγορευμένων προσφέροιντο· καὶ οἱ φιλογυναίοις συνουσίαις ἐπιμμηνότες, καὶ λαγνίστερον προσομιλοῦντας γυναιξὶν οὐκ ἀλλοτρίαις, ἀλλὰ ταῖς ἑαυτῶν. Ἡ δὲ μέμψις σώματός ἐστι μᾶλλον ἢ ψυχῆν κατὰ τοὺς πολλοὺς, πολλὴν μὲν ἔχοντος εἴσω φλόγα, ἣ τὴν παραβληθεῖσαν τροφὴν ἐξαναλίσκουσα, ἑτέραν οὐκ εἰς μακρὰν ἐπιζητεῖ πολλὴν ἰκμάδα, ἧς τὸ ῥοῶδες διὰ τῶν γυνητικῶν ἀποχετεύετο, κνησμοὺς καὶ ὀδαξισμοὺς ἐμποιοῦν καὶ γαργαλισμοὺς ἀπαύσους.* Der unmäßige Beischlaf mit der eignen Frau ist also nur ein Vorwurf, der mehr den Körper trifft als die Psyche, dagegen nennt **Philo** in den nun folgenden Sätzen die, welche Hurerei mit fremden Frauen treiben: *ἀνίατον νόσον ψυχῆς νοσοῦντας.* **Clemens Alexandr.** Paedag. lib. II. c. 10. *μικρὰν ἐπιληψίαν τὴν συνουσίαν ὁ Ἀβδηρίτης ἔλεγε σοφιστής. νόσον ἀνίατον ἡγούμενος.* Gellius lib. XIX. c. 2. legt diesen Ausspruch übrigens dem Hippocrates bei, **Stobaeus** florileg. I. 6. de intemperantia dem Eryximachus.

1) Eroticus cap. 19. in Plutarchi opera moralia ed. A. G. Winckelmann. Vol. I. Turici 1836. gr. 8.

2) **Manetho** Astronom. lib. IV. 486.
ἐν αἷς ὕβρις, οὐ Κύπρις ἄρχει.

3) **Plutarch.** de capt. util. ex host. p. 88. f. *οὐκοῦν μηδὲ μοιχὸν λοιδορήσῃς, αὐτὸς ὢν παιδομανής.* Vergl. **Jacobs** Animadv. in Antholog. I. II. p. 244. **Athenaeus** XI. p. 464.

ständnisses wegen aber für diesen Ort aufbewahrt werden mußten. Es wird hier deutlich ausgesprochen, daß die Paederastie kein Werk, d. h. keine Äußerung oder Folge der gewöhnlichen Macht der Venus, sondern eine *ὕβρις* und die Folge derselben sei, d. h. einer Handlung, welche den Zorn der Götter erregte. Dies war die ältere Ansicht, daß die Paederastie eine Folge der Rache der Venus sei, welche infolge einer *ὕβρις* entstand und wiederum selbst eine *ὕβρις* war.[1]) Aber auch die spätere der aufgeklärteren Zeit findet sich hier, wo man keine *δύναμις τοῦ θεοῦ*, sondern nur eine *ἀσθένεια* oder *ἀκρασία*[2]) des Menschen

---

[1]) Isocrates Paneg. 32. *ὕβρις παίδων.* Aeschines Timarch. p. 5. und 26. *πιπράσκειν τὸ σῶμα ἐφ᾽ ὕβρει* und *ὕβριν τοῦ σώματος.* Vergl. S. 115. N. 2.

[2]) Aristoteles Ethic. ad Nicomach. lib. VII. cap. 5. *ἀλλὰ μὴν οὕτω διατίθενται οἱ ἐν τοῖς πάθεσιν ὄντες· θυμοὶ γὰρ καὶ ἐπιθυμίαι ἀφροδισίων και ἔνια τῶν τοιούτων ἐπιδήλως καὶ τὸ σῶμα μεθιστᾶσιν, ἐνίοις δὲ καὶ μανίας ποιοῦσιν· δῆλον οὖν ὅτι ὁμοίως ἔχειν λεκτέον τοὺς ἀκρατεῖς τούτοις.* cap. 6. *αἱ δὲ νοσηματώδεις ἢ ἐξ ἔθους, οἷον τριχῶν τίλσεις καὶ ὀνύχων τρώξεις, ἔτι δ᾽ ἀνθράκων καὶ γῆς, πρὸς δὲ τούτοις ἡ τῶν ἀφροδισίων τοῖς ἄρρεσιν· τοῖς μὲν γὰρ φύσει τοῖς δ᾽ ἐξ ἔθους συμβαίνουσιν, οἷον τοῖς ὑβριζομένοις ἐκ παίδων· ὅσοις μὲν οὖν φύσις αἰτία, τούτους μὲν οὐδεὶς ἂν εἴπειεν ἀκρατεῖς, ὥσπερ οὐδὲ τὰς γυναῖκας, ὅτι οὐκ ὀπυίουσιν ἀλλ᾽ ὀπυίονται. — πᾶσα γὰρ ὑπερβάλλουσα καὶ ἀφροσύνη καὶ δειλία καὶ ἀκολασία και χαλεπότης αἱ μὲν θηριώδεις αἱ δὲ νοσηματώδεις εἰσίν.* cap. 8. *ἀνάγκη γὰρ τοῦτον μὴ εἶναι μεταμελητικόν, ὥστ᾽ ἀνίατος· ὁ γὰρ ἀμεταμέλητος ἀνίατος· — ὁ δ᾽ ἐλλείπων πρὸς ἃ οἱ πολλοὶ καὶ ἀντιτείνουσι καὶ δύνανται, οὗτος μαλακὸς καὶ τρυφῶν· καὶ γὰρ ἡ τρυφὴ μαλακία τίς ἐστιν· ὃς ἕλκει τὸ ἱμάτιον, ἵνα μὴ πονήσῃ τὴν ἀπὸ τοῦ αἴρειν λύπην κ. τ. λ. — ἀλλ᾽ εἴ τις πρὸς ἃς οἱ πολλοὶ δύνανται ἀντέχειν, τούτων ἡττᾶται καὶ μὴ δύναται ἀντιτείνειν, μὴ διὰ φύσιν τοῦ γένους ἢ διὰ νόσον, οἷον ἐν τοῖς Σκυθῶν βασιλεῦσιν ἡ μαλακία διὰ τὸ γένος, καὶ ὡς τὸ θῆλυ πρὸς τὸ ἄρρεν διέστηκεν· δοκεῖ δὲ καὶ ὁ παιδιώδης ἀκόλαστος εἶναι, ἔστι δὲ μαλακός. — ἀκρασίας δὲ τὸ μὲν προπέτεια· τὸ δ᾽ ἀσθένεια· οἱ μὲν γὰρ βουλευσάμενοι οὐκ ἐμμένουσιν οἷς ἐβουλεύσαντο διὰ τὸ πάθος, οἱ δὲ διὰ τὸ μὴ βουλεύσασθαι ἄγονται ὑπὸ τοῦ πάθους.* Diese Stelle ist von Stark a. O. S. 27. ganz falsch verstanden worden, weshalb er sie denn auch auf die *νοῦσος θήλεια* übertragen hat, worin ihm freilich schon Camerarius (Explicat. Ethic. Aristot. Nicomach. Francf. 1578. 4. p. 344.) wie er anführt, vorangegangen ist. Stark sagt nämlich: Excusat autor eos, qui propter naturae quandam mollitiem et levitatem vitiorem illecebris resistere nequeant. Haec infirmitas vel ex morbo procreata vel a sexus differente naturae profecta esse potest. Quarum rationum exempla et quidem alterius *διὰ νόσον*, Scytharum morbum, alterius *διὰ φύσιν*

anerkannte, (deshalb wendet auch Plutarch den Vers des unbekannten alten Dichters in diesem Sinne an) und die Paederastie ein πάθος, eine Manie (παιδομανία) nannte, nicht eine Folge der Macht des Eros darin sah. Daß die Unzucht auch νόσος genannt wurde, zeigt außer dem Ausdruck νοῦσος θήλεια, den wir ja erst zu erklären haben, die oben mitgeteilte Rede des Dio Chrysostomus, sowie mehrere im Verlauf der Untersuchung angeführte Stellen (z. B. S. 114). In den Wespen des Aristophanes erzählt Xanthias, daß ein Sohn seinen Vater eingeschlossen und ihm zur Bewachung übergeben habe, und sagt nun (v. 71):

νόσον γὰρ ὁ πατὴρ ἀλλόκοτον αὐτοῦ νοσεῖ,
ἣν οὐδ' ἂν εἷς γνοίη ποτ' οὐδέ ξυμβάλῃ,
εἰ μὴ πύθοιθ' ἡμῶν· ἐπεὶ τοπάζεται·

Es wird nun auf Spielsucht, Trunksucht, Opfersucht und Sucht, Gastfreunde sich zu erwerben und bei sich zu sehen (φιλόξενον) geraten, welches letztere Sosias in obscoenem Sinne für Kinaede nimmt und (v. 84) sagt:

μὰ τὸν κύν', ὦ Νικόστρατ', οὐ φιλόξενος,
ἐπεὶ καταπύγων ἐστὶν ὅγε Φιλόξενος,

τοῦ γένους mulierum debilitatem affert. Aber Aristoteles sagt hier ja ausdrücklich, daß die μαλακία der Skythen gleich wie des Weibes διὰ γένους, die Skythen wie die Frauen weichlich von Geburt seien; die Beispiele des διὰ νόσον kommen ja erst später. Die Skythen wie die Frauen seien μαλακοί, ebenso wie der, welcher Kindereien treibe (παιδιώδης), dergleichen läge in ihrer Natur, deshalb seien sie auch nicht ἀκόλαστοι, denn der ἀκόλαστος sei ein solcher, welcher aus Krankheit sich nicht beherrschen könne (ἀκρασία, ἀσθένεια, διὰ τὸ πάθος). Von der νοῦσος θήλεια kann also unmöglich hier die Rede sein, sondern nur von weichlicher Lebensart, welche die eigentliche μαλακία ist, während die Unzucht des Pathicus μαλθακία genannt wird, obschon beide Worte häufig mit einander verwechselt wurden, wobei ein Teil der Schuld immer auf die Abschreiber kommen mag. Ein Pathicus ist gewöhnlich μαλακὸς, nicht aber der μαλακὸς auch Pathicus. Daher möchte wahrscheinlich auch, wie Aspasius und Andere bereits getan haben, für Σκυθῶν zu lesen sein Περσῶν, wenn auch die Codices keine Variante haben; und zwar könnte man dafür auch das als Beispiel angeführte Kleiderschleppen (ὃς ἕλκει τὸ ἱμάτιον) anführen, welches bekanntlich bei den Persern Mode war. — cap. 10. οὐ γὰρ πᾶς ὁ δι' ἡδονήν τι πράττων οὔτ' ἀκόλαστος οὔτε φαῦλος οὔτ' ἀκρατής, ἀλλ' ὁ δι' αἰσχράν.

wo zugleich φιλόξενος und καταπύγων für synonym erklärt werden. Wäre die Paederastie nicht νόσος gewesen, wie hätte man auf das φιλόξενος kommen können? Übrigens gab es auch einen Kinaeden Philoxenus, worauf zugleich die Anspielung geht. Der Scholiast führt folgenden sehr merkwürdigen Vers aus Eupolis in Urbibus oder Phrynichos in Satyris an:

ἔστι δέ τις θήλεια Φιλόξενος ἐκ Διομείων·

Der gesunde Sinn der Griechen konnte unmöglich das Laster des Pathicus anders als eine Abweichung von der Natur, als eine unnatürliche Begierde betrachten, jede unnatürliche Begierde (ἀκολασία) war aber eine νόσος oder πάθος oder deren Folge, wie aus den von Aristoteles und Andern angeführten Stellen hinlänglich hervorgeht. Von Seiten des Paederasten ließen sich allenfalls Gründe auffinden, welche seinen eigentümlichen Geschmack zu rechtfertigen schienen, und man sah in der Art, wie er sich den Wollustkitzel verschaffte, nur einen Weg, sich von dem Überflusse des Samens zu befreien, eine Figura Veneris, welche der Onanie nahe stand, und stellte ihn in die Klasse der Lüstlinge überhaupt, ohne ihn deshalb besonders zu verdammen. Für den zur Unzucht auffordernden Pathicus dagegen fand sich keine Entschuldigung dieser Art; die prurigo ani konnte man nicht als somatischen Grund seines Gelüstes ansehen, er konnte nicht anders als von einer krankhaften Phantasie geleitet (ἀνίατον νόσος ψυχῆς ἡγούμενος) betrachtet werden; ihn mußte ein Dämon in seiner Gewalt haben, der ihn unaufhaltsam mit sich fortriß und den Widerstandsunfähigen (ἀσθενής) der Schändung zuführte. Alle von bösen Dämonen Beherrschten hatten sich an der Gottheit versündigt, ihren Zorn erregt, man wandte sich scheu von ihnen ab. Zeigten sich nun außerdem noch Spuren von Geistesverwirrung, Wahnsinn, epileptische Zuckungen und dergleichen, so glaubten die rohen Völker in diesen die Offenbarung einer Gottheit zu sehen und hielten jener Reden und Träume für Wahrsagungen. Daher erzählt auch Herodot (IV. 67), daß die Skythen behaupten, die ἐναρέες hätten von der Aphrodite die Gabe der Weissagung empfangen (οἱ δὲ ἐναρέες, οἱ ἀνδρόγυνοι, τὴν Ἀφροδίτην σφισι *λέγουσι μαντικὴν δοῦναι*). Die Griechen glaubten zwar, daß die Venus zum Wahnsinn führe, wem sie zürne, hielten die Unzucht des Pathicus für eine Rache der Venus oder später für eine (unheilbare) Krankheit der Psyche, wie dies auch die oben angeführte Stelle des Caelius Aurelianus beweist, aber die *μαντικὴ* schrieben sie ihnen nicht zu, wenn auch jeder wirklich Wahnsinnige dieselbe in gewisser Hinsicht besitzen sollte.[1]) Denn wirklicher Wahnsinn war die Unzucht des Pathicus nicht in den Augen der Griechen, wohl aber ein Laster (*νόσος*), welches dem Pathicus die Herrschaft über sich selbst raubte,[2]) wie sie ja denn schon die Geschlechtsliebe einen Wahnsinn nannten. Von dieser Seite hatten diejenigen, welche in der *νοῦσος θήλεια* eine Seelenstörung fanden, also einigen Grund zu ihrer Annahme, nur hätten sie die Unzucht nicht aus den Augen verlieren sollen!

Weshalb erhielt die *νοῦσος* nun aber den Beisatz *θήλεια*? Fassen wir dies Wort passiv, wie diejenigen es offenbar getan haben, welche einer der Menstruation ähnliche Affektion in der *νοῦσος θήλεια* finden wollten, so könnte man die Erklärung in dem Urteil des Tiresias, welcher dem Weibe bekanntlich die größte Lust beim Coitus zuschrieb, finden, indem daraus sich offenbar auch das größere Verlangen des Weibes nach dem Coitus herleiten läßt, weshalb ja auch Plato den Uterus mit einem wilden Tiere verglich; *νοῦσος θήλεια* wäre dann die weibliche Begierde; wie das Weib heftig nach dem natürlichen Beischlaf mit dem Manne verlangt, so der Pathicus nach dem unnatürlichen.[3]) Die Strafe der Venus hätte alsdann

---

[1]) Cicero de Divinat. I. 38. Aristoteles quidem eos etiam, qui valetudinis vitio furerent et melancholici dicerentur, censebat habere aliquid in animis praesagiens atque divinum.

[2]) Aristot. Ethic. ad Nicomach. VII. 11. *ὁ μὲν γὰρ ἀκρατὴς οὐκ ἐμμένει τῷ λόγῳ διὰ τὸ μᾶλλον.* cap. 12. *ἔτι ἐμπόδιον τῷ φρονεῖν αἱ ἡδοναί, καὶ ὅσῳ μᾶλλον χαίρει, μᾶλλον, οἷον τὴν τῶν ἀφροδισίων οὐδένα γὰρ ἂν δύνασθαι νοῆσαί τι ἐν αὐτῇ. — ἔτι παιδία καὶ θηρία διώκει τὰς ἡδονάς.*

[3]) Daher sagt Quinctilian Declam. III. Siculi in tantum vitio regnant, ut obscoenis cupiditatibus natura cesserit, ut pollutis in femineam usque patientiam maribus incurrat iam libido in sexum suum. Seneca Epist. 95. Libidine vero ne maribus quidem cedunt, pati natae.

darin bestanden, daß sie dem Manne die Begierde des Weibes eingepflanzt hätte. Wird θήλεια dagegen in aktiver Bedeutung genommen, wie es auch von Stark und A. aufgefaßt ist, und auch wohl am richtigsten aufgefaßt wird, so ist νοῦσος θήλεια eine zum Weibe machende Begierde, ein zum Weibe machendes Laster, was sich von der Paederastie auch in mehrfacher Hinsicht sagen läßt, wie dies schon aus dem Obigen erhellt. Der Pathicus wird zum Weibe, weil er sich des Vorrechts des Mannes als der Stärkere handelnd aufzutreten begibt[1]) und dafür den leidenden Zustand der Frau eintauscht.[2]) Indem

---

[1]) Nonne vehementissime admiraretur, si quisquam non gratissimum munus arbitraretur, virum se natum, sed depravato naturae beneficio in mulierem convertere se properasset sagt Rutilius Lupus de figur. sentent. lib. II. Von denen, die sich salben, sagt Clemens Alexandrin. Paedag. lib. II. c. 8. p. 177. ἀνδρωνῖτιν ἐκθηλύνουσιν und τὰ γενικὰ ἐκθηλύνειν. Ähnlich, obschon in anderer Beziehung, sagt Clearchus von den Lydern τέλος, τὰς ψυχὰς ἀποθηλυνθέντες ἠλλαξάντο τὸν τῶν γυναικῶν βίον. Athenaeus Deipnos. XII. p. 516.

[2]) Daher heißt die Paederastie auch πασχητιασμὸς bei Lucian Gallus 32. Clemens Alexandr. Paedag. lib. II. c. 10. Eustathius Comment. in Hexameron. p. 38. Auch das Verbum πασχητιάω findet sich bei Lucian Amor. 26. in dieser Bedeutung. Treffend sagt daher ein Unkekannter in der Antholog. graec. lib. II. tit. 5 No. 2.

Ἀνέρας ἠρνήσαντο, καὶ οὐκ ἐγένοντο γυναῖκες.
Οὔτ' ἄνδρες γεγάασιν, ἐπεὶ πάθων ἔργα γυναικῶν.
Οὐδὲ γυναῖκες ἔασιν, ἐπεὶ φύσιν ἔλλαχον ἀνδρῶν.
Ἀνέρες εἰσὶ γυναιξὶ καὶ ἀνδράσιν εἰσὶ γυναῖκες.

Beim Aeschines Orat. in Timarch. ed. Reiskii p. 128. wird der Pathicus Timarch die γυνὴ des Hegesander, seines Schänders, genannt: θαυμασάντων δὲ ὑμῶν, πῶς ἀνὴρ καὶ γυνὴ, και τίς ὁ λόγος, εἶπε μικρὸν διαλιπῶν· ἀγνοεῖτε, ἔφη, ὅ, τι λέγω· ὁ μὲν ἀνὴρ ἐστὶν Ἡγήσανδρος ἐκεῖνος νυνί, ἔφη, πρότερον δ' ἦν καὶ αὐτὸς Λεωδάμαντος γυνή· ἡ δὲ γυνὴ Τίμαρχος οὑτοσίν. S. Amphilochius, welcher unter Theodosius lebte, sagt in seiner Epistola iambica ad Seleucum v. 90—99.

ἄλλοι δ' ἐκείνων ἔθνος ἀθλιώτατον,
τῶν ἀῤῥένων τὴν δόξαν ἐξορχούμενον,
μελῶν λιγυσμοῖς συγκατακλῶντες φύσιν.
ἄνδρες, γυναῖκες ἄῤῥενες, θηλυδρίαι
Οὐκ ἄνδρες, οὐ γυναῖκες, ἀψευδεῖ λόγῳ.

er mit den Dirnen um die Wette um die Gunst der Männer buhlt, nimmt er zu allen den Künsten, welche jene für ihren Zweck aufbieten, seine Zuflucht, und sucht seinen Körper soviel als möglich dem weiblichen künstlich nahe zu bringen. Er schmückt sich gleich der Hetäre und steckt sich wohl selbst in den Weiberrock, das Haar seines Hauptes läßt er gleich den Weibern wachsen und vertilgt sorgfältig durch den Dropazismus jede Spur von Haaren an seinem übrigen Körper, gibt selbst die Hauptzierde des Mannes im Altertum, seinen Bart[1]) preis, wie der Held in den Thesmophorien des Aristophanes, dem gewiß eine tiefe Ironie auf die Pathici zugrunde liegt. Weibliche Hautkultur durch Bäder, Abreiben mit Bimmstein etc. vollenden das weibische Äußere,[2]) (daher die Ausdrücke *μάλακος*, *μαλθακός*,

---

Τὸ μὲν γὰρ οὐ μένουσι, τὸ δ' οὐκ ἔφθασαν;
Ὁ μὲν γὰρ εἰσὶν οὐ μένουσι τῷ τρόπῳ,
ὁ δ' αὖ κακῶς θέλουσιν, οὐκ εἰσὶν φύσει·
Ἀσωτίας αἴνιγμα καὶ γρίφος παθῶν.
ἄνδρες γυναιξὶ καὶ γυναῖκες ἀνδράσιν.

Vergl. Barth Adversar. lib. XLIII. cap. 21. p. 1968. und das S. 158 angeführte *θήλεια Φιλόξενος*. Auch die Römer gebrauchten auf diese Weise ihr femina, wie dies aus Ausonius Epigr. LXIX. in eum qui muliebria patiebatur, hervorgeht, wo es am Schlusse heißt:

Nolo tamen veteris documenta arcessere famae.
Ecce ego sum factus femina de puero.

Petron. Sat. 75. femina ipse mei domini fui. Justin hist. philipp. I. 3. Curtius III. 10.

[1]) Vergl. Epictect. Dissertat. I. 16. 10. und dazu Upton.

[2]) Clemens Alexandr. Paedag. lib. III. c. 3. *Εἰς τοσοῦτον δὲ ἄρα ἐλήλακεν ἡ χλιδὴ ὡς μὴ τὸ θῆλυ μόνον νοσεῖν περὶ τὴν κενοσπουδίαν ταύτην, ἀλλὰ καὶ τοὺς ἄνδρας ζηλοῦν τὴν νόσον· μὴ γὰρ καταρεύοντες καλλωπισμοῦ, οὐχ ὑγιαίνουσιν· πρὸς δὲ τὸ μαλθακώτερον ἀποκλίνοντες, γυναικίζονται, κουρὰς μὲν ἀγεννεῖς, καὶ πορνικὰς ἀποκειρόμενοι· χλανίσι δὲ διαφανέσι περιπεπεμμένοι, καὶ μαστίχην τρώγοντες, ὄζοντες μύρου. Τί ἂν τις φαίη, τούτους ἰδών; ἀτεχνῶς καθάπερ μετωποσκόπος, ἐκ τοῦ σχήματος αὐτοὺς καταμαντεύεται, μοιχούς τε καὶ ἀνδρογύνους, ἀμφοτέραν Ἀφροδίτην θηρωμένους· μισότριχας, ἄτριχας· τὸ ἄνθος τὸ ἀνδρικὸν μυσαττομένους· τὰς κόμας δὲ ἅπερ αἱ γυναῖκες κοσμουμένους. — Διὰ τούτους γοῦν πληρεῖς αἱ πόλεις πιττούντων, ξηρούντων, παρατιλλόντων τοὺς θηλυδρίας τούτους· ἐργαστήρια δὲ κατεσκεύασται καὶ ἀνέῳκται πάντη· καὶ τεχνῖται τῆς ἑταιρικῆς ταύτης πορνείας,*

für den Pathicus, *μαλακία, μαλθακία* für die Unzucht desselben) und die geschändete Natur rächt sich durch Unterstützung seiner Bemühungen. Durch die Ausdehnung des Afters werden die Clunes nach unten zu breiter, der Zwischenraum größer, wodurch die Hüften mehr die Gestalt wie beim Weibe annehmen, das Becken scheint sich selbst zu erweitern, die Schenkel verändern ihre Richtung, und die Kniee kehren sich mehr nach innen (*γονύκροτος*), kurz die ganze untere Hälfte des Körpers nimmt den weiblichen Typus an. Dem Körper folgt der Geist, der Charakter wird weibisch;[1]) der Pathicus verachtet den Beischlaf mit Weibern, schließt keine Ehe, so lange er noch seine Lust befriedigt sieht. Hört dies aber mit dem zunehmenden Alter auf, so versagt ihm die Natur selbst, sein Geschlecht fortzupflanzen, die durch Nicht-Gebrauch verkümmerten Genitalien verweigern ihren Dienst,[2]) verstoßen aus der Gesellschaft der Männer flieht er, weder Weib noch Mann, zu den Weibern, die ihn verachtend als Sklave behandeln und, wie einst die Omphale dem Hercules, den Rocken in die Hand stecken! So ist aus der *νοῦσος θήλεια*, dem Laster, eine wirkliche Krankheit geworden, und wir sehen jetzt, daß Longin[3]) allerdings Recht hatte, diesen Ausdruck des Herodot *ἀμίμητον*, einen unnachahmlichen zu nennen, da sich gewiß auf keine kürzere oder bessere Weise das Wesen wie die Folgen des Lasters des

---

συχνὸν ἐμπολῶσιν ἀργύριον ἐμφανῶς, οἱ σφᾶς καταπιττοῦσιν· καὶ τὰς τρίχας τοῖς ἀνασπῶσι πάντα τρόπον περιέχουσιν· οὐδὲν αἰσχυνόμενοι τοὺς ὁρῶντας, οὐδὲ τοὺς παριόντας, ἀλλ' οὐδὲ ἑαυτοὺς ἄνδρας ὄντας.

1) Clemens Alexandr. Paedagog. lib. III. c. 5. *δι' ἀλαζονείαν περιττήν, μάλιστα δὲ τὴν αὐτεξούσιον ἀπαιδευσίαν, καθ' ἣν κατηγοροῦσιν ἀνάνδρων ἀνδρῶν, πρὸς γυναικῶν κεκρατημένων, ἀποδεικνύμεναι.*

2) „Auch Hämorrhoidalgeschwülste sind eine bei diesen Unglücklichen sehr gewöhnliche Erscheinung, so wie wenn ihr Elend den höchsten Grad erreicht hat, das Aufrichtungsvermögen des männlichen Gliedes gänzlich erschöpft, der Hodensack völlig erschlafft ist und die Hoden welk sind.“ C. L. Klose in Ersch und Gruber Encyclopädie Art. Paederastie. Sect. III. Bd. 9. S. 148. Gewöhnlich nämlich entlocken die Paederasten den Pathicis auch mit der Hand gleichzeitig den Samen!

3) *Περὶ ὕψους* cap. 28. *Καὶ τὸ ἀμίμητον ἐκεῖνο τοῦ Ἡροδότου, τῶν δὲ Σκυθέων τοῖς συλήσασι τὸ ἱερὸν ἐνέβαλεν ἡ θεὸς θήλειαν νοῦσον.*

Pathicus bezeichnen lassen. Wer aber alles dies noch nicht für ausreichend, die Andeutung des Longin für zu dunkel hält, nun den mag der Rhetor Tiberius[1]) belehren, daß die Alten die *νοῦσος θήλεια* bei Herodot in der Tat in keinem andern Sinne genommen haben. Er sagt: „Eine Paraphrase ist es aber, wenn man eine an sich einfache und verständliche Darstellung verändernd, des (rednerischen) Schmuckes oder Affektes oder der Prahlereien wegen die Tatsache mit andern, mehr eigentümlichen und passenden Worten ausdrückt. Dergleichen ist — beim Herodot das *ἐνέσκηψεν ἡ θεὸς θήλειαν νόσον* für: sie machte sie zu Androgynen oder Kinaeden. Auch hier wird der Ausdruck *ἀνδρόγυνος* gebraucht, ebenso wie Herodot an einer andern Stelle[2]) sagt *οἱ δὲ ἐνάρεες, οἱ ἀνδρόγυνοι.* Die falsche Deutung des Wortes hat nun am meisten zum Mißverständnis der *νοῦσος θήλεια* beigetragen, da man unter *ἀνδρόγυνος* sich wirkliche Zwitter dachte, obgleich nichts anderes als Pathici darunter zu verstehen sind, worüber schon Suidas belehren konnte, denn wir lesen bei ihm: *ἀνδρόγυνος· ὁ Διόνυσος, ὡς καὶ τὰ ἀνδρῶν ποιῶν καὶ τὰ γυναικῶν πάσχων· ἢ ἄνανδρος καὶ Ἑρμαφρόδιτος· καὶ ἀνδρογύνων, ἀσθηνῶν, γυναικῶν καρδίας ἐχόντων.* Dionysos[2]) übte also den Beischlaf als Mann aus und ließ

---

[1]) De figuris ed. J. Fr. Boissonade. London 1818. 8. cap. 35. S. 56 sq. *Περίφρασις δ᾽ ἔστιν ὅταν τῆς ἁπλῆς καὶ εὐθείας γινομένης ἑρμενείας εὐτελοῦς οὔσης, μεταβαλλόντες, κόσμου ἕνεκα ἢ πάθους· ἢ μεγαλοπρεπείας, ἄλλοις ὀνόμασι, καὶ πλείοσι τῶν κυρίων καὶ ἀναγκαίων, τὸ πρᾶγμα ἑρμηνεύσωμεν· οἷον ἐστὶ — παρὰ δὲ Ἡροδότῳ, ἐνέσκηψεν ἡ θεὸς θήλειαν νόσον, ἀντὶ τοῦ ἐποίησεν ἀνδρογύνους ἢ κατεαγότας.* Das griechische *κατεαγότας* entspricht dem lateinischen percisus. Daß die Römer effeminatus für identisch mit çinaedus gebrauchten, sehen wir aus der Stelle beim Seneca de benefic. lib. VII. c. 25. Aristippus aliquando delectatus unguento, male, inquit, istis effeminatis eveniat, qui rem tam bellam infamaverunt. Es ist dies offenbar eine Übersetzung der griechischen Worte, wie sie sich beim Diogenes Laertius in vit. Aristipp. lib. II. c. 8. n. 4. — und bei Clemens Alexandrin. Paed. lib. c. 8 p. 279. finden: *Ἀρίστιππος γοῦν ὁ φιλόσοφος, χρισάμενος μύρῳ, κακοὺς κακῶς ἀπολωλέναι χρῆναι τοὺς κιναίδους ἔφασκεν, τοῦ μύρου τὴν ὠφέλειαν εἰς λοιδορίαν διαβεβληκότας.*

[2]) Lib. IV. cap. 67.

[3]) Vielleicht hat Bacchus auch daher den Beinamen Attis. Clemens Alexandr. ad Gentes p. 12. sagt: *δι᾽ ἣν αἰτίαν οὐκ ἀπεικότως τὸν Διόνυσόν τινες Ἄττιν προσαγορεύεσθαι θέλουσιν, αἰδοίων ἐστερημένον.* Nach dem

sich auch als Weib gebrauchen, deshalb nannte man ihn *ἀνδρόγυνος*. In dieser Bedeutung finden wir das Wort bei Plato[1]),

---

Scholiasten zu Lucian de dea Syra c. 16. irrte Dionysos umher, um seine Mutter Semele zu suchen, traf den Polyymnos und dieser versprach ihm der Mutter Aufenthalt zu entdecken, wenn er mit ihm Paederastie treiben wollte. Dies geschah, Polyymnos begleitete ihn nach Lerna, wo die Semele sein sollte, und starb daselbst. Trauernd über den Tod seines Paederasten schnitzte Dionysos sich aus Feigenholz hölzerne Schamteile und trug sie zum Andenken des Polyymnus beständig mit sich herum. Deswegen wird Dionysus durch Phallen verehrt (*λυπηθεὶς δὲ ὁ Διόνυσος, ὅτε ὁ ἐραστὴς αὐτοῦ ἔθνησκε, αἰδοῖον ξύλινον ἐκ συκίνου ξύλου πελεκήσας, κατεῖχεν ἀεὶ πρὸς μνήμην τοῦ Πολυύμνου· διὰ ταύτην [τὴν αἰτίαν τοῖς φαλλοῖς τιμῶσιν τὸν Διόνυσον.*) Weitläufiger erzählt diese Geschichte Clemens Alexandr. Cohortat. ad Gentes p. 22. nennt den Geliebten aber Prosymnus (ebenso Arnobius lib. V. 27. Vergl. Tzetzes in Lycrophon. 213.) und läßt den Bacchus sogar Onania postica treiben, indem er sagt: *ἀφοσιούμενος τῷ ἐραστῇ ὁ Διόνυσος, ἐπὶ τὸ μνημεῖον ὁρμᾷ, καὶ πασχητιᾷ· κλάδον οὖν συκῆς, ὡς ἔτυχεν, ἐκτέμνων ἀνδρείου μορίου σκευάζεται τρόπον· ἐφέζεταί τε τῷ κλάδῳ, τὴν ὑπόχεσιν ἐκτελῶν τῷ νεκρῷ ὑπόμνημα τοῦ πάθους τούτου μυστικὸν, φαλλοὶ κατὰ πόλεις ἀνίστανται Διονύσῳ.* Bei Arnobius l. c. lesen wir, daß Dionysus: Ficorum arbore ramum validissimum praeferens dolat, runcinat, levigat et humani penis fabricatur in speciem: figit super aggerem tumuli, et postica ex parte nudatus, accedit, subdit, insidit. Lascivia deinde luxuriantis assumpta, huc atque illuc clunes torquet et meditatur ab lingno pati, quod iam dudum in veritate promiserat. — Ähnlich heißt es bei Petron. Sat. Profert Enothea scorteum fascinum quod ut oleo et minuto pipere atque urticae trito circumdedit semine, paulatim coepit inserere ano meo. Vergl. S. 145. Wir werden uns nun auch erklären können, was die *συκίνη ἐπικουρία ἐπὶ τῶν ἀσθενῶν* ist, welche Suidas unter *ὄλισβος* erwähnt, wofür Aristophanes am S. 144 angeführten Ort *σκυτίνη ᾽πικουρία* sagt, wozu der Scholiast bemerkt *σκυτίνην ἐπικουρίαν καλεῖ τὴν σκυτίνην βοήθειον, εἴτε τὴν θερματίνην βοήθειαν, τὴν πληροῦσαν ἐπιθυμίαν ἀντὶ τῶν ἀνδρῶν· τοῦτο δὲ ποιοῦσιν αἱ ἀκόλαστοι γυναῖκες· σκυτίνην δὲ ἐπικουρίαν λέγει, παρὰ τὴν παροιμίαν. Συκίνη ἐπικουρία· ἐπὶ τῶν ἀσθενῶν βοηθημάτων καὶ ἴσως ἐνταῦθα γραπτέον, συκίνη ἀντὶ τοῦ σκυτίνη.* Auch *σκυτάλαι· στρογγύλα καὶ λεῖα ξύλα. — σκυτάλη· βακτηρία ἀκροπαχής* bei Suidas und die Stelle bei Aristophanes Eccles 78. *τοῦτ᾽ ἔστ᾽ ἐκεῖνο τῶν σκυτάλων, ὧν πέρδετο*, welche Suidas s. v. *σκυτάλον* offenbar ebenso falsch wie der Scholiast gefaßt haben. Denn an allen diesen Stellen ist der Priapus ficulnus, der auch den Römern bekannt war, zu verstehen. Es gehört hierher Horat. Sat. I. 8. 1. Olim truncus eram ficulnus, inutile lignum, wo die Ausleger manche wunderliche Bemerkung gemacht haben.

[1]) Symposion p. 189. E. *ἀνδρόγυνον γὰρ ἓν τότε μεν ἦν καὶ εἶδος, καὶ ὄνομα ἐξ ἀμφοτέρων κοινὸν τοῦ τε ἄῤῥενος καὶ θήλεος.*

in der oben mitgeteilten Stelle des Dio Chrysostomus, in den Stellen der Physiognomiker, beim Philo a. a. O., und beim Artemidorus[1]) in folgender für uns sehr interessanten Stelle: „Es sah jemand (im Traume) seinen Penis bis ans äußerste Ende behaart und von sehr dichten Haaren, welche plötzlich wuchsen, rauh werden; er wurde ein offenbarer Kinaede, sich jedem schändlichen Genuß überlassend als Weibling und Mannweib, nur gebrauchte er nicht seinen Penis wie ein Mann. Auf diese Weise lag jener Teil bei ihm so brach, daß, weil er an einem andern Körper nicht abgerieben ward, selbst Haare auf ihm wuchsen.“ Derselbe erzählt an einer anderen Stelle:[2]) „Es

---

Deutlicher noch ist die Stelle bei Lucian. Amores 28. *πᾶσα δὲ ἡμῶν ἡ γυναικωνῖτες ἔστω Φιλαινὶς, ἀνδρογύνους ἔρωτας ἀσχημονοῦσα, καὶ πόσῳ κρεῖττον εἰς ἄῤῥενα τρυφὴν βιάζεσθαι γυναῖκα ἢ τὸ γενναῖον ἀνδρῶν εἰς γυναῖκα θηλύνεσθαι·* Clemens Alexandrin. Paedag. lib. II. c. 10. *ἐντεῦθεν συμφανὲς ἡμῖν ὁμολογουμένως παραιτεῖσθαι δεῖν τὰς ἀῤῥενομιξίας, καὶ τὰς ἀκράτους σπορὰς καὶ κατόπιν εὐνὰς καὶ τὰς ἀσυμφυεῖς ἀνδρογύνους κοινωνίας.* Etwas weiter unten sagt derselbe *αἱ δολεραὶ γυναῖκες καὶ τῶν ἀνδρῶν οἱ γυναικώδεις*, und spricht von *θηλυδριώδης ἐπιθυμία.* Eine Übersicht fast sämtlicher hierher gehörender Worte gibt Suidas s. v. *Ἄῤῥεν καὶ Ἀῤῥενικῶς. Καὶ ἡμίανδρος καὶ ἡμιγύναιξ καὶ διγενὴς καὶ θηλυδρίας, καὶ ἑρμαφρόδιτος, καὶ ἶθρις, οὗ ἰσχὺς τεθέρισται· καὶ ἀῤῥενωπὸς, ὁ ἀνδρόγυνος· καὶ ὁ ἀνδρεῖος· ὁ στεῤῥὸς· λέγουσι δ᾽ οὕτω τὰ μὲν ἄλλα γύνιδας, ἔχοντας δέ τι ἀνδρόμορφον. Ἱππῶναξ δὲ, ἡμίανδρον, τὸν οἷον ἡμιγύναικα· λέγεται δὲ καὶ ἀπόκοπος, καὶ βάκηλος [βάτταλος] καὶ ἀνδρόγυνος, καὶ Γάλλος, καὶ γύννις, καὶ Ἄττις καὶ εὐνουχώδης.* Ähnlich verhält es sich auch mit dem Worte *εὐνοῦχος*, welches keineswegs bloß wirkliche Kastraten bezeichnet. So sagt Clemens Alexandr. Paedagog. lib. III. c. 4. *εὐνοῦχος δὲ ἀληθὴς, οὐχ ὁ μὴ δυνάμενος, ἀλλ᾽ ὁ μὴ βουλόμενος φιληδεῖν· — εὐνοῦχοι πολλοὶ, καὶ οὗτοι μαστροποὶ τῷ ἀξιοπίστῳ τοῦ μὴ δύνασθαι φιληδεῖν, τοῖς εἰς ἡδονὰς ἐθέλουσι ῥαθυμεῖν ἀνυπόπτως διακονούμενοι.*

[1]) Oneirocritica Lib. V. c. 65. *Ἔδοξέ τις τὸ αἰδοῖον αὐτοῦ ἄχρις ἄκρας τῆς κορώνης τετριχῶσθαι, καὶ λάσιον εἶναι πυκνῶν πάνυ τριχῶν αἰφνίδιον φυεισῶν· ἀποπεφασμένος κίναιδος ἐγένετο πάσῃ μὲν ἀκολάστῳ χρησάμενος ἡδονῇ, θηλυδρίας ὢν καὶ ἀνδρόγυνος, μόνῳ δὲ τῷ αἰδοίῳ κατὰ νόμον ἀνδρῶν μὴ χρώμενος. Τοιγαροῦν οὕτως ἤδη ἀργὸν ἦν αὐτῷ τὸ μέρος ἐκεῖνο, ὡς διὰ τὸ μὴ τρίβεσθαι πρὸς ἕτερον σῶμα καὶ τρίχας ἐκφῦσαι.*

[2]) Lib. IV. cap. 37. *Ἀνδρόγυνον κωμῳδεῖν ἔδοξέ τις δρᾶμα· ἐνόσησεν αὐτῷ τὸ αἰδοῖον. Γάλλους ὁρᾶν ἔδοξέ τις· ἐνόσησεν αὐτῷ τὸ αἰδοῖον. Τὸ μὲν πρῶτον διὰ τὸ ὄνομα οὕτως ἀπέβη, τὸ δὲ δεύτερον διὰ τὸ συμβεβηκὸς τοῖς δρωμένοις. Καὶ τοι καὶ τὸ κωμῳδεῖν οἶσθα ὃ σημαίνει, καὶ τὸ Γάλλους ὁρᾶν.*

sah jemand (im Traume) die Rolle[1]) eines Androgynen geben, es wurde ihm das Schamglied krank; es glaubte jemand einen Priester der Cybele (Entmannten) zu sehen, es wurde ihm das Schamglied krank. Das erste Mal geschah es wegen des Namens, das andere Mal geschah es wegen des sich mit Zuschauern Ereignenden. Und du weist, was sowohl das *κωμῳδεῖν* als auch das, einen Priester der Cybele sehen, bedeutet. Du erinnerst dich auch, daß, wenn jemand eine Komödie oder Tragödie zu sehen glaubt, und wieder daran denkt, nach dem

---

Μέμνησο δὲ, ὅτι, εἴτε κωμῳδεῖν, εἴτε τραγῳδεῖν ὑπολάβοι τις, καὶ μνημονεύει, κατὰ τὴν ὑπόθεσιν τοῦ δράματος κρίνεται καὶ τὰ ἀποτελέσματα. Die Bedeutung des *κωμῳδεῖν* und *τραγῳδεῖν* gibt Artemidorus Lib. I. cap. 56. Über die Galli vergleiche Lib. II. 69. — Lib. II. cap. 12. heißt es: *Ὕαινα δὲ γυναῖκα σημαίνει ἀνδρόγυνον ἢ φαρμακίδα, καὶ ἄνδρα κίναιδον οὐκ εὐγνώμονα.* Daß die Hyäne bald Mann bald Weib sei, war ein im Altertum verbreiteter Glaube (vgl. Aelian hist. anim. I. 25. Horapollo hieroglyph. II. 65. Ovidius Metamorph. Lib. XV. Fab. 38. Tertullian de Pallio c. 3.) welchen indes bereits Aristoteles hist. anim. Lib. VI. c. 32. sowie Clemens Alexandr. Paedag. II. 9. für falsch erklärten. Dennoch hegt man diese Meinung noch jetzt auf dem Vorgebirge der guten Hoffnung. s. Corn. de Jong Reise nach dem Vorgebirge d. g. H. etc. Hamburg 1803. Tl. I. Brief 6. Clemens Alex. Paedagog. lib. II. c. 9. sagt noch merkwürdiger vom Hasen *καὶ τὸν μὲν λαγῶν κατ᾽ ἔτεος πλεονεκτεῖν φασὶ τὴν ἀφόδευσιν, εἰς ἀριθμοὺς οἷς βεβίωκεν ἔτεσιν ἴσχοντα τρυπάς· ταύτῃ ἄρα τὴν κώλυσιν τῆς ἐδωδῆς τοῦ λαγὼ, παιδεραστίας ἐμφαίνειν ἀποτροπὴν*, was S. Barnabas Epist. c. 10. sowie Plinius hist. nat. VIII. 55. bestätigt. Hieraus ergibt sich nun auch das Verständnis des Sprüchworts *δασύπους κρεῶν ἐπιθυμεῖ* und das Lepus tute es, et pulmentum quaeris? bei Terentius Eunuch. III. 1. 36. Vielleicht gehört hierher auch das *κύων τεῦτλα οὐ τρώγει* des Diogenes. Diogen. Laert. VI. 2. 6. Ähnlich sagt Strato im folgenden (Antholog. graec. lib. I. tit. 72. No. 6.)

Ἔστι Δράκων τὶς ἔφηβος, ἄγαν καλὸς· ἀλλὰ δράκων ὢν
Πῶς εἰς τὴν τρώγλην ἄλλον ὄφιν δέχεται;

Aristophanes Eccles. 904. *κἀπὶ τῆς κλίνης ὄφιν εὕροις*, wozu der Scholiast bemerkt: *ὄφις-λαμβάνεται ἀντὶ τοῦ αἰδοίου οὐ τεταμένου δηλαδὴ, ἀλλ᾽ ἀνειμένου.* Auch in Priapeia LXXXIII. 33. heißt es: licebit aeger, angue lentior.

[1]) Clemens Alexandr. Paedag. Lib. II. c. 10. *οὐδὲ τῶν κατεαγότων, τούτων δὴ τῶν τὴν κιναιδίαν τὴν ἄφωνον ἐπὶ τὰς σκηνὰς μετιόντων ὀρχηστῶν ἀποῤῥέουσαν εἰς τοσοῦτον ὕβρεως τὴν ἐσθῆτα περιορώντων.*

Inhalt des Stückes auch der Ausgang sich berechnen läßt."
Diese Stelle gibt uns wiederum einen Beweis, welchen Ursachen man die Entstehung von Genitalaffektionen im Altertum zuschrieb, und es ist wahrlich nicht zu verwundern, wenn die ätiologischen Verhältnisse selbst bei den ärztlichen Schriftstellern in ein fast undurchdringliches Dunkel gehüllt sind.

Was ist nun aber ἐναρέες[1]) für ein Wort? Mehrere haben es für griechisch, aber für corrupt gehalten, und dafür ἐναγέες (Leute die sich gegen die Gottheit versündigt haben) wie Bouhier und vielleicht schon Cael. Rhodiginus, oder ἀνάριες *(imbelles, ad luctam veneream inepti)* wie Coray lesen wollen; Stark nimmt keine Corruption an, sondern glaubt es von ἐναίρω, *spolior,* ἔναρα, *spolia* ableiten zu müssen, sodaß ἐναρέες *virilitate spoliatos* bedeute. Indessen heißt ἐναίρω nach Buttmann Lexilog. S. 276 in den Hades hinabschicken, morden, ἔναρα die den Ermordeten abgenommene Beute, hieraus ist dann der Begriff des Verderbens abgeleitet; es kommt wohl (Homer. Ilias XXIV. 244) in der Bedeutung von gemordet werden vor, allein *virilitate spoliari* läßt sich gewiß ohne Zusatz bei den alten Schriftstellern nicht nachweisen. Wäre die Ableitung richtig, so könnte das ἐναρέες nur (Tempel-) Räuber bedeuten, und in der Tat geben die Glossen ὁπλῖται als Erklärung. Es nimmt uns Wunder, daß diejenigen, welche den Tripper in der νοῦσος θήλεια zu finden glaubten, das Wort nicht von ἐάρ, der Saft, der Same, mit eingeschobenem ν abgeleitet haben. — Gegen den griechischen Ursprung des Wortes spricht aber der einfache Umstand, daß

---

[1]) Naumann (Schmidt's Jahrb. 1837. Bd. 13. S. 100.) sagt: das wahrscheinlich skythische Wort ἐνάρεες erinnert an den in der altnordischen Mythologie vorkommenden Zwerg Anar oder Onar, gleichsam ein Unmann, welcher jedoch als Schwiegervater Odhins geehrt wurde. (J. Grimm deutsche Mythologie. Göttingen 1835. S. 425.) Damit würde die Angabe von Hippocrates stimmen, welcher zufolge jene Eunuchen von ihren Landsleuten mit fast göttlicher Verehrung betrachtet wurden. — Abgesehen davon, daß erst nachgewiesen werden muß, daß die skythische Sprache zum indogermanischen Stamme gehört, ist bei Onar oder Anar gar nicht von einem Unmann oder wirklichen Eunuchen die Rede, denn Anar zeugte ja mit der Nôtta eine Tochter, Jördh, wodurch er eben Schwiegervater des Odhin ward.

Herodot sagt: *τοὺς καλέουσι Ἐναρέες οἱ Σκύθαι*, was doch offenbar soviel bedeutet als: in der Sprache der Skythen heißen sie *ἐναρέες*, und warum hätte es auch Herodot durch *ἀνδρόγυνοι* erläutern sollen, wenn es ein jedem Griechen verständliches Wort war? Damit stimmen auch die genauen Kenner ihres Herodot, Wesseling und Schweighäuser, überein. Nun wissen wir freilich nicht, zu welchem Sprachstamme das Skythische gehört, indessen da es anzunehmen ist, daß da, wo die *νοῦσος θήλεια* herkam, auch das Wort dafür seinen Ursprung nahm, so glauben wir auch, daß *ἐναρέες* ein ursprünglich syrisches Wort war, welches die Skythen oder vielmehr die Griechen[1]) erst ihrem Sprachidiom angepaßt haben; sie waren ja besonders stark in der Umwandlung oder Verdrehung ausländischer Namen! Das Wort, welches wir aber hier in Anspruch nehmen zu müssen glauben, ist das semitische נַעֲרָה (naarâ) die Dirne, das Weib im allgemeinen; und Herodot hätte dann *ναρέες* geschrieben, wie nach Coray wirklich ein Codex hat. Die Bedeutung wäre dann die Weibischen, was einen der *νοῦσος θήλεια*, wie dem *ἀνδρόγυνος* ganz entsprechenden Sinn gibt. Zu einer andern Vermutung führt der Name des babylonischen Präfekten *Ἄνναρος*, auf welchen bereits Coray aufmerksam macht, indem er hinzufügt: *mais qui pourroit bien être un surnom altéré par les copistes, et relatif à sa vie effeminée et au milieu des femmes.* Beim Athenaeus[2]) heißt es nämlich: *Κτησίας δ' ἱστορεῖ, Ἄνναρον τὸν βασιλέως ὕπαρχον καὶ τῆς Βαβυλωνίας δυναστεύσαντα στολῇ χρῆσθαι γυναικείᾳ καὶ κόσμῳ· καὶ ὅτι βασιλέως δούλῳ ὄντι κ. τ. λ.* Hier ist doch in der Tat nicht abzusehen, warum der Abschreiber den Namen *Ἄνναρον* eingefügt haben soll, denn die ganze Satzform verlangt ein Nomen proprium: aber Coray will nicht zugeben, daß das Wort *ἐναρέες* ein fremdes sei, weil *„cette manière de s'exprimer*

---

[1]) Eine solche Korruption von Seiten Herodots war um so leichter, als es nach den neuern Untersuchungen fest steht, daß er, wie schon Heyne a. a. O. behauptete, nie im eigentlichen Skythien gewesen ist. Vergl. Herodoti Musae ed. J. Ch. F. Baehr. Vol. IV. Lips. 1835. p. 395. unc Vol. I. p. 455. Heyse. C. G. L., de Herodoti vita et itineribus. Diss. Berolin. 1826. 8. p. 104.

[2]) Deipnosoph. lib. XII. p. 530. D.

n'est souvent qu'une version literale du mot étranger dans la langue de l'écrivain qui l'emploie." Wäre dies der Fall, das Wort ein den Griechen verständliches gewesen, warum erläuterte Herodot dasselbe durch *ἀνδρόγυνοι*? Hätte nun auch wirklich ein Abschreiber *Ἄνναρον* in den Text eingeschoben, so mußte ihm das Wort damals doch in der Bedeutung von weibisch, unmännlich bekannt sein; hat es aber diese Bedeutung, so würde die Conjektur von Coray für *ἐναρέες* zu lesen *ἀναρέες* unbedenklich aufzunehmen sein, wenn man, worauf uns Herr Prof. Pott aufmerksam machte, die Ableitung aus dem Sanskrit oder Zend hernimmt. Im Zend nämlich heißt *nara* der Mann, *nari* das Weib, im Sanskrit ist *nr* das Thema, Nom. *nā*, Plural *nar-as*; oder *nara* das Thema und Nom. *narās*, woraus auch das griechische *ἀνήρ* mit Hinzufügung des prosthetischen (nicht privativen *α*) entstanden ist. Aus *nara* ließe sich nun durch Vorsetzung des *α* privativum, welches im Zend wie im Sanskrit vorhanden ist, *a-nara* bilden mit der Bedeutung von Nicht-Mann, unmännlich, was uns dann in dem Namen *Ἄναρος*, denn das doppelte *ν* ist gewiß unrichtig, aufbewahrt ist, und so wäre dann *ἀναρέες* buchstäblich etymologisch dasselbe, was Hippocrates in der später zu besprechenden Stelle, *ἀνανδριεῖς* nennt; dies nämlich sowie *ἀνανδρία*, *ἄνανδρος* sind Ausdrücke für den Pathicus und seine Unzucht, wie mehrfach im Verlauf dieser Untersuchung angeführte Stellen beweisen. Will man aber in der Tat mit Coray eine wörtliche Übersetzung eines fremden Wortes annehmen, so könnte man *ἀνανέρες* (*ἀ-ν-ἀνέρες*) lesen, ein Wort, welches zwar richtig gebildet, bei den Griechen aber nicht gebräuchlich war, weshalb Herodot es immer durch *ἀνδρόγυνοι* erläutern konnte. Auffallend bleibt es aber immer, daß keiner der alten Lexicographen wie Suidas und Hesychius[1]) das Wort, mag

[1]) Bei diesem findet sich aber das Wort *ἀνάρσιοι* und er erklärt es durch *ἀνάρμοστοι πολέμιοι· ἀπὸ τοῦ μὴ συνηρμοσθῆναι τοῖς ἤθεσιν·* Plutarch *περὶ τῆς ἐν Τιμαίῳ ψυχογονίας* sub fin. sagt: *οἱ ποιηταὶ καλοῦσιν ἀναρσίους τοὺς ἐχθροὺς καὶ τοὺς πολεμίους, ὡς αναρμοστίαν τὴν διαφορὰν οὖσαν.* Zonaras Lexikon s. v. schreibt: *ἀνάρσιοι· ἐχθροὶ· ἄδικοι· ἀνάρμοστοι.* Ebenso das Etymologicum magnum s. v. *ἀνάρσιοι· ἄδικοι, ἐχθροί· — ὁ ἀναρμοστὸς καὶ ἀσύμφωνος· Ὧρος· πολέμιος, ὑβριστής· καὶ ἄναρσις, νεῖκος,*

es nun geheißen haben wie es will, seiner besonderen Aufmerksamkeit für wert geachtet hat.

§ 18.

Nachdem wir im Vorhergehenden die *νοῦσος θήλεια* des Herodot, wie wir glauben, hinlänglich erörtert, und dargetan haben, daß die älteste Ansicht, als sei die Unzucht des Pathicus darunter zu verstehen, sich in jeder Beziehung rechtfertigen lasse, bleibt es uns nun noch übrig, auch die Stellen anderer Schriftsteller, welche sich jenes Ausdrucks bedient haben, und die bereits von Stark § 11—18 mit großer Sorgfalt gesammelt sind, einer Prüfung zu unterwerfen, um zu sehen, in wie weit sie sich mit jener Ansicht vereinigen lassen.

Philo[1]) erzählt unter mehreren anderen Beweisen der Freimütigkeit des Philosophen Diogenes, als er gefangen und zum Verkauf ausgestellt war, daß er, während seine Mitgefangenen traurig und niedergeschlagen dagestanden hätten, mehrfach seiner witzigen Laune freien Lauf gelassen habe; „er soll nämlich, als er einen der Käufer, welcher an der *θήλεια νοῦσος* litt, erblickte,

---

πόλεμος. Demnach würde man recht gut für *ἐναρέες* lesen können *ἀνάρσιοι*, denn die Tempelräuber waren *ἄδικοι* und *ὑβρισταὶ* gewesen und waren es noch als Pathici, deren Unzucht *ἀδικία* und *ὕβρις* war, wie schon mehrmals erinnert. Hierzu kommt noch, daß auch Homer Ilias XXIV. 365. Odyss. X. 459. sich des Ausdruckes *ἀνάρσιοι* in der Bedeutung von *ὑβρισταὶ*, *ἄδικοι* bedient, was für Herodot immer von Gewicht war, selbst wenn er ein ausländisches Wort übersetzte. Da das *ἀνάρσιοι* mehrfache Bedeutungen hatte, so konnte er an der zweiten Stelle, anstatt des *καλοῦσι Σκύθαι*, recht gut zur Erläuterung das *ἀνδρόγυνοι* hinzufügen.

[1]) Liber quisquis virtuti studet. Opera ed. Mangey T. II. p. 465. *Λέγετο γοῦν, ὅτι θεασάμενός τινα τῶν ὠνουμένων, ὃν θήλεια νόσος εἶχεν ἐκ τῆς ὄψεως οὐκ ἄῤῥενα προελθὼν ἔφη, σύ με πρίω· σὺ γὰρ ἀνδρὸς χρείαν ἔχειν μοι δοκεῖς· ὡς τὸν μὲν δυσωπηθέντα ἐφ᾽ οἷς ἑαυτῷ σύνοιδε, καταδῦναι, τοὺς δὲ ἄλλους τὸ σύν εὐτολμίᾳ εὐθυβόλον ἐκπλήττεσθαι.* Diogenes Laert. lib. VI. cap. 2. u. 4. erzählt nur ganz kurz: *Φησὶ δὲ Μένιππος ἐν τῇ Διογένους πράσει, ὡς ἁλοὺς καὶ πωλούμενος ἠρωτήθη τί οἶδε ποιεῖν; ἀπεκρίνατο, Ἀνδρῶν ἄρχειν· καὶ πρὸς τὸν κήρυκα, Κήρυσσε, ἔφη, εἴ τις ἐθέλει δεσπότην αὑτῷ πρίασθαι.* Vergl. ebendas. n. 9.

auf den seinem äußern Ansehen nach Unmännlichen zugehend, gesagt haben: kaufe du mich, denn du scheinst mir eines Mannes zu bedürfen. Jener, sich des wohlbewußten schämend, habe sich unter die Menge gemischt, die andern aber hätten die treffende Kühnheit angestaunt.“ An einer andern Stelle[1]) sagt Philo, nachdem er über die Gesetze des Moses gegen die Hurerei gesprochen: „Ein anderes, bei weitem größeres Übel als das erwähnte, hat sich in die Staaten eingeschlichen, die Pae-

[1]) De specialibus legibus p. 305. sq. Ἐπεισκεκώμακε δὲ ταῖς πόλεσιν ἕτερον πολὺ τοῦ λεχθέντος μεῖζον κακὸν τὸ παιδεραστεῖν, ὃ πρότερον μὲν καὶ λεχθῆναι μέγα ὄνειδος ἦν, νυνὶ δ᾽ ἐστὶν αὔχημα οὐ τοῖς δρῶσι μόνον, ἀλλὰ καὶ τοῖς πάσχουσιν, οἱ νόσον θήλειαν νοσεῖν ἐθιζόμενοι, τάς τε ψυχὰς καὶ τὰ σώματα διαῤῥέουσι, μηδὲν ἐμπύρευμα τῆς ἄῤῥενος γενεᾶς ἐῶντες ὑποτύφεσθαι, περιφανῶς οὕτως τὰς τῆς κεφαλῆς τρίχας ἀναπλεκόμενοι καὶ διοκοσμούμενοι, καὶ ψιμμυθίῳ καὶ ψύκεσι καὶ τοῖς ὁμοιοτρόποις τὰς ὄψεις τριβόμενοι, καὶ ὑπογραφόμενοι, καὶ εὐώδεσι μύροις λίπα χριόμενοι (προσαγωγὸν γὰρ μάλιστα ἐν τοῖς τοιούτοις τὸ εὐῶδες) ἐν πᾶσι τοῖς εἰς εὐκοσμίαν ἠσκημένοις καὶ τὴν ἄῤῥενα φύσιν ἐπιτηδεύσει· τεχνάζοντας εἰς θήλειαν μεταβάλλειν, οὐκ ἐρυθριῶσι. Καθ᾽ ὧν φονᾷν ἄξιον νόμῳ πειθαρχοῦντας, ὃς κελεύει τὸν ἀνδρόγυνον τὰ φύσεως νόμιμα παρακόπτοντα, νηποινεὶ τεθνάναι, μηδεμίαν ἡμέραν ἀλλὰ μηδ᾽ ὥραν ἐώμενοι ζῆν, ὄνειδος αὐτοῦ καὶ οἰκίας καὶ πατρίδος ὄντα καὶ τοῦ σύμπαντος ἀνθρώπων γένους. Ὁ δὲ παιδεραστὴς ἔστω τὴν αὐτὴν δίκην ὑπομένων, ἐπειδὴ τὴν παρὰ φύσιν ἡδονὴν διώκει, καὶ τὰς πόλεις, τὸ γ᾽ ἐπ᾽ αὐτὸν ἧκον μέρος, ἐρήμους καὶ κενὰς ἀποδείκνυσιν οἰκητόρων, διαφθείρων τὰς γονάς, καὶ προσέτι, τῶν μεγίστων κακῶν, ἀνανδρίας καὶ μαλακίας ὑφηγητὴς καὶ διδάσκαλος ἀξιοῖ γίνεσθαι· τοὺς νέους ὡραΐζων καὶ τὸ τῆς ἀκμῆς ἄνθος ἐκθηλεύων. ὃ πρὸς ἀλκὴν καὶ ῥώμην ἀλείφειν ἁρμόττον ἦν. Καὶ τελευταῖον, ὅτι κακοῦ τρόπον γεωργοῦ, τὰς μὲν βαθυγείους καὶ εὐκάρπους ἀρούρας χερσεύειν ἐᾷ, μηχανώμενος ἐπ᾽ αὐταῖς ἀγονίαν· ἐξ ὧν δ᾽ οὐδὲν βλάστημα προσδοκᾶτει τὸ παράπαν, εἰς ταῦτα πονεῖται καθ᾽ ἡμέραν καὶ νύκτωρ. Αἴτιον δ᾽ οἶμαι, τὸ παρὰ πολλοῖς τῶν δήμων, ἀκρασίας καὶ μαλακίας ἆθλα κεῖσθαι. Τοὺς γοῦν ἀνδρογύνους ἰδεῖν ἐστὶ διὰ πληθούσης ἀγορᾶς ἀεὶ σοβοῦντας, κἀν ταῖς ἑορταῖς προπομπεύοντας καὶ τὰ ἱερὰ τοὺς ἀνιέρους διειληχότας, καὶ μυστηρίων καὶ τελετῶν κατάρχοντας, καὶ τὰ Δήμητρος ὀργιάζοντας. Ὅσοι δ᾽ αὐτῶν τὴν καλὴν νεανιείαν προσεπιτείνοντες, εἰς ἅπαν ὠρέχθησαν μεταβολῆς, τᾶς εἰς γυναῖκας, τὰ γεννητικὰ προσαπέκοψαν, ἁλουργίδας ἀμπεχόμενοι, καθάπερ οἱ μεγάλων ἀγαθῶν αἴτιοι ταῖς πατρίσι, προέρχοντο δορυφορούμενοι, τοὺς ὑπαντῶντας ἐπιστρέφοντες. Εἰ δ᾽ ἦν ἀγανάκτησις, οἵα παρὰ τῷ ἡμετέρῳ νομοθέτῃ, κατὰ τῶν τὰ τοιαῦτα τολμώντων· καὶ ὡς κοινὰ τῶν πατρίδων ἄγη καὶ μιάσματα δίχα συγγνώμης ἀνῃροῦντο, πολλοὺς ἂν ἑτέρους νουθετεῖσθαι συνέβαινεν. Αἱ γὰρ τῶν προκαταγνωσθέντων τιμωρίαι ἀπαραίτητοι, ἀνακοπὴν οὐ βραχεῖαν ἐργάζοντο τοῖς ζηλωταῖς τῶν ὁμοίων ἐπιτηδευμάτων.

derastie nämlich, deren bloße Erwähnung früherhin schon ein gewaltiger Schimpf war; jetzt aber ist sie ein Ruhm, nicht nur für die Praktiker, sondern auch für die Pathici, von denen man gewöhnlich sagt, daß sie an der νοῦσος ϑήλεια leiden. Sie werden nämlich an Leib und Seele verweiblicht, und nicht ein Fünkchen Männlichkeit glimmt in den so Beschaffenen. Sie flechten und ordnen sich demgemäß ganz offen das Haupthaar, bestreichen und bemalen das Gesicht mit Bleiweiß, Schminke und ähnlichem, salben sich mit wohlriechenden Salben, (denn sie bedürfen des Wohlgeruchs am meisten); indem sie alle große Sorgfalt auf den äußern Schmuck verwenden, schämen sie sich nicht, auch künstlich die männliche Natur sorgsam in die weibliche umzuwandeln. Gegen diese muß man blutgierig sein, wenn man dem Gesetz gehorcht, welches gebietet: den Androgynen, der das Gesetz der Natur verletzt, ungestraft zu töten, keinen Tag, ja keine Stunde leben zu lassen, da er eine Schande seiner selbst, seiner Familie, seines Vaterlandes, ja des ganzen Menschengeschlechtes ist. Der Paederast muß aber dieselbe Strafe erdulden, weil er nach einem widernatürlichen Vergnügen hascht und die Staaten seinerseits verlassen und von Bewohnern leer macht, indem er das Kinderzeugen vernichtet und außerdem Anleitung und Unterricht in den beiden größten Lastern, der Unmännlichkeit und Verweichlichung, zu geben sucht, die Jugend (wie Weiber) herausputzend und die Männer in der Blüte ihrer Jahre verweichlichend, welche zur Erlangung von Kraft und Stärke hätten ermuntert werden sollen. Endlich nach Art eines schlechten Landbauers läßt er den tiefen und fruchtbaren Boden unbebaut liegen und macht ihn unfruchtbar, dagegen bearbeitet er Tag und Nacht den, von welchem er durchaus keinen Ertrag erwarten kann. Dies kommt eben, wie ich glaube, daher, weil in den meisten Staaten für die Unzucht des Paederasten und Pathicus Preise ausgesetzt sind. Denn man sieht diese Androgynen auf den mit Menschen angefüllten Märkten beständig einherstolzieren, bei den festlichen Aufzügen vorangehen, die Heiligtümer mit unheiligen Händen angreifen, in die Mysterien eingeweiht werden und die Feste der Ceres begehen. Einige derselben haben die schöne Jugend so weit gebracht, daß sie eine vollständige Umwandlung in Weiber begehrten, die Zeugungsglieder sich abschnitten, mit Purpurkleidern bekleidet, als hätten sie dem Vaterlande große Vorteile gebracht, von einer Leibwache umgeben einherschreiten, die Augen aller Begegnenden auf sich ziehend. Hegte man solchen Unwillen wie unser Gesetzgeber gegen die solches sich Erdreistenden, und würden sie, als die gemeinsame Schuld des Vaterlandes büßend, ohne Nachsicht entfernt, so dürfte dies viele der übrigen bessern. Die nicht auszuweichende Strafe der schon vorher Verdammten würde nicht wenig zur Einschränkung der Nachahmung gleicher Lüste beitragen." — In der dritten Stelle spricht Philo[1]) von dem Unterschiede der Symposien seiner Zeit von denen bei den Griechen und sagt: „Das platonische (Gastmahl) handelt fast ganz von der Liebe, nicht allein von der der Männer zu den Frauen oder der Frauen zu den Männern — denn dieses Ver-

[1]) De vita contemplativa p. 480. *Τὸ δὲ Πλατωνικὸν ὅλον σχεδόν ἐστι περὶ ἔρωτος, οὐκ ἀνδρῶν ἐπὶ γυναιξὶν ἐπιμανέντων, ἢ γυναικῶν ἀνδράσιν αὐτὸ μόνον (ἐπιτελοῦτο γὰρ αἱ ἐπιθυμίαι αὗται νόμῳ φύσεως·) ἀλλὰ ἀνδρῶν ἄρσεσιν ἡλικίᾳ μόνον διαφέρουσι. Καὶ γὰρ εἴτι περὶ ἔρωτος καὶ οὐρανίου Ἀφροδίτης κεκομψεῦσθαι δοκεῖ, χάριν ἀστεισμοῦ παρείληπται· τὸ γὰρ πλεῖστον αὐτοῦ μέρος ὁ κοινὸς καὶ πάνδημους Ἔρως διείληφεν· ἀνδρείαν μὲν τὴν βιωφελεστάτην ἀρετὴν κατὰ πόλεμον καὶ κατ᾿ εἰρήνην ἀφαιρούμενας, θήλειαν δὲ νόσον ταῖς ψυχαῖς ἀπεργαζόμενος, καὶ ἀνδρογύνους κατασκευάζων, οὓς ἐχρῆν πᾶσι τοῖς πρὸς ἀλκὴν ἐπιτηδεύμασι συγκροτεῖσθαι. Λυμηνάμενος δὲ τὴν παιδικὴν ἡλικίαν καὶ εἰς ἐρωμένης τάξιν καὶ διάθεσιν ἀγαγὼν, ἐζημίωσε καὶ τοὺς ἐραστὰς περὶ τὰ ἀναγκαιότατα, σῶμά τε καὶ ψυχὴν καὶ οὐσίαν. Ἀνάγκη γὰρ τοῦ παιδεραστοῦ τὸν μὲν νοῦν τετάσθαι πρὸς τὰ παιδικά, καὶ πρὸς ταῦτα μόνον ὀξυδερκοῦντα, πρὸς δὲ τὰ ἄλλα πάντα ἴδιά τε καὶ κοινὰ τυφλούμενον ἀπὸ τῆς ἐπιθυμίας καὶ μάλιστα εἰ ἀποτυγχάνοιτο, συντήκεσθαι· τὴν δὲ οὐσίαν ἐλαττοῦσθαι διχόθεν, ἔκ τε ἀμελείας, καὶ τῶν εἰς τὸν ἐρώμενον ἀναλωμάτων. Παραφύετο δὲ καὶ μεῖζον ἄλλο πάνδημον κακόν. ἐρημίαν γὰρ πόλεων, καὶ σπάνιν τοῦ ἀρίστου γένους ἀνθρώπων, καὶ στείρωσιν καὶ ἀγονίαν τεχνάζονται, οἳ μιμοῦνται τοὺς ἀνεπιστήμονας τῆς γεωργίας, κ. τ. λ.* Diese Stelle zeigt übrigens offenbar, daß Philo den Plato gar nicht verstanden, welcher nicht nur die Paedophilie durchaus und streng von der Paederastie scheidet, sondern auch die Nachteile der letztern für den Pathicus an Leib und Seele weitläufig auseinandergesetzt, namentlich im Phaedrus p. 239 bis 241., welchen wir den Leser zu vergleichen bitten, da die ausführliche Mitteilung zuviel Raum einnehmen würde.

langen wird dem Gesetze der Natur gemäß befriedigt — sondern von der Liebe der Männer, welche sie allein auf Jünglinge übertragen. Denn was außerdem über den Eros und die Aphrodite Urania sehr schön gesprochen zu werden scheint, muß mehr als Redeschmuck betrachtet werden. Der größte Teil desselben nämlich betrifft den *Ἔρως κοινὸς* und *πάνδημος*, welcher die Männlichkeit, die für Krieg und Frieden nützlichste Tugend vernichtet, dafür der Psyche die *νοῦσος θήλεια* gibt und Androgynen schafft, anstatt sie auf jede Weise zur Mannskraft zu rüsten. Die männliche Jugend aber verderbend und ihr die Eigenschaft und den Charakter einer Geliebten gebend, fügt er auch dem Liebhaber an den wichtigsten Gütern des Lebens, Leib, Seele und Eigentum Schaden zu. Denn der Sinn der Paederasten muß notwendig ganz auf die geliebten Knaben gerichtet sein und dafür allein ein scharfes Auge haben, für alle übrigen Privat- wie öffentlichen Angelegenheiten ist er von seiner Leidenschaft geblendet und untauglich, besonders wenn er unglücklich in seiner Liebe ist. Sein Vermögen nimmt auf zweierlei Weise Schaden, teils durch Sorglosigkeit, teils durch den Aufwand für den Geliebten. Hierzu gesellt sich nun ein anderes größeres, allgemeines Übel; denn auf die Entvölkerung der Städte, den Mangel eines tüchtigen Menschenschlags, Unfruchtbarkeit arbeiten sie hin, welche die im Landbau Unwissenden nachahmen u. s. w.“ In einer vierten von Stark aber übersehenen Stelle sagt derselbe Philo[1]) von den Bewohnern Sodoms und ihrer zügellosen Wollust und Unzucht: „Nicht nur

[1]) De Abrahamo p. 20. sq. *Οὐ γὰρ μόνον θηλυμανοῦντες ἀλλοτρίους γάμους διέφθειρον, ἀλλὰ καὶ ἄνδρες ὄντες ἄῤῥεσιν ἐπιβαίνοντες, τὴν κοινὴν πρὸς τοὺς πάσχοντας οἱ δρῶντες φύσιν οὐκ αἰδούμενοι, παιδοσποροῦντες ἠλέγχοντο μὲν ἀτελῆ γονὴν σπείροντες. Ὁ δ᾽ ἔλεγχος πρὸς οὐδὲν ἦν ὄφελος, ὑπὸ βιαιοτέρας νικωμένων ἐπιθυμίας· εἶτ᾽ ἐκ τοῦ κατ᾽ ὀλίγον ἐθίζοντες τὰ γυναικῶν ὑπομένειν τοὺς ἄνδρας γεννηθέντας, θήλειαν κατεσκεύαζον αὐτοῖς νόσον, κακὸν δύσμαχον. Οὐ μόνον γὰρ τὰ σώματα μαλακότητι καὶ θρύψει γυναικοῦντες, ἀλλὰ καὶ τὰς ψυχὰς ἀγεννεστάτας ἀπεργαζόμενοι, τό γ᾽ ἐπ᾽ αὐτοῖς ἧκον μέρος, τὸ σύμπαν ἀνθρώπων γένος; διέφθειρον. Εἰ γοῦν Ἕλληνες ὁμοῦ καὶ βάρβαροι συμφωνήσαντες ἐζήλωσαν τὰς τοιαύτας ὁμιλίας, ἠρήμωντο ἂν ἑξῆς αἱ πόλεις, ὥσπερ λοιμώδει νόσῳ κενωθεῖσαι.*

entehrten die von rasender Neigung zu den Weibern Befallenen fremde Ehebetten, sondern selbst Männer stiegen auf Männer, des gleichen Geschlechts mit dem Pathicus schämten sich die Paederasten nicht; nutzlos Samen von sich gebend, verachteten sie das Kinderzeugen. Der Tadel war aber nutzlos bei den von zu gewaltsamer Leidenschaft Besiegten. Später gewöhnten sich bald die als Männer Geborenen daran, die Rolle der Weiber zu spielen, und eigneten sich selbst die *νοῦσος θήλεια*, als ein vergebens zu bekämpfendes Laster, an. Denn nicht allein den Körper machten sie durch weibisches Betragen und weibische Lebensart zum weiblichen, sondern auch die Psyche brachten sie um die Kennzeichen des Geschlechts und verdarben, so viel sie nur vermochten, das ganze Menschengeschlecht. Hätten die Griechen im Verein mit den Barbaren einstimmig nach einer solchen Vereinigung gestrebt, die Städte würden nacheinander menschenleer geworden sein, als wären sie von einer pestartigen Krankheit verwüstet." — In der fünften und letzten Stelle endlich spricht Philo[1]) von denen, welchen der Gesetzgeber den Zutritt zum Heiligtum verwehrt habe: „Er entfernte alle Unwürdigen vom Tempelbesuch, den Anfang machte er mit den Androgynen, welche an der *νοῦσος θήλεια* leiden, die den von der Natur vorgeschriebenen Gang der Dinge fälschen und die Begierde und das Äußere geiler Weiber annehmen. Er verjagte die, denen die Hoden eingedrückt und die Zeugungsteile abgeschnitten sind, weil sie die Jugendblüte erhalten, damit sie nicht so leicht vergehe, und den männlichen Typus in die weibliche Gestalt umwandelten. Er verjagte nicht nur die Huren, sondern auch deren Kinder etc."

---

[1]) De sacrificantibus p. 261. *προανείργει πάντας τοὺς ἀναξίους ἱεροῦ συλλόγου, τὴν ἀρχὴν ποιούμενος ἀπὸ τῶν νοσούντων τὴν ἀληθῆ [θήλειαν] νόσον ἀνδρογύνων, οἳ τὸ φύσεως νόμισμα παρακόπτοντες, εἰς ἀκολάστων γυναικῶν πάθος καὶ μορφὰς εἰσβιάζοντο. Θλαδίας γὰρ καὶ ἀποκεκομμένους τὰ γεννητικὰ ἐλαύνει, τό, τε τῆς ὥρας ταμιεύοντας ἄνθος, ἵνα μὴ ῥᾳδίως μαραίνοιτο, καὶ τὸν ἄῤῥενα τύπον μεταχαράττοντας εἰς θηλύμορφον ἰδέαν. Ελαύνει δὲ οὐ μόνον πόρνας ἀλλὰ καὶ τοὺς ἐκ τῆς πόρνης κ. τ. λ.*

Überblicken wir diese absichtlich ausführlich, von Stark nur fragmentarisch mitgeteilten Stellen des Philo noch einmal, so wird der vorurteilsfreie Leser auch nicht eine derselben nicht auf die Unzucht des Pathicus beziehen können. Für die zweite und dritte Stelle gibt dies Stark (S. 13. u. 22.) selbst zu, über die vierte kennen wir sein Urteil nicht, da sie ihm unbekannt war, wir haben also nur seine Gegengründe in Betreff der ersten und fünften Stelle zu prüfen. Nach Anführung des Textes und der lateinischen Übersetzung nach Mangey bemerkt Stark zur ersten vom Diogenes handelnden Stelle: *„Quin hic verum corporis, nec animi vitium seu morbus indicetur, quo laborantes virilitate orbarentur et hanc suam impotentiam corporis habitu atque oris specie proderent, nullus dubito. Nam hoc et verborum series aperte declarat et ex eo colligi potest, quod ille, qui hoc crimine tactum se sentiret, pudore movetur. — Si vero Pathicorum labes, quam ob interpretibus quibusdam hic suspicari video, ita intelligenda esset, haec neque ex vultu coniici poterat neque a Graecis tam turpi macula notabatur, ut huic vitio deditis causa esset, quam ob rem eius opprobrium effugerent. Tantum enim abfuit, ut Pathici dedecus suum occultarent, ut potius multo fastu atque pompa prae se ferrent. — Verum autem Eunuchum genitalium exsectione redditum his verbis significari, non crediderim, quia hi neque inter licitatores, sed potius inter vendendos reperiri neque ob harum partium defectum pudore tangi solerent.“* Daß das Erkennen eines Pathicus ἐκ τῆς ὄψεως, *ex vultu,* zumal wenn wir dies, wie billig, nicht bloß vom Gesicht, sondern auch vom ganzen übrigen Habitus verstehen, den Alten geläufig war, ist oben § 16 hinlänglich nachgewiesen, und wir müssen uns nur über Stark wundern, daß er das Vorhandensein solcher äußeren Kennzeichen wiederholt leugnet, um so mehr, da jedes ausführlichere Handbuch der gerichtlichen Medizin (Masius, Mende) darüber Auskunft gibt. Ebenso ist dargetan, daß die Paederastie bei den Griechen, so lange sie noch ihre Selbständigkeit bewahrten, stets als ein schändliches Laster betrachtet ward, weshalb auch jener Käufer sich errötend entfernte. Was den pomphaften Aufzug der Pathici betrifft, und besonders ihr Ansehen und die Macht, die sie sich anmaßten, worauf Stark S. 12 in der Anmerkung (28) verweist, so gilt dies erst von den Zeiten des Philo, welcher 40 n. Chr. lebte, die Geschichte mit dem Diogenes spielt aber in der Mitte des 4. Jahrhunderts vor Christus. Stark führt hier auch noch als Beweis aus der zweiten Stelle die Worte: *Puerorum amor, de quo vel loqui olim probrum fuit maximum, nunc laudi ducitur* — an, ohne daran zu denken, daß dadurch seine Behauptung, die Paederastie sei im Altertum nicht für schändlich gehalten, auf das Evidenteste widerlegt würde. Wirkliche Kastraten waren es freilich nicht, aber die Gründe, welche Stark dafür beibringt, sind kraftlos, da er schwerlich wird beweisen können, daß in Asien nicht Kastraten zu dem Ansehen und Reichtum gelangten, daß sie sich Sklaven kaufen konnten; und daß der, welchen Diogenes anredete, reich war oder in Ansehen stand, geht schon daraus hervor, daß die Umstehenden den kecken Freimut des Diogenes bewunderten, was freilich Stark mitzuteilen vergessen hat; für Philo's Zeit ist die zweite Stelle Beweis genug. Ebenso wenig sehen wir ein, warum nicht ein Kastrat, wenn ihm dies vorgeworfen wird, erröten sollte. Stark erklärt die *νοῦσος θήλεια* für ein *vitium corporis* oder *effeminatio interno morboso corporis statu procreata* (S. 22.); war sie dies in der Tat, so konnte er die Menschen unmöglich *crimine tactos* nennen und sie hatten sich dessen nicht zu schämen, sie müßten denn auf eine schändliche Weise dazu gekommen sein, was doch seiner Grundansicht nach nicht der Fall war. Dies bestätigt auch Clemens Alexandrinus.[1]) — Was die fünfte Stelle betrifft, so findet Stark darin deutlich Kastraten bezeichnet und tadelt den Herausgeber des Philo, daß er für *ἀπὸ τῶν νοσούντων τὴν ἀληθῆ νόσον ἀνδρογύνων* lesen will *θήλειαν*, er sagt in der Anmerkung 30.: *Mangetius* (unrichtig für Mangey) *reponit θήλειαν. Quare hoc fieri, non dicam debeat, sed ne oporteat quidem, non video. Nam*

---

[1]) Paedagog. lib. III. c. 3. *πρὸς τοὺς καλλωπιζομένους τῶν ἀνδρῶν* heißt es: *ἕνα τινὰ τούτων τῶν αγεννων παιδαγωγικῶς ἐπιπλήττων ὁ Διογένης, ὁπηνίκα ἐπιπράσκετο, ἀνδρείως σφόδρα, Ἧκε, εἶπεν, μειραχίον, ἄνδρα ὠνῆσαι σαυτῷ· ἀμφιβόλῳ λόγῳ τὸ πορνικὸν ἐκείνου σωφρονίζων· τὸ γὰρ ἄνδρας ὄντας, ξύρεσθαι καὶ λεαίνεσθαι, πῶς οὐκ ἀγεννές.*

νόσος ἀνδρογύνων idem est, quod νόσος θήλεια. Si igitur haec vox verbis superioribus adiiciatur, iners atque inutilis appareat et pleonasmum vanum efficiat, necesse est: τὸ ἀληθῆ contra, quod ille demit, non vacuum ceteris additur verbum, ut eo perspicue demonstraretur, hic verum morbum seu illud corporis vitium esse intelligendum, quod viros exsecando paritur, nec hanc animi labem, qua contaminati solum muliebria patiuntur, quaeque iisdem verbis nuncupatur, ut loci mox laudandi docebunt. Diese letzteren Worte beziehen sich offenbar auf die dritte Stelle, wo es heißt: θήλειαν δὲ νόσον ταῖς ψυχαῖς ἀπεργαζόμενος καὶ ἀνδρογύνους κατασκευάζων, da nun Stark selbst die νοῦσος θήλεια für identisch mit der ἀνδρογύνων νόσος erklärt, so muß er auch jenen Satz für einen *Pleonasmus vanus* erklären, und in der Tat sind die an νοῦσος θήλεια Leidenden Androgynen. Findet nun aber in den letzteren Worten ein *Pleonasmus* statt, so ist nicht einzusehen, warum er nicht in der fünften Stelle ebenfalls stehen könnte. Damit ist jedoch noch keineswegs bewiesen, daß dieser *Pleonasmus* ein *vanus* sei. Die Gedankenfolge ist offenbar diese: der gemeine Eros gibt der Psyche die νοῦσος θήλεια, er erregt die unersättliche Begierde, die Rolle des Weibes zu spielen und Pathicus zu sein, und indem dieser Begierde nun gefröhnt wird, so wird der Mensch Androgyne; so lange er nun die Unzucht des Pathicus treibt, leidet er auch an der νοῦσος θήλεια und man kann sonach recht gut von der νοῦσος θήλεια ἀνδρογύνων sprechen. Androgynus, d. h. einer, der mit sich wie ein Weib den Beischlaf ausüben läßt, und zugleich auch wieder mit dem Weibe als Mann den Beischlaf ausübt, oder doch das Vermögen dazu hat, kann jemand recht gut sein, ohne daß er jedoch an νοῦσος θήλεια leidet, er kann z. B. mit Gewalt dazu gezwungen werden Pathicus zu sein, oder es als einen Weg Geld zu verdienen betrachten, wie die männlichen Huren bei den Griechen und Römern; hier hat er an der Unzucht des Pathicus als solcher weiter kein Interesse. Wird er dagegen durch *prurigo ani impudica* dazu getrieben, ist es reine Geilheit, die man von einem vernünftigen, gesunden Menschen nicht erwarten kann, so kann dies nur Folge krankhafter Gemüts- und Körperstimmung sein, und dann leidet ein solcher an νοῦσος θήλεια, der Sucht Weib zu sein!

Ganz dasselbe Verhältnis findet nun in der fünften Stelle statt, wie die folgenden Worte ganz deutlich zeigen. — Aber gesetzt nun, es hätte Philo wirklich in der fünften Stelle τὴν ἀληθῆ νόσον ἀνδρογύνων geschrieben, würde dadurch ein körperliches Übel, die Kastration bezeichnet sein? Keineswegs; denn wir würden es immer nicht anders fassen können, als: er machte den Anfang mit den Androgynen, welche an der wirklichen Krankheit litten und nun müßte man fragen: an welcher? denn eine bestimmte muß doch gemeint sein, da noch dazu der Artikel τὴν gesetzt ist. Es würden sodann die nicht an dieser Krankheit leidenden Androgynen keineswegs von dem Besuch des Tempels ausgeschlossen sein. Dies wollte doch aber sicher Philo nicht sagen. Stark übersetzt aber mit *Mangey: Exorsus a vero semivirorum morbo laborantibus,* d. h. er begann mit den an der wirklichen Krankheit der Androgynen Leidenden, demnach müßte es noch Leute geben, welche an der scheinbaren Krankheit der Androgynen litten, und man sieht sich vergebens nach dem Grunde des Nachdruckes, den der Artikel bezeichnet, um. Von Kastraten ist aber dadurch immer noch nicht die Rede, und darf es auch der ganzen Stelle nach nicht, da diesen im folgenden ja noch besonders der Zutritt zum Tempel verboten wird, was nur durch das von Mangey, freilich nach Ms. in den Text gesetzte γὰρ undeutlich geworden ist, denn es steht Θλαδιὰ [γὰρ] καὶ ἀποκεκομμένους τὰ γεννητικὰ ἐλαύνει dort; wären die an der νοῦσος θήλεια leidenden Androgynen also wirkliche Kastraten gewesen, so würde dies ein *Pleonasmus vanus et ineptus* sein. Stark ist aber offenbar durch eine falsche Konstruktion des Satzes zu seiner Behauptung, wie zu seinem Tadel der jedenfalls richtigen Korrektion von Mangey, gekommen, denn er konstruierte νόσον ἀνδρογύνων, während es der Konstruktion nach heißt: ποιούμενος ἀπὸ ἀνδρογύνων, τῶν νοσούντων τὴν θήλειαν (ἀληθῆ) νόσον, dies letztere also bloße Apposition der ἀνδρογύνων ist.

§ 19.

Wir gehen jetzt zur Stelle des Geschichtschreibers Herodian (170—240 n. Chr.) über. Dieser erzählt:[1] „Er (Antoninus) hatte aber zwei Heerführer, deren einer ziemlich alt, übrigens Idiot und in Staatsangelegenheiten unerfahren, jedoch für einen guten Soldaten gehalten ward; sein Name war Adventus. Der andere, welcher Macrinus hieß, war in forensischen Dingen nicht unerfahren, besaß besonders Kenntnis der Gesetze. Über diesen erlaubte sich (Antoninus) häufig öffentliche Spötteleien, er sei z. B. weder Soldat noch Mann, und (trieb dies) bis zu entehrenden Beleidigungen. Da er nämlich hörte, daß derselbe eine freie Lebensart führe und ein Feind von geringem und schlechtem Essen und Trinken sei (woran Antoninus als echter Soldat Geschmack fand), auch mit einem Chlamydium oder einem andern zierlichen Gewande bekleidet sei, so klagte er ihn der *ἀνανδρία* und *θήλεια νόσος* an, und drohte ihn jeden Augenblick zu töten. Macrinus, welcher dies nicht ertragen konnte, wurde sehr aufgebracht. Nun ereignete sich folgendes u. s. w.“ Die *ἀνανδρία* und *θήλεια νοῦσος* werden hier dem Macrinus vom Antoninus aus Spott beigelegt, keineswegs aber ist damit gesagt, daß er wirklich impotent oder Pathicus gewesen. Obschon *ἀνανδρία* häufig vom Pathicus gebraucht wird, so bezieht sie sich doch hier nur auf die weichliche Lebensart im Essen und Trinken, während auf die *θήλεια νόσος* von der weibischen Kleidung, worin, wie wir gesehen haben, sich die Pathici gefielen,[2]) geschlossen wird. Stark macht freilich hierzu die Bemerkung:

---

[1]) Historiarum libri octo. cur. Th. Guil. Irmisch. Lips. 1780. 8. Vol. II. Lib. IV. cap. 12. — *εἰς τοῦτον οὖν, ὡς μηδὲ στρατιωτικὸν, μηδὲ γενναῖον, δημοσίᾳ πολλάκις ἀπέσκωπτε, καὶ μέχρις αἰσχρᾶς βλασφημίας· ἐπεὶ γὰρ ἤκουεν αὐτὸν καὶ διαίτῃ ἐλευθερίῳ χρώμενον, καὶ τὰ φαῦλα καὶ ἀπεῤῥιμμένα τῶν ἐδεσμάτων καὶ ποτῶν μυσαττόμενον, οἷς στρατιωτικὸς δή, ὁ Ἀντωνῖνος ἔχαιρε, χλαμύδιον ἤ τινα ἄλλην ἐσθῆτα ἀμφιεσάμενον ἀστειοτέραν, εἰς ἀνανδρίαν καὶ θήλειαν νόσον διέβαλλεν, ἀεί τε ἀποκτενεῖν ἠπείλει· ἅπερ οὐ φέρων ὁ Μακρῖνος, πάνυ ἤσχαλλε· συνέβη δέ τι καὶ τοιοῦτον κ. τ. λ.* Etwas ähnliches erzählt bereits Livius hist. XXXIX. cap. 42.

[2]) Aeschines Orat. in Timarch. ed. Reiskii p. 139. *μὴ Δημοσθένην καλούμενον, ἀλλὰ Βάταλον,* — p. 142. *ἐπεὶ καὶ περὶ τῆς Δημοσθένους ἐπωνυμίας, οὐ κακῶς ὑπὸ τῆς φήμης, ἀλλ' οὐχ ὑπὸ τῆς τίτθης, Βάταλος προσαγορεύεται, ἐξ ἀνανδρίας τινὸς καὶ κιναιδείας ἐνεγκάμενος τ' οὔνομα· εἰ γάρ τις σου τὰ κομψὰ ταῦτα χλανίσκια περιελόμενος, καὶ τοὺς*

Ego quidem impotentiam virilem et illam morbosam in sexum sequiorem degenerationem, quae per animi mollitiem aeque ac per corporis mutationem se prodit, hic accipiendam esse credo, nec video, cur interpres labem illam qua muliebris tolerantiae viri maculantur, intellectam velit. Indessen hätte es Stark nur gefallen, auch das darauf folgende 13. Kapitel des Herodian durchzulesen, so würde er gefunden haben, daß Antoninus nur auf eine gemeine Art spotten wollte; denn er macht dort denselben Vorwurf dem Centurio Martialis, dessen Bruder er einige Tage vorher hatte hinrichten lassen; *αὐτῷ τε τῷ Μαρτιαλίῳ ἐνύβρισεν, ἄνανδρον αὐτὸν καὶ ἀγεννῆ καλῶν καὶ Μακαρίνου φίλον.* Übrigens zeigt diese Stelle, daß man auch damals die Paederastie für etwas Entehrendes und den Namen eines Pathicus für einen Schimpf hielt.

Der Kirchengeschichtschreiber Eusebius Pamphilius (264—340) erzählt im Leben des Constantinus,[1]) daß auf einem Teile des Gipfels des Berges Libanon bei Aphaca ein Tempel der Venus gestanden habe: „Daselbst war eine Schule der Unzucht für alle Lüstlinge, welche auf alle Weise ihren Körper entehrten; weibische Männer, die keine Männer waren, ihre natürliche Würde verleugneten und die Gottheit durch die *θήλεια νόσος* verehrten. Ferner gesetzwidrige Umarmungen der Weiber,

---

μαλακοὺς χιτωνίσκους, ἐν εἷς τοὺς κατὰ τῶν φίλων λόγους γράφεις, περιενέγκας δοίη εἰς τὰς χεῖρας τῶν δικαστῶν, οἴομαι ἂν αὐτοὺς, εἴ τις μὴ προειπὼν τοῦτο ποιήσειεν, ἀπορῆσαι, εἴ τε ἀνδρὸς, εἴ τε γυναικὸς εἰλήφασιν ἐσθῆτα. Eine Stelle, die den besten Kommentar zu dem hier, wie auch zu dem bereits oben Auseinandergesetzten liefert.

[1]) Lib. III. cap. 55. *Σχολή τις ἦν αὕτη κακοεργίας πᾶσιν ἀκολάστοις, πολλῇ τε ῥαστώνῃ διεφθορόσι τὸ σῶμα· γύννιδες γοῦν τινες ἄνδρες οὐκ ἄνδρες, τὸ σεμνὸν τῆς φύσεως ἀπαρνησάμενοι, θηλείᾳ νόσῳ τὴν δαίμονα ἱλεοῦντο· γυναικῶν τ' αὖ παράνομοι ὁμιλίαι, κλεψιγαμοί θ' ὁμιλίαι, ἄῤῥητοί τε καὶ ἐπίῤῥητοί πράξεις, ὡς ἐν ἀνόμῳ καὶ ἀποστάτῃ χώρῳ κατὰ τόνδε τὸν νεὼν ἐπεχειροῦντο· ἔφορός τε οὐδεὶς ἦν τῶν πραττομένων, τῷ μηδένα σεμνῶν ἀνδρῶν αὐτόθι τολμᾶν παριέναι.* Vergl. über diesen Tempel der Venus Zosimus histor. lib. I. Etymolog. magn. s. v. *Ἄφακα*. Suidas s. v. *Χριστόδωρος*. Seldenus Syntagm. de Diis Syris. II.

buhlerischer Beischlaf, scheußliche und berüchtigte Handlungen wurden in diesem Tempel, wie an einem Orte, wo weder Gesetz noch Glaube herrscht, begangen. Niemand widersetzte sich den solches Treibenden, weil kein ehrbarer Mensch dorthin zu gehen wagte." Prüft man den ganzen Zusammenhang der Stelle, so kann es keinen Augenblick zweifelhaft sein, daß hier unter der *θήλεια νοῦσος* eine besondere Art der Unzucht gemeint sein muß, und die Worte des Textes sind der Art, daß selbst wenn der Ausdruck hier allein und sonst nirgends anders vorkäme, man diesem durchaus keinen andern Begriff als den der Unzucht des Pathicus unterlegen kann. Daß die Worte *ἀκόλαστος, πρᾶξις, πράττειν* vom Pathicus gebraucht werden, haben wir oben nachgewiesen, das *τὸ σεμνὸν τῆς φύσεως* findet in dem *τὸ φύσεως νόμισμα* des Philo seine Erklärung, und die *γύννιδες* erklärt Zonaras[1]) durch *ἀνδρόγυνος, μαλακός* und Eustathius[2]) durch *θηλυδρίας μὴ εὖ διακείμενος πρὸς τὰ ἀφροδίσια*, Bedeutungen, deren Inhalt wir ebenfalls kennen gelernt haben, die keineswegs aber auf Kastration zu deuten sind, wie Stark § 16 meint. Er sagt nämlich über die Stelle des Eusebius: *„Haec verba non solum de mera morum atque cultus mutatione muliebri rationi*

---

[1]) Lexikon edid. Tittmann. Lips. 1808. 4. S. 457.

[2]) Kommentar. in Homer. Iliad. 1680. 44. Stark gibt nur die bloßen Zahlen an. Deutlich erkennen wir die Bedeutung des *γύννιδες* in folgender Stelle des Clemens Alexandrinus Paedag. lib. III. cap. 3. p. 227. *τί τοίνυν οὐκ ἂν ἐπιτηδεύσειαν αἱ γυναῖκες, αἱ εἰς μαχλοσύνην σπεύδουσαι, τοιαῦτα τολμῶσιν ἐνοποριζόμεναι τοῖς ἀνδράσιν; μᾶλλον δὲ οὐκ ἄνδρας, βατάλους δε καὶ γύννιδας καλεῖν τούτους χρή· ὧν καὶ αἱ φωναὶ τεθρυμμέναι καὶ ἡ ἐσθὴς τεθηλυμμένη ἁφῇ καὶ βαφῇ· δῆλοι δὲ οἱ τοιοῦτοι ἐλεγχόμενοι τὸν τρόπον ἔξωθεν ἀμπεχόνῃ, ὑποδέσει σχήματι, βαδίσματι, κουρᾷ, βλέμματι. Ἀπὸ ὁράσεως γὰρ ἐπιγνωσθήσετο ἀνὴρ, ἡ Γραφὴ λέγει κ. τ. λ.* Das Wort *βάταλος* für Kinaede findet sich auch bei Aeschines in Timarch p. 139. 163. 142. de legatione falsa p. 273. Harpocration s. v. vermutete, daß die Kinaeden deshalb *βάταλοι* genannt wurden, weil z. B. Eupolis *ὁ πρωκτὸς βάταλος* heiße. Damit stimmt auch Plutarch vit. Demosth. 4. Schol. Aeschin. p. 742. Etymolog. magn. 190. 20. überein. Vergl. Schäfer Apparat. crit. ad Demosthen. I. 175. Es war dies zugleich der Spitzname des Demosthenes (de corona 288. 18.) Übrigens spricht auch diese Stelle des Clemens Alex. für die Möglichkeit des äußern Erkennens der Pathici!

magis congrua, intelligi posse, sed etiam per veram evirationem genitalium truncatione confectam aptissime explicanda esse, cum verborum series et Eustathii, Hesychii ac Zonarae atque Valesii auctoritas me suadet, tum multo magis illud monet, quod in cultu Veneris virorum exsectionem solemnem fuisse compertum habemus. Sin autem contenderis, viros tales exsectos et effeminatos etiam muliebria passos esse, ego quidem non repugno, exploratam vero rem esse atque ratam, ex ipsis auctoris verbis non liquet. Wir haben allerdings oben aus der Stelle des Lucian und Philo gesehen, daß die Paederastie Veranlassung zur Entstehung der Eunuchen gab, aber die Stellen bei Athanasius und A. lehrten uns auch, daß Knabenschänderei zu Ehren der Venus in ihren Tempeln getrieben ward. Was die *auctoritas Valesii* betrifft, so setzt Stark in der Anmerkung (49) hinzu: *Eandem vim his verbis tribuit, ut ex interpretatione ejus latina Eusebii videre est. Histor. scriptor. ecclesiast. Paris* 1677. *fol. p. 211 B.* Leider können wir diese Ausgabe nicht nachschlagen, was uns durchaus notwendig erscheint, denn die uns vorliegende,[1]) welche ein wörtlicher, nur korrekterer Abdruck der Pariser ist, gibt die Übersetzung des Valesius ganz in unserem Sinne: *„Quippe effeminati quidam et feminae potius dicendi quam viri, abdicata sexus sui gravitate, muliebria patientes, daemonem placabant.“* Dasselbe gilt von der Übersetzung, welche Stark mitteilt: *Viri effeminati et non viriles, naturae dignitatem ultro exuentes, morbo muliebri deam placabant.* Sollte dies die von ihm angeführte Übersetzung, oder nur die Übersetzung des γύννιδες durch *viri effeminati* von ihm in Anspruch genommen sein? Die vorhergehenden Auctoritäten, Eustathius, Hesychius und Zonaras beziehen sich wenigstens nur auf γύννιδες und Stark gibt ja

---

[1]) Eusebii Pamphili Ecclesiasticae historiae libri decem eiusdem de vita imp. Constantini libri IV. Quibus subiicitur Oratio Constantini ad Sanctos et Panegyricus Eusebii. Henricus Valesius graecum textum collatis IV. MSS. Codicibus emendavit, Latine vertit et Adnotationibus illustravit. Iuxta exemplar quod antea Parisiis excudebat Antonius Vitré, nunc vero verbotenus et correctius edebant Moguntiae Christian Gerlach et Simon Beckenstein. MDCLXXII. fol.

selbst die Bedeutung der Unzucht des Pathicus in den letzten Worten zu.

Der Bischof Synesius (378—431.) in seiner Rede *de Regno*[1]) an den Kaiser Arcadius ermahnt diesen, der Zuchtlosigkeit im Heere Grenzen zu setzen, die fremden, unterjochten Völker, welche beständig auf Verrat sinnen, anzugreifen und wirklich zu besiegen, nicht aber erst abzuwarten, bis ihre feindliche Gesinnung deutlich hervorbreche. Der Ruf der Römer stehe fest, sie seien Sieger, wohin sie kämen, und durchzögen die Länder, wie die Götter, der Menschen Übermut und Sitte acht habend. „Jene Skythen aber, so berichtet Herodot und wir sehen es mit eigenen Augen, sind alle von der νόσος θήλεια befallen. Sie sind es, aus denen meistens die unterjochten Völker bestehen etc. Er fährt nun fort, wie sie sich zwar scheinbar unterworfen hätten, aber heimlich der Torheit der Römer, welche die Unterwerfung für ernst hielten, verlachten etc. Zunächst müssen wir daran denken, daß Synesius, wie alle späteren griechischen Redner und Kirchenväter, sich ein besonderes Geschäft daraus macht, so häufig wie möglich Stellen aus den klassischen Schriften der Griechen anzuführen, und deshalb gleichsam die Gelegenheit vom Zaune bricht. Er sagt von den Römern, daß sie, ὡς Ὅμηρός φησι τοὺς θεούς:

Ἀνθρώπων ὕβριν τὲ καὶ εὐνομίαν ἐφέποντες

und um diese ὕβρις zu erklären, erinnert er an die Erzählung des Herodot, daß die Skythen an νοῦσος θήλεια litten, was noch jetzt von ihnen gelte; die Unzucht herrsche also schon seit den ältesten Zeiten unter ihnen, sei ganz und gar eingewurzelt, und solchen verworfenen Menschen dürfe man nicht trauen, sie seien gewohnt sich zu verstellen; dies will Synesius aber besonders dem Arcadius einschärfen! Aus dieser Gedankenfolge erklärt sich

---

[1]) Synesii Episcopi Cyrenes Opera quae extant omnia, interprete Dionysio Petavio — codicum fide recensita ac notis illustrata et eodem modo omnia secunda hac editione multo accuratiora et uberiora prodeunt. Lutetiae Parisorum 1633. fol. p. 25. A. Ὡς Ὅμηρός φησι τοὺς θεοὺς Ἀνθρώπων ὕβριν τέ, καὶ εὐνουίαν ἐφέποντες Σκύθας δὲ τούτους, Ἡρόδοτός τέ φησι, καὶ ἡμεῖς ὁρῶμεν, κατεχομένους ἅπαντας ὑπὸ νόσου θηλείας. οὗτοι γάρ εἰσιν, ἀφ᾽ ὧν οἱ πανταχοῦ δοῦλοι κ. τ. λ. Das θηλείας steht bereits in der genannten Ausgabe in dem Texte und am Rande γρ. δειλίας.

das *καὶ ἡμεῖς ὁρῶμεν* hinlänglich, es ist nicht sowohl das Erkennen der *νοῦσος θήλεια*, dessen Möglichkeit wir aber ebenfalls nachgewiesen haben, als vielmehr daß sie noch jetzt unter den Skythen zu treffen sei, weshalb Synesius dies besonders hervorhob, und gewiß auch auf Kosten der Wahrheit das *ἅπαντας* hinzusetzte. Außerdem erinnert D. Petavius in seinen Bemerkungen zu dieser Stelle, daß der Name Skythen hier, wie bei Strabo, in seiner weitesten Bedeutung stehe, und die Gothen, Alanen, Vandalen, Germanen, Hunnen, so wie alle nördlichen Völker umfasse. Dies ist um so interessanter, als Sextus Empiricus[1]) von den Germanen erzählt, daß sie Paederastie getrieben hätten. Prof. Meier (a. a. O. S. 151. Anmerk. 20), der diese Stelle anführt, zweifelte an ihrer Wahrheit, da Sextus Empiricus allein und auch nur als Sage (*ὥς φασιν*) den Deutschen, deren Keuschheit von allen Übrigen unangefochten sei, diese Unzucht zur Last lege. Allein er bedachte sicher nicht, daß Sextus Empiricus ungefähr 200 n. Chr. lebte, und von den Deutschen seiner Zeit, nicht von den alten, wie sie Tacitus und Caesar kannten, spricht. Schwerlich waren die Deutschen zur Zeit des Sextus und Synesius der allgemeinen Entartung der Völker ganz entgangen, und wozu gaben späterhin deutsche Kaiser Gesetze gegen die Unzucht der Paederastie, Sodomie etc., wenn sie sich unter dem Volke nicht fand?

---

[1]) Pyrrh. hypotyp. lib. III. c. 199. *Νενόμισται τὸ τῆς ἀῤῥενομιξίας παρὰ Γερμανοῖς δὲ ὥς φασιν οὐκ αἰσχρὸν ἀλλ' ὥς ἕν τι τῶν συνηθῶν.* — Von den Kelten berichten dasselbe Aristoteles Polit. II. 6. 6. Strabo Geogr. IV. 199. Diodor bibl. V. 32. Athenaeus Deipn. p. 603. a. Der etwa 42 n. Ch. lebende Quintilianus leugnet dies allerdings gerade zu: Declam. 3. Nihil tale novere Germani et sanctius vivitur ad Oceanum. Non sit mihi forsitan quaerendum aversis auribus saeculi huius in tantum vitia regnare, ut obscoenis cupiditatibus natura cesserit, ut pollutis in femineam usque patientiam maribus incurrat iam libido in sexum suum, finem tamen aliquem sibi vitia ipsa exceperunt, ultimumque adhuc huius flagitii crimen fuit corrupisse futurum virum. Hoc vero cuius est dementiae? In concubinatum iuniores leguntur, et in muliebram patientiam vocatur fortasse iam maritus. Wer sieht nicht, daß in dieser Stelle die feminea oder muliebris patientia als Übersetzung der *νοῦσος θήλεια* erscheint?

Clemens Alexandrinus erzählt,[1]) nachdem er über die Verwerflichkeit des Kultus der verschiedenen Götter der Heiden gesprochen: „Alles Schöne und Gute möge jenem Könige der Skythen, wie auch sein Name gewesen sein mag, werden, welcher einen seiner Untertanen, der den bei den Cizikenern gebräuchlichen Kultus der Mater Deorum einzuführen sich erkühnte, das Tympanon schlug, das Cymbalon am Halse geknüpft, wie ein Menagyrtes (Priester der Cybele) führte, niederschoß, weil er bei den Griechen *ἄνανδρος* geworden und andere Skythen in der *νόσος ϑήλεια* unterrichtete.“ Herodot,[2]) welcher dieselbe Geschichte erzählt, nennt den König Saulius und den Bürger Anacharsis, erwähnt aber ebensowenig wie Diogenes Laertius[3]) und Philo[4]) etwas von der *ϑήλεια νοῦσος*; wir haben diese daher offenbar als einen Zusatz des Clemens Alexandrinus zu betrachten, welcher von seiner Zeit urteilend, wo die Priester der Cybele allgemein Paederastie untereinander trieben, und um es noch mehr hervorzuheben, daß der Skythen König Recht getan habe, den Einführer eines heidnischen und noch dazu so lasterhaften Kultus zu töten, keinen Anstand nahm, diesen Zusatz zu machen. Wie allgemein die Paederastie zur Zeit des Clemens Alexandrinus übrigens herrschte, und wie genau dieser damit bekannt war,

---

[1]) Cohortatio ad Gentes ed. Potter. Oxon. 1715. Vol. I. p. 20. *Πολλὰ κἄγαϑὰ γένοιτο τῷ τῶν Σκυϑῶν βασιλεῖ, ὅστις ποτὲ ἦν· οὗτος τὸν πολίτην τὸν ἑαυτοῦ, τὸν παρὰ Κυζικενοῖς μητρὸς τῶν ϑεῶν τελετὴν ἀπομιμούμενον παρὰ Σκύϑαις, τύμπανόν τε ἐπικτυποῦντα, καὶ κύμβαλον ἐπηχοῦντα τοῦ τραχήλου, οἷα τινὰ Μηναγύρτην ἐξηρημένον, κατετόξευσεν, ὡς ἄνανδρον αὐτόν τε παρὰ Ἕλλησι γεγενημένον, καὶ τῆς ϑηλείας τοῖς ἄλλοις Σκυϑῶν διδάσκαλον νόσου.*

[2]) Histor. Lib. IV. c. 76.

[3]) In Anacharsid. I. cap. 8. n. 4. Es ist hier bloß von griechischen Sitten (*ἑλληνίζειν, βιοῦν ἤϑεσιν Ἑλλαδικοῖς*) ohne üble Nebenbedeutung oder von griechischen Mysterien (*τελετὰς Ἑλληνικὰς διατελοῦντα*) die Rede. Wie hätte man auch sonst als Wahlspruch unter des Anacharsis Büsten setzen: *γλώσσης, γαστρὸς, αἰδοίων κρατεῖν*, und er selbst an den Krösus schreiben können, daß er, nachdem er Griechenlands Sitten und Gebräuche erlernt: *ἀπόχρη με ἐπανήκειν ἐς Σκύϑας ἄνδρα ἀμείνονα.* Übrigens wird Anacharsis hier der Sohn des Gnurus und Bruder des Skythenkönigs Caduidas, welcher ihn auf der Jagd erstach, genannt.

[4]) Archaeolog. Jud. lib. II.

haben die früher aus seinen Schriften angeführten Stellen hinlänglich dargetan. Stark will auch hier wieder eine *verao evirati* d. h. Kastraten annehmen, da die Priester der Cybele dergleichen gewesen seien, während Larcher nur den weibischen Kultus der *Dea mater* angedeutet findet.

Die letzte Stelle, in welcher der Ausdruck *θήλεια νοῦσος* vorkommt, ist ein Scholion zu dem Worte *γαλλιαμβικὸν* (nämlich *μέτρον*) beim Hephaestion.[1]) Der Scholiast sagt: *Γαλλιαμβικὸν δὲ ἐκλήθη, ἐπεὶ λελυμένον ἐστὶ τὸ μέτρον· οἱ δὲ Γάλλοι διαβάλλονται ὡς θήλειαν νόσον ἔχοντες. διὸ καὶ σώματα φόρον ἐτέλουν Ῥωμαίοις εἰς τοῦτο· οἱ τοιοῦτοι δὲ ἱερεῖς εἰσὶ Δήμητρος.* Stark gibt (S. 21) folgende Übersetzung davon: „*Galliambicum vocabatur, quod solutum est metrum; Galli enim utpote morbo muliebri laborantes inculpantur, quod Romanis corpora ad hac (tanquam) tributum persolverent,*" ohne sich jedoch auf eine nähere Erklärung der Worte einzulassen. Die Bedeutung der ersten beiden Sätze ist klar: *Galliambicum* wird aber das Metrum genannt, weil es aufgelöst ist, d. h. statt lange Silben kurze gebraucht, aus männlichen also weibliche Metra gemacht sind. Die Gallier aber beschuldigt man, daß sie *θήλεια νόσος* üben (wie Homer Odyss. I. 368. sagt: *ὑπέρβιον ὕβριν ἔχοντες*). Was heißt nun aber das folgende: *διὸ καὶ σώματα φόρον ἐτέλουν Ῥωμαίοις εἰς τοῦτο*? Das in der lateinischen Übersetzung eingeschobene *tanquam* zeigt, daß der Übersetzer den Satz metaphorisch aufgefaßt habe. Welches ist aber das Subjekt des Satzes, *σώματα* oder *Γάλλοι-ἔχοντες*? Der Übersetzer muß notwendig das letztere dafür angesehen haben: weshalb sie die Körper den Römern gleichsam als Tribut zahlten oder darbrachten; dies würde nichts anderes heißen können, als: die Galler gaben sich den Römern als Pathici hin. Läßt dies aber die Wortstellung zu? Wir glauben nicht; denn notwendig hätte dann der Scholiast zu *σώματα* noch *ἑαυτῶν* oder wenigstens *τὰ* setzen müssen. Nehmen wir daher den Satz ganz wörtlich und *σώματα* als Subjekt, so heißt es: weshalb auch die Körper

---

[1]) Hephaestionis Alexandri Enchiridion (de metris) ad MS. fidem recensitum cum notis variorum, praecipue Leonardi Hotchkis, A. M. curante Th. Gaisford, Edit. nova et auct. Lips. 1832. c. 12. p. 75.

(der Galler) den Römern bisher zinspflichtig waren. Wir haben früher gesehen, daß *τέλος* bei den Griechen den Hurenzins bedeutete, daß die LXX das hebräische קְדֵשָׁה und קָדֵשׁ, worunter man die Priester der Cybele verstand, durch *τελεσφόρος* und *τελισκόμενος* wiedergaben, daß die Priester der Cybele auch von andern als solche, die zu Ehren ihrer Göttin Pathici waren, bezeichnet werden, und daß in der Tat in Rom die Kinaeden oder Exoleti zur Zeit des Severus eine dem Hurenzins ähnliche Abgabe zu zahlen hatten (s. S. 108 Note 3). Das Scholion zeigt uns nun, daß auch die Galler dieser Abgabe an den Staat unterworfen waren. Wäre bloß von Kastraten oder sonst etwas anderem die Rede, was nicht auf Paederastie ging, so würde das ganze Scholion unverständlich sein; dennoch sieht Stark bloß Eunuchen darin, und zwar meint er, weil hinzugesetzt würde, die Galler seien Priester der Demeter gewesen. Mögen sie immerhin kastriert gewesen sein, dies ist hier Nebensache, die Hauptsache dagegen ist, daß sie Pathici waren.

Endlich haben wir noch eine Stelle des Dio Chrysostomus[1]) zu erwähnen, wo aber der bisher als stereotyp gefundene Ausdruck *θήλεια νοῦσος* mit *γυναικεία νόσος* vertauscht ist. Der Verfasser setzt hier auseinander, wie alle Handlungen unter der Herrschaft eines bestimmten Genius stehen, und sagt: „Denn ein kraftloser und feigherziger Genius dieser Art führt leicht zu der *γυναικεία νόσος* und andern Schändlichkeiten, denen Strafe und Schimpf folgt.“ Hierauf wird das Leben und der Aufzug eines von diesem Genius Beherrschten näher beschrieben, sodaß es gar nicht möglich ist, an etwas anderes, als an die Unzucht des Pathicus zu denken; und Stark selbst gibt dies ja S. 12. zu.

---

[1]) De regno. Orat. IV. p. 76. *Ὁ μὲν γὰρ ἀσθενής τε καὶ ἄτολμος ἐκ τούτου τοῦ γένους δαίμων ἐπί τε τὰς γυναικείας νόσους, καὶ ἄλλας αἰσχύνας, ὁπόσαις πρόσεστι ζημία καὶ ὄνειδη, προσαγει ῥᾳδίως. — Ὁ δ' ἐκ μέσων ἀναβοάτων τῶν γυναικῶν, ὀξύτερον καὶ ἀκρατέστερον· λευκὸς ἰδεῖν, ἐντρυφερὸς αἰθρίας καὶ πόνων ἄπερος, ἀποκλίνων τὸν τράχηλον, ὑγροῖς τοῖς ὄμμασι, μάχλον ὑποβλέπων, ἀεὶ τὸ σῶμα καταθεώμενος, τῇ ψυχῇ δὲ οὐδὲν προσέχων, οὐδὲ τοῖς ὑπ' αὐτῆς προστασσομένοις.*

Überblicken wir das Gesagte noch einmal, so sehen wir, daß die Skythen in Asien mit der Paederastie bekannt wurden, als Pathici zurückkehrten und im Vaterlande die Unzucht auch fernerhin trieben. Ihre Landsleute konnten nicht anders glauben, als daß ein böser Dämon sie beseele, und als die Pathici endlich sogar infolge ihres Lasters somatisch wie physisch wirklich erkrankten, Nervenaffektionen und Blödsinn sie heimsuchten, waren sie weit entfernt, dies der Unzucht zuzuschreiben, welche jene getrieben, hielten vielmehr ihren Zustand für eine Folge der Rache der Venus, deren Tempel jene beraubt hatten, und brachten so ein früheres Ereignis mit einem spätern in Verbindung. Als der Grieche mit dem Laster bekannt ward, teilte er zwar anfangs die Idee des rächenden Einflusses einer Gottheit, allein er beachtete weniger die Folgen des Lasters, welche in Griechenland überhaupt geringer waren, als die Unzucht selbst, die dem Manne das Charakteristische, das Tätigsein nahm, und sich leidend zu verhalten, die Rolle des Weibes mit der des Mannes zu vertauschen zwang. Ein Weib sein war aber von jeher bei allen Völkern ein Schimpf für den Mann, den Plato (Timaeus 42.) als das γένος κρεῖττον betrachtete, während Aristoteles das Weib nicht nur durch eine ἀνάγκη entstehen läßt, sondern einen ἄῤῥεν πεπηρωμένον, eine ἀναπηρία φυσική, ja sogar eine παρέκβασις τῆς φύσεως nennt.[1]) Ein Mensch bei gesundem Verstande konnte aber unmöglich sich als Weib gebrauchen lassen, er mußte also krank sein, an einer νόσος leiden, die ihn eben zum Weibe machte (θήλεια). Als Herodot schrieb, kannten die Griechen zwar die Unzucht, welche mit Knaben getrieben wurde (Paederastie) oder mit Jünglingen, die noch nicht zum Manne gereift waren, diese wurden aber erst von den Erwachsenen verführt, trieben die Unzucht nicht aus eignem Antriebe und konnten überhaupt nicht als zurechnungsfähig gelten; als sie aber Erwachsene, Männer, welche bereits im Besitz der männlichen Vorzüge waren, als Pathici auftreten

---

[1]) Vergl. meine Schrift: de sexuali organismorum fabrica. P. I. Halle 1832. S. 1—12., wo diese Verhältnisse ausführlich entwickelt und auf anatomische Gründe zurückgeführt sind.

sahen (Knabe und Jüngling waren ja noch nicht zeugungsfähig), da konnten sie es sich freilich nicht anders erklären, als daß sie eine zum Weibe machende Krankheit annahmen, welche jene befallen habe.[1]) Dies ist nun auch der Grund, warum der

---

[1]) Wir müssen hier noch zu der S. 158 gemachten Äußerung, daß für den Pathicus keine Entschuldigungsgründe vorhanden seien, nachtragen, daß Aristoteles allerdings dergleichen aufgefunden zu haben vermeint. Problem. IV. 26. untersucht er die Frage: *διὰ τί ἔνιοι ἀφροδισιαζόμενοι χαίρουσι, καὶ οἱ μὲν ἅμα δρῶντες, οἱ δ᾽ οὔ*; d. h. warum finden einige ein Vergnügen daran, mit sich Paederastie treiben zu lassen (das *ἀφροδισιάζεσθαι* in dieser Bedeutung findet sich auch vielleicht bei Hippocrates ed. Kühn. Vol. III. p. 680. und 574., wo ein und derselbe Krankheitsfall erzählt wird, welcher als Erklärung zu dem S. 129. besprochenen *ῥέγχειν* dienen könnte) indem sie entweder zugleich als Mann den Coitus ausüben oder nicht. In der Antwort heißt es nach der von Th. Gaza gegebenen Übersetzung: An quod excrementis singulis locus determinatus a natura est, in quem instituto secerni naturali debeat, sollicitaque natura spiritus excurrens tumorem admovet, excrementumque una extrudere solet. — His autem proxime genituram quoque in testes et penem deferri constitutum est. Quibus itaque meatus habitu suo naturali privantur, vel quia occoecati sunt qui ad penem tendant, quod spadonibus hisque similibus evenit (*οἷς δὲ οἱ πόροι μὴ κατὰ φύσιν ἔχουσιν, ἀλλ᾽ ἢ διὰ τὸ ἀποτυφλωθῆναι τοὺς εἰς τὸ αἰδοῖον, οἷον συμβαίνει τοῖς εὐνουχίαις*), vel etiam aliis de causis, his talis humor in sedem confluit (*εἰς τὴν ἕδραν συῤῥεῖ ἡ τοιαύτη ἰκμάς*), quippe qui hac transmeare soleat, quod eius loci contractio in coeundo et partium sedi oppositarum consumptio indicant. Qui si admodum semine genitali abundant, excrementum illud large in eum locum se colligit; itaque cum excitata cupiditas est, attritum pars ea desiderat, in quam confluit excrementum. Cupiditas autem excitari tum a cibo tum imaginatione potest. Cum enim alterutra de causa libido commota est, spiritus eodem concurrit, et genus id excrementi confluit, quo secedere natum est. — Quorum vera natura mollis et feminea est (*οἱ δὲ φύσει θηλυδρίαι*) ita ii constant ut genitura vel nulla vel minima conveniat, quo illorum secernitur qui praediti natura integra sunt, sed se in partem sedis divertat; quod propterea evenit quia praeter naturae normam constiterunt. Cum enim mares crearentur, ita degenerarunt ut partem virilem mancam atque oblaesam habere cogerentur, — ita enim mulieres non viri crearentur. Ergo perverti citarique aliorsum, quam secernendum natura voluit, necesse est. Unde fit ut insatiabiles etiam sint modo mulierum (*διὸ καὶ ἄπληστοι, ὥσπερ αἱ γυναῖκες*). Humor enim sollicitans ille exiguus est, nec quicquam se promere conatur, refrigeraturque celeriter. Quibus itaque sedem humor ex toto adiit, ii pati tantummodo avent, quibus autem in utramque partem

Ausdruck *νοῦσος θήλεια* so selten bei den Schriftstellern der Griechen vorkommt, denen Knabenschändung, nicht aber Männerschändung etwas gewöhnliches war. Denn daß die schöne Form eines Knaben die Begierde des Genusses derselben entflammen konnte, fand der Grieche nicht eben unnatürlich, er entschuldigte das momentane Vergessen seiner selbst bei dem Paederasten, wie bei dem Knaben oder Jüngling; hatte aber Verführung stattgefunden, dann wurde es streng geahndet, wenn der Pathicus nicht ein Sklave gewesen war. Die somatischen wie psychischen Folgen der Unzucht des Pathicus erreichten nun in Griechenland, wie gesagt, niemals einen bedeutenden Grad, die meisten Kennzeichen der Kinaeden wurden als künstliche, zum Teil absichtlich von ihnen zur Schau getragene betrachtet; selbst in Gang, Stimme und Blick fand man mehr eine Aufforderung zur Unzucht, und wenn Plato ihnen die Lust zum natürlichen Beischlaf abspricht, so ist dies mehr ein Zeichen, wie sehr die Unzucht sie beherrscht, als ein Beweis der Vernichtung der Zeugungskraft. Fanden sich aber nun in der Tat wirkliche Krankheiten infolge der Unzucht ein, so war man

---

sese dispertit, ii et agere et pati concupiunt *(καὶ ὅσοις μὲν ἐπὶ τὴν ἕδραν, οὗτοι πάσχειν ἐπιθυμοῦσιν· ὅσοις δὲ ἐπ᾽ ἀμφότερα, οὗτοι καὶ δρᾶν καὶ πάσχειν)*, idque eo amplius quo tandem plenius fluxerit. Sed sunt quibus vel ex consuetudine affectus hic accidet *(ἐνίοις δὲ γίνεται καὶ ἐξ ἔθους τι πάθος τοῦτο)*. Fit enim ut tam gestiant quam cum agunt, usque genituram nihilo minus ita emittere valeant. Ergo agere cupiunt, quibus haec ipsa usu evenerunt et consuetudo magis veluti in naturam iccirco illis evadit, quibus non ante pubem sed in ea vitium patiendi invaluit *(ἐθισθῶσιν ἀφροδισιάζεσθαι)*, quoniam his recordatio rei, cum disederant, oritur; una autem cum recordatione gestiens exsultat voluptas. Desiderant autem perinde ac nati an patiendum *(ὥσπερ πεφυκότες, ἐπιθυμοῦσι πάσχειν)* magna igitur parte vel ob consuetudinem rex exsistit sed si accidat ut idem et salax et mollis sit *(λάγνος ἂν καὶ μαλακὸς)* longe expeditius haec omnia evenire posse putandum est. — Bei dem Pathicus führen also nach Aristoteles Ansicht die Samengefäße den Samen nicht zum Penis, sondern zum After und erregen dort das Wollustgefühl und die libido; dies sind die gebornen Pathici *(πεφυκότες)*, von denen er die verführten unterscheidet, welche aus Gewohnheit, *ἐξ ἔθους*, der Unzucht fröhnen, also dieselbe Ansicht, welche wir bereits S. 156. N. 2. aus seiner Ethik kennen gelernt haben, und die das, was wir dort gegen Stark geltend machten, auf das Beste unterstützt.

weit entfernt, diese jener Unzucht zuzuschreiben; Nerven- und psychische Affektionen betrachtete man als Strafe der Götter oder behandelte sie ihrem Charakter nach, ohne auf ihre Ursache zu sehen; somatische Leiden, zumal wenn sie nicht am After und Penis vorkamen, wurden jeder andern, oft mehr als lächerlichen Ursache zugeschrieben, und so sah man in der νοῦσος ϑήλεια stets nur ein Laster, welches auf krankhafter Phantasie beruhte, und ließ die Folge als solche ganz außer acht. *Nam neque ulla curatio corporis depellendae passionis causa recte putatur adhibenda, sed potius animus coercendus, qui tanta peccatorum labe vexatur,* sagt Caelius Aurelianus in der S. 144. angeführten Stelle. Hieraus wird es nun klar, wie die oben angeführten späteren Forscher die νοῦσος ϑήλεια für eine rein psychische Affektion halten konnten, und in der Tat in einer Beziehung, die ihnen selbst freilich nicht in den Sinn kam, Recht haben, denn sie hielten den der Unzucht des Pathicus folgenden Blödsinn für den wesentlichen Begriff der νοῦσος ϑήλεια, und die somatischen Störungen für sekundär und erst von den psychischen abhängig, verwechselten also zum Teil die Wirkung mit der Ursache, ohne aber die eigentliche zu berühren, gegen welche der verdienstvolle Stark nicht etwa sein Auge verschlossen, sondern sie vielmehr auf jede nur mögliche Weise aus seinem Ideenkreise mit Gewalt zu entfernen gestrebt hat, weshalb sie ihn denn auch bis an das Ende seiner Untersuchung verfolgt und ungeachtet alles Sträubens ihres Gegners wenigstens eine teilweise Anerkennung gefunden hat. Was die übrigen oben angeführten Ansichten betrifft, so bedürfen sie wohl für den aufmerksamen Leser keiner weiteren Widerlegung.

§ 20.

Nachdem wir, wie wir glauben, hinlänglich nachgewiesen haben, daß Herodot wie die übrigen Schriftsteller, welche den Ausdruck νοῦσος ϑήλεια gebrauchen, damit nur eine Unzucht bezeichneten, welche dem Betragen wie dem ganzen Habitus des Mannes einen weiblichen Charakter verlieh, den Mann körperlich wie geistig zum Weibe machte, also stets nur die Ursache dieser Umgestaltung im Auge hatten, wird es uns auch leicht werden, eine Stelle des Hippocrates zu würdigen, welche zuerst von Mercurialis a. S. 143 Not. 10 a. O. späterhin von Zwinger[1]) und Anderen, besonders aber von Stark als eine ausführlichere Schilderung der von Herodot nur angedeuteten und namhaft gemachten *νοῦσος θήλεια* betrachtet worden ist, während vorzüglich Bouhier die Identität hartnäckig leugnete, ohne jedoch das wahre Verhältnis richtig zu erkennen. Hippocrates schildert in seiner bekannten Schrift von der Luft, den Wassern und Gegenden, das Land der Skythen als eine kahle, wasserreiche Hochebene, mit kaltem, feuchtem Klima, so daß ein dicker Nebel den ganzen Tag die Felder bedecke und nur ein kurzer Sommer vorhanden sei; die Bewohner als aufgedunsene, pastose, sehr träge Subjekte, mit im äußern Habitus wenig ausgeprägtem Geschlechtscharakter, weshalb die Männer nur wenig Neigung zum Beischlaf haben, die Frauen bei sparsamer Menstruation wenig konzeptionsfähig seien. Hierauf heißt es:[2]) „Außerdem werden noch sehr viele unter den Skythen den Eunuchen ähnlich (*εὐνουχίαι*), sie treiben nicht nur weibliche Geschäfte (zeigen weibliche Neigungen, gebärden sich wie Weiber? *γυναικεῖα ἐργάζονται*) ganz wie die Weiber, sondern sie führen auch eine solche Sprache; dergleichen (Menschen) heißen Unmänner (*ἀνανδριεῖς*). Die Eingebornen schreiben die Ursache einer Gottheit zu, scheuen sich vor diesen Menschen und erweisen ihnen eine sklavische Ehrfurcht, (*προςκυνέουσι*,[3]) indem jeder für sich dergleichen befürchtet. Mir scheinen dergleichen Affektionen in demselben Maße wie alle anderen von einer Gottheit ausgegangen zu sein, keine ist mehr göttlichen oder menschlichen Ursprungs als die andere, sondern alle sind gleichen und alle göttlichen Ursprungs. Eine jede derselben hat ihre

---

[1]) Hippocratis Coi XXII. Commentarii tabulis illustrati. Basil. 1579. fol. p. 273.

[2]) Hippocratis Opera ed. Kühn. Vol. I. p. 561—564.

[3]) Über den Gebrauch dieses Wortes vergleiche man Létronne, Recherches pour servir à l'histoire d'Egypte. p. 134, 148, 458, 464 und was wir früher in Heckers Annalen Bd. XXVI. S. 143 darüber bemerkt haben.

eigne Natur, und nichts geschieht außer der Natur; wie diese Affektion aber meiner Meinung nach entsteht, will ich jetzt angeben. Von dem beständigen Reiten bekommen sie *κέδματα*,[1]) weil die Füße stets von den Pferden herabhängen. Darauf lahmen und bekommen die, welche sehr krank sind, Geschwüre an den Hüften (in der Gegend der Sitzbeine, Eiterung der Gelenkpfanne?[2]) Sie heilen sich aber selbst auf folgende Weise. Sobald die Krankheit ausbricht, öffnen sie sich die Adern an jeder Seite des Ohrs, wenn aber das Blut ausfloß, befällt sie aus Schwäche der Schlaf und sie schlafen ein, nachher wachen sie auf und

---

[1]) Das wahrscheinlich mehrdeutige *Κέδματα* kann hier kaum etwas anderes als Varices bezeichnen und ist dann synonym mit *ἰξίαι*, mit dem es auch verbunden vorkommt. Interessant ist es, daß auch Aristoteles die an Varices Leidenden für zeugungsunfähig hält; er schreibt Problem. lib. IV. 21. *Διὰ τί αἱ ἰξίαι τοὺς ἔχοντας κωλύουσι γεννᾶν, καὶ ἀνθρώπους καὶ τῶς ἄλλως ζώων ὅτι, ἂν ἔχῃ; ἢ ὅτι ἡ ἰξία γίνεται, μεταστάντος; διὸ καὶ ὠφελεῖ πρὸς τὰ μελαγχολικά. Ἔστι δὲ καὶ ὁ ἀφροδισιασμὸς μετὰ πνεύματος ἐξόδου. Εἰ οὖν ὁδοποιεῖται ἡ ὁρμὴ γινομένου αὐτοῦ, οὐ ποιεῖ ὁρμᾶν τὸ σπέρμα, ἀλλὰ καταψύχεται· μαραίνει οὖν τὴν συντονίαν τοῦ αἰδοίου.* Dagegen sollen nach Problem. 31. die Lahmen geil sein: *διὰ τ᾽αὐτὸ δὲ καὶ οἱ ὄρνιθες λάγνοι καὶ οἱ χωλοί· ἡ γὰρ τροφὴ ἀμφοτέρυις. κάτω μὲν ὀλίγη, διὰ τὴν ἀναπηρίαν τῶν σκελῶν.* In Bezug auf *κέδματα* müssen wir auf Foesius Oeconomia Hippocratis, Coray a. a. O. pag. 339. folg. und Stark a. a. O. Not. 20 verweisen, und bemerken nur, daß es wie das lateinische ruptura und englische rupture überhaupt durch Ausdehnung und Zerreißung entstandene Geschwülste zu bezeichnen scheint. Daß Inguinalgeschwülste Folge des anhaltenden Reitens sind, sehen wir auch aus Livius hist. lib. XLV. cap. 39., wo M. Servilius sagt: tumorem hunc inguinum in equo dies noctesque persedendo habeo. Vergl. Plutarch in Aemil. T. II. p. 308.

[2]) *ἕλκονται τὰ ἰσχία* steht im Text. Aber die Bedeutung beider Wörter ist verschieden und keineswegs bis jetzt festgestellt. In Bezug auf *ἰσχία* hat man eigentlich die Muskelmasse am untern äußern Teil des os ilium zu verstehen, dann das ganze Gesäß und die Gelenkpfanne des Oberschenkels; so erklärt das Etymologicum magnum: *ἰσχία, ὅτι ἴσχει τοὺς καθημένους· σημαίνει δὲ ἰσχίον τὸ ὑπὸ τὴν ὀσφῦν ὀστέον, εἰς ὃ ἔγκειται τὸ ἱερὸν ὀστοῦν, ὅπερ καὶ γλουτός καλεῖται, καὶ κοτύλη, παρὰ τὴν κοιλότητα· ἢ τὸ κοῖλον τοῦ γλουτοῦ, ἐν ᾧ ἡ κοτύλη στρέφεται.* Ähnlich ist die Erklärung von Suidas, Hesychius, Zonaras, dem Scholiasten zu Hom. Il. V. 305. und zu Theocrit. VI. 30. Dem Zusammenhange nach ist die Bedeutung der Gelenkpfanne hier offenbar vorzuziehen.

einige sind gesund, andere nicht. Mir aber scheint es, daß sie bei solch einer Kur sich zugrunde richten.[1]) Denn es liegen neben den Ohren gewisse Adern, wenn diese jemand anschneidet, so werden die (so) Geschnittenen samenlos (unfruchtbar); diese Venen nun scheinen sie mir anzuschneiden. Wenn jene aber nachher zu den Frauen kommen und nicht imstande sind, dieselben zu gebrauchen (mit ihnen den Beischlaf auszuüben), so sind sie anfangs nicht mutlos, sondern verhalten sich ruhig; sobald sie es aber zwei-, dreimal und öfter versucht haben und es geht ihnen nicht anders, so glauben sie sich an der Gottheit, der sie es schuld geben, versündigt zu haben, ziehen einen

---

[1]) Das *διαφθείρεσθαι* im Text ist unzweifelhaft von dem Verfasser mit Rücksicht auf die *ἀνανδρία* geschrieben. Auffallend ist es aber, daß das, was hier als nachteilig bezeichnet ist, Epidem. lib. VI. ed. Kühn. Vol. III. p. 609. als heilbringend empfohlen wird; es heißt daselbst: *κεδμάτων τὰς ἐν τοῖσιν ὠσὶν ὄπισθεν φλέβας σχάζειν.* Palladius in dem Kommentar zu dieser Stelle (ed. Dietz. Vol. II. p. 143.) erklärl diesen ganzen Satz für falsch, er schreibt: *Πᾶς οὗτος ὁ λόγος ψευδής· κέδμα γάρ ἐστι διάθεσίς τις περὶ τὴν λαγόνα, ἢ φλεγμονὴ ἢ ῥευματικὴ διάθεσις· φησὶν οὖν ὅτι καὶ ἐπὶ ταύτῃ τῇ διαθέσει τέμνων τὰς ὄπισθεν φλέβας ὠφελήσεις· καὶ ποία συγγένεια τῆς λαγόνος καὶ τῶν ὤτων, καὶ ταῦτα τῶν ἐκεῖ ἀγγείων λεπτῶν ὄντων, καὶ τριχοειδῶν καὶ μηδέν ἀξιόλογον κενῶσαι δυνάμενον;* — Von dem Gebrauche der Skythen wird hier kein Wort erwähnt, sollte er dem Palladius unbekannt gewesen sein? Auch de natura ossium (ed. Kühn I. p. 508.) finden wir die Operation bei Schmerzen der Lenden, Hoden, Kniee und Knöchel empfohlen und nach einer Stelle de morbis lib. II. (ed. Kühn II. p. 223.) sollen jene Venen gebrannt werden, bis sie aufhören zu pulsieren. Dagegen wird de genitura (ed. Kühn. I. p. 373,) und de locis in homine (ed. Kühn II. p. 106.) Zeugungsunfähigkeit als Folge des Aderlasses aus jenen Gefäßen dargestellt. Wir überlassen es andern, die nötigen Folgerungen in betreff der Einheit der Verfasser der genannten Bücher zu machen und erwähnen nur noch, daß Dr. Paris (Roux. Jorn. de méd. T. XLIV. p. 355., Murray med. pract. Bibliothek. Bd. III. p. 293.), indem er einige Bemerkungen über die Krankheiten bei den Türken mitteilt, folgendes erzählt: Fast jeder Armenier, Grieche, Jude, Türke hat eine Fontanelle, und ebenso mißbrauchen sie das Schröpfen. Wegen eines simpeln Kopfwehs lassen sie den ersten besten Barbier sich eine Binde um den Hals schlagen, damit das Blut zurückgehalten werde, und hernach mit einem Schermesser einige Schnitte um das Ohr herum machen, da dann ohngefähr so viel Blut, als in eine Eierschale geht, ausfließt.

Weiberrock an und erkennen sich die Unmännlichkeit (*ἀνανδρίην*) zu, betragen sich wie Weiber und verrichten in Gesellschaft der Weiber die Geschäfte, welche jene verrichten. Dergleichen widerfährt aber nur den reichen Skythen, nicht den armen, und zwar den edleren und zu bedeutendem Besitztum gelangten wegen des Reitens, denen geringern Standes weniger, denn sie reiten nicht. Nun aber müßte doch die Affektion, da sie mehr als die übrigen göttlichen Ursprungs ist, nicht die edelsten und reichsten Skythen allein befallen, sondern alle gleichmäßig und noch mehr die wenig Besitzenden, nicht Opfernden; wenn nämlich die Götter sich über die (tätige) Verehrung von Seiten der Menschen freuen und (ihnen) dafür Wiedervergeltung zukommen lassen.[1]) Denn natürlich opfern

---

[1]) Im Text des Foesius steht *καὶ μᾶλλον τοῖσιν ὀλίγα κεκτημένοισιν, οὐ τιμωμένοισιν ἤδη, εἰ χαίρουσιν οἱ θεοὶ καὶ θαυμαζόμενοι ὑπ' ἀνθρώπων κ. τ. λ.* Coray hat dies in *εἰ δὴ τιμώμενοι χαίρουσι* verbessert, weil *τιμᾶν* und *θαυμάζειν* mehrfach nebeneinander gestellt werde, um die Verehrung der Götter auszudrücken, was er durch Stellen aus Euripides und Aristophanes belegt. Indessen dürfte diese Verbesserung kaum richtig sein, wenngleich sie auch de Mercy aufgenommen hat; der neueste Herausgeber, Herr Prof. Petersen in Hamburg, ein Philologe vom Fach, hat gewiß die alte Lesart nicht ohne triftige Gründe beibehalten und die Coray'sche Conjectur unter den Text verwiesen. Allerdings ist auch die alte Lesart nicht ganz richtig, allein sie läßt sich, wie wir glauben, leicht herstellen, wenn man, wie wir in der Übersetzung bereits getan, die Worte folgendermaßen liest: *οὐ τιμωμένοισιν· εἰ δὴ χαίρουσιν οἱ θεοὶ θαυμαζόμενοι* — woran auch bereits Coray gedacht hat, nur daß er für *οὐ τιμ.* lesen wollte *ἢ τοῖσι τιμ.*, weil er die Worte durchaus nicht auf die ärmeren Skythen beziehen zu können glaubt, was Cornarius bereits tat, indem er ganz richtig übersetzt: Imo magis invaderet pauperes circa cultum deorum negligentiores; auch Foesius übersetzt neque honorem exhibent. Coray stieß sich nämlich besonders an die aktive Bedeutung des *τιμωμένοισι*, welche aber gar nicht so selten ist und gerade von der Verehrung der Götter durch die Menschen bei Homer. Od. XIX. 280. sich findet, wo es von den Phäaken bei der Landung des Odysseus heißt:

οἳ δή μιν περὶ κῆρι θεὸν ὣς τιμήσαντο.

Der ganze Sinn der Stelle verlangt, daß man das *οὐ τιμωμένοισιν* auf die ärmeren Skythen beziehe, welche wenig besitzen, also auch den Göttern nichts darbringen können, aber auch nicht wollen, wie dies im Folgenden deutlich erklärt wird, und gerade deshalb meint H., müßten sie mehr leiden als die Reichen, wenn die Götter Wiedervergeltungsrecht ausübten.

die Reichen den Göttern viel, bringen sowohl Weihgeschenke von ihren Gütern dar, als auch Ehrenbezeugungen; die Armen weniger, weil sie nichts besitzen. Dann sind diese auch unzufrieden darüber, daß sie ihnen kein Vermögen gegeben haben: so daß die wenig Besitzenden die Strafen von dergleichen Vergehungen mehr leiden als die Reichen. Aber, wie ich schon früher gesagt habe, diese Dinge kommen ebenso von der Gottheit wie die anderen; jedes aber geschieht naturgemäß und auch jene Affektion entsteht bei den Skythen aus der Ursache, welche ich angegeben habe. Aber auch bei den übrigen Menschen verhält es sich so; denn wo am meisten und anhaltendsten geritten wird, da werden auch sehr viele von *κέδματα*, Hüft- und Fußaffektionen befallen und üben den Beischlaf am schlechtesten aus (sind nur wenig zum Beischlaf aufgelegt). Dies findet aber bei den Skythen statt und sie sind am meisten von allen Menschen den Eunuchen ähnlich, aus folgenden Gründen: weil sie sowohl stets Beinkleider tragen als auch den größten Teil der Zeit auf den Pferden zubringen, sodaß sie die Genitalien nicht mit der Hand berühren können, vor Kälte und Mattigkeit die Lust zum Beischlaf und den Beischlaf selbst vergessen und (unsinniger Weise) auf nichts weiter denken, als die Männlichkeit aufzugeben.[1]) So verhält es sich nun mit dem Stamme der Skythen."

---

[1]) *Ταῦτα δὲ τοῖσί τε Σκύθῃσι πρόσεστι, καὶ εὐνουχοειδέστατοί εἰσι ἀνθρώπων διὰ τὰς προφάσιας, καὶ ὅτι ἀναξυρίδας ἔχουσιν ἀεὶ καὶ εἰσι ἐπὶ τῶν ἵππων τὸ πλεῖστον τοῦ χρόνου, ὥστε μήτε χειρὶ ἅπτεσθαι τοῦ αἰδοίου, ὑπό τε τοῦ ψύχεος καὶ τοῦ κόπου ἐπιλήθεσθαι τοῦ ἱμέρου καὶ τῆς μίξιος, καὶ μηδὲν παρακινέειν πρότερον ἢ ἀνανδρωθῆναι.* Wir haben zwar dem Texte gemäß übersetzt, können diesen selbst aber unmöglich für unverdorben halten, ohne jedoch für jetzt imstande zu sein, eine vollständige Verbesserung desselben zu geben. Die Gedankenfolge ist, wenn wir nicht ganz irren, diese: Die Skythen reiten beständig, was schon ohnehin das Zeugungsvermögen und den Trieb zum Beischlafe schwächt; sie tragen aber auch Beinkleider, was dem Griechen besonders auffallen mußte, da er sich derselben nicht bediente. Diese Beinkleider waren so enge, daß man mit der Hand nicht zu den Genitalien gelangen konnte; die Genitalien lagen also fest an den Körper, hingen nicht herab, konnten nicht in Bewegung gesetzt werden; zugleich waren sie auch vor der Luft geschützt; es konnte kein Abkühlungsprozeß stattfinden; die träge Ruhe wie die unausgesetzt vorhandene erhöhte Temperatur schwächten die Genitalien so, daß der

Sondern wir jetzt die Tatsachen, welche in dieser Stelle vom Hippocrates beigebracht werden, von seinen Erklärungsversuchen, so ist es keinem Zweifel unterworfen, daß hier von dem die Rede ist, was Herodot beschreibt. Es finden sich bei den Skythen Männer, welche sich wie Weiber gebärden, sprechen, weibliche Geschäfte verrichten und zu den Weibern halten, deren Zustand die Skythen für eine Schickung der Gottheit halten,

---

Zeugungstrieb endlich verloren ging. Ansichten, welche mit unserer jetzigen Erfahrung durchaus übereinstimmen, und von Faust bekanntlich fast bis zur Karrikatur erhoben wurden. Ausgedrückt hat sie Hippocrates in den Worten ὑπό τε τοῦ ψύχεος καὶ τοῦ κόπου, dann muß der Text aber, und dies ist unsere Meinung, korrupt sein. Denn versteht man darunter Frost und Mattigkeit, so ist der erstere mindestens unmöglich; wie können die Skythen vom Froste leiden, wenn sie Beinkleider trugen! Es muß also der Abkühlungsprozeß in dem ψῦχος gemeint sein! Faßte man nun κόπος wörtlich, als von κόπτω abgeleitet, in der Bedeutung von Schlagen, Aufschlagen und bezöge dies auf die Genitalien, namentlich die Hoden, so müßte eine Negation und ein Verbum ausgefallen sein, was uns auch das Wahrscheinlichste ist, obgleich wir zur Zeit noch nicht wissen, welches. Die Sache würde augenblicklich erledigt sein, wenn wir übersetzen könnten: so daß sie die Hand nicht an die Genitalien bringen können; und da diese weder von kühlender Luft noch von dem Aufschlagen (auf den Rücken des Pferdes oder den Sattel) getroffen werden, sie die Lust zum Beischlaf und den Beischlaf selbst vergessen, d. h. weder die durch die Kühle gestärkten noch die in Bewegung gesetzten Genitalien erinnern die Skythen daran, daß sie solche haben und gebrauchen müssen. Die Bewegung (κίνησις) beim Reiten wird wenigstens schon von Aristoteles Probl. lib. IV. 12. als Ursache der größeren Geilheit der Reiter angesehen. Er frägt: Quare qui equitant, libidinosiores evadunt? An caloris agitationisque causa eodem afficiuntur modo, quo per coitum. Quocirca aetatis quoque accessione membra genitalia contrectata agitataque plenius augentur, quod igitur semper eo utuntur motu qui equitant, hinc fluentiore corpore praeparatoque ad concumbendum evadunt. Probl. 24. untersucht er die Ursachen der Erektion und sagt διά τι τὸ βάρος ἐπιγίνεσθαι ἐν τῷ ὄπισθεν τῶν ὄρχεων αἴρεσθαι. Vergl. Probl. 25. Immerwährendes Reiten hebt natürlich den Reiz auf, deshalb werden die Skythen auch erst im spätern Alter ἀνάνδριες, dies aber früher als andere reitende Nationen, weil sie Hosen tragen. Doch mögen besser Unterrichte hier entscheiden! — Daß zuletzt übrigens ἀνανδρωθῆναι und nicht ἀνδρωθῆναι gelesen werden muß, sieht jeder leicht ein, welcher die Stelle aufmerksam betrachtet. Coray's Bemerkung vermag uns wenigstens nicht zu überzeugen.

weshalb sie diese Menschen verehren und scheuen. Alles übrige fällt den Erklärungsversuchen des Verfassers anheim, welcher alles mögliche zusammenbringt, um eine natürliche Ursache aufzufinden, die natürlichste Ursache aber ganz und gar unberücksichtigt läßt; freilich aus keinem anderen Grunde, als weil sie ihm unbekannt war und er überhaupt das Faktum nicht aus eigner Anschauung, sondern nur von Hörensagen kennt. Eine Vermutung, welche bereits Heyne a. a. O. aussprach, die aber viele Widersacher gefunden hat, ohne daß jedoch der Beweis bis zur Evidenz von ihnen geführt worden wäre. Für Heyne's Ansicht könnte man eine Stelle aus dem Buche *περὶ ἄρθρων*[1]) anführen, worin das Hinken der Männer der Amazonen infolge der Gliederverrenkung deutlich als eine unverbürgte Sage ausgesprochen wird; weshalb auch Gruner[2]) dem Hippocrates gegen das Zeugnis der Alten diese Schrift absprach. Aber wir bedürfen dieser Stelle gar nicht einmal; denn wäre das Erzählte Ergebnis eigner Anschauung, wie konnte der Verfasser bei der Erwähnung, daß sich die Skythen hinter den Ohren zur Ader lassen, schreiben: *ταύτας τοίνυν μοι δοκέουσι τὰς φλέβας ἐπιτάμνειν*? Sollten etwa die sämtlichen Erklärungsversuche aus der Feder eines oder mehrerer Späteren geflossen sein? Wir haben uns wenigstens bis jetzt eines solchen Verdachtes noch nicht ganz entschlagen können. Sei dem aber wie ihm wolle, so ist es doch, wie gesagt, gewiß, daß der Verfasser die eigentliche Ursache des Weibischwerdens der Skythen nicht kannte, und alle Erklärungsversuche,

---

[1]) Ed. Kühn. Vol. III. pag. 218. *μυθολογοῦσι δέ τινες ὅτι αἱ Ἀμαζονίδες τὸ ἄρσεν γένος τὸ ἑωυτῶν αὐτίκα νήπιον ἐὸν ἐξαρθρέουσιν, αἱ μὲν κατὰ γούνατα, αἱ δὲ κατὰ τὰ ἰσχία, ὡς δῆθεν χωλὰ γίνοιτο καὶ μὴ ἐπιβουλεύει τὸ ἄῤῥεν γένος τῷ θήλει· χειρώναξιν ἄρα τούτοισι χρέονται, ὁκόσσ ἢ σκυτίης ἔργα ἢ χαλκείης ἢ ἄλλο τι ἑδραῖον ἔργον· εἰ μὲν οὖν ἀληθέα ταῦτα ἐστί, ἐγὼ μὲν οὐκ οἶδα.* Auch Gardeil in seiner bei uns seltenen Traduction des oeuvres médicales d'Hippocrate, sur le texte grec, d'après l'édition de Foes. Tome I. à Toulouse 1801. gr. 8. pag. 162. sagt: On pourroit induire d'un endroit du traité des articles, à la fin du numéro 38 (27), que ce qu' Hippocrate rapporte ici concernant les Scythes, et ce qu'il a dit ci-dessus, numéro 23, au sujet des Sarmates ne lui étoit connu que par une tradition dont il n'etoit pas bien assuré.

[2]) Censura librorum Hippocraticorum pag. 181.

wahrscheinlich aus Mißverstand des ἀνάνδριες und εὐνουχίαι, dahin abzwecken, den Verlust des Zeugungsvermögens die eigentliche ἀνανδρία, auf einen natürlichen Grund zurückzuführen, während das Weibischwerden nur Nebensache ist. Daß Hippocrates sowenig als die späteren alten Ärzte mit den somatischen Folgen der Unzucht des Pathicus genauer bekannt war, sehen wir aus folgender im Texte des Foesius ganz korrupten Stelle:[1]) εὐνοῦχος ἐκ κυνηγεσίης καὶ διαδρομῆς ὑδραγωγὸς γίνεται· ὁ παρὰ τὴν Ἐλεαλκέος κρήνην· ὁ περὶ τὰ ἓξ ἔτεα ἱππουρίν τε καὶ βουβῶνα καὶ ἴξιν καὶ κέδματα· ὁ τὸν κενεῶνα φθινήσας ἑβδομαῖος ἀπέθανεν, προπιούντων ἄπεπτον, ἁλμυρὰ μετὰ μέλιτος· πορνείη ἄχρωμος δυσεντερίης ἄκος. Allen Herausgebern des Hippocrates war besonders die Verbindung, in welcher das πορνείη ἄχρωμος hier steht, anstößig, nur Foesius verteidigte dieselbe, indem er auf einige Stellen beim Aëtius[2]) und Paul von Aegina[3]) verwies, woselbst der Beischlaf als austrocknend gegen chronische Diarrhoe empfohlen wird; dies hätte er schon aus Hippocrates dartun können, denn dieser sagt (Epidem. lib. VI. sect. 5. n. 29) λαγνεία τῶν ἀπὸ φλέγματος νούσων ὠφέλιμον und (n. 26) μίξις τὰ κατὰ τὴν γαστέρα σκληρύνει.[4]) Indessen gilt dies nur vom Manne, welcher den Koitus ausübt, indem der Samenerguß den Körper nach dem Beischlaf antreibt, das Verlorene zu ersetzen, was nur auf Kosten anderer Absonderungen geschehen kann, die krankhaften also mehr oder weniger sistieren muß. Es ist hier aber nicht vom Beischlaf, welchen der Mann ausübt, sondern von dem, welchen er mit sich ausüben läßt,

---

[1]) Epidem. lib. VII. fin. ed. Kühn. Vol. III. p. 705. Vergl. Pabst allg. med. Zeitung. Altenburg. Jahrg, 1838. No. 60. p. 950—952, wo wir bereits früher unsere Ansicht über diese Stelle entwickelten.

[2]) Lib. III. cap. 8. τὰς διαῤῥοίας, χρονίους ἔστιν ὅτε ξηραίνε τὰ ἀφροδίσια.

[3]) Lib. I. cap. 35. τῶν κεχρονισμένων διάῤῥοιαν τὰ ἀφροδίσια ἐπιξηραίνουσι.

[4]) Epidem. lib. V. ed. Kühn. Vol. III. p. 574. wird erzählt, daß der Nasenkatarrh des Timochares nach dem Beischlafe (Paederastie? S. 209. N. 1.) schwand (ἀφροδισιάσαντι ἐξηράνθη), was lib. VII. p. 680. wiederholt wird. Vergl. Palladius Schol. in Epidem. lib. VI. ed. Diez. Vol. II. p. 143. 145. Marsilius Cagnatus in Gruteri Lampas. Vol. II. P. 2. p. 470.

von der Unzucht des Pathicus, die Rede, wie das πορνείῃ deutlich zeigt, und daß die Pathici eine blasse Gesichtsfarbe haben, wurde bereits S. 131 erwähnt. — Um nun einigen Sinn in die obige Stelle zu bringen, wollte Mercurialis πόρνῃ ὡς ἄχρωμος, Dacier πορνείῃ ἄχρωμον ἄκος, Richard Mead aber προῤῥοῇ ἄχρωμος lesen. Erst Triller[1]) kam darauf, daß diese Worte eine falsche Stelle hätten, und er verbessert den Satz folgendermaßen: ὁ τὸν αἰῶνα φθινήσας, πορνείῃ ἄχρωμος, ἑβδομαῖος ἀπέθανεν, προϊόντων ἀπέπτων. Ἁλμυρὰ μετὰ μέλιτος δυσεντερίης ἄκος, wodurch er allerdings lesbarer geworden ist, zumal wenn man πορνείῃ ἄχρωμος noch vor ὁ τὸν αἰῶνα stellt, da die blasse Gesichtsfarbe doch sicher der Phthisis vorausging. Seine Gründe, welche wir am angeführten Orte selbst nachzulesen bitten, sind uns wenigstens so einleuchtend, daß wir keinen Augenblick anstehen, seine Verbesserungen anzunehmen, welche leider bis jetzt ganz unbeachtet geblieben sind; denn Grimm, der überhaupt an dieser Stelle keinen Anstoß genommen zu haben scheint, hat ganz dem alten Texte gemäß übersetzt und durchaus keine Anmerkung beigefügt, ebenso sein neuer Überarbeiter Lilienhain, doch haben beide für κενεῶνα das bereits von Foesius vermutete αἰῶνα wiedergegeben. Indessen wenn auch hierdurch der letzte Satz verständlich geworden und dem Hippocrates die Empfehlung des Beischlafes gegen Dysenterie mit Recht genommen ist, so bedarf doch der vorhergehende Satz ebenfalls noch der Hilfe. Für ἴξιν muß offenbar ἰξίαν oder ἰξίας gelesen werden, was auch von alten Übersetzern geschehen und von Foesius vorgeschlagen ist; nur über das ἱππουρίν hat man sich bis jetzt keine hinlängliche Rechenschaft geben können. Uns scheint es korrupt und dadurch entstanden zu sein, daß in dem Manuskripte in der folgenden Zeile für προπιούντων, was übrigens kein Kodex hat, die meisten lesen ὑποπνοιούντων, gestanden habe ὑποπορούντων, ὑποῤῥυόντων oder ὑποῤῥεόντων. Cornarius hat περὶ ἓξ ἔτεα ἓξ ἱππασίης βουβῶνα, ἰξίας κ. τ. λ. gelesen, ohne jedoch seine Gründe dafür anzugeben, wahrscheinlich aber mit

---

[1]) Progr. de sordidis et lascivis remediis antidysentericis vitandis p. 10. folg.

Rücksicht auf die Stelle von den Skythen jene Konjektur gemacht, welche uns wenigstens nicht anspricht. Auf eine wahrscheinliche Verbesserung werden wir aber nur dann kommen, wenn wir die ganze Satzfolge richtig beurteilen. Irren wir nicht, so ist es die folgende: Es ist zuerst von einem Eunuchen die Rede, welcher wassersüchtig wurde; hierauf wird von einem anderen Eunuchen das Übrige gesagt. In dem Buche *περὶ γονῆς* (Vol. I. p. 273. K.) heißt es: *οἱ δὲ εὐνοῦχοι διὰ ταῦτα οὐ λαγνεύουσιν, ὅτι σφέων ἡ δίοδος ἀμαλδύνεται τῆς γονῆς — αὕτη δὲ ἡ δίοδος ὑπὸ τῆς τομῆς οὐλῆς γενομένης στερεὴ γέγονεν.* Wir könnten nun versucht werden an unserer Stelle zu lesen: *ὁ περὶ τὰ ἓξ ἔτεα ὑπὸ τῆς τομῆς οὐλῆς καὶ βουβῶνα*, d. h. dieser litt sechs Jahre lang infolge der Verheilung des Schnittes an Bubonen etc. Indessen dürfte sich dies kaum rechtfertigen lassen; wir halten es vielmehr für angemessener *ὑπὸ* und *οὐλῆς* zu verbinden und entweder zu lesen *ὕπουλος*, *ὑπούλως* oder *ὑπουλὴν περὶ τὰ βουβῶνα*, d. h. er hatte seit sechs Jahren unterködige Stellen in der Inguinalgegend, was vielleicht auch Calvus im Sinne gehabt hat, oder *ὑπουλήν τε καὶ βουβῶνας*, er hatte seit sechs Jahren unterködige Stellen (Fisteln), Bubonen etc. oder endlich, was wir vorziehen möchten, *ὕπουλον βουβῶνα*, eine unterködige Inguinalgegend.[1]) Da *de morbis mulierum lib. I. ed. Kühn Vol. II.* 680, *ὀδύνη ἔχει-καὶ τὰς ἰξύας καὶ τοὺς κενεῶνας καὶ τοῦς βουβῶνας* steht, so könnte man hier auch lesen *ὕπουλον (ἔχει) καὶ βουβῶνα καὶ ἰξύα καὶ κενεῶνα καὶ κέδματα, πορνείῃ ἄχρωμος ὠθινήσας κ. τ. λ.* wodurch *κέδματα* die Bedeutung *Varices* behielt; und der Sinn der ganzen Stelle wäre dann folgender:

---

[1]) Suidas schreibt: *ὕπουλος — ὡς ἐπὶ τῶν ἑλκῶν, τῶν ἐχόντων οὐλὰς ὑγιεῖς ἐπιπολαίως, ἔνδοθεν δὲ σηπεδόνας πυώδεις. — ὕπουλα γόνατα καὶ ὕπουλον πόδα καὶ ὕπουλον χεῖρα καὶ σῶμα· τὸ φλεγμαῖνον διά τινας πληγὰς καὶ ἐγγὺς τοῦ ἀφίστασθαι ὄν· Κρατῖνος· ὕπουλα ἕλκη· τὰ κρυπτά.* — Hesychius: *ὕπουλα δὲ λέγεται τὰ μὴ φανερὰ τῶν ὀφθαλμῶν ἕλκη.* — *ὕπαφρον*, welches sich bei Hippocrates de arte Vol. I. p. 17. R. findet, wofür die MS. auch *ὑπόῤῥοον* haben und Schneider in s. Lexikon *ὑπόφερον* lesen will, erklärt Hesychius durch *τὸ μὴ φανερὸν κρύφιον καὶ ὕπουλον.* — Sollte für *καὶ ἴξιν* etwa *κατ᾽ ἴξιν* gelesen werden müssen? Vgl. Erotiani etc. Glossaria in Hipp. ed. Franz p. 322.

„Ein Eunuch wurde infolge des Jagens und Herumlaufens wassersüchtig; ein anderer an der Quelle Elealkes, welcher seit sechs Jahren unterködige (fistulöse) Geschwüre in der Inguinalgegend, den Weichen und in der Gegend des Kreuzbeins, so wie Varices hatte, durch die Unzucht des Pathicus bleich geworden und an Tabes litt, starb, nachdem er unwillkürliche Stühle bekommen, wogegen er Salz mit Honig, ein gewöhnliches Mittel gegen Dysenterie, genommen hatte, am siebenten Tage.“ Sei dem wie ihm wolle, so geht doch mit Bestimmtheit aus dieser Stelle hervor, daß ihr Verfasser mit den Folgen der Unzucht des Pathicus nur sehr wenig bekannt war, da er ihr nichts als die bleiche Gesichtsfarbe zuschreibt, obschon der ganze Krankheitsprozeß eine Folge derselben gewesen sein dürfte. (Vergl. S. 162.) Allerdings ist der Verfasser zu entschuldigen, da überhaupt die somatischen Folgen der Unzucht des Pathicus in Griechenland nur sehr gering und selten waren, die Unzucht dort auch nie eine solche Höhe erreicht hatte, während bei den pastosen Skythen, deren Geschlechtscharakter ohnehin nur sehr wenig ausgeprägt war, die örtlichen somatischen Folgen mehr zurücktraten und die Umwandlung des ganzen Körpers in den weiblichen Typus um so leichter geschah, für den fremden Beobachter aber um so greller hervorstach, da er nichts ähnliches in der Heimat beobachtet hatte. Leicht konnte er verführt werden, über die wunderbare Erscheinung die allerdings entfernt liegende Ursache zu vergessen, oder auf alles eher kommen als auf die Unzucht des Pathicus, deren Folgen selbst ausgezeichnete neuere Ärzte gehörig zu würdigen unterließen. Dürfen wir deshalb den Hippokratikern einen Vorwurf machen? — Zur Bestätigung unserer Ansicht über die *νοῦσος θήλεια* könnten wir nun noch die Beispiele aus der neueren Zeit anführen, welche Reineggs und J. von Potocki von dem mongolischen Stamm Nogay und die älteren Historiker Amerikas besonders über Florida und Mexico mitteilen, da bekanntlich noch jetzt in Asien die Paederastie zu den gewöhnlichen Lastern gehört, und für Amerika einige Berichterstatter ausdrücklich von den dortigen Androgynen und Hermaphroditen erwähnen, daß sie jenem Laster gefröhnt; da uns aber die Original-Quellen nicht zur Hand sind, so müssen wir auf Heyne a. a. O. S. 41 und Stark a. a. O. S. 29 und 31 verweisen, zumal da ohne dies der Gegenstand fast schon zu viel Raum eingenommen hat, worüber wir jedoch um so weniger Tadel erwarten, als ein so achtungswerter Gelehrter wie Stark, dem selbst Philologen beigestimmt haben, wohl verlangen kann, daß ein jüngerer Forscher seiner Ansicht nicht mit allgemeinen Redensarten, sondern mit möglichst ausreichenden Gründen entgegentrete. Möchte er uns dieses Zeugnis nicht versagen können!

§ 21.

Das Irrumare und Fellare.

Bei weitem schändlicher und widriger ist das Irrumare *(penem in os arrigere est irrumare*[1]*)* und das Geschäft des Fellator *(si quis vel labris vel lingua perfricandi atque exsugendi officium peni praestat,*[2]*)* welches die Griechen λεσβιάζειν nannten, weil diese Unzucht besonders von den Lesbierinnen getrieben ward, obschon sie wie fast alles der Art aus Asien stammt.

---

[1]) Festus p. 135. sagt: Rumen est pars colli, qua esca devorantur. Nonius p. 18. rumen dicitum locus in ventre, quo cibus sumitur et unde redditur. — Isidorus Etymolog. lib. XII. 37. Ruminatio autem dicta est a ruma, eminente gutturis parte, per quam dimissus cibus a certis animalibus revocatur. Allerdings sagt Varro auch: ruminae propter rumam, id est prisco vocabulo mammam, und man könnte daher unter irrumare auch wohl jene noch jetzt gebräuchliche Manier der Lüstlinge, den Zwischenraum zwischen den weiblichen Brüsten als Vagina zu benutzen, verstehen. Dr. Hacker in Leipzig versicherte uns wenigstens, mehrfache Fälle beobachtet zu haben, wo Lustdirnen zwischen den Brüsten ebenso wie in den Achselhöhlen, denn auch diese werden zu solchem Zweck benutzt, Schankergeschwüre hatten. — Steht ruma vielleicht für rima? Man vergleiche übrigens, was Suidas unter ῥῦμα, ῥύμη und ῥύμματα sagt. Synonym ist comprimere linguam, buccam offendere etc.

[2]) Die Etymologie von fellare ist noch dunkel, Vossius Etymolog. leitet es vom äolischen φηλᾶν für θηλᾶν und θηλάζειν, an der Brust saugen, ab. Plinius hist. Nat. lib. XI. 65, sagt von der Zunge der Katzen: imbricatae asperitatis ac limae similis, attenuansque lambendo cutem hominis. Die Bedeutungen, welche Suidas unter φελλά etc. angibt, scheinen auf einen alten Stamm φέλλω, rauhmachen, feilen? hinzudeuten.

Lucian in seinem Pseudologista,[1]) worin er den lüderlichen Timarch, welcher den Ausdruck *ἀποφράς* übel genommen hatte, tüchtig geißelt, sagt: „Bei den Göttern, was gerätst du denn in Wut, da das Volk auch das von dir sagt, daß du ein Fellator und Cunnilingus seiest?[2]) Verstehst du auch diese Wörter so wenig wie das *ἀποφράς*? und hältst du sie für Ehrentitel? Oder bist du daran schon gewöhnt, an *ἀποφράς* aber nicht, und willst es als etwas dir Unbekanntes aus der Liste deiner Titel streichen? (cap. 28.) — Ich weiß wohl, was du triebst in Palästina, in Ägypten, in Phönizien und Syrien, sodann in Hellas und Italien, und vor allem jetzt in Ephesus, wo du deinen Tollheiten die Krone aufsetztest. (cap. 11.) — Deine Mitbürger wirst du aber niemals überreden, daß sie dich nicht für den Unflätigsten unter allen, für den Auswurf der ganzen Stadt halten sollten. Vielleicht stützt du dich aber auf die Meinung der Übrigen in Syrien, daß man dich (dort) keiner Schuld, keines Lasters geziehen habe.

---

[1]) Opera ed. Lehmann. Tom. VIII. p. 56—84.

[2]) *Πρὸς θεῶν, εἰπέ μοι, τί πάσχεις, ἐπειδὰν κἀκεῖνα λέγωσιν οἱ πολλοί, λεσβιάζειν σε καὶ φοινικίζειν*; über *φοινικίζειν* später. Das Wort *λεσβιάζειν* findet sich bei Aristophanes Ran. 1335., welcher auch *λεσβιεῖν* dafür sagt. Vesp. 1386. *μέλλουσαν ἤδη λεσβιεῖν τοὺς ξυμπότας·* wobei der Scholiast bemerkt: *ἵνα μὴ τὸ παλαιὸν τοῦτο καὶ θρυλλούμενον δι' ἡμετέρων στομάτων εἴπω σόφισμα, ὅ φασι παῖδες Λεσβίων εὑρεῖν.* — Suidas s. v. *Λεσβίαι· μολύναι τὸ στόμα. Λέσβιοι γὰρ διεβάλλοντο ἐπὶ αἰσχρότητι.* Hesychius: *λεσβιάζειν· πρὸς ἄνδρα στόμα στύειν. Λεσβιάδας γὰρ τὰς Λαικαστρίας ἔλεγον.* — Eustathius in Comment. ad. Hom. Iliad. p. 741. *εἰσὶ βλασφημίαι καὶ ἀπὸ ἐθνῶν καὶ πόλεων καὶ δήμων πολλαί, ῥηματικῶς πεποιημένα· ἐθνῶν μέν, οἷον κιλικίζειν καὶ αἰγυπτιάζειν, τὸ πονηρεύεσθαι, καὶ κρητίζειν, τὸ ψεύδεσθαι· ἐκ πόλεων δέ, οἷον λεσβιάζειν, τὸ αἰσχροποιεῖν· εἶτα παραγαγόντες Φερεκράτους χρῆσιν ἐν Ἰάμβῳ τό· δώσει δέ σοι γυναῖκας ἑπτὰ Λεσβίας· ἐπάγουσιν ἀμοιβαῖον τό· καλόν γε δῶρον ἕπτ' ἔχειν λαικαστρίας· ὡς τοιούτων οὐσῶν τῶν Λεσβίων γυναικῶν· ἐκ δήμων δὲ βλασφημία, τὸ αἰξωνεύεσθαι, ἤγουν κακολογεῖν. Αἰξωνεῖς γὰρ δημόται Ἀττικοί, σκωπτόμενοι ὡς κακολόγοι, καθὰ καὶ οἱ Σφήττιοι ἐπὶ ἀγριότητι.* Das *σόφισμα* in der Stelle des Scholiasten zum Aristophanes erklärt das dogma bei Martialis lib. IX. 48. Dic mihi, percidi, Pannice, dogma quod est? Theopompus in Ulysses sagt: *δι' ἡμετέρων στομάτων εἴτω σόφισμ' ὅ φασι παῖδας Λεσβίων εὑρεῖν.* Strattis in Pytisus: *τῷ στόματι δράσω ταῦθ' ἅπερ τοῦ αἰσχροῦ τάττεται [ταῦθ' ἅπερ οἱ Λέσβιοι].* Vergl. S. 143. N. 1.

Aber beim Herkules, Antiochien sah die Geschichte, als du jenen von Tarsus kommenden Jüngling entführtest und — doch es würde mir nicht anstehn, dergleichen aufzurühren. Alle, welche dabei waren, wissen es und erinnern sich daran, indem sie dich auf den Knieen ruhend sahen (*καὶ σὲ μὲν ἐς γόνυ συγκαθήμενον ἰδόντες*) und jenen das tun, was du wohl weißt, wenn du es sonst nicht ganz und gar vergessen hast (cap. 20). — Aber als man dich auf den Knieen des Sohnes des Küpers Oinopion liegend (*τοῦ μειρακίου — ἐν γόνασι κείμενον*) antraf, was glaubest du da? Hielt man dich nicht für einen solchen, als man eine solche Tat sah? (cap. 28.) — Wie, beim Zeus, nach einer solchen Tat wagst du noch, uns zu küssen? — Eher eine Natter oder Viper küssen! Die Gefahr und den Schmerz des Bisses kann doch ein hinzugerufener Arzt beseitigen. Von deinem Kusse und mit solchem Gifte wer darf da sich dem Tempel oder Altare nahen? Welcher Gott würde den Flehenden anhören; wieviel Weihkessel, wieviel Flüsse würde man bedürfen? (cap. 24.) — In Syrien bist du *ῥοδοδάφνη*[1]) genannt; die Ursachen nennen muß man sich schämen, bei der Athene! — In Palästina aber *φραγμὸς* (die Hecke[2]), wegen der Stacheln des Bartes, wie ich glaube. In Ägypten dagegen *συνάγχη*, dies ist eine bekannte Sache. Es soll wenig gefehlt haben, daß du nicht erstickt wärest, als du auf den Matrosen eines Dreimasters stießest, welcher auf dich einfallend dir den Mund verstopfte (*ὅς ἐμπεσὼν ἀπέφραξέ σοι τὸ στόμα.*“ — Diese Stelle führt uns auf eine Glosse des Pseudo-Galenus,[3]) worüber sich Naumann,[4]) nachdem er

[1]) Haud scio an Rhododaphnes cognomine a Syris isti tradito tecte suggilletur cunnilingus, ita quidem, ut in rosa lateat cunnus, in lauri folio lingua lingens, sagt Forberg a. a. O. S. 281. Suidas s. v. *ῥοδωνιά· ἔστι μὲν ὁ τῶν ῥόδων λειμών· ἄλλοι δὲ καὶ τὴν ῥοδοδάφνην οὕτω φασὶ καλεῖσθαι.* Plinius hist. nat. XVI. 33. Hesychius s. v. *ῥοδωνιά* sagt: *δηλοῖ δὲ καὶ τὸ ἀνδρὸς αἰδοῖον αὔτη.*

[2]) Die Erklärung hierzu geben dic Priapeia Carm. 75.

Barbatis non nisi summa petet.

Vergl. Martial. XI. 47.

[3]) Opera ed. Kühn. Vol. XIX. p. 142.

[4]) Handbuch der Klinik. Bd. VII. S. 88. Auch früher schon in Schmidt's Jahrb. 1837. Bd. XIII. S. 101.

seine Ansicht über den später zu besprechenden *Morbus phoeniceus* dargelegt hat, folgendermaßen ausspricht: „Wir müssen aber noch weiter gehen. In der eben angeführten Pseudogalenischen Schrift findet sich ein Verzeichnis von Worten, die mit großer Sicherheit auf venerische, den Alten bekannte Affektionen schließen lassen (l. c. *sub voc.* *στρυμάργου* p. 142). Es heißt daselbst, daß *Dioscorides* *στρυμάργους* oder *στυμάργους* diejenigen genannt habe, bei denen das Verlangen nach Wollust bis zur Wut gesteigert sei. Damit gleichbedeutend seien die Ausdrücke *μυοχάνη* *(maxillarum hiatu insignis)* oder *μυσάχνη* *(meretrix?)*, *μῦσος* *(facinus abominandum)*, *σαράπους* *(crura ambulando divaricans)* und *γρυπαλώπηξ* (von *γρύπος*, *carvus.* wahrscheinlich die Erektion des Penis bezeichnend; wenigstens wird ein ausschweifender Mensch beim Aristophanes *κυναλώπηξ* genannt); am merkwürdigsten ist aber der Zusatz, daß Erasistratus solche Individuen *ῥινοκολοῦροι* *(i. e. qui mutilatis naribus sunt)* genannt habe. Grade zur Zeit der griechischen Herrschaft in Ägypten war *Rhinocorura s. Rhinocolura* der Name eines elenden Verbannungsortes am nordöstlichen Ende dieses Landes, wo derselbe an der Küste des mittelländischen Meeres zwischen Gaza und Pelusium in der Wüste lag, und Aussätzigen zum Wohnsitz diente *(Plinius hist. nat. lib. V. c.* 14. *Livius hist. lib. XXXXV. c.* 11). Fassen wir alles hier Gesagte zusammen, gedenken wir namentl ch der schamlosen Befriedigungen des Geschlechtstriebes und der damit in Verbindung gesetzten Verstümmelung der Nase, so möchte wohl nicht daran zu zweifeln sein, daß diese alten und fragmentarischen Nachrichten auf venerische Übel sich beziehen, mögen dieselben mit leprösen Affektionen gepaart gewesen sein oder nicht.“ Um die Richtigkeit dieser Erklärungen und Behauptungen zu prüfen, wird es vor allem nötig sein, die Glosse selbst vollständig hierher zu setzen: *στρυμάργου· οἶδε καὶ ταύτην τὴν γραφὴν ὁ Διοσκουρίδης, οὐ μόνον τὴν στομάργου, ἀλλὰ καὶ τοῦτο οὐχ ὡς κύριον ὄνομα ἐξηγεῖται, ἀλλὰ τὸν μανικῶς ἐπτοημένον περὶ τὰ ἀφροδίσια δηλοῦσθαί φησιν· εἰρῆσθαι γὰρ παρὰ τῷ Ἱπποκράτει καὶ ἄλλα πολλὰ κατὰ τὸν αὐτὸν ἐπίθετα, καθάπερ μυοχάνη, σαράπους, γρυπαλώπηξ· ἀλλὰ καὶ παρ' Ἐρασιστράτῳ φησὶν ὁ ῥινοκολοῦρος*, d. h. *στρυμάργου*, auch diese Lesart kennt Dioscorides, nicht bloß die des *στομάργου*, aber er erklärt dies nicht als einen Eigennamen, sondern sagt, es bezeichne den auf eine wahnsinnige Weise den Liebesgenuß Suchenden, denn es werden bei demselben Hippocrates auch viele andere Beiwörter, welche denselben Sinn haben (sich auf dieselbe Weise der Unzucht beziehen), gefunden, als da sind *μυοχάνη*, *σαράπους*, *γρυπαλώπηξ*, auch beim Erasistratus, sagt er, findet man (den Ausdruck) *ῥινοκολοῦρος*.

Der Leser sieht zunächst, daß es nicht Ausdrücke des Dioscorides sind, welche hier angeführt werden, wie man aus Naumanns Darstellung vermuten sollte, sondern daß sie sich sämtlich, wie wir auch spezieller nachweisen werden, beim Hippocrates finden, das *ῥινοκολοῦρος* des Erasistratus nämlich abgerechnet. Dioscorides erwähnt sie nur in seinem Kommentar zum zweiten Buche der Epidemien, wie dies die sogleich anzuführende Stelle beweist, und behauptet, es seien nicht Eigennamen, sondern Beiwörter, welche sich sämtlich auf den wahnsinnigen Liebesgenuß beziehen; von somatischen Affektionen kann dabei also keine Rede sein, die Worte selbst mögen nun bezeichnen was sie wollen. Betrachten wir diese aber genauer, so haben wir zunächst für *στρυμάργου* offenbar *στυμάργου* zu lesen, indem dies nicht nur der Glossator (unter *στομάργου*[1]) auf der vorhergehenden Seite angibt, sondern auch der Text des Hippocrates[2]) an beiden Stellen darbietet; *στρυ-*

---

[1]) *Στομάργου, ἐν τῷ δευτέρῳ τῶν ἐπιδημιῶν ὁ Διοσκουρίδης οὕτως γράφει, καὶ δηλοῦσθαι φησὶ τοῦ λολοῦντος μανικῶς· εἰ δὲ ἄλλοι στυμάργου γράφουσι καὶ ὄνομα κύριον ἀκούουσι.*

[2]) Epid. lib. II. sect. 2. ed. Kühn. Vol. III. p. 436. *Καὶ ἡ Στυμαργέω ἐκ ταραχῆς ὀλιγημέρου πολλὰ στήσασα κ. τ. λ.* (Dieselbe Stelle findet sich bei Galen. Comment. in Epid. lib. II. ed. Kühn. Vol. XVII. A. p. 324. mit Sacherklärung und hat auch *Στυμαργέω*.) ebendas. p. 458. *ἡ Στυμάργεω οἰκέτις ἡ Ἰδουμαία ἐγένετο κ. τ. λ.* Galen führt diese Stelle a. a. O. p. 467. ohne Kommentar an, hat aber ebenfalls *Στυμάργεω*. An zwei andern Stellen wo er die zuletzt aus Hippocrates angeführte kommentiert, ist der Text offenbar korrupt. De tremore, palpitatione, convulsione et rigore ed. K. Vol. VII. p. 602. heißt es *Ἐστυμάργεω οἰκέτις, ᾗ οὐδὲ αἷμα ἐγένετο, ὡς ἔτεκε θυγατέρα κ. τ. λ.* Auch Aßmann in seinem Index

μάργου überhaupt aber gar keinen Sinn gibt. Das Wort στυμάργος kommt nämlich entweder von στῦμα,[1]) das Aufrichten des Penis, und ἔργον, bezeichnet also jemanden, welcher das Geschäft des Aufrichtens des Penis betreibt, — oder von στύω,[2]) ich richte den Penis auf und μάργος[3]), d. h. ein auf eine wahnsinnig geile Weise den Penis Aufrichtender, Gebrauchender, also ein Irrumator, womit die Erklärung des Hesychius: λεσβιάζειν, πρὸς ἀνδρὸς στόμα στύειν übereinstimmt. — στομάργος dagegen ist aus στόμα, der Mund und ἔργω oder ἔργον, welches sehr häufig für den Gebrauch der Genitalien, den Liebesgenuß über-

---

zur Kühnschen Ausgabe des Galen p. 232. und p. 307. führt Estymergi ancilla auf. Bei Galenus ist aber unzweifelhaft Ἡ Στυμάργεω οἰκέτις zu lesen, dagegen sehen wir aus dieser Stelle, daß der Text des Hippocrates ganz unrichtig das Nomen proprium ἣ Ἰδουμαῖα gibt, und dies, wie auch der Sachinhalt verlangt, in ἣ οὐδὲ αἷμα umzuwandeln ist, wovon man sich auch besonders durch die von Galenus a. a. O. gegebene Erklärung überzeugt. Außerdem ist nach Galenus Anführung bei Hippocrates für διελθεῖν zu lesen δεῖ ἐλθεῖν, für προφάσιος aber προφάσεως. Er hat für ἀχήν auch ἀφορμήν. Die zweite Stelle des Galen. findet sich de venaesectione adv. Erasistrat. cap. 5. ἐκεῖνο δέ πως εἴρηται; ἐκ τοῦ μαργέω οἰκέτιδος οὐδε αἷμα ἐγένετο, ὡς ἔτεκε θυγατέρα, ἀπέστραπτο τὸ στόμα πρὸς [τῆς μήτρας καὶ ἐς] ἰσχίον καὶ σκέλος ὀδύνη, παρα σφυρὸν τμηθεῖσα ἐράϊσε [ἐῤῥήισε], καίτοι τρόμοι τὸ σῶμα περικατεῖχον [πᾶν κατεῖχον]· ἀλλ' ἐπὶ τὴν πρόφασιν χρὴ ἐλθεῖν καὶ τῆς προφάσεως τὴν τροφήν. Auch hier ist außer den bereits angedeuteten Verbesserungen offenbar zu lesen ἐκ Στυμάργεω, wie auch die Ausgabe von Kühn Vol. XI. p. 161. bereits richtig liest. Dioscorides mag darin Recht haben, daß das Wort eigentlich kein Nomen proprium ist, aber es steht an den genannten Stellen dafür, wenn schon wahrscheinlich nur als sogenannter Spitzname.

[1]) Athenaeus Deipnos. lib. I. cap. 8. führt aus dem Phaon des Komikers Plato an: τρίγλη — καὶ στύματα μισεῖ. Vergl. lib. VII. cap. 126.

[2]) Das Verbum στύω findet sich häufig bei Aristophanes z. B. Acharn. 1218. στύομαι. Pax. 727. ἐστυκότες. Lysistr. 214. ἐστυκώς. 598. στῦσαι, 869. ἔστυκα γάρ; überall in der Bedeutung Erektionen machen und haben.

[3]) Suidas erklärt μάργος durch μαινόμενος, Hesychius außerdem auch noch durch ὑβριστής, welches wir bereits mehrfach als die widernatürliche Wollust bezeichnend kennen gelernt haben. Clemens Alexandr. Paedag. lib. II. c. 1. p. 146. sagt: καὶ ἡ λαιμαργία, μανία περὶ τὸ λαιμόν, καὶ ἡ γαστριμαργία, ἀκρασία περὶ τὴν τροφήν· ὡς δὲ καὶ τ' οὔνομα περιέχει, μανία ἐπὶ γαστέρα· ἐπεὶ μάργος, ὁ μεμηνώς.

haupt steht,[1]) zusammengesetzt und bezeichnet einen Menschen, welcher mit dem Munde das (Liebes) Werk treibt, mithin einen Fellator.[2]) Da nun die zügelloseste, bis zum Wahnsinn gesteigerte Wollust allein dergleichen Dinge vornehmen kann, so ist die Erklärung des Dioscorides *μανικῶς ἐπτοημένον περὶ τὰ ἀφροδίσια* ganz passend, wenn er sich scheute die Sache selbst genauer auseinander zu setzen, zumal da wir bei der Paederastie bereits dargetan haben,[3]) daß die widernatürliche Geschlechts-

---

[1]) Lucian. Pseudologist. c. 21. gebraucht *ἔργον* von dem Irrumator und Fellator. Ähnlich sagt Horatius Epod. VIII. 19.

Fascinum,
Quod ut superbo provoces ab inguine,
Ore allaborandum est tibi?

Das dulce opus des Ovidius und molle opus des Horatius ist bekannt. Vergl. Hesychius s. v. *ἀῤῥητουργία, αἰσχρουργία, κακουργία, το ἄῤῥητα ἐργάζεσθαι.*

[2]) Das Wort *στόμαργος* findet sich bei Sophocles, wo die Electra (581) zur Clytaemnestra sagt:

Κήρυσσέ μ᾽ εἰς ἅπαντας, εἴτε χρὴ, κακὴν,
εἴτε στόμαργον, εἴτ᾽ ἀναιδείας πλέαν.
Εἰ γὰρ πέφυκα τῶνδε τῶν ἔργων ἴδρις
σχεδόν τι τὴν σὴν οὐ καταισχύνω φύσιν.

Suidas s. v. erklärt hier *στόμαργος* durch *φλύαρος*, Philo de Monarchia lib. I. ed. Mangey Vol. II. p. 219. sagt *στομαργία χρήσασθαι καὶ ἀχαλίνῳ γλώσσῃ, βλασφημοῦντας οὓς ἕτεροι νομίζουσι θεούς.* Das Etymologicum magnum s. v. *γλώσσαργον, στόμαργον ἢ ταχύγλωσσον.* Aristophanes dagegen hat das Wort *στοματουργὸς* Ran. 848.

ἔνθεν δὴ στοματουργὸς ἐπῶν
βασανίστρια λίσπη
γλῶσσ᾽ —

[3]) Vergl. S. 157. Lucian. Pseudolog. cap. 31. nennt es *παροινῶν*. Athenaeus Deipnos. lib. XIII. c. 80. *φιλόπαις δ᾽ ἦν ἐκμανῶς καὶ Ἀλέξανδρος, ὁ βασιλεύς.* Dio Chrysostomus Tarsica I. p. 409. sagt von dem *ῥέγχειν* der Kinaeden: *ἀλλ᾽ ἐστὶ σημεῖον τῆς αἰσχάτης ὕβρεως καὶ ἀπονοίας*, und pag. 412.: *ὡς ἤδη μανία τὸ γιγνόμενον ἔοικεν αἰσχρᾷ καὶ ἀπρέπει.* Clem. Alexandr. Paedag. lib. III. c. 8. *περὶ τὰ παιδικὰ ἐκμανῶς ἐπτοημένοι.* Besonders gehört hierher aber Juvenal. Sat. VI. 299.

Quid enim Venus ebria curat?
Inguinis et capitis quae sint discrimina nescit.

Seneca de ira II. Raptus ad stupra et ne os quidem libidini exceptum. Lactantius VI. 23. Quorum teterrima libido et execrabilis furor ne capiti quidem parcit.

lust überhaupt als Manie betrachtet ward. Wären wir nun auch nicht imstande die übrigen Worte hinreichend zu erklären, so zeigt doch schon das ihnen vorausgehende *καὶ ἄλλα πολλὰ κατὰ τὸν αὐτὸν τρόπον*, daß sie dieselbe Bedeutung wie *στύμαργος* und *στομάργος* haben, wenigstens sich sämtlich auf die unnatürliche Befriedigung des Geschlechtstriebes beziehen müssen, indem *τρόπος* grade für dergleichen eigentümlich ist, wie wir aus dem *Κρῆτα* und *Ἑλληνικὸν τρόπον*[1]) zur Bezeichnung der Paederastie sehen. — In Betreff des *μυοχάνη* variieren die Lesarten in den Ms. des Galenus sehr. Franz in seiner Ausgabe der Glossarien zum Hippocrates gibt *μιοχάνης* und *μυοχάνης*, der Pseudogalenus erklärt es s. v. als *ἐπίθετον χασκούσης· εἰ δὲ μυριοχαύνη γράφοιτο, ἡ ἐπὶ μυρίοις ἂν εἴη χαυνουμένη* und hier findet sich als Lesart *μηοχάνη* für *μυοχάνη* und *μιριοχάνη*, *μυιοχάη* für *μυριοχαύνη*. Erotian sagt *μηριοχάνη ὄνομα γυναικός*. Im Text des Hippocrates[2]) steht *Μυριοχαύνη*, dasselbe haben auch die Ausgaben des Galenus.[3]) Da *χάνω* und *χαύνω* dieselbe Bedeutung des Aufsperrens, namentlich des Mundes, haben, so kann es ziemlich gleichgültig sein, welche Endigung wir wählen, wir haben daher nur den Anfang des Wortes *μυο-* oder *μυριο-* zu betrachten, da die übrigen Formen offenbar unrichtig sind. Lesen wir *μυοχάνη*, so müßte dies aus *μύος* und *χάνη* zusammengesetzt sein; da aber *μύος* nur falsche Lesart für *μῦσος* ist, so würde *μυσοχάνη* zu lesen sein: *μῦσος* müßten wir dann entweder

---

[1]) Xenophon. Cyropaed. II. 28. Daher auch Cicero Tuscul. V. 20 Haberet etiam more Graeciae quosdam adolescentes amore coniunctos; freilich ist hier von der Paedophilie die Rede, aber wir haben gesehen, wie diese mit der Paederastie zusammengeworfen wurde. Aristophanes Eccles. 918.

ἤδη τὸν ἀπ' Ἰωνίας
τρόπον τάλαινα κνησιᾷς·
δοκεῖς δέ μοι καὶ λάμβδα κατὰ τοὺς Λεσβίους

Daher motus ionicos bei Horat. Od. III. 6. 24. und Plaut. Stich. V. 7. 1. Quis Ionicus aut cinaedus qui hoc tale facere posset.

[2]) Epidem. lib. II. sect. 1. ed. Kühn. Vol. III. p. 435.

[3]) Comment. in Hippocrat. Epidem. lib. II. ed. Kühn. Vol. XVII. A. p. 312.

von *μύζω* ich sauge, also eine die mit offenem Munde[1]) saugt, oder von *μυσιάω*, ich schnaube durch die Nase, besonders beim Beischlafe, ableiten und dann *μυσιοχάνη* lesen, eine die mit offenem Munde durch die Nase schnaubt, was die Fellatrix allerdings bei ihrer Arbeit tut. Diese der Sache ganz entsprechende Korrektur ist um so leichter, als ja auch die Lesart *μυιοχάνη* und *μυριοχάνη* sich findet. Naumann scheint *μυσάχνη* (*μυζάχνη*) lesen zu wollen, alsdann muß es von *μύζω* ich sauge und *ἄχνη*, das was sich an der Oberfläche (der Eichel) ansetzt, also das Smegma, gebildet sein.[2]) Es kann diese Lesart um so mehr Eingang finden, als das Wort auch nach Suidas[3]) beim Archilochus vorkommt. Indessen kann das *μυριοχαύνη* ebenfalls richtig sein in der Bedeutung, wie es die Glosse gibt, *in millibus hians!*

---

[1]) Martial. lib. XII. 55. Nec clusis aditum neget labellis.

[2]) *Μύζουσις* führt Eustathius in Hom. Od. P. p. 1821. 52. und X. p. 1921. fin ebenso wie *ἀπομύζουρις* in Iliad. *λ*. p. 867. 44. in der Bedeutung von fellatrix an, *παρὰ τὸ μυζᾶν, ἤγουν θηλάζειν οὐράν.* Suidas sagt *μυζεῖ καὶ μύζει, θηλάζει λείχει μῦ, μύζει· ἀπὸ τοῦ μῦ παρῆκται τὸ μύζειν, πολλοῖς ἄλλοις ὁμοίως· μύζειν δέ ἐστι τὸ τοῖς μυκτῆρσιν ἦχον ἀποτελεῖν. Ἀριστοφάνης* (Thesmoph. 238.) *τί μύζεις*, wozu der Scholiast bemerkt: *τοῦτο δὲ φώνημα σημαίνει ἔκλυσίν τινα ἀφροδισιαστικήν· ὅθεν καὶ μύται ἐλέγοντο τὸ παλαιὸν ἀφροδισιασταὶ καὶ ἔκλυτοι καὶ γυναικομανεῖς.* Auch *μῦς*, die Maus, ist von diesem Stamm von dem Knaupeln, Nagen, ebenso *μυῖα*, die Fliege, und da Aelian. hist. anim. lib. XV. c. 1. von einem Fisch sagt: *ὑποχανὰν κατέπιε τὴν μυῖαν*, so könnte man *μυιοχάνη* lesen, eine die den Mund nach Fliegen aufsperrt, als wollte sie Fliegen fangen, ein Fliegenfänger, ein Fliegenschnäpper, wenn man nicht *μυιοχάνη* als ein eine stärkere Geilheit ausdrückendes Compositum nehmen will. Die Geilheit der Fliegen ist bekannt, ebenso wie ihr Lecken, weshalb Varro de R. R. III. c. 16. sagt: Non ut muscae liguriunt. Für fellare und cunnilingere wird ligurire gesagt. Aelian hist. anim. lib. IV. cap. 5. erwähnt einen Fisch, *χάνη*, welcher besonders wollüstig ist: *χάνη δὲ ἰχθὺς λαγνίστατος.* Auch *μυσαροχάνη* würde einen entsprechenden Sinn für Fellatrix geben.

[3]) s. v. *μυσάχνη, ἡ πόρνη παρὰ Ἀρχιλόχῳ· καὶ ἐργάτις καὶ δῆμος καὶ παχεῖα. Ἱππῶναξ δὲ βορβορόπιν καὶ ἀκάθαρτον ταύτην φησίν· ἀπὸ τοῦ βορβόρου καὶ ἀνασυρτόπολιν, ἀπὸ τοῦ ἀνασύρεσθαι. Ἀνακρέων δὲ πανδοσίαν καὶ λεωφόρον, καὶ μανιόκηπον· κῆπος γὰρ τὸ μόριον. Εὔπολις εἰλίποδα, ἐκ τῆς εἰλήσεως τῶν ποδῶν τῆς κατὰ τὴν μίξιν.*

Lampridius[1]) sagt vom Heliogabal: *Quis enim ferre posset principem per cuncta cava corporis libidinem recipientem!* — Auch bei *σαράπους* variieren die Lesarten; Franz gibt *ἀγράπους* und *ἀράπους*; im Text des Hippocrates[2]) dagegen sowie in dem Kommentar des Galenus steht *ἡ Σεραπὶς* und letzterer hat auch den Genitiv *τῆς Σεράπιδος*. Da auch für den Namen der Gottheit bald *Σέραπις* bald *Σάραπις* vorkommt, und sich die Endung des Genitivs *πιδος* leicht im *πόδος* umwandeln läßt, so kann immerhin auch in dem Hippocratischen Texte *Σαράπους* gestanden haben. Der Glossator (a. a. O. S. 136) erklärt das Wort durch *ἡ διασεσηρότας καὶ διεστῶτας ἔχουσι τοὺς δακτύλους τῶν ποδῶν* d. h. ein Weib, welches auseinander gezogene und voneinander abstehende Fußzehen hat. Wie sollen wir aber diese Erklärung mit dem *κατὰ τὸν αὐτὸν τρόπον*, d. h. mit einer der in Rede stehenden Figuren der Venus in Einklang bringen? Denkt man sich den Fellator oder die Fellatrix nach der S. 206 gegebenen Darstellung des Lucian niederkauernd (*ἐν γόνασι*), so fällt der Schwerpunkt seines Körpers allerdings auf den Vorderfuß, und um den Stützpunkt zu vergrößern, ist er natürlich gezwungen, die Zehen zu spreizen. Wer sieht aber nicht das gezwungene einer solchen Erklärung? gleichwohl wissen wir nicht, was wir mit derselben weiter anfangen sollen. Nun

---

[1]) Vita Heliogab. cap. 5. Clemens Alex. Paedag. lib. III. p. 264. ed. Potter *ἀβροδίαιτος περιεργία πάντα ζητεῖ, πάντα ἐπιχειρεῖ, βιάζεται πάντα· συνέχει τὴν φύσιν· τὰ γυναικῶν οἱ ἄνδρες πεπόνθασιν καὶ γυναῖκες ἀνδρίζονται παρα φύσιν· γαμούμεναί τε καὶ γαμοῦσαι γυναῖκες πύρος δέ οὐδεὶς ἄβατος ἀκολασία.* Gleichbedeutend ist vielleicht *μυριοστόμος* und *ἀθυροστόμος, ἀθυροστομία, ἀθυροστομέω, εὐρύστομος.* Epicrates sagte von einer lüderlichen Dirne *ἦδ᾽ ἄρ᾽ ἦν μυωνιά* und Philemon nannte eine andere *μῦς λεύκος*, wobei Aelian. hist. anim. lib. XII. c. 10 hinzusetzt „*μυωνιὰν ὅλην ὀνομάσας*, sie ist ganz und gar ein Mauseloch, d. h. sie hat so viel Zugänge wie ein Mauseloch. Für *μυριοχαύνη* könnte man auch *μυριομήχανος* lesen, mit Rücksicht auf das fessus mille modis bei Martial. lib. IX. 68., und nach Analogie des *δωδεκαμήχανος*, welches Beiwort die Dirne Cyrene führte, weil sie 12 verschiedene Figurae Veneris ausgedacht hatte. Vergl. Suidas s. v. *δωδεκαμήχανος* und den Scholiasten zu Aristoph. Ran. 1356. Auch *μιαροχάνη* ließe sich mit Rücksicht auf Aristoph. Acharn. 271—285. verteidigen.

[2]) Epidem. lib. II. Vol. III. p. 436. Galen. Vol. XVII. A. p. 322.

könnten wir freilich dem Glossator seine Meinung lassen und uns nach einer andern umsehen, indessen gestehen wir offen, daß unsere in dieser Hinsicht angestellten Forschungen nicht eben zu bestimmten Resultaten geführt haben. Mit Σεραπὶς wissen wir gar nichts anzufangen. Vielleicht gab die Darstellung oder irgend eine Eigenschaft der so benannten Gottheit zu einem unbekannten Vergleich Veranlassung, wofür das *Harpocratem reddere* des Catull (69.) für irrumare eine Andeutung geben könnte.[1]) Ob der Leser das σεραφίμ ἐμπρηστάς ἔμπυρα στόματα ἢ θερμαίνοντας des Suidas in Betracht ziehen will, müssen wir ihm überlassen, das *calda Vetustinae nec tibi bucca placet* des Martialis (II. 28) würde dann eine Analogie abgeben können. Gehen wir zu σαράπους über, so hat Hesychius σαραπίους, welches er durch μαινίδας erklärt, auch Dioscorides hält die Unzucht für μανικῶς. Beim Diogenes Laertius (I. 4.) heißt es, Pittacus sei genannt: σαράποδα καὶ σάραπον διὰ τὸ πλατύπουν

---

[1]) Vielleicht hieß das Wort σαπερδὶς, welches bei Aristoteles hist. anim. VIII. 30. einen Fisch bezeichnet, denn bei Athenaeus Deipnos. p. 591. ist σαπέρδιον der Beiname einer Hetäre; und als Diogenes (Diogen. Laert. VI. 2. 6.) einem Schüler einen σαπέρδης tragen ließ, warf er ihn weg (ὑπ' αἰδοῦς ῥίψας. Eben bemerken wir, daß sich das Wort Sarapis auch bei Plautus (Poenulus V. 5. 30 sq.) findet, wo Anthemonides sagt:

Ligula, i in malam crucem
Tunc hic amator audes esse, hallex viri?
Aut contrectare, quod mares homines amant?
Deglupta maena, Sarapis sementium,
Mastruga, ἅλς ἀγορᾶς ἅμα; tum autem plenior.
Allii ulpicique, quam Romani remiges.

Den allerdings verdorbenen Text wiederherzustellen, fehlen uns die Kräfte, indessen geht aus der ganzen Stelle soviel hervor, daß Sarapis oder Sarrapis auch hier einen unzüchtigen Menschen bezeichnet. Anthemonides hält den Hanno, an welchen diese Rede gerichtet ist, freilich für einen Kinaeden, denn er sagt nachher: nam te cinaedum esse arbitror magis quam virum, und da er vorher sagt: Quis hic homo est cum tunicis longis, quasi puer cauponius? und Sane genus hoc muliebrosum est tunicis demissitiis, so konnte Turnebus Advers. lib. X. cap. 24. allerdings daran erinnern, daß Hesychius σάραπις durch περσικὸς χιτὼν erklärt; übrigens will er für Sarrapis lesen arra pisa ementium in Bezug auf die Unzucht des Bacchus, obscoenum et mollem virum, qui pro arra dari possit vilis mercimonii.

εἶναι καὶ ἐπισύρειν τὼ πόδε. Fast möchten wir glauben, der Glossator habe seine oben angeführte Erklärung aus dem Diogenes Laërtius oder Suidas, woselbst jene Stelle sich ebenfalls findet, entlehnt. Übrigens haben die Handschriften des Diogenes auch *συράπους*, welches sich mehrfach in der Bedeutung mit gespreizten Beinen stehen findet, und auch Naumann in unserer Stelle verstanden haben muß, da er es durch *crura ambulando divaricans* wiedergibt. Abstrahieren wir ganz davon, daß bei Hippocrates das femininum steht, und nehmen wir das Wort als vom Manne gesagt an, dann würde es recht gut den Irrumator bezeichnen, welcher den Fellator zwischen seine gespreizten Schenkel nimmt, [1]) eine Stellung, welche überhaupt als unzüchtig betrachtet ward. Wenn wir uns freilich den Fellator bei seinem

[1]) Vergl. die S. 206 angeführte Stelle des Lucian. Sueton. Tiber. cap. 44. Maiore adhuc et turpiore infamia flagravit, vix ut referri audirive, nedum credi fas sit. Quasi pueros primae teneritudinis, quos pisciculos vocabat, institueret, ut natanti sibi inter femina versarentur ac luderent, lingua morsuque sensim appetentes, atque etiam quasi infantes firmiores, necdum tamen lacte depulsos, inguini seu papillae admoveret; pronior sane ad id genus libidinis et natura et aetate. Quare Parrhasii quoque tabulam, in qua Meleagro Atalanta ore morigeratur, legatam sibi sub conditione, ut si argumento offenderetur, decies pro ea sestertium acciperet; non modo praetulit, sed et in cubiculo dedicavit. Theophrast. charact. c. 11. *ὁ δὲ βδελυρὸς τοιοῦτος, οἷος ὑπαντήσας γυναιξὶν ἐλευθέραις ὀνασυράμενος δεῖξαι τὸ αἰδοῖον.* — Dionys. Halicarn. Excerpt. de legat. c. 9. sagt vom Tarentiner Philonis *ἀνασυράμενος τὴν ἀναβολὴν καὶ σχηματίσας ἑαυτὸν ὡς αἴσχιστον ὀφθῆναι, τὴν οὐ λέγεσθαι πρέπουσαν ἀκαθαρσίαν κατὰ τῆς ἱερᾶς ἐσθῆτος τοῦ πρεσβευτοῦ κατεσκέδασε.* — Galen. exhortat. ad artes cap. 6. *ἀνασυράμενοι προσουροῦσι.* Lucian. Cataplus 13. *καὶ σὺ δὲ ὦ Ἑρμῆ; σύρετ᾽ αὐτὸν εἴσω τοῦ ποδός.* Clemens Alexandr. Protrept. p. 13. erwähnt eine *Ἀφροδίτη περιβασίη*, welche auch Hesychius kennt, und von einigen für Divaricatrix erklärt wird. Bei Suidas wird *σαίρειν* durch hiare erklärt: *σάραβος* erklären die Lexicographen durch *γυναικαῖον αἰδοῖον*, als Name eines Kneipenwirtes findet es sich bei Dio Chrysostomus de regno IV. 75., und wenn wir nicht irren, auch bei Plato. Auch *σάρων* gibt Hesychius durch *γυναικεῖον*. Derselbe hat auch *ἀρρενώπες*, was einige durch Androgyne oder Fellator erklären. Da sich die Lesart *ἀγράπους* findet, so könnte man auch *γυρόπους* lesen Suidas s. v. *γραῦς* führt an: *ἡ γρῆϋς, ἡ χερνῆτις, ἡ γυρὴ πόδας.*

Geschäft auf der Erde sitzend[1]) denken, alsdann kann das Wort allerdings auch von einer Frau oder Fellatrix gesagt werden. — Was das γρυπαλώπηξ anbetrifft, so lesen wir bei Hippocrates (l. c. p. 629) folgendes: „Satyrus auf Thasus hatte den Beinamen γρυπαλώπηξ, ungefähr 25 Jahre alt, litt er an öfteren nächtlichen Pollutionen, aber auch bei Tage ging es ihm öfter so. Als er 30 Jahr alt war, bekam er die Auszehrung und starb." Schon hieraus ersehen wir, daß von einem ausschweifenden Menschen die Rede ist, welcher infolge seiner Unzucht sich eine solche Schwäche der Genitalien zugezogen hatte, daß er häufige Samenentleerung bekam, in deren Folge sich endlich Phthisis einstellte, welcher er erlag. Als Lesarten finden wir bei der Glosse von Franz angemerkt ῥυπαλώπηξ und τρυπαλάπηξ; Schneider in seinem Lexikon übersetzt γρυπαλώπηξ durch Greiffuchs, muß es also von γρύψ und ἀλώπηξ abgeleitet haben. Die Alten schildern den Fuchs als ein verschlagenes, listiges Tier und geben mehrere Züge aus seinem Betragen an, welche hier wahrscheinlich in Betracht kommen müssen. Namentlich ist es die Art, wie er den Igel fängt und tötet, indem er nach Aelianus[2]) ihn auf den Rücken zu legen sucht, sodaß der Mund nach oben kommt und er in letztern alsdann seinen Urin läßt. Um den Irrumator zu bezeichnen, konnten sich die Alten wirklich nicht besser ausdrücken, wenn sie, gestützt auf die genannte Tatsache, ihn mit dem Fuchs verglichen. Was heißt nun aber γρυπαλώπηξ? Hesychius s. v. γρυπός erklärt dies durch τὰ ἔξω τοῦ στόματος καμπυλόῤῥις· ὁ ἐπικαμπῆ τὴν ῥῖνα ἔχων. Auch Suidas sagt γρυπός, ὁ καμπυλόῤῥιν; also ein Mensch mit über den Mund gebogener, gekrümmter Nase. Dies könnte man von dem Fellator verstehen, da dessen Nase, wenn der Irrumator, wie jener Ma-

---

[1]) Catull. Carm. 35. 64.
An continentes quod sedetis insulsi
Centum, aut ducenti, non putatis ausurum
Me una ducentos irrumare sessores?

[2]) Histor. anim. lib. VI. cap. 24. ἡ δὲ ἡσύχως καὶ πεφεισμένος τοῦ ἑαυτῆς στόματος ἀνατρέπει αὐτούς. cap. 64. ἥδε χανεῖν τε καὶ ἐνδακεῖν οὐ δυναμένῃ, κᾆτα οὔρησεν αὐτοῦ ἐς τὸ στόμα.

trose auf den Timarch, (S. 206.) auf ihn gewaltsam eindringt, notwendig gedrückt und nach dem Munde zu gebogen werden muß: γρυπαλώπηξ wäre demnach ein Mensch, welcher, wie jener Timarch, Irrumator und Fellator zugleich ist. Von dem von Naumann angeführten κυναλώπηξ werden wir beim Cunnilingus sprechen, welchen man, wie wir sehen werden, ebenfalls unter γρυπαλώπηξ verstehen könnte. — Was endlich ῥινοκολοῦρος, wofür die Handschriften auch ῥινοκλοῦρος haben, betrifft, so ist es allerdings richtig, daß man im Altertum demjenigen, welcher mit fremden Frauen Unzucht trieb (Moechus), die Nase abschnitt,[1]) und da Moechus auch den Fellator bezeichnet,[2]) so kann ein solcher auch wohl seine Nase haben einbüßen müssen. Es wäre demnach wohl denkbar, daß man die Strafe für die Unzucht gesetzt und einen Fellator aus diesem Grunde ῥινοκολοῦρος genannt hätte; ebenso wie der Verlust der Nase auch als Folge der Unzucht betrachtet werden, und man bei dem Anblick eines solchen gleich an sein lüderliches Leben denken konnte, wie dies ja noch jetzt bei uns zu geschehen pflegt. Mit der

---

[1]) Virgil. Aen. VI. 494. sagt vom Deiphobus, dem Buhler der Helena:

Atque hic Priamiden laniatum corpore toto
Deiphobum vidit, lacerum crudeliter ora,
Ora manusque ambas, populataque tempora raptis
Auribus, et truncas inhonesto vulnere naris.

Martial lib. III. epigr. 85.

Quis tibi persuasit nares abscindere moecho?
Non hac peccatum est parte, marite, tibi
Stulte, quid egisti? nihil hic tua perdidit uxor,
Cum sit salva sui mentula Deiphobi.

Derselbe lib. II. epigr. 83.

Foedasti miserum, marite, moechum:
Et se, qui fuerant prius, requirunt
Trunci naribus auribusque vultus.
Credis te satis esse vindicatum?
Erras! Iste potest et irrumare!

Eine Stelle, welche leicht für unseren Zweck passen könnte.

[2]) Martial. lib. XI. epigr. 62. Lingua maritus, moechus ore Manejus. — Lib. III. epigr. 84.

Quid narrat tua moecha? non puellam
Dixi, Tongilion. Quid ergo? Linguam!

Stadt Rhinocolura, deren Geschichte übrigens mehr als ungewiß ist, dürfte dies alles aber weiter nichts zu tun haben. Die Stellen des Plinius und Livius, welche Naumann anführt, geben gar nichts weiter als den Namen; die Entstehung des Namens selbst aber teilt Diodorus[1]) mit, indem er erzählt, daß Aktisanes gegen die Räuber auf eine eigne Weise verfuhr: „Er wollte die Schuldigen nicht töten und doch auch nicht ungestraft lassen. Er ließ nämlich aus dem ganzen Lande die Angeklagten herbeiführen und untersuchte ihre Sache aufs gewissenhafteste; den Schuldigbefundenen ließ er allen zusammen die Nasen abschneiden, und verwies sie an den entferntesten Ort in der Wüste. Die Stadt, die er dort für sie gründete, erhielt zum Andenken an diese Strafe ihrer Einwohner den Namen Rhinocolura. Sie liegt an der Grenze von Ägypten und Syrien, nicht weit von der Küste, die sich dort hinzieht, und hat beinahe völligen Mangel an Lebensbedürfnissen. Denn die umliegende Gegend hat einen durchaus salzigen Boden, und innerhalb der Stadt gibt es nur wenig und zwar verdorbenes und ganz bitter schmeckendes Wasser." Nun erzählt Diodor noch, daß sich diese Kolonisten vom Wachtelfang ernährten; vom Aussatze ist aber weder hier noch bei Strabo und Seneca die Rede, weshalb Naumanns Angabe, daß sie Aussätzigen zum Wohnsitz diente, bis jetzt wenigstens für uns aller historischen Begründung entbehrt, obgleich die Beschaffenheit des Orts nicht dagegen spricht. Eben so wenig ist von dem unzüchtigen Leben der Bewohner Rhinocoluras irgendwo die Rede, ja in der spätern Zeit wurde es sogar wegen der Menge seiner frommen Männer berühmt.[2]) Obschon man sich nun zur Not mit der obigen

---

[1]) Lib. I. cap. 60. Dasselbe erzählt Strabo Geogr. lib. XVI. p. 759. — Seneca de Jra lib. III. cap. 20.

[2]) Sozomenos histor. eccles. lib. VI. cap. 30. Rhinocolura vero illo tempore viris piis non aliunde advocatis, sed indigenis floruit, quorum optimos sapientiae sese studio hic dedisse intellexi. Novi Melanam, tunc ecclesiae episcopum et Dionysium, monasterium ad septentrionem urbis moderantem, ac Solonem, Melanis fratrem ac successorem in episcopatu. Dasselbe bestätigt auch Nicephorus histor. eccles. lib. XI. cap. 38. Es

Erklärung des ῥινοκολοῦρος begnügen könnte, so halten wir sie doch für zu wenig dem κατὰ τὸν αὐτὸν τρόπον entsprechend und die Variante ῥινοκλοῦρος führt uns darauf, ῥιναύλουρος oder ῥιναύλουρις zu lesen. Beim Tatianus *(Orat. ad. Graecos p. 83)* heißt es nämlich: ῥιναυλοῦσι τὰ αἰσχρά, κινοῦνται δὲ κινήσεις ἃς οὐκ ἐχρῆν, καὶ τοὺς ὅπως δεῖ μοιχεύειν ἐπὶ τῆς σκηνῆς σοφιστεύοντας αἱ θυγατέρας ὑμῶν καὶ οἱ παῖδες θεωροῦσι. Der Scholiast bemerkt hierzu ῥινοκτυποῦσιν, οἱονεὶ τὸ πνεῦμα τοῖς ῥώδωσι, συνέλκοντες ποιὸν ἦχον ἐπὶ καταγέλωτι ἀποτελοῦσι, und bei Lucian Lexiphanes cap. 19 steht: ἔοικα δὲ καὶ ῥιναυστῆσειν, wovon der Scholiast folgende Erklärung gibt: ἀντὶ τοῦ ταῖς ῥισὶ καταυλῆσαι, ἐποίουν γὰρ τοῦτο ῥιναυλοῦντες, ἤτοι διὰ τῶν ῥινῶν ψοφοῦντες ἐπὶ διασυρμῷ τινῶν καὶ χλεύῃ. Nehmen wir nun das ῥιναυλεῖν in diesen Stellen, welche zugleich das bereits S. 130 über das ῥέγχειν in der Rede des Dio Chrysostomus Gesagte bestätigen, für *fistulam canere per nares,* mit der Nase auf der Flöte musizieren und erinnern uns daran, daß Eustathius, wie S. 212. N. 2. angegeben ist, ἀπομύξουρις und μύζουρις von μυζᾶν-οὐράν *(cauda, penis)* ableitete, so würden die Griechen ῥιναυλεῖν-οὐράν, *penem pro fistula canere* gesagt haben, und wir hätten das Adjektiv oder Substantiv ῥιναύλουρις, *qui penem pro fistula canit per nares,* wodurch nicht nur das Geschäft des Fellators, sondern auch die Musik, welche er dazu macht, indem er schnaubend durch die Nase Atem zu holen gezwungen ist, auf das Beste ausgedrückt wird. — Welche Erklärung der Leser nun von den Worten der Glosse annehmen will, müssen wir ihm freilich überlassen, da sich Worterklärungen der Art nie bis zur Evidenz führen lassen, indem Spitznamen überhaupt nur zu oft von außerwesentlichen Umständen ihren Ursprung nehmen. Soviel aber glauben wir mit Gewißheit aussprechen zu können, daß zwar *de rebus venereis,* nicht aber von venerischen Affektionen in der Glosse die Rede ist, Naumanns Behauptungen[1]) also

---

ist in den letzten beiden Jahren eine Gelegenheitsschrift über die Kolonie zu Rhinocolura erschienen, leider ist uns aber die nähere Notiz abhanden gekommen.

[1]) Was den Morbus phoeniceus betrifft, so wird von ihm bei der Unzucht des Cunnilingus die Rede sein.

mindestens unbegründet dastehn. Vielleicht ist es möglich, durch Vergleichung der lasciven Darstellungen auf alten Vasen, von denen der verstorbene Hofrat Böttiger eine vorzügliche Sammlung besessen haben soll, und deren einige auch in Berlin aufbewahrt werden, von dem einen oder andern der Worte der Glosse, wie überhaupt der technischen Ausdrücke der *Venus ebria,* eine bessere Erklärung zu geben, welche dem bloßen Altertumsforscher zwar gleichgültig sein mag, dem Arzte aber zum richtigen Verständnis mehrfacher Affektionen der Alten unentbehrlich ist; sei es auch nur, um unrichtige Behauptungen und Schlüsse zu vermeiden und zu widerlegen.

Eine geschichtliche Darstellung der Verbreitung der Unzucht des Fellator und Irrumator zu geben, sind wir außer Stande, nur soviel ist sicher, daß der Unzucht in der Kaiserzeit unter den Römern am allgemeinsten gefröhnt wurde, wovon die Epigramme des Martialis und das was Suetonius im Leben des Tiberius (cap. 44. 45) erzählt, hinreichend Zeugnis ablegen.

§ 22.

Krankheiten des Fellator.

Gehen wir jetzt zu dem ärztlichen Standpunkte über, so wird niemand leugnen, daß der Mund des Fellator durch jenes Laster notwendig mehrfachen Erkrankungen ausgesetzt werden mußte. Dennoch herrscht aber, so weit wir bis jetzt zu forschen vermochten, ein tiefes Stillschweigen unter den Ärzten des Altertums über das *λεσβιάζειν* als Gelegenheitsursache zu krankhaften Affektionen des Mundes und der in ihm gelegenen Teile, was um so auffallender ist, als nichtärztliche Schriftsteller gar nicht unbekannt damit sind, wie wir sogleich zeigen werden. Für uns ist jenes Stillschweigen umso unangenehmer, als es uns jedes Mittels beraubt, die von den Ärzten geschilderten Mundaffektionen in Bezug auf ihre ätiologischen Verhältnisse einer richtigen Würdigung zu unterwerfen, welche ohnehin schon durch die Kenntnis der Fellatorenunzucht allerdings überaus schwierig sein mußte. Da nämlich der Fellator und die Fellatrix ebenso gut als der Kinaede, Fututor und die Fututrix infolge ihrer Unzucht an Geschwüren im Halse z. B. leiden konnten, die Geschwüre bei jenen also primär, bei diesen sekundär waren, wie sollte man hier ein diagnostisches Merkmal auffinden, jene Geschwüre von diesen zu unterscheiden? Und doch ist die Gewißheit darüber für die Frage über die Existenz der Lustseuche im Altertum von der höchsten Wichtigkeit, da man immer noch als Hauptgegengrund der Annahme einer solchen den Mangel an sekundären Erscheinungen, wie wir sie jetzt, namentlich im Halse zu sehen gewohnt sind, angegeben findet.[1]) Merkwürdig ist es, daß dieses, soviel wir wissen, keiner der Geschichtsforscher über die Lustseuche erwähnt, ebenso wenig als die Pathologen die Unzucht des Fellators als ätiologisches Moment aufführen. Clossius[2]) spricht zwar von der *Irrumatio,* gestützt auf Perenotti di Cigliano und Fabre; allein diese reden von dem *Cunnilingus,* nicht vom Fellator. Wahrscheinlich sind sie der Meinung des Erasmus: λειχάζειν *ni fallor tale quiddam est Graecis, quale fellare Latinis. Nam vox etiamnum manet, tametsi rem iam olim e medio sublatam arbitror.* Allein sehr richtig fügt Forberg (l. c. S. 304.) hinzu: *Vereor ut vere: certe audio, ne ab nunc hominum quidem moribus plane abhorrere id schematis, quid viderint ii, quibus magnas urbes adire licet.* Wie manche primären Halsgeschwüre mögen, namentlich bei gemeinen Dirnen, für sekundäre gehalten und behandelt worden sein und noch behandelt werden, ohne daß der Arzt eine Ahnung von der Art der Acquisition hat! Was die Ärzte unserer Zeit aber nicht wissen, obschon es den Laien bekannt genug ist, das können wir freilich auch nicht von den alten Ärzten verlangen. Hatten sie aber wirklich Kenntnis davon, so war es ihnen gewiß zu verzeihen, wenn sie das ihnen näher liegende im Auge behielten und alle Halsgeschwüre für primäre nahmen, ebenso wie es gewiß jeder seinem Kollegen verzeiht, wenn er jetzt nur an sekundäre Halsgeschwüre denkt, da das, was im Altertume sehr

---

[1]) Bonorden, die Syphilis. Berlin 1834. S. 19.

[2]) Über die Lustseuche. Tübing. 1797. S. 49. — Perenotti di Cigliano, von der Lustseuche S. 92. Faber, Abh. von der vener. Krankh. S. 5.

häufig geschah, in unserer Zeit mindestens seltener geübt wird. Der Mangel der Angaben der alten Ärzte von den sekundären Geschwüren im Halse nach Genitalaffektionen kann mithin gar nicht als Beweis ihrer Nichtexistenz angenommen werden.

Zu den Affektionen, welchen der Fellator ausgesetzt war, haben wir zunächst den üblen Geruch aus dem Munde zu rechnen,[1]) welcher besonders häufig bei den Römern erwähnt wird. Die Ärzte leiteten ihn, wenn keine örtlichen Symptome von Geschwüren etc. vorhanden waren, gewöhnlich von einem Fehler des Magens[2]) ab; waren hier die Laien nicht wieder klüger? Die Sympathie des Mundes mit den Genitalien und dem After macht es erklärlich, warum wir jetzt besonders bei lüderlichen Dirnen einen üblen Geruch aus dem Munde bemerken, den sie durch Kauen von gebranntem Kaffee und dergleichen zu verdecken streben, was freilich gewiß auch im Altertum stattfand,[3]) weshalb wir auch keineswegs jeden üblen Geruch aus dem Munde bei Huren und Kinaeden von dem fellare ableiten dürfen. — Eine andere Folge des fellare war Schmerz im Munde (*στομαλγία*, doch müssen wir daran erinnern, daß Pollux Onomast. III. 7. 69. *ἀλγεῖν* fur lieben anführt), Zungenschmerz

---

[1]) Martial. XI. Epigr. 30.

> Os male causidicis et dicis olere poetis:
> Sed fellatori, Zoile, peius olet.

Daher die Redensarten os male olens, anima foetida, gravis, graveolens, graveolentia oris spiritus ieiunio macer, ieiuna anima, hircosum osculum, basia olidissima. Vielleicht kam daher auch die Strafe der Lemnierinnen. Vergl. S. 136.

[2]) Galen. in Hippocrat. de humor. comment. lib. II. ed. Kühn. Vol. XVI. p. 215. Verschiedene Mittel gegen dieses Übel gibt Galen. de parabilib. lib. II. c. 7. Vol. XIV. S. 424. ed. K., wo es unter anderm heißt: *διαμασῶνται δέ τινες καὶ τῆς πίτυος φύλλα, ὅταν ἐκπορεύωνται, καὶ ὕδατι διακλύζονται*, das lateinische lavare, aquam sumere? worüber später.

[3]) Martial. VI. 55.

> Quod semper cassiaque cinnamoque
> Et nido niger alitis superbae
> Fragras plumbea Nicotiana,
> Rides nos, Coracine, nil olentes,
> Malo, quam bene olere, nil olere.

(γλωσσαλγία[1]) und Zahnschmerz,[2]) überhaupt Schmerzen im Gaumen und Halse, wodurch Stimme und Sprache undeutlicher wurden. Daher sagt Martial[3])

Qui recitat lana fauces et colla revinctus,
Hic se posse loqui, posse tacere negat.

Aber hierbei blieb es keineswegs, es kamen vielmehr infolge des fellare akute wie chronische Entzündungen des Gaumens (Anginen) vor. In der oben aus Lucians Pseudologisten angeführten Stelle hieß es vom Timarch: „In Ägypten dagegen (nannte man dich) *συνάγχη*, dies ist eine bekannte Sache." Zur Erklärung fügt Lucian hinzu: „Es soll wenig gefehlt haben, daß du nicht erstickt wärest, als du auf den Matrosen eines Dreimasters stießest, der, auf dich einfallend, dir den Mund verstopfte." Unbeschadet dieses Faktums scheint es uns, wenn wir berücksichtigen, daß Timarchus nicht bloß Fellator, sondern auch Irrumator war, wahrscheinlicher, daß er diesen Namen deswegen empfing, weil er, *bene vasatus,* häufig Angina hervorbrachte, bei denen nämlich, die ihm als Fellatoren dienten! Hierdurch wird uns nun auch das Verständnis einer schon häufig auf Lustseuche bezogenen Stelle des Aretaeus eröffnet, welche sich im 9. Kapitel des Buches[4]) befindet, denn nur dieses dürfte eine direkte Anwendung zulassen, obschon wir überzeugt sind,

---

[1]) Daher verbindet Euripides Med. 525. *στόμεργον γλωσσαλγίαν.*

[2]) Vielleicht liegt eine Andeutung dazu in Martial lib. XI.

[3]) Lib. VI. epigr. 41. und lib. IV. epigr. 41.

Quid recitaturus circumdas vellera collo?
Conveniunt nostris auribus illa magis.

Das tacere in dem ersten Epigramm steht für fellare, wie Martial. VII. IX. 5. 96. Vielleicht gehört auch hierher der Vers des Epicharmus beim Gellius Noct. atic. I. c. 75.

οὐ λέγειν δεινὸς, ἀλλὰ σιγᾶν ἀδύνατος.

Vergl. Martial. VI. 54. VII. 48. XII. 35. — Harpocratem reddere bei Catull. 74. 4. Auch Minutius Felix in Octav. sagt: Esse malae linguae, etiamsi tacerent. Priap. 27. 4. sagt altiora tangam. Zum Teil mag diese Anspielung in den Epigrammen 46. 47. 51. des Ausonius und mehreren ganz ähnlichen in der Anthologie ebenfalls zu suchen sein.

[4]) De causis et sign. acut. morb. Vergl. de curatione acut. morb. Lib. I. c. 9.

daß manches aus dem Krankheitsbilde der Angina (c. 7.) und den Affektionen des Zäpfchens (cap. 8.) dem Fellare seinen Ursprung verdankt. Gewiß bemerken wir jetzt weit seltener Affektionen der Uvula, die den Alten, wie aus ihren Darstellungen hervorgeht, häufig genug vorkamen,[1]) was nicht zu verwundern ist, wenn wir das eben vom Timarch Gesagte berücksichtigen. Aretaeus macht im 8. Kapitel einen Unterschied zwischen *κίων* oder Columella, wenn das ganze Zäpfchen entzündet und angeschwollen, *σταφυλή* oder Uva, wenn nur der untere Teil leidet und *ἱμάντιον*, wenn das Gaumensegel ergriffen wird. „*Κίων*, fährt er fort, kommt meistens bei Greisen vor, *σταφυλή* bei Jünglingen und solchen, die in den Blütenjahren sind, die Affektion der Gaumensegel (*τὰ ὑμενώδεα*) bei denen, die in den Jahren der Pubertät sind und bei Knaben." Das 9. Kapitel lautet nun folgendermaßen:

Von den Geschwüren des Rachens.

Die im Rachen entstehenden gutartigen und gefahrlosen Geschwüre sind häufig, selten die pestartigen und tötlichen. Dergleichen gutartige Geschwüre sind rein, von geringer Ausdehnung und oberflächlich, weder entzündet noch schmerzhaft. Die pestartigen dagegen breit, hohl, speckig, mit einem weißen, bleifarbenen oder schwarzen Überzug. Man nennt diese Geschwüre Aphthen. Ist aber der Überzug sehr stark, so ist die Affektion eine Eschara und wird auch so genannt. Am Rande der Eschara bildet sich eine intensive Röte, Entzündung und Auftreibung der Venen, wie beim Anthrax, und es zeigen sich kleine einzeln stehende Hauterhebungen, welche mit den bald darauf neu hinzukommenden sich vereinigen; und so entsteht ein breites Geschwür. Greift dieses nach dem äußern Munde zu mehr um sich, kam es gar bis zum Zäpfchen und löste dies ab, so verbreitet es sich über die Zunge, das Zahnfleisch und die Lippen, die Zähne werden locker und schwarz. Auch auf

---

[1]) Martial. lib. X. epigr. 56.
Non secat et tollit stillantem Faunius uvam.

den Hals wirft sich die Entzündung. Kranke der Art sterben in wenigen Tagen an der Entzündung, dem Fieber, vor Gestank und Hunger; verbreitet sich das Geschwür durch die Luftröhre zur Brust, so tritt auch wohl noch an demselben Tage Erstickung ein. Denn Lungen und Herz können weder einen solchen Gestank, noch Geschwüre, noch Jauche ertragen, sondern es entsteht Husten und Atmungsbeschwerden. Ursache dieser Affektion des Rachens ist das Verschlucken kalter, scharfer, heißer, saurer und zusammenziehender Dinge. Jene Teile aber dienen der Brust behufs der Stimme und des Atmens, dem Unterleibe zum Durchlassen der Nahrung, dem Magen zum Verschlucken. Wenn diese innern Teile aber, den Unterleib, Magen und die Brust nämlich, eine Krankheit befällt, so wird das Übel auf den Schlund, die Mandeln und die daneben liegenden Teile hinaufgeführt und gesandt. Kinder bis zu den Jahren der Pubertät leiden am meisten daran, denn Kinder haben am meisten und stärksten Verlangen nach Kühlung, weil die natürliche Wärme bei ihnen am größten ist; das Verlangen nach Speisen verschiedener Art und kalten Getränken ist zügellos; sie schreien stark beim Zank wie beim Spiele. Dies findet sich auch bei Mädchen bis zum Eintritt der Reinigung. In Bezug auf die Gegend bringt Ägypten am häufigsten die Krankheit hervor, denn es hat trockene Luft zum Atmen und vielerlei Nahrungsmittel, Wurzeln, Kräuter, Gartengewächse, scharfe Samen; das Getränk ist dick vom Nilwasser, oder scharf aus Gerste oder Weintrebern bereitet. Auch in Syrien findet sich die Krankheit, besonders in Cölesyrien. Deswegen nennt man diese Geschwüre ägyptische und syrische. Die Art und Weise wie dabei der Tod erfolgt ist jammervoll. Der Schmerz ist schneidend und brennend, wie beim Anthrax, der Atem übel, die Kranken atmen eine heftig stinkende Luft aus, und ziehen eine solche ebenfalls sogleich wieder in die Brust ein. Sie sind so ekelhaft, daß sie ihren eignen Geruch nicht ertragen können; ihr Gesicht ist blaß oder bleifarben, die Hitze ist heftig, der Durst wie beim Fieber, das Getränk weisen sie aber zurück aus Furcht vor den Schmerzen. Denn sie stehen große Angst beim Zusammendrücken des Gaumens wie beim Zurückkehren des Getränkes durch die Nase aus.

Haben sie sich niedergelegt, so richten sie sich wieder auf. Aufgerichtetsein halten sie nicht aus, saßen sie aber auf, so legen sie sich vor Angst wieder nieder. Gewöhnlich gehen sie in aufrechter Stellung umher. Denn da sie nicht schlafen können, so fliehen sie die Ruhe, als wollten sie eine Qual mit der andern vertreiben. Das Einatmen ist tief, denn sie sehnen sich nach frischer Luft, um sich abzukühlen, das Ausatmen dagegen ist kurz, da die wie Feuer brennenden Geschwüre durch die Hitze des ausströmenden Atmens noch heißer werden. Es tritt Heiserkeit, Stimmlosigkeit ein, und dies nimmt alles immer mehr zu, bis sie plötzlich zur Erde fallend ihren Geist aufgeben."

In dem therapeutischen Teile, (Buch I. cap. 9.), welcher die Überschrift: *Θεραπεία τῶν κατὰ τὴν φαρύγγα λοιμικῶν παθῶν* führt, werden besonders Caustica empfohlen, da das Glüheisen nicht anzuwenden sei, und zuletzt heißt es: „Einigen ist das Zäpfchen bis auf den Knochen des Gaumens zerstört und der Rachen bis auf die Zungenwurzel und Epiglottis, und nach der Zerstörung können sie weder Festes noch Flüssiges hinunterbringen; da auch das Flüssige durch die Nase zurückkehrt, so stirbt der Mensch vor Hunger."

Prüfen wir diese Darstellung genauer, so muß es uns zunächst auffallen, wie die vom Aretaeus genannten ätiologischen Momente von ihm als zureichend für so gefahrvolle Geschwürsbildungen, die er noch dazu *λοιμώδεα* nennt, betrachtet werden konnten, da sie doch höchstens zur Erklärung der einfachen Geschwüre des Rachens ausreichen. Der Genuß scharfer Nahrungsmittel und Getränke sind ebensowenig imstande, dergleichen hervorzubringen als das Schreien und die Gefräßigkeit der Kinder, was überdies nicht bloß in Ägypten und Syrien stattfindet. Man sieht aus allem, daß Aretaeus das Krankheitsbild sehr gut kannte, die ätiologischen Momente, welche ihm dunkel waren, aber durch übelangebrachte Spekulation hinzufügte, und es zeigt sich hier abermals, daß Apulejus sehr Recht hatte auszurufen: *Dii boni! Quam facilis, licet non artifici medico, cuivis tamen docto Venerae cupidinis, comprehensio.* Wir haben schon mehrmals im Verlauf dieser Untersuchungen dargetan, wie Ägypten und Syrien nicht mit Unrecht als die Pflanzschulen der Unzucht im Altertum betrachtet werden müssen, und die aus Lucian S. 205 angeführte Stelle bestätigt dies für unsern Fall direkt; es wurde ferner (S. 215. N. 1) erwähnt, daß besonders Knaben (aber auch junge Mädchen) zu Fellatoren benutzt und abgerichtet wurden, weshalb auch Martialis[1]) sich einen Knaben wünscht:

Niliacis primum puer is nascatur in oris:
Nequitias tellus scit dare nulla magis.

Aus allem diesen, sowie aus der Vergleichung der Stelle des Lucian, glauben wir nun mit Recht schließen zu können, daß die bösartigen Rachengeschwüre des Aretaeus diese *Αἰγύπτια καὶ Συριακὰ ἕλκεα* nicht selten eine Folge[2]) des Fellare waren, was uns leicht erklärlich wird, wenn wir die leichte Verderbnis und Schärfe der Eichelabsonderungen in den heißen Ländern berücksichtigen. Auch die *βουβαστικὰ ἕλκεα*, welche Salmasius aus Aëtius[3]) als mit den ägyptischen und syrischen Geschwüren identisch anführt, finden recht gut hierdurch ihre Erklärung, da schon Herodot[4]) uns von dem unzüchtigen Kultus der Bubastis, Tochter der Isis zu Bubastos, Nachricht gibt. Es wird hierdurch nur von einem einzelnen Orte, wo sie wahrscheinlich besonders häufig war, die Affektion benannt, während sie vom Aretaeus dem ganzen Lande zugeschrieben wird.

Nicht übergehen dürfen wir hier, daß Casaubonus zu der sogleich anzuführenden Stelle des Persius (V. 187) die *ἕλκεα Συριακὰ* als eine Strafe der *Dea Syra* anzusehen geneigt ist. Er stützt sich dabei auf eine Stelle des Plutarch,[5]) wo es

---

[1]) Lib. IV. Epigr. 42. Martial. XI. Epigr. 14. Urbis deliciae, salesque Nili.

[2]) Das nach Prosper Alpin (de medicina Aegypt. L. I. c. 14.) die brandige Bräune alljährlich in Ägypten unter den Kindern herrscht, kann dem keinen Eintrag tun, vielmehr wird es dadurch erklärlich, wie die durch das fellare zugezogene Angina diesen bösartigen Charakter um so leichter und schneller annehmen konnte.

[3]) Tetrab. I. Serm. IV. c. 21. Vielleicht gehört auch der Cancer oris bei Knaben, dessen Celsus ib. VI. 15. erwähnt, hierher.

[4]) Lib. II. c. 60.

[5]) De suberstitione II. 170. D. *Τὴν δὲ Συρίαν θεὸν οἱ δεισιδαίμονες νομίζουσιν ἂν μαινίδας τὶς ἢ ἀφύας φάγῃ, τὰ ἀντικνήμια διεσθίειν, ἕλκεσι τὸ*

heißt: „Von der Syrischen Göttin aber glauben die Abergläubischen, daß sie, wenn man einen Hering oder Gründling verzehre, die Schienbeine zernage, den Körper voller Geschwüre mache und die Leber zum Schmelzen bringe." Diese Sage muß übrigens schon sehr alt sein, denn wir finden sie auch bei Menander, in einem Bruchstück, welches uns Porphyrius[1]) aufbewahrt hat, wo aber von Anschwellung des Bauches und der Füße die Rede ist. Hierauf scheint sich nun auch zu beziehen, was Persius a. a. O. sagt:

Hinc grandes Galli et cum sistro lusca sacerdos,
Incussere Deos inflantes corpora, si non
Praedictum ter mane caput gustaveris alli.

Aus der Stelle des Plutarch läßt sich nun allerdings nicht direkt schließen, daß auch die Halsgeschwüre dem Zorne der Syrischen Göttin infolge des Genusses von Fischen zugeschrieben wurden, vielmehr dürfte das Gesagte zunächst nur von äußern Hautgeschwüren gelten, welche sich auch an andern Teilen als gerade am Schienbein befanden. Indessen ließe sich die Sache recht gut auch allgemein fassen, zumal da auch Leberleiden der Göttin zugeschrieben wird, und wir sehen werden, daß man im Altertum die Ursache aller Geschwüre in einen Fehler der Leber setzte. Da nun die Fische in den Mund gebracht werden mußten,

---

σῶμα πιμπλάναι, συντήκειν τὸ ἧπαρ. Übrigens ist μαινίδας die maena der Römer, wofür Hesychius σαραπίους hat, und Plautus gebraucht deglupta maena als Schimpfwort für einen unzüchtigen Lüstling (S. 214. N. 1.) Unter der Dea Syra hat man die Derceto verstanden, welche zu Ascalon unter dem Bilde eines Mädchens, dessen untere Hälfte in einen Fisch endete, verehrt wurde. Ihr waren die Fische geweiht, weshalb den Syrern dieselben zu essen verboten war. Vergl. Lucian. de Dea Syra p. 672. Diodor. Sic. II. 4.

[1]) De abstinentia lib. IV. c. 15. παράδειγμα τοὺς Σύρους λαβέ·

Ὅταν φάγωσιν ἰχθὺν ἐκεῖνοι διά τινα
Αὑτῶν ἀκρασίαν, τοὺς πόδας καὶ γαστέρα
Οἰδοῦσιν· εἶτα σακκίον ἔλαβον· εἰς δ' ὁδὸν
Ἐκάθισαν αὐτοὶ ἐπὶ κόπρου καὶ τὴν θεὸν
Ἐξιλάσαντο τῷ ταπεινῶσαι σφόδρα.

Zu Athen soll ἕλκη ἔχειν ἐν τοῖς ἀντικνημίμιος etwas Gewöhnliches gewesen sein nach Theophrast. Charact. XIX.

um sie hinab zu schlucken, und man annahm, daß die Strafe der Götter der Tat sogleich nachfolgte und den zunächst tätigen Teil betraf, so konnte man wohl auch die Halsgeschwüre einer solchen Strafe überweisen, wodurch unsere obige Erklärung, daß die Halsgeschwüre Folge der Unzucht waren, nur bestätigt wird. Denn der Tempeldienst der Dea Syra war ja mit jeder Art von Unzucht verbunden.

Will man das Hervorheben des Zernagens der Schienbeine berücksichtigen, so könnte man nicht ohne Wahrscheinlichkeit ein sekundäres Knochenleiden infolge der Unzucht dartun. Auf der andern Seite dürfte die Bemerkung, daß gerade nach dem Genuß von Fischen der Körper mit Schwären bedeckt würde, für die Lehre vom Aussatz nicht unwichtig sein, da wir auch jetzt noch bei Völkern, deren Hauptnahrung die Fische sind, Aussatzformen sehr häufig beobachten, und man könnte in jenem auch vom Athenaeus[1]) erwähnten Verbot des Genusses der Fische eine durch die Erfahrung gerechtfertigte Sanitätsmaßregel für Syrien, wo Hautkrankheiten und Geschwürsbildungen so häufig waren, erblicken.

Aber nicht bloß in Ägypten und Syrien hatte das Fellare dergleichen unglückliche Folgen, auch in Rom finden wir sie, wie dies aus folgender bisher ganz übersehenen, aber sehr wichtigen Stelle des Martialis[2]) hervorgeht:

Indignas premeret pestis cum tabida fauces
Inque ipsos vultus serperet atra lues:
Siccis ipse genis flentes hortatus amicos
Decrevit Stygios Festus adire lacus.

---

[1]) Deipnosoph. lib. VIII. p. 346. d. Der Stoiker Antipater aus Tarsus soll nämlich erzählen, daß eine Syrische Königin Gatis überaus gern Fische gegessen und deshalb geboten habe, niemand solle *ατερ Γάτιδος* (außer der Gatis) im Lande Fische genießen, woher der Name Atergatis (der syrischen Venus) gekommen wäre!

[2]) Lib. I. Epigr. 79. Vielleicht gehört hierher auch die Stelle bei Hippocrates Epidem. lib. VII. Vol. III. 691. ed. Kühn: *ὁ τὸ καρκίνωμα τὸ ἐν τῇ φάρυγγι καυθεὶς ὑγιὴς ἐγένετο ὑφ᾽ ἡμέων*, welche Jöhrens am anzuführenden Ort (§ 25.) auf Lustseuche bezieht, was von ihm auch mit den Halsgeschwüren, welche in der kleinen Schrift des Hippocrates de dentione Vol. I. p. 484. ed. Kühn erwähnt werden, geschieht.

Nec tamen obscuro pia polluit ora veneno,
Aut torsit lenta tristia fata fame:
Sanctam Romana vitam sed morte peregit,
Dimisitque animam nobiliore via.
Hanc mortem fatis magni praeferre Catonis
Fama potest: huius Caesar amicus erat.

Die *indignae fauces* zeigen offenbar auf das Geschäft des Fellators, wodurch er sich die *pestis tabida* und *atra lues* zugezogen hatte, und wir haben so eine deutliche Angabe der Ursache von einem *doctus venereae cupidinis,* die dem *artifex medicus* freilich unbekannt war. Die *pia ora* sind deshalb auch nur satirisch zu nehmen, ebenso wie die *vita sancta.* Auch der Kinaede, wie die zu Ehren der Astarte sich preisgebenden Mädchen werden ja im alten Testamente, wie wir gesehen haben, durch *sanctus* bezeichnet, und es heißt z. B. Hiob. XXXV. 14. von einem Bösewicht, er werde sterben wie ein solcher *sanctus.* Diese Bedeutung des sanctus brachte uns selbst auf die Vermutung, die Affektion des Rachens für eine sekundäre Folge der Paederastie zu halten, zumal wenn in den letzten Worten *huius Caesar amicus erat* ein Doppelsinn zu suchen. Die Interpreten nehmen sie freilich als bloßen Gegensatz zum Tode des Cato Uticensis, welchen der Haß Caesars zwang, sich das Leben zu nehmen, und meinen, daß dieses beim Festus nicht der Fall war, daher sein Selbstmord um so auffallender.[1]) Indessen ist es zweifelhaft, welcher

---

[1]) Eine treffende Analogie zu diesem Selbstmorde findet sich in der bekannten, für die Genitalaffektionen wichtigen Stelle bei Plinius epist. lib. VI. epist. 24., welche deshalb vorläufig hier ihre Stelle finden mag:

C. Plinius Macro Suo S.

Quam multum interest, quid a quo fiat! Eadem enim facta claritate vel obscuritate facientium aut tolluntur altissime, aut humillime deprimuntur. Navigabam per Larium nostrum, quum senior amicus ostendit mihi villam, atqua etiam cubiculum, quod in locum prominet. Ex hoc, inquit, aliquando municeps nostra cum marito se praecipitavit. Causam requisivi. Maritus ex diutino morbo circa velanda corporis ulceribus putrescebat: uxor, ut inspiceret, exegit: neque enim quemquam fidelius indicaturam, possetne sanari. Vidit, desperavit: hortata est, ut moreretur, comesque ipsa mortis, dux immo et exemplum et

Caesar hiermit gemeint ist, ob das Wort bloßer Titel oder *Nomen proprium* sei? In letzterm Falle, der uns anfangs der wahrscheinlichere schien, mußten wir uns natürlich an dessen Lüderlichkeit erinnern: da aber Catullus[1]) wie Sueton.[2]) ihn nur als Kinaeden in Bezug auf das männliche Geschlecht schildern, wenn wir bei der gewöhnlichen Annahme bleiben, so schien es uns mehr der Kaiser zu sein, der hier hervorgehoben wird, und somit könnte jeder andere, z. B. Tiberius, Nero etc. damit gemeint sein. Nähme man *pathicus* wie *omnium virorum mulier* in weiterer Bedeutung, so stände freilich der Annahme, daß Julius Caesar gemeint sei, nichts im Wege. Nur würde dagegen vielleicht eine andere Stelle des Martial streiten, wo er die einzelnen Ausschweifungen und Fehler eines gewissen Gaurus durch eine ausgezeichnete Auktorität zu entschuldigen sucht, zuletzt aber sagt (Lib. II. 89)

Quod fellas; vitium dic mihi cuius habes?

Gegen den Kinaeden sprechen aber offenbar die *indignae fauces.* Wahrscheinlich gehört hierher auch die folgende Stelle des Martialis *(libr. I. epigr.* 102), wo er von seinem Diener sagt:

Destituit primos virides Demetrius annos:
Quarta tribus lustris addita messis erat.
Ne tamen ad Stygias famulus descenderet umbras,
Ureret implicitum cum scelerata lues,
Cavimus et domini ius omne remisimus aegro:
Munere dignus erat convaluisse meo.
Sensit deficiens sua praemia, meque patronum
Dixit, ad infernas liber iturus aquas.

---

necessitas fuit. Quod factum ne mihi quidem, qui municeps, nisi proxime auditum est; non quia minus illa clarissimo Arriae facto, sed quia minor est ipsa. Vale.

[1]) Carmen 57. Pulchre convenit improbis cinaedis
Mamurraeque pathicoque Caesari.

[2]) Vita Jul. Caesaris c. 49. 51. 52., wo ihn Curio, der Vater, „omnium mulierum virum et omnium virorum mulierem“ nennt. Dasselbe wurde freilich auch vom Alcibiades gesagt. Bei Athenaeus Deipnosoph. lib. XII. p. 535. heißt es in einem Fragment des Komikers Pherecrates:

Οὐκ ὢν ἀνὴρ γὰρ Ἀλκιβιάδης, ὡς δοκεῖ,
ἀνὴρ ἁπασῶν τῶν γυναικῶν ἐστι νῦν.

War dieser *famulus* etwa der *puer,* welcher vom Martialis (lib. XI. 95) erwähnt wird?

Daß jedoch nicht Knaben allein, sondern auch Mädchen auf solche Weise bei den Römern zu büßen hatten und infolge der Affektion ihr Leben verloren, lehrt uns, wie wir glauben, das folgende Epigramm des Martialis (lib. XI. 92):

Aeolidon Canace iacet hos tumulata sepulchro,
Ultima cui parvae septima venit hiems.
Ah scelus, ah facinus! properas quid flere viator?
Non licet hic vitae de brevitate queri.
Tristius est leto leti genus: horrida vultus
Abstulit et tenero sedit in ore lues:
Ipsaque crudeles ederunt oscula morbi;
Nec data sunt nigris tota labella rogis.
Si tam praecipiti fuerant ventura volatu,
Debuerant alia fata venire via.
Sed mors vocis iter properavit cludere blandae,
Ne posset duras flectere lingua Deas.

Außer dieser finden sich beim Martialis noch einige andere Stellen, welche auf den Fellator bezogen werden müssen; da die betreffenden Affektionen zugleich aber von dem Cunnilingus gelten, so werden wir sie dort passender mit aufführen. Nur das wollen wir noch erwähnen, daß blasse Lippen als ein Zeichen des Fellators angenommen worden zu sein scheinen.[1])

---

[1]) Catull. Carm. 80.

Quid dicam, Gelli, quare rosea ista labella
Hiberna fiant candidiora nive,
Mane domo cum exis, et cum te octava quiete
E molli longo suscitat hora die.
Nescio quid certe est. An vere fama susurrat,
Grandia te medii tenta vorare viri?
Sic certe clamant Virronis rupta miselli
Ilia, et emulso labra notata sero.

Martial. lib. VII. Epigr. 94.

Bruma est, et riget horridus December,
Audes tu tamen osculo nivali
Omnis obvios hinc et hinc tenere,
Et totam, Line, basiare Romam.

§ 23.

Der Cunnilingus.

Die Unzucht des Fellators wird noch bei weitem übertroffen durch die des Cunnilingus, *(qui opus peragit linguam arrigendo in cunnum, eumque lambit).* Die Griechen nannten diese Manier *σκύλαξ*, weil sie Sitte der Hunde[1]) ist; und Hesychius erklärt sie durch *σχῆμα ἀφροδισιακὸν, ὡς τὸ τῶν φοινικιζόντων.* Wir haben schon oben in der Stelle des Lucian *φοινικίζειν* und

---

Quid possis graviusque saeviusque
Percussus facere atque verberatus?
Hoc me frigore basiet nec uxor,
Blandis filia nec rudis labellis.
Sed tu dulcior, elegantiorque,
Cuius livida naribus caninis,
Dependet glacies, rigetque barba,
Qualem forficibus metit supinis
Tonsor Cinyphio Cilix marito.
Centum occurrere malo cunnilingis,
Et Gallum timeo minus recentem.
Quare si tibi sensus est pudorque,
Hibernas, Line, basiationes,
In mensem, rogo, differas Aprilem.

Linus wird aber vom Martial. lib. VII. Epigr. 9. als Fellator und lib. XI. Epigr. 26. als Cunnilingus bezeichnet.

[1]) Daher auch das Sprüchwort bei Suidas: *κύνα δέρειν δεδαρμένην· τὸ τοῦ Φερεκράτους· σχῆμα δέ ἐστι ἀκόλαστον εἰς τὸ αἰδοῖον· εἴρηται δὲ ἐπὶ τῶ, ἄλλο πασχόντων αὖθις ἐφ᾽ οἷς πεπόνθασιν ἡ παροιμία.* Ähnlich sagt Plautus Trinum. II. 4. 27. Edepol mutuum mecum facit. Auch *κυνάμυια* findet sich bei Suidas, er erklärt es durch *ἀναιδεστάτη· παρεσχημάτικε τὸ ὄνομα ἀπὸ τοῦ κυνὸς καὶ τῆς μυίας· ὁ μὲν γὰρ κύων ἀναιδὴς ἡ δὲ μυῖα θρασεῖα*, wahrscheinlich mit Rücksicht auf Homer. Jl. *φ*. 394, wo *κυνόμυια* steht und der Scholiast bemerkt: *ἀναιδὴς ὡς μυῖα, ἐκ δύο ἀναιδῶν τελείων, τοῦ τε κυνός καὶ τὴς μυίας, διὰ τὸ ὑπερβάλλον τῆς ἀναιδείας.* Es gehört ferner hierher das Wort *κυναλώπηξ*, welches ein Beiname des Philostratus war, wie wir aus Aristophanes Equit. 1078. ersehen, wozu der Scholiast bemerkt: *λέγει δὲ αὐτὸν καὶ πορνοβοσκὸν καί καλλοπιστήν.* Leiten wir das Wort von *τὸν κύνα* (frenulum praeputii. Paul Aegin. VI. 54.) *ἀλωπίζειν* ab, so würde es den Fellator bezeichnen, da *ἀλωπὸς, ἀλωπίζειν, ἀλωπηκίζειν* von *α* privativum und *λῶπος, λώπη* das Fell, die Wolle gebildet ist, und *ἀλωπηκία* auf dieselbe Weise zu erklären ist, nicht aber von der

λεσβιάζειν nebeneinander gestellt gefunden, und auch Galenus[1]) tut dies in folgender für uns in mehr als einer Hinsicht merkwürdigen Stelle: „Das Trinken des Schweißes, Urins und weiblichen Menstrualblutes ist unzüchtig und schändlich, nicht weniger auch wenn man, wie Xenokrates zu tun vorschlägt, die Teile des Mundes und Rachens mit Kot überschmiert und diesen hinabschlingt. Er spricht auch von dem Einnehmen des Ohrenschmalzes. Ich aber würde mich nicht entschließen können, dasselbe einzunehmen, selbst wenn ich darnach niemals wieder

---

Räude des Fuchses, oder, wie das Etymologicum magnum will, weil die Orte, wo der Fuchs seinen Urin hinläßt, absterben, das Gras z. B. verdörrt. Man könnte daher auch ἀλώπηξ als Kahlkopf fassen, dem die Bedeutung der geilen Unzucht ebenfalls gegeben wurde, da das Altertum sehr häufig Kahlköpfigkeit infolge der geschlechtlichen Ausschweifungen beobachtete und bekanntlich Cäsar von seinen Soldaten moechus calvus genannt ward. Greise, welche ja meist kahlköpfig sind, trieben aber nach Verlust des Erektionsvermögens besonders die Unzucht des Irrumare und Cunnilingere, daher sagt Martialis IV. 50.: Nemo est, Thai, senex ad irrumandum. Κυναλώπηξ wäre dann ein kahlköpfiger Cunnilingus. Vielleicht dachte man aber auch dabei an die Gewohnheit des Fuchses, wenn er Trappen fangen will, den Kopf in die Erde zu stecken (Aelian. hist. anim. VI. cap. 24.), ein Manöver, welches er bekanntlich auch vornimmt, wenn er stirbt. Als Beweis für diese Ansicht kann man anführen, daß Cicero Orat. pro domo c. 18. zu dem Sextus Clodius sagt: ligurris und cap. 31: Quaere hoc ex Sexto Clodio, iube adesse, latitat omnino; sed si requiri iusseris, invenient hominem apud sororem tuam (Publii Clodii) occultantem se capite demisso. Vergl. Catull. 87. Wie das griechische κύων scheint canis zu stehen bei Martial. lib. IV. Epigr. 53? Vielleicht bedienten sich auch die Frauen des Altertums der Hunde als Cunnilingi. Nach Brockhusius ad Tibull. I. 7. 32. II. 4. 32. waren sie gewöhnliche Begleiter der Dirnen in Rom, daher auch suburanae canes bei Horatius Epod. V. 58 und subura vigilax bei Propertius IV. 7. 15. Im Mittelalter war ein solcher Gebrauch der Hunde wenigstens nichts ungewöhnliches. So sagt Panormita Hermaph. Epigr. XXX. Ephitaphium Nichinae flandrensis, scorti egregii:

Pelvis erat cellae in medio, qua saepe lavabar,
Lambebat madidum blanda catella femur.

Und Epigr. XXXVII. Te viset Jannecta, sua comitante catella,
Blanda canis dominae est, est hera blanda viris.

[1]) De simplic. medicament. temperamentis ac facultat. Lib. X. c. I. ed. Kühn. Vol. XII. p. 249.

erkranken sollte. Den Kot halte ich aber noch für viel ekelhafter, und es ist für einen anständigen Menschen weit schändlicher ein Kotfresser[1]) als ein *αἰσχρουργὸς* oder Kinaede genannt zu werden. Aber auch von den *αἰσχρουργῶν*[2]) verabscheuen wir mehr die Phönikier als die Lesbier, (und) etwas ähnliches scheint mir der zu tun, welcher Menstrualblut trinkt. (*μᾶλλον βδελλυττόμεθα τοὺς φοινικίζοντας τῶν λεσβιαζόντων, ᾧ*[3]) *φαίνεταί μοι παραπλήσιόν τι πάσχειν ὁ καὶ καταμηνίου πίνων.*) Ein vernünftiger Mensch wird weder darüber Erfahrungen zu sammeln suchen, noch über das, was zwar weniger auf sich hat, doch aber schändlich ist, einen Teil des Körpers mit Kot zu beschmieren, weil er irgend einen Schaden daran hat, oder mit menschlichem Samen; Xenocrates nennt diesen gewöhnlich *γόνος* und unterscheidet mit großer Sorgfalt, wem der bloße Same allein eingerieben nützt, und wem der weibliche nach der Vereinigung mit dem Manne, wenn er aus dem weiblichen Schoße herausfließt.“ Diese Erklärung des Galenus, daß der *φοινικίζων* dem, welcher Menstrualblut trinkt, ähnlich sei, zeigt offenbar, daß *φοινικίζειν* nicht, wie alle

---

[1]) *Κοπροφάγος*. Hierauf scheint Martial. lib. III. Epigr. 77. anzuspielen, wenn er sagt:

Nescio quod stomachi vitium secretius esse
Suspicor, ut quid enim, Baetice, saprofagis?

[2]) Wir sehen hieraus, daß Meier in seinem obengenannten Artikel über Paederastie Unrecht hat, wenn er den Ausdruck *αἰσχρουργὸς* so geradehin als vom Kinaeden geltend anführt. Beiläufig wollen wir hier noch bemerken, daß das dort ebenfalls als Synonym von Kinaede aufgeführte *παιδοκόραξ* mit Unrecht auf Paederastie bezogen ist, da es, gleichwie das lateinische Corvus, einen Fellator bezeichnet. Die Erklärung davon gibt Plinius hist. nat. lib. X. c. 15. Corvi pariunt cum plurimum quinos. Ore eos parere aut coire vulgus arbitratur. — Aristoteles (de gen. anim. lib. III. c. 6.) negat, — sed illam exosculationem, quae saepe cernitur, qualem in columbis, esse. Daher sagt auch Martial. lib. XIV. Epigr. 74.

Corve salutator, quare fellator haberis?
In caput intravit mentula nulla tuum.

Antholog. graec. lib. II. tit. 9. 13. *λευκὸν ἰδεῖν κόρακα.*

[3]) Für *ᾧ φαίνεται* hat Rost in Gotha *ὧν φαίνεται*, vorgeschlagen (Forbiger ad Panormitae Hermaphrod. p. 281. Note h.)

Lexika angeben, und auch Forbiger a. a. O. behauptet, mit dem λεσβιάζειν identisch ist. Zwar gibt Forbiger (S. 329 N. v.) die Bedeutung *cunnilingere* zu, indessen die Erklärung, welche er bei Gelegenheit eines allerdings hierhergehörenden Epigramms[1]) macht, daß diese Bedeutung ihren Grund darin finde, *quod cunnilingos a natando in mari quodam Phoenicei coloris (mari rubro) dixissent,* ist sicher nicht ausreichend; denn das ἐν Φοινίκῃ δὲ καθεύδεις kann recht gut bloß für φοινικίζειν stehn, wie das die von ihm selbst angeführte Stelle der *Aloisia Sigaea: Cum vellet mediam lambere, se velle dicebat in Liguriam* (für *ligurire),* deutlich sagt.[2]) Wie λεσβιάζειν vorzüglich deshalb für die Unzucht des Fellators in Gebrauch kam, weil sie vorzüglich zu Lesbos getrieben ward, so auch nannte man das *cunnilingere* φοινικίζειν, weil es bei den Phoenikiern zu Hause war. Allerdings ging man in der Schamlosigkeit so weit, daß man sich selbst menstruierender Frauen und Mädchen dazu bediente, und dies

---

[1]) Brunk Analect. T. III. p. 334.

Δημῶναξ, μὴ πάντα κάτω κλέπε, μηδὲ χορίζου
τῇ γλώσσῃ· δεινὴν χοῖρος ἄκανθαν ἔχει.
Καὶ συζῇς ἡμῖν. ἐν Φοινίκῃ δὲ καθεύδεις,
κ᾽ ουκ ἀπ᾽ ἐκ Σεμέλης μηροτραφὴς γεγόνας.

[2]) Es hat besonders das folgende Epigramm in Brunks Analect. T. III. p. 165. Nr. 75. Antholog. II. 5. 7. zu dieser Erklärung Veranlassung gegeben:

Ἀλφειοῦ στόμα φεῦγε· φιλεῖ κόλπους Ἀρεθούσης,
πρηνὴς ἐμπίπτων ἁλμυρὸν ἐς πέλαγος.

Forberg hätte noch die folgende Stelle aus Aristophanes Equit. 1086. 87. anführen können:

ΑΛ. Καὶ γὰρ ἐμοὶ καὶ γῆς καὶ τῆς ἐρυθρᾶς γε θαλάσσης
χὤτι γ᾽ ἐν Ἐκβατάνοις δικάσεις, λείχων ἐπίπαστα.

Das ἐπίπαστα ist hier, sowie wahrscheinlich auch v. 103., das Salgama des Ausonius Epigr. 125., wodurch vielleicht auch die Stelle bei Pollux Onomast. lib. VI. c. 9. p. 61. lib. X. c. 24. p. 96. zum Teil wenigstens Erklärung erhält. Indessen, wenn auch Phönikien demgemäß für die Genitalien einer Menstruierenden gebraucht wäre, so folgt doch daraus keinesweges, daß φοινικίζειν nur Umgang mit Menstruierenden haben bedeute, ebensowenig als es, wie gesagt, mit καταμηνίου πίνων identisch ist. Galenus sagt ja ausdrücklich: φαίνεταί μοι παραπλήσιον!

ist eine Tatsache, die für uns vom höchsten Interesse ist, wie wir gleich nachher zeigen werden. Deutlich genug spricht sich darüber Seneca[1]) aus: *Quid tu, cum Mamercum Scaurum consulem faceres, ignorabas, ancillarum suarum menstruum ore illum hiante exceptare? num quid enim ipse dissimulabat? num quid purus videri volebat?* Und an einer anderen Stelle:[2]) *Nuper Natalis tam improbae linguae quam impurae, in cuius ore feminae purgabantur.*

Halten wir nun zunächst fest, daß das φοινικίζειν ein Laster war, welches, vorzüglich unter den Phönikiern herrschend, von diesen weiter verbreitet ward, und berücksichtigen wir, daß die Griechen jedes Laster, besonders aber die Ausschweifungen in Venere, durch νόσος bezeichneten, ähnlich wie die Römer ihr morbus gebrauchten (Vergl. § 17), so wird das φοινικίζειν auch νόσος φοινικίη sein, und wir können nun die dem Galenus fälschlich zugeschriebene Glosse[3]) beurteilen, wo es heißt: φοινικίη νόσος· ἡ κατὰ Φοινίκην καὶ κατὰ τὰ ἄλλα ἀνατολικὰ μέρη πλεονάζουσα· δηλοῦσθαι δὲ κἀνταῦθα δοκεῖ ἡ ἐλεφαντιάσις.

Wenn auch das erstere vom Galenus geschrieben ward, so ist das letztere doch offenbar fremder und späterer Zusatz, worauf schon das δοκεῖ hinweist, was sich wunderbar neben der bestimmten Angabe, daß in Phönikien diese νόσος häufig sei, ausnimmt, denn der, welcher letzteres wußte, mußte auch wissen, was diese νόσος war; hätte er aber vielleicht unser deutsches: „eine Art Elephantiasis“ bezeichnen wollen, so hätte er sich notwendig anders ausdrücken müssen. Galenus aber wußte, wie wir gesehen haben, sehr gut, was φοινικίζειν, mithin auch was φοινικίη νόσος ist, und es konnte ihm nicht einfallen, dabei an Elephantiasis zu denken. Leider hat sich Herr Prof. Naumann[4]) durch diesen fremdartigen Zusatz irre führen lassen, er schreibt: In der Schrift eines Pseudogalenus wird eine kurze Erklärung der φοινικίη νοσος gegeben, oder richtiger, es wird die Vermutung

---

[1]) De Beneficiis lib. IV. c. 31.
[2]) Epist. 87.
[3]) Opera ed. Kühn. Vol. XIX. p. 153.
[4]) Handbuch der Klinik. Bd. 7. S. 88.

aufgestellt,[1]) daß diese in Phönikien und im Oriente häufige Krankheit die Elephantiasis sein könne. Das Wort könnte allerdings ebensogut eine durch Hautröte ausgezeichnete Krankheit ausdrücken (*φοινίκιος s. φοινίκεος i. q. puniceus, purpureus, cruentus; φοινιγμὸς irritatio cutis per vesicantia).* Oder sollte eine unter den handeltreibenden Phönikiern einheimische, uralte leprös-venerische Affektion angedeutet werden, die man in dem nämlichen Sinne *Morbus phoeniceus* nannte, wie man in der neueren Zeit von einem *Morbus gallicus* sprach? Auffallend ist es allerdings, daß Themison (welcher übrigens auch berichtete, daß die Satyriasis die Menschen bisweilen haufenweise ergreife) von der besonderen Häufigkeit der Satyriasis in Kreta spricht (Cael. Aurelian. Acut. morb. lib. III. c. 18). Bekanntlich waren hier phönikische und hellenische Kolonien zusammengeflossen, und die Insel blieb fortwährend in lebheftem Verkehr mit den phönikischen Seestädten."

Nach der allgemeinen Annahme bezieht sich die Glosse des Pseudo-Galenus auf eine Stelle des Hippocrates in dem zweiten Buche der Prorrhetica,[2]) wo wir folgendes lesen: „*λειχῆνες* aber, so wie *λέπραι* und *λεῦκαι*, wenn dergleichen bei jungen Leuten oder Kindern entsteht oder in geringer Ausdehnung sich zeigt, nehmen langsam zu; das Exanthem bei ihnen muß man nicht eine Apostase nennen, sondern ein *νόσημα*. Wo aber dergleichen in großer Ausdehnung und schnell entsteht, da möchte

---

[1]) Der Verf. ist wenigstens vorsichtiger als Sprengel, welcher (Th. Batemann, prakt. Darstellung der Hautkrankheiten. Halle 1815. S. 427. Anmerkg.) schreibt: Hippocrates scheint sie (die Elephantiasis) unter dem Namen *φοινικίη νοῦσος*, phönikische Krankheit, aufzuführen, welches Galenus (Explan. voc. Hipp.) besimmt durch Elephantiasis erklärt. —

[2]) Ed. Kühn Vol. I. p. 223. 233. *Λειχῆνες δὲ καὶ λέπραι καὶ λεῦκαι, οἷσι μὲν νέοισιν ἢ παισὶν ἐοῦσιν ἐγένετό τι τούτων, ἢ κατὰ μικρὸν φανὲν αὔξεται ἐν πολλῷ χρόνῳ, τούτοισι μὲν οὐ χρὴ ἀπόστασιν νομίζειν τὸ ἐξάνθημα, ἀλλὰ νόσημα· οἷσι δὲ ἐγένετο τούτων τι πολύ τε καὶ ἐξαπίνης, τοῦτο ἂν εἴη ἀπόστησις· γίνονται δὲ λεῦκαι μὲν ἐκ τῶν θανατωδεστάτων νοσημάτων, οἷον καὶ ἡ νοῦσος ἡ φθινικὴ καλεομένη. αἱ δὲ λέπραι καὶ οἱ λειχῆνες ἐκ τῶν μελαγχολικῶν. ἰῆσθαι δὲ τουτέων εὐπετέστερά ἐστιν ὅσα νεωτάτοισί τε γίνεται καὶ νεώτατά ἐστι, καὶ τοῦ σώματος ἐν τοῖσι μαλθακωτάτοισι καὶ σαρκωδεστάτοισι φύεται.*

dasselbe wohl eine Apostase sein. *Λεῦκαι* entstehen aber aus den tötlichsten Krankheiten, wie z. B. die *νοῦσος ἡ φθινικὴ* genannte; *λέπραι* und *λειχῆνες* aus solchen, welche von schwarzer Galle herrühren. Leichter heilbar sind aber diejenigen, welche bei jungen Leuten vorkommen, eben erst entstanden sind, und an den weichsten und fleischigsten Teilen des Körpers hervorbrechen.“ Foesius bemerkt zu dieser Stelle: *Nemini autem dubium est, quin hac parte mendosi sint codices omnes, cum ἡ νοῦσος ἡ φθινικὴ καλουμένη scribitur. Nam φοινικίη νόσος ex Galeni exegesi procul omni dubio reponendum.* J. W. Wedel[1]) dagegen schreibt: *Legunt quidam pro φοινικίη — φθινικὴ et vertunt tabem seu morbum tabidum, sed contra fidem codicum correctiorum, quibus Galenus ipse assentitur, et rei ipsius, de qua textus agit, evidentiam.* In letzterer Beziehung hat Wedel, trotz seiner irrigen Ansicht von der Sache, Recht, ob auch in ersterer, können wir nicht entscheiden, da uns leider jede Art von kritischem Apparat mangelt, denn nicht einmal die Ausgabe von Mackius befindet sich auf unserer Universitätsbibliothek. Zunächst müßten wir nun genau wissen, was Hippocrates unter *λεῦκαι* verstanden habe. Eine Krankheit der Haut allerdings; welcher Natur dieselbe aber war, dürfte nicht so leicht zu entscheiden sein. Nach *Coac. praenotion.* (Vol. I. p. 321) unterschied Hippocrates eine *λεύκη συγγενής* und *μή συγγενής*, welche letztere die Individuen erst nach der Pubertät befällt. Hesychius sagt *λεύκη, ἄνθός τι τῶν περὶ τὸ σῶμα γινόμενον, ἄλφος δὲ λευκή τις ἐν τῷ σώματι. Galenus definit. med.* (Vol. XIX. p. 140) *λευκή ἐστιν ἡ ἐπὶ λευκὸν χρῶμα τοῦ σώματος παρὰ φύσιν μεταβολή.* Demnach wären es nur oberflächliche Hautverfärbungen, welche man unter *λεῦκαι* zu verstehen hat; eine Ansicht, welcher auch Rayer[2]) zu sein scheint. Pollux dagegen liefert folgende Er-

[1]) Progr. de morbo phoeniceo Hippocratis. Jenae 1702. 4. wieder abgedruckt in E. G. Baldinger Selecta doctorum virorum opuscula in quibus Hippocrates explicatur, denuo edita. Götting. 1782. S. 215—222. Der Verf. scheint mit sich nicht recht einig geworden zu sein, er schwankt zwischen Elephantiasis und Purpura.

[2]) Maladies de la peau. Bruxelles 1836. S. 385. Et quoique les termes de la description du *λεύκη* se rapportent assez bien à la leuco-

klärung: *ἀλφὸς μέλας, ἐπιδρομὴ σκιώδης, ἐπιπόλαιος, εὐίατος ἀλφὸς λευκὸς, λευκότης ἐπιτρέχουσα τῇ ἐπιδερματίδι, αὐχμηρὰ, δυσίατος· λεύκη, ὅταν ἐπιτείνῃ ἡ λευκότης, καὶ φύσῃ τρίχωσιν λευκήν, εἰ δὲ κεντήσειας, ὕφαιμος, δυσίατος, ἔστιν ὅτε ὑπέρυθρος· ἐπανθεῖ δὲ αὐτὸ* (?) *τοῖς χείλεσιν, οἷον ἁλὸς ἄχνη.* Hier ist *λεύκη* offenbar ein weit tiefer eingreifendes Leiden, wie es auch von Celsus[1]) und Galenus[2]) geschildert wird und mit dem weißen Aussatz des Moses übereinkommt. Allein das sonderbarste ist der Zusatz, daß die Affektion an den Lippen wie Meeresschaum ausbreche, was gewiß zu einer anderen Art *λεύκη* gehört, wenn es nicht mit dem im Text folgenden *λειχὴν ἄγριος* zu verbinden ist, wo ihm, wie wir beim Mentagra sehen werden, eine ganz richtige Beobachtung zum Grunde liegt; das *αὐτὸ* gibt ohnehin gar keinen Sinn. Ist die Angabe des Pollux aber in Bezug auf den Sitz der *λεύκη* richtig, so muß sie offenbar auf die Stelle des Hippocrates einen erklärenden Einfluß ausüben, und wir werden schon dadurch gezwungen für *φθινικὴ*[3]) zu lesen *φοινικίῃ*,

---

pathie partielle, la plupart des interprètes et des critiques, se fondant sur une passage d'Hippocrate (Prorrhet. lib. II.) ont pensé, que sous ce nom les anciens avoient indiqué une maladie grave, l'éléphantiasis anesthétique ou la lèpre des juifs.

[1]) Lib. V. cap. 27. 19. *λεύκη* habet quiddam simile alpho, sed magis albida est et altius descendit: in eaque albi pili sunt, et lanugini similes. In den letzten Worten haben die Interpreten des Pollux Onom. IV. 193. das *ἁλὸς ἄχνη* ausgedrückt finden wollen!

[2]) Isag. ed. K. Vol. XIV. p. 758. — De symptomat. differ. Vol. VII. p. 63. — De symptom. caus. lib. II. ibd. p. 225 sq., wo die *λεύκη* als Folge einer nutritio depravata geschildert wird, wobei *τὴν σάρκα γίνεσθαι φλεγματικωτέραν*. Vergl. Aetius tetrab. IV. serm. I. cap. 133. Paulus Aeginet. lib. IV. cap. 5. Actuarius meth. med. II. 11. VI. 8. Oribasius de morb. curat. III. 58. Scip. Gentilis Comment. in Apuleji apologiam n. 524. — Suidas s. v. *λεύκη· παρὰ Ἡροδότῳ πάθος τι περὶ ὅλον τὸ σῶμα.* Bei Alexander Aphrodis. Problem. I. 146. bedeuten *λεῦκαι* die weißen Flecke auf den Fingernägeln.

[3]) Pollux Onomast. IV. c. 25. p. 187. erwähnt bei den Tabesarten *φθίνης νόσος*, wofür einige und zwar mit Recht *φθίνας* lesen wollen. Auch Suidas sagt *φθίνας ἡ νόσος*, ohne jedoch eine weitere Erklärung zu geben; dagegen findet sich bei Hesychius s. v. *φθινὰ* [ς], *ἡ ἐρυσίβη, καὶ εἶδος ἐλαίας.* Durch *ἐρυσίβη* wird aber der Meltau, Brand oder Rost

eine Verbesserung, die gar keine Schwierigkeit hat, da φΘινικὴ leicht für φΟινικίη gelesen werden konnte, und wirklich, wie in der Anmerkung nachgewiesen, auch gelesen worden ist. Die

---

des Getreides bezeichnet, dasjenige also, was die Römer rubigo oder robigo nannten, worüber Servius ad Virgil. Georg. I. 151. folgende Bemerkung macht: Robigo genus est vitii, quo culmi pereunt, quod a rusticanis calamitas dicitur. Hoc autem genus vitii ex nebula nasci solet, cum nigrescunt et consumuntur frumenta. Inde Robigus deus et sacra eius septimo Kalendas Maias Robigalia appellantur. Sed haec abusive robigo dicitur; nam proprie robigo est, ut Varro dicit, vitium obscoenae libidinis, quod ulcus vocatur: id autem abundantia et superfluitate humoris solet nasci, quae Graece σατυρίασις dicitur. Diese Worte sind für unsern Gegenstand von der größten Wichtigkeit, da sie uns lehren, daß eine eigentümliche Geschwürform, welche man sich durch geschlechtliche Ausschweifungen zugezogen hatte, bei den ältern Römern nicht nur bekannt war, sondern auch den besondern Namen Robigo führte; sie muß eine eigentümliche Röte gezeigt und dem Roste des Getreides, wie des Eisens ähnlich die Teile angefressen haben; gewiß eine sehr passende Bezeichnung, das Chankergeschwür einen Brand (Anthrax, Carbo, auch das Volk sagt jetzt noch von einem mit primären Formen der Lustseuche Behafteten: er hat sich verbrannt!) zu nennen. Festus (ed. Dacier. p. 451.) sagt: Robum rubro colore et quae rufo significare, at bovem quoque rustici appellant, manifestum est unde et materia quae plurimas venas eius coloris habet, dicta est robur. Dies pflegt nun auch mit dem Penis der Fall zu sein, welcher von Phimosis oder Paraphimosis und dem dadurch bedingten krankhaften Erektionszustand (Satyriasis) ergriffen ist. Vgl. S. 69. und 121. Wir sehen hieraus nun auch, warum Priapus so häufig ruber hortorum custos (Priapeia Praef. 5.) genannt wird, und es von ihm heißt: Ruber sedere cum rubente fascino (Carm. 84. Horat. Sat. I. 8. 5.). Da der Brand des Getreides besonders als Folge des Taues angesehen wurde und ros auch für den männlichen Samen wie für die während des Coitus in der weiblichen Scheide abgesonderte Feuchtigkeit gebraucht wird, so könnte man auch hieraus wieder eine Analogie und zugleich einen Beweis der verecundia loquentium (S. 40) der alten Römer entnehmen. Wie nun, wenn auch die Griechen durch ihr φθινὰς dasselbe bezeichnet hätten, was die Römer durch ihr robigo? Daß es eine Krankheit der Menschen gewesen, zeigt nicht nur die Stelle aus Pollux, sondern wir sehen dies auch aus einer andern des Plutarch im Leben des Galba (cap. 21.) wo es heißt: *Τιγελλῖνον μεν οὐ πολὺν ἔτι βιώσεσθαι φάσκοντος χρόνον, ὑπὸ φθινάδος νόσου δαπανώμενον*, wodurch zugleich die Tötlichkeit der Affektion dargetan wird. Da nun ferner Hesychius für φθινὰ auch die Form φοινια hat, denn er sagt φοίνια· ἐρυσίβη, und das Adjec-

eine Verbesserung zieht aber die andere nach sich, und so müssen wir denn, nach Analogie des *θαυμαστὸν πάθος* bei Dio Chrysostomus, auch wohl *θαυμαστωτάτων νοσημάτων* lesen und übersetzen: *λεῦκαι* entstehen aber aus den schrecklichsten Verirrungen des Geistes, wie z. B. die Unzucht des Cunnilingus ist. Berücksichtigen wir nun ferner, daß im Texte nicht *λευκαὶ*, sondern *λεῦκαι* steht, also von der aussatzartigen Hautaffektion gar nicht die Rede sein kann, *λευκὸς* vielmehr durchsichtig und glänzend bedeutet, und Martialis an einer später noch ausführlicher zu besprechenden Stelle (XI. 99) sagt:

> *Non ulcus acre, pustulaeve lucentes,*
> *Nec triste mentum, sordidique lichenes,*

so haben wir es hier gar nicht mit der aussatzartigen *λευκὴ*, sondern nur mit *pustulae lucentes* zu tun, welche, wie wir nachweisen werden, eine Folge des cunnilingere waren. Dies ist umsomehr anzunehmen, als die alten Ärzte (s. S. 240. N. 1.)

---

tivum davon notwendig *φοινικίος*, oder *φοινίκινος* heißen muß, so würde *φοινικίη νόσος* und *φθινικὴ* als Adjectiv von *φθινὴ* oder *φθινὰς* (was freilich richtiger wohl *φθιναχὴ* heißen müßte) ganz dasselbe bedeuten, ein Ulcus rubrum et rodens ex coitu cum foeda muliere natum, dessen tötlicher Ausgang im Altertum mehrfach beobachtet wurde. Wäre diese Bedeutung nun auch in der Hippocratischen Stelle die richtige, so müßten die *λεῦκαι* die Folge desselben gewesen sein, und wir hätten somit einen Beweis, daß auch im Altertume nach primären Geschwüren sekundäre Hautaffektionen nicht nur vorgekommen, sondern auch erkannt seien. Da für dieses Erkennen von seiten der Ärzte die Beweise noch zu mangelhaft sind, so müssen wir unser Urteil hierüber noch suspendieren und für jetzt annehmen, *φοινικίη νοῦσος* habe in dem Text in der Bedeutung des Cunnilingere gestanden, irgend ein Späterer habe dafür *φθινικὴ* gesetzt, da zu seiner Zeit deren Bedeutung einer somatischen Affektion identisch gewesen, und so sei die Folge der Unzucht für die Unzucht selbst in den Text gekommen. Denn wenn *φθινὰς* die Bedeutung des robigo hat, so ist dies sicher nur erst zur Zeit der Alexandriner der Fall gewesen. Übrigens findet sich auch *φοινικιστὴς* für Cunnilingus im Etymologicum magnum, wo es heißt: *γλωττοκομεῖον, ἐν ᾧ οἱ αὐληταὶ ἀπετίθεσαν τὰς γλώττας· εἴρηται δὲ καὶ τὸ γυναικεῖον αἰδοῖον ὑπὸ Εὐβούλου φοινικιστὴν σκάπτοντος.* Dasselbe hat auch für cunnilingere die Synonyma *γλωττοστροφεῖν, περιλαλεῖν καὶ στωμύλλεσθαι· γλωττοδεψεῖν, αἰσχρουργεῖν* und für Cunnilingus *γλώσσαργον, στόμαργον.*

λευκὴ dem φλέγμα zuschreiben, eine Erklärung, die man umsomehr erwarten mußte, als ja nachher folgt: αἱ δὲ λέπραι καὶ οἱ λειχῆνες ἐκ τῶν μελαγχολικῶν, was aber mit einer anderen Stelle des Hippocrates[1]) in Widerspruch steht, denn dort heißt es: λέπρη καὶ κνησμὸς καὶ ψώρη καὶ λειχῆνες καὶ ἀλφὸς καὶ ἀλώπεκες ὑπὸ φλέγματος γίνονται. Hieraus scheint uns wenigstens deutlich hervorzugehen, daß die ganze hier besprochene Stelle nicht vom Hippocrates sein kann, vielmehr wahrscheinlich einen Alexandriner zum Verfasser hat, welcher reichliche Gelegenheit hatte, die Folgen der widernatürlichen Ausschweifungen, wie sie so häufig seit Pompejus Zeit beobachtet wurden, zu studieren. Daß Hippocrates in der Tat genauer damit bekannt war, möchten wir bis jetzt noch nicht annehmen, wenigstens müssen wir ihm, soweit unser Studium seiner Schriften reicht, die Kenntnis, daß die geschlechtlichen Ausschweifungen Ursache der verschiedenen von ihm aufgezeichneten Gentialaffektionen etc. waren, absprechen, wenn wir nicht glauben sollen, daß er diese Kenntnis als bekannt vorausgesetzt hat, wogegen aber eine Menge anderweitiger Behauptungen sprechen würden. An Gelegenheit, mit der Unzucht des Cunnilingus bekannt zu werden, konnte es ihm nicht fehlen, da sie zu seiner Zeit so bekannt war, daß sie Aristophanes[2]) mehrfach in seinen Komödien verhöhnte. Sei dem wie ihm wolle, aus der Stelle des Hippocrates wird niemand beweisen können, daß die φοινικίη νοῦσος wirkliche Elephantiasis gewesen,

---

[1]) Περὶ παθῶν· ed. Kühn. Vol. II. p. 409., freilich wird auch dieses Buch zu den unächten gerechnet, und Galen. Vol. XI. p. 63. schreibt es dem Polybius zu.

[2]) Acharn. 271.

Πολλῷ γάρ ἐσθ᾽ ἥδιον, ὦ Φαλῆς Φαλῆς
κλέπτουσαν εὑρόνθ᾽ ὡρικὴν ὑληφόρον,
τὴν Στρυμοδώρου Θρᾷτταν ἐκ τοῦ Φελλέως,
μέσην λαβόντ᾽ ἄραντα, καταβαλόντα καταγιγαρτίσαι

wo vielleicht für Στρυμοδώρου zu lesen ist Στυμοδώρου.

Equit. 1284. Τὴν γὰρ αὑτοῦ γλῶτταν αἰσχραῖς ἡδοναῖς λυμαίνεται,
ἐν κασαυρίοισι λείχων τὸν ἀπόπτυστον δρόσον,
καὶ μολύνων τὴν ὑπήνην, καὶ κυκῶν τὰς ἐσχάρας.

Pax. 885. Τὸν ζῶμον αὐτῆς προσπεσὼν ἐκλάψεται.

wenn sich auch vielleicht eher die Behauptung rechtfertigen ließe, die Elephantiasis sei Folge der Unzucht gewesen, worauf wir später noch einmal zurückkommen werden. Was die Satyriasis in Kreta betrifft, so haben wir uns darüber bereits S. 121 ausgesprochen.

Wie die Phönikier früher die Unzucht des Cunnilingus nach Griechenland etc. verpflanzten, so kam dieselbe späterhin von Syrien aus nach Italien, daher sagt auch Ausonius (Epigr. 128):

Eunus Syriscus inguinum liguritor,
Opicus[1]*) magister (sic eum docet Phyllis)*
Muliebre membrum quadriangulum cernit:
Triquetro coactu Δ *literam ducit.*
De valle femorum altrinsecus pares rugas,
Mediumque, fissi rima qua patet, callem
ψ *dicit esse: nam trifissilis forma est.*
Cui ipse linguam quum dedit suam, Λ *est:*
Veramque in illis esse Φ *notam sentit.*
Quid imperite, Ρ *putas ibi scriptum*
Ubi locari Ι *convenit longum?*
Misselle doctor, ȣ *tibi sit obscoeno,*
Tuumque nomen Θ *sectilis signet.*

Die nähere Erklärung dieser obscönen Hieroglyphen findet der Leser bei den Auslegern zu dieser Stelle und bei Forberg a. a. O. S. 335.

§ 24.

Krankheiten des Cunnilingus.

Daß solch eine Unzucht ungestraft geübt worden sei, wer möchte es glauben? Gleichwohl herrscht unter den alten Ärzten, selbst bei Galenus, der die Sache doch kannte, ein tiefes Stillschweigen. Nicht so bei den Laien, wie wir sogleich dartun werden. Daß Mädchen und Frauen ganz ohne Nachteil auf diese Weise sich ihre Genitalien reinigen ließen, ist nicht gut anzu-

---

[1]) Juvenal. Satir. VI. 455.
Nec curanda viris Opicae castigat amicae
Verba Soloecismum liceat fecisse marito.

nehmen, zumal da die Erfahrung auch in neuerer Zeit nachgewiesen hat, daß infolge des cunnilingere bei Mädchen Entzündungen der äußeren Genitalien, ebenso wie nach dem Lecken derselben von Hunden bei alten Frauen Geschwüre entstanden sind. Bei den Alten haben wir keine Belege dazu gefunden, dagegen finden sich mehrere dergleichen für den Nachteil, welcher dem Cunnilingus selbst daraus erwuchs. Abgesehen von der blassen Gesichtsfarbe[1]) und dem üblen Geruch aus dem Munde, welche auch Folge der übrigen, bereits erwähnten Arten der Unzucht waren, finden wir wenigstens an einer Stelle der Zungenlähmung erwähnt[2]):

Sidere percussa est subito tibi, Zoile, lingua,
Dum lingis. Certe, Zoile, nunc futuis.

War diese Affektion auch sicher zu den Seltenheiten zu rechnen, so war es doch gewiß nicht die Geschwürsbildung, welche sich nicht immer bloß auf die Zunge erstreckt haben dürfte, sondern sich, ähnlich wie beim Fellator, auch auf die übrigen Teile des Mundes verbreitete, weshalb es denn auch schwer gehalten haben möchte, eine Diagnose zwischen einer solchen Krankheit des Fellators und des Cunnilingus zu machen. Auch hier ist es wieder Martialis, dem wir die Beweise unserer Behauptungen verdanken. Er läßt uns in folgender Stelle[3]) keinen Zweifel über die Art, wie Mannejus für seine Unzucht bestraft ward, übrig:

Lingua maritus, moechus ore Manneius.
Summoenianis inquinatior buccis:
Quem cum fenestra vidit a Suburrana

---

[1]) Martial. lib. I. epigr. 78.
Pulchre valet Charinus, et tamen pallet.
Parce bibit Charinus, et tamen pallet.
Bene concoquit Charinus, et tamen pallet.
Sole utitur Charinus, et tamen pallet.
Tingit cutem Charinus, et tamen pallet.
Cunnum Charinus lingit et tamen pallet.

[2]) Martial. lib. XI. epigr. 86. Über diesen Zoilus s. Martialis lib. XI. epigr. 93.

[3]) Lib. XI. Epigr. 61.

Obscoena nudum lena, fornicem claudit,
Mediumque mavult basiare, quam summum:
Modo qui per omnes viscerum tubos ibat,
Et voce certa consciaque dicebat:
Puer, an puella matris esset in ventre;
(Gaudete cunni, vestra namque res acta est!)
Arrigere linguam non potest fututricem
Nam, dum tumenti mersus haeret in vulva,[1]
Et vagientes intus audit infantes,
Partem gulosam solvit indecens morbus;
Nec purus esse nunc potest, nec impurus.

Die Ausleger, namentlich Farnabius, beziehen die Affektion, mit Bezug auf die ebengenannte Stelle, auf Lähmung der Zunge, dieser sagt nämlich: *Paralysisne ἀπὸ τῆς ἀφέδρου καὶ τῶν ἐμμηνιῶν, quorum malefico humore marcescunt segetes, apes moriuntur etc. Plin. c. 15 Lib. V. an sideratio?* Wenn wir auch zugeben wollten, daß das Menstrualblut Zungenlähmung hervorbringen kann, so kann doch davon hier keine Rede sein, da Mannejus ja mit einer Schwangern Unzucht trieb, welche gewöhnlich nicht menstruiert ist, was der Philologe freilich nicht so genau wissen konnte. Die Möglichkeit ist allerdings vorhanden, indessen sagt der Dichter nichts davon, und der Ausdruck *vulva tumens* steht hier, wie das folgende deutlich zeigt, offenbar für *uterus gravidus.*[2]) Das *solvere* zeigt jedenfalls auf eine Zerstörung, ein Schwinden des Teils hin, welches durch den *indecens morbus,* der in der S. 231. erwähnten *scelerata lues* seine Erklärung finden dürfte,

---

[1]) Antholog. graeca. lib. II. tit. 13. N. 19.

Τὴν φωνὴν ἐνοπήν σε λέγειν ἐδίδαξεν Ὅμηρος,
Τὴν γλῶσσαν δ᾽ ἐν ὀπῇ τίς σ᾽ ἐδίδαξεν ἔχειν.

Hier steht ὀπὴ offenbar für vulva, eine Bedeutung, welche in den Lexicis nachzutragen ist.

[2]) Ebenso möchten wir auch im folgenden Epigramm des Ausonius (127.):

Eune, quod uxoris gravidae putria inguina lambis,
Festinas glossas non natis tradere natis

die putria inguina nicht sowohl für faulig, geschwürig, als vielmehr für laxata oder laxa erklären, auch Horatius Epod. VIII. 7. spricht von mammae putres einer alten Frau.

bewirkt wird. Hierdurch ward natürlich nicht nur das *arrigere,* sondern überhaupt das *impurus (Cunnilingus)* sein unmöglich. *Purus*[1]) war er überhaupt nicht mehr, seitdem er die Unzucht des Cunnilingus trieb und jetzt um so weniger, da er an dem *indecens morbus* litt, was auch Fernabius insofern richtig aufgefaßt hat, als er *nec purus* durch *morbo illo contaminatus* erklärt.

Etwas mißlicher steht es mit der Erklärung der folgenden, wahrscheinlich hierhergehörigen Stelle des Martialis:[2])

Non dixi, Coracine, te cinaedum;
Non sum tam temerarius, nec audax,
Nec mendacia qui loquar libenter.
Si dixi, Coracine, te cinaedum,
Iratam mihi Pontiae lagenam,
Iratum calicem mihi Metili,
Iuro per Syrios tibi tumores,
Iuro per Berecynthios furores.
Quod dixi tamen, hoc leve et pusillum est,
Quod notum est, quod et ipse non negabis:
Dixi te, Coracine, cunnilingum.

Was waren diese *Syrii tumores,* woran der Cunnilingus Coracinus litt? Beroaldus Annotat. c. 25 hält sie für *tumores et vibices a cultris et flagris quibus sacerdotes Cybeles (quam deam Syriam esse volunt) se sauciabant.*" Farnabius dagegen findet in dieser Erklärung nur die *furores Berecynthios* ausgedrückt und versteht unter *tumores Syrii: „ulcera et morbos quibus credebatur irata Isis inflare peierantes,"* indem er sich auf die bereits oben erwähnte Stelle des Persius[3]) beruft, wo es heißt:

Hinc grandes Galli et cum sistro lusca sacerdos,
Incussere Deos inflantes corpora, si non
Praedictum ter mane caput gustaveris alli.

---

[1]) Martial. IX. 63.
Ad coenam invitant omnes te, Phoebe, cinaedi:
Mentula quem pascit, non, puto, purus homo est.
Petron. Sat. Non taces, nocturnae percussor, qui ne tum quidem, quum fortiter faceres, cum pura muliere pugnasti.

[2]) Lib. IV. Epigr. 43.

[3]) Satir. V. 186—188.

Ob diese Stelle direkt etwas beweist, könnte zweifelhaft sein, da das *inflare corpus* sich eigentlich nur auf den Unterleib bezieht, worauf auch der Genuß des Alliums, welcher wohl erst seine magische Bedeutung durch seine carminative Wirkung erhielt, zu deuten scheint. Indessen könnten allerdings mit Rücksicht auf die S. 228. angeführte Stelle des Porphyrius die Tumores als Anschwellungen der Füße gefaßt werden, welche sich Coracinus durch seine Hurerei im allgemeinen zugezogen hatte, die ihn als *senex?* endlich soweit geschwächt hatte, daß ihm nichts als das Cunnilingere übrig blieb, um seine noch fortdauernde Geilheit zu befriedigen. Ein Seitenstück hierzu wäre dann die Beschreibung der *Anus libidinosa* des Horatius Epod. VIII. 9. 19.

Venter mollis et femur tumentibus
Exile suris additum. — Fascinum
Quod ut superbo provoces ab inguine
Ore allaborandum est tibi.

Casaubonus in der Anmerkung zu des Persius Stelle will diese sowohl als die *Tumores Syrii* mit ἕλκεα Συριακὰ zusammenbringen und wie S. 227. angeführt, als Folge des Zornes der *Dea Syria* betrachten. Eine Folge der Unzucht, welche in Syrien herrschte und von dort aus nach Rom verbreitet wurde, waren die Tumores allerdings, da sie eben einen Cunnilingus betrafen, aber dadurch wird uns ihr Wesen nicht näher bezeichnet. Wir müßten sie als Anschwellungen der Mandeln oder der Lymphdrüsen des Halses ansehen wollen, welche dieselbe Bedeutung hätten, wie die Inguinalbubonen bei Affektionen der Genitalien? Was sind aber die *Berecynthii furores?* Etwa nächtliche Knochenschmerzen, welche den Kranken bis zur Raserei bringen? Die Metapher von dem nächtlichen Kultus der Cybele hergenommen, könnte allerdings eine glückliche genannt werden. Indessen so annehmlich manchem dergleichen Vermutungen auch sein möchten, so können wir sie doch nicht ernstlich nehmen; uns scheint es am zweckmäßigsten, die *Syrii tumores* als Schwären zu fassen, welche den Körper des Coracinus bedeckten und durch ihr heftiges Jucken ihn zur Raserei brachten. Die Bestätigung dieser Ansicht gibt uns das 108. Epigramm des Ausonius:

In scabiosum Polygitonem.

Thermarum in solio si quis Polygitona vidit
Ulcera membrorum scabie putrefacta foventem,
Praeposuit cunctis spectacula talia ludis.
Principio tremulis gannitibus aëra pulsat,
Verbaque lascivos meretricum imitantia coetus
Vibrat et obscoenae numeros pruriginis implet.
Brachia deinde rotat velut enthea daemone Maenas,
Pectus, crura, latus, ventrem, femora, inguina, suras,
Tergum, colla, humeros luteae Symplegadis antrum.
Tam diversa locis vaga carnificina pererrat,
Donec marcentem calidi fervore lavacri
Blandus letali solvat dulcedine morbus.
Desectos sic fama viros, ubi cassa libido
Femineos coetus et non sua bella lacessit,
Irrita vexato consumere gaudio lecto:
Titillata brevi quum iam sub fine voluptas
Fervet et ingesto peragit ludibria morsu.
Turpia non aliter Polygiton membra resolvit,
Et quia debentur suprema piacula vitae,
Ad Phlegethonteas sese iam praeparat undas.

Die Beziehung auf das Cunnilingere geht dadurch scheinbar freilich verloren, indessen läßt sich auch diese, wie wir nachher sehen werden, ohne großen Zwang beibehalten, und die *Tumores Syrii* können immerhin als eine Folge des Cunnilingere betrachtet werden.

§ 25.

Das Mentagra.

Seit dem sogenannten ersten Auftreten der Lustseuche haben die meisten Verteidiger des Altertums der Krankheit nicht verfehlt, das Mentagra[1]) in den Kreis ihrer Beweisstellen zu ziehen,

---

[1]) Wendelinus Hock de Brackenau überschrieb seine Abhandlung über die Lustseuche: Mentagra, sive tractatus de causis, praeseruativis, regimine et cura morbi Gallici, vulgo Mala Francosz etc. Argent. 1514. 4. — Sartorius Frid. praes. Conrad. Johrenio Diss. de mentagra ad. loc. Plinii Secundi hist. nat. lib. XXVI. cap. 1. Francf. ad Viadr. s. a. 49. S. 4. Gibt eine Art Exegesis der Stelle, spricht zuerst über neue Krankheiten im allgemeinen, geht zur Lustseuche über, deren Altertum der Verf.

obschon ihnen die direkte Beweisführung, daß die Krankheit wirklich mit geschlechtlichen Ausschweifungen zusammenhing, nie so eigentlich gelingen wollte, weshalb denn auch jetzt noch die Meisten nichts als eine Form des Aussatzes in ihr erblicken, zumal da Hensler[1]) und Sprengel sich für die lepröse Natur entschieden hatten. Anstatt eines nutzlosen Anführens von Namen der Schriftsteller, welche früher für das eine oder andere gestimmt hatten, halten wir es für zweckmäßiger, zunächst die Hauptstelle, wie sie sich bei Plinius[2]) findet, hierher zu setzen, um alsdann eine richtige Würdigung derselben vornehmen zu können.

Cap. I. „Sensit et facies hominum novos omnique aevo priore incognitos, non Italiae modo, verum etiam universae prope Europae morbos: tunc quoque non tota Italia, nec per Illyricum Galliasve aut Hispanias magnopere vagatos, aut alibi, quam Romae circaque: sine dolore quidem illos ac sine pernicie vitae: sed tanta foeditate, ut quaecunque mors praeferenda esset.

Cap. II. Gravissimum ex his lichenas appellavere Graeco nomine: Latine, quoniam a mento fere oriebatur, ioculari primum lascivia, (ut est procax natura multorum in alienis misceriis) mox et usurpato vocabulo, mentagram: occupantem in multis totos utique vultus, oculis tantum immunibus, descendentem[3]) *vero et in colla pectusque ac manus, foedo cutis furfure.*[4])

---

verteidigt, und bespricht dann das Mentagra, welches er für leprös-syphilitisch hält. Die Schrift ist immer noch lesenswert, zumal da der Verf. einige Stellen aus der damals noch ungedruckten Chronik von Anhalt von Beckmann anführt, die wir fast nirgends weiter berücksichtigt gefunden haben.

[1]) Vom abendländischen Aussatze im Mittelalter. Hamburg 1790. 8. S. 67. 206. 307.

[2]) Hist. nat Lib. XXVI. cap. 1. 2.

[3]) Galen. de compos. med. secundum locos. ed. Kühn. Vol. XII. p. 841. *προσχαριζόμενον τῇ ἐξωτάτῳ γραμμῇ τοῦ λειχῆνος μικρόν τι τῶν ἀπαθῶν σωμάτων.*

[4]) Galen. (de compos. medic. secund. loc. lib. V. ed. Kühn. Vol. XII. p. 830.) führt aus Criton folgende bestätigende Beschreibung auf: *Πρὸς δὲ τοὺς ἐπὶ τῶν γενείων λειχῆνας πάθος ἀηθέστατον, καὶ γὰρ κνησμοὺς ἐπιφέρει καὶ περίστασιν τῶν πεπονθότων καὶ κίνδυνον οὐκ ὀλίγον, ἕρπει γὰρ ἔστιν ὅτε καθ᾽ ὅλου τοῦ προσώπου, καὶ ὀφθαλμῶν ἅπτεται, καὶ σχεδὸν τῆς ἀνωτάτω*

Cap. III. Non fuerat haec lues apud maiores patresque nostros. Et primum Tiberii Claudii Caesaris principatu medio irrepsit in Italiam, quodam Perusino equite Romano Quaestorio scriba, quum in Asia apparuisset inde contagionem eius importante. Nec sensere id malum feminae aut servitia, plebesque humilis, aut media: sed proceres veloci transitu osculi maxime: foediore multorum qui perpeti medicinam toleraverant, cicatrice, quam morbo. Causticis[1] *namque curabatur, ni usque in ossa corpus exustum esset, rebellante taedio. Advenerunt ex Aegypto, genitrice talium vitiorum, medici, hanc solam operam afferentes, magna sua praeda. Siquidem certum est, Manilium Cornutum, e Praetoriis legatum Aquitanicae provinciae, H. S. CC. elocasse in eo morbo curandum sese.*"

Wenn irgend wo, so ist es hier besonders nötig, uns zuerst über die Bedeutung der Namen, welche der in Rede stehenden Affektion beigelegt werden, Aufklärung zu verschaffen. Schon Gruner[2]) hat auf die Verschiedenheit der Ansichten über die Bedeutung der *λειχῆνες* bei den Schriftstellern des Altertums aufmerksam gemacht, ohne daß es ihm jedoch gelungen wäre, die Sache zur Klarheit zu bringen. Versuchen wir, ob wir glücklicher sind! Ein alter Etymolog sagt: *λειχὴν παρὰ τὸ λείχω, καὶ γὰρ φύσιν ἐκ τοῦ λείχειν τὸ πάθος ἐπαίρεται.*[3]) Nun, darüber ist wohl kein Zweifel, daß *λειχῆνες* und *λιχῆνες* von *λείχειν* oder *λίχειν* herkommt, wie aber Kraus in seinem Lexikon als Erklärung

---

δυσμορφίας ἐστὶν αἴτιον, καὶ διὰ τοῦτο χρηστέον ἂν εἴη ἐπιμελέστερον τῇ θεραπείᾳ, ἐφορῶντα τοὺς παροξυσμοὺς καὶ τὰ διαλείμματα καὶ συγκρίνοντα ἀπὸ τῶν κεχρονισμένων τὰ νεοσύστατα, ἐφ' ὧν ἁρμόσει χρῆσθαι τοῖς ξηραίνσουσι φαρμάκοις· ὅταν δ' εἰς ψώραν ἢ λέπραν μεταπέσῃ πρὸς τοῖς ξηραίνουσι χρῆσθαι καὶ τοῖς ῥύπουσιν. Dasselbe teilt auch Aetius tetrab. II. serm. 4. c. 16. mit. Außer der abweichenden Behauptung, daß auch die Augen ergriffen werden, sind besonders die Paroxysmen und Intermissionen, welche das Mentagra machte, so wie sein Übergang in Psora und Lepra zu bemerken.

[1]) Galenus und Aetius a. a. O. teilen eine Menge derartiger Kompositionen mit.

[2]) Morborum antiquitates. S. 162—171.

[3]) J. C. Dieterich. Iatreum Hippocraticum, continens Narthecium medicinae veteris et novae. Ulm 1661. 4. S. 692.

schreiben kann: „weil Lichen als Schmarotzerpflanze und als Krankheit der Tierhaut, immer weiter um sich kriecht (s. Herpes) oder gleichsam leckt“ ist uns unbegreiflich, denn λείχειν ist nicht sowohl *lambere* (λάπτειν), obschon dies von den Römern ähnlich gebraucht ward (und dann dürfte man nicht an *lambit flamma,* sondern an das Plautinische *(Pers. prolog. 5.): „quorum imagines lambunt hederae sequaces“* zu denken haben), sondern *lingere, ligurire.*[1]) Wahrscheinlich liegen hier zwei verschiedene Stämme zu Grunde, der eine ist λέγειν, daher λέγνη der Saum, die Einfassung, λίγνυς, der (sich an den Rand anlegende) Ruß, mit der Nebenform λέχω, λίχω, womit dann λιχήν, das Moos[2]) insofern es sich an den Rand, die Oberfläche anlegt, sie einfaßt, gehören würde; der andere Stamm wäre λίγω, oder λείγω (wie λίβω und λείβω), λείχω und λείχην, λίγγω, λίζω, woher dann auch λίγυς und λιγυρὸς *(ligurire, lingere)* zu leiten sein würden, denen allen die Bedeutung des Leckens und des damit verbundenen Geräusches zu Grunde liegt. Daß späterhin die Derivativa dieser Stämme vielfach verwechselt sein mögen, liegt am Tage; wieviel Schuld davon aber den Sprechenden oder Schreibenden unter den Griechen, oder den späteren Abschreibern und Herausgebern ihrer Werke beizumessen, dürfte sich schwer entscheiden lassen. Haben wir doch täglich Gelegenheit zu beobachten, wie eine Menge Wörter, denen der Zufall oder andere Umstände einen zweideutigen Charakter gegeben haben, von Unkundigen arglos gebraucht werden, die den Kundigen erröten machen, oder ein Lachen von seiner Seite erregen, welches den Sprecher oft genug in nicht geringe Verlegenheit setzt. Sicher war es bei den Griechen und Römern nicht anders, und so konnten leicht Verwechslungen mit λίχω und λείχω, λιχὴν und λειχὴν vorkommen, aus denen man sich späterhin nicht mehr herauszufinden vermochte. Mag auch λείχω wie *lingo* und *ligurio* ursprünglich die einfache Bedeutung des Leckens gehabt, und nur durch Zusätze

---

[1]) Daher auch Diogenes Laert. VI. 2. 6. ἅλα λείχειν.

[2]) Die Erklärung des Galenus de simpl. medicam. temperam. et facult. lib. VII. c. 11. § 6. (ed. Kühn. XII. p. 57.): λειχὴν ὠνομάσθαι δ' οὕτω δοκεῖ διὰ τὸ λειχῆνας θεραπεύειν dürfte wohl niemand weiter unterschreiben wollen.

einen zweideutigen Charakter erhalten haben, bald wurde dieser ihm allein übertragen und wir finden es vorzugsweise für *cunnilingere* gebraucht. Die Richtigkeit des Gesagten ergibt sich zunächst aus folgender Stelle des Aristophanes,[1]) wo die Zusätze erst den Begriff des *λείχω* näher bestimmen. Es heißt dort vom Ariphrades, der uns an das *ἀποφρὰς*, womit Lucian den Timarch bezeichnete, erinnert:

Οὐδὲ παμπόνηρος, ἀλλὰ καὶ προςεξεύρηκέ τι·
τὴν γὰρ αὑτοῦ γλῶτταν αἰσχραῖς ἡδοναῖς λυμαίνεται,
ἐν κασαυρίοισι λείχων τὴν ἀπόπτυστον δρόσον,
καὶ μολύνων τὴν ὑπήνην, καὶ κυκῶν τὰς ἐσχάρας.

Ohne Zusatz findet sich *λείχω* in folgendem Epigramm[2]) eines unbekannten Verfassers:

---

[1]) Equit. 1280—1283. Von demselben Ariphrades sagt Aristophanes Vesp. 1280—83.:

Εἶτ᾽ Ἀριφράδην πολύ τι θυμοσοφικώτατον,
ὅν τινά ποτ᾽ ὤμοσε μαθόντα παρὰ μηδενὸς,
ἀλλ᾽ ἀπὸ σοφῆς φύσεος αὐτόματον ἐκμαθεῖν
πλωττοποιεῖν εἰς τὰ πορνεῖ᾽ εἰσιόνθ᾽ ἑκάστοτε

Und Pac. 883-885.

ΤΡ. τίς; ΘΕ. ὅστις; Ἀριφράδης,
ἄγειν πορ᾽ αὐτὸν ἀντιβολῶν. ΤΡ. Ἀλλ᾽, ὦ μέλε,
τὸν ζωμὸν αὐτῆς προςπεσὼν ἐκλάψεται.

[2]) Anthologia graeca, cum versione latina Hugonis Grotii, edita ab H. de Bosch. Ultraj. 1795. 4. Tom. I. p. 38. lib. II. tit. 5. Epigr. 9. Brunck's Analect. T. III. p. 165. Epigr. 76. Hierher gehört auch das folgende Epigramm (Brunck l. c. T. II. p. 386. Antholog. lib. II. T. 5. Epigr. 8.) des Ammianus, das zugleich für die allgemeine Bedeutung des Leckens spricht:

Οὐχ ὅτι τὸν κάλαμον λείχεις, διὰ τοῦτό σε μισῶ,
Ἀλλ᾽ ὅτι τοῦτο ποιεῖς καὶ δίχα τοῦ καλάμου.

Ausonius Epigr. 126. sucht *λείχει* auf eine andere Weise durch Anfangsbuchstaben zu bezeichnen:

Λαῖς, Ἔρως, et *Ἴτυς, Χείρων* et *Ἔρως, Ἴτυς* alter
Nomina si scribis, prima elementa adime:
Ut facias verbum, quod tu facis, Eune magister:
Dicere me Latium non decet approbrium.

Χείλων καὶ λείχων ἴσα γράμματα· ἐς τί δὲ τοῦτο;
Λείχει καὶ Χείλων, κἂν ἴσα, κ᾽ ἂν ἄνισα.

Zur Erklärung dieses Epigramms sagt Forberg a. a. O. S. 326.: „*Lusus in Chilonem cunnilingum. Hunc ait iure quodam suo lingere, qui vel nomine iisdem literis constante prae se fert lingentem et lingentem quidem tum labra oris, ut labris ligentis similia, tum cunni, ut dissimilia.* Χεῖλος wurde nämlich auch von den weiblichen Schamlippen gebraucht. Der Scholiast zu τὰς ἐσχάρας in der obigen Stelle des Aristophanes erklärt dies durch τὰ χείλη τῶν γυναικείων αἰδοίων. Nach Schneider in s. Lex. heißt χείλων Großlippe. Vielleicht ist es auch dieses Epigramm gewesen, welches Lambert Bosius zu der Behauptung veranlaßt hat, daß χείλων bloß durch Versetzung der Buchstaben aus λείχον entstanden sei.

Ist nun λείχην, denn so glauben wir es akzentuieren zu müssen, von λείχω abgeleitet, so können wir es nicht anders fassen als: das Erleckte, eine durch das Lecken, besonders aber durch das Cunnilingere zugezogene Affektion!

Wir sehen hieraus zugleich, daß im 4. Jahrhundert, wo Ausonius in Bordeaux lebte, die Unzucht des cunnilingere noch fortwährend und nicht eben im Geheimen getrieben ward. Ob vielleicht hierher auch die Worte des Clemens Alexandr. Paedag. II. c. 8. p. 178.: ἡ δὲ ἐπιτήδευσις τῆς εὐωδίας δέλεαρ ἐστι ῥαθυμίας, πόῤῥωθεν εἰς λίχνον ἐπιθυμίον ἐπισπωμένης zu beziehen sind? Das male olere galt auch von dem Cunnilingus. Diogenes Laert. V. 65. führt Verse des Crates an, worin es heißt: οὔτε λίχνος, πόρνης ἐπαγελλόμενος πυγῇσιν, sie finden sich auch bei Clemens Alex. l. c. c. 10. Endlich gehört hierher auch noch eine Stelle des Martial (XI. 59.) wo er zu einem Pathicus sagt:

At tibi nil faciam: sed lota mentula laeva
λειχάζειν cupidae dicet avaritae,

welche von den meisten Auslegern nicht recht verstanden ist, weshalb sie für laeva auch lana lesen, oder die Andeutung der Manustupration hier finden wollten. Indessen heißt dies weiter nichts, als daß der Dichter zur Irrumation übergehen will, nachdem seine Mentula mit der linken Hand gewaschen ist, ein Gebrauch, auf den wir später noch zurückkommen werden, der aber auch schon deutlich aus einem Fragment des Lucilius hervorgeht, wo es heißt:

Laeva lacrimas mutoni absterget amica.

Wahrlich, die Griechen konnten sich nicht passender ausdrücken. Daß diese Benennung aber aus dem Munde des Volks hervorging, dafür zeugt am besten, daß sie von den Gebildeten nicht verstanden worden ist. Hat sich doch eine ganz gleiche Redensart in dem Munde des deutschen Volkes erhalten, deren Bedeutung wohl wenige ergründet haben, die aber sicher auf dieselbe Weise, wie das griechische λείχην, entstanden ist. Gewiß hat mancher unserer Leser mehr als einmal gehört, daß zu einem, der am Munde ausgefahren war, d. h. an *Herpes labialis* litt, gesagt wurde: du hast gewiß geleckt! wofür die Gebildeten das offenbar unpassende „genascht" gebrauchen. Häufig hört man auch wohl: du hast gewiß Greben geleckt, oder genascht; und man hält dieses Greben für identisch mit Grieben, den Überresten des in Würfel geschnittenen und ausgebratenen Specks, weil die einzelnen Pusteln des *Herpes labialis* Ähnlichkeit mit diesen Grieben haben, weshalb man denn auch zuweilen vollständiger sagt: du hast gewiß Greben geleckt oder genascht, und es ist eine (solche am Munde, als Beweis des Naschens) sitzen geblieben. So annehmlich auch manchem diese Erklärung erscheinen mag, so glauben wir doch, daß sie erst späteren Ursprungs, aus Unkenntnis der Sache hervorgegangen ist, und halten es für wahrscheinlicher, daß dem Greben eine Korruption zugrunde liege, welche aus *Gremium,* der Schoß hervorging. Wir wurden hierauf durch eine Angabe von Adelung in s. Wörterbuche, Artikel Grieben geleitet, wo derselbe sagt: „Im mittleren Latein hießen die Grieben, nach einer gewöhnlichen Verwechselung des *b* und *m Cremium,"* obschon wir das Wort durchaus nicht für mittelalterliches Latein halten können, da es bereits bei Plinius *(H. N. XII. 19)* und Columella *(R. R. XII. 19. § 3)* vorkommt, und offenbar mit *cremare* zusammenhängt. Wie dieses *Cremium* nun mit *Gremium* verwechselt sein mag, so ist auch aus Gremen Grebe entstanden, und dies wieder mit Griebe synonym gebraucht; letztere Worte haben demnach ebensowenig miteinander gemein als erstere. Doch mögen in der Sprachforschung geübtere hier entscheiden!

Was nun das Wort *Mentagra* betrifft, so ist es offenbar ein von den Römern erst gebildetes Wort; wie das nicht nur

Plinius, sondern auch Galenus *(de comops. medic. secundum locos Lib. V. ed. Kühn Vol. XII. p. 839)* deutlich angeben. Letzterer sagt: *Ἐκδόριον λειχήνων· ταύτῃ Πάμφιλος χρησάμενος ἐπὶ Ῥώμης πλεῖστον ἐπορίσατο ἐπικρατούσης ἐν τῇ πόλει τῆς μεντάγρας λεγομένης.* Man hält es gewöhnlich für eine Nachbildung des *Podagra, Chiragra etc.* aus *Mentum,* das Kinn und *ἄργα* der Fang, das Festhalten, also eine das Kinn einnehmende Krankheit. Indessen sind diese Worte wahrscheinlich nicht mit *ἄργα*, sondern mit *ἄλγος* komponiert. Wie nämlich statt *ἀλγαλέος* durch attische Verwandlung des *λ* in *ρ* — *ἀργαλέος*, aus *κεφαλαλγία-κεφαλαργία* aus *ληθαλγία-ληθαργία* gebildet wurde, so entstand aus *ποδαλγία-ποδαργία* und durch Metathesis *ποδάγρα.* (Vergl. Doederlein Lateinische Synonyme und Etymologien. 4 Tl. S. 424). Der Zusatz des Plinius, *„iocculari primum lascivia"* deutet aber offenbar auf eine zugrunde liegende Zweideutigkeit. Ob diese jedoch in der Auffassung der Ähnlichkeit zwischen *mentum* und *menta* oder *mentula* oder in dem *agra* liege, dürfte schwer zu entscheiden sein. Wahrscheinlich ist indessen, ohne das erstere ganz ausschließen zu wollen, mehr das letztere der Fall, wie sich das sogleich ergeben wird.

Galenus unterscheidet[1]) *λειχὴν ἁπλοῦς* und *λειχὴν ἄγριος* bei der Aufzählung der Hautaffektionen und noch deutlicher[2]) sagt er: *λειχὴν* ist ebenfalls eine Hautaffektion, es gibt zwei Formen, *ὁ μὲν ἥμερος καὶ πρᾳότερος, ὁ δὲ ἄγριος καὶ χαλεπώτερος.* Es lösen sich aber bei ihnen auch kleine Schuppen von der Haut ab, und unter den Schuppen ist die Hautstelle gerötet und fast ulzeriert. Die Affektion entsteht von salzigem Schleime *(φλέγματος ἁλμυροῦ)* und gelber Galle, daher fallen wie beim glasierten Töpfergeschirr *(? ἐπὶ τῶν ἁλμῶν τῶν κεραμίων)* die Schuppen von der Haut. Geheilt wird die Affektion durch innerliche schleimführende Mittel und äußerliche Einreibungen." Wir haben schon oben S. 126 in der Anmerkung darauf aufmerksam gemacht, daß die Wörter *ἄγριος* und *χαλεπός* in besonderer Beziehung zur Unzucht der Paederastie gebraucht werden,

---

[1]) Isagoge cap. 18. (ed. Kühn Vol. XIV. 779.)
[2]) l. c. c. 13. p. 757. 758.

sie sind aber überhaupt Beiwörter der Unzucht, deren Arten wir hier betrachtet haben, wie dies aus Plato[1]) und Plutarch[2]) wenigstens für *ἄγριος* hervorgeht, welches wir füglich durch unzüchtig wiedergeben können. Die ursprüngliche Bedeutung übersehend, hatte man *λείχην* und *λιχὴν* als gleichbedeutend genommen, (vielleicht erst durch das römische *lichenos* verführt?) und so mußte man natürlich sich nach einem Beiwort für dasselbe umsehen, um das auf unzüchtige Weise erleckte zu bezeichnen, was der noch vorhandenen Redeweise nach kein anderes als eben *ἄγριος* sein konnte,[3]) dem dann natürlich *λειχὴν ἁπλοῦς*, *lichen insons* entgegengesetzt ward. Während noch Criton beim Aëtius das Mentagra einfach und richtig durch *ἄργιον λείχην* erklärte, scheint Galenus schon nicht mehr die eigentliche Bedeutung erkannt zu haben, dies zeigen die Wörter *ἥμερος* und *πρᾳότερος*, welche offenbar nur dann richtige Gegensätze des *ἄγριος* sind, wenn es, wie dies vom Celsus geschieht, als *ferus* aufgefaßt wird, keineswegs aber das *ἁπλοῦς* ausdrücken, welches Galenus als unterscheidendes Beiwort des *λιχὴν* sicher bereits vorfand. Wie wenig er die Natur des Übels erkannte, zeigt seine Ätiologie desselben aus dem *φλέγμα ἁλμυρὸς* und der *χολὴ ξανθή*. Der Laie Martialis wußte besser damit Bescheid, als er seine *sordidique lichenes* schrieb. In ähnlicher Beziehung scheint nun auch das agra in Mentagra als Andeutung des *ἄγριος* genommen werden zu müssen; sollte vielleicht dadurch das *μολύνων τὴν ὑπήνην* des Aristophanes, das Lateinische

---

1) Phaedon. p. 81. A. *οἱ ἀφικομένῃ ὑπάρχει αὐτῇ εὐδαίμονι εἶναι, πλάνης καὶ ἀγνοίας καὶ φόβων· καὶ ἀγρίων ἐρώτων καὶ τῶν ἄλλων κακῶν τῶν ἀνθρωπείων ἀπελλαγμένῃ.*

2) De solert. anim. p. 972. D. *Ἔρωτες δὲ πολλῶν οἱ μὲν ἄγριοι καὶ περιμανεῖς γεγόνασιν, οἱ δὲ ἔχοντες οὐκ ἀπάνθρωπον ὡραϊσμόν.* Das Etymologicum magnum sagt: *ἄγριοι οἱ παιδεράσται, ἤτοι ὅτι ἄγριόν ἐστι τὸ πάθος ἡ παιδεραστία.* Vielleicht gehört hierher auch das Theokritische: *ἄγριον, ἄγριον ἕλκος ἔχει κατὰ μηρὸν Ἄδωνις.*

3) Beim Hesychius kommt auch die Form *ἀγριολειχῆναι* sowie *ἀγριοψωρία* vor. Ob letztere mit unserem Gegenstande in Berührung steht müssen künftige Untersuchungen lehren. Der Übergang des Mentagra in Psora (s. S. 250 Anmerkg. 4) weist darauf hin.

barbam inquinare, als Synonym von cunnilingere ausgedrückt werden? Martialis scheint es durch *triste mentum, mentum periculosum* zu geben. Vielleicht dürfte die *Sycosis menti* des Celsus und der späteren Griechen ebenfalls hierhergehören. Ja Archigenes sagt dies geradezu beim Galenus *(de comp. med. sec. loc. Lib. V. ed. Kühn Vol. XII. p. 847)* *ἐπὶ δὲ τῶν συκωδῶν τῶν ἐπὶ τοῦ γενείου, λεγομένων δὲ μενταγρῶν, ὑπὸ δέ τινων λειχήνων ἀγρίων, ποιεῖ κ. τ. λ.* und nennt die Affektion am Kinn mit anderen Ärzten überhaupt *ἐξανθήματα ἐν τοῖς γενείοις* (p. 824). — Haben wir auf diese Weise die Bedeutungen der Lichenes und des Mentagra festgestellt, so wird sich das Übrige in der Stelle des Plinius leicht erklären lassen. Die Krankheit nahm bei vielen das ganze Gesicht ein, ähnlich wie die *atra lues* in den S. 229 folg. beim Fellare angeführten Stellen des Martialis, welche vielleicht sämtlich (Plinius sagt ja ebenfalls *lues!),* wie dies auch Farnabius in seinen Noten bereits tut, auf das Mentagra zu beziehen sind, da die Krankheit recht gut, wiewohl gewiß bei weitem seltener, auch durch das Fellare entstehen konnte. Das Wortspiel mit *Mentum* und *Menta* oder *Mentula* würde alsdann noch mehr Gewicht bekommen. — Das *foeda cutis furfure* scheint mehrere verleitet zu haben zu glauben, daß dies der Hauptcharakter der Affektion und *λιχὴν* und *λείχην* seien bloß dem Grade nach verschieden. Eine Ansicht, welche besonders Willian[1]) hegte und die er auch dem Paul von Aegina[2]) so wie dem Oribasius[3]) zuschreibt, obgleich beide nur sagen, die gelind austrocknenden Mittel helfen bei *λείχην ἄγριος* nichts, die heftigeren verschlimmern dasselbe und deswegen hieß er *ἄγριος.* Willians *Lichen agrius* hat daher mit dem der Griechen und Römer nichts weiter als

---

[1]) Die Hautkrankheiten, übers. von F. Friese. Breslau 1794. 4. Bd. I. S. 29 und 32.

[2]) De re Med. lib. IV. c. 3. *ἀγρίους δὲ καλοῦσι λειχήνας τους ὑπὸ τῶν μετρίως ξηραινόντων οὐδὲν ὀνιναμένους. ὑπὸ δὲ τὸν σφοδρῶς παροξύνοντας.*

[3]) De morb. curat. ed. Eunap. lib. III. c. 59. in Steph. collect. p. 637. Ergo quibus nihil affertur auxilii ab iis medicamentis quae mediocriter siccant et exacerbantur ab iis quae siccant vehementer, eas *λειχῆνας ἀγρίους* vocant.

den Namen gemein, da ja deutlich aus dem späteren *foediore cicatrice* bei Plinius hervorgeht, daß ein Verschwärungsprozeß damit verbunden war, der nicht eben nur den angewandten kaustischen Mitteln seinen Ursprung verdankte. — Die Immunität der Frauen[1]) wird leicht erklärbar sein, da sie nicht leicht auf den Gedanken gekommen sein dürften, das Geschäft des Cunnilingus zu üben,[2]) und selbst wenn das Fellare mit als Ursache des Mentagra angenommen wird, so dürfte es doch, wie gesagt, seltener darnach vorkommen, indem bei jenem leichter und mehr die inneren Teile des Mundes gefährdet sind. Außerdem ist zu berücksichtigen, daß die Frauen überhaupt seltener an pustulösen Affektionen der Hautdrüsen im Gesicht leiden als Männer, wie dies noch jetzt die Acne deutlich zeigt. In der Nähe der Genitalien ist dies gerade umgekehrt. Übrigens dürfte die Immunität auch schon deshalb nicht so streng zu nehmen sein, da die Personen des weiblichen Geschlechts, welche das Fellare ausübten, die *Summoenianae,* wohl zu sehr aus dem Kreise der Beobachtung des Plinius lagen. Die *servi* und der

---

[1]) Jöhrens in der angeführten Dissertation sagt S. 47 folgendes darüber: „De feminis, cum suavia maritorum evitare nequiverint, quomodo ab ista infectione liberae evaserint, maius restat dubium: nos opinamur, cum viri barbam saepius radi soliti fuerint, ea propter patentibus a novacula poris virulentum illud fermentum aut incentivum toxicum facilis sese insinuare et characterem suum imprimere; imberbes contra feminas, glabritie cutis resistente porisque minus patulis, sospitari potuisse."

[2]) Daß dies jedoch auch in einzelnen Fällen geschah, zeigt das Beispiel der Philaenis, welche freilich eine Tribade war, bei Martial. lib. VII. epigr. 67.

Post haec omnia cum libidinatur,
Non fellat, putat hoc parum virile.
Sed plane medias vorat puellas.
Di mentem tibi dent tuam, Philaeni,
Cunnum lingere quae putas virile.

Vergl. lib. IV. epigr. 41. Immer aber war es eine große Seltenheit, dies Laster bei Frauen zu finden; ja Juvenal. Satir. II. 47—79. verneint es ganz:

Non erit ullum
Exemplum in nostro tam detestabile sexu,
Taedia non lambit Cluviam, nec Flora Catullam.

Plebs humilis, wie wenig sie auch ihrem Geschlechtstriebe Fesseln anlegen mochten, fielen sicher nicht so leicht auf dergleichen Theorien der Unzucht, die nur aus dem Hirn geschäftsloser und reicher Müßiggänger zu entspringen pflegen. Man nehme nur die neueren Erfahrungen zu Hilfe; wieviel Individuen aus der untersten und mittleren Klasse haben die Akten der gerichtlichen Medizin als Paederasten etc. aufzuweisen? Die Verwilderung der Sitten ist zu keiner Zeit vom gemeinen Manne ausgegangen! Daher waren es auch die Proceres, welche vorzugsweise von dem Mentagra befallen wurden. — War nun auch das Cunnilingere die vorzüglichste Ursache des Mentagra, so war es doch keineswegs der einzige Weg dasselbe zu erhalten, denn die Affektion war offenbar, gleich den Condylomen an den Genitalien, mit einem Kontagium verbunden, wie dies der Laie Plinius deutlich ausspricht, während die Ärzte davon schweigen; und so konnte es sich denn auch durch das Küssen von einem Individuum auf das andere verbreiten. Nicht aber der *velox transitus osculi,* sondern das *basium,* (dem sicher eine noch unbekannte Laszivität[1]) zugrunde liegt, Ansaugen, Züngeln?) war es, welches die Krankheit verbreitete. Es war aber zu jener Zeit, wo dies Mentagra so furchtbar um sich griff, eine wahre Küßwut unter die Römer geraten, welche Martialis in folgenden beiden, für unseren Gegenstand überaus wichtigen Epigrammen so vortrefflich schildert:

---

[1]) Es ist auffallend, daß die Worte basium, basiare und basiator erst seit Catullus bei den Römern in Gebrauch gekommen zu sein scheinen, und sich fast nur bei Martial, Juvenal und dem spätern Petronius finden, also in eine Zeit fallen, wo die Sittenlosigkeit der Römer aufs Höchste gestiegen war. Man hat das Wort basium von *βάζω*, loqui ableiten wollen, sollte es dann etwa wie das narrare bei Martial. (III. 84.) für cunnilingere gebraucht sein? *βάζω*, *βαίνω*, *βαινῶ* und *βεινῶ* scheinen denselben Stamm zu haben. Das sogleich zu nennende zweite Epigramm des Martial. hat uns fast unwillkürlich an die erste Tarsica des Chrysostomus erinnert. Wahrscheinlich bezeichnet basium und basiare wenigstens den unzüchtigen Kuss, das unzüchtige Küssen im Allgemeinen? Daher Martial. XI. 62. Mediumque mavult basiare quam summum. — Petron. Sat. Ultime cinaedus supervenit — extortis nos clunibus cecidit modo basiis ollidissimis inquinavit.

Lib. XII. Epigr. 59.

De importunis basiatoribus.

Tantum dat tibi Roma basiorum
Post annos modo quindecim reverso,
Quantum Lesbia non dedit Catullo.
Te vicinia tota, te pilosus
Hircoso premit osculo colonus.
Hinc instat tibi textor, inde fullo,
Hinc sutor modo pelle basiata.
Hinc menti dominus periculosi,
Hinc defioculusque et inde lippus,
Fellatorque recensque cunnilingus.
Iam tanti tibi non fuit redire.

Liber XI. Epigr. 98.

Ad Bassum.

Effugere non est, Basse, basiatores.
Instant, morantur, persequuntur, occurrunt
Et hinc et illinc, usquequaque, quacunque.
Non ulcus acre pustulaevu lucentes,
Nec triste mentum sordidique lichenes,
Nec labra pingui delibuta ceroto,
Nec congelati gutta proderit nasi.
Et aestuantem basiant et algentem,
Et nuptiale basium reservantem.
Non te cucullis asseret caput tectum,
Lectica nec te tuta pelle veloque,
Nec vindicabit sella saepius clausa.
Rimas per omnes basiator intrabit.
Non consulatus ipse, non tribunatus,
Saevique fasces, nec superba clamosi
Lictoris abiget virga basiatorem.
Sedeas in alto tu licet tribunali,
Et e curuli iura gentibus reddas:
Ascendet illa basiator atque illa:
Febricitantem basiabit et flentem:
Dabit oscitanti basium natantique,
Dabit et cacanti. Remedium mali solum est
Facias amicum, basiare quem nolis.

Jetzt werden wir uns nun auch erklären können, was Martialis mit *basia lasciva* (XI. 24.), *maligna* (XII. 55.), Petronius (c. 23.) mit seinem *conspuere aliquem basio immundissimo* sagen wollte, und wir werden uns nicht wundern, daß das Mentagra nicht nur gleichsam epidemisch die römischen Proceres befiel, sondern auch der *velox transitus osculi* als Grund der Mitteilung vom Plinius aufgeführt ward. — Was nun endlich das geschichtliche Moment des Mentagra betrifft, so geht aus der Darstellung des Plinius hervor, daß es nur zu Rom als eine neue Krankheit betrachtet ward. Den Griechen mußte es bekannt sein, denn sie hatten den Namen Lichenes dafür, (die griechischen Ärzte, von denen mehrere der bei Galenus angeführten sogar ziemlich lange vor Claudius lebten, wissen nichts davon, daß die Krankheit neu sei, Galenus sagt ganz einfach *ἐπικρατούσης ἐν τῇ πόλει τῆς μεντάγρας λεγομένης*, auch Plutarch, obgleich er (Symposiacorum lib. VIII. quaest. 9.) ein eigenes Kapitel über neue Krankheiten schrieb, mit besonderer Beziehung zur Elephantiasis, erwähnt das Mentagra gar nicht), aus Asien soll es herüber gebracht sein, und von Ägypten, der *Genetrix talium vitiorum,* wurden die Ärzte[1]) herbeigeholt, welche das Übel zu heilen verstanden. Wir haben vielfach nachgewiesen, daß Asien die Pflanzstätte der Ausschweifungen gewesen, wie sich von hier aus die Unzucht über die verschiedenen Länder verbreitete und wie stets im Gefolge dieser Theorien auch die in Asien darnach auftretenden Affektionen der in Betracht kommenden Teile auf diese Länder übergingen, ebenso wie es für Rom besonders Ägypten war, welches die Untergrabung der Sitten übernommen hatte. „*Nequitias tellus scit dare nulla magis,*" sagte mit Recht Martialis.[2]) Der Verkehr mit Asien und Ägypten entstand nun besonders zur Zeit des Pompejus, und wurde von da immer lebhafter, in demselben Verhältnis nahm aber der Luxus zu und die alte Virtus der Römer schwand immer mehr, zumal als Tiberius durch sein eignes Beispiel jede Art von Unzucht gewissermaßen zum Modeartikel erhob, dafür aber auch allerdings

---

[1]) Galenus a. n. O. führt besonders die Ärzte Crito und Pamphilus, welche unter der Regierung des Domitian lebten, also Zeitgenossen des Martial. waren, als vorzüglich glücklich in der Behandlung des Mentagra auf. Vergl. S. 264. N. 1.

[2]) Auch Hippocrates de aere aq. et loc. p. 549. Vol. I. ed. K. sagt: *ἀλλὰ τὴν ἡδονὴν κρατέειν, διότι πολύμορφα γίνεται τὰ ἐν τοῖς θηρίοις· περὶ μὲν οὖν Αἰγυπτίων καὶ Λιβύων οὕτως ἔχειν μοι δοκεῖ.*

bestraft ward, denn er selbst litt wahrscheinlich am Mentagra. Julian[1]) sagt von ihm, als Romulus zum Feste der Saturnalien alle Götter und Caesaren geladen hatte, sei auch Tiberius erschienen, „als er sich aber gegen den Sitz gewendet hatte, sah man nach dem Rücken zu Tausende von Narben, Brandflecke, Schaben, harte Striemen und Schwielen, von seiner Ausschweifung und Rohheit mancherlei *ψωραί* und *λειχῆνες* gleichsam eingebrannt.“ Im Gesicht selbst hatte Tiberius aber nach Sueton[2]) *crebri et subtiles tumores;* und Tacitus[3]) sagt von ihm: „*Praegracilis et incurva proceritas, nudus capillo vertex, ulcerosa facies, ac plerumque medicaminibus interstincta.*“ Wenn Galenus[4]) einen *τροχίσκος πρὸς ἕρπητας ὁ Τιβερίου Καίσαρος* aufführt, so ist damit noch keineswegs gesagt, daß dies Mittel gegen den Ausschlag im Gesicht verordnet ward, da Tiberius, wie wir aus der angeführten Stelle des Julian sehen, auch auf dem ganzen übrigen Körper an Ausschlag litt, und selbst wenn die Affektion des Gesichts damit bezeichnet wurde, so war der Ausdruck *ἕρπης* bei der großen Neigung der Krankheit um sich zu greifen gar nicht unpassend; und überhaupt ist die Ansicht, als bezeichneten die Griechen mit *ἕρπης* eine bestimmte Ausschlagsform, ganz irrig. Sucht ja doch auch Bertrandi[5]) zu beweisen, daß das Mentagra eine bösartige Flechte war. Daß Pflastermassen aber häufig gegen Mentagra empfohlen und angewendet wurden, sehen wir aus Galenus und Aëtius.[6]) Indem nun die Gelegenheitsursache immer allgemeiner ward, der Cunnilingus nicht mehr mit der

---

[1]) Caesares in Oper. omn. Parisiis 1630. 4. P. II. p. 9, *Ἐπιστραφέντες δὲ πρὸς τὴν καθέδραν ὤφθησαν ὠτειλαὶ κατὰ τὸν νῶτον μυρίαι, καυτῆρες τινὲς καὶ ξέσματα, καὶ πληγαὶ χαλεπαὶ καὶ μώλωπες, ὑπὸ τῆς ἀκολασίας καὶ ὠμότητος, ψωραί τινες καὶ λειχῆνες, οἷον ἐγκεκαυμέναι.*

[2]) Vita Tiberii cap. 68.

[3]) Annal. lib. IV. c. 57.

[4]) De composit. medicament. secundum genera lib. V. c. 12. ed. Kühn. Vol. XIII. p. 836.

[5]) Abh. von den Geschwüren. A. d. Ital. Erfurt 1790. 8. §. 200.

[6]) Tetrab. II. serm. 4. cap. 16. Quandoquidem vero plurimi sunt qui illitionum usum aversantur, maluntque adhibere emplastra, utpote quae neque per sudores obtortos defluant, neque rarefacta etiam cutem circumtendant, annectam et horum aliquot apparatus.

Jungfrau zufrieden war, sondern auch Frauen und Schwangere, endlich selbst Menstruierende zur Befriedigung seiner schamlosen Wut benutzte, mußten die Folgen nicht nur häufiger, sondern auch mit gefährlicherem Charakter auftreten. Anfangs waren es nur einzelne Pusteln, welche den Mund umgaben und das Kinn besetzt hielten, die man mit der aus andern Ursachen ebenfalls entstehenden, längst bekannten *Sycosis menti* zusammenwarf, ohne etwas Auffallendes darin zu erblicken. Späterhin, als man weder eklen Scheidenschleim noch Menstruationsblut scheute, entstand eine krankhafte Absonderung in den Hautdrüsen, das schnell trocknende Sekret wurde zu weißen Krusten, welche kleienartig sich lösten, dies mußte natürlich die Aufmerksamkeit erregen, und so fanden die in der Arzneikunde wenig bewanderten Römer eine neue Krankheit, welche auch einen neuen Namen erhielt, und wie späterhin dem aussätzigen Ritter die Lustseuche, so wurde hier dem *Perusinus eques, Romanus Quaestorius scriba* die Einführung des Mentagra aus Asien zugeschrieben, welcher wahrscheinlich sein Mentagra in Asien auf dieselbe Weise, wie man es sich in Rom erwarb, bekommen haben mochte, wenn wir überhaupt auf diesen Teil der Erzählung einiges Gewicht legen wollen. Die neuere Zeit hat es uns ja hinlänglich gezeigt, wie viel man der Behauptung der Einschleppung einer Krankheit durch ein bestimmtes Individuum Glauben beizumessen hat. Nicht immer blieb es bei der Affektion der Hautdrüsen, die Haardrüsen nahmen teil, die Haare gingen aus, und es bildeten sich Geschwüre aus, welche mit zerstörender Wut um sich griffen, was namentlich zur Zeit des Martialis der Fall war. Auf der andern Seite kam es zwar nicht zu Ulcerationen, wohl aber verbreitete sich die Krankheit in der Fläche vom Gesicht aus, auch mehr oder weniger über den ganzen übrigen Körper[1]) und nahm so die Gestalt der *Psora* oder *Lepra*

[1]) Plinius Valerianus de re medica. lib. II. 56. Graeco nomine lichenes appellatur, quod vulgo mentagram appellant, et est vitium, quod per totam faciem solet serpere, oculis tantum immunibus; descendit vero in collum et pectus ac manus, foedat cutem; eosque, qui sic vexantur, osculari non convenit, quoniam contactus eorum perniciosus fore perhibetur. — Marcellus Empiricus de med. liber cap. 19. Ad lichenem sive mentagram,

an, ein Phänomen, auf das wir später noch einmal zurückkommen werden, da seine richtige Würdigung für die Geschichte der Lustseuche von der größten Wichtigkeit ist.

Da nun aber auf der einen Seite nicht jeder Cunnilingus von dem Mentagra befallen wird, auf der andern Seite aber bald Geschwüre der innern Teile, bald Mentagra und dieses, bald lokal, bald weiter sich verbreitend beobachtet wird, so frägt es sich: wodurch wurde dies sowie überhaupt die besondere Häufigkeit des Mentagra in Italien bedingt? Abgesehen von manchen anderen Verhältnissen, müssen wir hier notwendig einen Einfluß des *Genius epidemicus* mit zur Erklärung zur Hilfe nehmen, welcher gerade in jener Zeit die Entstehung von Hautaffektionen begünstigte. So gering auch das Material, welches das Altertum uns hierüber liefert, sein mag, namentlich insofern es die Zeit kurz vor und nach Christi Geburt gilt, so finden wir doch für Italien hier wenigstens einen Haltpunkt, den wir nicht unbenutzt lassen dürfen. Es ist dies die Angabe des Plinius (cap. 5 und Libb. XX. c. 52), daß zur Zeit des Pompejus magnus oder nach Plutarch l. c. zur Zeit des Asclepiades die Elephantiasis sich zuerst in Italien gezeigt habe. Notwendig müssen also zu jener Zeit begünstigende Außenverhältnisse auch von Seiten des Krankheitsgenius vorhanden gewesen sein, was der leichte Übergang des Mentagra vom Kinn auf den übrigen Körper noch deutlicher dartut. Nur muß man nicht etwa glauben, das Mentagra sei deshalb epidemischen Ursprungs gewesen. Ohne uns hier weiter auf die ätiologischen Momente der *Elephantiasis* einlassen zu wollen, möchten wir nur daran erinnern, daß nach Plinius' Angabe die Krankheit, wie das Mentagra, ebenfalls vom Gesicht[1]) ausgegangen sein soll. Die Vermutung liegt

---

quod vitium neglectum solet per totam faciem et per totum corpus serpere et plures homines inquinare. Nam Soranus medicus quondam ducentis hominibus hoc morbo laborantibus curandis in Aquitania se locavit.

[1]) Marcellus Empiricus de medicam. liber cap. 19. Adversum Elephantiasin, quod malum plerumque a facie auspicatur, primumque oritur quasi lenticulis variis et inaequalibus, cute alba, alibi crassa, alibi tenui, plerisque locis dura et quasi scabida et ad postremum sic increscit ut ossibus, caro adstricta.

nahe, daß vielleicht für diese Fälle das Cunnilingere ebenfalls eine Gelegenheitsursache abgegeben haben möchte, und dann wäre es allerdings einigermaßen erklärlich, wie man die Elephantiasis mit dem *Morbus phoeniceus* zusammenbringen konnte. Doch würde dies, wie gesagt, immer nur für einzelne Fälle geltend zu machen sein, welche freilich die richtige Einsicht in den Krankheitsprozeß der Elephantiasis sowie ihrer Geschichte notwendig bedeutend erschweren mußten. Sollten nicht etwa auch unter dem Namen Elephantiasis sehr verschiedenartige Krankheitsprozesse zusammengeworfen sein? Die Ansichten der Alten über diese sowie über die andern Hautaffektionen sind noch zu wenig aufgeklärt, als daß man ein entscheidendes Urteil abgeben könnte. Übrigens gehört wahrscheinlich die S. 229 folg. besprochene *atra* und *scelerata lues* ebenfalls zum Mentagra, welches wir nicht allein dem Cunnilingere, sondern auch dem Fellare zuzuschreiben haben dürften, nur daß im letzteren Falle, wie erwähnt, mehr die inneren, im ersteren mehr die äußeren Teile ergriffen wurden.

§ 26.

Morbus campanus.

Da mehrere der Ausleger des Horatius, namentlich Laevinus Torrentius,[1]) den berüchtigten Morbus campanus[2])

---

tumescentibus primum digitis atque articulis indurescat. Hic morbus peculiariter Aegyptiorum populis notus est nec solum in vulgus extremum, sed etiam reges ipsos frequenter irrepsit, unde adversus hoc malum solia ipsis in balneo repleta humano sanguine parabantur. Mustelae igitur exustae cinis et eiusdem belluae, id est elephantis sanguis immixtus et inlitus, huiusmodi corporibus medetur. — Actuarius meth. med. lib. VI. cap. 6. de faciei vitiis heißt es: Ad affectus eminentes, facieique pruritus ac principium elephantiae. Auch Aretaeus de sign. chron. lib. II. cap. 13. ed. K. p. 179. sagt: *τὰ πολλὰ μὲν ὄκως ἀπὸ σκοπιῆς τοῦ προσώπου ἀρχόμενον τηλεφανὲς πῦρ κακόν.*

[1]) Commentar. in Horatium. Antwerp. 1608. T. II. p. 469.

[2]) Zachar. Platner de Morbo Campano ad verba Horatii lib. I. Sat. V. v. LXII. prolusio. Lips. 1732. 4. und in dessen Opuscula. Lips. 1794. 4. Tom. II. p. 21—28. wieder abgedruckt. Der Verf. hält die Krankheit für

auf das Mentagra bezogen haben, so dürfte es nicht am unrechten Orte sein, denselben hier ebenfalls zu erwähnen, ohne indeß eine vollständige Erörterung damit zu beabsichtigen. Horatius läßt hier zwei Scurren, Messius und Sarmentus, zur Belustigung der Gesellschaft sich gegenseitig aufziehen:

> — — *Messi clarum genus Osci,*
> *Sarmenti domina extat, ab his maioribus orti*
> *Ad pugnam venere. Prior Sarmentus: Equi te*
> *Esse feri similem dico. Ridemus; et ipse*
> *Messius: Accipio; caput et movet. O, tua cornu*
> *Ni foret exsecto frons, inquit, quid faceres, cum*
> *Sic mutilus miniteris? At illi foeda cicatrix*
> *Setosam laevi frontem turpaverat oris.*
> *Campanum in morbum, in faciem permulta iocatus*
> *Pastores saltaret uti Cyclopa, rogabat;*
> *Nil illi larva aut tragicis opus esse cothurnis.*
> *Multa Cicirrus ad haec.*

Messius, um welchen es sich hier vorzüglich handelt, wird vom Horatius zuerst als ein Oscer von Geburt aufgeführt. Das ganze Volk der Oscer war aber, wie uns Festus mitteilt, wegen seiner widernatürlichen Ausschweifungen in Venere berüchtigt; wir lesen bei ihm p. 191: *Obscum duas diversas et contrarias significationes habet. Nam Cloatius putat eo vocabulo significari sacrum, quo etiam leges sacrae Oscae dicuntur, et in omnibus fere antiquis commentariis scribitur Opicum pro Obsco, ut in Titini fabula quinta: Qui Obsce et Volsce fabulantur, nam Latine nesciunt. A quo etiam verba impudentia, et elata appellantur obscena, quia frequentissimus fuit usus Oscis*[1] *libidinum*

---

eine Art Warzen, welche Ähnlichkeit mit den bei Syphilitischen beobachteten haben. — Nebel, E. L. W., de morbis veterum obscuris. Sect. I. Giessae 1794. 8. S. 18—25. Der Verf. glaubt, der M. C. sei identisch gewesen mit der Sycosis oder dem *θύμιον*, habe aber nichts mit der Lues venerea gemein gehabt.

[1]) Merkwürdig ist die Erklärung des Isidorus Etymol. lib. IV. c. 9. 17. Oscedo est, qua infantum ora exulcerantur, dicta ex languore oscitantium; das letztere ist unverständlich. Waren die oscitantes etwa Fellatoren? Lucian. Pseudolog. c. 27. sagt vom Timarch. *ἀναπετάσας τὸ στόμα, καὶ ἅς ἔνι πλατύτατον κεχηνώς, ἠνείχου τυφλούμενος ὑπ᾽ αὐτοῦ τὴν γνάθον.*

spurcarum. — Und p. 194 *Oscos, quos dicimus, ait Verrius Opscos ante dictos, teste Ennio, cum dicat: De muris res gerit Opscus. Adiicit etiam, quod stupra inconcessae libidinis obscena dicantur, ab eius gentis consuetudine inducta. Quod verum esse non satis adducor, cum apud antiquos omnes fere obscena dicta sint, quae mali ominis habebantur.* Worin die *spurca libido* aber bestand, läßt sich schon aus folgenden Erklärungen des Festus vermuten: *Oscines aves Appius Claudius esse ait, quae ore canentes faciant auspicium, ut corvus*[1]) *cornix, noctua;* wenn wir uns nämlich erinnern, daß, wie S. 235 Note 2. dargetan, der Fellator *corvus* genannt wurde. Da nun auch in dem S. 249 angeführten Epigramm des Ausonius ein Cunnilingus *opicus magister* genannt wird, so können wir nicht zweifeln, daß hier von der Unzucht, welche mit dem Munde getrieben wird, die Rede ist. In dem bereits S. 138. mitgeteilten und erklärten Epigramm des Ausonius, wo die verschiedenen Arten der *obscoena Venus* angeführt werden, treibt die Crispa

Et nam Nolanis capitalis luxus inussit,

und dieser *capitalis luxus*[2]) der Nolaner ist, wie aus dem ganzen Sinn der Stelle hervorgeht, nichts anderes als das Fellare. Die Stadt Nola lag nun aber in Campanien, und die Bewohner Campaniens bestanden wieder größtenteils aus Oscern, was daher von diesen gilt, muß auch auf die Campaner übertragen werden. Sind die Nolaner und Oscer oder Opicer Fellatoren und Cunnilingi, so müssen es notwendig auch die Campaner sein, und in

---

[1]) Horatius Od. III. 27. 11. Ausonius Idyll. XI. 15.

[2]) Luxus für geschlechtliche Ausschweifung kommt mehrmals bei den Alten vor, so bei Tacitus hist. IV. 14. Sueton. Ner. 29. Capua luxurians ist aus der Geschichte des Hannibal bekannt. Merkwürdig ist, das Paracelsus die Lustseuche mit dem Namen Luxus belegt; er sagt de causis et origine luis gallicae lib. I. cap. 5. Luxus autem nomen quod attinet, illud ab influentia, id est, efficiente causa desumptum esse intelligendum est. Est autem luxus irritatio quaedam ac titillatus spermatis, ad perficiendum actum venereum, a morbis in corpore latentibus causata, itaque Veneris impressione a morbo in actu ipso facta, tum ex vulgari luxu fit luxus morbi seu morbidus. Proinde luxus hic non naturalis sed Satyricus dicendus erit. Vergl. das Scholion des Servius zu Virgil, welches wir S. 240 N. 3. mitgeteilt haben.

der Tat sagt auch Plautus (Trinum. II. 4. 144): *Campas genus multo Syrorum iam antidit patientia.* — Indem nun Messius als ein Oscer dargestellt wird und zwar spottweise, wie alle Ausleger anerkennen, muß dieser Spott sich offenbar auf den *luxus capitalis* beziehen, Messius also ein Fellator sein! Sehen wir zu, ob das Folgende[1]) diese Ansicht rechtfertigt. Zuerst nennt Sarmentus den Messius einen *equi feri similis.* Worin hier die Satire liegt, ist freilich dunkel, die Interpreten schweigen sogar ganz davon, und doch muß hier irgend eine Beziehung stattfinden. An das *Hectoreus equus* des Ovidius[2]) oder *equus supinus* des Horatius (Satir. II. 7. 50) dürfte schwerlich zu denken sein.[3]) Das wilde Pferd läuft besonders mit vorn übergebeugtem Kopf, es nimmt oder steckt den Kopf zwischen die Füße, eine Stellung, die wir oben S. 223 von dem Cunnilingus nachgewiesen haben, welche aber auch nach der S. 206 angeführten Stelle des Lucian die des Fellators sein kann.[4]) Messius mußte diese Anspielung verstanden haben, denn er sagt: *Accipio, caput et movet.* Sarmatus nimmt diese Bewegung für Drohung, indem er selbst wiederum das *equus ferus* in einer andern Bedeutung für *aries*[5]) auffaßt, und meint:

---

[1]) Ob bereits in dem ad pugnam venere eine Anspielung liegt? Festus s. v. sagt: Osculana pugna in proverbio, quo significabatur, victos vincere.

[2]) De arte amandi lib. III. v. 778. Thebais Hectoreo nupta resedit equo. Vergl. Martial. lib. XI. epigr. 105.

[3]) Merkwürdig ist es, daß Rhazes Elchavi seu Continens. Brescia 1486. fol. p. 275. gewisse Geschwüre an der Rute erwähnt, welche durch ascensio mulieris supra virum entständen!

[4]) Auch Seneca sagt Nat. Quaest. lib. I. c. 16. vom Hostius, welcher sich vergrößernde Spiegel angeschaft hatte, um sich in allen Figuren sehen zu können: Et quia non tam diligenter intueri poterat, cum compressus erat et caput merserat, inguinibusque alienis obhaeserat, opus sibi suum per imagines offerebat. — Catull. LXXXIII. 7.

Nam nihil est quidquam sceleris quo prodeat ultra,
Non si demisso se ipse voret capite.

Propert. lib. II. 15. 22. Mecum habuit positum lenta puella caput.

[5]) Equum, qui nunc aries appellatur, in muralibus machinis, Epeum ad Troiam (sc. invenisse) sagt Plinius hist. nat. lib. VII. cap. 57. (ed. Franz. Vol. III, p. 287.) und *ἵππος δούρειος μηχάνημα εἰς διάλυσιν τοῦ τείχους*

ja, wäre dir das Horn nicht abgeschnitten! Wohin soll wohl die Drohung des Stoßens bei einem *mutilus*[1]) hinauslaufen? Um nun zu erklären, wie Sarmentus zu diesem Witze gekommen sei, fügt Horatius bei, daß Messius auf der linken Stirnhälfte eine scheußliche Narbe gehabt habe. Sarmentus fährt darauf fort, seine Witze über den *Campanus morbus* und das Gesicht des Messius zu machen und fordert diesen endlich auf, *pastorem saltaret uti Cyclopa,* wozu er weder Larve noch tragischen Cothurn nötig habe. Der *Campanus morbus*[2]) ist aber nun nichts anderes als der *capitalis luxus* der Nolaner, die Unzucht der Oscer, das Fellare, welches Messius trieb, dem er die *foeda cicatrix,* die Entstellung seines Gesichts verdankte, und mit beiden zieht ihn Sarmentus längere Zeit hindurch auf *(permulta jocatus),* was jedoch Horatius nicht weiter ausführt. In dem *pastorem Cyclopa saltare* liegt wieder eine bisher ebenfalls ganz verkannte Anspielung, welche uns am besten Lucian in seinem Pseudologisten (cap. 27) erklärt, indem er zum Timarch (Vergl. S. 206) sagt: „In Italien aber hast du, alle Wetter! den heroischen Beinamen ὁ Κύκλωψ bekommen, nachdem du einst zur Nachahmung der alten Sage, wie sie sich bei Homer findet, deine Unzucht zu treiben wünschtest, und selbst, bereits trunken daliegend, wie ein geiler Polyphem das κισσύβιον in der Hand hieltst, der gedungene

---

Pausanias lib. I. c. 23. Übrigens heißt ἵππος auch ein geiler Mensch. Der Scholiast zu Oribasius Collect. med. lib. XXIV. cap. 8. in A. Mai Auct. class. e vatican. codd. edit. T. IV. p. 30 erwähnt ἵππος πύργος, in welchem Sinne? war uns nicht möglich zu ermitteln.

1) Mutilus, κολοβὸς κόλος, der eigentliche Ausdruck von Tieren, die ein oder beide Hörner verloren haben. So mutilus aries Columella de R. R. VII. 3. capella mutila VII. 6. bos mutilus Varro de ling. lat. VIII. c. 26. Heindorf zur a. St.

2) Schon der Scholiast Acro sagt zu dieser Stelle: Campanum in morbum. Aut oris foeditatem aut arrogantiam. Dicuntur enim Campani foedi esse, arrogantes. Sic foeda accipiamus. Aliter, Campani, qui et Osci dicebantur ore immundi. Unde etiam Oscenos dicimus. Bestimmter drückt sich noch Lambinus aus: Campani, qui antea Osci dicebantur, habiti sunt ore impuro atque incesto; τοῦτ᾽ ἔστι τῷ στόματι αἰσχροποιοῦντες καὶ λεσβιάζοντες, morbum igitur animi intellige, ut Od. I. 37. Über den Gebrauch des lateinischen Morbus s. S. 152.

Jüngling aber mit gestreckter Hasta, die wohlgeschärft war, ein anderer Odysseus auf dich eindrang, um dir das Auge auszustoßen.[1])

Doch es verfehlt Dich jener und seitwärts flog ihm die Lanze,
Daß ihre Spitz' über's Kinn, das äußerste, selbst noch hinausglitt.

Auch ist es keineswegs unpassend von dir das *ψυχρολογεῖν* zu behaupten. Du aber, o Cyclops, den Mund öffnend und soweit als möglich aufsperrend, ließest dir von jenem die Backen verstopfen, oder du wolltest vielmehr, wie die Charybdis mit den Schiffern auch die Steuerruder und Segel, so den ganzen *Οὖτις* hinabschlürfen."

Endlich dürfte auch noch der Beiname des Messius: *Cicirrus* oder *Cicerrus* eine Anspielung enthalten, indem derselbe ihm sicher wegen seiner schnarrenden krähenden Stimme beigelegt wurde. Es ist dasselbe, was *κερκίδας* beim Dio Chrysostomus (S. 128) bezeichnet, und wie dieses von *κέρχω* abzuleiten.[2])

So wenig als der *Morbus phoeniceus Elephantiasis,* ebensowenig ist also auch der *Morbus campanus* das Mentagra; wie die Elephantiasis aber eine Folge des *Morbus phoeniceus* sein mochte, so war auch die *foeda cicatrix* als Überbleibsel einer anderweitigen Affektion, eine Folge des *Morbus campanus.* Welcher Art nun diese Affektion war, als deren Überbleibsel die *foeda cicatrix* erschien, wäre nun zu entscheiden. Die Ausleger nahmen alle das *cornu exsectum* dafür, indessen ist dies dem dargelegten Zusammenhang der Stelle nach durchaus nicht notwendig, und *Sarmentus* konnte recht gut unter diesen Verhält-

---

[1]) Hom Il. lib. XI. 233.

κἀκεῖνου ('Ατρείδης) μὲν ἅμαρτε, παραὶ δέ οἱ ἐτράπετ' ἔγχος·
αἰχμὴ δ' ἐξεσύθη παρὰ νείατον ἀνθερεῶνα. (V. 293.)

Ähnlich parodierte Diogenes nach Diogenes Laertius (VI. 53) Bericht, den homerischen Vers (Ilias X. 282.):

Nicht ein Schlafender soll ein Speer dir den Rücken durchbohren; indem er einen schönen Jüngling, welcher unvorsichtig im Schlafe lag, aufweckte.

[2]) Bei Festus s. v. bigenera heißt es: Cicursus ex apro et scropha domestica. Vergl. Varro de L. L. lib. VII. p. 368. ed. Sp.

nissen, von dem Dasein einer Narbe, aus welcher Ursache diese auch immer entstanden war, das Vorhandensein eines hornartigen Auswuchses annehmen oder wenigstens behaupten, ohne daß dieser wirklich vorhanden gewesen war. Uns scheint wenigstens das *cornu exsectum* nur in ganz entfernter Beziehung mit der *foeda cicatrix* zu stehen, die ja selbst später noch mannigfach bewitzelt wurde, nur daß Horatius darüber weiter keine Details gibt, weil sie entweder überhaupt seinem Gedächtnis entfallen waren, oder weil er vielleicht selbst nicht einmal recht die Pointe dieser Witze gefaßt hatte. Schon das merkwürdig stehende *at* scheint auf eine Verschiedenheit des Folgenden vom Vorhergehenden zu deuten, wenn es nicht wegen des Überganges aus der direkten in die indirekte Rede gesetzt ist. Gesetzt aber, es ging wirklich ein Auswuchs hervor, welcher mit dem Messer entfernt war, welcher Natur war dieser? Schwerlich möchte man mit Heindorf hier an die Satyriasis des Aristoteles[1]) denken dürfen; weit passender erinnerte schon Schneider in seinem griechischen Wörterbuch s. v. *διονυσιακὸς* an die Definition des Galenus (ed. Kühn XIX. p. 443.) *διονυσίσκοι εἰσὶν ὀστώδεις ὑπεροχαὶ ἐγγὺς κροτάφων γιγνόμεναι. λέγονται δὲ κέρατα ἀπὸ τῶν κερασφορούντων ζώων κεκλημένα.* Eine Stelle vom Heliodor (*Cocchi Ant. Graecorum chirurgici libri, e collect. Nicetae. Florent.* 1754. *fol.* S. 125.) welche *Oribasius de fracturis* aufbewahrt hat, gibt die Sache etwas anders, es heißt dort: *Ὀστώδης ἐπίφυσις ἐν παντὶ μὲν γίγνεται μέρει τοῦ σώματος, πλεοναζόντως δὲ ἐν τῇ κεφαλῇ, μάλιστα δὲ πλησίον τῶν κροτάφων· Ὅταν δὲ δύο ἐπιφύσεις γένωνται πλησιάζουσαι τοῖς κροτάφοις, κέρατα· ταῦτά τινες εἰώθασιν ὀνομάζειν, ἔνιοι δὲ διονυσιακοὺς τοὺς οὕτω πεπονθότας ἀνθρώπους προσηγόρευσαν.* Es folgt hierauf die Beschreibung des Auswuchses und der Art seiner Entfernung durch Ausschneidung. Cocchi fand zu dieser Stelle eine alte Randglosse von der Hand des Nicetas? (*κέρατα μὲν λέγεται*

---

[1]) De Generatione animalium. Lib. IV. cap. 3. *Παραπλήσιον τούτῳ καὶ τὸ νόσημα τὸ καλούμενον σατυρίασις· καὶ γὰρ ἐν τούτῳ διὰ ῥεύματος ἢ πνεύματος ἀπέπτου πλῆθος εἰς τὰ μόρια τοῦ προσώπου παρεμπεσόντος ἄλλου ζῴου καὶ σατύρου φαίνεται τὸ πρόσωπον.*

ἀπὸ τῆς τῶν κεράτων ἐκφύσεως, τῶν γιγνομένων τοῖς ἀλόγοις ζώοις. Διονυσιακοὺς δὲ αὐτοὺς προσαγορεύουσιν, ἀπὸ τῆς πρὸς τὸν θεὸν ἐμφερείας ὡς αὐτός φησιν ἐν τοῖς χειρουργουμένοις) — welche die Angabe des Heliodor im Ganzen bestätigt, er will daher auch die Stelle des Galenus in διονυσιακοί, οἷς ὀστώδεις ὑπεροχαὶ ἐγγὺς κροτάφων γίγνονται verbessern. „Dionysiaci (nennt man solche), denen knochenartige Auswüchse an der Stirn entstehen.“ Daß διονυσιακοὶ für διονυσίσκοι gelesen werden muß, ist einleuchtend, ob aber die übrigen Verbesserungen annehmlich, dürfte zu bezweifeln sein, da der Nachsatz „sie heißen auch κέρατα, von den Hörner tragenden Tieren so genannt“ offenbar die διονυσιακοὶ nicht auf das Individuum, sondern auf die Auswüchse bezogen wissen will. Schneider stimmt freilich der Verbesserung des Cocchi bei, hat aber irriger Weise daselbst den Sarmentus für den Messius gesetzt. Wäre nun bei letzterem wirklich ein knochenartiger Auswuchs vorhanden gewesen, so sieht man doch nicht gerade ein, wie nach dessen kunstgemäßer Entfernung eine *foeda cicatrix* entstanden sein soll, wenn man das *foedus* nicht etwa auf die Ursache, welche den Auswuchs veranlaßte, deuten will. Alsdann wäre es allerdings interessant, Knochenaffektionen nach der Unzucht des Fellators nachgewiesen zu sehen, welche dieselbe Bedeutung wie unsere Tophi hatten. Wahrscheinlich waren es aber wohl nur Hauttuberkeln,[1]) welche mit Ätzmitteln, Glüheisen oder dem Messer entfernt wurden und ihrer Natur nach stets eine schlechte Narbe zurückließen. Messius wäre dann dem Calvus *tuberosissimae frontis* bei Petronius (cap. 15) und dem Gesicht auf einer Gemme ähnlich gewesen, von der sich eine Abbildung in Gorius Museum Etruriae Tab. II. fig. 3, einem Werke, das wir nicht erlangen konnten, finden soll. Doch genug vom Morbus campanus.[2])!

---

[1]) Dergleichen erwähnt Ovidius medic. faciei. v. 85. Tus ubi miscueris radenti tubera nitro. Vielleicht waren die Seite 247 erwähnten tumores Syrii dergleichen κέρατα. Übrigens nannten die Griechen auch die Genitalien des Weibes κέρας.

[2]) Außer Acro bezog auch Florus Christianus in seinen Anmerkungen zu Aristophanes Wespen v. 1337. den Morbus campanus auf

§ 27.

Sodomie.

Wenn bei den bisher betrachteten Arten der Unzucht der Mensch sich stufenweise immer mehr dem Tiere näherte, sich diesem mehr oder weniger gleichstellte, so sehen wir ihn in der Sodomie[1]) endlich sogar tief unter dasselbe herabsinken, nicht nur das Menschliche, sondern selbst das Tierische aufgeben, welches ihn bisher wenigstens bei der Gattung bleiben ließ. Mit Recht sagt daher Plutarch:[2]) „*At gallus si gallum conscendat absente gallina, vivus comburitur, aruspice aliquo pronuntiante grave atroxque id esse ostentum. Ita ipsi homines hoc confessi sunt, castitate a brutis se superari, eaque naturae vim non facere voluptatum percipiendarum causa. Vestras libidines natura, quamquam legis auxilio fulta, tamen intra suos non potest coercere fines: quin eae instar fluvii exundantes atrocem foeditatem, tumultum confusionemque naturae gignant in re venerea. Nam et capras, porcas, equas iniverunt viri, et feminae insano mascularum bestiarum amore exarserunt. Ex huiusmodi enim coitibus vobis sunt Minotauri, Silvani seu Aegipanes atque (ut mea fert sententia) etiam Sphinges et Centauri nati.*[3]) *Enimvero fame coactus canis aut avis aliquando cadavere*

---

das Fellare, indem er sagt: Hac detestanda libidine iuxta Lesbios usi sunt etiam Campani sive Nolani, ut ex Ausonio et Horatio patet, quorum testimonia non arcessam, quia hoc occupatum ab eruditioribus. Hoc tantum dicam, aenigma illud, quod in Clodii Metelli uxorem iactum putant: In triclinio Coa, in cubiculo Nola, respicere ad hanc Lesbiam et Campanam foeditatem. Das Aenigma findet sich bei Quinctilian. Instit. orat. VIII. 6. wird aber von Forberg a. a. O. S. 283. anders erklärt: Coam dici, quod voluerit in triclinio coire, Nolam, quod noluerit in cubiculo, d. h. die Clodia wollte nur öffentlich, nicht im Geheimen ihre Unzucht treiben?

[1]) Hier. Magii lib. V. de sodomitica immanitate ad Leg. cum vir nubit. 31. C. ad leg. Jul. de adulter. — Wolfart diss. de sodomia vera et spuria in hermaphrod. Erf. 1743. — Bechmann de coitu damnato. Part. II. c. 1. — Schurig Gynaecologie § 2. c. 7.

[2]) Bruta animalia ratione uti. cap. 15.

[3]) Lucretius de rer. nat. l. V. 888.

Ne forte ex homine et veterino semine equorum
Confieri credas Centauros posse, nec esse.

humano vescitur; ad coitum nullus unquam est homo a bestia sollicitatus, bestias vero cum ad hanc, tum ad alias voluptates vos vi trahitis ac contra jus usurpatis.“ Wie die übrigen Arten der Unzucht, so war auch die Sodomie ein Sproß des asiatischen [1]) und ägyptischen Luxus und schon frühzeitig in diesen Ländern bekannt, ja wie die geschlechtlichen Ausschweifungen überhaupt, so scheint auch dieses Laster aus dem religiösen Kultus jener Länder sich entwickelt zu haben. Bei den Ägyptern [2]) wenigstens finden wir den Mendes, den heiligen Bock oder Pan, durch Sodomie von Seiten der Frauen verehrt, welche mit ihm eingesperrt wurden. Boettiger [3]) vermutet sogar, daß die Schlangen im Aesculapstempel, welche auch in Häusern [4]) als ein Spielwerk

---

Clemens Alexandrin. Coh. p. 51. Aristonymus, der Ephesier, zeugte mit einer Eselin, Fulvius Stella mit einer Stute, dieser ein Mädchen, jener einen Knaben. Plutarch. Parallel. c. 29.

[1]) III. Moses 20. Kapit. 15—16. Vers. Wenn jemand beim Vieh liegt, der soll des Todes sterben, und das Vieh soll man erwürgen. Wenn ein Weib sich zu irgend einem Viehe tut, daß sie mit ihm zu schaffen hat, die sollst du töten, und das Vieh auch; des Todes sollen sie sterben und ihr Blut sei auf ihnen. Vergl. Philo de specialibus legibus. Opera ed. Mangey Vol. II. p. 307.

[2]) Plutarch. Bruta animalia ratione uti cap. X. *ὁ Μενδήσιος ἐν Αἰγύπτῳ τράγος λέγεται πολλαῖς καὶ καλαῖς συνειργνυμένος γυναιξὶν οὐκ εἶναι μίγνυσθαι πρόθυμος; ἀλλὰ πρὸς τὰς αἶγας ἐπτόηται μᾶλλον.* Indessen geschah dies doch zuweilen: Herodot. hist. Lib. II. c. 46. *Καλεῖται δὲ ὅ τε τράγος καὶ ὁ Πὰν Αἰγυπτιστὶ Μένδης· ἐγένετο δ᾽ ἐν τῷ νομῷ τούτῳ ἐπ᾽ ἐμεῦ τοῦτο τὸ τέρας. γυναικὶ τράγος ἐμίσγετο ἀναφανδόν. τοῦτο ἐς ἐπίδεξιν ἀνθρώπων ἀπίκετο.* Strabo XVII. p. 802. *Μένδης, ὅπου τὸν Πᾶνα τιμῶσι, καὶ ζῷον τράγον· οἱ τράγοι ἐνταῦθα γυναιξὶ μίγνυνται.* In einem dann mitgeteilten Fragment (aus Pindar) heißt es:

ἔσχατον Νείλου κέρας αἰγιβάται
ὅθι τράγοι γυναιξὶ μίγνυνται.

Das Museum Herculanense bewahrt selbst Darstellungen der Art auf Monumenten. Sogar vom Krokodil erzählt Plutarch. de solertia animalium cap. 49. ein solches Beispiel, welches sich zu Antaeopolis ereignet haben soll.

[3]) Sabina oder Morgenszenen im Putzzimmer einer Römerin. Bd. II. S. 454.

[4]) Plinius hist. nat. Lib. XXXIX. c. 4. Anguis Aesculapius Epidauro Romam advectus est, vulgoque pascitur et in domibus. Martial. Lib. VII. Epigr. 86. Si gelidum collo nectit. Gracilla draconem. Vergl. Lucian Alexander. Oper. Tom. IV. p. 259. Philostratus Heroic. Lib. VIII. c. 1.

der Frauen gehalten wurden, von diesen zur Sodomie abgerichtet und benutzt seien. Als Beweisstelle wird hier auch von Forberg l. c. p. 368 eine Stelle aus Sueton[1]) angeführt, wo es von der Mutter des Augustus, der Atia, heißt: *In Asclepiadis Mendetis Θεολογουμένων libris lego, Atiam cum ad sollemne Apollinis sacrum media nocte venisset, posita in templo lectica, dum ceterae matronae dormirent, obdormisse; draconem repente irrepsisse ad eam paulloque post egressum: illamque expergefactam quasi a concubitu mariti purificasse se et statim in corpore eius exstitisse maculam, velut depicti draconis, nec potuisse unquam eximi, adeo ut mox publicis balneis perpetuo abstinuerit.*[2]) Die römischen Frauen scheinen sich besonders zur Befriedigung ihrer *Nymphomanie* des Esels,[3]) welcher seiner Salacität wegen im Altertum berüchtigt war, bedient zu haben. — Daß auf solche Weise die Genitalien der Frauen, wie die der Männer mancherlei Beschädigungen ausgesetzt waren, läßt sich leicht denken, indessen suchten wir bis jetzt vergeblich nach direkten Angaben darüber; und so mag es uns erlaubt sein, eine hierhergehörige Beobachtung, welche eigentlich dem folgen-

[1]) Vita Augusti cap. 94.

[2]) Diese letztere Angabe erhält dadurch nicht geringes Interesse, daß nach neueren Beobachtungen von J. Carver (Voyage dans l'Amérique sept. etc. trad. de l'angl. Yverd. 1784., 355 sq.) und Crêve-Coeur (Lettres du cultivateur américain. T. III. p. 48.) der Biß der Klapperschlange auf der Haut des Gebissenen jährlich wiederkehrende, der Farbe der Schlange ähnliche Flecke hervorrufen soll. Vergl. C. W. Stark Allgem. Pathologie. Leipzig 1838. S. 364. Vielleicht gehört hierher auch das τὸ κίναδος, von dem der Scholiast zu Aristophanes Nub. 447. εἶδός τι θηρίου. — κακοῦργος οὖν, φησίν, ὡς ἀλώπηξ, τινὲς δὲ κίναδος ζῶον μικρὸν τὸ αἰδοῖον εἰςωθοῦν καὶ ἐξωθοῦν. Dasselbe führt Suidas s. v. κίναδος an. Aus der Verbindung, in welcher es Democrit bei Stobaeus Sermon. 42. περὶ κιναδέων τε καὶ ἑρπετέων anführt, folgert Schneider Lex., daß es besonders Schlange bezeichne. Auch Schmieder Arriani Indica p. 50. erklärt es durch ὄφις. Der Zusammenhang mit κίναιδος ist augenfällig.

[3]) Juvenal Satir. VI. 332. 33. Hic si
Quaeritur, et desunt homines: mora nulla per ipsam,
Quominus imposito clunem summittat asello.

Vergl. Appulejus Metamorphos. Lib. X. 226. Der Taurus Pasiphaes ist bekannt. Vergl. Sueton. Nero II. Martial. Spectac. 6.

den Zeitraume angehört, nach Reiske[1]) aus Abu Oseibah *de vitis medicorum illustrium* anzuführen. Reiske sagt: *Caput XIII. habet observationem* — 2) *de ingenti penis inflammatione, quae nata fuerat ex impuro cum bestia concubitu, cum coruncula urethram obstruente, sanata modo prorsus empirico atque crudeli. Impositum glabro lapidi penem medicus subito praeter aegri expectationem, qua poterat, vi percutiebat manu in pugnum coacta, ut obturaculum et ulcus dissiliret. Sapit hic casus luem veneream; et posset inservire illis pro argumento, qui morbum hunc etiam veteribus cognitum fuisse contendunt. Cadit autem is casus circa annum Christi 940.*

§ 28.

Das Klima.

Nachdem wir jetzt den verschiedenen Gebrauch, welchen die Alten von den Genitalien gemacht, kennen gelernt haben, drängt sich uns natürlich die Frage auf, wie sich die Genitalien selbst dabei verhielten? Unmöglich wird man sich einreden können, daß sie ihre Integrität bewahrt haben werden, während diejenigen Teile, welche man der einen oder der anderen Form derselben substituierte, wie uns die dargelegten Krankheiten des Pathicus, des Fellator und Cunnilingus hinreichend gezeigt haben, mehrfachen Affektionen ausgesetzt waren und oft sogar sehr hart dafür büßen mußten. Wenn man auch zugeben wollte, daß der naturwidrige Gebrauch des Mundes und Afters diese schon an und für sich mehr gefährden mußte als den zur Friktion bestimmten Penis, so wird dadurch doch noch nicht die gänzliche Immunität desselben bewiesen, und diese selbst wird durch die bei der Paederastie (S. 120) erwähnten Stellen an und für sich schon hinreichend widerlegt, abgesehen von der großen Menge wirklicher Genitalaffektionen, welche von den alten Ärzten

---

[1]) Jo. Jac. Reiske et Jo. Ern. Fabri Opuscula medica ex monumentis Arabum et Ebraeorum. Iterum recensuit etc. Ch. G. Gruner. Halae 1776. 8. S. 61.

und Nichtärzten erwähnt werden, von denen wir bereits einige kennen gelernt haben und die wohl niemand wird der Paederastie allein zuschreiben wollen. Wir werden uns also schon noch nach anderen Momenten umsehen müssen, welche zum Teil unabhängig von dem Gebrauch der Genitalien, nicht wie dieser, als Gelegenheitsursache, sondern mehr als disponierende zu betrachten sind, und auf die normale Beschaffenheit der Genitalien bereits ihren Einfluß ausüben; denn in dem bloßen Gebrauch oder Mißbrauch kann der Grund zur Erkrankung unmöglich allein gelegt werden, wenn auch die Alten zum Teil die Genitalaffektionen als eine unmittelbare Folge der *illicita Venus,* gleichsam als eine Selbstrache der Natur, betrachtet haben mögen. Die Genitalien zeigen, wie alle Organe des menschlichen Körpers, außer ihrer Funktion für den Organismus und seiner Gattung, auch noch die Erscheinungen einer selbständigen Tätigkeit, behufs ihrer Integrität, ihres Eigenlebens, welche nach den verschiedenen Orten, wie zu verschiedenen Zeiten notwendig auch mehr oder weniger verschieden sein müssen, wie dies ja auch der ganze Organismus zu erkennen gibt. Diese Verschiedenheit dem Orte nach bedingt aber nun vorzugsweise das Klima, und wir haben daher jetzt vor allem die Frage zu beantworten: welchen Einfluß zeigte das Klima im Altertum auf die Tätigkeit der Genitalien im allgemeinen und im besondern, und in wiefern läßt sich daraus ein Genitalaffektionen begünstigendes Moment entnehmen? Obgleich direkte Angaben hierüber bis jetzt nur spärlich zu unserer Kenntnis gelangten, so reichen sie doch aus, um eine allgemeine Ansicht darüber zu erwerben, zumal wenn wir sie mit dem Ergebnis neuerer Beobachtungen vereinigen, wenn schon dies immer nur mit Vorsicht geschehen darf, da die Alten zuweilen das Klima eines Landes als sehr gesund rühmen, während in neuerer Zeit gerade das Gegenteil beobachtet wird. Da die uns zugänglichen vorhandenen Nachrichten sich nur auf Asien, besonders Syrien, Palästina und Kleinasien, Ägypten, Griechenland und Italien erstrecken, so kann auch für jetzt nur von dem Klima dieser Länder die Rede sein. Was nun zunächst den Einfluß des Klima auf die Geschlechtstätigkeit im allgemeinen betrifft, so sagt bereits Hippocrates[1]), nachdem er vom Klima Asiens gesprochen: „Die ἡδονὴ muß aber (bei ihnen) vorherrschen, weshalb man auch unter den Tieren so viele Spielarten findet; und so scheint es mir nun auch sich mit den Ägyptern und Lydiern zu verhalten". (Daß ἡδονὴ hier besonders die Wollust bezeichnet, bedarf wohl keines näheren Beweises.) In der Tat beobachten wir auch jetzt noch, daß in den heißen Klimaten, wo das ganze vegetative Leben einen üppigen Charakter darbietet und die ganze Natur nur den Zweck der Zeugung rastlos, ohne das Leben auf Vernichtung bauen zu wollen, zu haben scheint, auch der Mensch diesem allgemeinen Drange der Gattung zu leben nachgibt; da dies aber notwendig auf Kosten der eignen Existenz geschehen muß, so sehen wir ihn häufig wohl taube oder geschlechtslose Blüten, nicht aber Früchte hervorbringen. Wie der im üppigen Boden stehende Baum reift der Sohn des Südens früh zum Gattungsleben, das er aber ebenso früh wieder aufgeben muß. Die jugendliche Phantasie erhält sich in ihrer frischen Regsamkeit, während der Körper dahin welkt und gestachelt von der Lust, welche von dem Mißbrauch der *Aphrodisiaca* noch gesteigert wird, endlich nichts anderes vermag, als sich leidend zu verhalten und sich die Mittel und Wege gefallen zu lassen, wodurch die selbst erkrankte und geschwächte Phantasie den fehlenden Wollustkitzel dem Organe von außenher zu verschaffen sucht. Die bisherigen Untersuchungen haben dies auf das beste bestätigt. In Asien sahen wir die Wollust und ihre Ausgeburten entstehen und von dort sich über die Nachbarländer verbreiten, welche die Rhythmen der *Venus ebria* wohl verfeinern, kaum aber zu vermehren wußten. Babylon, Syrien und Ägypten wurden die Pflanzschulen der Unzucht und erhielten fast nur in Rom einen freilich selbst erzogenen würdigen Nebenbuhler. Der heitere Himmel Griechenlands konnte nur an Körper und Geist gleichmäßig gebildete Bewohner besitzen, und nur ein Grieche vermochte den Satz aufzustellen und zu bewahrheiten, daß in einem schönen Körper auch eine schöne Seele wohnen müsse. Wie tief auch der Grieche nach dem Verluste

---

[1]) De aere aq. et loc. ed. Kühn. Vol. I. p. 549.

seiner Freiheit und unter fremdem Einfluß sank, eine zügellose Wollust konnte wohl einzelne, nie aber das Volk beherrschen, sie war künstlich erregt und niemals von dem Klima unterstützt. Auch in Rom, so großartig sie sich auch äußerte, blieb die Unzucht stets nur ein fremder Eindringling, welchem fremde Schätze erst die Brücke gebaut hatten, wenn schon das Klima Asien näher stand, als Griechenland. Wie die Unzucht im allgemeinen, so war auch die Polygamie, welche jener zum Teil wenigstens ihr Dasein verdankt, eine Folge des Klima in Asien, in wieweit sie aber von Einfluß für die Entstehung der Lustseuche sein mag, wagen wir jetzt noch nicht zu entscheiden, weshalb wir dies auch für spätere Untersuchungen aufsparen müssen. Ähnlich ist es mit der eigentlichen Polyandrie, wenn wir sie als eine Form der Ehe betrachten; außer derselben fällt sie freilich mit der Unzucht zusammen, denn jede feile Dirne lebt ja in Polyandrie, sowie jeder Venusritter in Polygamie; und daß unter diesen Verhältnissen bei übrigens Gesunden Genitalaffektionen entstehen, wird jeder erfahrene Arzt mit Beispielen belegen können; und die Versuche an Tieren haben dies hinlänglich dargetan.[1]) Doch diese Andeutungen, denn weiter können und sollen sie nichts sein, da eine ausführlichere Besprechung uns jetzt zu weit führen würde, mögen genügen, den Einfluß des Klima auf die Genitalfunktionen dem Leser ins Gedächtnis zurückzurufen, zumal da die Belege dazu genugsam in dem Obigen enthalten sind.

§ 29.

Bei weitem wichtiger für unseren nächsten Zweck ist der Einfluß des Klima auf die individuelle Tätigkeit der Genitalien, und auch hier haben wir zunächst Asien und Ägypten ins Auge zu fassen. Die brennenden Strahlen der

---

[1]) Vergl. Simon Zeller v. Zellenberg Abhandl. üb. die ersten Erscheinungen venerischer Lokal-Krankheitsformen und deren Behandlung. 1. Abh. Mit 6 Kpf. Wien 1820. gr. 8. S. 11—18.

Sonne, welchen diese Länder wie ihre Bewohner ausgesetzt sind, erhöhen besonders die Tätigkeit der Haut, und natürlich müssen in demselben Maße die Sekretionen der Schleimflächen geringer, ihr Produkt aber saturierter werden, in welchem letzteren Falle dann auch leicht eine gewisse Schärfe oder corrodierende Eigenschaft des Sekrets entsteht, welches sich oft durch einen eigentümlichen Riechstoff bemerkbar macht. Dieser Einfluß muß sich nun auch auf die Schleimhaut der inneren Genitalien der Frau äußern, der Scheidenschleim mithin eine scharfe Beschaffenheit annehmen,[1]) wenn er von der Schleimhautfläche nicht öfter entfernt wird, gewissermaßen ranzig werden, und alles, womit er in Berührung kommt, corrodieren.[2]) Da nun kurz vor wie nach dem Eintritt der Menstruation die Schleimabsonderung in den Genitalien verstärkt wird, so wird sich auch das ohnehin schon zur Zersetzung neigende Menstrualblut mit diesem scharfen und stark riechendem Schleime mischen und auf diese Weise eine stinkende und scharfe Beschaffenheit annehmen.[3]) Daher

---

[1]) Nach Al. Donné Recherches microscopiques sur la nature des mucus et la matière des divers écoulements des organes genitourinaires chez l'homme et chez la femme. Paris 1837. reagiert der im normalen Zustande abgesonderte Scheidenschleim immer sauer!

[2]) Nach J. P. Schotte von einem ansteckenden, schwarzgallichten Faulfieber, welches im Jahre 1778 in Senegal herrschte. A. d. Engl. Stendal 1786 8. S. 103. bekommen am Senegal Männer und Weiber, ohne alle syphilitische Ansteckung, an der Eichel oder innern Seite der Vorhaut, oder an der innern Seite der Lefzen Geschwüre.

[3]) En effet, dans la chaleur, lorsque les excretions de la peau, des glandes sébacées, des cryptes du vagin, augmentent en abondance et en fétidité, il n'est pas étonnant que le sang menstruel, pour peu qu'il séjourne en ces parties voisines de l'anus, qui sont dans un état d'orgasme, acquière bientôt de l'odeur. Virey de la femme. 2. édit. Bruxelles 1826. p. 70. Daher sagt auch Haller (Elem. physiolog. Vol. VII. p. II. p. 146). Ex Asia videtur opinio de menstrui sanguinis foetida et venenata natura ad nos pervenisse, et per medicos potissimum Arabes ad Europaeos transiisse. In calidissimis certe regionibus, si ad aestuosum aerem immundities accesserit, non repugnat, sanguinem in loco calente, in vicinia faecum alvinarum retentum, acrem fieri et foetire. — Lentorem aliquem possit mucus admistus addidisse. Was über den Nachteil des Menstrualblutes seit Plinius hist. nat. VII. 15. XIX. 10. XXVIII. 7. unsere

rührt denn auch der Verruf, in welchen das Menstrualblut besonders in den heißen Klimaten seit den ältesten Zeiten geraten ist, denn die ihm angeschuldigte virulente Beschaffenheit erhält es sicher eben nur durch den beigemischten Scheidenschleim. Das Meerwasser wie das süße Wasser der Flüsse an und für sich sind ohne Nachteil für die Gesundheit, mischen sie sich aber als Brackwasser, so wird ihre Ausdünstung Verderben bringend! — Ein ähnliches Verhältnis findet nun auch bei den Genitalien der Männer statt. Die Oberfläche der Eichel, welche der äußeren Haut näher steht, zeigt wie diese eine verstärkte Absonderung der Talgdrüsen,[1]) deren Sekret, wenn es zwischen Vorhaut und Eichel eine zeitlang liegen bleibt,[2]) ebenfalls eine scharfe Beschaffenheit annimmt, und dann auf die Teile selbst rückwirkend, die Talgdrüsen in Entzündungszustand versetzt. „So versicherte der Arzt der Engländer zu Haleb (Russel), sagt Niebuhr[3]), daß sich in den heißen Ländern mehrere Feuchtigkeiten unter der Eichel sammeln, als in den kältern, und einer

---

Vorfahren beobachtet, findet sich zum Teil gesammelt in Schurig Parthenologia. 227—240. Vergl. Frank de Frankenau Satyrae medicae p. 89. Vergl. S. 54. folg. — Hensler, Gesch. der Lustseuche. Bd. I. S. 204. folg. wo auch nachgewiesen wird, daß ein großer Teil der Schriftsteller über die Lustseuche zu Anfang des XVI. Jahrhunderts dem Beischlaf mit menstruierenden Frauen die Entstehung der Lustseuche zuschreiben. Pierer anat. phys. Realwörterbuch Bd. V. S. 161—163.

[1]) Burdach die Physiologie als Erfahrungswissenschaft. 2. Aufl. Bd. I. S. 196. — Boerhaave tract. de lue venerea Venet. 1753. p. 6. sagt: In Asia ad partes genitales sub praeputio naturaliter sordes colliguntur, quae acres redittae generant multa mala, quae praecipue ad luem veneream accedere proxime videntur; non vere sunt lues venerea; imo nostri nautae hoc etiam experiuntur, dum in illis terris degunt, nam nisi quotidie praeputium eluerent aqua salsa et aceto, vel similibus remediis, brevi eodem morbo laborarent.

[2]) Thevenot Reise Tl. I. S. 58. sagt: „Die Araber haben in Wahrheit das Praeputium so lang, daß, wo es ihnen nicht beschnitten würde, sie davon viel Ungelegenheit haben sollten, und man siehet bei ihnen kleine Kinder, denen es sehr lang herabhängt; über das, wenn sie ihre Vorhaut nicht beschnitten, würde ihnen nach dem Harnen allezeit etliche Tropfen zurückbleiben, die sie verunreinigten."

[3]) Beschreibung von Arabien. Kopenhagen 1772. 4. S. 77.

meiner Freunde in Indien, der sich in diesem heißen Lande nur nach europäischer Art reinlich gehalten, hatte eine Art Beulen unter der Eichel bekommen, welches nicht so leicht zu befürchten sein würde, wenn er beschnitten gewesen wäre. Er wusch nachher diesen Teil des Leibes fleißig und seitdem spürete er dergleichen nicht mehr. Das Waschen des ganzen Körpers und besonders der heimlichen Teile ist also in den heißen Ländern notwendig und es ist vielleicht deswegen, daß die Stifter der Juden, der Muhamedaner, der Gebers, der Heiden in Indien etc. selbiges befohlen haben." Hiermit stimmt nun die Erzählung des Flav. Josephus[1]) von dem Ägypter Apion überein: „Daher scheint mir Apion mit Recht wegen seiner Verhöhnung der vaterländischen Gesetze eine passende Strafe erlitten zu haben, denn die Not hatte ihn gezwungen, sich beschneiden zu lassen, indem an seinem Schamgliede (seiner Eichel) eine Verschwärung entstand, und da die Beschneidung ohne Erfolg war, vielmehr Putrescenz eintrat, so starb er unter fürchterlichen Schmerzen." Das soeben Angeführte wird nun auch eine klare Einsicht in folgende Stelle des Philo[2]) gestatten: „Daher war es auch passender, die kindischen Spöttereien fahren lassend, vernünftig und ernsthaft die Ursachen aufzusuchen, aus denen diese Sitte (die Beschneidung) hervorging, als ganze Nationen im voraus des Leichtsinnes zu beschuldigen. Auf solche Weise wird es dem Vernünftigen nicht wahrscheinlich, daß so viele Tausende in jedem Zeitalter beschnitten sind, die

[1]) Contra Apionem Lib. II. c. 13. *ὅθεν εἰκότως μοι δοκεῖ τῆς εἰς τοὺς πατρίους αὑτοῦ νόμους βλασφημίας δοῦναι δίκην Ἀπίων τὴν πρέπουσαν· περιετμήθη γὰρ ἐξ ἀνάγκης, ἑλκώσεως αὐτῷ περὶ τὸ αἰδοῖον γενομένης· καὶ μηδὲν ὠφεληθεὶς ὑπὸ τῆς περιτομῆς ἀλλὰ σηπόμενος ἐν δειναῖς ὀδύναις ἀπέθανεν.* Daß unter dem *περι τὸ αἰδοῖον* hier die Eichel oder wenigstens die Vorhaut zu verstehen sei, geht aus dem ganzen Sinne der Stelle hervor.

[2]) De circumcisione. Opp. ed. Th. Mangey. Vol. II. p. 211. *Ἓν μέν, χαλεπῆς νόσου καὶ δυσιάτου πάθους ἀπαλλαγήν, ἣν ἄνθρακα καλοῦσιν, ἀπὸ τοῦ καίειν ἐντυφόμενον, ὡς οἶμαι, ταύτης τῆς προσηγορίας τυχόντος, ἥτις οὐ κολώτερον τοῖς τὰς ἀκροποσθίας ἔχουσιν ἐγγίνετο· Δεύτερον, τὴν δι' ὅλου τοῦ σώματος καθαρότητα πρὸς τὸ ἁρμόττειν τάξει ἱερωμένῃ. Παρ' ὃ καὶ ξυρῶνται τὰ σώματα προσυπερβάλλοντες οἱ ἐν Αἰγύπτῳ τῶν ἱερέων. ὑποσυλλέγεται γὰρ καὶ ὑποστέλει καὶ θριξὶ καὶ ποσθίαις ἔνια τῶν ὀφειλόντων καθαίρεσθαι.*

unter heftigen Schmerzen ihre und der Ihrigen Leiber verstümmelten. Es sind dagegen viele Bewegungsgründe die Sitte der Alten aufrecht zu erhalten und zu befolgen; vorzüglich aber folgende vier. Erstens, die Abhaltung einer heftigen Krankheit und eines schwer zu heilenden Leidens, welches man Anthrax nennt, eine Benennung, die, wie ich glaube, von dem darin glimmenden (wütenden) Brennen (*ἀπὸ τοῦ καίειν ἐντυφόμενον*) hergenommen ist, und leicht bei denen entsteht, welche ihre Vorhaut haben. Zweitens wegen der für die Priesterkaste erforderlichen Reinlichkeit des ganzen Körpers. Daher scheeren auch die Priester in Ägypten sorgfältig ihren Körper; denn es sammelt sich und zieht sich etwas sowohl unter den Haaren, als auch unter der Vorhaut zusammen, was entfernt werden muß."

Aus der Vergleichung der Stelle Niebuhrs mit der des Philo ergibt sich, daß dem hier erwähnten Anthrax keineswegs an und für sich ein syphilitischer Ursprung zugrunde lag, wie man hier und da angenommen hat, wohl aber erkennen wir daraus die Geneigtheit der Talgdrüsen der Eichel in Verschwärungsprozeß überzugehen. Diese kann nun zwar durch die Beschneidung, sowie durch fortgesetzte Sorge für Reinlichkeit in gewissem Grade gemindert, keineswegs aber ganz beseitigt werden, da sie eben durch nicht entfernbare klimatische Einflüsse bedingt wird. Hat nun der corrodierende Scheidenschleim der Frau, zumal in Verbindung mit dem leicht in Fäulnis übergehenden[1]) Menstrualblute rückwirkend auf die Schleimhaut

[1]) Insofern es nämlich einige Zeit in der Scheide liegen bleibt und mit der atmosphärischen Luft mehr oder weniger in Berührung tritt; denn an und für sich fängt im gesunden Menstrualblute keine Entmischung an und entwickelt sich keine faulige Schärfe, wie dies John Stedmann (physiolog. Versuche und Beobachtungen. A. d. Engl. Leipz. 1777. 8. p. 50—54) früher behauptete. Wahrscheinlicher ist es indessen weniger dieser jedenfalls nur geringe Übergang in Fäulnis, als die saure Beschaffenheit des Menstrualblutes, welche mit dem sauren Scheidenschleime eine Art Essiggährung in der Scheide eingeht, deren Produkt dann korrodierend wirkt. Retzius hat nämlich neuerlich nicht nur das Menstrualblut sehr sauer reagierend gefunden, sondern auch nachgewiesen, daß es freie Phosphorsäure und Milchsäure enthält. Vergl. Arsberättelse om Svenska Läkare Sällskapets Arbeten. 1835. S. 19—21. Froriep's Notiz. Bd. 49. S. 237.

Corrosionen und Geschwüre erregt, so entsteht notwendig eine noch üblere Mischung von Eiter und Schleim, und wenn unter diesen Verhältnissen die Eichel des Mannes, bei gleicher Neigung ihrer Hautdrüsen in Verschwärungsprozeß überzugehen, während des Beischlafs in eine so beschaffene Scheide dringt, so kann es um so weniger Wunder nehmen, daß Blenorrhoe der Harnröhre oder Geschwürsbildung auf der Eichel erfolgt,[1]) wenn man bedenkt, daß der Beischlaf die beteiligten Organe in erhöhte Tätigkeit setzt, empfänglicher für äußere, schädliche Reize macht; dies umsomehr, als gleichzeitig von der krankhaft umgestimmten Scheidenschleimfläche eine größere Menge Sekret geliefert wird, welches vielleicht auch durch den Nerveneinfluß (ähnlich wie der Speichel durch Zorn) eine vitalchemische, contagiose Mischungsveränderung erleidet. War die Frau nun sogar zur Zeit des Beischlafes menstruiert, wo ihre Genitalien an und für sich schon in erhöhte Tätigkeit versetzt sind, so muß die Aufregung noch größer, der Nachteil noch bedeutender werden. Auf diese Weise wird es uns zum Teil erklärlich, daß die Genitalgeschwüre, welche sich der Mann durch den Beischlaf zuzog, in Asien so leicht den putriden Charakter annehmen, und die Alten Grund genug hatten, sie mit dem Namen *ἄνθραξ* zu belegen. Denn daß *ἄνθραξ* in der Tat auch eine Folge des Beischlafes war, sehen wir aus einer bereits von

---

[1]) Daher schreibt auch Hugo Grotius Commentar. ad Mosis lib. III. c. 15. Sciendum est autem in Syria et locis vicinis non minus *τὴν γονόῤῥοιαν* quam *τὰ ἐμμήνια* habere aliquid contagione nocens. Auch Astruc, der eifrige Verteidiger des amerikanischen Ursprungs, sagt: (Vol. I. p. 92.) Sane constat in hac nostra Europa, quae magis temperata est, si cum menstruatis res habeatur, balanum et praeputium leviore phlogosi aut superficiariis pustulis, quae tamen brevi cessant, plerumque affici. Quanto graviora ergo iis impendere credendum est, quos in calidiore et aestuante climate misceri cum foeminis non pudet, dum illis menses actu fluunt natura acerrimi et quasi virosi. Ideo forsan factum est, ut medici Arabes, qui regiones calidiores incolebant, quam Graeci et Latini, et primi et saepe disseruerint de pustulis et ulceribus virgae, oriundis ex coitu cum foeda muliere, hoc est (?), cum muliere menstruata. Vergl. Fr. Eagle und Judd in Behrend's Syphilidologie, Bd. I. S. 117. und 285.

Hensler und Simon angeführten Stelle des Bischof *Palladius*,[1]) welcher von einem gewissen *Hero* erzählt, das ihn der Dämon

---

[1]) Lausiaca historia cap. 39. in Magna bibliotheca veterum patrum Tom. XIII. Paris 1644. fol. pag. 950. *Οὕτως δὲ γαστριμαργῶν καὶ οἰνοφλυγῶν ἐνέπεσεν καὶ εἰς τὸν βόρβυρον τῆς γυναικείης ἐπιθυμίας· καὶ ὡς ἐσκέπτετο ἁμαρτῆσαι μιμάδι τινὶ προσομιλῶν συνεχῶς τὰ πρὸς τὸ ἕλκος ἑαυτοῦ διελέγετο· τούτων οὕτως ὑπ' αὐτοῦ διαπραττομένων γέγονεν αὐτῷ κατά τινα οἰκονομίαν ἄνθραξ κατὰ τῆς βαλάνου· καὶ ἐπὶ τοσοῦτον ἐνόσησεν ἑξαμηνιαῖον χρόνον, ὡς κατασαπῆναι αὐτοῦ τὰ μορια καὶ αὐτομάτως ἀποπεσεῖν· ὕστερον δὲ ὑγιάνας καὶ ἐπανελθὼν ἄνευ τούτων τῶν μελῶν, καὶ εἰς φρόνημα θεϊκὸν ἐλθὼν καὶ εἰς μνήμην τῆς οὐρανίου πολιτείας, καὶ ἐξομολογησάμενος πάντα τὰ συμβεβηκότα αὐτῷ τοῖς ἁγίοις πατρίσιν, ἐνεργῆσαι μὴ φθάσας ἐκοιμήθη μετὰ ὀλίγας ἡμέρας.* Für *κατὰ τινὰ οἰκονομίαν* ist wahrscheinlich *κατὰ θινὰν* oder *θείαν οἰκ.* zu lesen, da sich diese Verbindung vielfach bei Palladius findet und auch in diesem Kapitel wenige Zeilen vorher vorkommt, in der Bedeutung: nach göttlichem Ratschluß; dagegen ist das *τὰ πρὸς τὸ ἕλκος ἑαυτοῦ διελέγετο* uns fast durchaus unverständlich. *Hervetius* übersetzt die Stelle durch: Incidit in coenum femineae cupiditatis et cum peccare constituisset cum quadam mima assidue colloquutus, *ulcus suum aperuit*. Schon die *γυναικεία ἐπιθυμία* ist zweifelhaft, da sie eigentlich auf etwas Unmännliches deutet und wenn wir die *γυναικεία νοῦσος* des Dio Chrysostomus (S. 188) damit vergleichen, so müßte man an die Unzucht des Pathicus denken, welche Hero doch aber unmöglich mit einer Mima treiben und der er auch keinen Anthrax auf der Eichel verdanken konnte. Indessen lehrt uns cap. 35, daß *Palladius* hiermit die Wollust, die Lust, mit Frauen den Beischlaf auszuüben, bezeichnet. Es wird dort vom Abte Elias erzählt, daß er ein Nonnenkloster gestiftet und von heftiger Lust die Nonnen zu gebrauchen, befallen sei, worauf er gebetet *ἀπόκτεινόν με, ἵνα μὴ ἴδω αὐτὰς θλιβομένας, ἢ τὸ πάθος μου λάβε, ἵνα αὐτῶν φροντίζω κατὰ λόγον.* Darauf sei er in Schlaf verfallen, die Engel hätten ihn kastriert und erwacht habe er zwar seine Genitalien noch gehabt, aber er versicherte: *ὅτι οὐκέτι ἀνέβη εἰς τὴν καρδίαν μου πάθος γυναικὸς ἐπιθυμίας.* Was bedeutet nun *τὰ πρὸς τὸ ἕλκος*? Dem ganzen Sinne nach möchten wir es für Genitalien nehmen, obschon wir analoge Stellen vergebens gesucht haben; aber dann dürfte es nur auf die weiblichen Genitalien oder den After gehen, denn diese stellen eine Trennung des Zusammenhanges *(ἕλκος)* dar, oder man müßte den Samen gleichfalls für Eiter halten und deshalb die männlichen Genitalien, welche ihn absondern, *ἕλκος* nennen, denn anders kann das *ἑαυτοῦ* nicht begriffen werden. Nicht weniger ungewiß ist das *διελέγετο*; an unterreden kann hier niemand denken. *Suidas* und *Hesychius* erklären *διαλέγεσθαι* durch *συνουσιάζειν*. *Pollux* Onom. V. 93. *περὶ μίξεως ζώων*, sagt: *διαλεχθῆναι. — οὐδ' ἡ διάλεξις, ἀλλὰ διειλέχθη*

nach Alexandrien geführt, dort habe er Theater und Pferderennen besucht und sich in den Kneipen herumgetrieben. „Auf diese Weise aber Schlemmer und Säufer geworden, verfiel er in den Schlamm der Wollust; und als er mit dem Gedanken zu sündigen umging, machte er sich sogleich mit einer Schauspielerin zu schaffen (und löste ihren Gürtel?): Als dies so von ihm vollbracht war, brach ihm nach göttlicher Schickung ein *ἄνθραξ* auf der Eichel hervor und er lag sechs Monat lang daran so heftig darnieder, daß seine (Geschlechts-) Teile verfaulten und von selbst abfielen. In der Folge aber gesund geworden und mit dem Verlust der Glieder davon gekommen und zur göttlichen Erkenntnis gelangt, und eingedenk des Himmelreichs, nachdem er alles was ihm begegnet den frommen Vätern bekannt hatte, entschlief er nach wenigen Tagen, ehe sich die Wirkung (der Besserung) gezeigt hatte." Trotz der Schwierigkeiten, welche einige Worte des Textes darbieten, ist die Hauptsache doch klar und unzweifelhaft, daß Hero sich den *ἄνθραξ* durch den

---

αὐτῇ καὶ διειλεγμένος εἰμι ὡς Ὑπερίδης. II. 125. *Ὑπερίδης δὲ διειλεγμένος, ἐπ᾽ ἀφροδισίων. Ἀριστοφάνης δὲ διαλέξασθαι ἔφη.* Vergl. Küster und Brunck zu Aristophanes Plut. 1083. Moeris. p. 131. Abresch lect. Aristaenet. p. 50. Die Bedeutung von Beischlaf ausüben liegt nun aber schon in *προσομιλῶν*, mithin muß hier *διαλέγεσθαι* einen speziellern Zustand bezeichnen. Es erklärt der Scholiast des Aristophanes zu Lysistr. 720. *διαλέγουσιν* durch *διορύττουσι*, durchbohren, wir müßten also *διαλέγομαι* als Deponens fassen; und dann würde aber zu lesen sein: *τὰ πρὸς τὸ ἕλκος αὐτῆς διελέγετο* und das *τὰ πρὸς ἕλκος* ginge auf die Mima und deren Hymen (oder Fibula?) wie in der S. 283. angeführten Stelle des Josephus das *περὶ τὸ αἰδοῖον* die Vorhaut bedeutet. Wollten wir *ἑαυτοῦ* beibehalten, so müßten wir *διαλέγομαι* in der Bedeutung von *καθαίρειν*, reinigen, nehmen (Hesychius sagt *διαλέγειν. ἀνακαθαίρειν.*) und dann *οὐκ* einschieben, er reinigte sich die Genitalien nicht. Wenn man die Bedeutung des Sonderns, Trennens festhält, könnte man auch den Satz so verstehen, daß Hero sich die Vorhaut einriß; doch dürfte sich *ἕλκος* von den Genitalien des Mannes schwerlich rechtfertigen lassen; für die der Frau dagegen bietet das *ἐσχάρα* eine gültige Analogie, welches sich bei Aristophan. Equit. 1296 und öfter findet. Eustath. ad. Odyss. p. 1323 sagt; *δῆλον δ᾽ ὅτι ἐσχάραν καὶ τὸ γυναικεῖον ἐκάλουν μόριον.* Doch mag der kundigere Leser hier selbst entscheiden.

Beischlaf mit einer Schauspielerin zugezogen hatte, und die moralischen Betrachtungen, welche Palladius daran knüpft, können das Faktum nicht schwächen. Astruc's Einwendungen gegen die Beweiskraft dieser Stelle hat bereits Hensler (Gesch. der Lustseuche I. S. 317 folg.) zurückgewiesen, und indem er die von Becket beigebrachten Stellen aus dem Anfange des XV. Jahrhundert damit parallelisiert, sagt er mit Recht: „Was will man denn für Beweise haben, wenn die es nicht sind?" — Erhielten vielleicht gar die weiblichen Genitalien die Namen ἐσχάρα und ἄνθραξ deswegen, weil sie häufig mit diesen Dingen beschenkten? — Interessant ist es übrigens, daß auch noch jetzt in Indien Anthrax und Schankergeschwüre für verwandt gehalten und beide nach William Jones *(Asiatic Researches Vol. II.)* mit dem Namen Nar Farsi oder Ateshi Farsi *(Ignis persicus)* von den Kabirajas oder indischen Ärzten belegt werden. Berücksichtigt man nun die große Sorge der Juden für die Vermehrung ihres Stammes, die Leichtigkeit des Übergangs der Geschwürsformen in Brand in heißen Gegenden, wie auch das Beispiel des Apion und Hero zeigt, mithin die Leichtigkeit der Zerstörung der Fortpflanzungsorgane, so kann es weniger auffallen, wenn wir unter den Geboten des Moses[1]) folgendes lesen: „Wenn ein Mann beim Weibe schläft zur Zeit ihrer Krankheit und entblößet ihre Scham und decket ihren Brunnen auf, und sie entblößet den Brunnen ihres Bluts, die sollen beide aus ihrem Volke gerottet werden." Wahrlich, es mußten große und gewichtige Nachteile in nicht unbedeutender Anzahl von Beispielen vorliegen, wenn ein Gesetzgeber die

---

[1]) Buch III. Kap. 20. v. 18. Allerdings sagt Maimonides nach Selden Uxor hebraica. Francf. 1673. 4. p. 133. At vero si esset mensibus immunda, tametsi deducta fuerit, etiam et coitus sit secutus, nuptiae non perficiebantur — allein hier geschah es wohl unwissend; wenn schon auch nicht selten wissentlich dagegen gehandelt worden sein mag. Festus erklärt das lateinische imbubinare durch menstruo mulierum sanguine inquinare, dies könnte fast auf die Vermutung führen, als hätte man nach dem Umgang mit Menstruierenden Bubonen entstehen sehen? Hippocrates de natura pueri ed. K. I. p. 390. leitet dergleichen bei Frauen von verhaltener Menstruation her

Todesstrafe auf den Beischlaf mit Menstruierten zu setzen sich gezwungen sah, obgleich er schon im allgemeinen die menstruierte Frau, sowie alles was sie berührte, für unrein erklärt hatte. Auf der andern Seite mußte der Coitus mit menstruierten Frauen bei den Juden aber auch zu den mehr als gewöhnlichen Dingen gehören, wenn nur eine solche Strafe ihn zu zügeln vermochte, und wir können uns dann wahrlich nicht wundern, daß die heiligen Bücher derselben, früher vielleicht als irgend eines andern Volkes Schrift, nur zu gut mit den durch den Coitus acquirierten Krankheiten der Genitalien bekannt waren. Von der Krankheit, welche infolge der Verehrung des Baal Peor entstand, ist § 8 und 9 gehandelt, und daß die Mosaischen Bücher die ersten Spuren der Kenntnis des Trippers enthalten, ist längst als unzweifelhaft betrachtet worden.[1]) Übte das Klima bereits auf die Eingeborenen einen solchen Einfluß aus, um wie viel mehr mußte dies bei Fremdlingen der Fall sein, auf welche alle endemischen Krankheitsreize eines Landes bekanntlich mit größerer Heftigkeit einwirken, was im Altertume

[1]) III. Buch Moses 15. Jeder wer dies Kapitel, dessen Mitteilung uns der Raum nicht gestattet, mit Aufmerksamkeit durchliest, sieht leicht, daß daselbst nur von einem krankhaften Ausfluß aus den Genitalien (basar) die Rede ist, dessen Dauer unbestimmt ist, weshalb auch die Flüssigen noch 7 Tage nach dem Aufhören des Flusses unrein waren, während der von Pollution Befallene (Vers 16) nur bis zum Abend unrein war. Die LXX übersetzen den Fluß durch ῥύσις, den Flüssigen durch ὁ γονοῤῥυής, während sie von der Pollution sagen ὡς ἐὰν ἐξέλθῃ ἐξ αὐτοῦ κοίτη σπέρματος. Astruc und andere haben den Fluß der Genitalien von der Lepra ableiten wollen, allein dann müßte doch schon vorher die Lepra an dem Flüssigen bemerkbar gewesen sein, und der Fluß wäre sonach nur Symptom, hätte dann weiter kein besonderes Reinigungsgesetz verlangt, indem das der Lepra auf ihn zu beziehen gewesen wäre. Dasselbe hätte aber auch dann stattfinden müssen, wenn der Fluß als erstes Symptom der Lepra betrachtet worden wäre, denn notwendig mußte dann der Priester den Flüssigen einsperren und besichtigen, ob auch die übrigen Symptome der Lepra sich zeigten. Von alle dem steht aber nichts im Moses, welcher den Fluß deutlich von der Lepra trennt, ebenso wie der Verfasser des II. Buches Samuelis 3, 29. Übrigens erwähnt auch kein anderer Schriftsteller den Fluß als ein konstantes oder häufiges Symptom des Aussatzes, Schilling leugnet sogar sein Vorkommen ganz. Vergl. Hensler vom abendl. Aussatz. S. 130. 396.

noch bei weitem greller hervortreten mußte, da die Nationen sich damals noch weit unvermischter erhielten; ein Moment, welches bisher überhaupt viel zu wenig von den Pathologen berücksichtigt wurde und doch sicher bei der Entstehung und Verbreitung der Lustseuche von bedeutendem Gewicht ist, ohne daß man deshalb den amerikanischen Ursprung anzunehmen nötig hat.[1]) Irren wir nicht, so war es bei der Plage des Baal Peor ebenfalls wirksam. Was von den Juden gilt, muß auch von den übrigen Völkern Asiens und Ägyptens gelten, und zwar in noch höherem Grade, da sie, wie wir gesehen haben, der Unzucht noch weit mehr fröhnten. Indessen fanden damals wie jetzt gewisse Verschiedenheiten statt, und es gab auch im Altertum wahrscheinlich Landstriche, deren physisches Klima selbst als hinderndes Moment betrachtet werden konnte, und wo trotz der Ausschweifungen die Genitalien doch selten erkrankten. Die Belege hierzu müssen spätere Forschungen geben, da wir erst eine geographische Nosologie der Lustseuche in der Gegenwart besitzen müssen, wenn wir die Materialien dazu im Altertum aufsuchen und benutzen wollen. Was der verdienstvolle Schnurrer in seiner geographischen Nosologie gesammelt hat, ist zu unvollkommen, als daß wir daraus bereits sichere

---

[1]) Astruc de morbis venereis p. 93. Quid igitur mirum varia, heterogenea, acria multorum virorum semina (et smegmata fügen wir hinzu) una confusa, cum acerrimo et virulento menstruo sanguine mixta, intra uterum aestuantem et olidum spurcissimarum mulierum coercita, mora, heterogeneitate, calore loci brevi computruisse ac prima morbi venerei semina constituisse, quae in alios, si qui forsan continentiores erant, contagione dimanavere? — Cum ergo in omnibus terrae locis, ubi lues venerea antiquitus endemia fuisse videtur, eundem aeris fervorem cum pari incolarum impudicitia coniunctum fuisse manifestum sit, haud inanis inde locus est colligendi morbum natura eundem, quo regiones longissime dissitae et inter quas nulla fuit commercii communio, simili modo infestabantur, a simili causarum earundem concursu, in quo tantum convenirent, generatum olim fuisse et generari etiamnum, si indigenae iisdem moribus vivant. Auch Wizmann am S. 29 angef. Orte S. 232 ist der Meinung, daß sich die Lustseuche unter den genannten Verhältnissen noch jetzt in der Türkei genuin erzeuge. Eine ähnliche Ansicht teilen Eagle und Judd am S. 275 angeführten Orte.

Schlüsse zu machen berechtigt wären, zumal da das von ihm beigebrachte Material meistens aus den Mitteilungen von Nichtärzten geschöpft ist. So wenig als Griechenlands Klima einen vorzugsweise erregenden Einfluß auf die Geschlechtsfunktion der Genitalien ausübte, eben so wenig liegt in ihm ein Grund zur Steigerung der individuellen Tätigkeit derselben, und wie es überhaupt durch seine von den Alten [1]) mit Recht gefeierte glückliche Mischung der Jahreszeiten die Vorteile, nicht aber die Nachteile der heißen Zone genoß, bei seinen Bewohnern alle Funktionen in einem kräftigeren Gleichgewicht standen, so konnte es unmöglich die Entstehung von Genitalaffektionen direkt begünstigen und machte deshalb auch alle dahin abzweckende Vorsichtsmaßregeln, wie sie in Asien erfordert wurden, unnötig. Hält auch Italien mit Griechenlands Klima keinen Vergleich aus, so kann es doch keineswegs unbedingt zu den Genitalaffektionen begünstigenden Momenten gerechnet werden, und es erklärt sich wenigstens zum Teil hieraus, warum die Ärzte Griechenlands und Roms über die in Rede stehenden Krankheiten so wenig befriedigende Auskunft geben, obgleich, wie wir sehen werden, hierbei noch ganz andere Momente wirksam waren.

§ 30.

Ist das Klima, wie wir gesehen haben, an und für sich schon ein bedeutendes begünstigendes Moment zur Entstehung von Genitalaffektionen, um wieviel mehr muß es seinen Einfluß auf die wirklich entstandenen ausüben, und die Frage: welchen Einfluß zeigte das Klima im Altertum auf die Form und

---

[1]) Herodot. lib. III. cap. 196. *ἡ Ἑλλὰς τὰς ὥρας πολλόντι κάλλιστα κεκραμένας ἔλαχε.* Vergl. Dahlmann Herodot p. 90 sq. Auch Plato lobt die *εὐκρασία τῶν ὡρῶν* von Hellas an mehr als einer Stelle; z. B. Timaeus 24. C. Kritias 111. E. Epinom. 987 D. und Aristophanes sagt in einem vom Athenaeus Deipnos. IX. p. 372. aufbewahrten Fragmente seiner Horen von Attika:

ὥςτ᾽ οὐκ ἔτ᾽ οὐδεὶς οἶδ᾽ ὁπηνίκ᾽ ἐστὶ τοὐνιαυτοῦ.

den Verlauf der Genitalaffektionen ist für die Geschichte der Lustseuche von um so größerer Wichtigkeit, als von ihrer richtigen Beantwortung vorzugsweise die richtige Ansicht von der Gestaltung des Krankheitsprozesses im Altertume abhängt. Allerdings setzt sie das Vorhandensein von Genitalaffektionen voraus, und könnte somit eigentlich erst nach Beendigung unserer Untersuchungen aufgeworfen werden; indessen glauben wir in dem Vorhergehenden bereits soviel beigebracht zu haben, daß der aufmerksame Leser unmöglich ein solches Vorhandensein bezweifeln wird. Überdies scheint es uns zweckmäßiger den Einfluß des Klimas in seiner Gesamtheit zu überblicken, als die Untersuchungen darüber an verschiedenen Stellen von neuem aufzunehmen, und so mehr oder weniger zu zerstückeln.

Vorherrschen der Vegetation in Verbindung mit einer gewissen Schlaffheit ist der Charakter aller Organismen, welche unter dem Einfluß des südlichen Klimas stehen. Wirkt demnach ein abnormer Reiz auf die Schleimhaut der Genitalien ein, so wird sich jener Charakter auch hier aussprechen, die Reaktionen werden nicht sowohl von der arteriellen Seite ausgehen und unter den Erscheinungen einer sthenischen Entzündung auftreten, sondern sich vielmehr nur durch erhöhte Absonderung aussprechen, deren Zweck die Beseitigung des abnormen Reizes ist; und der so entstandene Schleimfluß zeigt sich als einfache, gleichsam nur katarrhalische Blennorrhoe, welche da, wo die Luft nicht mit feuchten Dünsten geschwängert ist, durch etwas sorgfältigeres Reinhalten um so leichter verschwindet, als sehr bald die im heißen Klima vorherrschende Resorption auf den Schleimhäuten überhaupt auch auf den der Genitalien wieder die Oberhand gewinnt, unterstützt von der sich stets in erhöhter Tätigkeit befindenden äußeren Haut, deren Fläche ja schon die der Schleimhaut der Genitalien um ein bedeutendes übertrifft. Da wo die Luft zugleich feucht ist, erscheint die Hauttätigkeit wie die Resorption im Inneren geringer, und so wird der Schleimfluß auch hier einen mehr chronischen Verlauf annehmen, aber auch noch mehr der entzündlichen Reaktion entbehren. Alle neueren Beobachtungen stimmen darin überein, daß in den südlichen Ländern die Tripperformen vorherrschend sind und im Ganzen fast immer einen gutartigen, die Kunsthilfe wenig in Anspruch nehmenden Verlauf zeigen. Da das Klima im Altertume sich sicher nur wenig von dem jetzigen unterscheidet, so kann man wohl annehmen, daß auch im Altertum die Blennorrhoen der Genitalien diesen Charakter gezeigt haben, was auch die vorhandenen Überlieferungen unbezweifelt dartun. Die Häufigkeit der Genitalblennorrhoe im Altertum zeigt schon die oben angeführte Stelle der Mosaischen Bücher, und ihre Gutartigkeit beweist unter anderem das Kurverfahren der alten Ärzte, welche fast alle den Grundsatz des Celsus (VI. 18), die Gonorhoe *levibus medicamentis* zu behandeln, befolgten, wenn sie überhaupt zur Behandlung aufgefordert wurden. Wenigstens gilt dies von der akuten Blennorrhoe; die chronische, mit der sie es meistens nur zu tun hatten, verlangte natürlich Adstringentia. Jener Mangel an arterieller Reaktion war sicher auch die Veranlassung, warum man im Altertum die Gonorrhoe als eine Folge von Schwäche der samenabsondernden Gefäße und den Ausfluß als schlecht bereiteten Samen hielt. Kamen ja Zeichen erhöhter Tätigkeit vor, so gingen sie weniger vom Blutsystem als von den Nerven aus, und Galenus[1]) hatte Recht, den Priapismus unter diesen Verhältnissen von Krampf abzuleiten. — Wie mit dem Schleimfluß, so verhielt es sich auch mit den Geschwürsformen der Genitalien. Die im folgenden Abschnitt zu nennenden Bedingungen verhinderten ihre Entstehung bereits im beträchtlichen Maße; und wenn sie in den Hochebenen Asiens und in Oberägypten auch häufiger als die Blennorrhoe erschienen (dies lehrt wenigstens die jetzige Erfahrung bestimmt), so bestanden sie doch nur kurze Zeit, da der überwiegende Vegetationsprozeß unter Beihilfe von außen bald der Krankheit Herr wurde und den Substanzverlust schnell wieder ersetzte. Anders gestaltete sich dies freilich in den tieferen Ebenen, wie in Syrien und Unterägypten, welche außer der warmen Temperatur auch noch einen

---

[1]) De symptomat. causis. lib. III. cap. 11. ed. Kühn Vol. VII. p. 267. *καὶ μὴν αἱ γονόῤῥοιαι, χωρὶς μὲν τοῦ συντείνεσθαι τὸ αἰδοῖον, ἀῤῥωστίᾳ τῆς καθεκτικῆς δυνάμεως τῆς ἐν τοῖς σπερματικοῖς ἀγγείοις· ἐντεινομένου δέ πως, οἷον σπασμῷ τινι παραπλήσιον πασχόντων ἐπιτελοῦνται.*

bedeutenden Feuchtigkeitsgrad der Atmosphäre und des Bodens zeigten; hier nahmen die Geschwürsformen, wenn nicht große Sorgfalt auf sie verwendet ward, einen malignen Charakter an und gingen leicht in Gangrän (ἄνθραξ) über, wie wir dies oben beim Apion und Hero sahen, wodurch freilich jedes Spezifische des Krankheitsprozesses vernichtet, das Individuum dafür aber desto mehr gefährdet, wenigstens nur zu leicht des erkrankten Teiles selbst beraubt ward. Wurde nun der Teil auch nicht immer durch Brand zerstört, so war die Heilung doch oft schwer, indem sich bei Vernachlässigung des Übels selbst Würmer in den Geschwüren [1]) und diese dann eine so profuse oder um sich greifende Eiterung erzeugten, daß der Kranke dadurch endlich zu grunde ging, wie dies uns das Beispiel des Kaisers Galerius Maximinianus zeigt, welches Eusebius [2]) erwähnt und Sirach

[1]) Larrey, Relation historique et chirurgicale de l'expédition de l'armée d'Orient, en Egypte et en Syrie à Paris 1803. p. 116. Pendant le travail de la suppuration, les blessés furent seulement incommodés des vers ou larves de la mouche bleue, commune en Syrie. L'incubation des oeufs que cette mouche deposait sans cesse dans les plaies ou dans les appareils, étoit favorisée par la chaleur de la saison, l'umidité de l'atmosphère et la qualité de la toile à pensement (elle étoit de coton) la seule qu'on ait pu se procurer dans cette contrée. La présance de ces vers dans les plaies paraissait en accélérer la suppuration, causait des demangeaisons incommodes aux blessés et nous forçait de les panser trois ou quatre fois le jour. Ces insectes, formés en quelques heures, se développaient avec une telle rapidité, que du jour au lendemain, ils étaient de la grosseur d'un tuyau de plume de poulet. On faisait à chaque pansement des lotions d'une forte décoction de rhue et de petite sauge, qui suffisaient pour les détruire; mais ils se reproduisaient bientot après par les défauts des moyens propres à écarter l'approche des mouches et à prévenir l'incubation de leurs oeufs. Man vergleiche was Larrey S. 278 über das Klima von Syrien sagt.

[2]) Histor. eccles. lib. VIII. 14. *τί δεῖ τὰς ἐμπαθεῖς ἀνδρὸς αἰσχρουργίας μνημονεύειν; ἢ τῶν πρὸς αὐτοῦ μεμοιχευμένων ἀπαριθμεῖσθαι τὴν πληθύν; οὐκ ἦν γέ τοι πόλιν αὐτὸν παρελθεῖν, μὴ οὐχὶ ἐκ παντὸς φθορὰς γυναικῶν παρθένωντε ἁρπαγὰς εἰργασμένον.* — cap. 16. *μέτεισι γοῦν αὐτὸν θεήλατος κόλασις· ἐξ αὐτῆς αὐτοῦ καταρξαμένη σαρκὸς, καὶ μέχρι τῆς ψυχῆς παρελθοῦσα· ἀθρόα μὲν γὰρ περὶ τὰ μέσα τῶν ἀποῤῥήτων τοῦ σώματος ἀπόστασις γίγνεται αὐτῷ· εἶθ᾽ ἕλκος ἐν βάθει συριγγάδες καὶ τούτων ἀνιάτος νομὴ κατὰ τῶν ἐνδοτάτω σπλάγχνων· ἀφ᾽ ὧν ἄλεκτόν τι πλῆθος σκωλήκων βρύειν, θανατώδη τε ὀδμὴν ἀποπνέειν, τοῦ παντὸς ὄγκου*

(XIX. 2. 3.) bereits andeutet, wenn er sagt: „Wein und Weiber betören die Weisen, und wer sich an Huren hängt, ist der Unbesonnenste. Motten (Fäulnis[1]) und Würmer werden ihr Lohn und die unbesonnene Seele muß den Körper verlassen.“ Messer und Glüheisen mußten natürlich unter diesen Verhältnissen eine Hauptrolle bei der Behandlung spielen, welche der Kranke aber mehr fürchtete als das Übel selbst (vergl. S. 69) und deshalb sich auch lieber selbst den Tod gab, wie jener Municeps, dessen Plinius in der S. 230 Anm. 1 angeführten Stelle gedenkt. Saßen dergleichen Geschwüre nun aber gar im Munde eines Fellator oder Cunnilingus, so mußte ihr Verlauf um so rapider, ihre Gefahr um so größer sein, wenn der Kranke sich in solch einem Klima aufhielt, und auf diese Weise kamen dann die S. 227 besprochenen *Αἰγύπτια καὶ Συριακὰ* und *βουβαστικὰ ἕλκεα* in Verruf. Indessen diesen klimatischen Einflüssen konnte der Mensch durch zweckmäßige ärztliche Hilfe und diätetisches Verhalten dem größeren Teile nach entgehen oder wenigstens ihre Gewalt bedeutend schwächen, daher Fälle der Art wohl nur selten im Altertum vorkamen und deshalb auch nur von den Schriftstellern angemerkt wurden. — Der Organismus hatte im Süden noch einen anderen Weg, den eindringenden Feind zu bekämpfen, welcher den Ärzten des Altertums entgangen zu sein

---

τῶν σωμάτων ἐκ πολυτροφίας αὐτῷ καὶ πρὸς τῆς νόσου εἰς ὑπερβολὴν πλήθους πιμελῆς μεταβεβληκότος· ἣν τότε κατασεπεῖσαν, ἀφόρητον καὶ φρικτοτάτην τοῖς πλησιάζουσι παρέχειν τὴν θέαν, ἰατρῶν δ' οὖν οἱ μέν, οὐδ' ὅλως ὑπομεῖναι τὴν τοῦ δυσώδους ὑπερβάλλουσαν ἀτοπίαν οἷοι τε, κατεσφάττοντο· οἱ δὲ διῳδηκότος τοῦ παντὸς ὄγκου καὶ εἰς ἀνέλπιστον σωτηρίας ἀποπεπτωκότος μηδὲν ἐπικουρεῖν δυνάμενοι, ἀνηλεῶς ἐκτείνοντο. Diese Stelle findet sich auch wörtlich bei Nicephorus histor. eccles. VII. 22. Aur. Victor Epit. cap. 40. Galerius Maximinianus consumptis genitalibus defecit. — Zosimus hist. II. 11. spricht bloß von *τραῦμα δυσίατος* und Paul. Diaconus hist. miscell. XI. 5. sagt: putrefacto introrsum pectore, et vitalibus dissolutis, cum ultra horrorem humanae miseriae etiam vermes eructaret, medicique iam ultra foetorem non ferentes, crebro iussu eius occiderentur etc. Ähnlich ging es dem Herodes, von welchem Josephus Antiq. XVII. 6. sagt: *τοῦ αἰδοίου σῆψις σκώληκας ἐμποιοῦσα.* Vergl. Bocharti Hierozoicon ed. Rosenmüller. T. III. p. 520.

[1]) Diese Lesart ist offenbar vorzuziehen; die LXX übersetzen *σήπη καὶ σκώληκες κληρονομήσουσιν αὐτὸν* wo gewöhnlich zwar auch *σῆτες* von den Herausgebern beibehalten ist.

scheint, in der neueren Zeit zwar erkannt, keineswegs aber hinlänglich gewürdigt und für die Geschichte der Lustseuche ausgebeutet worden ist. Wir meinen die Reaktion, welche die Haut bei Krankheiten der Genitalien in den heißen Klimaten zeigt. So lange man die äußere Haut bloß aus verschiedenen Schichten zusammengesetzt sich dachte, konnte von einer genaueren Kenntnis der Funktionen derselben im gesunden wie im kranken Zustande nicht gut die Rede sein. Die durch Gurlt [1]) bestätigten Untersuchungen von Breschet und Roussel de Vauzème [2]) haben uns jetzt gelehrt, daß die Haut außer jenen Schichten in der Tat (früher nur vermutete) besondere Organe, welche zum Geschlecht der Drüsen gehören, Haut-, Haar- und Schweißdrüsen nämlich, besitzt, welche sich in die bisher der Haut im allgemeinen zugeschriebenen Funktionen teilen und namentlich die verschiedenen Sympathien vermitteln, so wie sie auch fast der alleinige Sitz der mannigfachen Hautkrankheiten sind, wie wir dies zuerst in den einzelnen Artikeln über Hautkrankheiten in „Blasius Handwörterbuch der Chirurgie und Augenheilkunde" nachzuweisen und dadurch eine Umgestaltung der bisherigen Lehre von den Hautkrankheiten vorzubereiten versucht haben. Während nun die Schweißdrüsen besonders mit den Lungen in Sympathie und Antagonismus stehen, findet dasselbe Verhältnis vorzüglich zwischen den Drüsen der Schleimhaut des Darmkanals sowie der Genitalien und den das *Sebum* oder Hauttalg absondernden Hautdrüsen statt. Es würde uns zu weit führen, wollten wir diesen Gegenstand, welcher der Erörterung allerdings noch sehr bedarf, hier ausführlicher besprechen, wir erinnern daher nur daran, daß Onanisten sich nicht nur häufig dadurch verraten, daß sie eine vom stärker abgesonderten *Sebum* speckig glänzende Nase haben,

---

[1]) Vergleichende Untersuchungen über die Haut des Menschen und der Haussäugetiere, besonders in Beziehung auf die Absonderungsorgane des Hauttalgs und des Schweißes, in Müllers Archiv f. Physiologie Jahrg. 1835. S. 399—418. Mit Kupf., deren Vergleichung das richtige Verständnis des Folgenden sehr erleichtern wird.

[2]) Nouvelles recherches sur la structure de la peau. Avec. III. planches. Paris 1835. 221. S. 8.

sondern auch daß bei ihnen das Gesicht namentlich so häufig mit *Acne*pusteln bedeckt ist; daß ferner die Ausbrüche von *Acne* häufig dem jedesmaligen Eintritt der Menstruation bei Mädchen vorausgehen und ihn begleiten;[1]) Zeichen, aus denen offenbar hervorgeht, daß Reizungen der Genitalien auf die Hautdrüsen reflektiert werden, denn die *Acne* ist nichts anderes als eine Affektion der Hautdrüsen, wie wir dies in dem obengenannten Werke nachgewiesen haben. Aber es liegen die Beweise für diesen Antagonismus noch näher. Wie oft ist nicht bereits bei uns von den Ärzten ein der *Roseola* oder *Urticaria* ähnlicher Ausschlag[2]) beobachtet worden, bei dessen oft plötzlichem Erscheinen der vorhandene Tripper nachließ und endlich ganz verschwand? Man hat diese Hautaffektion dem gebrauchten Copaivbalsam oder Cubebenpfeffer zugeschrieben, welche die Darmschleimhaut gereizt und dadurch sympathisch die Haut erregt haben sollen, was möglich sein kann, aber dann notwendig weit öfter vorkommen müßte, wenn jene Mittel die alleinige Schuld trügen. Bei einigen Kranken mag eine gewisse

---

[1]) Bereits Lorry Abh. von den Krankheiten der Haut Bd. I. S. 50. sagt: Man findet auch eine gewisse Sympathie zwischen den Geburtsteilen der Männer und Weiber und der Haut, die bei dem heftigen Triebe zum Beischlafe aufschwillt, wenn er aber vorbei ist, so kommt in derselben Schweiß und bisweilen Hitzblätterchen zum Vorschein. S. 83. Wenn nun zur Zeit der Mannbarkeit alle Glandeln aufgeschlossen sind, so wird zu den Organen der Ausdünstung eine große Menge einer subtilen und flüchtigen Materie gebracht, es entsteht ein eigener Geruch, und wenn sie sich angehäuft hat, steckt sie in den kleinsten Gefäßen, dieser Saft wird durch die Verweilung und durch die Verbindung dicke, und es entstehen davon Pusteln. Dies ist gewiß, daß wenn sich beide Geschlechter entwickelt haben und sie keusch leben, eine große Reihe zusammengehäufter Pusteln entstehen, gleichsam als wenn sie von den angelaufenen Glandeln in die Haut getrieben wären. Die Pusteln nehmen in der Ordnung zu, wie sich die Glandeln setzen; gleichsam als ob sie der Sammelplatz jener Säfte, die in der Haut zerstreut werden sollen, wären. Vergl. Haller Elem. physiolog. T. VII. lib. XXVIII. sec. 3. §. 4.

[2]) Das Nähere hierüber, sowie über mehrere andere im Laufe dieser Untersuchungen geäußerte die Pathologie der Lustseuche betreffende Ansichten, wird der Leser in unserer demnächst erscheinenden Einleitung zur Lehre von der Lustseuche dargelegt finden.

Idiosynkrasie durch sympathische Reizung des Darmkanals wirksam gewesen sein, bei den meisten wurde der Reflex von der Genitalschleimhaut auf die Hautdrüsen gewiß unter epidemischem Einfluß vermittelt und die Arzneien spielten dabei nur eine Nebenrolle; denn selbst bei der rein antiphlogistischen Behandlung des Trippers wurde ein solcher Ausschlag beobachtet. Aber nicht bloß beim Tripper treten diese Erscheinungen auf, sie wurden auch beim Schanker wahrgenommen und hier dem Sublimat zugeschrieben, indem man sie als Kriterium, daß dieses seine volle Wirkung auf das Grundleiden geäußert, ansah, was sicher in dem größern Teile der Fälle ein Irrtum war, da Biett, Rayer und andere die verschiedenartigsten Formen der Hautkrankheiten während des vorhandenen Schankers auftreten sahen und deshalb als primitive Symptome betrachteten: ja man will sogar Fälle beobachtet haben, wo sie das einzige primäre Zeichen der Ansteckung nach einem gepflogenen unreinen Beischlafe waren, was freilich vielfach bezweifelt ist, indem man dies dadurch zu erklären suchte, daß die oft sehr kleinen Geschwüre übersehen worden seien. Allerdings hat die Erfahrung sattsam gelehrt, daß die sogenannten sekundären Symptome, mithin auch die Hautaffektionen um so leichter auftreten, je oberflächlicher und kleiner die Genitalgeschwüre sind, und wir selbst glauben, daß ohne örtliche Reaktion an den Genitalien durch den Beischlaf niemals sogenannte sekundäre Erscheinungen entstehen, nur muß man nicht immer Geschwüre verlangen. Wenn nun schon in unserm gemäßigten Klima die Hautdrüsen eine nicht unbedeutende Rolle in dem Krankheitsprozesse der Lustseuche spielen, um wie viel mehr muß dies in Asien und Ägypten der Fall sein, wo die Tätigkeit der Haut überhaupt und die der Hautdrüsen insbesondere schon im normalen Zustande bei weitem energischer auftritt, wie wir dies aus dem beständigen Eingeöltsein der Haut, namentlich bei den Negern, sehen. Jene ölige Schmiere auf der Haut ist nämlich nichts anderes als das Produkt der Tätigkeit der Hautdrüsen, welche besonders leicht bei dem den Süden besuchenden Europäer während der Akklimatisation erkranken, obgleich auch die Eingeborenen alljährlich in den Sommermonaten von Hautdrüsenleiden ergriffen werden [1]).

Es ist eine längst gekannte Tatsache [2], daß in den südlichen Ländern nicht nur die größte Zahl der Hautaffektionen vorkommt, sondern auch die Lustseuche vorzugsweise als Hautexanthem erscheint und deshalb auch weit weniger zerstörende Folgen zeigt; allein man hat sich meistens mit diesem allgemeinen Satz begnügt, ohne ihn, wie gesagt, für die Geschichte und Lehre von der Lustseuche gehörig auszubeuten. Diese vorherrschende Richtung nach der Haut hin muß sich nun notwendig bei allen Krankheiten der Schleimhäute manifestieren, also auch bei denen der Genitalien. Die Resorption überhaupt, verstärkt auf den Schleimhäuten, wird sich auch bei deren Krankheiten als solche dartun, der fremde Stoff, welcher mit ihnen in Be-

---

[1]) Vergl. Hillary Beobachtungen über die Veränderungen der Luft und die damit verbundenen epidemischen Krankheiten auf der Insel Barbados. A. d. Engl. von J. Ch. G. Ackermann. Leipz. 1776. 8. S. 3 folg.

[2]) Schon Alex. Traj. Petronius de morb. Gallico lib. II. c. 24 und 26 (Aphrodisiacus p. 1225. 1226) sagt: Et in regione calida, quoniam secundum naturae suae impetum ad cutem fertur, minus saevire, in frigida vero, quoniam contra suam naturam ad interna migrare cogitur, magis — Neque nos non lateat, in ambiente (ut dicunt) calido, quoniam ad cutim attractio fit, morbum hunc et secundum naturae suae impetum creari, et simul ad exteriora prorumpere solere. In frigido autem, quia intro repellitur contra suae naturae motum retroverti et solidas corporis partes saepius depasci. Frequentius etiam in regione calida quam frigida apparere; hic enim circumfusus aer, ne morbus ad cutim extendatur, prohibet (nam intro pellit), illic vero et ad cutim trahit et eandem retinet. Besonders aber gehört hierher p. 1211. — Puydebat über den Einfluß des Klimas auf den Menschen in Bulletin méd. de Bordeaux 1836 Mai 21. (Froriep Notiz. 1836. Bd. 49. S. 179) schreibt: Die immer geöffneten Hautporen hauchen in den heißen Ländern einen reichlichen, mehr oder weniger stark riechenden Schweiß aus. Die Hautdrüsen sondern eine ölige Flüssigkeit in Menge ab, welche die Haut schlüpfrig macht und derselben jenes bei den Negern so auffallende Ansehen gibt. Dieser Zustand der Haut macht sie zu Exanthemen, z. B. Masern, Blattern, Syphilis, Lepra, Elephantiasis geneigt. — In den kalten Ländern ist die Ausdünstung der Haut sehr schwach, daher sind die innern Sekretionen vermehrt, welche in heißen Ländern durch eine gerade entgegengesetzte Ursache vermindert sind. Vergl. J. v. Röser über einige Krankheiten des Orients. Augsburg 1837. S. 67—71, auf dessen Angaben wir noch mehrmals zurückkommen werden.

rührung kommt, wird weniger von den Schleimdrüsen und Drüsen der Eichel assimiliert, ihm wird keine Zeit gelassen, auf die kleine Fläche, welche ihn aufnahm, zerstörend einzuwirken, sondern er wird schnell auf die größere Fläche der Haut geworfen und dort von den kräftiger secernierenden und assimilierenden Hautdrüsen angezogen, entweder assimiliert oder nach außen gestoßen. In einzelnen Gegenden gelingt dies schnell ohne auffallende örtlich auf der Haut wahrnehmbare Symptome, wie z. B. in Numidien, Libyen [1]) und im nördlichen Teil von Peru [2]), wo die Krankheit ohne alle Kunsthilfe von selbst heilen und bei den Bewohnern überhaupt so gut wie gar nicht vorkommen soll. (?) In den übrigen Ländern geschieht dies aber nicht, die Hautdrüsen übernehmen jedoch den Krankheitsprozeß, sondern stärker ab, und da das Sekret zugleich verändert erscheint, wird es nicht nach außen getrieben, (was schon deswegen nicht geschieht, weil die Hautdrüsen ihre Mündung, gleich dem Uterus in der Schwangerschaft, verschließen, um ungehindert in ihrer Höhle wirken zu können), die Hautdrüsen schwellen daher an und erscheinen in Gestalt von Papeln oder Tuberkeln (auch wohl Bläschen), welche sich entweder in Pusteln umwandeln, wenn endlich das krankhafte Produkt ausgestoßen wird [3]), oder nach und nach verschwinden, wenn die

---

[1]) Joannis Leonis Africani Africae descriptio. Lugd. Bat. 1632. 12. p. 86: Paucis admodum toto Atlante, tota Numidia totaque Libya hoc notum est contagium. Quodsi quisquam fuerit qui se eo infectum sentiat, mox in Numidiam aut in Nigritarum regionem proficiscitur, cuius tanta est aeris temperies, ut optimae sanitati restitutus inde in patriam redeat: quod quidem multis accidisse ipse meis vidi oculis, qui nullo adhibito neque pharmaco neque medico, praeter saluberrimum iam dictum aërem, revaluerant. Vergl. Scaliger Exercitat. CLXXX. cap. 18. — Petronius a. a. O. S. 1213.

[2]) Schnurrer Geographische Nosologie. S. 454.

[3]) Brown W. G. Reisen in Afrika, Egypten und Syrien. A. d. Engl. von C. Sprengel. Weimar 1800. 8. S. 389 erzählt von einem Seesoldaten zu Kahira, welcher angesteckt worden war, daß er, ohne etwas dagegen zu gebrauchen und weder den Genuß des Branntweins noch den Beischlaf aufgebend, nach 2 Monaten über den ganzen Körper, besonders aber am Kopf und an den Halsdrüsen, einen heftigen Ausschlag bekommen habe, welchen

Assimilation und Resorption kräftig genug war. Wirken feuchte Kälte und andere nachteilige Einflüsse ein, so entsteht freilich Verschwärungsprozeß oder es bilden sich Degenerationen etc., und die Krankheit geht in Aussatz und Elephantiasis über, was besonders in Ägypten der Fall ist, wo schon die Schanker an den Genitalien eine große Neigung zur Krusten- und Grindbildung haben sollen[1]). Wenn diese Tatsachen für die Gegenwart unbezweifelt dastehen, so frägt es sich nur: fanden sie auch im Altertume statt? Wir kommen hier zu der schwierigen Frage über das Verhältnis des Aussatzes zur Lustseuche, welches seit Jahrhunderten der Gegenstand des Streits gewesen und trotz der umsichtigen Forschungen eines Hensler und Anderer keineswegs als gelöst betrachtet werden kann. Unsere eignen Forschungen über den Aussatz der Alten sind noch zu unvollkommen und die Sache selbst erfordert ein so tiefes Eingehen in die verschiedensten Einzelheiten, daß wir

---

er mit einer Art roten Erde bestreute, worauf er abtrocknete und verging, sodaß 4 Wochen nachher der Mensch sich wieder ganz wohl befand und seine Haut so rein und glatt wie zuvor war. Schnurrer a. a. O. S. 453 führt diese Geschichte auch an, jedoch mit einigen Unrichtigkeiten. Ähnliche Beobachtungen machte Th. Clarke auf dem Vorgebirge der guten Hoffnung. London med. Gazette. 1833. Behrend Syphilidologie Bd. I. S. 241 folg. Der Minorit Conti äußerte gegen Norberg (Biörnstähls Briefe. 6. Bd. S. 410): Sowohl Christen als Muselmanen ist es im Oriente streng verboten, einem Weibe vor dem 8ten Tage nach ihrer Reinigung beizuwohnen. Wenn es innerhalb dieser Zeit geschieht, wird sein Leib vergiftet: er bekommt Geschwulst, Beulen, Wunden, Ausschlag und Schmerzen in den Gliedern, und er wird, als wenn er aussätzig wäre. Die Frauensperson wird alsdann nicht schwanger, weil ihr Geblüt unrein ist, wenn es sich aber dennoch zuträgt, bekommt das Kind auch einen üblen Ausschlag und wird wie die Eltern. Fr. Eagle (the Lancet Juli 1836. N. 671. Behrends Syphilidologie Bd. I. S. 118 erzählt mehrere Fälle, wo nach dem Beischlaf mit Menstruierten in London sowohl Tripper als Schanker entstand.

[1]) von Roeser a. a. O. S. 69. Sonnezat Reise nach Ostindien I. 94, 99. Schnurrer geogr. Nosologie S. 409. Anmerkg. sagt: „In Indostan will man besonders die Erfahrung gemacht haben, daß eine übel behandelte Syphilis in den Aussatz übergehe.“ Daß dies auch in Europa nicht allzuselten der Fall ist, werden wir an einem andern Orte ausführlicher nachweisen. Man vergleiche einstweilen was Hensler vom abendländischen Aussatze S. 228 folg. darüber sagt.

hier schon des Raumes wegen darauf verzichten müssen, den Gegenstand in allen seinen Beziehungen einer genaueren Prüfung zu unterwerfen. Auch werden wir im zweiten Teile noch einmal darauf zurückkommen, wenn wir die Frage untersuchen, ob sich die Lustseuche des XV. Jahrhunderts aus dem Aussatze entwickelt habe. Vor der Hand mag folgendes genügen: Das Klima Asiens und Ägyptens im Altertume war, wie schon erinnert, gewiß nur wenig von dem jetzigen verschieden, mithin muß auch sein Einfluß diese Ähnlichkeit geteilt haben[1]). Von dem Mentagra haben wir bereits oben nachgewiesen, daß es eine Folge der Unzucht des Cunnilingus war, und da es nach des Plinius Bericht Ägypten als sein Vaterland erkannte, so muß dessen Klima notwendig zur Erzeugung mitgewirkt haben. Fanden sich nun im Altertume Genitalaffektionen infolge des Beischlafes, so muß auch hierauf das Klima seinen Einfluß ausgeübt haben und zwar auf dieselbe Weise, wie wir es noch jetzt sehen, d. h. es müssen mannigfache Hautaffektionen infolge der Reizung und Erkrankung der Genitalien vorgekommen sein. Die alten Ärzte schweigen freilich hiervon, aber sie leiten den größeren Teil der von ihnen bunt durcheinander geworfenen Hautkrankheiten von inneren Leiden her und betrachten sie als Apostasen! Ein Beweis, daß sie mit den antagonistischen Verhältnissen, in welchen die Haut zu andern Organen steht, nicht ganz unbekannt waren. In Bezug auf die Genitalien scheinen sie nur den Consensus des Uterus mit der Haut genauer berücksichtigt[2]), beim Manne dagegen das Meiste der Leber übertragen zu haben, worüber wir später noch ein Mehreres sagen werden (Vergl. S. 240 N. 2).

[1]) Galenus ad. Glaucon. de meth. med. II. ed. K. Vol. XI. p. 142 sagt: *κατὰ γοῦν τὴν Ἀλεξάνδρειαν ἐλεφαντιῶσι πάμπολλοι διά τε τὴν δίαιταν καὶ τὴν θερμότητα τοῦ χορίου· — ἅτε δὲ θερμοῦ τοῦ περιέχοντος ὄντος καὶ ἡ ῥοπὴ τῆς φορᾶς αὐτῶν πρὸς τὸ θέρμα γίνεται·* In Germanien und Mysien, versichert er, sei die Krankheit selten, in Scythien werde sie beinahe gar nicht beobachtet.

[2]) Phlyctaenen bei Erysipelas des Uterus erwähnt Hippocrates de nat. mulierum. ed. K. II. p. 541. Galenus ed. K. Vol. XVII. A. p. 358. *ἴσθι γὰρ ὅτι τὰ ἐξανθήματα ἐν ταῖς τῆς μήτρας διαθέσεσιν εἰς τὸ δέρμα ἐκραγέντα σημαίνουσιν ὅτι ἡ φλεγμονὴ ἢ ἐρυσίπελας ἐκ τοῦ ἀποζέοντος καὶ λεπτοῦ αἵματος ἐν ταῖς μήτραις ἐγγίνεται, ὡς ἐν τῷ περὶ γυναικείης φύσεως γέγραπται.*

Die Behauptung, daß die Eunuchen nicht von *Calvities* ergriffen werden (Hippocrates I. 400 Galenus XVIII. A. 40, wo auch S. 42 der damals besonders herrschenden Ausschweifungen in *Baccho et Venere* Erwähnung geschieht, welche im Altertum häufig eine Folge der Unzucht war[1]), deutet allerdings auf den beobachteten Consensus, noch mehr aber ist die nach Archigenes[2]) von einigen Ärzten empfohlene Kastration zur Heilung der Elephantiasis imstande, den Verdacht rege zu machen, daß die Ärzte recht gut wußten, welchen Einfluß die Genitalaffektionen auf die Hautaffektionen ausüben, zumal da Archigenes (c. 120) nicht nur die Krankheit für contagiös, sondern auch die Hautaffektion für sekundär hält, ihre Ursache unbekannt nennt, von der großen Geilheit der Kranken (Satyriasis s. S. 74. 133. 269) spricht und auch erwähnt, daß Kastraten nicht von der Elephantiasis ergriffen würden! So gut wie das Mentagra beim

---

[1]) Aristoteles Problem IV. 18.

[2]) Aëtius tetrab. IV. serm. 1. cap. 122. Novimus quosdam audaciores qui sibi ipsis testes ferro resecarunt; castratis enim non in peius malum ipsum procedet. Neque enim temere reperias, inquit Archigenes, ullum aliquem castratum elephantiasi laborantem, neque item facile mulierem. Quare etiam quidam ex confidentioribus medicis manum admoverunt, et quotquot sane ex eis ex sectione periculum evaserunt, per consequentis curationis usum perfecte ab hac maligna affectione liberati sunt. Vergl. Hensler vom Aussatz S. 401. In Betreff der Immunität der Frauen, welche auch beim Mentagra erwähnt wurde (S. 259), schreibt von Roeser a. a. O. S. 67. in Bezug auf die Lustseuche: Besonders fällt es schon in Griechenland und in der Türkei auf, daß der praktische Arzt, wie ich dessen von vielen versichert wurde, syphilitische Frauenzimmer höchst selten in Behandlung bekommt, und man dessen ungeachtet bei diesem Geschlecht keine mit der alle ärztliche Hilfe vernachlässigenden Krankheit im Verhältnis stehende Folgekrankheiten und Gebrechen sieht. S. 71. Nur scheint dieses Gift durch die stärker beim Weibe als beim Manne absondernden, affizierten Hautteile, Schleimhaut, leichter aus dem Körper geschafft zu werden, als beim Manne, so daß es in Ägypten kaum erhört sein möchte, ein weibliches Geschöpf an Syphilis in ärztlicher Behandlung zu sehen. — Daß man hieraus aber nicht schließen darf, die Frauen litten gar nicht an Lustseuche, gibt von Roeser selbst zu und Larrey a. a. O. S. 253 sah sich gezwungen, wegen allgemeiner Verbreitung der Krankheit unter den französischen Soldaten ein eigenes Lazarett für die angesteckten Frauen zu errichten, um das Umsichgreifen der Krankheit zu beschränken.

Cunnilingus entstand und in Psora überging, konnte auch die Elephantiasis, welche ja auch die Glosse des Pseudogalenus mit dem *Morbus phoeniceus* in Beziehung setzt, durch den Beischlaf entstehen, wogegen ihr vorzugsweises Beginnen im Gesicht keineswegs spricht, da die Hautdrüsen des Gesichts in besonderer Sympathie mit den Genitalien stehen. Daß der Aussatz wie die Elephantiasis durch den Beischlaf mitgeteilt und acquiriert wurde, beweisen eine Menge Beispiele bei den Schriftstellern des Mittelalters [1]), eine große Zahl Ärzte hielten die Lustseuche für eine Art Aussatz oder Elephantiasis (S. 29) und einige ließen sie sogar durch Beischlaf mit Aussätzigen entstehen; gleichwohl finden wir nach Hensler (vom Aussatz S. 396) nirgends Nachricht, daß die Genitalien zuerst affiziert, außer was Astruc seiner Ansicht zu gunsten hierhergezogen hat, welcher bekanntlich alle Lokalübel vor dem Ende des XV. Jahrhunderts vom Aussatz ableitet. — Wie nun aber, wenn sich wirklich Spuren fänden, daß sich das, was man in Asien Aussatz nannte, in der Tat zuerst an den Genitalien zeigte? Bevor wir auf den Grund dieser Vermutung näher eingehen, müssen wir eine Stelle aus von Roesers schon mehrmals genannter Schrift anführen, welche für die Pathologie der Formen der Lustseuche wie ihrer Geschichte gleich wichtig ist. Er schreibt S. 68 folgendes: „Die primäre Syphilis äußert sich in Ägypten höchst selten an der Vorhaut oder der Eichel der Rute, sondern die Schanker befinden sich meistens auf der Haut des Penis mehr gegen den Schamberg hin, oder selbst auf diesem in den bei den Ägyptern und Arabern meist rasierten, behaarten Teilen oder am Hodensacke. Pruner [2]) sagte mir, daß die Fälle eines Schankers an der Vorhaut, die freilich den Muhamedanern fehlt, oder an der Eichel, zu den Schankern der letztbemerkten Teile wie 1:3 sich verhalte, daher hier Astruc's Meinung, als bildeten sich fast niemals syphilitische Geschwüre an der Außenseite der Rute, wie schon bei uns — kräftig wider-

---

[1]) Vergl. Foot Abh. über die Lustseuche. A. d. Engl. von H. Ch. Reich Bd. I. S. 62.

[2]) Medicin en Chef vom Esbekich-Spital zu Cairo.

legt wird. Daß das Beschneiden nicht alleinige Ursache dieser Erscheinung ist, erhellt aus der Tatsache, daß ich in Smyrna und Konstantinopel Schanker genug an der Eichel sah, gleichwie bei unsern Juden, obgleich ich nicht in Abrede stelle, daß das Beschneiden einigen Anteil an der Seltenheit des Erscheinens der Schanker an der Eichel haben möchte, — was jedoch die Häufigkeit des Erscheinens derselben an dem Hodensacke und dem Schamberge nicht erklärt. Die Hinneigung zur exanthematischen Natur, die sich auch durch das gewöhnliche Erscheinen von vielen Schankern auf einmal, die auffallend eine Neigung mehr zur Krusten- und Grindbildung haben, kund gibt, möchte diese Erscheinung besser erklären."

Was nun jene oben ausgesprochene Vermutung betrifft, so gründet sich dieselbe auf eine wiederholte Prüfung des für die Lehre vom Aussatz so wichtigen 13. Kapitels im III. Buch Moses, welches Theologen wie Ärzte seit Jahrhunderten beschäftigt hat, ohne daß man die Untersuchungen darüber für abgeschlossen betrachten könnte. Es ist jedoch nicht unsere Absicht, hier einen Kommentar jenes Kapitels zu geben, zumal da uns die zu einer kritischen Sichtung des bisher Geleisteten nötigen Sprachkenntnisse abgehen und wir überhaupt in dem Quellenstudium der Geschichte des Aussatzes noch nicht eben allzu weit vorgerückt sind, um ein vollgültiges Urteil fällen zu können; wir beschränken uns vielmehr darauf, hier einige Bemerkungen mitzuteilen, welche mit unserm nächsten Zweck in enger Beziehung stehen und den sach- und sprachkundigen Leser Veranlassung geben mögen, uns sein belehrendes Urteil zukommen zu lassen. Das richtige Verständnis des ganzen Kapitels scheint uns zunächst davon abzuhängen, daß man sich über die Bedeutung des בְּעוֹר־בְּשָׂרוֹ *(b'ôr b'sarô)* Gewißheit zu verschaffen sucht. Luther hat es durch: an der Haut seines Fleisches wiedergegeben, während die LXX *ἐν δέρματι χρωτὸς αὐτοῦ*, in der Haut der Oberfläche, de Wette, (dessen Übersetzung wir überhaupt hierbei nachzusehen bitten, da uns der Raum nicht gestattet, das ganze Kapitel mitzuteilen) an der Haut seines Leibes übersetzt, und somit jedwede Stelle der äußern Haut versteht. Ist diese Übersetzung die richtige, so wird es schwer halten zu erklären, wie das Haar in dem Male in weiß verwandelt sein soll, was sonderbarer Weise selbst Hensler nicht aufgefallen ist. Rosenmüller in seinen Scholien zu dieser Stelle sagt: Schilling *(de lepra p. 7) observat, in lepra alba pilos albescere;* allein hier ist überall nur von *partes pilosae aut capillatae* die Rede, worunter doch nichts anderes verstanden wird, als der Kopf, die Augenbrauen, das Kinn, die Achselhöhlen und die Schamgegend; denn die Haare an den übrigen Teilen des Körpers können gar nicht in Betracht kommen, da sie an und für sich schon fast farblos sind und wenn sie auch bei vielen Juden eine stärkere Färbung gehabt haben mögen, so gehörten doch sicher nicht alle zum Esaugeschlecht. Auch sprechen sämtliche Schriftsteller über Aussatz, wenn von den Haarleiden die Rede ist, nur von den Haaren der genannten Teile[1]), und wenn Haly Abbas in der von Hensler *(Excerpt. p. 9)* angeführten Stelle, wo er von der *Allopitia* und *Tyria* handelt, sagt: *Nonnunquam totius accidit pilis corporis,* so ist dies eben nur von jenen sogenannten behaarten Teilen zu verstehen, wie dies auch Hensler (vom Aussatz S. 304) annimmt, wenn er, nachdem er vom Haupthaar und Bart gesprochen, sagt: „Es kann sich dies Übel aber auch an andern behaarten Stellen des Körpers ergeben. Haly Abbas sagt *Excerpt. p. 9:* zu Zeiten ereignet sich dies auch am Haare des gesamten Körpers. Wenn auch die Stelle des Hippokrates, bei der fehlerhaften Interpunktion, wahrscheinlicher zum Folgenden gehört, so wäre doch auch dies für sich schon wahrscheinlich, da die Vormäler besonders in der Achselhöhle und in der Schambuge sich finden und diese sich ja da sowohl als am Haupte verbreiten können." Wollte man aber hier nun auch sämtliche

[1]) Schwerlich wird man hier die Stelle des Aretaeus (morb. chron. lib. II. cap. 13 ed. K. p. 180) als Gegenbeweis anführen können, da hier von der Elephantiasis, nicht aber vom Aussatz der Juden die Rede ist. Es heißt dort allerdings: *τρίχες ἐν μὲν τῷ παντὶ προτεθνήσκουσι, χερσὶ μηροῖσι κνήμῃσι, αὖθις ἥβῃ, γανείοισι ἀραιαί, ψεδναὶ δὲ καὶ ἐπὶ τῇ κεφαλῇ κόμαι· τὸ δὲ μᾶλλον πρόωροι, πολιοὶ καὶ φαλάκρωσις ἀθρόη· οὐκ εἰς μακρὸν δὲ ἥβη καὶ γένειον ψιλά· εἰ δὲ καὶ ἐπιμίμνοιεν παυραὶ τρίχες, ἀπρεπέστεραι τῶν ἀποιχομένων.* Ebenso wenig kann man anführen, daß die Albinos über den ganzen Körper mit einem feinen, weißen, wolligen Haar bedeckt sind.

sogenannte behaarte Stellen des Körpers verstehen und annehmen, daß der Verfasser zuerst im allgemeinen rede, so paßt doch das Folgende dann wieder hierzu nicht, denn die Haare des Kopfes und Bartes wurden nicht in weiß, sondern in goldgelb (צָהֹב) verwandelt (V. 30). Es bleiben demnach nichts als die Augenbrauen, die Achselhöhlen und die Schamgegend übrig, auf welche das in weiß Verwandeltwerden gehen kann. Haben diese Verhältnisse ihre Richtigkeit, so kann unmöglich das *b'ôr b'sarô* von der ganzen äußern Hautfläche verstanden werden, sondern es muß eine lokale Bezeichnung enthalten. Diese ist dann aber keine andere als die der Genitalien, welche mit der Sache, wie mit dem Sprachgebrauche der Bibel aufs beste übereinstimmt. An mehr als einer Stelle[1]) hat nämlich im alten Testamente *basar*, so wie *σάρξ* im neuen,[2]) die Bedeutung von Geschlechtsteilen und auch im Deutschen ist das Wort Fleisch, zumal in der kirchlichen Sprache, in diesem Sinne durch den Gebrauch geheiligt, weshalb auch Luther an unserer Stelle ganz richtig übersetzte: an der Haut seines Fleisches d. h. seiner Genitalien. Die Verbindung *b'ôr b'sarô* haben wir freilich nicht weiter in den Büchern des alten Testaments auffinden können, wollen aber damit durchaus nicht behaupten, daß sie nur Eigentum des XIII. Kapitels sei, was allerdings, wenn es der Fall wäre, nur noch mehr für die von uns gegebene Erklärung sprechen würde. Der Sache nach hat eine solche Annahme keine Schwierigkeiten, ja sie entfernt sogar mehrere, wie z. B. die mit der Hautfärbung und zeigt uns nicht nur, daß man schon damals Pusteln an den Genitalien beobachtete, welche ohne allen Verdacht der Malignität wären, sondern auch, daß zu einer verdächtigen Pustel oder einem

---

[1]) Genesis XVII. 11. 13. 14. Exod. XXVIII. 42. Levit. VI. 10. XV. 19. Ezech. XVI. 26. XXIII. 20. Vor allen aber Levit. XV. 2. 3. in der bekannten Stelle vom Tripper, wo es nur C. A. Beyer, de haemorrhoidibus ex lege mosaica impuris, ad Levit. XV. Commentatio. Lips. 1792. 4. eingefallen ist בשר (basar) vom ganzen Körper zu verstehen, um den Tripper für Schleimhämorrhoiden! zu erklären. Der Verfasser war freilich Theologe und Diakonus zu Leipzig.

[2]) Ephes. II. 11. Coloss. II. 13.

solchen Mal (Schorf, Geschwür) sich eine allgemeine Hautaffektion gesellte, welche für das örtliche Leiden kritisch war und deshalb auch den Verdächtigen nach seiner Abheilung frei sprach; denn so haben wir offenbar Vers 12 und 13 zu fassen, wo es wörtlich heißt: „Wenn aber ausschlägt (פָּרַח, blühen) der Aussatz auf der Haut und es bedeckt der Aussatz die ganze Haut des Behafteten von seinem Kopfe bis zu seinen Füßen, so weit der Priester sehen kann, und es sieht der Priester, und siehe, es hat bedeckt der Ausschlag den ganzen Körper desselben (Behafteten), so soll er ihn für rein erklären, ganz ist er weiß geworden, er ist rein.“ Die letzten Worte sind irrtümlicher Weise von einigen Interpreten auf den Bohak bezogen worden, welcher in Vers 39 erwähnt wird, allein es ist damit weiter gar nichts gesagt als: nachdem der Ausschlag abgetrocknet ist und die Haut wieder ihre natürliche weiße Farbe angenommen hat, so ist der bisherige Kranke für rein zu erklären.[1]) Dieser kritische Ausschlag weist auch wieder darauf hin, daß das Aussatzmal an einer Stelle des Körpers seinen Sitz gehabt haben müsse, deren Hautdrüsen mit denen der übrigen Haut in einer regern Sympathie stehen, was unsern jetzigen Erfahrungen nach nur wieder die Hautdrüsen der Genitalien sein können. Daß die Einimpfung der Kuhpocken-Lymphe zuweilen einen allgemeinen Hautausschlag hervorruft, kann man hiermit nicht in Beziehung setzen, da die Lymphe Produkt einer fieberhaften Affektion ist, also auch die Tendenz hat, unter Fieberbewegungen sich zu reproduzieren und den ganzen Organismus, mithin auch das ganze Hautdrüsensystem in erhöhte Tätigkeit zu versetzen. Wie der kritische Ausschlag zustande kommt, geht aus der obigen Darstellung hervor, und die aus v. Roeser's Schrift angeführte Stelle wird das übrige erklären. Doch dies

[1]) Bereits J. D. Michaelis (Fragen an eine Gesellschaft gelehrter Männer, die auf Befehl Ihro Majestät des Königs von Dänemark nach Arabien reisen. Francf. a. M. 1762. S. 23) in der 11. Frage vom Aussatz unter No. 8. sagt: „Hat er eine natürliche Crisin darin, wenn er ganz ausschlägt, und den Leib überall bedeckt? Aus Levit. XIII. 12—13 sollte man dies fast schließen. Irre ich mich aber, wie ist alsdann diese Stelle aus der Geschichte der Krankheit auszulegen?“ Vergl. S. 300. N. 3.

mag für jetzt ausreichen, um den kundigen Leser in den Stand zu setzen, unsere Vermutung, denn weiter soll es vor der Hand nichts sein, zu prüfen; würde sie als richtig befunden, so lassen sich die übrigen Folgen, welche daraus für das Verständnis des in Rede stehenden Kapitels notwendig erwachsen müssen, leicht entwickeln; entbehrt sie aber der Realität, so würde es unnütz sein, eine Hypothese weiter auszuspinnen, welche nur einen ohnehin dunkeln Gegenstand der klaren Einsicht noch mehr entrückt. Nur das wollen wir noch anführen, daß Hensler und andere in dem Glatz- und Grindkinn des Moses (V. 29 folg.) das Mentagra erblicken wollen, was, wenn sie Recht haben, noch mehr für unsere Ansicht sprechen dürfte. Übrigens brauchen wir wohl kaum zu bemerken, daß wir keineswegs im Sinn haben, den Aussatz überhaupt für eine Folge der Ausschweifungen zu halten, dagegen glauben wir mit Rücksicht auf das, was wir im Anfange dieses Paragraphs auseinandergesetzt haben, uns der von Becket[1]) zuerst ausführlicher aufgestellten Meinung anschließen zu müssen, daß unter dem sehr weitschichtigen Begriff von Aussatz Hautaffektionen mit einbegriffen wurden, welche ihr Dasein einer vorausgegangenen Genitalaffektion verdankten, gerade wie dies im Mittelalter und nach dem Ende des XV. Jahrhunderts häufig geschah und noch jetzt zuweilen der Fall sein mag.

§ 31.

Wie sich in Griechenland und Italien die Einwirkung des Klima's auf die Form und den Verlauf der Genitalaffektionen gestaltete, läßt sich nur annäherungsweise darstellen, da die, zwar reichlicher vorhandenen, ärztlichen Nachrichten es meistens unbestimmt lassen, wo die Beobachtungen gemacht wurden, ob in Kleinasien, Ägypten (Alexandrien) oder in Griechenland und Italien, welches letztere bekanntlich der selbständigen einheimischen ärztlichen Schriftsteller fast ganz entbehrte. Der

---

[1]) Philosoph. transact. Vol. XXXI. Foot, Abh. über die Lustseuche Bd. I. S. 25. folg.

milde griechische und jonische Himmel drückte allen Krankheiten, also auch denen der Genitalien, einen milden Charakter auf und an der Grenze vom Orient und Occident sehen wir zwar hier dieselben Naturbestrebungen wie in Asien noch vorwalten, allein doch in weniger excessivem Grade. von Roeser a. a. O. S. 70 sagt: Schließlich sei noch bemerkt, daß der Tripper eine in Ägypten sehr seltene, in Griechenland und der Türkei sehr häufig vorkommende Krankheit ist. Daß nicht (?) die exanthematische Natur der Syphilis daran Schuld ist, daß sie sich in Ägypten nicht als Tripper äußert, dafür stimmt der Umstand, daß er in Griechenland fast häufiger vorkommt als bei uns, während dort die Syphilis doch schon mehr (aber doch nicht dieselbe!) die exanthematische Natur als bei uns hat. D. Hennen[1]) fand auf Cephalonia die Lustseuche selten, dahingegen den Tripper ganz allgemein. Der Zug nach der Haut ist allerdings in Griechenland noch deutlich bemerkbar, aber nicht in dem Grade, daß er die örtliche Affektion zu überwiegen imstande ist; diese bildet sich daher selbständiger aus als es in Asien der Fall ist, erscheint deshalb häufiger, macht aber weder einen so rapiden Verlauf, noch zeigt sie einen so zerstörenden Charakter, wenn der Organismus nur einigermaßen in seinen Bemühungen unterstützt wird, wie dies die Angaben des Galenus vom Tripper und den mit Bubonen verbundenen Geschwüren zeigen, wovon wir späterhin reden werden. Während in Asien die Hautaffektion durch Pustel- und Grindbildung sich auszeichnet, zeigt sie in Griechenland und den benachbarten Ländern des Südens mehr die Papel- und Bläschenform und tritt nur in hartnäckigen Fällen als Tuberkeln auf; Lepra, Psora, Lichen oder Elephantiasis sind also die Formen, unter denen wir sie bei den alten Ärzten aufsuchen müssen, welche aber über ihre Genesis schweigen oder sie, wie wir bereits S. 240 sahen, von Säftefehlern herleiten.[2]) Noch gelang es uns nicht,

---

[1]) Sketches of the medical Topographie on the Mediterranean. London 1830.

[2]) Galenus de febr. diff. lib. I. ed. Kühn Vol. VII. 284. sq. δριμὺ δ᾽ ἀποῤῥοῖ καὶ δακνῶδες περίττωμα τοῖς ἤτοι κακοχυμοτέροις, ἢ ἐδέσματα μοχθηρὰ προσφερομένοις τοιαῦτα γοῦν ἐδέσματα καὶ νῦν ἀναγκασθέντες

obschon wir bereits viel Zeit darauf verwendet haben, über die Begriffe, welche die alten Ärzte mit den verschiedenen Benennungen der Hautaffektionen bezeichneten, ins Klare zu kommen, müssen daher das weitere Eingehen auf eine spätere Zeit verschieben oder abwarten, ob nicht ein anderer, besser gerüsteter Forscher das Chaos indeß lichtet. Nur inbetreff der Scabies dürften Beziehungen zur Unzucht angenommen sein; denn nicht ohne Grund scheint sie seit Jahrhunderten vor allen anderen Hautaffektionen in Verruf gekommen und von Dichtern, wie z. B. Martialis[1]) das Wort zur Bezeichnung des Wollusttriebes gebraucht zu sein. Hielten doch mehrere der ersten Schriftsteller über die Lustseuche diese für eine Art Scabies, und auch späterhin ist noch lange von venerischer Krätze die Rede. Vielleicht sah man auch in Griechenland die Lepra für eine nicht auf anständige Weise erworbene Hautaffektion an, und betrachtete sie als Erbteil der Lüstlinge,[2]) wie wir dies

---

ἐσθίειν πολλοὶ διὰ λιμὸν οἱ μὲν ἀπέθανον ἀπὸ σηπεδονωδῶν τὲ καὶ λοιμωδῶν πυρετῶν, οἱ δὲ ἐξανθήμασιν ἑάλωσαν ψωρώδεσι τε καὶ λεπρώδεσιν.

[1]) Lib. VI. Epigr. 37.

O quanta scabie miser laborat!
Culum non habet, est tamen cinaedus.

Lib. XI. Epigr. 8.

Penelopae licet esse tibi sub principe Nerva
Sed prohibet scabies ingeniumque vetus.

Die mala scabies ist aus Horatius Art poet. 453 bekannt, ebenso die Angabe des Justinus (hist. XXXVI. 2), daß die Juden wegen Scabies und Vitiligo aus Ägypten vertrieben seien, damit die Ägypter nicht angesteckt würden. Vergl. Michaelis mosaisches Recht IV. § 209. Das Anstecken der Psora behauptet auch Aristoteles Problem. VII. 8. Galenus de puls. diff. IV. 1. Den Übergang des Mentagra in Psora haben wir S. 251 erwähnt.

[2]) Aristophanes Aves 151 läßt den Euelpides sagen: *βδελύττομαι τὸν Λέπρεον ἀπὸ Μελανθίου*, wozu der Scholiast bemerkt: *Μελάνθιος ὁ τραγικός· κωμωδεῖται γάρ· εἰς μαλακίαν καὶ ὀψοφαγίαν. Πλάτων δὲ αὐτὸν ἐν Σκύθαις ὡς λάλον σκώπτει· εἶχε δὲ Μελάνθιος λέπραν·* Dasselbe wird erwähnt zu Pax 803, mit dem Zusatz *καὶ πολὺ μᾶλλον ἐν Κόλαξιν Εὔπολις ὡς κίναιδον αὐτὸν διαβάλλει καὶ κόλακα· ἀλλὰ καὶ ὡς λευκὰς ἔχοντα καὶ λεπράς.* Wir machen hier besonders auf die *λευκαὶ* aufmerksam, welche wir S. 238 als Folge des Cunnilingere dargestellt haben, wozu das *λάλον* des Komikers Platon sehr gut paßt, denn Hesychius erklärt *γλωσσοστροφεῖν* durch

mit dem Mentagra in Rom gesehen haben. — Waren nun im Altertum die Affektionen der äußern Haut infolge der Genitalleiden so häufig wie jetzt, so mußten auch in demselben Maße die Geschwürsbildungen im Gaumen und der Nase, ebenso wie die Knochenaffektionen zurückstehen und seltener erscheinen, gerade wie dies noch jetzt beobachtet wird,[1]) und wenn wir die sämtlichen Formen zu einem Ganzen vereinigen, so wird dies eine Krankheitsgattung von sehr gutartigem Charakter darstellen, welche als solche nur wenig Auffallendes darbietet, zumal wenn man sich bloß an die äußeren Erscheinungen hält, wie die alten Pathologen doch zu tun gewohnt waren; denn selbst die Hautaffektion bietet so wenig Charakteristisches dar, zeigt wenigstens einen so wandelbaren Charakter, daß noch jetzt oft die Diagnose äußerst schwierig ist, und nicht selten allein darauf basiert wird, daß der Kranke zugesteht oder zugestehen muß: an Tripper oder Schanker gelitten zu haben. Wenn aber die sogenannten sekundären Symptome mehr oder weniger ganz fehlen oder der Besonderheit entbehren, was bleibt dann anders übrig als die primären Affektionen der Genitalien und deren Surrogate? Und daß es an deren Beschreibung nicht fehlt, haben wir bereits mehrfach gesehen und wird das Folgende noch deutlicher zeigen. — Ehe wir den Einfluß des Klimas verlassen, müssen wir noch auf die Frage Rücksicht nehmen, in welchem Verhältnis das Contagium, wenn ein solches vorhanden war, zu diesem Einflusse gestanden habe? Das Vorhandensein eines Contagiums beim Tripper beweist die bereits von Naumann angeführte Stelle des Galenus, welche wir späterhin noch ausführlich mitteilen werden und

κεριλαλεῖν καὶ στωμύλλεσθαι. Vergl. S. 242. Die Lepra würde dann der Unzucht des Pathicus anheimfallen. Daß die Elephantiasis ansteckte, sagt Aretaeus Morb. chron. II. 12. und P. Aegineta IV. 1.; unsere jetzigen Erfahrungen lehren aber nichts davon, und die späteren griechischen Ärzte leiten sie wieder von fehlerhafter Galle her (Marx Orig. contag. p. 78); woher rührte die frühere große Contagiosität?

[1]) von Roeser a. a. O. S. 69. Rachenentzündung oder Geschwüre im Rachen sind sehr selten, noch seltner Knochenkrankheiten und dann nur Auftreibungen des Periosteums.

läßt sich auch schon aus dem Reinigungsgesetz des Moses entnehmen. Für die Geschwürsbildungen, Condylome und die Hautaffektion als Mentagra etc. liefert das bereits früher Mitgeteilte den Beweis. Nach unseren neueren Erfahrungen zeigen nun alle Contagien in den südlichen Ländern einen mehr flüchtigen Charakter und verbreiten sich in demselben Grade leichter. Bei den von Natur flüchtigen kann die Intensität dadurch weniger leiden, die fixen Contagien dagegen müssen offenbar an Kraft verlieren, wenigstens was ihre örtliche Einwirkung betrifft und sie werden um so weniger in den Organismus sich einnisten können, als sie diesen zu einer allgemeinen Tätigkeit reizend, durch dieselbe um so leichter bekämpft werden; denn wie überhaupt die chronischen, fieberlosen Krankheiten nur durch künstliche Erregung eines Fiebers d. h. durch hervorgerufene Teilnahme des Gesamtorganismus an dem örtlichen Krankheitsprozeß beseitigt werden können, so auch die durch ein fixes Contagium entstandenen örtlichen Affektionen; und die Entfernung des Contagiums selbst gelingt nur entweder durch unmittelbare Zersetzung und Zerstörung oder durch Umwandlung in ein Flüchtiges. Wurde nun das Contagium von der Aufnahmestelle schnell auf die Hautdrüsen geworfen, was bei der größeren Flüchtigkeit um so leichter geschah, so mußten die dadurch erregten Affektionen, welche den primären Symptomen so nahe standen, notwendig auch einen größeren oder geringeren Grad von Contagiosität zeigen, wie dies ja nach Jos. Frank, Biett und andern noch jetzt selbst in Europa beobachtet wird. In Griechenland, wo es seltener zur Pustel- und Grindbildung, häufiger nur zu Papeln oder höchstens Bläschen *(Phlyctaenen)* kam, die Energie der Haut nicht so hervorstechend, der Zwischenraum zwischen dem Auftreten der primären und sekundären Affektion größer war, zeigte sich gewiß auch die Contagiosität der Hautaffektionen weniger hervorstechend, es kostete dem Organismus hier schon größere Anstrengung die Elimination des Krankheitsprozesses durch die Haut ins Werk zu setzen, daher wurde auch das Nervensystem mehr in Mitleidenschaft gesetzt und die schon mehr abortiven Exanthemformen zeigten sich deutlicher mit Jucken *(Psora!)* verbunden, was auch in

Italien teilweise der Fall war, wenn schon hier mehr das Klima dem von Unter-Ägypten sich näherte und deshalb auch öfter pustulöse Formen auftraten, wie dies das Mentagra zeigt. — Wie aber auf der einen Seite das Klima durch seinen Einfluß die Intensität des Contagiums schwächte, und somit die Bösartigkeit der Krankheitsformen, der örtlichen, wie der allgemeinen verringerte, so suchte es auf der andern auch da, wo andere Einflüsse seinem Wirken entgegentraten und der Organismus nicht imstande war den eindringenden Feind durch allgemeine wie örtliche Tätigkeit zu überwältigen, zu verhüten, daß sich das Contagium zu größerer Selbständigkeit emporschwinge; es erregte Brand der Geschwüre, wodurch das Contagium selbst unmittelbar vernichtet wurde. Aus alle dem geht nun hervor, daß, wenn auch das Klima notwendig als ein bedeutendes Genitalaffektionen begünstigendes Moment im Altertum wie noch jetzt anzuerkennen ist, es doch wieder durch sich selbst den Nachteil zu bekämpfen suchte, und fast in demselben Grade, wenigstens was die Ausbildung des Krankheitsprozesses anbetrifft, als hindernder Einfluß zu betrachten ist.

§ 32.

Genius epidemicus.

Die Erfahrung aller Zeiten hat genugsam dargetan, daß ein großer Teil derjenigen Krankheitserscheinungen, welche als Folge endemisch klimatischer Verhältnisse auftreten, in Ländern und Gegenden, deren Klima ein ganz anderes ist, auf längere oder kürzere Zelt mit Hilfe des Genius epidemicus ebenfalls hervorgebracht werden können, und daß die Leichtigkeit einer solchen Hervorbringung in demselben Verhältnis zunimmt, als das Klima sich zu den begünstigenden Momenten gesellt. Bei dem geringen Grade der Ausbildung, welchen die Lehre von den Epidemien im allgemeinen wie im besondern bis jetzt erreicht hat, ist es zwar äußerst schwierig, Anwendungen auf einen bestimmten Fall zu machen, zumal wenn es sich um den Einfluß der epidemischen Konstitution auf eine Krankheit handelt, deren pathologische Verhältnisse selbst noch nicht einmal hinlänglich aufgeklärt sind, indessen darf uns dies nicht abhalten, wenigstens den Versuch der Untersuchung darüber zu machen und nachzusehen, wie viel und wie wenig sich von einem solchen Einfluß im Laufe der Zeit offenbart hat. Der Einfluß des Genius epidemicus auf Krankheiten im allgemeinen ist aber ein zweifacher. Entweder nämlich bringt er die hauptsächlichsten und wesentlichsten äußeren Bedingungen der Erzeugung einer Krankheit hervor, verhält sich zu ihr wie die Ursache zur Wirkung, die Krankheit selbst ist demnach eine epidemische, beginnt mit der Entwicklung des Genius epidemicus ins Leben zu treten, schwindet aber auch mit dem Aufhören seines Herrschens und entsteht nur wieder, wenn der Genius epidemicus wieder auftritt; — oder die wesentlichsten äußeren Bedingungen sind an und für sich unabhängig vom Genius epidemicus, er nimmt nur einen entfernten begünstigenden oder hindernden Anteil an ihrer Erzeugung und äußert sich mehr auf Form und Richtung der ohne ihn entstandenen krankhaften Reaktionen im Organismus d. h. die Krankheit steht unter epidemischem Einfluss. Leider hat man bisher diese beiden Arten des Einflusses des Genius epidemicus nur zu oft verwechselt und zwischen epidemischen und unter epidemischem Einfluß stehenden Krankheiten nicht gehörig unterschieden; namentlich ist dies auch bei der Lustseuche geschehen, welcher man sonderbarer Weise sowohl zu Anfange des XV. Jahrhunderts als hier und da noch jetzt, die epidemische Natur vindizieren zu müssen glaubte. Der Ungrund dieser Meinung liegt für jeden, welcher die Sache genauer erwägt, so klar am Tage, daß wir uns hier auf einen Beweis desselben nicht weiter einzulassen für nötig befinden, zumal da wir an einem anderen Orte ausführlicher darüber zu handeln beabsichtigen. Daß dagegen die Lustseuche unter epidemischem Einfluß und zwar mehr vielleicht als manche andere Krankheit, stehe, wird der Verfolg unserer geschichtlichen Untersuchungen hinlänglich dartun; es frägt sich daher nun, in wie weit sich ein solcher Einfluß auch im Altertum nachweisen läßt. Auch diese Frage setzt allerdings das Vorhandensein einer gewissen Anzahl von Krankheiten, welche infolge geschlechtlicher Ansschweifungen auftraten, voraus, indessen glauben wir uns, wie bereits bei der Untersuchung des Einflusses des Klimas erinnert, zur vorläufigen Annahme des Vorhandenseins solcher Krankheiten hinlänglich berechtigt, um auch hier davon Gebrauch machen zu können. Denn indem wir unsere Unwissenheit, inbetreff des Einflusses des Genius epidemicus auf die Geschlechtstätigkeit überhaupt und die individuelle Tätigkeit der Genitalien insbesondere, offen zu erkennen geben und als eine in der Zukunft erst noch zu lösende Frage bezeichnen, bleibt uns nichts weiter übrig, als den Einfluß des Genius epidemicus inbezug auf die Formen und den Verlauf der infolge geschlechtlicher Ausschweifungen entstandenen Krankheiten hier zu untersuchen. Aus den späteren Erfahrungen ergibt es sich, daß es vorzüglich drei Formen des Genius epidemicus oder der epidemischen Konstitution sind, welche einen hervorstechenden Einfluß auf die Genitalaffektionen und die Lustseuche äußern und die Häufigkeit der einen oder der andern Form derselben bedingen, der katarrhalische nämlich, welcher Affektionen der Hautdrüsen und der typhöse, welcher Schankerformen und deren Bösartigkeit bedingt. Über den Einfluß des *Genius epidemicus catarrhalis und exanthematicus* dürfte es in Asien und dem Süden von Europa im Altertum schwerlich zu bestimmten Beobachtungen gekommen sein, da das Klima bereits, wie wir gesehen haben, Blennorrhoen und Hautaffektionen vorzugsweise begünstigte, doch gibt die Entstehung und Verbreitung des Mentagra wie der Elephantiasis (S. 265) zur Zeit des Pompeius für Italien wenigstens einen Beweis ab. Die Hippokratiker erwähnen zwar mehrfach der Häufigkeit von Hautaffektionen zu bestimmten Zeiten, indessen sind die Ausdrücke zu allgemein, als daß wir hier besondere Rücksicht darauf nehmen könnten. Nur eine Stelle müssen wir hiervon ausnehmen, welche von der größten Wichtigkeit ist, wenngleich sie sich wahrscheinlich auf den Beginn einer gemischten Konstitution, einer erysipelatös-typhösen bezieht, von der sogleich noch die Rede sein wird. Hippokrates erzählt nämlich, daß nach einem dürren Sommer Südwinde und häufiger Regen, ein gelinder nasser Winter, Kälte, sogar Schneegestöber im Frühjahr mit vielem Regen eingetreten sei, worauf ein sehr heißer Sommer folgte. Im Frühjahr begannen Brennfieber und Erysipelas[1]) und „bei vielen bildeten sich Aphthen und Geschwüre im Munde, es entstanden viele Rheumata an den Genitalien (in Form von) Geschwüren und Tuberkeln an der innern und äußern Fläche der Geschlechtsteile; mit Absonderung verbundene, langwierige, anhaltende, schmerzhafte Augenleiden, Auswüchse, welche man *σῦκα* nennt, an der innern und äußern Fläche der Augenlider, welche viele am Sehen hinderten; auch auf andern Geschwüren und an den Genitalien bildeten sie sich häufig." Das *ἑλκώματα, φύματα, ἔξωθεν ἔσωθεν τὰ περὶ βουβῶνας* ist von den Auslegern meistens mißverstanden, indessen bezieht sich *ἔξωθεν* offenbar auf *ἑλκώματα*, während *ἔσωθεν* auf *φύματα* geht und eine in Eiterung übergehende Anschwellung und Entzündung einer Schleimdrüse bezeichnet, wie wir dies aus folgendem Aphorismus sehen.[2]) „Diejenigen, bei welchen *φύματα* in der Urethra entstehen, erhalten Linderung, wenn sie in Eiterung übergegangen und aufgebrochen sind." Daß diese Linderung (*λύσις*) in dem Aufhören des Schmerzes und der Harnbeschwerden besteht, sehen wir nicht nur aus dem Kommentar des Galenus zur ersten, aus dem *λύεται ὁ πόνος*

---

[1]) Epidem. lib. III. ed. K. Vol. III. p. 486. *στόματα πολλοῖσιν ἀφθώδεα, ἑλκώδεα· ῥεύματα περὶ τὰ αἰδοῖα πολλά· ἑλκώματα, φύματα, ἔξωθεν ἔσωθεν τὰ περὶ βουβῶνας, ὀφθαλμίαι ὑγραί, μακραὶ χρόνιαι μετὰ πόνων· ἐπιφύσιες βλεφάρων ἔξωθεν ἔσωθεν, πολλῶν φθείροντες τὰς ὄψιας, ἃ σῦκα ἐπονομάζουσιν· ἐφύετο δὲ τὰ ἐπὶ τῶν ἄλλων ἑλκέων πολλὰ καὶ αἰδοίοισιν.*

[2]) Lib. IV. aphor. 82. ed. K. Vol. III. p. 735. *ὁκόσοισιν ἐν τῇ οὐρήθρῃ φύματα φύεται, τουτέοισι διαπυήσαντος καὶ ἐκραγέντος λύσις.* Wiederholt findet sich dieser Aphorismus Lib. VII. aphor. 57. p. 763. *ὁκόσοισιν ἐν τῇ οὐρήθρῃ φύματα γίνονται, τουτέοισι διαπυήσαντος καὶ ἐκραγέντος λύεται ὁ πόνος.* — Celsus lib. II. c. 8. übersetzt dies durch: Quibus in fistula urinae minuti abscessus, quos *φύματα* Graeci vocant, esse coeperunt, iis ubi pus ea parte profluxit, sanitas redditur. — Galenus in der Erklärung des ersten Aphorismus des Hippokrates (ed. K. Vol. XVII. B. p. 778) sagt: *πρόχειρον γὰρ παντὶ γνῶναι τῶν ἐν τῷ πόρῳ τῷ οὐρητικῷ τῷ κατὰ τὸ αἰδοῖον, τοῦτο γὰρ οὐρήθραν καλοῦσι. συνισταμένων φυμάτων τὴν λύσιν γίγνεσθαι ῥαγέντων· ἐνδέχεται γὰρ ἰσχουρίαν δή τινα γενέσθαι καὶ διὰ τὸ τοιοῦτον φῦμα καὶ μέντοι καὶ ὡς τὸ φῦμα τοῦτο ῥαγὲν ἰάσεται τὴν ἰσχουρίαν εὔδηλον.* Vergl. Galenus de loc. affect. Lib. I. c. 1. lib. VI. c. 6. Paul. Aeginet. lib. IV. c. 22.

in der Wiederholung des Aphorismus, sondern Hippokrates sagt dies auch ganz deutlich an einer dritten Stelle[1]). Wäre die noch im vorigen Jahrhundert herrschende Ansicht, daß der Tripper Folge eines Geschwürs der Harnröhre sei, bereits zu Hippokrates' Zeit angenommen worden, — und da der Ausdruck *γονόῤῥοια* unseres Wissens nirgends bei ihm vorkommt, würde eine solche Annahme nicht nur nicht absurd, sondern die Ansicht selbst sogar der, daß der Ausfluß schlecht bereiteter Same sei, vorzuziehen sein, — so würden wir das häufigere Vorkommen des Trippers ausgedrückt finden, dessen Hauptbeschwerden die Schmerzen beim Harnen (*πόνος, δυσουρία, ἰσχουρία*) bekanntlich mit dem Eintritt des Ausflusses (*πύου ῥαγέντος, φυμάτων ῥαγέντων*) schwinden oder doch bedeutend gemildert werden. Aber es ist gar nicht nötig, dies als herrschende Ansicht anzunehmen, die Sache läßt sich sehr gut auch so erklären, daß durch die epidemische Konstitution eine große Neigung der drüsigen Organe in Entzündung und Verschwärung überzugehen, gesetzt wurde, wodurch nicht nur die äußern Hautdrüsen (*ἑλκώματα ἔξωθεν*, שְׂאֵת, שְׁחִין des Moses!) sondern auch die Drüsen der Schleimhaut der Urethra (*φύματα ἔσωθεν*) affiziert wurden, wie dies ja noch jetzt, besonders bei den chronischen Formen des Trippers beobachtet wird. Der Tripper wäre dann hier bösartiger und mit Geschwürsbildung verbunden gewesen, was mit der Schilderung der ganzen epidemischen Konstitution, deren exanthematischer Charakter sich auch durch die Feigwarzen (*σῦκα αἰδοίοισιν*) zu erkennen gab, aufs Beste übereinstimmt. Schon Grimm (Bd. I. S. 490) bemerkt zu dieser Stelle des Hippokrates: „Man könnte hier leicht in die Versuchung kommen, diese Geschwüre der Zeugungsteile und in der Folge die Feigwarzen für die Grundrisse der geilen Seuche zu halten; und warum soll sich ein ähnliches Übel in den damaligen Zeiten und in einer warmen Gegend nicht auch haben hervortun können, und nach der Zeit an seiner Bösartigkeit so abgenommen haben, daß man es ganz

---

[1]) Coac. praenot. ed. K. Vol. I. p. 312. *οἷσι δὲ φῦμα περὶ τὴν κύστιν ἐστὶ τὸ παρέχον τὴν δυσουρίην, παντοίως σχεματισθέντες ὀχλέονται· λύσις δε τούτου γίνεται πύου ῥαγέντος.*

verkannt hat? Etwas dergleichen geschieht doch unter unsern Augen mit der nämlichen Krankheit."

§ 33.

Bedeutender äußerte sich aber derselbe Wetterstand auf die **bereits vorhandenen** Geschwüre der Genitalien. Es heißt: (l. c. p. 482) „Noch vor dem Beginn des Frühlings, gleichzeitig mit der eintretenden Kälte, erschien häufig Erysipelas bald mit, bald ohne sichtbare Veranlassung, war sehr bösartig und raffte viele hinweg; viele litten an schmerzhaften Affektionen des Pharynx (Anginen), Verderbnis der Stimme (Affektionen der Luftwege), Brennfieber mit Hirnwut, Aphthen im Munde, *φύματα* an den Genitalien, Ophthalmien, *ἄνθρακες* etc. — Viele bekamen Erysipelas nach äußern Veranlassungen (an den Stellen) wo sie zufällig eingewirkt hatten, selbst nach den kleinsten Verwundungen[1]), an allen Teilen des Körpers, besonders Sechzigjährige am Kopf, wenn sie nur im geringsten nachlässig behandelt wurden. Auch bei sorgfältiger oder kunstgerechter Behandlung entstanden weitverbreitete Phlegmonen, und das Erysipelas griff bedeutend und schnell von allen Seiten um sich. Bei den meisten von ihnen ging die (sich bildende Apostasis) in Geschwüre über, **Muskeln, Sehnen und Knochen fielen in bedeutendem Umfange** ab. Der sich zusammengezogen habende Krankheitsstoff glich aber nicht dem Eiter, sondern war eine Art fauler Jauche und kam sowohl in Menge als verschiedenartig vor[2]). Diejenigen, bei welchen dergleichen am Kopfe auftrat, wurden kahl am ganzen Kopf und dem Kinn, die Knochen wurden entblößt und fielen ab und solche *ῥεύματα* kamen viel

---

[1]) **Hippocrates** de aere aquis et locis ed. K. Vol I. p. 526. *κἢν μὲν τὸ θέρος αὐχμηρὸν γένηται, θᾶσσον παύονται αἱ νοῦσοι· ἢν δὲ ἔπομβρον, πολυχρόνιοι γίνονται καὶ φαγεδαίνας κοινῶς ἐγγίνεσθαι ἀπὸ πάσης προφάσιος, ἢν ἕλκος ἐγγένηται.*

[2]) **Galenus** in seinem Kommentar zu dieser Stelle (Vol. XVII. A. p. 671) sagt hierbei: *διεσήπετο δ᾽ ὑπὸ τῶν μοχθηρῶν χυμῶν ὑγρῶν τὰ στερεά· ποικίλον δ᾽ εἶναι τὸ ῥεῦμα διὰ τὴν τῶν σηπομένων διαφθορὰν εὔλογον· ὑπὸ γὰρ κοινῆς αἰτίας τῆς σηπεδόνος ἕκαστον τῶν σηπομένων ἴδιον εἶδος ἴσχει τῆς διαφθορᾶς.*

mit und ohne Fieber vor. Dergleichen war aber mehr schrecken erregend als verderbenbringend[1]), denn von denen, wo diese (*ῥεύματα*) zur Reife kamen und in Eiterung übergingen, blieben die meisten am Leben, dagegen starben viele von denen, wo die Phlegmone und das Erysipelas verschwand, ohne irgend eine solche Apostasis zu machen. Dasselbe widerfuhr auch ebenso denen, bei welchen sich (der Krankheitsstoff) auf einen andern Teil des Körpers warf. Denn vielen von ihnen fiel der ganze Ober- und Unterarm ab; bei einigen Kranken warf sich die Krankheit auf die Rippen, es sei nun, daß an der vordern oder hintern Seite etwas verdorben war; bei andern wurde der ganze Oberschenkel oder die Unterschenkel oder der ganze Fuß entblößt; das übelste von allen war aber, wenn dergleichen in der Schamgegend oder an den Schamteilen vorkam, und dies ereignete sich bei Geschwüren und infolge von äußeren Veranlassungen. Bei vielen trat (dergleichen) während, vor, auch nach dem Fieber ein." [2]) Galenus, welcher uns einen Kommentar zu dieser Stelle hinterlassen hat (Vol. XVII. A.), erinnert zuerst, daß Aphthen, *φύματα* der Genitalien etc. an und für sich nichts von der *κακοηθεία* hätten

---

[1]) Galenus in s. Kommentar l. c. p. 672. setzt hinzu: *φοβερωτέραν εἶχε φαντασίαν ἐν τοῖς περὶ κεφαλὴν μορίοις, διὰ τὸ κἂν βραχὺ τὴν παρὰ φύσιν ἐνταῦθα παραλαχθείη, πλέον γίνεσθαι τὸ αἶσχος ἢ κατὰ τὰ ἄλλα μόρια μεγάλην ἐκτροπὴν εἰς τὸ παρὰ φύσιν ἔχοντα. μηροῦ μὲν γὰρ ἢ βραχίονος ἢ κνήμης ἢ πήχεως ἀποῤῥυὲν δέρμα μικροτέραν ἔχει φαντασίαν, εἰ δὲ τῆς κεφαλῆς συναποπέσοιεν αἱ τρίχες τῷ δέρματι καὶ πολὺ μᾶλλον ἡ τοῦ γενείου σὺν αὐταῖς, ἡ μὲν φαντασία τοῦ πάθους γίνεται μεγάλη, ὁ κίνδυνος δ᾽ ἧττον ἢ εἰ περὶ αἰδοῖα συμβαίη τὸ τοιοῦτον πάθος ἢ λάρυγγα καὶ θώρακα καί τι τῶν κυρίων· οὐ μόνον δὲ τὰ περὶ τὴν κεφαλὴν οὕτως γινόμενα φοβερὰ μᾶλλον ἦν ἢ κακίω, ἀλλὰ καὶ καθ᾽ ὁτιοῦν ἄλλο μέρος οὕτως ἐκπίπτοντα· κακίω γὰρ ἦν ἐφ᾽ ὧν ἀπέστησεν εἰς τὸ βάθος ὁ τὸ ἐρυσίπελας ἐργαζόμενος χυμὸς κ. τ. λ.*

[2]) L. c. p. 284. *πολλοῖσι μὲν γὰρ βραχίων καὶ πῆχυς ὅλος [ἕλως] περιεῤῥύη· οἷσι δ᾽ ἐπὶ τὰ πλευρὰ ταῦτα ἐκακοῦτο ἢ τῶν ἔμπροσθέν τι ἢ τῶν ὄπισθεν· οἷσι δὲ ὅλος ὁ μηρὸς ἢ τὰ περικνήμια ἐψιλοῦτο* [wofür offenbar richtiger mit Galenus de temperam. lib. I. ed. K. Vol. I. p. 532 zu lesen ist *ἢ τὰ περὶ τὴν κνήμην ἀπεψιλοῦτο*] *καὶ πoὺς ὅλος· ἦν δὲ πάντων χαλεπώτατον τῶν τοιούτων, ὅτε περὶ ἥβην καὶ αἰδοῖα γενοίατο, καὶ τὰ μὲν περὶ ἕλκεα καὶ μετὰ προφάσιος τοιαῦτα· πολλοῖσι δὲ ἐν πυρετοῖσι καὶ πρὸ πυρετοῦ καὶ ἐπὶ πυρετοῖσι ξυνέπιπτεν.*

(p. 661), wohl aber, wenn sie, wie hier, mit einer putriden Konstitution zusammenkommen. „Der putride Charakter entsteht leicht auch ohne pestartige Konstitution, wenn diese Teile von Phlegmone oder Erysipelas befallen werden, und verbreitet sich auch auf die oberhalb gelegenen Teile, deswegen sind wir auch gezwungen, nach dem Wegschneiden des Putriden die Stelle zu brennen. Nun ist es nicht zu verwundern, wenn eine solche Konstitution auftritt, in welcher Ober- und Unterarm, Ober- und Unterschenkel, Seite und Kopf von Putrescenz ergriffen werden, daß vorzüglich die Schamteile von der Zerstörung befallen werden. — Bisher war die Rede von den erysipelatösen Affektionen, welche sich zu Geschwüren oder einer anderen geringfügigen äußeren Veranlassung gesellen; in der Folge spricht er von denjenigen Zufällen, welche ohne eine solche Veranlassung entstanden." [1]) Prüfen wir diese Angaben, soweit sie uns zunächst interessieren, so geht aus ihnen unzweifelhaft hervor, daß zur Zeit des Hippokrates eine Menge Kranker an Genitalgeschwüren litten, die unter dem Einfluß der herrschenden typhösen Konstitution von einer erysipelatösen, schnell in feuchten Brand übergehenden Entzündung ergriffen wurden, welche die befallenen Teile zerstörte und leicht sich weiter verbreitete, wodurch der Kranke zu grunde ging. Eine Beobachtung, welche auch Galenus häufig (wahrscheinlich unter Einfluß des Klimas in Asien S. 285. 293. 295) zu machen Gelegenheit hatte, ohne daß gerade eine typhöse Konstitution herrschte [2]) und sich auch hier öfter gezwungen sah, um dem Weiterschreiten des Brandes

---

[1]) Vol. XVII. A. p. 674. *Καὶ χωρὶς λοιμώδους καταστάσεως, ὅταν ἐν τούτοις τοῖς χωρίοις ἤτοι φλεγμονή τις ἢ ἐρυσίπελας γένηται, ῥᾷστά τε σήπεται καὶ συμπαθείας ἐργάζεται τῶν ὑπερκειμένων μορίων· διὸ καὶ πολλάκις ἀναγκαζόμεθα μετὰ τὸ περικόψαι τὰ σεσηπότα τὴν χώραν ἐκκαίειν· οὐδὲν οὖν θαυμαστὸν, τοιαύτης καταστάσεως γινομένης ὡς καὶ βραχίονα καὶ μηρὸν καὶ κνήμην, πλευράν τε καὶ κεφαλὴν διασήπειν, ἐπὶ πλεῖστον ἥκειν κακώσεως τὰ περὶ αἰδοῖα. — Ἄχρι τοῦ νῦν ὁ λόγος αὐτῷ γέγονε περὶ τῶν ἐρυσιπελάτων, ὅσα δ᾽ ἕλκωσιν ἤ τι μικρὸν οὕτως ἄλλο τῶν ἔξωθεν αἰτίων συνέστη· ἐφεξῆς δὲ περὶ τῶν ἄνευ τοιαύτης αἰτίας γενομένων ποιήσεται τὸν λόγον.*

[2]) Auch Hippokrates Aphorism. Vol. I. p. 724. sagt *τοῦ δὲ θέρεος — καὶ σηπεδόνες αἰδοίων καὶ ἵδρωα.*

Einhalt zu tun, das Brandige wegzuschneiden und die Wunde nachher zu brennen (vergl. S.69). Wo die Genitalgeschwüre hergekommen waren, wird nun freilich nicht gesagt; indessen waren sie jedenfalls nicht zunächst durch den herrschenden Genius epidemicus bedingt, und da Hippokrates der Genitalgeschwüre mehrfach erwähnt, ohne die Ursache ihrer Entstehung anzuführen, so wird man eher zu der Vermutung berechtigt, daß dieselbe allgemein bekannt war (in einem unreinen Coitus ihren Grund hatte), als daß sie dem Arzte überhaupt ganz unbekannt gewesen.[1]) Das Ergebnis dieser Untersuchung ist aber insofern noch von besonderem Interesse, als es uns in den Stand setzt, eine Beobachtung in der bereits so vielfach besprochenen, sogenannten Atheniensischen Pest gehörig zu würdigen, welche zu den verschiedenartigsten Erklärungen Veranlassung gegeben hat. Thucydides[2]) erzählt: „Die Krankheit

---

[1]) In manchen Fällen verdankten vielleicht die Affektionen der Extremitäten und Genitalien ihr Dasein dem Anthrax oder Carbunkel, denn nicht nur Hippokrates p. 487 sagt, daß *ἄνθρακες πολλοὶ κατὰ θέρος καὶ ἄλλα ἃ σὴψ καλέεται* bei diesem Wetterstande erschienen seien, sondern auch Galenus (method. med. lib. XIV. ed. K. Vol. X. p. 980) beobachtete in Asien eine Anthraxepidemie, welche selbst mit zahlreichen hirsenähnlichen Phlyktänen begann, die dann aufbrachen und ein *ἕλκος ἐσχαρῶδες* veranlassten; ja die Zerstörung der Haut kam sogar ohne vorhergegangene Phlyktänen vor. *πολλάκις δὲ οὐ μία φλύκταινα γεννᾶται κνησαμένων, ἀλλὰ πολλαὶ μικραὶ καθάπερ τινὲς κέγχροι καταπυκνοῦσαι τὸ μέρος ὧν ἐκρηγνυμένων ὁμοίως ἐσχαρῶδες ἕλκος γεννᾶται· κατὰ δὲ τοὺς ἐπιδημήσαντας ἄνθρακας ἐν Ἀσίᾳ καὶ χωρὶς φλυκταινῶν ἐνίοις εὐθέως ἀπεδάρη τὸ δέρμα.* Vergl. de tumor. praeternat. Vol. VII. p. 719. Diese Angabe ist auch jedenfalls für das richtigere Verständnis der Atheniensischen Pest von Wichtigkeit.

[2]) De bello peloponnes. lib. II, c. 49. *Διεξῄει γὰρ διὰ παντὸς τοῦ σώματος ἄνωθεν ἀρξάμενον τὸ ἐν τῇ κεφαλῇ πρῶτον ἱδρυθὲν κακόν· καὶ εἴ τις ἐκ τῶν μεγίστων περιγένοιτο, τῶν γε ἀκρωτηρίων ἀντίληψις αὐτὸν ἐπεσήμαινε· κατέσκεπτε γὰρ καὶ ἐς τὰ αἰδοῖα καὶ ἐς ἄκρας χεῖρας καὶ πόδας· καὶ πολλοὶ στερισκόμενοι τούτων διέφευγον.* Gewöhnlich liest man in dieser Stelle *ἀντίληψις αὐτοῦ ἐπεσήμαινε* und suppliert zu *αὐτοῦ* aus dem vorhergehenden Satze *κακοῦ*, indessen wenn sich auch der doppelte Genitiv zu *ἀντίληψις* verteidigen läßt, so ist die Konstruktion doch immer schwerfällig und wird es noch mehr dadurch, daß man alsdann gezwungen ist *ἐπεσήμαινε* durch sich kund geben (mali vis, apprehendens extremas corporis partes se prodebat, manifestam faciebat erklärt es Wyttenbach Select. hist. p. 367)

durchwandelte nämlich, nachdem sie von oben anfangend zuerst sich in dem Kopfe festgesetzt hatte, den ganzen Körper; und wenn auch jemand dem Schlimmsten entging, so zeichnete ihn doch das Ergriffenwerden der Extremitäten; denn die Krankheit warf sich auf die Geschlechtsteile, Hand- und Fußspitzen, und viele, welche dieser (Teile) sich berauben ließen, entgingen (dem Tode).“ Deutlicher malt dies noch der Dichter Lucretius[1]) aus, wenn er sagt:

Profluvium porro qui tetri sanguinis acre
Exierat; tamen in nervos huic morbus et artus
Ibat et in partes genitales corporis ipsas,
Et graviter partim metuentes limina leti
Vivebant ferro privati virili.

Obgleich wir es nur mit den letzten Worten des Thucydides zu tun haben, soweit sie die Genitalien betreffen, so hat doch das Vorhergehende zu so sonderbaren Auslegungen Veranlassung gegeben, daß wir schon auch hierbei etwas verweilen müssen. Die ganze Stelle war besonders denen ein Stein des Anstoßes, welche in der atheniensischen Pest das Scharlachfieber wie Malfatti oder die Blattern, wie Scuderi und Kraus, finden

---

zu übersetzen, ohne dadurch einen klaren Sinn des Satzes zu erhalten. Dieser wird aber augenblicklich gewonnen, wenn wir mit Reiske (Animadvers. p. 21 in dessen: Thucydides Reden, übersetzt von Reiske, nebst lateinischen Anmerkungen über dessen gesamtes Werk. Leipz. 1761. 8) *ἀντίληψις αὐτὸν ἐπεσήμαινε* lesen. Mag man aber *αὐτοῦ* oder *αὐτὸν* lesen, niemals wird man den Satz so auffassen können wie es Kraus S. 54 getan hat, wenn er sagt: „Die pustulös eiternde Eruption fängt am Kopfe an und geht nach und nach über den ganzen Körper bis zu den Händen und Füßen. Daß Thucydides vorzüglich die Eruption da im Sinne gehabt habe, wo er von der allmählichen Verbreitung des Übels durch den ganzen Körper spricht, geht aus den von ihm gewählten Ausdrücken hervor „„die Krankheit wandert durch den ganzen Körper und zeichnet *(ἐπεσήμαινε)* Hände und Füsse.““ Durch welche andere von den angeführten Symptomen sollte auch wohl die Affektion der Hände und Füße sich bemerklich machen, als durch die Eruption?“ Es dürfte gewiß nur wenig Leser des Thucydides geben, welche imstande sind eine so grundfalsche Ansicht aus den Worten des Schriftstellers heraus zu interpretieren.

[1]) De rerum natura lib. VI. 1203 sq.

wollten. Letzterer namentlich sagt deshalb:[1]) „Der Verlust der Schamteile und der Extremitäten (*στερισκόμενοι τούτων*) soll wohl nur auf den Verlust des freien Gebrauchs dieser Teile deuten, durch Geschwüre, Gelenkanschwellungen, Lähmungen und Kontrakturen, denn die ganzen Glieder werden doch nicht brandig abgestoßen oder gar künstlich amputiert worden sein? Freilich ist seit den Versen des Lucrez — die letztere Meinung die allgemeinere geworden; jedoch haben schon ältere Kommentatoren[2]) gefühlt, daß der römische Dichter den Sinn des Thucydides verfehlt haben dürfte. Und diesem beizutreten, finde ich besonders aus dem Grunde mich geneigt, daß der Brand ganzer größerer Gliedmaßen, wenn er auch in pestilenten Fiebern, im *Typhus contaguosus putridus* unter anderen, beobachtet worden ist, doch ein verhätnismäßig sehr seltenes und zugleich so gefährliches Symptom dieser Krankheit ausmacht, daß schwerlich viele Kranke (*πολλοὶ*), wie Thucidides sagt, mit einer so bedeutenden Affektion und dagegen nur einige (*ἐσί*) mit dem Verluste der Augen, dem Tode entronnen sein würden." Für den, welcher die obigen Stellen des Hippokrates und Galenus mit der Darstellung von Thucydides vergleicht, bedarf es keines weiteren Beweises, daß in der Tat Gangrän der Extremitäten hier vorhanden war, welche auch später[3]) gar nicht so selten als Kraus und andere glauben,

---

[1]) Über das Alter der Menschenpocken. Hannover 1825. S. 54. folg.

[2]) Fabius Paulinus Praelectiones Marciae etc. 352 (welcher ihn aber ebenso wie Lambin und Mercurialis verteidigt) Scuderi Tl. I. S. 126. Diesen können wir auch Petronius Victorius Variar. lect. lib. XXXV. c. 8. beifügen.

[3]) In der Antoninianischen Pest Galenus (de usu part. III. c. 5 de prob. pravisque alimentor. succ. c. 1. ed. K. Vol. VI. p. 749) Cyprian (Opera. Venet. 1728. f. p. 465) im Jahre 235 n. Chr. — Ferner Hecquet obs. sur la chute des os du pied dans une femme attaquée d'une fièvre maligne in Memoires de Paris 1746. hist. p. 40. — J. G. Brebis de sphacelo totius fere faciei post superatam febrem malignam oborto in Act. Acad. N. C. Vol. IV. p. 206. — Percival (Samml. auserles. Abh. Bd. XV. S. 335) beobachtete in einer Faulfieberepidemie zu Manchester viele Faulfieberkranke mit heftigem Erysipelas am Gesicht und Kopfe, und während der Typhusepidemien von 1806—1813 sahen v. Hildenbrand (über den ansteckenden Typhus. 2. Aufl. Wien 1814, S. 200) und Horn (Erfahrungen über die

beobachtet ist; und daß viele der davon Ergriffenen mit dem Leben davon kamen, hat umso weniger etwas Auffallendes, wenn man bedenkt, daß Thucydides nicht von ganzen Armen und Füßen, welche abfielen, sondern nur von ἄκρας χεῖρας καὶ πόδας, d. h. von Fingern und Zehen spricht. Indessen wenn man auch zu τούτων nicht ἄκρων ergänzen und es ganz allgemein fassen wollte, daß Füße und Hände ebenso wie die Genitalien ganz entfernt worden wären, so würde auch dies nicht zu den sehr seltenen Erscheinungen gehören, da Hippokrates ja die ganzen Extremitäten abfallen und wenn nur die ῥεύματα ordentlich zur Reife kamen und in Eiterung übergingen, die Meisten (οἱ πλεῖστοι τούτων ἐσώζοντο) mit dem Leben davon kommen sah. Endlich geht aus der Stelle des Thucydides noch gar nicht bis zur Evidenz hervor, daß die ἀκρωτηρίων ἀντίληψις allein bei den Fieberkranken als Metastase etc. vorkam; denn der erste Satz, daß die Krankheit den ganzen Körper durchwandert habe, geht offenbar auf das Vorhergehende, namentlich das ἐπικατιόντος τοῦ νοσήματος ἐς τὴν κοιλίαν und wird deshalb mit ihm auch durch γάρ verbunden. Das folgende καὶ εἴ τις ἐκ τῶν μεγίστων περιγένοιτο kann man recht gut so fassen, daß μεγίστων nicht als Neutrum, wie anderswo τὰ ἔσχατα, steht, sondern daß man κακῶν ergänzt und übersetzt: wenn auch jemand den größten Übeln entging, d. h. wenn er auch nicht von dem λοῖμος mit Kopf- und Bauchaffektionen befallen ward, so zeichnete ihn dieser, d. h., so gab dieser sein Dasein doch dadurch zu erkennen, daß sich Gangrän der Extremitäten einstellte [1]). Diese hält der Laie Thucydides für eine bloße Äußerung des λοῖμος, während Hippokrates sie als den Beweis der erysipelatös-putriden Konstitution betrachtete, welche bereits früher vorhandene Geschwüre etc. diesen Charakter annehmen ließ. Wir haben bereits S. 228 er-

Heilung des ansteckenden Nerven- und Lazarettfiebers. 2. Aufl. Berlin 1814. S. 49. 71) heftige erysipelatöse Entzündungen an der Nase, den Ellenbogen, Fingern und besonders den Zehen bei ihren Kranken entstehen, welche schnell in Brand übergingen.

[1]) Es frägt sich noch, ob nicht für κατέσκηπτε καὶ ἐς τὰ αἰδοῖα zu lesen ist κατεσκ. γὰρ κακὸν ἐς τὰ αἰδοῖα.

wähnt, daß zu Athen häufig Fußgeschwüre vorkamen; diese mußten ebenso wie die jedenfalls vorhandenen Genitalgeschwüre doch notwendig von der allgemeinen Konstitution ebenfalls ergriffen werden, und wenn dies der Fall war, in Gangrän übergehen. Thucydides sagt ja ausdrücklich beim Beginn der Schilderung der Krankheit (cap. 49) *τὸ μὲν γὰρ ἔτος ὡς ὡμολογεῖτο, ἐκ πάντων μάλιστα δὴ ἐκεῖνο ἄνοσον ἐς τὰς ἄλλας ἀσθενείας ἐτύγχανεν ὄν· εἰ δέ τις καὶ προέκαμνέ τι, ἐς τοῦτο πάντα ἀπεκρίθη.* So gut wie nun Hippokrates zur Zeit seines Wetterstandes Genitalgeschwüre beobachtete, ebenso waren sie gewiß auch zu Athen vorhanden und wurden auch von dem erysipelatös-typhösen Genius beherrscht, was sich auf eine zweifache Weise kund gab, entweder wurden die Geschwüre brandig oder der Kranke wurde vom Typhus befallen, grade wie das noch jetzt beobachtet wird.[1]) In beiden Fällen mußte aber das vorhandene Contagium zerstört werden, einerseits durch den Brand, andererseits durch die allgemeine fieberhafte Reaktion des Organismus.[2]) Da aber, wo weder Fieber noch Brand entstand, nahm gewiß das Contagium einen heftiger wirkenden Charakter an, steckte leichter an, erregte tiefer eindringende Geschwüre und,

---

[1]) Joseph. Franc. Prax. med. univ. praecept. P. I. Vol. III. sect. 2. Typhus. cap. 2. § 4. N. 11. Anmerkg. 108. sagt: „Obgleich in dem Bürgerhospitale zu Wien die venerischen von anderen Kranken abgesondert wurden so kam zu der Zeit, als ich daselbst Primararzt war, dennoch öfter der Fall vor, daß an verborgener Lustseuche leidende oder zahlende Kranke in gemeinschaftliche Zimmer kamen. Bekam nun einer oder der andere den Typhus, oder lag hier schon ein solcher Kranker, oder ward er hierher gebracht, so wurden die Venerischen ohne Ausnahme vom Typhus befallen und vorzüglich während der Merkurialbehandlung."

[2]) Schönlein Vorlesungen. Bd. II. S. 48. „Das syphilitische Exanthem bleibt entweder beim Eintritt des Typhus stehen, oder verschwindet momentan und für immer — oder endlich der von Syphilis befallene Teil wird brandig." Neumann spezielle Pathologie und Therapie Bd. II. S. 107. „Heftige, schwere typhöse Fieber heilen die Syphilis vollständig; ihre Symptome verschwinden mit Anfang der Krankheit und kehren niemals wieder. — Doch nach dem Petachialfieber habe ich zum öfteren die im Anfange der Krankheit verschwundenen Syphilisübel nicht wieder erscheinen sehen." Die geschichtlichen Belege werden die späteren Untersuchungen noch in Menge beibringen.

da der Trieb zur Haut vorherrschend war, zur Geschwürsbildung neigende Exantheme (*ἐκθύματα μεγάλα, ἕρπητες πολλοῖσιν μεγάλοι* sah Hippokrates im Sommer entstehen a. a. O. S. 487); Momente, deren Berücksichtigung für die Geschichte der Lustseuche von der größten Wichtigkeit ist, da wir dadurch allein im stande sein werden, das große Rätsel über die Geschichte der Lustseuche im XV. Jahrhundert zu lösen, was gewiß längst geschehen wäre, wenn man nicht fast bis auf den heutigen Tag sich daran gewöhnt hätte, die Lustseuche als einen Idioten zu betrachten. — Ob die Extremitäten, Hände, Füße und Genitalien von freien Stücken abgefallen oder mit dem Messer weggenommen, läßt sich aus der Stelle des Thucydides allerdings nicht mit Gewißheit entscheiden, unserer Ansicht nach war beides der Fall, denn Ärzte gab es in Athen und ehe sie ihre Ohnmacht gegen die herrschende Krankheit bekannten, hatten sie gewiß die ihnen zu Gebote stehenden Kunstmittel angewendet, und diese bestanden ja nach Hippokrates nur im Skalpel und Glüheisen, wenn andere Mittel fruchtlos waren. Daß bei Genitalgeschwüren diese ebenfalls angewendet wurden, zeigt uns Galenus an der S. 321 angeführten Stelle, und das Gedicht der Priapeia S. 69 bestätigt dies aufs beste.

Doch dies wird hinreichend sein, darzutun, in wie weit die mehrfach ausgesprochene Ansicht, in der atheniensischen Pest wie im Wetterstand des Hippokrates sei von Lustseuche die Rede, ihre Richtigkeit hat und daß sich auch im Altertum Materialien finden, aus denen hervorgeht, daß der *Genius epidemicus* auf Entstehung, Form und Verlauf der Genitalgeschwüre einen nicht unbedeutenden Einfluß ausübte. Wie sich dieser Einfluß auf die Folgen der Paederastie und des Cunnilingere wie Fellare am After und im Munde äußerte, läßt sich geschichtlich von uns wenigstens zur Zeit noch nicht nachweisen, doch ist es wahrscheinlich, daß vorhandene Geschwüre besonders im Munde und Rachen bei einer erysipelatös-typhösen Konstitution äußerst verderblich für die Inhaber sein mußten.

Zweiter Abschnitt.

Einflüsse, welche die Entstehung von Krankheiten infolge des Gebrauchs oder Mißbrauchs der Genitalien mehr oder weniger hinderten.

---

§. 34.

Die bisherigen Untersuchungen haben uns wohl zur Genüge dargetan, daß Asien und Ägypten als die Brennpunkte der Unzucht zu betrachten, daß hier die klimatischen Verhältnisse zur Entstehung von Affektionen infolge geschlechtlicher Ausschweifungen am günstigsten waren, und so läßt sich gewiß nicht mit Unrecht schon von vorn herein annehmen, daß man daselbst schon frühzeitig darauf bedacht war, diese, nicht etwa vorübergehend, sondern dauernd einwirkenden Einflüsse so viel als möglich unschädlich zu machen. Wodurch konnte dies aber wohl besser geschehen als durch eine so weit als möglich getriebene Reinlichkeit? In der Tat zeigt auch eine nur oberflächliche Kenntnis der Sitten und Gebräuche des Altertums deutlich, daß in Asien wie in Ägypten die Sorge für Reinlichkeit des Körpers, die politischen wie priesterlichen Gesetzgeber seit den ältesten Zeiten nicht nur vorzugsweise beschäftigt hatte, sondern auch von dem Volke als so durchaus notwendig erkannt wurde, daß sie fast ganz mit seinem Sein und Leben verschmolz, jeder Gedanke eines lästigen Zwanges verschwand und daß die dahin abzweckenden Gesetze und Anordnungen noch heute wie vor Jahrtausenden in ihrer völligen Kraft bebestehen. Den weniger nachdenkenden Bewohnern der gemäßigten Zone, welche jene Länder besuchten, mußte allerdings eine so weit verbreitete, ängstliche Sorge für Reinlichkeit übertrieben erscheinen, und deshalb finden wir, z. B. bei den griechischen Schriftstellern, manche der hierhergehörenden Gebräuche stets gewissermaßen nur als Kuriosum aufgeführt oder gar in der späteren Zeit, z. B. vom Heiligen Athanasius[1]) als Werk des Teufels, um die den gottseligen Betrachtungen zu widmende Zeit zu schmälern, verdammt. Mag es aber auch sein, daß im Laufe der Zeit eine zu ängstliche Anhänglichkeit an das Gesetz der Väter manchen der Gebräuche ins Lächerliche gezogen hat, zumal wenn er in Ländern geübt wird, in denen die Gründe seiner Beibehaltung zum Teil ganz wegfallen, so muß doch ein jeder, welcher die Verhältnisse, unter welchen er ursprünglich eingeführt ward, genauer erwägt, zugestehen, daß der Gesetzgeber nur einem Gebot der Notwendigkeit gehorchte.

Wenn wir nun die verschiedenen Sitten und Gebräuche des Altertums behufs der Sorge für Reinlichkeit näher betrachten, so lassen sie sich im allgemeinen in zwei Klassen teilen, je nachdem dadurch entweder die Unreinlichkeit abgehalten, oder, wenn sie bereits eingetreten war, entfernt werden sollte. Da die ganze Medizinalpolizei, deren Ausübung in unseren zivilisierten Staaten so unendlich viel Schwierigkeiten macht, im Altertum sich fast überall in den Händen der Priester befand, welchen das Volk einen unbedingten Gehorsam zu leisten gewohnt war, so war es leicht der nachteiligen Verunreinigung in großer Ausdehnung vorzubeugen, denn es reichte aus, alles was der Gesundheit Nachteil bringen konnte, für unrein zu erklären, um gewiß zu sein, daß es auch in der Tat, von dem größern Teil sogar mit ängstlicher Sorgfalt, gemieden ward; ein Moment, welches von unseren historischen Pathologen noch nicht gehörig gewürdigt zu sein scheint, da sie sonst wohl bereits manches Vorurteil inbetreff der Kenntnis der Alten vom Contagium abgelegt hätten; denn wie konnte man da Erfahrungen über Ansteckungsfähigkeit sammeln, wo man jede Gelegenheit der Ansteckung sorgfältig mied? Die meisten Völker des Altertums

[1]) Opera Vol. I. p. 765. Epistola ad Amunem, monachum.

hielten nicht nur das Angreifen, sondern sogar auch die Nähe des Toten für verunreinigend, hingen Warnungszeichen für die Vorübergehenden aus und stellten Gefäße mit Wasser (*ἀδάνιον, ὄστρακον, γάρτρα*) vor dem Hause, in welchem ein solcher sich befand, für die Ein- und Ausgehenden auf, um sich sogleich wieder reinigen zu können.[1]) Gingen auch nicht alle so weit wie die Perser, welche jeden Kranken für unrein erklärten, so sehen wir doch, daß, gewiß nicht bloß bei den Juden, die unter dem Namen Aussatz[2]) zusammengefaßten ansteckenden Hautkrankheiten, ebenso wie der Tripper, den Inhaber nebst allem, was er berührte, unrein machten und außer Berührung setzten, was sogar noch über die Zeit der Dauer jener Krankheiten hinaus ging. Bedarf es demnach wirklich noch des Beweises, daß dieselben ein wohlgekanntes Contagium entwickelten oder will man lieber einer eingebildeten Theorie zu Liebe annehmen, daß jene Gebote der Grille eines Gesetzgebers ihr Dasein verdankten und ihnen keine tatsächlichen Erfahrungen des wesentlichen Nachteils der Vernachlässigung derselben für andere zugrunde lagen? Jedenfalls konnte aber, wo diese Gesetze bestanden und wo jeder einzelne genau sich nach ihnen richtete, eine Krankheit, welche nur durch enge Berührung mitteilbar ist, unmöglich zu einer weiten Verbreitung gelangen, und zwar selbst dann nicht, wenn sie sich fortwährend genuin erzeugt hätte. — Aber man mied nicht bloß die Kranken, sondern auch

---

[1]) Euripides Alcest. 98. *πυλῶν πάροιθεν δ' οὐχ ὁρῶ*
πηγαῖον ὡς νομίζεται
χέρνιβ' ἐπὶ φθιτῶν πύλαις,
χαίτα τ' οὔτις ἐπὶ προθύροις
τομαῖος, ἃ δὴ νεκύων
πένθει πιτνεῖ.

Vergl. Kirchmann de funeribus Roman. lib. I. c. ult. lib. II. c. 15. Lomeier de veterum gentil. lustrationibus cap. 16. Casaubonus ad Teophrast. Charact. c. 16.

[2]) Wir erwähnen hier noch nachträglich, daß im Altertume der Aussatz ziemlich allgemein als eine Strafe der Götter betrachtet wurde, denn selbst die Griechen hatten diese Ansicht, wie aus Aeschylus Choephor. II. 2 erhellt, was auf die Ansteckungsfähigkeit wie auf das Dunkel der Ursachen desselben schließen läßt.

die möglichen Ursachen der Entstehung der Krankheit. Nicht bloß die Anstrengung und der Schmerz, sondern wahrscheinlich auch die Möglichkeit der Verletzung ließen den weichlichen Asiaten auf das *Ius primae noctis* verzichten und die vermeintlichen[1]) Nachteile des Scheidenblutes, welches bei der Zerstörung des Hymens floß, dasselbe ebenso wie den Akt der Defloration für unrein erklären (S. 52) und er war hier ebenso gesichert als durch das Verweisen der Frauen während der Zeit ihrer Menstruation aus der Nähe der Männer, welches ziemlich bei allen Nationen der alten Welt zum Gesetz erhoben war. Ein gleiches galt für die Zeit der Reinigung der Wöchnerinnen,[2]) welche möglicher Weise auch nachteilig auf die Genitalien des Mannes hätte einwirken können.

§ 35.

Depilation.

Da es aber dennoch vorkommen mochte, daß weder der Kranke noch auch die möglichen Ursachen der in Rede stehenden Krankheiten hinlänglich gemieden wurden, vielleicht auch nicht immer gemieden werden konnten, so mußte man natürlich auch darauf bedacht sein, die Aufnahme des Contagiums und der nachteilig einwirkenden Stoffe von Seiten des menschlichen Körpers so viel als möglich zu erschweren. Zwei Mittel waren es, welche man hierzu am meisten geeignet hielt, die Depilation und die Beschneidung. Da die Haare bekanntlich eine große Neigung haben, Feuchtigkeiten an sich zu ziehen und festzu-

---

[1]) Nach dem früher Auseinandergesetzten wäre es wohl denkbar, daß bei vorhandenem Hymen ein Teil des Scheidenschleims und des Menstrualblutes zurückgehalten einen gewissen Grad von Malignität annehmen und auf die bei der Defloration möglicher Weise entstandenen Risse in der Rute oder selbst auf die Schleimhaut der Harnröhre einen nachteiligen Einfluß ausüben konnte.

[2]) Euripides Iphigen. Tauric. 380. — Porphyrius lib. II. περὶ ἀποχῆς Dio Chrysostom. homil. XIII. in Epist. ad Ephes. — Theophrast. Charact. c. 16. — Th. Bartholini Antiq. veteris puerperii synopsis Hafn. 1646. 8.

halten, so werden sie dies auch mit den gesunden wie kranken Genitalsekreten tun, wenn sie mit ihnen in Berührung kommen und diese Sekrete werden um so leichter nachteilig einwirken, als jedes Haar zugleich mindestens von zwei Hautdrüsen begleitet wird, welche zum Teil einen gemeinschaftlichen Ausführungsgang mit ihm haben und an den Stellen, wo sich häufiger und starker Haarwuchs befindet, eine bedeutend erhöhte Tätigkeit entwickeln, welche sie ohnehin, wie wir gesehen haben, in heißen Ländern zeigen. „Daher scheeren auch die Priester in Ägypten sorgfältig ihren Körper; denn es sammelt sich etwas unter den Haaren — was entfernt werden muß“ sagt Philo in der S. 284 angeführten Stelle, und ein Bruchstück des Theopompus, welches Athenaeus[1]) aufbewahrt hat, belehrt uns, daß sich diese Sitte auch bei den Griechen, sowie bei verschiedenen Bewohnern Italiens gefunden habe. Indessen verlor sich diese Sitte späterhin nach und nach in diesen Ländern und wir finden sie nur zur Zeit des höchsten Luxus wieder, wo die Pathici durch die Depilation des ganzen Körpers, mit Ausnahme des Hauptes, sich auch äußerlich den weiblichen Typus zu geben suchten.[2]) Besonders aber

---

[1]) Deipnosoph. lib. VII. p. 518. *Πάντες δὲ οἱ πρὸς ἑσπέραν οἰκοῦντες βάρβαροι πιττοῦνται καὶ ξυροῦνται τὰ σώματα· καὶ παρά γε τοῖς Τυῤῥηνοῖς ἐργαστήρια κατεσκεύασται πολλὰ, καὶ τεχνῖται τούτου τοῦ πράγματός εἰσιν, ὥσπερ παρ᾽ ἡμῖν οἱ κουρεῖς· παρ᾽ οὓς ὅταν εἰςέλθωσι, παρέχουσιν ἑαυτοὺς πάντα τρόπον, οὐθὲν αἰσχυνόμενοι τοὺς ὁρῶντας, οὐ δὲ τοὺς παριόντας· χρῶντοι δὲ τούτῳ τῷ νόμῳ πολλοὶ καὶ τῶν Ἑλλήνων καὶ τῶν τὴν Ἰταλίαν οἰκούντων, μαθόντες παρὰ Σαμνιτῶν καὶ Μεσαπίων.* Die Depilation der Männer und Knaben besorgten in den Zeiten der höchsten Lüderlichkeit sogar Frauen (Martial. XI. 79) und zwar gab es eine eigene Zunft derselben, welche man ustriculae nannte. Tertullian. de pallio c. 4. Ebenso erwiesen Männer wieder den Frauen diesen Liebesdienst, so z. B. Domitian nach Sueton. c. 22. Erat fama, quasi concubinas ipse develleret — und Heliogabal nach Lampridius c. 31. In balneis semper cum mulieribus fuit, ita ut eas ipse psilothro curaret, ipse quoque barbam psilothro accurans, quodque pudendum dictu est, eodem quo mulieres accurabantur, et eadem hora. Rasit et virilia subactoribus suis ad novaculam manu sua, qua postea barbam fecit.

[2]) Vergl. S. 149. 161. Sie entfernten sich die Haare im Gesicht, Martial. III. 74) aus der Nase, (Ovid. Art. amand. I. 520) an den Augenbrauenbogen, (Cicero Orat. pro Roscio) aus den Achselhöhlen,

mußten sie den After[1]) von den Haaren befreien, weil ein während des unnatürlichen Beischlafes in denselben eindringendes Haar leicht zu Schrunden im After und Excoriationen am Penis Veranlassung geben konnte. Aus demselben Grunde entfernten auch wohl die Paederasten wie die Venusritter überhaupt die Haare von ihren Genitalien,[2]) um den After und die Schamteile der Dirnen nämlich nicht zu gefährden. Noch mehr als die Männer suchten die Frauen, wie noch jetzt im Orient, ihre Schamteile zu enthaaren. Bei den Juden scheint dies jedoch niemals der Fall gewesen zu sein, dagegen fand sich in Asien und Ägypten diese Sitte als Volksgebrauch und dürfte sich auch von dort aus erst nach Griechenland und Italien verbreitet haben. Obgleich dieselbe von den griechischen Frauen ebenfalls angenommen zu sein scheint,[3]) so waren es doch vorzüglich die Hetären und Lustdirnen[4]) überhaupt, welche die

---

(Juvenal. XIV. 194 Seneca epist. 115) an den Armen, (Martial. III. 63) den Händen, (Martial. V. 41) an den Schenkeln (Juvenal. IX. 12). Vom Barte war bereits früher die Rede. —

[1]) Martial. II. 62. Cui praestas culum, quem, Labiene, pilas.

[2]) Martial. lib. II. 62.

Quod pectus, quod crura tibi, quod brachia vellis,
Quod cincta est brevibus mentula tonsa pilis,
Haec praestas, Labiene, tuae, quis nescis? amicae

lib. IX. 28.

Cum depilatos, Chreste, coleos portes,
Et vulturino mentulam parem collo,
Et prostitutis laevius caput culis,
Nec vivat ullus in tuo pilus crure
Purgentque crebrae cana labra volsellae etc.

Vergl. Lib. IX. 48. 58. Sueton Otho. 12. Persius IV. 37. Ausonius 131.

[3]) Aristophanes Lysistrat. 151.

Εἰ γὰρ καθῄμεθ᾽ ἔνδον ἐντετριμμέναι
κἂν τοῖς χιτωνίοισι τοῖς ἀμοργίνοις
γυμναὶ παρίοιμεν, δέλτα παρατετιλμέναι,
στύοιντ᾽ ἂν ἄνδρες κἀπιθυμοῖεν πλεκοῦν.

Deshalb wurde auch Mnesilochus (S. 150) an den Genitalien wie am ganzen übrigen Körper enthaart, damit er in der Versammlung der Weiber nicht erkannt werden sollte.

[4]) Aristophanes Eccles. 718 wird von den feilen Dirnen gesagt:

καὶ τάς γε δούλας οὐχὶ δεῖ κοσμουμένας
τὴν τῶν ἐλευθέρων ὑφαρπάζειν Κύπριν,

örtliche Depilation neben der allgemeinen an sich vornahmen. Eben dieses Verhältnis mochte in Rom stattgefunden haben,[1]) woselbst die älteren Frauen die Entfernung der Haare an den Genitalien als ein Mittel benutzten, ihr Alter zu verbergen.[2]) Überhaupt scheint man bald, zumal in Griechenland und Italien, den eigentlichen Zweck der Depilation aus den Augen verloren und sie selbst nur noch gewissermaßen als einen Modeartikel betrachtet zu haben, wenn schon sie sich bis auf die neueren

---

ἀλλὰ παρὰ τοῖς δούλοισι κοιμᾶσθαι μόνον
κατωνάκην τὸν χοῖρον ἀποτετιλμένας.

Batrach 515. Ξ. πῶς λέγεις; ὀρχηστρίδες; Θ. ἡβυλλιῶσαι κἄρτι παρατετιλμέναι. Vergl. Lysistrat. 88.

[1]) Martial. lib. XII. epigr. 32.

Nec plena turpi matris olla resina
Summoenianae qua pilantur uxores.

[2]) Martial. lib. X. epigr. 90.

Quid vellis vetulum, Ligella, cunnum?
Quid busti cineres tui lacessis?
Tales munditiae decent puellas.
Erras, si tibi cunnus hic videtur,
Ad quem mentula pertinere desit.

Diese Stelle sowie die obigen aus Aristophanes und dem Theopompus werden nun auch hinlänglich dartun, was Horatius Sat. I. 2. v. 26. mit seinem „mirator cunni Cupiennius albi" sagen wollte, da das albus hier offenbar für rasus, depilatus, nudus steht, wie Juvenalis Sat. I. 111. Nuper in hanc urbem pedibus qui venerat albis für nudis gebraucht. Die Interpreten haben dies bisher sämtlich durch matrona stola alba seu candida vestita erklärt, weil, wie sich Heindorf ausdrückt, kein anderer Rat vorhanden sei. Nun, dergleichen gab es doch wahrlich noch mehrere. So könnte es für canus cunnus (Martial. lib. IX. 38 lib. II. 34) stehen, obschon diesem ebenfalls die Bedeutung von depilatus, wenn auch in anderem Sinne, zugrunde liegen dürfte, wie dies auch mit cana labra IX. 28 der Fall ist. Oder man kann das albus gleichbedeutend mit increta, cerussata fassen, wozu Martialis die Erklärung liefert, wenn er lib. III. 42. sagt:

Lomento rugas uteri quod condere tentas,
Polla, tibi ventrem, non mihi labra linis;

oder lib. IX. 3. „Illa siligineis pinguescit adultera cunnis." Das Lomentum, welches nicht von lavimentum oder lavamentum wie Scheller nach Vossius angibt, sondern vom griechischen λείωμα, faba comminuta, abzuleiten ist, war Bohnenmehl (in subtilissimo lomento, hoc est farina

Zeiten in jenen Ländern erhalten hat, und zum Teil daselbst in der Tat noch der Reinlichkeit[1]) wegen vorgenommen wird.

An die Depilation schließt sich das Glätten der Haut mit Bimstein etc., wodurch dieselbe zur Aufnahme von Schmutz jeder Art bei weitem weniger empfänglich gemacht ward, und das hierauf wie auf das Baden (s. nachher) gemeiniglich folgende Salben des Körpers verhütete das Eindringen fremder Stoffe in das Innere um ein Bedeutendes, ohne die Ausdünstung welche in den südlichen Ländern mehr durch die Hautdrüsen als durch die Schweißkanälchen erfolgt, zu beeinträchtigen. Ein Moment, wodurch es uns zum Teil erklärlich wird, daß die größtenteils flüchtigen Contagien im Altertume nie eigentlich eine weite Verbreitung erlangten, wenn sie nicht zugleich von

---

fabacea sagt Vegetius de re veterin. V. 62) und noch jetzt sollen sich die Japaner nach Thunberg des Mehls einer Bohnenart statt der Seife bedienen. Die römischen Frauen sorgten sehr dafür den aequor ventris (A. Gellius N. A. I. 2) zu erhalten, daher sagt auch Martial. III. 72 zur Laufella, welche sich nicht mit ihm baden will:

Aut tibi pannosae pendent a pectore mammae
Aut sulcos uteri prodere nuda times.

Zur Beseitigung der Runzeln im Gesicht bestreuten sie sich dasselbe mit Kreide; daher sagt Petronius Sat. c. 23 et inter rugas malarum tantum erat cretae, ut putares detectum parietem nimbo laborare und in dem Gedicht des Lucian, Antholog. graec. lib. II. tit. 9, heißt es: μὴ τοίνυν τὸ πρόσωπον ἅπαν ψιμύθῳ κατάπλαττε. Will man aber cunnus durchaus für femina nehmen, so würde es wie albus amicus bei Martial. lib. X. 12 stehen, was Farnabius durch σκιατρόφος erklärt, und etwa unserem Teegesicht entspricht; alles Erklärungen, welche sicher näher liegen als die stola alba.

[1]) Italae nonnullae se depiles tangere amant circa partes hymenaeo sacras, veritae foetationem morpionum schreibt Rolfink ordo et methodus generationi dicat. partium cognoscendi fabricam. Jenae 1664. 4. S. 185. Auch im Altertum mochte dies ein Grund der Entfernung der Haare sein, denn bereits Aristoteles histor. anim. lib. V. c. 25 kennt die Filzläuse und nennt sie φθεῖρες ἄγριοι, ohne jedoch ihren Sitz anzugeben; er sagt: ἔστι δὲ γένος φθειρῶν, οἱ καλοῦνται ἄγριοι, καὶ σκληρότεροι τῶν ἐν τοῖς πολλοῖς γιγνομένων· εἰσὶ δὲ οὗτοι καὶ δυσαφαίρετοι ἀπὸ τοῦ σώματος. Celsus de re medica lib. VI. c. 6. und 15 erwähnt derselben als in den Augenwimpern vorkommend: Genus quoque vitii est, qui inter pilos palpebrarum pediculi nascuntur, φθειρίασιν Graeci nominant.

dem Genius epidemicus getragen wurden, der aber, wie noch jetzt, selten der endemischen Konstitution Herr werden konnte. Dies letztere verdient besonders die Aufmerksamkeit des historischen Pathologen, da es ihm eine teilweise Andeutung gibt, warum das Altertum so sehr hinter der späteren Zeit inbezug auf großartige Epidemien zurücksteht und ihn zugleich darauf hinweist, Asien als das Land der Endemien, Europa dagegen als das der Epidemien zu betrachten, was ihn vor mancher Übereilung bei der Betrachtung der fortschreitenden Entwickelung der Krankheitskonstitution im Ganzen bewahren, aber auch freilich manchen behaglichen Traum der der Wirklichkeit enteilenden Phantasie zerstören dürfte.

§ 36.

Beschneidung.[1])

Schon Herodot stellt die Beschneidung als einen uralten Gebrauch dar, von dem es zweifelhaft sei, ob die Ägypter oder

---

1) Lockervitzens Christ. Disp. II. de circumcisione Viteb. 1679. 4. — Antonius Diss. de circumcisione gentilium Lips. 1682. 4. Grapius. Diss. An circumcisio ab Aegyptiis ad Abraham fuerit derivata. Rostock. 1699. 4. Jenae 1722. 4. — Vogel Progr. Dubia de usu circumcisionis medico. Götting. 1763. 4. — Hofmann de circumcisione V. T. sacramenti nomine non privanda. Altorf. 1770. 4. — Ackermann J. Ch. G. Aufsätze über die Beschneidung, in Weise's Materialien für Gottesgelahrtheit und Religion. 1 Bd. Gera 1784 8 S. 50. sp. cf. Blumenbachs med. Bibliothek Bd. 1. S. 482. — Sturz Circumcisionis a barbaris gentibus ad Iudaeos translationem per se quidem Deo non indignam sed tamen non vere factam esse. Gerae 1790. 4. — Meiners Christ. de circumcisionis origine et causis in Commentat. societ. Götting. Vol. XIV. S. 207. folg. — Borhek, Ist die Beschneidung ursprünglich hebräisch? und was veranlaßte Abraham zu ihrer Einführung? Eine historisch exegetische Untersuchung. Duisburg und Lemgo. 1793 8. — Bauer F. W. Beschreibung der gottesdienstlichen Verfassung der alten Hebräer. Leipzig 1805. gr. 8. Bd. I. S. 76. folg. — Cohen Moyse, Diss. sur la circoncision, envisagée sous les rapports religieux, hygieniques et pathologiques. Paris 1816. 4. — Brück A. Th. Etwas über den Nutzen der Beschneidung in Rust's Magaz. Bd. VII. 1820. S. 222—28. — Hoffmann A. G. in Ersch und Grubers Encyclopaedie der Wissenschaften.

Äthiopier ihn zuerst geübt haben. Von den Ägyptern soll er auf die Phönizier und Syrer in Palästina, von den Colchiern auf die am Flusse Thermodon und Parthenius wohnenden Syrer und die Macroner übergegangen sein.[1]) Noch jetzt finden wir die Beschneidung bekanntlich bei den Muhamedanern, Persern und Juden, bei den Kaffern auf der südöstlichen Küste Afrikas, den abessinischen Christen,[2]) den Inselbewohnern des stillen Ozeans,[3]) ja selbst in Amerika; und zwar nicht nur bei den Küstenbewohnern, sondern auch in vielen südlichen Gegenden dieses Erdteils.[4]) Ohne uns hier auf die verschiedenen Gründe einzulassen, welche man zur Erklärung der Einführung der Beschneidung, besonders bei den Hebräern, aufgestellt hat, glauben wir doch, mit Rücksicht auf das § 29 Auseinandergesetzte in der Beschneidung ursprünglich eine religiös-diätetische Maßregel finden zu müssen, welche einen bei den Ägyptern, Indern etc. schon frühzeitig so sehr verehrten Teil, wie der Penis war, vor einer leicht entstehenden Verunreinigung durch Schmutz (Eichelsmegma) bewahren sollte, indem man fand, daß die unverletzte Vorhaut das Reinhalten der Eichel erschwerte, die Anhäufung des Smegma begünstigte und so zu Pustel- und

---

Art. Beschneidung Bd. IX. (1822) S. 265—70. — Autenrieth J. H. s. Abh. über den Ursprung der Beschneidung bei wilden und halbwilden Völkern, mit Beziehung auf die Beschneidung der Israeliten. Mit einer Kritik von C. Chr. v. Flatt. Tübing. 1829. gr. 8.

[1]) Histor. lib. II. cap. 104. Origines Lib. V. c. 41. Opp. ed. de la Rue. T. I. p. 609. D. — Cyrillus contra Julian. Lib. X. ed Spanhem. p. 354. B. — Diodor. Sic. lib. I. c. 28. Strabo Geograph. Lib. XVII. cap. 2. § 5. ed Siebenkees. Bei Sanchuniathon (Fragmenta ed. Orelli p. 36) wird die Beschneidung sogar auf Kronos zurückgeführt.

[2]) Ludolf histor. Aethiop. Lib. III. c. 1. 30 sq. Paulus Sammlg. morgenländischer Reisebeschreibg. Tl. III. S. 83.

[3]) Forster's Beobachtungen S. 842. — Cook's letzte Reise Bd. I. S. 387. Bd. II. S. 161. 233.

[4]) J. Gumilla histoire de l'Oronoque. Avignon 1708. Bd. I. S. 183. Veigl in Murrs Sammlung der Reisen einiger Missionare. S. 67. — de Pauw reflexions sur les Americains Bd. II. p. 148. Spizelius Teoph Elevatio revelationis Montezinianae de repertis in America tribubus Israeliticis. Basil. 1661. 8. Burdach Physiologie. Bd. III. S. 386.

Geschwürsbildung etc. Veranlassung gab, welche man nicht aus der natürlichen Ursache, sondern von dem Zorn der Gottheit, welcher der Penis heilig war, die also in dem verunreinigten Penis selbst verunreinigt wurde, als eine verdiente Strafe ableitete. Diesem Zorn nun zu entgehen, entfernte man einen Teil, dessen direkter Nutzen so wenig als der der Haare in seiner Nähe, in die Augen sprang, wozu man sich um so williger verstand, als der Nachteil, welchen die unverletzte Vorhaut brachte, häufig genug sich herausstellte. Anfangs mochten nur die Priester, die ja zugleich die Volksärzte waren, diese Operation an sich vorgenommen haben, später ging sie auch auf das Volk über, entweder durch direktes Gebot, oder weil man sich von dem Nutzen der Zirkumzision überzeugte. Dieser mußte aber um so seltener sichtbar werden, je weniger noch unbeschnittene Individuen vorhanden waren, daher schwand die diätetische Beziehung immer mehr, es blieb nur die religiöse übrig, wodurch man sich allein noch den allgemeinen Gebrauch erklären konnte, und so gestaltete sich die Beschneidung zum Symbol, welches die Aufnahme unter die Geweihten der ägyptischen Mysterien, ebenso wie die Aufnahme unter die Geweihten des Herrn, das eigentliche Volk Gottes, bezeichnete. Auf diese Weise dürften sich die verschiedenen Ansichten über den Ursprung der Beschneidung, welche alle von mehr oder weniger einseitigem Standpunkte ausgingen, am besten vereinigen lassen. Die Veranlassung zur Operation gab allerdings ein pathologisches Moment, welches aber vom religiösen Standpunkte aufgefaßt ward, und so führte anfangs das Messer nicht eine medizinische, sondern eine religiöse Idee. Als aber späterhin derartige religiöse Ideen vor einer nüchternen Naturbetrachtung immer mehr schwanden, als die Zahl der von dem Zorne einer Gottheit entstandenen Krankheiten immer kleiner ward, da konnte man sich auch in jene religiöse Bedeutung der Beschneidung nicht mehr finden, oder wies sie absichtlich von der Hand, da sich ja eine natürliche deutliche wahrnehmen ließ; die religiöse Beziehung machte der medizinisch-diätetischen Platz, wie bei Philo in der S. 283 angeführten Stelle, und selbst Christus scheint keine andere Ansicht davon gehabt zu haben, wenn er sagt:[1]) „Wenn ein Mensch die Beschneidung am Sabbath empfangen darf, damit das Gesetz Moses nicht übertreten werde, [was] zürnet ihr über mich, daß ich einen ganzen Menschen am Sabbath habe gesund gemacht?" De Wette in seiner Übersetzung setzt hinzu: „d. h. nicht bloß, wie bei der Beschneidung, an einem Gliede, sondern am ganzen Körper." Es ist hier nämlich von der Heilung des 38jährigen Kranken die Rede, welchen Christus am Teiche Bethesda am Sabbath gesund gemacht hatte, weswegen man ihn töten wollte (Kap. 5). Der Kranke war am ganzen Körper, d. h. an allen Gliedern krank, denn er konnte nicht ohne Hilfe sein Bett verlassen und in den Teich hinabsteigen. Da nun Christus hier das Heilen sämtlicher Glieder dem Beschneiden entgegensetzt, so muß die Beschneidung nach seiner Ansicht nur ein einzelnes Glied, den Penis, gesund machen oder in einen solchen Zustand versetzen, daß es nicht erkranken (*ὑγιῆ ἐποίησα*) kann, sie hatte für ihn also nur einen rein medizinisch-diätetischen Zweck. — Was die Einführung der Beschneidung bei den Juden betrifft, so dürfte es sich damit, wie wir bereits S. 79 angedeutet haben, folgendermaßen verhalten: Die Juden waren in Ägypten offenbar noch nicht beschnitten, dies bezeugt deutlich der Ausspruch des Herrn (Josua V): „Heute habe ich die Schande Ägyptens von Euch genommen"; denn in den Augen der Ägypter war das Unbeschnittensein der Juden eine Schande, gerade wie nachher ein Unbeschnittener das stärkste Schimpfwort bei den Juden wurde.[2]) Moses, von den Priestern Ägyptens erzogen,

[1]) Evang. Johannis Kap. V. 23. *Εἰ περιτομὴν λαμβάνει ἄνθρωπος ἐν σαββάτῳ, ἵνα μὴ λυθῇ ὁ νόμος Μωσέως, ἐμοὶ χολᾶτε ὅτι ὅλον ἄνθρωπον ὑγιῆ ἐποίησα ἐν σαββάτῳ.*

[2]) I. Samuel. Kap. XVII. V. 14. Allerdings finden wir in der Genesis bereits von Abraham den Bund mit Jehovah durch die Beschneidung feiern, indessen ist dies jedenfalls erst in späterer Zeit auf diesen, als den Stammvater des Volkes Gottes übergetragen, weshalb denn auch im Josua die Sache so dargestellt wird, als seien die Juden bei ihrem Auszuge aus Ägypten beschnitten gewesen. War dies in der Tat der Fall, so ist gar nicht einzusehen, warum nicht die Beschneidung an den auf dem Zuge nach Canaan Geborenen ausgeführt wurde; so gut wie sie andere Gesetze hielten, hätten die Juden auch dies halten können, wenn es ihnen gegeben worden wäre!

in ihre Geheimnisse eingeweiht, mußte notwendig beschnitten sein, und somit die diätetische wie religiöse Beziehung der Beschneidung kennen. Von der Zweckmäßigkeit derselben überzeugt, beschloß er, sie bei den Juden einzuführen, um so gewissermaßen auch durch ein äußeres Zeichen dieselben zu einem heiligen und reinen Priestervolke[1]) zu machen, daher finden wir auch das Gebot der Beschneidung am achten Tage nach der Geburt unter den Reinigungsgesetzen[2]) aufgeführt, ohne irgend einen weiteren Zusatz, der sicher nicht gefehlt hätte, wenn sie bereits symbolisches Bundeszeichen gewesen wäre. Die reine symbolische Bedeutung hatte die Beschneidung noch nicht, sie findet sich daher auch noch nicht unter den am Sinai gegebenen Gesetzen, wo das Blut der Opfertiere den Bund mit Gott besiegelt. Als die Juden aber in Sittim sich dem wollüstigen Kultus des Baal Peor ergaben, und die Plage unter ihnen entstand (§ 8), da stellte sich grell nicht nur die Zweckmäßigkeit, sondern selbst die Notwendigkeit der Befolgung der Reinigungsgesetze im allgemeinen wie der Beschneidung insbesondere heraus, und so reifte in Moses die längst aufgefaßte Idee, die Zirkumzision als vorzügliches Symbol der Einheit mit Jehova dem Volke zu gebieten, dessen allgemeine Einführung bei den Erwachsenen er aber nicht eher hoffen konnte, als bis diese im Begriff waren, den Boden des verheißenen Landes zu betreten. Dies konnte erst nach Moses Tode geschehen, daher erst Josua zu Arolath alles, was in der Wüste geboren war, beschnitt. Waren ja doch alle Leiden des Zuges vergessen, das Land, wo Milch und Honig floß, welches alle ihre kühnen Wünsche erfüllen sollte, lag vor ihren Augen, und so verstanden sie sich gern dazu, den ewigen Besitz desselben durch eine zwar schmerzhafte, aber doch im ganzen nur geringe Operation zu erkaufen. War nun aber einmal alles, was männlich war, beschnitten, so konnte man sich, wie gesagt, auch nicht mehr von der diätetischen Notwendigkeit überzeugen, und so erschien für die Folge die Beschneidung als rein religiöses Symbol,

---

[1]) III. Moses XIX. Kpt. 6. Vers.
[2]) III. Moses XII. Kpt. 3. Vers.

als das sakramentalische Zeichen der Aufnahme in den Bund der Kindschaft mit Jehovah, wie wir es dann durchweg im alten Testamente festgehalten finden.

Was endlich die mehrfach geäußerte Idee, daß die Beschneidung behufs der größeren Fruchtbarkeit der Söhne Abrahams eingeführt sei,[1]) welche sich bereits bei Philo findet, betrifft, so dürfte es nicht sowohl die größere Länge der Vorhaut sein, worauf man sich zu berufen hätte, als vielmehr dieselben Gründe, welche das Reinhalten der Zeugungsteile überhaupt geboten, da die angegebene gehinderte Ausspritzung des Samens bei zu langer Vorhaut immer nur dann eintreten kann, wenn diese zugleich an ihrer Mündung verengt ist, sodaß sie sich während des Aktes des Coitus nicht über die Eichel herüberziehen kann. Die Sache ist vielmehr diese. Wenn, wie wir gesehen haben, durch klimatische Einflüsse leicht Affektionen der mit der Vorhaut bedeckten Eichel eintreten, so mußte dadurch der freie Gebrauch des Zeugungsgliedes gehindert oder in bösartigen Fällen sogar ganz aufgehoben werden. Nun setzte der Hebräer aber, sowie die meisten alten Völker, ihren größten Stolz in eine zahlreiche Nachkommenschaft,[2]) diese konnte aber nur bei gesundem Zeugungsgliede erzielt werden, daher mußte man alles zu entfernen suchen, was dem heilig gehaltenen Teile nachteilig sein, seine Funktion stören oder gar ganz aufheben konnte.

So gut nun aber die Entfernung eines Teiles der Vorhaut, und die dadurch mögliche größere Reinlichkeit der Eichel den nachteiligen Einfluß des Klimas auf die Entstehung von Krankheiten der Eichel im allgemeinen mehr oder weniger aufhob, ebenso mußte dies auch auf die durch den Beischlaf möglichen Affektionen derselben einen gewissen prophylaktischen Einfluß ausüben, wenn schon derselbe keineswegs so groß war, als

---

[1]) J. G. Hofmann de causa foecunditatis gentis circumcisae in circumcisione quaerenda Lips. 1739. 4. — S. B. Wolfsheimer de causis fecunditatis Hebraeorum nonnullis sacr. cod. praeceptibus nitentibus. Halae 1742. — Bauer a. a. O. Bd. I. S. 63.

[2]) Der Talmud sagt: Quincunque Israelita liberis operam non dat, est velut homicida. Selden. Uxor. hebraic. Lib. I. c. 9.

man ihn wohl hier und da geschildert hat, was wir an einem anderen Orte näher erörtern werden; es kann daher auch nur auf eine bestimmte Weise die Beschneidung als Beweis des Vorhandenseins der Lustseuche im Altertume angesehen werden, sie aber gar wie Stoll[1]) allein davon herleiten zu wollen, ist jedenfalls unstatthaft.

Was wir hier von der Beschneidung der Männer gesagt haben, das gilt größtenteils auch von der Beschneidung der Mädchen und Frauen, welche in der Wegnahme eines Teils des *Praeputium clitoridis* besteht, womit man aber nicht die Amputation des Kitzlers selbst bei den sogenannten Tribaden (S. 143) oder die Abtragung der verlängerten weiblichen Nymphen d. h. der inneren Schamlefzen, verwechseln darf. Die Araber, bei welchen diese Operation früher wie jetzt[2]) besonders gebräuchlich war und ist, nennen den Teil, woran die Beschneidung geschieht *nava,* die Beschneidung selbst *battar* oder *chaphad* und das was abgeschnitten wird *bätr.* Gewöhnlich geschieht die Beschneidung der Mädchen erst nach dem erreichten zehnten Jahre von eigens dazu bestimmten Frauen, *mobatterat* genannt, welche in den Städten herumziehen und öffentlich ausrufen:

---

[1]) Praelectiones in diversos morbos chronicos Vol. I. p. 96. lesen wir Folgendes: Antiquissimum cum Henslero pronuntiavi, atque inter Aegyptios, Judaeos, Graecos dein et Romanos perfrequentem ut quasdam harum gentium consuetudines, mores, leges ac statuta forte inde possis repertere. — Sic praeceptum circumcisionis, antiquissima plane consuetudo, idcirco fortassis instituta fuerat, atque tanquam ritus sacer, tanquam praeceptum quoddam, de quo dispensari nemo queat introducebatur, quod circumcisus videatur difficilius morbum urethrae contrahere, rariusque ablato scilicet praeputio, intra quod virus haeret, rodit, cancros facit, quod et ipsum efficitur pessime in phymosi, paraphymosi. Glans ipsa in homine minus facile virus resorbere videtur, occallescens nempe. — Nota viriginitatis sedulo examinata est in neonuptis puellis; custodia foeminarum per totum orientem; adulterii crimen, maxime foeminarum, morte expiatum videntur docere, scivisse antiquitatem remotissimam, morbum quendam gravem, immundum a vulgivaga Venere dari et communicari.

[2]) Strabo Geograph. Lib. XVII. c. 11. § 5. — Reland de religion. muhamedan. p. 75. Niebuhr Description de l'Arabie p. 70.

gibt es Mädchen zu beschneiden?[1]) Außer den Arabern findet sich die Beschneidung der Mädchen bei den Kopten oder heutigen Ägyptern,[2]) den Äthiopiern,[3]) in einigen Gegenden Persiens,[4]) bei den Negern in Bambuk[5]) und den Panos in der Provinz Maynas, welche sogar nur die Mädchen beschneiden.[6])

§ 37.

Bäder und Waschungen.

Da es trotz aller angewandten Vorsicht dennoch nicht möglich war, alles Unreine vom Körper fern zu halten und dieser durch die Exkremente sich beständig gewissermaßen selbst verunreinigte,[7]) so ist es natürlich, daß man schon früh-

---

[1]) Seezen in einem Briefe an v. Hammer in den Fundgruben des Orients. Bd. I. S. 65.

[2]) Paulus Sammlung morgenländ. Reisebeschreibg. Bd. III. S. 83. — Oliviers Reise in Ägypten, Syrien etc. S. 413. — Seezen a. a. O. S. 65. Vielleicht beschnitten auch die alten Ägypter bereits die Mädchen. Ambrosius de Abraham. Lib. II. c. 11, in Opp. T. I. p. 347. ed. Paris 1686. Galenus de usu partium Lib. XV.

[3]) Ludolf hist. Aethiop. Lib. III. c. 1.

[4]) Chardin Voyages en Perse T. X. p. 76. ed. Amsterd.

[5]) Mungo Park travels p. 180. — Voyage au pays de Bambouc p. 48.

[6]) Veigl's gründliche Nachrichten von der Landschaft Maynas in Südamerika, in Murr's Sammlung der Reisen einiger Missionarien von der Gesellschaft Jesu. Nürnberg. 1785. S. 67.

[7]) Plutarch. de Iside et Osir. c. 94. Wir finden daher auch mehrfach die Gewohnheit bei den Alten, selbst nach der Entleerung des Harnes und Kotes die betreffenden Teile zu reinigen. So sagt Josephus de bello Judaic. lib. II. c. 8. *καίπερ δὲ φυσικῆς οὔσης τῆς τῶν σωματικῶν λυμάτων ἐκκρίσεως ἀπολούεσθαι μετ᾽ αὐτὴν, καθάπερ μεμιασμένοις, ἔθιθον.* Die Römer bedienten sich dazu eines an einem Stück Holz befestigten Schwammes, wie wir dies aus Seneca epist. 70 ersehen, wo es heißt: Lignum, quod ad emendanda obscoena adhaerente spongia positum est, totum in gulam sparsit. Die Sklaven nahmen Steine, Zwiebeln etc. dazu. Aristophan. Plut. IV. 1. Nach dem Urinlassen wusch man sich die Hände. Petron. Sat. 27. Exonerata ille vesica, aquam poposcit ad manus. Diese Sorge für Reinlichkeit hatte, wie gesagt, den ganzen Zorn des heiligen Athanasius (s. S. 329) erregt, ist aber noch jetzt bei den Türken Sitte, da sie vom Koran (Sure IV. 42)

zeitig auf Mittel dachte, das aufgenommene Unreine zu entfernen. Die Verunreinigung war aber immer nur eine äußere, traf nur die Haut und die Mündungen der Schleimhäute, und der verunreinigende Stoff war ein in Wasser lösbarer, mithin dieses auch das vorzüglichste Mittel ihn zu entfernen. Die Lehren der Kosmogonie kamen zu Hilfe, nach ihnen war das Wasser der Ursprung aller Dinge, unmittelbarer Ausfluß der Gottheit und somit selbst göttlich, nicht bloß Reinigungs-, sondern auch Heilungsmittel;

θάλασσα κλύζει πάντα τῶν ἀνθρώπων κακά,

war der Wahlspruch, der uns noch jetzt aus dem Oriente wiederhallt, und so können wir uns nicht wundern, daß Bäder und Waschungen ein Hauptmoment in dem öffentlichen wie Privatleben der Alten ausmachten. Welche Ansicht man auch von dem Beischlafe haben mochte, darin kamen alle überein, daß er mit einer Verunreinigung verbunden sei, welche dem früher Auseinandergesetzten zufolge leicht für die dabei tätigen Organe nachteilig und die nur durch Bäder und Waschungen beseitigt werden konnte.[1]) Deshalb lesen wir auch beim Hero-

---

geboten wird und zwar so, daß man nur eine Hand dazu benutzen darf (Niebuhr Beschreibung von Arabien S. 78), nämlich die linke, welche auch die Römer, sowie vielleicht alle alten Völker dazu gebrauchten. Daher sagt Martial. lib. XI. 59. sed lota mentula laeva (Vergl. S. 254). Mit der linken Hand, amica manus, wurde onaniert, Martial. IX. 42. XI. 74, sie diente zur Bedeckung der Genitalien, Lucian Amor. 13, daher nach Ovidius Ars amandi lib. II. 613.

Ipsa Venus pubem, quoties velamina ponit,
Protegitur laeva semireducta manu

und Priapus mit der linken Hand den Penis haltend abgebildet wird. Priapeia 24. 34. Irren wir nicht, so war dies auch beim Horus der Ägypter der Fall. Das Gesagte erklärt zugleich, warum die linke Hand von jeher in Verruf war, was sich auch in dem Ausdrucke: an die linke Hand antrauen lassen und angetraut werden bewahrt hat.

[1]) Friedr. Hoffmann diss. med. 3. asserit luem veneream Constantinopolidos non grassari, quod feminae munditiei apprime studiosae post opus aquam sumant et locos diligenter colluant, sagt Astruc I. p. 108. Dies bestätigt auch Oppenheim über den Zustand der Heilkunde etc. in der Türkei, Hamburg 1838. S. 81, indem er schreibt: Ohne die große

dotus:[1]) „So oft aber ein Babylonier seinem Weibe beigewohnt hat, stellt er sich neben angezündetem Räucherwerk, die Frau tut dasselbe von der anderen Seite und wenn es Morgen geworden, baden sich beide, denn sie greifen kein Gefäß an, bevor sie sich nicht gebadet haben; dasselbe tun die Araber.“ Ob das Baden nach jedem Beischlafe nationale Sitte der Ägypter gewesen, konnten wir nicht auffinden, doch behauptet Clemens Alexandrinus[2]) daß es bei ihnen, so wie fast überall im Altertum, verboten gewesen, ohne sich nach dem Beischlafe gewaschen oder gebadet zu haben, den Tempel zu betreten, und die Priester mußten sich selbst nach jeder nächtlichen Pollution baden,[3]) was auch den Juden geboten war, welche dadurch zugleich bis zum Abend unrein wurden; daß letztere sich auch nach jedem Beischlaf waschen mußten, behaupten wenigstens Josephus[4]) und Philo;[5]) denn im alten Testamente wird es nirgends geboten. Bekanntlich hat sich diese Sitte im Orient bis jetzt noch, selbst unter den Christen

---

Reinlichkeit der Türken, die nach einem jeden Beischlafe nicht nur Waschungen vornehmen, sondern wo nur möglich, sogleich ins Bad gehen, würde die Krankheit (Lustseuche) gewiß noch weiter verbreitet sein.

[1]) Lib. I. c. 198. *Ὁσάκις δ' ἂν μιχθῇ γυναικὶ τῇ ἑωυτοῦ ἀνὴρ Βαβυλώνιος περὶ θυμίημα καταγιζόμενον ἵζει· ἑτέρωθι δὲ ἡ γυνὴ τὠυτὸ ποιέει· ὄρθρου δὲ γενομένου λοῦνται καὶ ἀμφότεροι· ἄγγεος γὰρ οὐδενὸς ἅψονται πρὶν ἂν λούσωνται· ταὐτὰ δὲ ταῦτα καὶ Ἀράβιοι ποιεῦσι.*

[2]) Eusebius praeparat. evangel. p. 475. C. *Μηδὲ εἰς ἱερὰ εἰσιέναι ἀπὸ γυναικῶν ἀλούτοις ἐνομοθέτησαν.*

[3]) Chaeremon bei Porphyrius *περὶ ἀποχ*, lib. IV. § 7. Der Ausdruck pollutiones für nächtliche Samenergießung zeigt, daß auch die Römer eine Verunreinigung darin sahen. Vergl. Heinsius ad Ovidii art. amandi lib. III. 96.

[4]) Contra Apionem lib. III. p. 1381. *καὶ μετὰ τὴν νομιμὸν συνουσίαν ἄνδρος καὶ γυναικὸς ἀπολούσασθαι, κελεύει ὁ νόμος· ψυχῆς τε καὶ σώματος ἐγγίνεται μολυσμός.*

[5]) de spezial. legg. p. 310. *τοσαύτην δ' ἔχει πρόνοιαν ὁ νόμος τοῦ μηδ' ἐπὶ γάμοις νεωτερίζεσθαι, ὥστε καὶ τοὺς συνιόντας εἰς ὁμιλίαν ἄνδρας καὶ γυναῖκας κατὰ τοὺς ἐπὶ γάμοις θεσμοὺς, ὅταν εὐνῆς ἀπαλλάττωντο, οὐ πρότερον ἐᾷ τινος ψαύειν ἢ λουτροῖς καὶ περιῤῥαντηρίοις χρῆσθαι.* Derselbe berichtet auch (de mercede meretricis non accipienda in sacrar. Opp. ed Mangey Vol. II. p. 265), daß zu seiner Zeit sich die öffentlichen Mädchen häufig der warmen Bäder bedienten.

erhalten, was zugleich einen Beweis für die Notwendigkeit derselben in jenen Ländern abgibt.

Ob die Griechen sich der Bäder und Waschungen absichtlich gleich nach dem Beischlafe bedienten, konnten wir nicht genau ermitteln, doch ist es wahrscheinlich, da die Sagengeschichte nicht nur mehrmals [1]) des Badens nach dem Beischlafe ausdrücklich erwähnt, sondern auch das *ὅσιος ἀπ᾽ εὐνᾶς ὤν* bei Euripides darauf hindeutet; ebenso wie man eine Stelle des freilich häufig römische Sitten malenden Lucian [2]) hierherziehen könnte. — Deutlichere Beweise finden sich bei den Römern, welche nicht nur keine heilige Handlung begehen, keinen Tempel betreten durften, wenn sie sich nicht nach gepflogenem Beischlaf gebadet hatten, [3]) sondern sich überhaupt nach jedem Coitus die in Gebrauch gezogenen Teile wuschen; wenigstens gilt dies von den Frauen und zwar von der römischen Matrona (vergl. die Seite 276 angeführte Stelle des Sueton) sowohl, als noch

---

[1]) Die Europa badete sich auf Kreta nach dem Beischlafe mit dem Zeus (Antigonus Carystius hist. mirab. 179), die Venus nach der ersten Umarmung mit dem Vulkan (Athenaeus deipnos. XV. p. 681), die Ceres nach dem Beilager mit dem Neptun (Pausanias Arcad. p. 256).

[2]) Amor. 42. sagt Lucian von den Frauen (Hetären) *νύκτας ἐπὶ τούτοις διηγούμεναι, καὶ τοὺς ἑτερόχρωτας ὕπνους καὶ θηλύττητος εὐνὴν γέμουσαν· ἀφ᾽ ἧς ἀναστὰς ἕκαστος εὐθὺ λουτροῦ χρεῖός ἐστι*, und Hesiodus *ἔργ.* 731 schreibt:

μηδ᾽ αἰδοῖα γονῇ πεπαλαγμένος ἔνδοθι οἴκου
ἑστίῃ ἐμπελαδὸν παραφαινέμεν, ἀλλ᾽ ἀλέασθαι.

[3]) Persius Sat. II. 15.

Haec sancte ut poscas, Tiberino in gurgite mergis
Mane caput bis terque et noctem flumine purgas.

Gregorius Magnus respons. ad quaest. X. August. anglic. Episcop. Vir cum propria uxore dormiens, intrare ecclesiam, non debet, sed neque lotus intrare statim debet. — Et quamvis de hac re diversae hominum nationes diversa sentiant, atque custodire videantur, Romanorum tamen semper atque ab antiquioribus usus fuit, post ad mixtionem propriae coniugis et lavacrii purificationem ab ingressu ecclesiae paullatim reverenter abstinere. Daher sagt auch Tibull. Carm. lib. II. 1.

Vos quoque abesse procul jubeo, discedite ab aris,
Queis tulit hesterna gaudia nocte Venus.

Vergl. Ovidius Amor. lib. III. eleg. 6.

weit mehr von der Amica oder Buhlerin, wofür *aquam sumere*[1]) der solenne Ausdruck war. Ja es gab sogar eigene Diener, *aquarioli*[2]), welche das Geschäft hatten, nicht nur das Wasser

[1]) Ovidius Amor. lib. III. eleg. 7. 84.

Neve suae possent intactam scire ministrae
Dedecus hoc sumta dissimulavit aqua.

Ovidius ars amandi lib. III. 619.

Scilicet obstavit custos ne scribere possis,
Sumendae detur cum tibi tempus aquae.

Martial. lib. VII epigr. 34.

Ecquid femineos sequeris matrona recessus?
Secretusque tua cunne lavaris aqua?

Petronius Satir. 94. Itaque extra cellam processit, tanquam aquam peteret. — Cicero orat. pro Caelio c. 14 läßt den Ahnen Appius Claudius Caecus, welcher (442 a. U. C.) die Aqua Appia angelegt hatte, zu seiner entarteten Enkelin sagen: Ideo aquam adduxi, ut ea tu inceste uterere? Vergl. Causabon. ad Ciceron. Epist. ad Atticum lib. I. epist. 16. Daher nannte man auch Frauen oder Mädchen, welche nur selten den Beischlaf ausübten, siccae (Plaut. Miles III. 1. 192. Martial. XI. epigr. 82. Petronius Sat. 37.) im Gegensatze zu der uda puella (Juvenal. Sat. X. 321. Martial. XI. 17), welche sich häufig zu waschen gezwungen war. Auch illota oder illauta virgo steht deshalb für intacta, so bei Plautus Poenul. I. sc. 2. 22. Nam quae lavata est, nisi Perculta est, meo quidem animo, quasi illauta est. Überhaupt ist diese ganze Szene für unseren Gegenstand von Wichtigkeit.

[2]) Festus p. 19. s. v. Aquarioli dicebantur mulierum impudicarum sordidi asseclae. — Tertullian Apologet. c. 43. Sie wurden auch baccariones genannt, von baccarium, welches Isidor durch vas aquarium erklärt. Eine alte Glosse sagt: baccario πορνοδιάκονος, meretricibus aquam infundens; eine andere: aquarioli, βαλλάδες, βαλλὰς a βάλλων, ὕδωρ, ab aqua jaciunda. Diese Aquarioli besorgten zugleich das Kupplergeschäft, deshalb sagt auch Juvenal. Sat. VI. 331: veniet conductus aquarius. Vergl. Lipsius antiq. lect. I. 12. Daher auch das Wort aquaculare für lenocinari gebraucht ward, s. Turnebus Advers. XIV. 12. XXVIII. 5. Nicht weniger standen sie, zumal in den öffentlichen Bädern, den wollüstigen Frauen zu Gebote, welche nicht selten auch auf diese Weise den Badegroschen, den sie zu zahlen hatten, abverdienten. Ein solcher Aquariolus war wahrscheinlich Dasius beim Martial. lib. II. epigr. 52.

Novit loturas Dasius numerare, poposcit
Mammosum Spatalen pro tribus, illa dedit.

Daher die quadrantaria permutatio bei Cicero Orat. pro Caelio c. 26. Vergl. Juvenal Sat. VI. 428.

zu diesem Zweck herbeizuschaffen, sondern namentlich auch die Freudenmädchen nach dem Beischlaf zu baden und zu reinigen. Daher sagt auch Lampridius vom Kaiser Commodus (c. 2) *aquam gessit ut lenonum ministeriis probrosis natum magis, quam in loco crederes, ad quem fortuna pervexit.* Diese Reinlichkeit lag besonders denen ob, welche mit der Bereitung der Speisen zu tun hatten, wie den Bäckern, Köchen und Mundschenken [1]) und wenn wir sie bei mehreren alten Völkern nicht geradezu geboten finden, so hat dies darin seinen Grund, daß sie gewohnt waren, jeden Morgen [2]) so wie sie das Lager verlassen hatten, sich zu waschen und zu baden.

Wie man nach dem natürlichen Beischlafe die in Gebrauch gezogenen Teile badete und wusch, so fand dies auch nach

---

Callidus et cristae digitos impressit aliptes,
Ac summum dominae femur exclamare coegit.

Aus der Stelle des Martialis geht zugleich hervor, daß Busch Handbuch der Erfindungen Bd. II. S. 8, Unrecht hat, wenn er sagt: Frauenzimmer und unmannbare Personen hatten das Baden umsonst; auch ist in der von ihm angeführten Stelle des Juvenal Sat. II. 152. nur von Knaben die Rede. Übrigens erinnern die Aquarioli an die λουτροφόροι der Griechen, welches Knaben waren, die das Wasser zum Baden der Braut vor der Hochzeit holen mußten. Pollux Onomast. III. 43. Harpocration s. v. p. 49. Meursius Ceramicus c. 14. p. 40. Böttiger Vasengemälde I. S. 143. Auch die παρανύμφοι, welche die Braut salbten und meistens 17—19 Jahr alt waren, können andeutungsweise hierherbezogen werden. Hancarville antiquités T. I. tab. 45. T. III. tab. 43. T. IV. tab. 69.

[1]) Columella de re rust. lib. XII. c. 4. His autem omnibus placuit, eum, qui rerum harum officium susceperit, castum esse continentemque oportere, quoniam totum in eo sit, ne contractentur pocula vel cibi, nisi aut ab impubi aut certe abstinentissimo rebus venereis. Quibus si fuerit operatus vel vir vel femina, debere eos flumine aut perenni aqua, priusquam penora contingant, ablui. Aus dem diesen Worten Vorhergehenden läßt sich vermuten, daß diese Sitte auch bei den Karthagern und Griechen geherrscht habe.

[2]) Propertius lib. III. eleg. 9. At primum pura somnum tibi discute limpha. Apulejus Metamorph. lib. II. Confestim discusa pigra quiete alacer exurgo meque purificandi studio, marino lavacro trado. Tacitus, Germania c. 22. Statim e somno, quem plerumque in diem extrahunt, lavantur, saepius calida, ut apud quos plurimum hiems occupat.

dem unnatürlichen statt, und es heißt daher in der Priapeischen Gedichtsammlung (Carm. 40):

Falce minax et parte tui maiore, Priape,
Ad fontem, quaeso, dic mihi qua sit iter?
Vade per has vites, quarum si carpseris uvas
Quas aliter sumas, hospes, habebis aquas —

was offenbar auf Paederastie oder Irrumatio, als Strafen für den begangenen Raub, zu beziehen ist, und uns zugleich zeigt, daß Priapus nicht ohne Nebenbedeutung als Wegweiser zu den Quellen aufgestellt ward (vergl. S. 70), ein Moment, welches bereits Lomeier[1]) ganz richtig aufgefaßt hat. Daß sich der Fellator nach seiner Arbeit den Mund mit Wasser reinigte, sehen wir aus mehreren Stellen des Martialis; so heißt es unter anderen von der Lesbia:[2])

Quod fellas et aquam potas, nil Lesbia peccas,
Qua tibi parte opus est, Lesbia, sumis aquam.

Rechnet man zu dieser großen Sorge für Reinlichkeit noch das ruhige Leben der Frauen im Altertum, welche die meiste Zeit, wie noch jetzt im Orient, mit Liegen zubrachten, so ist es klar, daß trotz des begünstigenden Einflusses des Klimas, Nachteil bringende Absonderungen der Scheide und des Uterus oder gar Geschwürsbildungen dieser Teile, im Ganzen und verhältnismäßig nur selten vorkommen konnten, und daß die acquirierten Affektionen dieser Art von selbst bald wieder beseitigt wurden, da ja noch jetzt oft Ruhe und Reinlichkeit für sich hinlänglich sind, primäre Affektionen der Genitalien zu entfernen. Auf der anderen Seite wird es auch nicht in Abrede gestellt werden können, daß eine sorglose Nichtbeachtung jener uralten Gesetze der Reinlichkeit sich um so härter an dem Individuum rächen und zu unheilbaren Affektionen Veranlassung geben mußte.

So sehr nun aber auf der einen Seite der häufige Gebrauch

---

[1]) De lustrationibus veterum gentilium cap. XVI. p. 167. Et Priapus riter ad fontem monstrare dicebatur, quod qui quaeve viros experirentur, lotione opus haberent; worauf er die im Text angeführte Stelle beibringt.

[2]) Lib. II. epigr. 50. Vergl. lib. II. 70. lib. III. 87. lib. VI. 69. 81. Petron. Sat. 67. Aquam in os non coniiciet.

der Bäder im Altertume die Entstehung von Krankheiten überhaupt, sowie der infolge geschlechtlicher Ausschweifungen im Besonderen hinderte, so wurden sie doch auf der anderen Seite wiederum direkt wie indirekt Veranlassung zur Entstehung und Verbreitung derselben. Was die direkten Veranlassungen betrifft, so finden sich freilich kaum Andeutungen dazu bei den Schriftstellern vor, und selbst diese lassen sich vielleicht auf die Verunreinigung im allgemeinen zurückführen. [1]) Indessen wie noch jetzt zum teil die Kellerbäder der Juden und im Mittelalter [2]) die Bäder überhaupt zur Verbreitung besonders von Hautkrankheiten nicht wenig beitrugen, so ist die Vermutung, daß dergleichen, zumal in Rom während der Kaiserzeit, ebenfalls vorgekommen, sicher nicht grundlos. — Indirekt wurde den Krankheiten infolge von geschlechtlichen Ausschweifungen dadurch Vorschub geleistet, daß die Bäder vielfache Gelegenheit zu den Ausschweifungen selbst gaben. Die Badeknechte oder *Aquarioli,* welche das Wasser zum Baden herbeitrugen, trieben nicht nur mit den badenden Frauen selbst Unzucht, sondern besorgten auch die Kuppelei, wie wir (S. 347) gesehen haben. Die lüsternen Römerinnen nahmen selbst ihre Sklaven mit in die Bäder, um sich von ihnen bedienen zu lassen. [3]) Anfänglich wurden die Badeanstalten von beiden Geschlechtern gemeinschaftlich, aber nicht gleichzeitig, benutzt, und nach Dio Cassius [4]) soll Agrippa 721. a. U. C. die öffentlichen Bäder für Männer und Frauen zuerst in Rom eingeführt haben, von wo

---

[1]) Z. B. das Epigramm des Martialis (VI. 81) auf den Charidemus, welcher nach VI. 56. Fellator war.

[2]) Rudeck, Gesch. d. öffentl. Sittlickeit. p. 3. ff.

[3]) Martial. lib. VII. epigr. 34.

Inguina succinctus nigra tibi servus aluta
Stat, quoties calidis tota foveris aquis.

Claudian I. 106.

Pectebat dominae crines et saepe lavanti
Nudus in argento lympham portabat alumnae.

[4]) Histor. lib. XLIX. cap. 43. *τά τε βαλανεῖα προῖκα δὶ ἔτους καὶ ἀνδράσι καὶ γυναιξὶ λούεσθαι παρέοχε.* Vergl. Plinius hist. nat. lib. XXVI. cad. 24. 9. Dio Cass. LIV, 29.

aus dann die gemeinschaftlichen Bäder, wie uns Plutarch[1]) berichtet, nach Griechenland gekommen seien. Die Griechen nannten diese Badeanstalten *ἀνδρόγυνα λούτρα* und stellten vor ihnen den Hermaphroditus auf.[2]) In der Kaiserzeit, wo man alle Scham beiseite setzte und Heliogabal selbst *in balneis semper cum mulieribus fuit* (Lampridius c. 2), war das gemeinschaftliche und gleichzeitige Baden der Männer und Frauen zur herrschenden Sitte geworden, wie wir dies aus mehreren Stellen des Martialis[3]) sehen, und vergebens suchten die Kaiser Hadrian[4]), Marcus Antonius[5]) und Alexander Severus[6]) durch Gesetze dem Unwesen zu steuern; sie vermochten ebensowenig wie die Deklamationen der Kirchenväter.[7]) Die Bade-

---

[1]) Cato maior. cap. 39. *συλλούσασθαι δε μηδέποτε· καὶ τοῦτο κοινὸν ἔθος ἔοικε Ῥωμαίων εἶναι· καὶ γὰρ πενθεροῖς γάμβροι ἐφυλάττοντο συλλούεσθαι, δυσωπούμενοι τὴν ἀποκάλυψιν καὶ γύμνωσιν· εἶτα μέντοι παρ' Ἑλλήνων τὸ γυμνοῦσθαι μαθόντες αὐτοὶ πάλιν τοῦ καὶ μετὰ γυναικῶν τοῦτο πράσσειν ἀναπεπλήκασι τοὺς Ἕλληνας.* Die balnea virilia erwähnt Gellius Noct. Att. X. 3. und zeigt, daß sie auch von Frauen benutzt wurden.

[2]) Catalect. graecor. poetarum.

ἀνδράσιν Ἑρμῆς εἰμί· γυναιξὶ δὲ Κύπρις ὁρῶμαι·
ἀμφοτέρων δὲ φέρω συμβολά μοι τοκέων
Τοὔνεκεν οὐκ ἀλόγως με τὸν Ἑρμαφρόδιτον ἔθεντο
ἀνδρογύνοις λοιτροῖς παῖδα τὸν ἀμφίβολον.

[3]) Lib. VI. 34. lib. III. 51. lib. II. 76. Schon Ovidius Art. amand. 639 sagt: Quum custode foris tunicam servante puellae
Celent furtivos balnea tuta iocos,
und Quintilan. Institut. lib. V. c. 9. nam si est signum adulterae lavari cum viris etc.

[4]) Spartian. vit. Hadrian. c. 18. Lavacra pro sexibus separavit. Dio Cass. LXIX. c. 8.

[5]) Jul. Capitolin. vit. M. Antonin. c. 23. Lavacra mixta submovit, moris matronarum composuit diffluentes et iuvenum nobilium.

[6]) Lampridius vit. Alex. Severi c. 24. Balnea mixta Romae exhiberi prohibuit, quod quidem iam ante prohibitum Heliogabalus fieri promiserat.

[7]) Clemens Alexandr. Paedagog. lib. III. c. 5. sagt von den Frauen: *καὶ δὴ τοῖς μὲν ἀνδράσι τοῖς σφῶν οὐκ ἂν ἀποδύσαιντο, προσποίητον αἰσχύνης ἀξιοπιστίαν μνώμεναι· ἔξεστι δὲ τοῖς βουλομένοις τῶν ἄλλων οἴκοι τὰς κατακλείστους, γυμνὰς ἐν τοῖς βαλανείοις θεάσασθαι· ἐνταῦθα γὰρ ἀποδύσασθαι*

gemächer, von denen die alte römische Ehrbarkeit beinahe jeden Lichtstrahl von außen abgehalten hatte, wurden jetzt dem Auge des Vorübergehenden zugänglich und verwandelten sich, mit dem üppigsten Luxus ausgestattet,[1]) in förmliche Bordelle,[2]) weshalb

---

τοῖς θεαταῖς, ὥσπερ καπήλοις σωμάτων, οὐκ αἰχύνονται ἀλλ' ὁ μὲν Ἡσίοδος Oper. et Dies lib. II. 371).

Μὴ δὲ γυναικείῳ λυτρῷ χρόα φαιδρύνεσθαι,

παραινεῖ· κοινὰ δὲ ἀνέωκται, ἀνδράσιν ὁμοῦ καὶ γυναιξὶ τὰ βαλανεῖα· κἀντεῦθεν ἐπὶ ἀκρασίαν ἀποδύονται· ἐκ τοῦ γὰρ εἰςορᾶν, γίνεται ἀνθρώποις ἐρᾶν· ὥσπερ ἀποκλυζομένης τῆς αἰδοῦς αὐτοῖς κατὰ τὰ λουτρά· αἱ δὲ μὴ εἰς τοσοῦτον ἀπερυθριῶσαι, τοὺς μὲν ὀθνείους ἀποκλείουσιν, ἰδίοις δὲ οἰκέταις συλλούονται, καὶ δούλοις ἀποδύονται γυμναί, καὶ ἀνατρίβονται ὑπ' αὐτῶν, ἐξουσίαν δοῦσαι τῷ κατεπτηχότι τῆς ἐπιθυμίας, τὸ ἀδεὲς τῆς ψηλαφήσεως· οἱ γὰρ παρειςαγόμενοι παρὰ τὰ λουτρὰ ταῖς δεσποιναῖς γυμναῖς, μελέτην ἴσχουσιν ἀποδύσασθαι πρὸς τόλμαν ἐπιθυμίας ἔθει πονηρῷ παραγράφοντες τὸν φόβον. Cyprianus de virginum habitu: Quid vero, quae promiscuas balneas adeunt, quae oculis ad libidinem curiosis, pudori ac pudicitiae dicata corpora prostituunt, quae cum viros ac a viris nudae vident turpiter ac videntur, nonne ipsae illecebram vitiis praestant. Vergl. Mercurialis de arte Gymnast. lib. I. c. 10. — Allerdings lesen wir bei Jul. Caesar de bello Gallico lib. VI. cap. 21 von den alten Deutschen: Intra annum vero vicesimum feminae notitiam habuisse, in turpissimis habent rebus; cuius rei nulla est occultatio, quod et promiscue in fluminibus perluuntur; aber der Vordersatz entfernt auch jeden Verdacht der dadurch hervorgerufenen geschlechtlichen Ausschweifungen.

[1]) Seneca epist. 86 sagt von dem Bade des Scipio: Balneolum augustum, tenebricosum ex consuetudine antiqua; non videbatur maioribus nostris caldum nisi obscurum. (Es wird hierauf ausführlich der Luxus in den Bädern Roms geschildert und dann heißt es weiter:) — In hoc balneo Scipionis minimae sunt rimae magis quam fenestrae, muro lapideo exsectae, ut sine iniuria munimenti lumen admitterent. At nunc blattaria vocant balnea, si qua non ita aptata sunt, ut totius diei solem fenestris amplissimis recipiant; nisi et lavantur et colorantur; nisi ex solio agros et maria prospiciant. — Imo si scias, non quotidie lavabatur. Nam ut aiunt, qui priscos mores urbis tradiderunt, brachia et crura quotidie abluebant, quae scilicet sordes opere collegerant: ceterum toti nundinis lavabantur. Hoc loco dicet aliquis, liquet mihi immundissimos fuisse. Quid putas illos oluisse? militiam, laborem, virum. Postquam munda balnea inventa sunt, spurciores sunt. Vergl. Plutarch. Quaest. convival. VIII. 9. Sidonius Apollinaris lib. II. epist. 11. Plinius hist. nat. XXX. 54.

[2]) Ammian. Marcellin. XXVIII. Tales, ubi comitantibus singulos quadraginta ministris, tholos introierint balnearum, ubi sunt, minaciter

sie auch nicht eher als eine Stunde früher denn diese eröffnet werden durften.

Wie die Bäder zur Unzucht mit Frauen, so gaben sie auch Gelegenheit zur Unzucht der Männer unter sich, zur Päderastie, denn man sah sich daselbst um nach den *bene vasatos* und *καλλιπύγους* und zwar bei den Griechen (S. 117) sowohl wie bei den Römern,[1]) welche auch hierin allen andern Völkern den Rang abliefen.

---

clamantes, si apparuisse subito ignotam compererint meretricem, aut oppidanae quondam prostibulum plebis, vel meritorii corporis veterem lupam, certatim concurrunt, palpantesque ad venam deformitate magna blanditiarum ita extollunt, ut Semiramin Parthide. — Lampridius vita Heliogab. c. 26. Omnes de circo, de theatro, de statio, de omnibus locis et balneis meretrices collegit in aedes publicas. Vergl. Sueton. Caligul. c. 37.

[1]) Martial. lib. I. epigr. 24.

Invitas nullum, nisi cum quo, Cotta, lavaris,
Et dant convivam balnea sola tibi.
Mirabar, quare nunquam me, Cotta, vocasses,
Iam scio, me nudum displicuisse tibi.

Vergl. Lib. I. 97 lib. VII. 33. lib. IX. 34. Juvenal. Sat. VI. 373.

Dritter Abschnitt.

Verhältnis der Ärzte zu den Krankheiten infolge des Gebrauchs oder Mißbrauchs der Genitalien.

---

§ 38.

Wir haben in den vorhergehenden Abschnitten die verschiedenen Einflüsse, welche die Entstehung von Krankheiten infolge des Gebrauchs oder Mißbrauchs der Genitalien im Altertume begünstigen und hindern konnten, kennen gelernt; dazu zugleich gezeigt, daß eine Menge sehr verschiedenartiger Affektionen infolge der unnatürlichen Befriedigung der Geschlechtslust diejenigen Teile befiel, welche dabei die Rolle der Genitalien des einen oder anderen Geschlechts übernehmen mußten und wenigstens einige Beispiele im Laufe der Untersuchungen beigebracht, welche unzweifelhaft dartun, daß auch die Geschlechtsteile selbst unter begünstigenden Außenverhältnissen infolge eines gepflogenen Beischlafs erkrankten. Indessen basierten sich diese Darstellungen dem größern Teil nach nur auf die Angaben von Nichtärzten, da wir es absichtlich soviel als möglich vermieden, die ärztlichen Schriftsteller dabei zu rate zu ziehen, um das, was sie uns über die in Rede stehenden Affektionen hinterlassen haben, im Zusammenhange betrachten zu können. Dies schien uns umso notwendiger, als es gerade die ärztlichen Darstellungen sind, welche die Gegner des Vorhandenseins der Lustseuche im Altertume zur Rechtfertigung ihrer Ansicht benutzen zu können glauben. Bevor wir aber zur näheren Betrachtung jener Darstellungen selbst schreiten, dürfte es zweckmäßig sein, uns die Frage zu beantworten: ob denn die Ärzte des Altertums überhaupt imstande waren, sich eine hinreichende Kenntnis von den somatischen Folgen der Unzucht zu verschaffen? Offenbar hängt nämlich von der richtigen Beantwortung dieser Frage die richtige Würdigung der ärztlichen Schriften als Quellen für die Geschichte der Lustseuche ab, da nur in dem Fall, wenn jene Frage bejaht werden muß, die Angaben der Ärzte für ihre Zeit als ausreichend betrachtet werden können; denn daß sie es nicht für alle Zeiten sein können, wurde bereits oben bei der Betrachtung der Quellen für das Altertum überhaupt angedeutet. Lange Zeit hindurch gab es nämlich gar keinen besonderen Stand der Ärzte, da jeder einzelne in den gewöhnlichsten Krankheitsfällen sich selbst zu helfen suchte, oder, wenn ihn die Familienrezepte im Stich ließen, sich hilfeflehend zu den Göttern und deren Mittlern auf Erden, den Priestern, wandte. Dies wurde auch dann nicht anders, als sich die Ärzte bereits als ein besonderer Stand emanzipiert hatten; und so finden wir im ganzen Altertum Volks-, Priester- und ärztliche Medizin, wenn wir uns so ausdrücken dürfen, fortwährend gleichzeitig nebeneinander bestehen, und nirgends zeigt sich eine Spur von dem lächerlichen Zwang, daß niemand ohne Hilfe eines Arztes gesund werden dürfe. Wenn es nun hieraus schon klar wird, daß wir die Kenntnis einer Krankheit im Altertume keineswegs bei den Ärzten, selbst wo sie vorhanden waren, allein zu suchen haben, diese nie als alleinige Inhaber dessen, was man in pathologisch-therapeutischer Beziehung wußte, zu betrachten sind, so werden wir dies auch nicht bei den Krankheiten infolge der Unzucht tun dürfen, wofür die früheren Abschnitte hinreichende Beweise enthalten. Wir haben dort gesehen, daß die Genitalien unter dem Schutze von besonderen Gottheiten standen, Krankheiten derselben ihrer Rache zugeschrieben wurden, wie zu Athen dem Dionysos (S. 65), zu Lampsacus dem Priapus (S. 67), daß die Kranken zu ihnen ihre Zuflucht nahmen, um die Zurücknahme des Zorns wie dessen Folgen zu erflehen und daß dies nicht etwa zu der Zeit, wo es noch keine eigentlichen Ärzte gab, sondern auch trotz dem Vorhandensein der letzteren, geschah, hat uns das Gedicht der Priapeia (S. 69) gezeigt.[1]) Wie sehr diese Ansichten sich vererbten, lehren uns die Darstellungen des Philo (S. 283), des Palladius (S. 286) und das XV. und XVI. Jahrhundert erneuerte diese Scenen (S. 70). Der nächste Grund davon lag offenbar in dem Rätselhaften der Entstehungsweise der Krankheiten der Genitalien, zumal für denjenigen, welcher mit der Existenz und Wirkungsart der Contagien nicht weiter bekannt war. Der Mann, welcher mit einem gesunden Penis den Beischlaf ausgeübt hatte, bemerkte, ohne daß er sich dabei verletzt, mehrere Tage nachher einen Schleimfluß oder ein Geschwür, eine Pustel etc. sich bilden, nach deren Ursache er vergebens forschte, denn der Coitus war gewiß das letzte, worauf er fiel; vielmehr gewohnt, jede Erscheinung, deren Ursache ihm unbekannt war, der Einwirkung der Gottheit zuzuschreiben, fand er auch in seiner Genitalaffektion das θεῖον als letzten Grund, und davon konnte ihn wohl göttliche, nicht aber menschliche Hilfe befreien. Selbst lange nachher noch, als man nicht mehr alle Krankheiten von der Rache der Götter ableitete und auch für die Genitalaffektionen natürliche Ursachen auffand, war es alles eher als eben der Coitus, was man als Ursache betrachtete, wie dies ja noch jetzt bei den Türken[2]) der Fall ist und die ersten Schrift-

[1]) Es muß den künftigen Untersuchungen überlassen bleiben zu entscheiden, ob nicht die Häufigkeit der Phallen an manchen Orten, wo sich früher Tempel befanden, zum Teil daraus zu erklären ist, daß diese Darstellungen Weihgeschenke für die glückliche Heilung der erkrankten Teile abgaben.

[2]) Oppenheim, Über den Zustand der Heilkunde in der Türkei. S. 81. „Ohne die große Reinlichkeit der Türken, die nach jedem Beischlafe nicht nur Waschungen vornehmen, sondern wo nur möglich, sogleich ins Bad gehen, würde die Krankheit gewiß noch weiter verbreitet sein. — Dafür will aber der Türke niemals eingestehen, oder vielmehr er kann selbst nicht zu der Überzeugung gelangen, daß er sich eine Ansteckung durch einen unreinen Beischlaf zugezogen haben soll, und er wird immer eine andere veranlassende Ursache seiner Krankheit angeben. Dies deutet auch die Sprache selbst schon an; der türkische Ausdruck für Tripper ist „Bel-zouk“, wörtlich: Erkältung des Rückens (von bel, Rücken und zouk, kalt), und Erkältung oder Erhitzung soll ihn auch stets hervorgebracht haben.“ — Vgl. auch das klassische Werk von Bernh. Stern: Medizin, Aberglauben u. Geschlechtsleben in der Türkei, 2 Bde., Berlin 1903, welches auf seinen ca. 1000 Seiten das reichhaltigste Material über das Sexualleben der

steller über die Lustseuche zur Genüge gezeigt haben. Daß die Ärzte hiervon nicht ausgeschlossen waren, werden wir nachher sehen. — Ein fernerer gewichtiger Grund, warum sich der mit Genitalaffektionen Behaftete nicht an Menschen (Ärzte), sondern an die Götter und die ihre Stelle vertretenden Priester wandte, war aber die Schamhaftigkeit. Seitdem zuerst Adam und Eva ihre Zuflucht zum Feigenblatt nahmen, war es wohl bei allen Völkern der alten wie der neuen Welt Sitte, die Zeugungsteile dem Anblick Anderer durch Bedeckung zu entziehen; besonders aber wurde von den Alten die Entblößung jener Teile [1]) für eine der härtesten Proben, auf welche man die Schamhaftig-

---

orientalischen Völker bringt. — Auch Zeller von Zellenberg Abh. über die ersten Erscheinungen venerischer Lokal-Krankheitsformen und deren Behandlung. Wien 1810. S. 7 ist der Meinung, daß die Ursache der mangelhaften Kenntnis der Alten vom Tripper, Schanker und Bubonen von diesem späten Auftreten der Krankheitserscheinungen nach dem Beischlafe herzuleiten sei.

[1]) Am deutlichsten sehen wir dies aus der Stelle beim Herodot. lib. I. cap. 9. 10, wo Candaules den Gyges bereden will, seine Frau nackend zu sehen, um sich von ihrer Schönheit zu überzeugen, letzterer aber erwidert: *ἅμα δὲ κιθῶνι ἐκδυομένῳ συνεκδύεται καὶ τὴν αἰδῶ γυνή· πάλαι δὲ τὰ καλὰ ἀνθρώποισι ἐξεύρηται, ἐκ τῶν μανθάνειν δεῖ·* Herodot setzt hinzu (cap. 10) *παρὰ γὰρ τοῖσι Λυδοῖσι, σχεδὸν δὲ παρὰ τοῖσι ἄλλοισι βαρβάροισι, καὶ ἄνδρα ὀφθῆναι γυμνὸν, ἐς αἰσχύνην μεγάλην φέρει·* Vergl. Plutarch de audiend. rat. p. 37. Diogenes Laertius VIII. 43. Plato Polit. V. 6, p. 457. A. V. 3. p. 452. *Οὐ πολὺς χρόνος, ἐξ οὗ τοῖς Ἕλλησιν ἐδόκει αἰσχρὰ εἶναι καὶ γέλοια, ἅπερ νῦν τοῖς πολλοῖς τῶν βαρβάρων, γυμνοὺς ἄνδρας ὁρᾶσθαι.* In Bezug auf die Genitalien sagt Hesiod. *ἔργ.* 733.

μηδ' αἰδοῖα γονῇ πεπαλαγμένος ἔνδοθι οἴκου
ἑστίῃ ἐμπελαδὸν παραφαινέμεν, ἀλλ' ἀλέασθαι·

Augustin. de civit. dei lib. XIV. Omnes gentes adeo tenent in usu pudenda velare, ut quidam barbari illas corporis partes nec in balneis nudas habeant. Ambrosius offic. I. 18. Licet plerique se et in lavacro, quantum possunt, tegant, ut vel illic, ubi nudum totum est corpus, huius modi intecta portio sit. Arnobius lib. V. Propudiosa corporum monstratur obscoenitas, obiectanturque partes illae, quas pudor communis abscondere, quas naturalis verecundia elex iubet, quas inter aures castas sine venia nefas est ac sine honoribus appellare praefatis. — lib. III. Insignire his partibus, quos enumerare, quos persequi probus audeat nemo, nec sine summae foeditatis horrore mentis imaginatione concipere. Vergl. S. 40 und Oppenheim a. a. O. S. 128 schlägt daher sicher das Laster der Paederastie zu hoch an, wenn er in ihm den vorzüglichsten Grund der Schamhaftigkeit der Türken findet.

keit setzen konnte, gehalten, und mit Recht geben sie ihnen daher den Namen der Schamteile (*αἰδοῖα*, *pudenda*). Weder der weitverbreitete Phallusdienst in seiner ursprünglichen Idee, noch die gezwungenen Entblößungen der Epheben[1]), sowie die nackten Übungen der Jungfrauen und Jünglinge bei den Spartanern[2]) können hier als Gegenbeweis angeführt werden. Wie noch jetzt die ausgelerntesten Wüstlinge sich nicht entblöden, insgeheim die schamlosesten Dinge zu unternehmen, dennoch aber dem Arzte die erkrankten Werkzeuge ihrer viehischen Lüste zu zeigen oft so lange anstehen, daß sie in Gefahr geraten, die Zeichen ihrer Mannheit ganz zu verlieren, so war es sicher auch zu der Zeit, wo die sittliche Entartung ihren Kulminationspunkt erreicht zu haben scheint; denn selbst Priapus bittet (Carm. 3):

---

[1]) Aristophanes Vesp. 578.

παίδων τοίνυν δοκιμαζομένων αἰδοῖα πάρεστι θεᾶσθαι.

Vergl. Athenaeus Deipnos. lib. XII. p. 550. Petit ad legg. Attic. p. 227. Auch in Rom mußten bei Ehestreitigkeiten die Männer ihre Genitalien besichtigen lassen (Quinctilian. declam. 279), ein Gesetz, welches erst von Justinian aufgehoben ward. Vergl. Gundlingiana Stück 23. p. 342 folg. Daß die heiratsfähigen Jungfrauen von den Hebammen geprüft wurden sehen wir aus Plato Theaetet. 151. *ποίαν χρὴ ποίῳ ἀνδρὶ συνοῦσαν ὡς ἀρίστους παῖδας τίκτειν*, ein Verfahren, welches Plato in seinem Staate allgemein eingeführt wissen wollte (de legg. lib. XII.), wogegen aber Theodoretus contra Graecos lib. IX. gewaltig eifert.

[2]) Es ist jedenfalls ein Irrtum, wenn man sich hierunter ganz nackende Jungfrauen und Jünglinge vorstellt: sie waren nur *μονόπεπλοι*, mit einem einfachen, an den Hüften aufgeschlitzten, kurzen Rock bekleidet, weshalb sie auch *φαινομηρίδες* (Pollux Onomast. VII. 55) heißen, eine Tracht, welche überhaupt die allgemein Dorische war; daher sagt Moeris *δωριάζειν τό παραγυμνοῦσθαί τινα μέρη.* Vergl. Meursius Laconic. lib. I. fin. K. O· Müller die Dorier II. Abt. S. 263. 265. Josephus de special. legg. Op. Vol. II. p. 328. Die Bedeutung von *γυμνὸς* ist keine andere als leicht gekleidet, im bloßen Unterkleide, ohne Mantel. Daher sagt Eubulus (Ahenaeus lib. XIII. p. 568) *γυμνάς — ἐν λεπτονήτοις ὑμέσιν ἑστώσας* von den Bordelldirnen. Aelian. var. hist. XIII. 37. *ἐν χιτωνίσκῳ γυμνὸς.* Auch das nudus der Römer hat, wie schon Cuper (Observat. lib. I. cap. 7) nachwies, häufig keine andere Bedeutung, sondern steht für tunicatus, in der bloßen tunica, ohne Mantel oder Toga. Am deutlichsten sehen wir dies aus Petron. Satir. 55. Aequum est induere nuptam ventum textilem, — Palam prostare nudam in nebula linea. Ganz ähnlich gebrauchen die Hebräer ihr עָרֹם (arôm), Jesaias XX. 2. Hiob XXIV. 7. 10. I. Samuel XIX. 24 und die Araber mesluch.

Nec mihi sit crimen, quod mentula semper operta est.

Man vergleiche nur hiermit das S. 69 mitgeteilte Gedicht der Priapeia und man wird gewiß mit uns übereinstimmen, daß das Feld der Erfahrung der Ärzte in Bezug auf die Genitalkrankheiten im Altertum nicht eben groß gewesen sein kann. Selbst die Priester nahm man späterhin sicher nur bei den schwierigeren Fällen in Anspruch; dennoch würden uns ihre Krankenjournale, wenn sie dergleichen geführt hätten, bei weitem bessere Auskunft geben als die der Ärzte, wie dies die mosaischen Gesetzbücher beweisen, welche die frühesten und deutlichsten Schilderungen der Genitalaffektionen bei Männern wie bei Frauen enthalten. Waren die Männer aber schon so zurückhaltend, um wie viel mehr mußten es die Frauen sein, denen es überhaupt schon als ein Verbrechen angerechnet ward, wenn sie irgend einen Teil ihres Körpers den Augen eines fremden Mannes preisgaben. Wie die Hilfe der Ärzte bei dem Geburtsgeschäft verschmäht und demgemäß die Fabel von der Agnodike erfunden ward, ebenso standen die Frauen an, bei Genitalaffektionen sich den Ärzten zur Untersuchung zu überlassen, und da die weiblichen Geschlechtsteile vorzugsweise den Herd der Lustseuche abgeben, so war gerade hierdurch der vorzüglichste Weg zu einer richtigen Würdigung der Genitalkrankheiten verschlossen, und die alten Ärzte konnten höchstens, wie unsere Altvordern, die Leukorrhoe als den allgemeinen Sündenbock betrachten, weshalb auch Galenus, wie wir sehen werden, gar kein Gewicht weiter auf das Geständnis der mit Tripper behafteten Männer, daß die Frauen, mit denen sie den Beischlaf ausgeübt, ebenfalls daran litten, legte. — Zu dieser allgemeinen Schamhaftigkeit kam aber noch die Scheu vor der Stellung der wirklichen Ärzte überhaupt und die ziemlich allgemein verbreitete Ansicht von dem Schmachvollen einer durch eigene Schuld zugezogenen Krankheit, wenigstens unter dem gebildeteren Teil des Volkes, wie dies aus folgender Stelle des Plato[1]) hervorgeht, wenn er sagt: „Scheint es dir nicht schimpf-

[1]) De re publica lib. II. p. 405. Die Rede des Lysias ὑπὲρ Φανίου enthält eine Stelle, welche uns vom Athenaeus lib. XII. p. 552. aufbewahrt

lich, der Heilkunde zu bedürfen, wenn nicht etwa Wunden oder Krankheiten, die von den Jahreszeiten abhängen, zugestoßen sind, sondern wenn man sich durch Trägheit und durch eine Lebensweise, wie wir sie betrachtet haben, (eine sehr üppige nämlich) mit Flüssen und Luftansammlungen gleich einem See überfüllt, und die trefflichen Asklepiaden veranlaßt, diese Krankheiten mit den Namen von Auftreibungen und Katarrhen zu belegen?“ War dies in der Tat mehr als individuelle Ansicht, so mußten die Genitalaffektionen, zumal wenn ihre Beziehung zum Coitus bekannt war, zu den schimpflichsten[1]) Krankheiten gehören, und der Dichter (Seite 69) hat Recht zu sagen:

Diis me legitimis nimisque magnis
Ut Phoebo puta, filioque Phoebi
Curatum dare mentulam verebar.

Nicht also bei den trefflichen Asklepiaden oder den freien Ärzten, welche nur Freie behandelten, sondern bei den Göttern oder den ärztlichen Handlangern (*ὑπερέται τῶν ἰατρῶν*), den Sklavenärzten und Pfuschern, welche in den Arzneibuden, wo, wie wir (S. 117) gesehen haben, Paederasten und Pathici sich versam-

---

ist, worin dieselben Grundsätze vor Gericht ausgesprochen werden, um die Richter zur Verurteilung des lüderlichen Kinesias zu bestimmen: *τοῦτον δὲ τὸν ὑπὸ πλείστων γινωσκόμενον οἱ θεοὶ οὕτως διέθεσαν, ὥστε τοὺς ἐχθροὺς αὐτοῦ βούλεσθαι ζῆν μᾶλλον ἢ τεθνάναι, παράδειγμα τοῖς ἄλλοις, ἵν᾽ ἴδωσιν ὅτι τοῖς λίαν ὑβριστικῶς πρὸς τὰ θεῖα διακειμένοις, οὐκ εἰς τοὺς παῖδας ἀποτίθενταὶ τὰς τιμωρίας, ἀλλ᾽ αὐτοὺς κακῶς ἀπολύουσι, μείζους καὶ χαλεπωτέρας, καὶ τὰς συμφορὰς καὶ τὰς νόσους, ἢ τοῖς ἄλλοις ἀνθρώποις, προςβάλλοντες· τὸ μέν γὰρ ἀποθανεῖν ἢ καμεῖν νομίμως κοινὸν ἅπασιν ὑμῖν ἐστίν· τὸ δ᾽ οὕτως ἔχοντα τοσοῦτον χρόνον διατελεῖν, καὶ καθ᾽ ἑκάστην ἡμέραν ἀποθνήσκοντα μὴ δύνασθαι τελευτῆσαι τὸν βίον, τούτοις μόνοις προσήκει τοῖς τὰ τοιαῦτα, ἅπερ οὗτος, ἐξημαρτηκόσιν.* Auch die Taxiler, ein indisches Volk, hielten eine körperliche Krankheit für schändlich und verbrannten sich darum selbst: *αἴσχιστον δ᾽ αὐτοῖς νομίζεσθαι νόσον σωματικήν· τὸν δ᾽ ὑπονοήσαντα καθ᾽ αὐτοῦ τοῦτο ἐξάγειν ἑαυτὸν διὰ πυρὸς νήσαντα πυράν*, sagt Strabo Geograph. lib. XV. p. 716. § 65. Man vergleiche hiermit den Selbstmord des Festus (S. 229) und jenes Municeps. von welchem Plinius (S. 230) berichtet.

[1]) Aretaeus de caus. et sign. chron. morb. lib. II. cap. 5. sagt ja ausdrücklich von dem Tripper: *ἀνώλεθρον μὲν ἡ γονόῤῥοια, ἀτερπὲς δὲ καὶ ἀηδὲς μέσφι ἀκοῆς*, d. h. er ist ein unangenehmes und durchaus ekelhaft zu hörendes Übel!

melten, ihr Wesen trieben, suchte man Hilfe; grade wie dies bis in die Mitte des vorigen Jahrhunderts der Fall war, und noch jetzt befindet sich ja ein großer Teil solcher Kranker kaum in anderen Händen. Die Kenntnisse und Erfahrungen dieser Rhizotomen und Balsamhändler, wenn sie überhaupt erstere besaßen und letztere zu machen verstanden, gingen notwendig mit ihrem Tode verloren oder pflanzten sich höchstens durch Tradition auf den Nachfolger ihrer Arzneibude fort, ohne daß den Ärzten oder der Wissenschaft etwas davon zu gute kam. Ihnen war es auch gleichgiltig, woher die Krankheit, für welche sie ihre Pulver und Tränke verkauften, gekommen, denn sie gaben, wie Plato *(de legg. IV. 720)* sagt, über den vorhandenen Krankheitszustand keine Ansicht und wollten auch keine annehmen; der Kranke aber war einer demütigenden Beichte überhoben und erkaufte dies gern, selbst mit dem Ruin seines Körpers. Rechnet man hierzu noch, daß die Lustdirnen in Griechenland und Rom meistens Sklavinnen waren, welche schon an und für sich keinen Anspruch auf die Behandlung von Seiten der freien Ärzte machen konnten, daß zur Zeit der Blüte der griechischen Medizin in den Händen der Hippokratiker es vorzüglich Leute des niedrigsten Standes oder Matrosen und fremde Kaufleute etc. waren, welche in den Armen der Dirnen schwelgten und bei ihrem wechselnden Aufenthalt jede fortgesetzte Beobachtung zur Unmöglichkeit machten, so werden die unvollkommenen Kenntnisse der wissenschaftlich gebildeten Ärzte über die Genitalkrankheiten und deren Folge umsoweniger auffallen. Zur Zeit der allgemeinen Sittenverderbnis fehlte es zwar den Ärzten nicht an Gelegenheit zur Beobachtung, allein der größere Teil war unfähig dazu, versperrte sich, wie wir sehen werden, absichtlich den Weg zur genaueren Erforschung, oder kümmerte sich wenig um die Kultur der Wissenschaft und Aufzeichnung von Erfahrungen, deren Veröffentlichung, sei es schriftlich oder mündlich, zumal bei solchen Fällen, wie der des Charidemus,[1]) sogar gegen ihr eigenes Interesse gewesen

---

[1]) Martial. lib. VI. epigr. 31.

Uxorem, Charideme, tuam scis ipse sinisque
A medico futui. Vis sine febre mori!

wäre; sie mußten ja selbst ihre ganze Spitzfindigkeit aufbieten, um die wahre Ursache der Krankheiten zu verheimlichen; ein Moment, dem wir gewiß auch einen großen Teil der wunderlichen und oft mehr als lächerlichen Behauptungen über den Ursprung der Lustseuche im XV. und XVI. Jahrhundert zu danken haben. Aber das Publikum sorgte auch selbst hinlänglich dafür, wie dies aus Martialis[1]) und daraus hervorgeht, daß Galenus bereits eine eigne Schrift über verstellte Krankheiten zu verfassen für nötig hielt. Dergleichen absichtliche Täuschungen von Seiten der Kranken waren um so leichter, als die Ärzte in jenen Zeiten, wie gesagt, durch ihre pathologischen Ansichten, welche vielleicht zum Teil auch daher ihren Ursprung haben mochten, für die Wahrheit wenig zugänglich waren, deshalb auch zum Teil wenigstens nicht mit Unrecht die Geißel des Martialis erfuhren und überhaupt von den kundigern Laien verlacht wurden, wie uns dies die gewichtigen Worte des Apuleius (Metamorph. X. 211) lehren: *Crederes et illam fluctuare tantum vaporibus febrium: nisi quod et flebat: Heu medicorum ignavae mentes! Quid venae pulsus, quid caloris intemperantia, quid fatigatus anhelitus et utrimque secus iactatae crebriter laterum mutuae vicissitudines? Dii boni! Quam facilis, licet non artifici medico, cuivis tamen docto venereae cupidinis comprehensio, cum videas aliquem sine corporis calore flagrantem.* Können wir aber deswegen

---

Kamen doch dergleichen Fälle bereits zur Zeit des Hippokrates vor, wie wir dies aus dem Eide sehen, wo es heißt: *εἰς οἰκίας δὲ ὁκόσας ἂν ἐσίω, ἐσελεύσομαι ἐπ' ὠφελείῃ καμνόντων, ἐκτὸς ἐὼν πάσῃς ἀδικίῃς ἑκουσίῃς καὶ φθορίῃς τῆς τε ἄλλῃς, καὶ ἀφροδισίων ἔργων, ἐπί τε γυναικείων σωμάτων καὶ ἀνθρώπων ἐλευθέρων τε καὶ δούλων*, woraus wir zugleich lernen, daß damals auch die Paederastie schon weit genug verbreitet war, und selbst Ärzte sich nicht entblödeten, ihre Patienten hierzu, sowie zur Unzucht überhaupt zu benutzen! Sicher aus keinem anderen Grunde haucht noch jetzt lieber der Türke sein Leben aus, als daß er sich ein Klystier geben ließe. — Vgl. Stern, Türkei p. 227.

[1]) lib. II. 40.

Omnes Tongilium medici iussere lavari,
O stulti! febrem creditis esse? gula est.

Vergl. lib. XI. 87.

einen Stein auf unsere Kunstgenossen im Altertum werfen? Seit dreihundert Jahren glauben wir doch gewiß die Lustseuche und ihre Formen zu kennen und wie mancher Bubo wurde für einen eingeklemmten Bruch, Wachsknoten etc., wie mancher Scheidentripper für einfachen *fluor albus,* wie manches Condylom am After für Hämorrhoidalknoten gehalten und nicht wie von jenem Arzte bei Juvenalis *medico ridente* behandelt, abgeschnitten oder unterbunden? — Zu allem diesen kam aber noch die Gelindigkeit und Gefahrlosigkeit der Krankheit selbst, wenigstens in den meisten Fällen, wie dies in den früheren Untersuchungen dargetan ist. So wie noch jetzt die echten Venusritter, Dank sei es den „Ratgebern, Anweisungen und Unterrichten," die im Kampfe erhaltenen Wunden, in der Mehrzahl der Fälle wenigstens anfangs, selbst zu heilen suchen, so war dies auch im Altertume der Fall, wie uns dies folgende bedeutsame Stelle des Galenus[1]) lehrt: „Dies ist alles, was ich zunächst von den eintägigen Fiebern zu sagen habe. Denn diejenigen, welche wegen eines Bubo fiebern, beraten keinen Arzt über das, was sie zu tun haben; sondern nachdem sie zuerst das Geschwür, welches den Bubo veranlaßte, und dann den Bubo selbst behandelt haben, baden sie sich nach dem Nachlaß des eingetretenen

[1]) Method. medendi lib. VIII. cap. 6. ed. Kühn. Vol. X. p. 580. *σχεδὸν εἴρηται μοι πάντα περὶ τῶν ἐφημέρων πυρετῶν· οἱ γὰρ ἐπὶ βουβῶσι πυρέξαντες οὐδὲ πυνθάνονται τῶν ἰατρῶν ὅ τι χρὴ ποιεῖν· ἀλλὰ τοῦθ᾽ ἕλκους ἐφ᾽ ᾧπερ ἂν ὁ βουβὼν αὐτοῖς εἴη γεγεννημένος, αὐτοῦ τε τοῦ βουβῶνος προνοησάμενοι, λούονται κατὰ τὴν παρακμὲν τοῦ γενομένου κ. τ. λ.* Das hierauf erwähnte Diatriton war das Fasten bis zum dritten Tage, welches besonders vom Thessalus und der methodischen Schule überhaupt empfohlen ward, weshalb es auch *διάτριτον Θεσσάλειον* und die Ärzte, welche darauf hielten, *διατριτάριοι ἰατροὶ* genannt wurden, wie dies aus der ferneren Darstellung des Galenus hervorgeht. Von der Ephemera bei Bubonen spricht Galenus auch ad Glauconem meth. med. lib. I. c. 2. ed. K. Vol. XI. p. 6. *καὶ οἱ ἐπὶ βουβῶσι δὲ πυρετοὶ τούτου τοῦ γένους εἰσὶ, πλὴν εἰ μὴ χωρὶς ἕλκους φανεροῦ γένοιντο.* Auch Celsus de re med. lib. VI. c. 18 sagt bereits bei Gelegenheit der Genitalkrankheiten, daß er ihrer Besprechung sich unterziehen wolle: quia in vulgus eorum curatio praecipue cognoscenda est, quae invitissimus quisque alteri ostendit.

Paroxysmus. Spricht dann jemand etwa vom Diatriton, so lachen alle, und nennen ihn einen Scholastiker; weil sie, wie ich glaube, der Meinung sind, daß man der Natur nichts überlassen müsse, was durchaus nicht da sei." Wir wissen sehr wohl, daß die Alten alle Drüsenanschwellungen mit dem Namen Bubonen belegten, daß sie auch recht gut die Drüsenanschwellungen in den Achseln und den Weichen infolge von Geschwüren an den Fingern und Zehen kannten,[1]) allein dieses berechtigt uns keineswegs die obige Stelle, welche allerdings allgemein aufgefaßt ist, nur auf dergleichen, nicht auch auf die Bubonen in der Weiche zu beziehen; zumal da Galenus da, wo er ausführlich über die Behandlung der Bubonen und der ihnen vorausgehenden Phlegmone, welche Geschwüre veranlaßt (l. c. p. 881) handelt, die Phlegmone *κατὰ αἰδοῖον* und *γυναιχὶ κατὰ μήτραν ἢ αἰδοῖον* (l. c. p. 893) ausdrücklich erwähnt. Wir glauben daher hier auch mit Grund darauf aufmerksam machen zu können, daß jene Stelle eine Andeutung dessen enthält, warum die Genitalgeschwüre einen gelinderen Verlauf und eine leichtere Heilbarkeit im Altertum hatten, indem die Ephemera offenbar die Assimilation und Elimination des Contagiums erleichterte und zwar entweder an der primär ergriffenen Stelle oder indem sie eine erhöhte Tätigkeit der Hautdrüsen durch Hervorrufung eines Exanthems veranlaßte.

§ 39.

Einen nicht geringen Teil der Schuld der Zurückhaltung der Kranken trugen aber auch die Ärzte. Wir wollen hier nicht weiter die Möglichkeit des Ausplauderns von ihrer Seite urgieren, obgleich schon die Hippokratiker ihre Schüler davor zu wahren

---

[1]) Galenus meth. med. lib. XIII. c. 5. p. 881. *οὕτως οὖν καὶ δι ἕλκος ἐν δακτύλῳ γινόμενον ἤτοι ποδὸς ἢ χειρὸς οἱ κατὰ τὸν βουβῶνα καὶ τὴν μασχάλην ἀδένες ἐξαίρονταί τε καὶ φλεγμαίνουσι, τοῦ καταῤῥέοντος ἐπ᾽ ἄκρον τὸν κῶλον αἵματος ἀπολαβόντες πρῶτοι· καὶ κατὰ τράχηλον δὲ καὶ παρ᾽ ὦτα πολλάκις ἐξήρθησαν ἀδένες, ἑλκῶν γενομένων ἤτοι κατὰ τὴν κεφαλὴν ἢ τὸν τράχηλον ἤ τι τῶν πλησίων μορίων· ὀνομάζουσι δὲ τοὺς οὕτως ἐξαρθέντας ἀδένας βουβῶνας.*

sich genötigt sahen;[1]) von bei weitem größeren Gewicht war die Art der Behandlung, besonders der Geschwürsformen, welche sich ganz dazu eignete, den Kranken mit Furcht und Schrecken zu erfüllen. Bereits Hippokrates[2]) lehrte Geschwüre mit callosen Rändern zu ätzen oder mit dem Messer auszuschneiden, und noch deutlicher erklärt sich Galenus[3]) darüber: „Wenn aber die Ränder des Geschwürs nur mißfarben und callös sind, so muß man sie bis auf das gesunde Fleisch abtragen; hatte diese Beschaffenheit aber weiter um sich gegriffen, so entsteht die Frage: ob man alles Krankhafte ausschneiden oder eine langwierige Kur vornehmen soll. Es ist natürlich, daß man hierzu die Gesinnung des Kranken erforschen muß; denn einige wollen lieber ohne Schnitt sich einer langwierigen Behandlung unterwerfen, andere sind dagegen zu allem bereit, wenn sie nur geheilt werden.“ Daß dies Verfahren auch bei den Genitalgeschwüren, besonders den brandigen, in Anwendung kam, geht schon aus der S. 320 angeführten Stelle hervor. Der Asiate, für welchen die Genitalien ein Gegenstand der Verehrung waren, scheute gewiß wie noch jetzt der Türke[4]) eine jede Operation an denselben, und der wollüstige Römer, welcher dadurch den ferneren Gebrauch jener Teile höchst wahrscheinlich ganz einzubüßen fürchten mußte,[5]) versuchte jedes andere

---

[1]) Hippocrat. Jus. iurand. Vol. I. p. 2. *ἃ δ᾽ ἂν ἐν θεραπείῃ ἢ ἴδω ἢ ἀκούσω, ἢ καὶ ἄνευ θεραπείης κατὰ βίον ἀνθρώπων, ἃ μὴ χρή ποτε ἐκλαλέεσθαι ἔξω, σιγήσομαι, ἄῤῥητα ἡγεύμενος εἶναι τὰ τοιαῦτα.*

[2]) Hippocrat. de locis in homine ed. K. Vol. II. S. 139.

[3]) Method. medendi lib. IV. cap. 2. ed. K. Tom. X. p. 238.

[4]) Oppenheim a. a. O. S. 123. Selbst jene morgenländische Christin erklärte Niebuhr, daß sie es nie zugeben würde, das Messer an die Genitalien ihres Mannes zu setzen, und doch war hier nur von der Lösung eines zu kurzen Frenulums die Rede. Michaelis mosaisches Recht. B. IV. S. 38.

[5]) Beispiele der Art finden sich wenigstens mehrere bei Martialis, lib. XI. 75.

Curandum penem commisit Bacchara Graecus
Rivali medico: Bacchara Gallus erit.

lib. II. 46.

Quae tibi non stabat, praecisa est mentula, Glypte.
Demens cum ferro quid tibi? Gallus eras.

Mittel, wandte sich lieber an den Priapus (S. 69) oder gab sich gleich selbst den Tod, wie jener Municeps des Plinius (S. 230), ehe er sich den Ärzten anvertraute, die, seit der Carnifex Archagatus in Rom aufgetreten war, sich in der Brenn- und Schneidewut zu übertreffen suchten. Jedenfalls trieb nur die höchste Not[1]) den Kranken unter solchen Verhältnissen zum Arzte, und dieser hatte denn wahrlich nicht Ursache, nach der Entstehung des Übels zu forschen, da ihm oft kaum etwas anderes übrig blieb, als zum Messer oder Cauterium zu greifen, wodurch freilich das ärztliche Verfahren in Verruf kommen und den Ärzten die Gelegenheit zur Beobachtung in der Mehrzahl der Fälle entzogen werden mußte. Ob noch andere Momente die Ärzte veranlaßten, die allgemeine Behandlung der Geschwüre auf die der Genitalien zu übertragen, können wir freilich zur Zeit noch nicht bestimmen. Allerdings liegt die Vermutung nahe, daß sie eine Ahnung von der spezifischen Natur derselben gehabt haben mögen, und es nicht allein die örtliche Zerstörung war, welche sie durch frühzeitigen Gebrauch des Cauterium und Messers verhindern wollten; indessen müssen darüber erst noch spätere genauere Forschungen entscheiden, dies umsomehr, als die allgemeinen Ansichten von der Geschwürsbildung, welche die Alten hatten, mehrfach dagegen zu sprechen scheinen. Galenus[2]) sagt nämlich: „Die Entstehungsweise dieser (mit Substanzverlust verbundenen Geschwüre) ist aber eine doppelte, entweder kommen sie durch Wegnahme (*ἐκ περιαιρέσεως*) oder durch Anfressen (*ἐξ ἀναβρώσεως*) zustande. Wie die Wegnahme geschieht, ist bekannt. Die Anabrosis, wenn sie aus dem

---

lib. III. 81.

Abscissa est quare Samia tibi mentula testa,
Si tibi tam gratus, Baetice, cunnus erat?

[1]) Scribonius Largus de composit. medicam. ed. Bernhold. Argent. 1786. S. 2. schreibt in der Vorrede an den Callistus: Siquidem verum est, antiquos herbis ac radicibus eorum corporis vitia curasse: quia etiam tunc genus mortalium inter initia non facile se ferro committebat. Quod etiam nunc plerique faciunt, ne dicam omnes; et, nisi magna compulsi necessitate speque ipsius salutis, non patiuntur sibi fieri, quae sane vix sunt toleranda.

[2]) Method. medendi lib. IV. c. 1. ed. Kühn. Vol. X. p. 233.

Innern des Organismus hervorgeht, ist ein Sproß der schlechten Säfte, entsteht sie von außen, so ist sie eine Folge von Arzneimitteln oder Feuer." Hieraus geht hervor, daß man auch alle Geschwüre der Genitalien, welche nicht Folge der Einwirkung von Arzneimitteln oder Feuer waren, notwendig für einen Sproß der schlechten Säfte halten mußte; und daß diese Ansicht nicht etwa eine der Galenischen Zeit eigentümliche, erst Folge der weiter ausgebildeten Humoralpathologie war, geht daraus hervor, daß wir dieselbe bereits bei Hippokrates[1]) finden, dessen allgemeine Lehre von der Apostasis auch Plato in seinem Timäus teilte, in dem er vom weißen, sich auf die Haut werfenden Phlegma Ausschläge, Flecken und ähnliche Krankheiten, vom scharfen und salzigen Phlegma dagegen die Rheumata, deren Namen nach den verschiedenen Teilen verschieden, ableitet. Will man hieraus nicht die Beweise einer damaligen, fortwährend genuinen Entstehung der Genitalaffektionen abnehmen, so muß man gestehen, daß diese Ansicht jeden Gedanken an etwas Spezifisches der Genitalgeschwüre notwendig fern halten mußte, dies um so mehr, als wir uns ja noch jetzt vergebens nach einer Feststellung durchgreifend eigentümlicher Charaktere der venerischen Geschwüre umsehen, und die Kenntnis, daß die Genitalgeschwüre durch den Beischlaf acquiriert waren, für die alten Ärzte des zur Bestimmung einer besondern Krankheitsspezies nötigen Gewichtes durchaus entbehrten, da sie überhaupt nichts auf die veranlassende Ursache gaben, wenn sie nicht noch als wirksam vorhanden und ihre Entfernung eine therapeutische Indikation abgeben konnte. Am besten erklärt uns dies Galenus in folgender Stelle:[2]) „Auch wird es an der Zeit sein zu bestimmen, daß keine der die Diathese zunächst veranlassenden Ursachen eine Indikation zur Heilung abgebe; die Heilanzeige vielmehr von der Affektion selbst ausgehen müsse. Was im einzelnen zu tun ist, hängt von dem nächsten Zweck und der Natur des

---

[1]) Coac. praenot. ed. Kühn. Vol. I. p. 343. *τὰ ἑρπηστικὰ ὑπεράνω βουβῶνος πρὸς κενεῶνα καὶ ἥβην γινόμενα, σημαίνει κοιλίην πονηρευομένην.*

[2]) Method. medendi lib. IV. c. 3. ed. K. Vol. X. p. 243. folg.

ergriffenen Teiles, dem vorwaltenden Temperamente und Ähnlichem ab. Denn um es kurz zu sagen, von keinem der nicht mehr vorhandenen (wirksam seienden) Momente kann eine Indikation dessen, was zuträglich ist, genommen werden. Da wir aber oft behufs der Diagnose einer Affektion, welche weder mit Hilfe der Vernunftschlüsse noch der Sinne erkannt werden kann, nach der veranlassenden Ursache forschen müssen, so scheint es den Laien, daß daraus die Anzeige zur Heilung genommen werde. Dies verhält sich aber keineswegs also. Man sieht dies deutlich bei denjenigen Zufällen, deren Diathese uns ganz genau bekannt ist; denn sei es Ecchymose oder Geschwür oder Erysipelas oder fauliges Geschwür (σηπεδὼν) oder Phlegmone an einem Teile, so ist es unnütz, die veranlassende Ursache (αἴτιον ποίησαν) aufzuspüren, wenn sie nicht jetzt noch wirksam ist. — Allein für diejenige Affektion, deren Einsicht wir ermangeln, ist die Kenntnis der veranlassenden Ursache nützlich." Daß dieser Grundsatz nun auch auf die Genitalaffektionen angewendet und der vorausgegangene Beischlaf durchaus als kein diagnostisches Hilfsmittel betrachtet wurde, sehen wir aus der nachher noch zu besprechenden Stelle des Galenus, wo diesen die Aussage eines Tripperkranken, daß auch die Frauen, mit denen er den Beischlaf ausgeübt, an derselben Affektion litten, durchaus nicht dazu veranlaßte, eine besondere Art des Trippers anzunehmen und aufzustellen. Unter diesen Verhältnissen kann man sich doch wahrlich nicht wundern,[1]) daß die Ärzte bei der Beschreibung der Genitalaffektionen nicht den Beischlaf als veranlassendes Moment mit aufführen und der Schluß, daß jene Affektionen im Altertum nicht durch den Beischlaf acquiriert seien, weil die alten Ärzte desselben nicht bestimmt und in jedem einzelnen Falle als Ur-

---

[1]) Mit Recht sagt daher schon Hensler (Geschichte der Lustseuche Bd. I. S. 298): „Es ist sonderbar, daß man von den Alten eine Präzision verlangt, die sie nicht haben konnten, wie man es in keiner Krankheit während der Kindheit derselben haben kann: daß man ihnen anmutet, sie sollen die Ursache des Übels mit Sicherheit und Deutlichkeit angeben, die immer erst das Werk der Zeit und wiederholter Erfahrung ist.

sache angeben, zeigt in der Tat nicht eben von einem genauen Studium ihrer Schriften und in deren Folge erlangter Kenntnis ihrer Ansichten. Daß jene Vernachlässigung der ätiologischen Momente aber endlich zu einem gänzlichen Übersehen derselben führte, ist erklärlich, ebenso wie es auf der Hand liegt, daß dies notwendig eine Quelle mannigfacher Irrtümer werden mußte, wodurch der Arzt in den Augen der Laien herabsank, nicht selten durch seine Unkenntnis lächerlich wurde und manche satirische Geißelhiebe, wie wir gesehen haben, zu erdulden hatte. Wie manchem unserer Kollegen spielt aber nicht noch jetzt die Lustseuche einen solchen Streich? — Vielleicht meint man aber, daß, wenn auch die alten Ärzte nicht den Beischlaf als Ursache der Genitalaffektionen zu erwähnen für nötig erachtet, so hätten sie doch die Ansteckung bemerken müssen. Abgesehen davon, daß in einer nicht geringen Anzahl von Fällen die Genitalaffektionen unter den früher dargestellten begünstigenden Verhältnissen in der Tat nicht durch Ansteckung, sondern wirklich genuin[1]) entstanden und wir noch jetzt für diese Entstehungsweise gar kein Kriterium haben, denn nur oberflächliche und bequeme Beobachter leugnen dieselbe ganz, so war die ganze Ansicht der Alten von der Ansteckung überhaupt eine höchst dürftige, wovon, wie schon Heyne[2]) bemerkt, das *τὸ θεῖον* oder die herrschende Ansicht, daß die ansteckenden Krankheiten eine Schickung der beleidigten Gottheit seien, die

---

[1]) Galenus de locis affect. lib. VI. c. 5. ed. K. Vol. VIII. p. 422. *φαινομένου δὲ σαφῶς, ἰσχυροτάτην ἔχειν τὴν δύναμιν ἐνίας τῶν οὐσιῶν, ὑπόλοιπον ἂν εἴη ζητεῖν, εἰ διαφθορά τις ἐν τοῖς ζώοις δύναται γενέσθαι τηλικαύτη τὸ μέγεθος, ὡς ἰῷ θηρίου παραπλησίαν ἔχειν ποιότητά τε καὶ δύναμιν* Er bejaht diese Frage namentlich in bezug auf Samen und Menstrualblut, sich auf die giftige Beschaffenheit des Speichels der Hunde bei der Hundswut berufend.

[2]) De febribus epidemicis Romae falso in pestium censum relatis, Progr. Götting. 1782. p. 4. (Opera Vol. III.) Hoc enim erat illud, quod antiquitatem omnino ab subtiliore naturae adeoque et morborum cognitione revocavit et retraxit, quod ea, quae ad interiorem eius notitiam spectabant, inprimisque quae ab solemni rerum cursu recedebant, ad religiones metumque deorum referebantur. Vergl. C. F. H. Marx origines contagii. Caroliruhae et Badae. 1824.

meiste Schuld trägt. Gerade bei den Genitalaffektionen haben wir ja gesehen, daß diese dem Zorne des Dionysos und Priapus zugeschrieben wurden, und wie lange sich diese Ansicht erhielt, wie sehr sie mit dem Leben des Volkes verschmolzen war, sehen wir daraus, daß sie selbst die christlichen Kirchenväter sorgfältig aufrecht zu erhalten suchten. Kann man nun wohl vernünftigerweise von den Ärzten jener Zeit verlangen, daß sie sich so ganz aus dem herrschenden Ideenkreise herausarbeiten sollten, und haben wir gerade in unserer Zeit ein Recht dazu, sie zu schmähen, wo eine nicht geringe Zahl Ärzte die Contagiosität der Lustseuche und ihrer Formen ganz leugnen? Alles was die alten Ärzte tun konnten, war, daß sie darauf hinwiesen, daß dem *τὸ θεῖον* eine natürliche Ursache zugrunde liege, und diese Ansicht hat ja schon Hippokrates verfochten; über die sinnlich wahrnehmbaren Kennzeichen dieser Ursache, über den materiellen Stoff, welcher die Ansteckung vermittelt, darüber konnten sie kaum Untersuchungen anstellen,[1]) da sie aller Hilfsmittel dazu entbehrten, und haben wir denn trotz aller Hilfsmittel, trotz aller Forschungen bis jetzt ein genügendes und sicheres Resultat erhalten? Würden denn die Nicht-Contagionisten jemals haben auftreten können, wenn wir das Contagium sinnlich wahrnehmbar nachzuweisen vermöchten? Außerdem sehen wir ja noch jetzt, daß in jenen Ländern das Contagium nur geringe Intensität zeigt, und nur unter epidemischem Einfluß wie zur Zeit der atheniensischen Pest (S. 322) dieselbe annahm, wie dies der Verfolg der Geschichte der Lustseuche noch deut-

---

[1]) Gewöhnlich schrieben sie der *σῆψις* die Entstehung des Contagiums zu, und septische Krankheiten waren ihnen ziemlich identisch mit den ansteckenden (Galenus de febr. diff. I. 3), weshalb man auch wahrscheinlich die *ἕλκεα σηπεδόνα* zum Teil wenigstens so zu fassen haben dürfte, was für die Genitalgeschwüre von der größten Wichtigkeit wäre, da sie alsdann deutlich als ansteckend dargestellt werden. Möchten Sachverständige hierüber ihr Urteil abgeben. Übrigens stellte man schon zur Zeit des Galenus (de loc. effect. lib. VI. cap. 5. ed. Kühn Vol. VIII. p. 422) die Wirkung des Contagiums mit der des Zitterrochens *(νάρκη θαλάττιος)* und Magnets in Analogie und schloß: *ταῦτα τε οὖν ἱκανὰ τεκμήρια τοῦ σμικρὰν οὐσίαν ἀλλοιώσεις μεγίστας ἐργάζεσθαι μόνῳ τῷ ψαῦσαι.*

licher nachweisen wird. Da, wo das Contagium aber diese Intensität zeigte, gingen gewöhnlich die Geschwüre in Brand über, oder der Arzt zerstörte es mit dem Cauterium oder entfernte dasselbe mit der Stelle seines Sitzes und an eine Weiterverbreitung in dieser Form war nicht zu denken, da Kranken der Art wohl die Lust an dem Beischlaf vergehen mußte.

Fassen wir das bisher Erörterte zusammen, so geht daraus hervor, daß im Ganzen die eigentlichen Ärzte nur selten, zumal bei Frauen,[1]) Gelegenheit hatten, die Entstehung und den Verlauf der Genitalaffektionen genau zu beobachten, da sie meistens nur die bösartigen Formen derselben zu Gesicht bekamen, deren Zahl an und für sich, wenn nicht epidemische Verhältnisse einwirkten, nur gering war. Ihre pathologischen Ansichten standen einer vorurteilsfreien Beobachtung entgegen, auffallende charakteristische Symptome waren damals so wenig als jetzt vorhanden, eine genaue Kenntnis der materiellen Substrate der Contagien ging ihnen, wie bei allen Krankheiten, so auch hier ab, und so hatten sie keine direkte Veranlassung, die primären Genitalaffektionen als besondere Krankheitsspezies aufzufassen. Was aber die sekundären Symptome betrifft, so machten die Ärzte in den von ihnen behandelten Fällen deren Entstehung fast zur Unmöglichkeit, da Messer und Cauterium das Contagium mit seinem materiellen Substrate entweder gänzlich zerstörten oder, ehe es resorbiert werden konnte, schnell entfernten, und da, wo sie dennoch auftraten, lag teils ein zu großer zeitlicher Zwischenraum dazwischen, teils waren die ergriffenen Teile von den primär affizierten Stellen zu entfernt, als daß sie auf einen direkten Zusammenhang hätten geführt werden können, ja dies wurde ihnen sogar zur Unmöglichkeit gemacht, da diejenigen Körperstellen, welche der gewöhnliche Sitz der sekundären Affektionen sind, so überaus häufig infolge der verschiedenen Figuren der *Venus illegitima* primär ergriffen wurden, daß es

[1]) Diese behandelten die weiblichen Ärzte (*αἱ ἰατρίναι*, Galenus de loc. affect. VI. 5. Vol. VIII. p. 414) und die Hebammen, welche die weiblichen Genitalien bei Krankheiten derselben untersuchen und den Ärzten das Resultat mitteilen mußten (*σκέψασθαι κέλευσον τὴν μαῖαν ἁψαμένην τοῦ τῆς μήτρας αὐχένος* sagt Galenus a. a. O. p. 433.)

selbst dem geschärftesten diagnostischen Blick kaum jemals hätte gelingen können, einen tatsächlichen Unterschied zu entdecken, abgesehen davon, daß bei der hervorstechenden, durch das Klima bedingten Neigung des Krankheitsprozesses, sich auf die äußere Haut zu werfen, das Leiden der Schleimhäute und Knochen notwendig in einem bedeutenderen Maße zurücktreten mußte. Waren auf diese Weise die alten Ärzte außer stande, die verschiedenen Formen der Lustseuche zu einem Ganzen zu vereinigen, den Krankheitsprozeß in seiner Gesamtheit aufzufassen, so ist es an sich schon klar, daß sie gar keine Veranlassung haben konnten, für etwas in ihren Augen gar nicht Vorhandenes einen besonderen Namen zu erfinden und der aus dem Mangel eines solchen gezogene Schluß, daß die Lustseuche nicht vorhanden gewesen sein könne, bedarf eigentlich keiner weitern Berücksichtigung. Indessen angenommen, sie hätten wenigstens die generische Verschiedenheit der primären Affektionen erkannt, mußten sie deshalb auch einen besondern Namen dafür einführen? Die Antwort mag uns Galenus geben; er sagt, indem er anführt,[1]) daß die alten Ärzte keinen besonderen Namen für die mit Fissur verbundene Depression des Schädels hätten; es ist besser, eine deutliche Beschreibung zu geben, als sich auf eine erbärmliche Weise barbarischer Namen zu bedienen, welche die jüngeren Ärzte in großer Anzahl erfunden haben." An einer andern Stelle[2]) tadelt derselbe die verschiedenen Benennungen der Geschwüre und fährt fort: „Wollte ich alle (Namen) herzählen, so würde ich in Gefahr geraten, absichtlich das zu lehren, was ich zu vermeiden gebiete, daß der nämlich, welcher die Wahrheit wirklich suche, von den eingebildeten Benennungen notwendig abstrahieren und die Tatsache selbst in's Auge fassen müsse." Indem diese Äußerungen die Nutzlosigkeit der Namen dartun, zeigen sie zugleich, daß allerdings eine nicht unbeträchtliche Anzahl derselben vorhanden gewesen sein müsse, was für die Genitalaffektionen nicht nur das griechische φθινὰς (S. 240) und la-

[1]) De morborum causis cap. 9. ed. Kühn Vol. VII. p. 39.
[2]) Methodus medendi lib. II. c. 2. ed. Kühn Vol. X. p. 84.

teinische *robigo* (S. 241), abgesehen von dem zweideutigen ἄνθραξ, beweist, sondern auch Celsus ausdrücklich angibt, indem er (lib. VI. cap. 18) am Eingange der Darstellung der Krankheiten der Geschlechtsteile sagt: *Proxima sunt ea, quae ad partes obscoenas pertinent, quarum apud Graecos vocabula et tolerabilius se habent et accepta iam usu sunt, cum omni fere medicorum volumine atque sermone iactentur, apud nos foediora verba, ne consuetudine quidem aliqua verecundius loquentium commendata sunt.* Er selbst teilt nur wenige derselben mit, da er *simul et pudorem et artis praecepta servans* schrieb, und zwischen ihm und den Hippokratikern fehlt uns beinahe die ganze ärztliche Literatur; dasselbe findet zwischen Celsus und Galenus statt, und aus der für uns so wichtigen Periode der lüderlichen Kaiser ist ebenfalls kein selbständiger ärztlicher Schriftsteller auf uns gekommen, ja sogar des Compilator Oribasius Fragmente, welche neuerlich Mai bekannt gemacht hat, enthalten leider von den uns am meisten interessierenden Kapiteln nur die Überschriften. Bei einer solchen Lage der Dinge grenzt es doch fast an Torheit, über die Kenntnis der alten Ärzte von der Lustseuche und ihren Formen ein absprechendes Urteil fällen zu wollen, dies umso mehr, als nicht einmal die vorhandenen ärztlichen Schriften hinlänglich ausgebeutet sind, wie dies erst vor kurzem Naumann aus Galenus dargetan hat. Aber freilich ist es leichter zu behaupten, die Alten wußten nichts von der Lustseuche, als den besten Teil seiner Lebenszeit darauf zu verwenden, um zu untersuchen: wieviel wußten die Alten davon?

§ 40.

Wenden wir uns jetzt nach diesen Erörterungen zu den Darstellungen der alten Ärzte selbst, so gibt es zweierlei Wege, wie wir dieselben betrachten und unsern Lesern vor Augen führen können. Entweder nämlich stellen wir alles von einem und demselben Schriftsteller Gesagte zusammen und betrachten jede einzelne Angabe desselben für sich, oder wir vereinigen die Angaben der verschiedenen Schriftsteller über ein und denselben

Gegenstand und vergleichen sie miteinander. Der erstere Weg, welcher gewöhnlich von den bisherigen Geschichtschreibern der Lustseuche eingeschlagen ist, gibt uns zwar das Resultat dessen, was die einzelnen Schriftsteller über die verschiedenen Formen der Lustseuche gewußt, allein da wir teils in mehreren Fällen nicht einmal alle Schriften des Autors besitzen, teils auch in diesem Falle das von ihm Aufgezeichnete nicht als den Gesamtinhalt der Kenntnisse seiner Zeit betrachten können, so ist der Nutzen einer solchen Behandlung des Gegenstandes im Ganzen nur gering und sie hat den Nachteil, daß sie die Übersicht dessen, was das Altertum über die Lustseuche wußte, worauf es uns doch zunächst und hauptsächlich ankommt, bedeutend erschwert und notwendig eine Menge Wiederholungen veranlaßt. Der zweite Weg überhebt uns nicht nur dieser Nachteile, sondern gewährt uns jene besonders notwendige Übersicht, deren bisherigem Mangel es auch vorzüglich zuzuschreiben, daß man die Gegner des Altertums der Lustseuche von deren wirklichem Vorhandensein nur höchst unvollkommen überzeugen konnte, da das an und für sich schon unvollkommen Dargestellte, in seiner bruchstückweisen Angabe, notwendig noch unvollkommener erscheinen mußte. Die bei dem zweiten Wege der Darstellung freilich nötige Zerreißung der Mitteilungen des einzelnen Schriftstellers ist nur von geringem Belang, zumal da ihr leicht dadurch begegnet werden kann, daß wir die Stellen bei ihrer ersten Anführung gleich vollständig mitteilen, um nachher nur darauf zu verweisen. Auch der Verlust der Zeitbestimmung, welche für die Geschichte allerdings von Wichtigkeit ist, läßt sich dadurch beseitigen, daß wir die möglichen Anhaltspunkte dafür bei der notwendig zuletzt erfolgten Übersicht aufnehmen. Allerdings hat Hensler und Alex. Simon bereits den zweiten Weg der Darstellung eingeschlagen, indessen betrachtete letzterer die Angaben der einzelnen Schriftsteller für sich, ohne zu versuchen, ein Ganzes daraus zu bilden, was den Alten bei ihrer Darstellungsweise allerdings fremd war, für unsere Zeit, welche an eine systematische Darstellung gewöhnt ist, aber als durchaus notwendig erscheint. Hensler dagegen hatte bei seiner Behandlung des Gegenstandes vorzugsweise nur das

Mittelalter ins Auge gefaßt, und es lag ihm zunächst nur daran dazutun, daß vor den neunziger Jahren des XV. Jahrhunderts Lokalaffektionen der Genitalien bereits bekannt und behandelt worden waren.[1]) Was nun die folgende Darstellung selbst anlangt, so werden wir uns dabei des Eingehens in Einzelnheiten, welche der Text oder die Ansicht der Schriftsteller selbst notwendig machen dürften, soviel als möglich enthalten, da der Raum uns jetzt wenigstens dazu fehlt. Auch ist mancherlei des dabei in Betracht kommenden bereits erörtert, und zu kritischen Beleuchtungen, selbst wenn sie noch so dringend, fehlt uns jeder Apparat, ja von mehreren Schriftstellern war uns kaum die Übersetzung, vielweniger der Text zugänglich, weshalb auch vielleicht manche bereits bekannte Stelle unberücksichtigt geblieben ist; das Anführen sämtlicher, auch der noch unbekannten, denn die Ernte ist wie gesagt, noch keineswegs beendigt, wird wohl kein billig denkender Leser von einem dreißigjährigen Forscher verlangen, da sicher nur wenig Greise von sich rühmen dürfen, alle gedruckten Schriften der alten Ärzte gelesen zu haben. Übrigens bezwecken wir hier auch durchaus keine erschöpfende Darstellung alles dessen, was die alten Ärzte über die Genitalaffektionen gedacht und beobachtet haben, vielmehr kommt es uns hier nur darauf an, das Wahre und für unsere Aufgabe zunächst Brauchbare zusammenzustellen: dies dürfte aber in Folgendem bestehen:

1. Der Tripper.

Nimia profusio seminis (Celsus), *γονόῤῥοια.*

Die Gonorrhoe, deren Name aus *γονή* (schlecht bereiteter Same) und *ῥεῖν* (fließen) zusammengesetzt ist,[2]) besteht in einer

[1]) Geschichte der Lustseuche Bd. I. S. 191 sagt er ausdrücklich: Aber ich will die Geschichte weder der Gonorrhoe, so merkwürdig sie auch sein möchte, noch irgend eines andern Zufalles, bis zu ihrem Ursprunge hinauf verfolgen. Mir genügt meine Autoren von der ersten Lustseuche aus ihrer Vorzeit aufzuklären, wenngleich dabei das Auge zu Zeiten etwas umher schweift und auch höher hinauf blickt.

[2]) Galenus de loc. affect. lib. VI. 6. (VIII. p. 439) *τὸ δὲ τῆς γονοῤῥοίας ὄνομα προφανῶς ἐστι σύνθετον ἐκ τῆς γονῆς καὶ τοῦ ῥεῖν· ὀνομάζεται γὰρ τὸ σπέρμα καὶ γονός.*

Affektion der Samengefäße, nicht der Schamteile, welche nur die Excretionswege des Samens abgeben.[1]) Man muß zwei Arten derselben unterscheiden, je nachdem die Affektion mit oder ohne Erektion des Penis verbunden ist.[2]) Die Gonorrhoe mit Erektion des Penis wird bald Satyriasis oder Satyriasmus, bald Priapismus genannt[3]) und ist eine Art Krampf,[4]) welcher aber nur den Penis befällt, gehört zu der Klasse der Emphyseme[5]) und wird durch einen Zufluß der Säfte, besonders der verdickten oder schlecht gemischten, bedingt[6]). Indessen

---

[1]) Galenus l. c. p. 441. *γονόῤῥοια μὲν οὖν, τῶν σπερματικῶν ὀργάνων ἐστὶ πάθος, οὐ τῶν αἰδοίων, οἷς ὁδῷ χρῆται πρὸς ἔκρουν ἡ γονή·* — de usu partium lib. XIV. c. 10 (IV. p. 188) *κατὰ δὲ τὰς γονοῤῥοίας αὐτῶν μόνων ἐστὶ τὸ πάθημα τῶν σπερματικῶν ἀγγείων.*

[2]) Galenus de symptom. caus. lib. II. c. 2. (VII. p. 150): *ὥσπερ γε καὶ τῆς γονοῤῥοίας ἡ ἑτέρα διαφορά· εἰ μὲν γὰρ μετὰ ἐντάσεως τοῦ αἰδοίου γένοιτο, οἷον σπασμός ἐστιν, εἰ δὲ χωρὶς ταύτης, ἀῤῥωστία τῆς καθεκτικῆς δυνάμεως.* — lib. III. c. 11. (p. 267.) *καὶ μὴν καὶ αἱ γονόῤῥοιαι, χωρὶς μὲν τοῦ συνεντείνεσθαι τὸ αἰδοῖον, ἀρρωστίᾳ τῆς καθεκτικῆς δυνάμεως τῆς ἐν τοῖς σπερματικοῖς ἀγγείοις· ἐντεινομένου δέ πως, οἷον σπασμῷ τινι παραπλήσιον πασχόντων ἐπιτελοῦνται.*

[3]) Galenus de tumoribus praeternat. c. 14. (VII. p. 728) *καθάπερ καὶ τὰς κατὰ φύσιν ἐντάσεις τῶν αἰδοίων μὴ καθισταμένας τινὲς ὀνομάζουσι σατυριασμὸν, τινὲς δὲ πριαπισμόν.* Letzteres, wie aus Galenus method. XIV. c. 7. (X. p. 968) hervorgeht, von den jüngeren Ärzten.

[4]) Galenus de usu part. lib. XIV. c. 10. (IV. p. 187) *πηλίκην γὰρ ἔχει δύναμιν εἰς τὴν τῶν περιεχομένων ἔκκρισιν ὁ οἷον σπασμὸς τῶν μορίων τοῖς ἀφροδισίοις ἑπόμενος, ἔνεστί σοι μαθεῖν ἔκ τε τῶν ἐπιληψίων τῶν μεγάλων κἀκ τοῦ παθήματος, ὃ δὴ καλεῖται γονόῤῥοια· κατὰ μὲν γὰρ τὰς ἰσχυρὰς ἐπιληψίας, ὅτι τὸ πᾶν σῶμα σπᾶται σφοδρῶς, καὶ σὺν αὐτῷ τὰ γεννητικὰ μόρια, διὰ τοῦτο ἐκκρίνεται τὸ σπέρμα· κατὰ δὲ τὰς γονοῤῥοίας αὐτῶν μόνων ἐστὶ τὸ πάθημα τῶν σπερματικῶν ἀγγείων· ὁποίαν οὖν τάσιν ἐν τοῖς εἰρημένοις νοσήμασι πάσχει, τοιαύτην ἴσχοντα καῖς συνουσίαις ἐκκρίνει τὸ σπέρμα.* Vergl. N. 2.

[5]) Galenus meth. medendi lib. XIV. cap. 7. (X. p. 967) *αὐτίκα γέ τοι πάθος ἐστὶ τὸ καλούμενον ὑπὸ τῶν νεωτέρων πριαπισμὸς, ἐπειδὴ τὸ αἰδοῖον ἀκουσίως ἐξαίρεται, τῶν οὕτω διακειμένων· ὃ θεασάμενός τις τῶν ἐν τοῖςδε τοῖς ὑπομνήμασι προγεγυμνασμένων ἑτοίμως γνωριεῖ τοῦ τῶν ἐμφυσημάτων ὑπάρχον γένους·* de symptom. caus. lib. III. c. 11. (VII. p. 266.)

[6]) Galenus de causis morb. c. 6. (VII. p. 22) *καὶ ὡς ἐνίοτε μεν εἰλικρινὴς ἐπιῤῥεῖ τούτων ἕκαστος τῶν χυμῶν, ἐνίοτε δ' ἀλλήλοις ἐπιμίγνυνται· καὶ ὡς αἱ τῶν οἰδούντων — μορίων διαθέσεις ἐντεῦθεν ἐπὶ πλεῖστον ποικίλλονται. — καὶ σατυριάσεις ἐκ τούτου τοῦ γένους εἰσι.* Vergl. Method. med. lib. XIV. c. 7.

gehört dies letztere schon zur krankhaften Geilheit, welche Paulus Aegineta Priapismus nennt, während er den hierhergehörigen Zustand mit dem Namen Satyriasis belegt, welche ihren Grund in einer entzündlichen Affektion der Samengefäße habe.[1]) Es bedarf keines Beweises, daß beide Ansichten insofern richtig sind, als der Tripper sowohl krampfhaft als entzündlich und in beiden Fällen mit Priapismus begleitet sein kann. Ausgeleert wird nichts oder nur sehr wenig, wodurch sich die Kranken dann erleichtert fühlen, indessen werden sie von neuem von dem Übel ergriffen, bis die Ursache der Erektion entfernt ist, worauf der Penis denn zusammenfällt.[2]) Es tritt nach Paulus Aegineta Paresis der Samengefäße (die zweite Form der Gonorrhoe[3]) ein, wenn die Krankheit nicht nachläßt oder allgemeine Krämpfe. Die von den Krämpfen Befallenen sterben schnell unter kalten Schweißen und tympanitischer Auftreibung des Unterleibes (an Bauchlähmung). Alexander Trallianus (IX. 10) sah selbst nach dem Tode noch den Erektionszustand fortdauern. Diese Form ist nicht häufig; sie findet sich besonders bei jungen Leuten[4]) und steht nach

---

[1]) Lib. III. cap. 56. *ἡ σατυρίασις ἐστὶ παλμὸς τοῦ αἰδοίου φλεγμονώδει τινὶ διαθέσει τῶν σπερματικῶν ἀγγείων ἑπόμενος μετ᾽ ἐντάσεως· καὶ εἰ μὴ παύσαιτο ὁ παλμός, κατασκήπτειν εἴωθεν εἰς πάρεσιν τῶν σπερματικῶν ἀγγείων ἢ σπασμόν, καὶ ἀπόλλυντας ὀξέως οἱ σπασθέντες· τελευτῶντες δὲ φυσῶνται γαστέρα καὶ ὑδροῦσι ψυχρόν.*

[2]) Actuarius method. med. lib. I. cap. 22. Priapismus vero est permanens constansque colis extensio. — Corripit hic affectus cum calidus crassusque spiritus in colem decumbit, qui ubi non facile egredi permittitur, penem vi extendit. Hi exiguum vel nihil seminis eiaculantur, sentiunt tamen quod spiritus una excludatur et levari quidem aegri ita quadamtenus videntur: verum denuo eodem malo corripiuntur, donec intensionis causa fuerit sublata. Coles resolvitur, aut quod nervi illius aliqua intemperie debilitentur aut quod spiritus confluens deficiat vel meatus eius obstruantur dissecenturve.

[3]) Aretaeus morb. chron. sympt. lib. II. c. 5. *ἀπὸ σατυριήσεως ἐς γονοῤῥοίης ἀπόσκηψιν ἢ κατάστασις.* Caelius Aurelian acut. morb. ib. III. c. 18. Omnibus tamen in ultimo conductio nervorum fit, quam Graeci spasmon vocaverant et voluntarius seminis iactus. Vergl. S. 384.

[4]) Galenus method. medendi lib. XIV. cap. 7 (X. p. 970) *γίνεται δὲ οὐ πολλοῖς μὲν τὸ πάθος τοῦτο, νεανίαις γε μὲν μᾶλλον ἢ κατ᾽ ἄλλην ἡλικίαν·*

Themisons Beobachtung, welcher sie häufig auf Kreta sah, wo sie wahrscheinlich aber oft eine Folge der Paederastie war (S. 121), unter epidemischem Einfluß. — Die Behandlung dieser Form erfordert nach Paulus Aegineta a. a. O. schnell allgemeine Blutentziehungen, (welche auch Galenus[1]) empfiehlt und mit Vorteil anwandte) örtlich Schröpfköpfe oder Blutegel, einfache Klystiere, kühlende und beruhigende Einreibungen und Umschläge von Solanum, Cicuta in die Lendengegend, von Lithargyrum, Cimolia, Psimythium mit Essig, Wasser oder süßem Wein in den Damm. Innerlich gibt man Malven-Mercurialis-Birkenabkochung, Schneckenbrühe, Rautensaft, Dekokte von der Wurzel der Iris, Nymphaea und Adianthum. Urin treibende Mittel schaden. Dabei läßt man eine knappe vegetabilische Diät gebrauchen und den Kranken die Rückenlage meiden. Galenus a. a. O. empfiehlt außerdem Emetica,. nicht aber Abführungen, ferner: Einreibungen von *Ceratum rosaceum,* Friktionen und später gymnastische Übungen. Alexander Trallianus macht besonders darauf aufmerksam, daß der Kranke alle üppigen Szenen und Gedanken meide,[2]) und warnt vor dem Gebrauch sehr kalter, besonders adstringierender Dinge, wodurch die Zerteilung erschwert werde (*πάθος δυσδιαφόρητον γενέσθαι*).

Die Gonorrhoe ohne Erektion des Penis, die eigentliche Gonorrhoe, stellt einen anhaltenden, unfreiwilligen Ausfluß

Caelius Aurel. acut. morb. lib. III. c. 18. Sed. antecedentes istius passionis causae sunt epoto medicamina — ἐντατικὰ — item immodicus atque intemporalis usus veneris. Est autem communis passio viris atque feminis, quae solet accidere aetatibus mediis atque iuventuti.

[1]) Method. medendi lib. XIV. cap. 7. (X. p. 969 folg.) Vergl. de composit. medicam. secund. locos lib. IX. c. 9. (XIII. p. 318). Caelius Aurelian. acut. morb. lib. III. 18. chron. morb. lib. II. 1. V. 9. Actuarius meth. med. I. 15. Nonnus Epitom. cap. 194. Priscian. lib. II. c. 11.

[2]) Cael. Aurelian. lib. III. c. 18. Prohibentes etiam hominum ingressum et magis iuvenum feminarum atque puerorum. Pulchritudo enim ingredientium admonitione quadam provocat aegrotantes; quippe cum etiam sani saepe talibus usi statim in veneream veniant voluptatem, provocati partium effecta tentigine. Er empfiehlt auch das Abscheeren der Schamhaare.

des Samens dar,[1]) hat Ähnlichkeit mit der *Incontinentia urinae* und beruht wie diese gewöhnlich auf Schwäche oder Mangel an Retentionskraft der Samengefäße.[2]) Häufig geht ein entzündliches Stadium vorher, wodurch sich die Krankheit der ersten Form nähert; die Kranken bekommen viel und hitzigen Samen, welcher sie zur Ausleerung reizt, wodurch sie aber sehr abgemattet werden, meiden sie aber den Beischlaf, so stellt sich Kopfschmerz ein, Magendrücken und Ekel und nächtliche Pollutionen bringen ihnen ähnliche Beschwerden als die sind, welche sie von dem Coitus haben. Die Ausleerung ist mit Hitze und Schmerz verbunden und zwar nicht bloß bei Männern, sondern auch bei Frauen, denn einer von diesen Kranken, schreibt Galenus,[3]) sagte mir, daß nicht nur er, sondern auch die

---

[1]) Galenus de loc. affect. VI. 6. (VIII. p. 439.) ἡ μὲν οὖν γονόῤῥοια σπέρματος ἀπόκρισίς ἐστιν ἀκούσιος, ἔξεστι δὲ καὶ ἀπροαίρετον ὀνομάζειν, ὥσπερ καὶ σαφέστερον, ἀπόκρισιν σπέρματος συνεχῶς γιγνομένην, χωρὶς τῆς κατὰ τὸ αἰδοῖον ἐνστάσεως. — ὥσπερ δὲ καὶ τ' ἄλλα πάντα τὰ ἐκ τοῦ σώματος ἡμῶν ἐκκενούμενα κατὰ διττὸν τρόπον τοῦτο πάσχει, ποτὲ μὲν ἐκ τῶν περιεχόντων αὐτὰ σωμάτων ἐκκρινόμενα, ποτὲ δὲ αὐτομάτως ἐκρέοντα δι' ἀῤῥωστίαν τῶν αὐτῶν σωμάτων οὐ κατεχόμενα, οὕτως καὶ τὸ σπέρμα· — Paulus Aeginet. lib. III. c. 55. ἡ γονόῤῥοια σπέρματος ἐστὶν ἀκούσιος ἀπόκρισις συνεχῶς γινομένη χωρὶς τῆς κατὰ τὸ αἰδοιὸν ἐνστασεως, διὰ τὴν τῆς καθεκτικῆς δυνάμεως ἀσθένειαν γινομένη. Dasselbe sagt Nonnus Epitome cap. 193.

[2]) Galenus l. c. p. 441. ὥσπέρ γε καὶ τὴν τῆς γονοῤῥοίας, ἀνάλογον οὔρων ἐκκρίσεσιν ἀκουσίοις, ὅταν ἡ κατέχουσα δύναμις αὐτὴ παραλυθεῖσα τύχῃ. Actuar. method. med. lib. I. c. 22. Causa autem eius est, seminalium vasorum fluxus facilitas, aut impotentia aut quod ob enatam intemperiem semen continere nequeant, aut quod humor quispiam mordax ibi abundans stimulet. Vergl. N. 2 vor. Seite.

[3]) Galenus de sanitate tuenda Lib. VI. c. 14. (VI. p. 443) Μοχθηροτάτη δὲ σώματός ἐστι καὶ ἡ τοίαδε· σπέρμα πολὺ καὶ θερμὸν ἔνιοι γεννῶσιν, ἐπείγει γὰρ αὐτοὺς εἰς ἀπόκρισιν, οὗ μετὰ τὴν ἔκκρισιν ἔκλυτοί τε γίγνονται τῷ στόματι τῆς κοιλίας, — ἀσθενεῖς γίγνονται, καὶ ξηροὶ καὶ λεπτοὶ, καὶ ὠχροὶ, καὶ κοιλοφθαλμιῶντες οἱ οὕτω διακείμενοι· εἰ δὲ ἐκ τοῦ ταῦτα πάσχειν ἐπὶ ταῖς συνουσίαις ἀπέχοιντο μίξεως ἀφροδισίων δύσφοροι μὲν τὴν κεφαλὴν, δύσφοροι δὲ καὶ τῷ στομάχῳ, καὶ ἀσώδεις· οὐδὲν δὲ μέγα διὰ τῆς ἐγκρατείας ὠφελοῦνται· συμβαίνει γὰρ αὐτοῖς ἐξονειρώττουσι παραπλησίας γίνεσθαι βλάβας, ἃς ἔπασχον ἐπὶ ταῖς συνουσίαις· ὡς δέ τις ἐξ αὐτῶν ἔφη μοι, δακνώδους τε καὶ θερμοῦ πάνυ τοῦ σπέρματος αἰσθάνεσθαι

Frauen, mit denen er den Beischlaf geübt, bei dem Ausflusse einen beißenden brennenden Schmerz fühlten. Nach Aretaeus[1]) soll dagegen nur bei Frauen Jucken der Schamteile, Wollustgefühl und große Neigung zum Beischlaf bei dem Ausfluss stattfinden; eine Angabe, welche sich leicht daraus erklärt, daß in den südlichen Ländern das entzündliche Stadium sehr kurz und gewöhnlich kaum bemerkbar auftritt, wenn nicht, wie freilich häufig geschah, während desselben der Beischlaf ausgeübt ward. Meistens bekam ja auch der Arzt nur die chronische Form zur Behandlung. In der Regel bemerkt der Kranke erst die Krankheit, wenn sich der Ausfluß einstellt, dieser geht dann, wenn das entzündliche Stadium vorüber ist, ununterbrochen ohne Wollustgefühl bei Tag und bei Nacht, ohne wollüstige Träume,[2]) oft ohne alle Empfindung vor sich. Das Ausfließende ist eine dünne, kalte, blasse, unfruchtbare Flüssigkeit, welche gegen Ende der Krankheit dicker wird, eine bessere Beschaffenheit annimmt und dann auch nicht mehr ausfließt.[3]) Hält die

---

κατὰ τὴν ἀπόκρισιν, οὐ μόνον ἑαυτὸν, ἀλλὰ καὶ τὰς γυναῖκας αἷς ἂν ὁμιλήσῃ.

[1]) De morbor. chronic. sympt. lib. II. c. 5. *Ἀνώλεθρον μὲν ἡ γονόῤῥοια, ἀτερπὲς δὲ καὶ ἀηδὲς μέσφι ἀκοῆς· ἢν γὰρ ἀκρασίη καὶ πάρεσις τὰ ὑγρὰ ἴσχῃ καὶ γόνιμα μέρεα, ὅκως διὰ ψυχρῶν ῥέει ἡ ϑορὴ, οὐδὲ ἐπισχεῖν ἐστὶ αὐτὴν οὐδὲ ἐν ὕπνοισι· ἀλλὰ γὰρ ἤν τε εὕδῃ, ἤν τε ἐγρηγορέῃ, ἀνεπίσχετος ἡ φορὴ, ἀναίσϑητος δὲ ἡ ῥοὴ τοῦ γόνου γίγνεται· νοσέουσι δὲ καὶ γυναῖκες τήνδε τὴν νοῦσον, ἀλλ' ἐπὶ κνησμοῖσι τῶν μορίων καὶ ἡδονῇ προχέεται τῇσι ἡ ϑορή· ἀτὰρ καὶ πρὸς ἄνδρας ὁμιλίῃ ἀναισχύντῳ· ἄνδρες δὲ οὐδ' ὅλως ὀδάξονται· τὸ δὲ ῥέον ὑγρὸν, λεπτὸν, ψυχρὸν, ἄχρουν, ἄγονον· πῶς γὰρ ζωογόνον ἐκπέμψαι σπέρμα ψυχρὴ οὖσα ἡ φύσις· ἢν δὲ καὶ νέοι φάσχωσι, γηραλέους χρὴ γενέσϑαι πάντας τὴν ἕξιν, νωϑώδεας, ἐκλύτους, ἀψύχους, ὀκνέοντας, κωφούς, ἀσϑενέας, ῥικνούς, ἀπρήκτους, ἐπώχρους, λευκοὺς, γυναικώδεας, ἀποσίτους, ψυχροὺς, μελέων βάρεα, καὶ νάρκας σκελέων, ἀκρατέας, καὶ ἐς πάντα παρέτους· ἥδε ἡ νοῦσος ὁδὸς ἐς παράλυσιν πολλοῖσι γίγνεται· πῶς γὰρ οὐκ ἂν τῶν νεύρων ἥδε ἡ δύναμις πάϑοι τῆς ἐς ζωῆς γένεσιν φύσιος ἀπεψυγμένης.*

[2]) Celsus de re med. lib. IV. cap. 21. Est etiam cica naturalia vitium, nimia profusio seminis, quod sine venere, sine nocturnis imaginibus sic fertur, ut interposito spatio, tabe hominem consumat.

[3]) Alexander Trall. lib. IV. c. 9. *δέονται γὰρ οὗτοι τῶν ἐπικιρνῶτων καὶ ἐμψυχόντων πάνυ καὶ λουτρῶν εὐκράτων· ὥστε παχυνϑεῖσαν ἠρέμα τὴν γονὴν καὶ εὔκρατον γενομένην, μηκέτι φέρεσϑαι.*

Krankheit aber an, namentlich bei jungen Leuten, so nimmt nach Aretaeus das ganze Ansehen der Kranken etwas greisenartiges an, sie werden träge, schlaff, mutlos, scheu (faul), stumpfsinnig, kraftlos, abgezehrt, unfähig zur Arbeit, mißfarben,[1]) blaß, weibisch, haben Mangel an Appetit, fühlen sich kühl an, klagen über Schwere der Glieder, sind lendenlahm, schwach und zu allem untauglich. Nach Galenus sinkt der Unterleib ein, auch der ganze übrige Körper fällt zusammen, trocknet ein, die Kranken werden mager, blaßgelblich und hohläugig. Auf diese Weise wird die Krankheit nicht selten Veranlassung zur Lähmung oder die Kranken gehen an Tabes[2]) zugrunde. An und für sich ist die Krankheit gefahrlos, ruft aber verschiedene Leiden hervor und stellt eine unangenehme, verrufene Affektion dar (Aretaeus[3]), welche fast immer einen chronischen Ver-

---

[1]) Galenus definit. medic. n. 288. (XIX. p. 426) *Γονόῤῥοιά ἐστιν ἀπόκρισις ἐπιφέρουσα σπέρματος νόσημα μετὰ τοῦ τήκεσθαι τὸ σῶμα καὶ ἀχρούστερον ἀποτελεῖσθαι· γίνεται δὲ ἀτονησάντων τῶν σπερματικῶν ἀγγείων, ὥστε τρόπον τινὰ παρειμένων αὐτῶν μὴ κρατεῖσθαι τὸ σπέρμα.*

[2]) Actuarius meth. med. lib. I. c. 22. Et in seminis quidem profluvio, neque coles intenditur, neque aeger eadem qua sanus afficitur voluptate, sed perinde ac si superfluum quiddam excerneretur, sensu privatur. Quod si morbus moram traxerit, necesse est ut aeger in colliquationem collabatur ac pereat; quod pinguior humoris portio eiiciatur ac vitalis spiritus non parum una effluat. Schon Hippokrates de morbis lib. II. ed. K. Vol. II. p. 265 sagt: *ἡ νωτιὰς φθίσις ἀπὸ τοῦ μυελοῦ γίνεται· λαμβάναι δὲ μάλιστα νεογάμους καὶ φιλολάγνους — καὶ ἐπὴν οὐρέῃ ἢ ἀποπατέῃ, προέρχεταὶ οἱ θορὸς πουλὺς καὶ ὑγρὸς, καὶ γενεὴ οὐκ ἐγγίνεται, καὶ ὀνειρώσσει, κἂν συγκοιμηθῇ γυναικὶ, κἂν μή.* Ist dies nicht auf den Tripper zu beziehen?

[3]) Am S. 380. N. 1. a. O. und de curat. morb. chron. lib. II. c. 5. *καὶ τοῦ ἀτερπέος τοῦ πάθεος εἵνεκεν καὶ τοῦ κατὰ σύντηξιν κινδυνώδεος καὶ τῆς ἐς διάδεξιν γένος χρείης λύειν χρὴ μὴ βραδέως τὴν γονόῤῥοιαν πάντων κακῶν οὖσαν αἰτίην·* d. h. „Sowohl wegen des Unangenehmen des Übels, als wegen der Gefahr der Tabes und der notwendigen Erhaltung der Nachkommenschaft muß die Gonorrhoe, welche die Ursache sehr vieler Leiden abgibt, schnell beseitigt werden.“ Wahrlich wenn uns auch weiter keine Stelle von den Alten übrig geblieben wäre, als die beiden des Aretaeus, so würden sie doch allein ausreichen, uns über das Vorhandensein des durch den Beischlaf zugezogenen virulenten Trippers aufzuklären; und es ist unbegreiflich, wie Simon, Versuch einer krit. Gesch. Bd. I. S. 24 sagen kann:

lauf macht,[1]) weshalb auch Aretaeus und Caelius Aurelianus dasselbe unter den chronischen Krankheiten abhandeln. — Die Trippermaterie ist ansteckend, was deutlich aus den Reinigungsgesetzen des Moses (III. Moses XV.) hervorgeht, und die Krankheit teilt sich durch den Beischlaf mit, wie man dies aus den Worten des Galenus (S. 384) sieht. Aber schon im IV. Jahrhundert herrschte die Idee, daß die Constellation der Gestirne nicht ohne Einfluß sei, indem eine solche bereits bei der Geburt bestimmen könne, daß das Individuum an Gonorrhoe sterben werde. So berichtet wenigstens Julius Firmicus Maternus,[2]) welcher zur Zeit Constantins des Großen lebte. Die Krankheit ist wohl von den nächtlichen Pollutionen zu unterscheiden,[3]) welche zuweilen eine Folgekrankheit der

„So z. B. sprechen alle die Symptome, welche Aretaeus im Kapitel von der Gonorrhoe angibt, für wahren Samenfluß!"

[1]) Theodorus Priscian. lib. II. logic. c. 11 Satyriasis, gonorrhoea vel priapismus, quibus similis est sub immoderata patratione molestia, his accidentibus disterminantur. Gonorrhoea sine veretri extensione vel usus venerii desiderio, spermatis affluentissima sub effusione corpora debilitat et per chronica tempora producitur.

[2]) Astronomica lib. III. cap. 7. u. 8. In loco octavo ♀ ab horoscopo constituto — si ☿ cum ea fuerit vel cum ☿ Venerem in hoc loco positam, malevola stella respexerit, vel per quadratum vel diametrum, vel si cum ipsis, in hoc loco fuerit inventa, omne eius qui natus fuerit patrimonium dissipatur vel qualicunque proscriptione nudatur, mors vero illi per gonorrhoeam, id est defluxionem seminis, aut contractionem vel spasmum aut apoplexin fertur.

[3]) Gael. Aurelian. morb. chron. lib. V. c. 7. Item antecedens causa supradictae passionis, quam seminis appellamus lapsum, fuisse probatur, a qua discernitur, si quidem illa passio etiam per diem vigilantibus aegris fluere facit semen, nulla phantasia in usum venereum provocante. Am richtigsten scheint Philagrius den Unterschied gefaßt zu haben, wenn er nach Aëtius (tetrab. III. serm. 3. cap. 34 de seminis in somnis profluvio, Philagrii) sagt: Semen in somnis profundere dicuntur quicunque dum dormiunt, naturae genitale semen emittunt, quod ipsum eis ut plurimum ob vitiati humoris materiam, aut materiae multitudinem aut ob partium seminalium robur contingit. Iam vero quidam et ob animi moestitiam aut inediam, per somnos praeter consuetudinem semen excreverunt, atque id materiae acrimonia irritati, non ob partium seminalium robur, pertulerunt etc. Schade nur, daß Aëtius uns nicht seine Ansicht von der Gonorrhoe aufbewahrt und

Gonorrhoe sind. — Die Behandlung ist nach Aretaeus im Anfange die eines allgemeinen Rheuma, indem man die leidenden Teile kühl hält, um den Zufluß der Säfte zu denselben zu hindern, nach und nach geht man zu einem erhitzenden und zugleich austrocknenden Verfahren über, legt frische Wolle auf den Teil, macht Friktionen, Einreibungen von *Ceratum rosaceum* oder *oinanthinum* mit weißem Wein, Olivenöl und Melilota, Majoran, Rosmarin, Umschläge von Gerstenmehl, Salpeter und Dill, besonders aber Raute, mit dem Zusatz von Honig oder nach Celsus mit Essig; ferner reizende, hautrötende, selbst Pustel machende Cataplasmen, um den Zufluß der Säfte abzuleiten oder dergleichen Pflaster, wie das *Empl. viride* aus *baccae lauri.* Innerlich läßt man Abkochungen von *Semen lactucae, cannabis, rad. orcheos, nymphaeae, halicacabi etc.* trinken, gibt *Castoreum* oder das *Antidotum* des *Symphon, Philon* oder *Bestinus,* welche aus Vipernfleisch bereitet werden. Bei sehr profusem Ausfluß läßt man herben Rotwein trinken, ist er scharf (*χωλωδέστερον καὶ δριμύτερον*), so zieht man lauwarme Bäder in Anwendung (Alexander Trall.). Alle stimmen darin überein, daß die Hauptsache auf Diät beruhe. Speise und Getränke müssen nach Celsus kalt sein, wie auch schon Themison bei der Satyriasis empfahl, wogegen aber Caelius Aurelian. eifert. Der Kranke genieße keine Samen machenden, blähenden Dinge, sondern nehme leichtnährende Speisen, Fleisch von Landtieren, etwas dünnen Wein zu sich, da die fortwährende Ausleerung ihn schwächt, beobachte Ruhe,[1])

---

nicht deutlich bezeichnet hat, was alles in dem Kapitel dem Philagrius angehört; denn vieles, wie auch angegeben, ist aus Galenus und von diesem auf die Gonorrhoe bezogen. Philagrius lebte aber freilich erst in der letzten Hälfte des IV. Jahrhunderts (364 nach Sprengel, 300 nach Lessing.)

[1]) Actuarius meth. med. lib. IV. c. 8. Convenit ad haec reliqua victus ratio, quae ad siccitatem declinet, sed non sit calidior, verum frigida. Insuper nutriendus aeger est, viresque modice reficiendae; namque ob continuam excretionem languet corpus et imbecillum est. Quies apta est, et balnea quae humectent tamen alioqui non sunt idonea. Animalia agrestia, quae refrigerantibus exsiccantibusque condiantur, sunt accommodata et vinum pauculum tenueque.

liege auf einem kühlen Lager, entweder auf der rechten oder linken Seite (Paulus Aegin.), nicht auf dem Rücken (Celsus). Bei längerer Dauer des Übels ist Bewegung im Freien und der Gebrauch kalter Bäder zu empfehlen, welche Celsus,[1]) wie es scheint, nebst Begießungen gleich anfangs angewendet wissen will; ein Verfahren, das auch bei uns wieder Mode zu werden anfängt, seit die Hydromanie so um sich greift. Galenus[2])

[1]) lib. IV. c. 21. In hoc affectu salutares sunt vehementes frictiones, perfusiones natationesque quam frigidissimae.

[2]) De sanitate tuenda lib. VI. cap. 14. (VI. p. 444) — Das Beste in bezug auf zusammenhängende Darstellung ist offenbar das von Aëtius (tetrab. III. serm. 3. cap. 33.) Mitgeteilte, welches zwar die Überschrift des Galenus trägt und auch das Meiste aus ihm und Aretaeus enthält, aber mehrfach zeigt, daß entweder eigene Beobachtung zugrunde oder ein besserer älterer Gewährsmann vor Augen lag. Leider war uns die bisher übersehene Stelle wieder abhanden gekommen und wir können sie daher nur hier in der Note mitteilen mit der Bitte, das im Texte Gesagte darnach zu vervollständigen. Profluvium igitur seminis, vasorum seminariorum affectio est, non pudendi, quae dolorem quidem non ita valde inferre solet, molestiam autem non vulgarem et pollutionem exhibet ob assiduum set invitis contingentem seminis fluxum. Oboritur autem aliquando etiam ex seminariorum vasorum fluxione, quandoque etiam satyriasi praecedente profluvium seminis succedit. Contingit autem affectio maxime pubertatem transgressus citra decimum quartum annum, imo aliis etiam aetatibus. Est autem semen quod profluit aquosum, tenue, citra appetentiam coeundi et ut plurimum quidem citra sensum, quandoque vero cum voluptate quadam promanans. Corrumpitur affectis sensim universum corpus ac gracilescit, praesertim circa lumbos. Consequitur et debilitas multa, non ob multitudinem seminis profluentis sed ob locorum proprietatem. Non solum autem viris sed et mulierculis hoc accidit, et in feminis sane aegre tollitur. Ceterum cura communis est cum ea quae in omni fluxione adhibetur. Primum igitur in quiete et pauco cibo ac aquae potu affectos asservare oportet; deinde etiam lumbos et pubem contegere lanis vino et rosaceo aut oenanthino aut melino madefactis. Neque vero ineptae sunt spongiae posca imputae. Sequentibus vero diebus cataplasmatis ex palmis, malis, acacia hypocisthide, oenanthe, rhoe rubro et similibus. Insessibus item adstringentibus utendum est, ex lentisci, rubi, myrti et similium in vino austero sive mero sive diluto decocto. Cibis autem utendum qui aegre corrumpantur et difficulter permutantur et resiccandi vim habent. Dandum etiam cum potu et cibis, viticis ac cannabis semen praesertim tostum. Rutae item semen ac folia, lactucae semen et cauliculi ac nymphaeae radix. In potu vero quotidie pro communi aqua,

empfahl seinen Kranken außer Speisen und Arzneien, welche die Samenbereitung hindern, gymnastische Übungen, welche besonders die obere Körperhälfte in Bewegung setzen, wie das große und kleine Ballspiel und das Werfen mit Bleischeiben. Nach dem Baden sollten sie die Hüften mit austrocknenden Salben, aus rohen unreifen Oliven, Rosen oder Quitten gepreßtem Öl, Cerate mit den Säften von *Sempervivum, Solanum, Umbilicus Veneris, Portulac,* Leinsamen in Wasser gekocht etc. einreiben und waschen. Einen der Gymnasienvorsteher der Athleten, sagt er, sah ich eine Bleischeibe auf die Lumbargegend eines Athleten gegen nächtliche Pollutionen legen (was Caelius Aurelian. auch für Tripperkranke empfiehlt) und riet dies nachher einem andern Kranken der Art, welcher sich dafür

---

aqua in qua ferrum saepe extinctum est praebeatur. Quidam vero corticem radicis halicacabi ex aqua eis bibendum praebuerunt, neque ineptum fuerit huius aliquando periculum facere. Antidotus etiam haec magnae celebritatis tum ad hoc modo semen profudentes, tum ad assidua in omnis profluvia commode exhibetur. Seminis salicis ʒvjj calaminthae ʒjv seminis viticis albae ʒv rutae ʒvj seminis cicutae ʒjj cum aqua in pastillos digerito et ex eis ad Ponticae nucis magnitudinem cum poscae cyathis tribus praebeto. Omnem vero acrium rerum esum et multi vini potum et olerum exhibitionem vitare oportet, diaetam vero universam resiccatoriam et adstringentem constituere. Post prima autem mox tempora ad unctiones et exercitatricem diaetam transeundum, per quam totum corpus et praesertim affecta, ad sanitatem perducantur, et plurima quidem tempora circa unctiones immorandum, paucies vero lavandum, si aut lassitudini aut cruditati mederi velimus. Bonum fuerit etiam, si nihil prohibuerit, ad frigidae lavationem defugere, quae omnem morbum ex fluxione obortum depellere consuevit, maxime si medicamentaria qualitate aqua praedita sit, velut sunt in Albulis aquae, quae etiam in potu acceptae eis summe prosunt. Sunt autem sapore subsalso et tactu lactei teporis. Convenit item per intervalla quaedam illitionibus et epithematis et malagmatis uti, quae rubefacere et emollire possint, atque ea quae in profundo haerent ad superficiem transferre. Decubitus porro frequenter in latus fiat, calaminthae foliis et rutae et viticis substratis. Epithema autem in eis usu venit hocce. Capillum Veneris multum contundito et terito cum aceto aut apii succo aut seridis aut psyllii eoque cochlearum carnes coctas excipito et simul in linteolum infarta coxendicibus imponito. Utendum vero et praescripto ad priapismum cerato et iis quae paulo mox ad seminis in somno profluvia dicentur. Omnem autem de rebus venereis cogitationem excludere oportet.

bedankte. Andern bekam das Liegen auf Keuschlamm und der Genuß des Samens desselben nebst der Raute. Der heftig wirkenden Refrigerantien in Salbenform, aus Mohn und *Atropa mandragora* bereitet darf man sich nicht bedienen, ebensowenig auf diesen Pflanzen, wenn sie in der Blüte stehen, schlafen, denn diese Dinge wirken nachteilig auf die Nieren. Schlafen auf Rosen war dagegen nützlich (Caelius Aurelian. empfiehlt dazu die Blätter und Blüten von *Vitex*). „Ich habe auch noch manches andere für Kranken der Art Dienliche ausgedacht und in der Erfahrung bestätigt gefunden. Diejenigen nämlich, welche von einem solchen Zustande des Körpers belästigt werden, müssen darauf aufmerksam sein, wenn sich die größte Menge des Samens, welche ausgeleert werden soll, gesammelt hat, und nachdem sie am Tage ein nahrhaftes, aber frugales Mahl zu sich genommen haben, wenn sie sich schlafén legen den Beischlaf ausüben;[1]) am folgenden Tage aber, wenn sie hinreichend geschlafen haben, müssen sie sich beim Aufstehen frottieren, bis die Haut rot wird; dann aber gleichmäßig mit Öl einreiben, kurze Zeit darauf etwas gut gesäuertes, im Clibanon gebackenes reines Brot mit gemischtem Wein genießen, worauf sie an ihre

---

[1]) Auch Aretaeus chron. morb. therap. lib. II. cap. 5 sagt: *εἰ δὲ καὶ σώφρων ἔοι ἐπὶ τοῖσι ἀφροδισίοισι καὶ λούοιτο ψυχρῷ, ἐλπὶς ὡς ὤκιστα ἀνδρωθῆναι τὸν ἄνθρωπον*, was uns weniger auffallen wird, wenn wir bedenken, daß der Gedanke an eine Superfluitas seminis (um welcher willen Diogenes onanierte, Galenus Vol. VIII. p. 419) stets im Hintergrunde lag, und die Gonorrhoe nach Caelius Aurelianus u. A. auch von zu großer Enthaltsamkeit entstand (Si igitur Venerem exercere consueverit et crebiore uti concubitu, nunc autem continentius et purius innocentiusque degat, sine dubio a copia id sustinet, cum partes illam ferre nequeunt); eine Idee, welche zum Teil ihren Grund in der Verwechslung mit den Pollutionen, welche auch in der oben angeführten Stelle des Galen. stattfindet, hatte, und besonders im XV. und XVI. Jahrhundert zu Gunsten der Mönche und Nonnen aufgefrischt wurde, zugleich aber auch Veranlassung ward, den Tripper durch den Beischlaf mit einer Jungfrau zu kurieren. Übrigens war es eine schon bei Hippokrates sich findende Ansicht, daß der Beischlaf ein austrocknendes Mittel sei, welches in den vom Phlegma herrührenden Krankheiten (Epidem. lib. VI. Vol. III. p. 609. Galenus XVII. A. p. 284.) sowie hitzigen und feuchten Naturen Nutzen bringe (Galenus Vol. VI. p. 402). Vergl. S. 200.

gewohnten Geschäfte gehen können. Zwischen der Einreibung und dem Genuß mögen die Kranken, wenn ein Ort dazu in der Nähe ist, spazieren gehen, außer in der kalten Jahreszeit, denn dann ist es besser, sie bleiben zu Hause.

Was den Frauentripper anlangt, so ist es fast unmöglich, zu einer genauen Kenntnis dessen zu gelangen, was die alten Ärzte darüber wußten, da die Ansicht von dem verderbten Menstrualblute und dem *ῥοῦς γυναικεῖος*, durch welchen sich der ganze Körper von den schlechten Säften reinige,[1]) eine vorurteilsfreie Beobachtung durchaus hinderte, gerade wie noch bis auf die neueren Zeiten der *fluor albus* die mangelhafte Erkenntnis des Frauentrippers bedingte. Indem wir den Versuch der Sonderung für eine andere Gelegenheit versparen, bemerken wir hier nur, daß die eigentliche Gonorrhoe der Frauen keineswegs ganz unbekannt war, dieselbe vielmehr von dem *ῥοῦς γυναικεῖος* allerdings getrennt wurde, wie dies die obige Stelle des Galenus (S. 379), noch mehr aber Aretaeus[2]) beweist, welcher die *γονόῤῥοια γυναικεῖα* bestimmt als einen *ἄλλος ῥόος λευκὸς* aufführt. Ob man diese Kenntnis vielleicht erst dem Zeitalter des Tiberius etc. zu verdanken hat, läßt sich freilich nicht ausmachen; das *ἐλέξαμεν* des Textes könnte wenigstens einer solchen Vermutung Raum geben, und Aretaeus soll ja unter Domitianus gelebt haben, war also Zeitgenosse des Martialis!

---

[1]) Galenus de sympt. caus. lib. III. c. 11. (VII. p. 265) *ἀλλὰ καὶ τὰ μοχθηρὰ διὰ τῶν ὑστερῶν ῥεύματα, καλεῖται δε τὸ σύμπτωμα ῥοῦς γυναικεῖος, ἐκκαθαιρομένου κατὰ τοῦτο τὸ μόριον ἅπαντος τοῦ σώματος γίγνεται.* Nonnus cap. 204. Paulus Aeginet. lib. III. c. 63. Rufus Ephes. lib. I. p. 44.

[2]) De sign. chron. morb. lib. IV. cap. 11. *ἄλλος ῥόος λευκὸς ἡ ἐπιμήνιος κάθαρσις λευκὴ δριμεῖα καὶ ὀδαξώδης ,ἐς ἡδονήν. ἐπὶ δὲ τοῖσι καὶ ὑγροῦ λευκοῦ, πάχεος, γονοειδέος πρόκλησις· τόδε τὸ εἶδος γονόῤῥοιαν γυναικείαν ἐλέξαμεν· ἔστι δὲ τῆς ὑστέρης φύξις, οὕνεκεν ἀκρατὴς τῶν ὑγρῶν γίγνεται· ἀτὰρ καὶ τὸ αἷμα ἐς χροιὴν λευκὴν ἀμείβει.* Vergl. S. 380. N. 1. Vielleicht gehört hierher auch was Galenus de semine lib. II. c. 1. (IV. p. 599) sagt: *ταῖς δ' ἄλλοις ἔλαττόν τε καὶ ὑγρὸν ἐκπίπτον φαίνεται πολλάκις ἔσωθεν ἐξ αὐτῶν τῶν ὑστερῶν, ἵναπερ οὐρεῖ.* Auch Theod. Priscian lib. III. 10. sagt: Aliquando etiam spermatis spontanei et importuni fluxu feminae fatigantur, quod Graeci gonorrhoeam appellant. Vergl. die S. 382 angeführte Stelle des Aëtius.

2) Geschwüre und Karunkeln in der Harnröhre.

Wir haben bereits S. 317f. aus Hippokrates, Celsus und Galenus gesehen, daß die alten Ärzte die in Eiterung übergehende Entzündung kleiner Schleimdrüsen der Harnröhre beobachteten, welche die Symptome des schmerzhaften Harnens darboten; und da selbst Tenesmus, sowie auch Dysenterie als ἕλκωσις bezeichnet werden, so ist es nicht unwahrscheinlich, daß manches Harnröhrengeschwür sowie mancher Tripper unter dem Namen Ischurie behandelt sein mag, dies umsomehr, als wir aus einer mehrfach falsch gedeuteten Stelle des Celsus[1]) sehen, daß der Harn-

---

[1]) De re medica lib. VI. c. 18. Solet etiam interdum ad nervos ulcus descendere; profluitque pituita multa sanies tenuis malique odoris, non coacta at aquae similis, in quae caro recens lota est; doloresque is locus et punctiones habet. Id genus quamvis inter purulenta est, tamen lenibus medicamentis curandum est. — Praecipueque id ulcus multa calida aqua fovendum est, velandumque neque frigori committendum. Aus letzterem möchte man schließen, daß hier von der acuten Harnröhrenblennorrhoe, lib. IV. c. 21 (S. 380 N. 2.) aber von der chronischen, tropiden die Rede ist. Das ad nervos hat zu sehr sonderbaren Erklärungen Veranlassung gegeben. Simon krit. Gesch. Bd. I. S. 23 meint, es wäre am natürlichsten, dies auf das Innere des Gliedes, auf die Harnröhre zu beziehen, doch könne ebenso gut auch hier der Eicheltripper bezeichnet sein. Letzteres nun aber auf keinen Fall, denn die Eichel wird nirgends nervus genannt; die corpora cavernosa beschreibt zwar Galenus mehrfach, z. B. de loc. aff. lib. VI. c. 6. als νεῦρον συριγγῶδες, σῶμα γάρ ἐστι νευρῶδες τὴν ἰδέαν, συριγγῶδες ὅλον, aber er setzt auch hinzu χωρὶς τῆς καλουμένης βαλάνου, und daß nervus überhaupt den Penis bezeichnet, ist schon aus Horatius (Epod. XII. 19) bekannt; selbst der Plural nervos kommt bei Petron. Sat. 129. 134 vor, wie denn auch die Griechen νεῦρον für Penis gebrauchen, zuweilen mit dem Zusatz σπερματικὸν, wie Eustathius (ad Iliad. X. 1390). Allein hieran hat Celsus gar nicht gedacht, vielmehr bezeichnet bei ihm das ad nervos nichts anderes als ad vasa deferentia oder die Samenstränge, wie er dies selbst lib. VII. cap. 18 deutlich ausspricht: Dependent vero (testiculi) ab inguinibus per singulos nervos, quos κρεμαστῆρας Graeci nominant. Auf dieselbe Weise sagt Columella de re rustic. lib. VI. c. 26. Testium nervos, quos Graeci κρεμαστῆρας ab eo appellant, quod ex illis genitales partes dependent; und Pollux Onomast. lib. II. c. 4. κρεμαστῆρας δὲ λέγονται τὰ νεῦρα, τοὺς διδύμους ἀνέχει. Die Möglichkeit einer Verbreitung der Eiterung bis zu den Samenbläschen und den Samensträngen hat der von Ricord neuerdings beobachtete und bekannt gemachte Fall bewiesen.

röhrenausfluß von Verbreitung des Geschwürs bis zu den Samensträngen *(Vasa deferentia)* abgeleitet wurde, was eine bereits von Simon angeführte Stelle des Actuarius[1]) bestätigt und so unsere oben (S. 318) ausgesprochene Vermutung rechtfertigt. Aber auch ohne Tuberkeln (*ἀφανὲς ἕλκος*) kamen Geschwüre in der Harnröhre vor[2]), welche nicht selten Blutung veranlaßten[3]) und durch den vorhandenen Schmerz sich kenntlich machten; zugleich wurden dabei kleine lappige Flocken, *ἐφελκύδας*, ausgeleert.[4]) Die Behandlung dieser Geschwüre durch Einspritzungen aus Honig und Milch (auch Aëtius IV. 2. 19. und Actuarius empfiehlt *anemata morsus expertia*), Einbringung von in einem bleiernen Mörser zerriebenen Lotus mittelst einer Feder oder Charpiewicken (*λεπτὸν στρεπτὸν*, Andeutung der Bougis?) mit einer Mischung aus Galläpfeln, Zinkblumen, Stärkemehl und Aloe

---

[1]) Method. med. lib. IV. c. 8. Caeterum non est ignorandum, nonnunquam in interna penis parte exiguum tuberculum oboriri, quod dum disrumpitur, sanguinem aut exiguum puris effundit; quare quidam arbitrantur ex profundo ea prodire, citraque rationem metuere coeperunt. Verum res ex penis dolore deprehenditur. Renae autem sectione sola, victuque frigidiusculo aegrum a molestia vindicavimus. Quod si vitium moram traxerit et vulnus *(ἕλκος?)* altius pervenerit, anemata morsus expertia, qualibus in lippitudine utimur, infundimus. Balneo ac omni mordenti evidenterque calefaciente tum cibo tum potione abstinemus, ita namque promptius aeger valetudinem recipit.

[2]) Paulus Aegin. lib. III. cap. 59. *εἰ δὲ κατὰ τὸν καυλὸν ἔνδον τῆς τοῦ αἰδοίου τρήσεως ἀφανὲς ἕλκος γένηται, γινώσκεται ἐκ τοῦ πύον ἢ αἷμα κενοῦσθαι χωρὶς οὐρήσεως. Θεραπεύεται δὲ πρῶτον μεν ὕδαρεῖ μελικράτῳ κλυζόμενον, ἔπειτα δὲ γάλακτι, κἄπειτα μίξαντες τῷ γάλακτι τὸ τοῦ ἀστῆρος κολλύριον, ἢ τὸν λευκὸν τροχίσκον, ἢ τὸν διὰ λωταριῶν ἐν μολυβδαίνῃ θεῖα παραπέμπειν, ἤγουν καὶ πτερὸν βάψαντες διαχρίειν, εἶτα λεπτὸν στρεπτὸν χρίσαντες ἐνθῆναι· κάλλιστον δέ ἐστι καὶ τὸ λαμβάνων κηκίδος καὶ πομφόλυγος ἀμύλου τε και ἀλόης ἴσα, λειωθέντα ῥοδίνῳ καὶ χυλῷ ἀρνογλώσσου.*

[3]) Caelius Aurelian. morb. chron. lib. II. c. 8. In iis enim qui ulcus habuerit, cum mictum fecerint, sanguis fluet attestante mordicatione et dolore et aliquando egestione corpusculorum, quae *ἐφελκύδας* Graeci vocaverunt.

[4]) Galenus de loc. affect. lib. I. c. 5. *εἰ γοῦν ὑμενώδους χιτῶνος ἐκκριθείη μόριον, ὅτι μὲν ἕλκωσίς ἐστί που, δηλώσει. — εἰ δ' οὐρηθείη τῆς οὐρήθρας αὐτῆς.* Vergl. Paulus Aeg. l. c.

zu gleichen Teilen mit Rosen- und Wegerichssaft bestrichen, hat Paulus Aegineta a. a. O. aufgezeichnet.

Nicht selten geben dergleichen Geschwüre Veranlassung zur Entstehung von Karunkeln in der Harnröhre, besonders in der Nähe des Blasenhalses, wie sie auch im Ohre, in der Nase, den Schamteilen und dem After vorkommen[1]) und sie bieten dann die Symptome der Ischurie dar, indem sie den Ausfluß des Harnes hindern. Das Vorhandensein der Karunkel erkennt man aus den vorausgehenden Erscheinungen und daraus, daß der Urin durch den eingebrachten Katheter entleert wird, welcher an der Geschwürsstelle Schmerz erregt und die Karunkel durchstößt, worauf der Urin mit Blut und den Resten der Karunkel abgeht. Notwendig ist es, daß man weiß, ein Thrombus oder ein Stein verschließe die Harnröhre, ob man aber sagt, das Übel sitze in der Harnröhre und die Ursache der Ischurie liege in derselben, ist für die Kunst nutzlos.[2]) Wie

---

[1]) Galenus de symptom. caus. lib. III. c. 8. *ἴσχονται μὲν γὰρ ἢ δυνατούσης ἐκκρίνειν τῆς κύστεως, ἢ στεγνωθέντος αὐτῆς τοῦ στομάχου· ταυτὶ μὲν οὖν ἄμφω τὰ νοσήματα τῆς κύστεως ἓν κοινὸν ἔχει σύμπτωμα, τὴν ἰσχουρίαν. — αἱ μὲν οὖν στεγνώσεις τοῦ στομάχου δι' ἐμφράξίν τε καὶ μύσιν ἀποτελοῦνται· καὶ γίνεται ἡ μὲν ἔμφραξις ὑπὸ θρόμβου τε καὶ πύου παχέος καὶ λίθου καὶ πώρου καὶ διὰ βλάστημά τι κατ' αὐτὸν ἐπιτραφὲν τὸν πόρον ὁποῖα κἀν τοῖς ἄλλοις ἅπασιν ἐκτὸς ὁρᾶται γινόμενα κατά τε τὰ ὦτα καὶ ῥῖνας αἰδοῖά τε καὶ ἕδραν· ἡ δὲ μύσις ἤτοι δι' ὄγκος ἐπὶ φλεγμοναῖς ἀποτελεῖται καὶ σκίῤῥοις καὶ τοῖς ἄλλοις οἰδήμασιν, ὅσα τε τὸν τράχηλον ἐξαίροντα τῆς κύστεως εἰς τὸν ἐντὸς πόρον ἀποχεῖ τὸν ὄγκον.* Vergl. Caelius Aurelian. lib. V. c. 4.

[2]) Galenus de loc. affect. lib. I. c. 1. (VIII. p. 12) *οὕτω δὲ εἰ καὶ σάρκα τινὰ δι' ἕλκωσιν ἐπιτραφεῖσαν ἡγούμεθα τὸν τράχηλον τῆς κύστεως ἐμφράττειν, ἔκ τε τῶν προηγησαμένων τοῦ ἕλκους σημείων ἔκ τε τοῦ κενωθῆναι τὸ οὖρον ἐπὶ τῷ καθετῆρι συλλογιούμεθα· καί ποτε καὶ γενόμενον οἶδα τοιοῦτόν τι πάθημα· διαβαλλομένου γοῦν τοῦ καθετῆρος, ἤλγησεν κατ' ἐκεῖνο τοῦ πόρου τὸ μέρος, ἔνθα καὶ πρότερον ἐτεκμηράμεθα τὴν ἕλκωσιν εἶναι· θλασθείσης δὲ τῆς σαρκὸς ὑπὸ τοῦ καθετῆρος, ἠκολούθησε μὲν μετὰ τὴν τῶν οὔρων ἔκκρισιν αἵματός τέ τι καὶ θρύμματα τῆς σαρκός· — τὸ δ' εἴτε πάθος εἶναι λεκτέον τοῦ πόρου τὸ γεγονὸς, εἴτε αἴτιον ἰσχουρίας ἐν τῷ πόρῳ περιέχεσθαι, τῶν ἀχρήστων εἰς τὴν τέχνην ἐστίν.* Der Katheter muß übrigens stets die Figur des Blaseneinganges haben (method. med. lib. IV. c. 7. X. p. 301), daher S-förmig gebogen sein (Introduct. c. 19. Vol. XIV. p. 788). Der Erfinder desselben war Erasistratus (ebend. p. 751).

denn überhaupt der Harnröhre nur als Ausführungsgang der Blase einige Aufmerksamkeit geschenkt ward und man die Zeichen, welche sie darbot, meistens nur als Symptome der Harnblase und der Nieren betrachtete. Die teilweise Verwachsung oder Wucherung in der Harnröhre (συσσάρκωσις) nach vorausgegangenem Geschwür beschreibt Heliodor bei Oribasius[1]), wodurch die Harnröhre entweder an einer Stelle nur verengt oder in der ganzen Fläche mit Fleischwucherungen gefüllt wird. Durch die teilweise Verengerung entsteht Dysurie oder Strangurie, wenn der ganze Kanal durch Wucherungen verengt wird, Ischurie. Die Wucherung muß man mit einem schmalen Messer wegschneiden. Das Verfahren dabei ist folgendes: Der Kranke wird auf den Rücken gelegt, der Penis gerade, mit den Fingern der linken Hand drückt man ihn hinter der Stelle, wo die Wucherung sich findet, zusammnn, damit das Blut nicht nach hinten fließe beim Schnitt, mit der rechten Hand ergreift man das Messer, führt die Spitze in die Urethra, durchschneidet sie bis zur Basis der Wucherung, nicht aber über dieselbe hinaus. Darauf schneidet man kreisförmig die Wucherung aus und drückt mit den Fingern die Urethra zusammen, damit die Wucherung vorspringt. Ragt sie zwar, aber springt sie nicht hervor, so zieht man sie mit einem Mydion hervor. Nach der Entfernung der Wucherung muß man die Urethra vor dem Harn schützen, was in den ersten Tagen am besten durch ein eingelegtes aus Papyrus bereitetes Ipoterion[2]) (dessen Bereitung ausführlich nachher beschrieben wird und eine Art elastischen Katheter darstellt) geschieht. Man hat auch kupferne und zinnerne Ka-

---

Den Katheterismus beschreibt Paulus Aegineta lib. VI. c. 59 sehr gut, und gibt auch an, daß die Katheter nach Alter und Geschlecht verschieden sein müssen.

[1]) Lib. I. cap. 8. Mai, Classicor. auctor. e Vatican. codd. edit. Tom. IV. p. 187.

[2]) Das Wort ἰποτήριον findet sich ἰπωτήριον geschrieben auch bei Galenus de compos. medic. sec. gen. lib. IV. c. 7. (XIII. p. 725), welcher es als ein vom Tarentiner Heraclides erfundenes φάρμακον anführt, das aber nicht näher beschrieben wird. Das Wort fehlt übrigens in unsern Lexicis, doch hat es Castellus.

theter oder nimmt eine Federpose dazu. Die zinnernen oder bleiernen Katheter legt man erst nach dem dritten Tage ein, sie haben vorn einen hervorragenden Schild. Der angegebene Verband ist sehr zweckmäßig. Scirrhositäten des Blasenhalses, Abszesse und dergleichen erwähnt Galenus a. a. O. ebenfalls. Über Krankheiten der Prostata müssen spätere Untersuchungen die Kenntnis der alten Ärzte nachweisen.

Die Entzündung der Hoden[1]) charakterisiert sich nach Paulus Aegineta[2]) gewöhnlich durch Schmerz beim stärkeren Druck mit den Fingern, während ein gelinder Druck wenig Empfindung erregt. Röte und Härte sind äußerlich gering, letztere bemerkt der untersuchende Finger aber in der Tiefe. Zuweilen gesellt sich Fieber[3]) hinzu, und wenn die Entzündung nicht bald bekämpft wird, so verbreitet sich der Schmerz nach Celsus[4]) bis zur Inguinal- und Lendengegend, die Teile schwellen an, der Samenstrang wird dicker und verhärtet zugleich. Die Behandlung besteht nach beiden anfänglich in Aderlaß am Knöchel[5]) und Breiumschlägen aus Bohnenmehl,[6]) gequetschtem Kümmel, Leinsamen etc., denen späterhin bei Verhärtung Krokus und Wein beigefügt wird. In veralteten Fällen macht man Umschläge von *Rad. cucumeris agrestis;* Paulus Aeg. verordnet hier Weintrauben, Erbsen, Kümmel, Schwefel, Nitrum und Harz, welche mit Honig zum Cataplasma gemacht werden, außerdem mehrere Wachssalben. Eine bedeutende Anzahl von Mitteln findet sich bei Marcellus (cap. 33) angegeben, um die *tumores et dolores testiculorum* zu bekämpfen, von denen wir nur die Salben aus Schöpsentalg und Nitrum, die Umschläge von Meer-

---

[1]) Galen. in Hippocrat. de diaet. in acut. (XV. p. 759) *γίνεται δ' ἔντασις ὄρχεως ἐνίοτε μὲν ὑπὸ τῆς καθ' ἑαυτὸν φλεγμονῆς, ἐνίοτε δὲ ὑπό τινος τῶν ἄνω φλεγμαινόντων ἑλκομένου.*

[2]) Lib. III, cap. 54.

[3]) Galenus de prognost. ex puls. lib. IV. c. 10 (IX. p. 416) Synops. de puls. c. 31. (ibid. p. 540).

[4]) Lib. VII. 18. VI. 18.

[5]) Hippocrates de nat. homin. ed. K. Vol. I. p. 364. Galen. Vol. XV. p. 131.

[6]) Galen. Vol. XI. p. 877. XII. p. 50.

wasser, von *Rad. cicutae,* Eiweiß, Weihrauch und Cerussa erwähnen. Interessant ist die Angabe des Aretaeus,[1]) daß man wegen Neuralgie der Testikel und des Samenstranges bei gleichzeitiger Bauchkolik die Samenstränge, welche man für die Ursache hielt, ausgeschnitten habe. Wichtig ist auch der Fall, welchen Hippokrates[2]) erzählt, daß zu Athen jemand an Prurigo des ganzen Körpers, besonders aber der Testikeln und der Stirn gelitten habe, dessen Haut dick wie bei der Lepra gewesen, sodaß man sie nirgends habe in die Höhe heben können. — Verhärtung der Hoden erwähnt Galenus[3]) und

---

[1]) De signis chronic. lib. II. c. 8. *θώυμα δὲ τουτέων μέζων, εἰς ὄρχιας καὶ κρεμαστῆρας ἀδόκητον ἄλγος ἐπιφοιτῇ· πολλοὺς τῶν ἰητρῶν ἥδε ἡ ξυμπαθείη λήθει· καὶ γὰρ καὶ ἐξέταμόν κοτε τοὺς κρεμαστῆρας, ὡς ἰδίην ἔχοντας αἰτίην;* in der von Kühn besorgten Ausgabe ist das *κρεμαστῆρας* durch musculosque cremasteres dictos wiedergegeben, was sich auch de sign. acut. II. 6. findet, und Petit in seinem Kommentar zu der zuerst genannten Stelle meint alles Ernstes, daß die Sympathie den Anatomen hinreichend aus der Verbindung der Musculi cremasteres mit dem Peritonaeum und seinen Fortsätzen bekannt sei, was auf die Angabe des Galenus de usu part. lib. XIV. c. 11. (IV. p. 193) und de semine lib. II. cap. 5. (IV. p. 635) zu beruhen scheint, wo die cremasteres allerdings *μυώδη σώματα* genannt und mit den runden Mutterbändern verglichen werden; indessen sagt Galenus an der letzteren Stelle deutlich, daß sie Arterien, Venen und die Samengefäße enthielten und Isagog. c. 11. (XIV. p. 719) schreibt derselbe: *ὃς (γόνος) φέρεται ἐπ᾽ αὐτοὺς διὰ τῶν κρεμαστήρων.* Dagegen werden de musc. sect. Vol. XVIII. B. p. 997 die eigentlichen musculi cremasteres deutlich beschrieben und hinzugesetzt: *τὸ δὲ ἔργον αὐτῶν ἀνατείνειν τὸν ὄρχιν· ὅθεν ἔνιοι κρεμαστῆρας αὐτοὺς ὀνομάζουσι.* Weder das Blancard-Kühnsche noch das Lexikon von Kraus haben eine andere Bedeutung als die der Muskeln unter Cremaster aufgeführt; ebenso Schneider. Vergl. Paul. Aeginet. lib. VI. cap. 61, wo die Samenstränge auch *παραστάται* genannt werden, wie auch von Galenus defin. med. XIX. p. 362. und de semine lib. I. Vol. IV. p. 565, wo sie *κιρσοειδῆ παραστάται* heißen. Eine Benennung, welche Herophilus zuerst gebrauchte (Galenus IV. p. 582) und die nach Athenaeus Deipnos. lib. IX. p. 396 auch den Hoden gegeben ward. Vergl. S. 388 N. 1.

[2]) Epidem. lib. V. ed. Kühn. Vol. III. p. 548. Außerdem erwähnt Hippokrates fast nur der sympathischen Anschwellungen der Hoden bei Respirationsfehlern, besonders Husten. Auch Sextus Placitus Papyriensis c. 92. 4. c. 101. 2. spricht von Prurigo veretri.

[3]) De semine c. 15. (IV. p. 564.)

gibt dieselbe als Ursache der Sterilität an. Derselbe[1]) spricht auch von aphtösen Testikeln (διδύμους ἀφθῶντας), welche durch *terra cimolia* und Myrthen behandelt werden sollen.

§ 41.

3) Geschwüre der Genitalien.

φθινάς, ἄνθραξ, ἔσχαρα, robigo, cancer.

Wenn wir auch nicht gerade Alex. Simons Ausspruch unterschreiben können, daß es Bände füllen würde, wenn man alles von den ältesten und älteren ärztlichen Schriftstellern über die geschwürigen Behaftungen der Geschlechtsteile in pathologisch-therapeutischer Hinsicht Gesagte der Reihe nach aufführen wollte, so ist die Zahl solcher Stellen doch allerdings bedeutend genug. Leider kann man dies nicht auch von ihrem Inhalte sagen; denn hier tritt das Pathologische sehr gegen das Therapeutische zurück, ja der größere Teil gibt nichts als die allgemeinen Namen ἕλκος oder φλεγμονὴ αἰδοίου, um dann sogleich zu den dienlichen Mitteln überzugehen, was freilich mit dem allgemeinen Charakter der Medizin jener Zeiten zusammenhängt, da in demselben Maße als die Heilkunde in Verfall gerät, auch die Ärzte alles Heil in den Rezeptbüchern suchen zu müssen glauben. Merkwürdig genug finden wir beinahe alles von den späteren Ärzten Gesagte bereits bei Celsus, welcher wahrscheinlich die alexandrinischen Ärzte benutzte, über deren Kenntnisse die späteren überhaupt wenig hinausgegangen zu sein scheinen.

---

[1]) De medic. sec. loc. lib. IX. c. 8. (XIII. p. 317). Paulus Aeg. lib. III. c. 54. Beide erwähnen auch hier der Sarcosis testium. Rambach thesaurus eroticus, welcher uns jetzt erst zur Benutzung vorliegt, führt unter ova pro coleis folgende Stelle an:

Vel tantus ad ora veniret
Aut aliis causis ita computresceret ovum,
Ne fieri posset quin crudelis medicina
Ova recidisset, medici reprobabilis usus

und setzt dazu Ovid. Pseud. Ist dies etwa die einem Mönche zugeschriebene Vetula?

Was nun die Genitalgeschwüre im allgemeinen betrifft, so sind sie häufig, da die Teile an und für sich schon zu Putrefactionen neigen, sowohl wegen ihrer natürlichen Feuchtigkeit, weshalb sie auch so viel Drüsen, welche dieselben an sich ziehen, haben und mit Haaren besetzt sind, als auch weil sie Excretionsorgane sind.[1]) Auf ihr Erscheinen hat die Jahreszeit Einfluß, denn sie zeigen sich besonders im Sommer,[2]) namentlich bei wehendem Südwind,[3]) welcher feucht und warm ist und zur Dissolution der flüssigen wie festen Teile geneigt macht. Deshalb stehen auch die Genitalgeschwüre unter epidemischem Einfluß, wie wir dies oben deutlich nachgewiesen haben. Sie werden durch den Beischlaf acquiriert und zwar sowohl durch den natürlichen, wie dies auf das unzweideutigste das Beispiel des Hero (S. 286) zeigt, als auch durch den unnatürlichen, namentlich die Paederastie, wodurch der Knabe des Naevolus (S. 121) erkrankte. Doch gab in den heißen Gegenden Asiens und Afrikas nicht selten auch Unreinlichkeit, zumal bei Männern, die nicht beschnitten waren, wie z. B. Apion (S. 283) zur Entstehung von Genitalgeschwüren Veranlassung, welche die alten Ärzte meistens als einen Sproß der schlechten Säfte (S. 367) betrachteten, worüber wir uns umso weniger wundern können,

---

[1]) Galenus method. med. lib. V. cap. 4. (X. p. 325) *καὶ κατὰ τοῦτο ἐπ᾽ αἰδοίων καὶ ἕδρας εἰς τὴν τοιαύτην ἀφικνούμεθα πολλάκις, ὅτι ῥᾳδίως σήπεται τὰ μόρια διά τε τὴν σύμφυτον ὑγρότητα καὶ ὅτι περιττομάτων εἰσὶν ὀχεταί.* Commentar. in Hippocrat. de humor. (XVI. p. 414) *ἀλλὰ καὶ ἡ φύσις τῶν τόπων οὐ μικρὸν πρὸς τὸ δέχεσθαι σηπεδόνας ποιεῖ· καὶ γὰρ τὸ στόμα καὶ τὰ αἰδοῖα πολλὴν ὑγρότητα τῇ φύσει κέκτηται· καὶ προσέτι τοὺς ἀδένας ἔχουσιν ἐγγὺς, ἅπερ πάντα τὰ περιττὰ εἰςδέχεσθαι πεφύκασιν.* De usu partium lib. XI. c. 14 (III. p. 910). *ἥδε δὲ καὶ περὶ τὴν αἰδοίων φύσιν αἱ τρίχες ἅμα μὲν ἐξ ἀνάγκης ἐγίνοιτο, θερμὰ γὰρ καὶ ὑγρὰ τὰ χωρία.* — Cassius Problem. 2. Cur supremae corporis sedes ad nomas sunt opportunae, similiter et concavae? An quia noma putrefactio est quaedam et sunsus interitus atque extinctio. Supremae autem partes ob alimenti penuriam calore facile destituuntur, ita ut hac de causa census ablationem incurrant. Concavae vero ob humidae in ipsis materiae affluentem copiam, cuius occasione putredine corripiunter. Vergl. das unter Klima Gesagte.

[2]) Hippocrates Aphorism. Vol. III. p. 724. Galenus Vol. XVI. p. 27.

[3]) Galen. Comment. in Hippocrat. de humor. Vol. XVI. p. 414.

als ja noch in der neueren Zeit mehrere Ärzte sich das Entstehen der Schanker durch eine vorausgegangene allgemeine Infektion, als deren Ausdruck dann jene erschienen, zu erklären suchten. Die Geschwüre entstanden nicht selten in der Form von Aphthen, namentlich bei Weibern,[1]) waren dann mehr oberflächlich, fraßen dafür aber leicht um sich *(cancer)*. Nicht selten gesellte sich Entzündung (*φλεγμονή*, *ἐρυσίπελας*) und Geschwulst der leidenden Teile hinzu. Oft waren sie schmerzhaft, bald feucht, bald trocken. In der Mehrzahl der Fälle nahmen sie unter günstigen Bedingungen einen putriden Charakter an (*φαγέδαινα*), wobei dann selbst wohl sich Würmer in den Geschwüren erzeugten (S. 294), oder sie zeigten gleich anfangs große Neigung zum Übergang in Brand (*ἄνθραξ*, *carbunbulus*), wo dann gewöhnlich nur ein aus einem Bläschen oder *φύμα* sich bildendes Geschwür vorhanden war. Häufig jedoch war ihr Verlauf auch sehr chronisch, ohne Phlegmone, und dann wurden sie entweder callös oder es schossen condylomatöse Wucherungen aus ihnen hervor. Je nach diesen verschiedenen Momenten war auch die Behandlung der Genitalgeschwüre verschieden, ohne sich jedoch von der Behandlung der Geschwüre überhaupt besonders zu unterscheiden. Im allgemeinen sind die Abführungen durch den Darm nicht angezeigt, wohl aber wirkt bei Genitalaffektionen das Emeticum revulsorisch.[2]) Will man zur Ader lassen, so muß dies entweder in der Kniebeuge oder am Knöchel[3]) geschehen. Was die örtlichen Mittel anbetrifft, so sind fettige Dinge nach Antyllus den Genitalien nicht zuträglich,[4]) wohl

[1]) Hippocrates de nat. muliebr. Vol. II. p. 586. *ἀφθήσῃ τὰ αἰδοῖα·* de morb. mulier. lib. II. Vol. II. p. 614.

[2]) Galenus method. med. lib. XIII. c. 11. (X. p. 903) *ἀντισπᾶν γὰρ χρὴ τῶν ἀρχομένων ῥευματίζεσθαι παρρωτάτω τὸ περιττὸν, οὐχ ἕλκειν ἐπ᾽ αὐτά· κατὰ τοῦτον οὖν τὸν λόγον οὐδὲ γαστρὸς οὐδ᾽ ἐντέρων ἀρξαμένων φλεγμαίνειν ὑπηλάτῳ χρῆσθαι προσήκει· τὴν δ᾽ αὐτὴν ἔνδειξιν ἔχει τούτοις μὲν μήτρα, ποῖς ὀργάνοις αἰδοῖα· τό γε μὴν ἐμέτοις χρῆσθαι τῶν αἰδοίων πεπονθότων ἀντισπαστικόν ἐστι βοήθημα.*

[3]) Galenus l. c. p. 904. *ἐπὶ δὲ νεφρῶν καὶ κύστεως αἰδοίου τε καὶ μήτρας τὰς ἐν τοῖς σκέλεσι, μάλιστα μὲν τὰς κατὰ τὴν ἰγνύαν εἰ δὲ μὴ, τὰς παρὰ σφυρόν.*

[4]) Oribasius medicin. collect. lib. IX. c. 24. Pudendis incommoda sunt pinguia, prosunt autem adstringentia.

aber *Adstringentia* und *Resiccantia,* wenn nämlich keine Phlegmone dabei ist.[1]) Ist das letztere aber der Fall, so muß diese zuerst bekämpft werden, alsdann legt man ausgekörnte Rosinen mit Kümmel gequetscht auf; oder einen Brei von Gerstenmehl, Honigwasser und Weinblättern, oder Kümmel mit Butter und Baumharz.[2]) Besonders empfiehlt Galenus[3]) anfangs vor dem Übergang in ein fressendes Geschwür (*κατὰ τῶν ἐν αἰδοίοις φλεγμονῶν ἐν ἀχρῇ, πρὶν ὑποφαίνεσθαί τινα νομώδη σηπέδονα*) ein *Ceratum rosaceum*, dessen Bereitung er und nach ihm Aëtius ausführlicher mitteilt; die Wirkung werde erhöht durch den Zusatz von etwas *Oleum sabinum.* Sind die Geschwüre mit Geschwulst verbunden, so lege man Bleiweiß (*ψιμύθιον*) mit gequetschten Weinblättern auf,[4]) mache Umschläge von Meerwasser[5]) oder gekochten Linsen mit Granatapfelrinde.[6]) Gegen schmerzhafte Geschwüre empfiehlt sich besonders Pompholyx[7]) oder Linsendekokt mit Zusatz von Myrrhe; auch Frauenmilch kann man dazu benutzen,[8]) zumal mit Zusatz von *Anodynis,* besonders *Pampholyx.* Paulus Aeginata (l. c.) empfiehlt Butter und Harz zu gleichen Teilen geschmolzen oder Leinsamen mit Myrrhe und Harz zerrieben aufzulegen. Bei frischen und trocknen Genitalgeschwüren rühmte man allgemein die Aloe, deren Pulver eingestreut,[9]) oder, wenn noch Phlegmone vorhanden, in Wasser

---

[1]) Galenus de medicam. sec. loc. compos. lib. IX. c. 8. (XIII. p. 315) *τὰ δ᾽ ἐν αἰδοίοις ἕλκη καὶ κατὰ τὴν ἕδραν χωρὶς φλεγμονῆς ὄντα ξηραινόντων πάνυ δεῖται φαρμάκων.* Method. med. lib. V. c. 15. (X. p. 381).

[2]) Galenus l. c. p. 317. 383. — Oribasius Synops. lib. IX. cap. 38.

[3]) Method. medendi lib. X. c. 9. (X. p. 702). — Aëtius tetrab. II. serm. 1. cap. 91.

[4]) Galen. de compos. medic. sec. loc. lib. IX. c. 8. (XIII. p. 316). Paulus Aegin. lib. III. c. 59. Oribasius de loc. aff. lib. IV. c. 102.

[5]) Galen. l. c. p. 316. Paulus Aegin. l. c. Oribasius l. c.

[6]) Galenus l. c. p. 317.

[7]) Galenus l. c. p. 316. de simplic. med. temperam. ac facult. lib. X. (XII. p. 235.) Paulus Aegin. l. c. Oribasius l. c.

[8]) Galenus de simpl. medic. temperam. ac. facult. lib. X. c. 2. (XII. p. 268).

[9]) Galenus Method. med. lib. V. c. 15. (X. p. 382) — de composit. medic. sec. loc. lib. IX. c. 8. (XIII. p. 316.) — Paulus Aegin. l. c. Oribasius l. c. Aëtius tetrab. I. serm. 1. s. v. Nonnus epit. cap. 195.

aufgelöst ward.[1]) In letzterer Beziehung empfiehlt Oribasius[2]) auch das Blei, wie man denn überhaupt die meisten der genannten Mittel in bleiernen Mörsern mit bleiernen Keulen zu reiben und zu quetschen riet. Die oberflächlichen aphthosen Geschwüre behandelte bereits Hippokrates[3]) mit in Wein gekochten Myrthenbeeren. Gegen feuchte Geschwüre hatte eine Mischung des Crito, aus Weihrauch, Myrrhen in süßem Wein gekocht, einen großen Ruf erworben;[4]) besonders aber wandte man das Pulver von *Charta usta, Anethum* und *Cucurbita*[5]) an, nachdem man das Geschwür mit Wein gereinigt hatte, ferner *Cortex pinus, Lapis haematites,*[6]) denen man bei tieferen Geschwüren Weihrauch hinzusetzte,[7]) *Cadmium ustum* (Paulus Aeg.); auch das Waschen mit Urin zeigte sich hilfreich.[8]) Auf um sich fressende Geschwüre (*νομῶδες ἕλκος*) legte man einen Brei aus Linsen, Granatäpfel und *Oxymel,*[9]). häufiger benutzte man das Einstreuen von *Aerugo*[10]) besonders mit *Charta usta, Sulphur Plumbum ustum,* Honig und *Ceratum rosaceum* zur Salbe gemacht; berühmt war *Pastillus corax,* aus Aerugo, Kalk, Galläpfeln, Weihrauch, Terpentin, Wachs, Myrthenöl und Rindstalg, welcher sich besonders gegen die carbunkulöse Form hilfreich zeigte. Häufig sah man sich aber gezwungen, zum Glüheisen und Messer zu greifen (S. 321), zumal wenn Gangrän ein-

---

[1]) Galenus de simpl. medic. temperam. ac facult. lib. VI. (XI. p. 822.) Aëtius l. c.

[2]) De virtute simplicium lib. II. s. v. Molibdos.

[3]) De natura muliebri Vol. II. 586.

[4]) Galenus de compos. med. sec. loc. lib. VII. (XIII. p. 36).

[5]) Galenus l. c. p. 316. Method. med. lib. V. c. 15. (X. p. 382) de simpl. medicam. temperam. ac. fac. lib. VI. (XI. p. 832.) Paulus Aegin. lib. III. cap. 59. Oribasius de loc. affect. IV. 102. Collect. IX. 24. Nonnus Epitom. c. 195.

[6]) Orpheus de lapidibus XVIII. 33.

ἀνδρός τ' αἰδοίων ἄχος ἔσσεται ὅς κε πίῃσι.

[7]) Galen. meth. med. lib. V. c. 15. (X. p. 383.)

[8]) Galenus de simpl. medic. temperam. ac facult. lib. X. (XII. p. 285.)

[9]) Paulus Aeginet. lib. III. c. 59. Oribasius collect. lib. IX. c. 24. Nonnus epitom. c. 195.

[10]) Paulus Aegin. lib. c. 44. Aëtius tetrab. IV. serm. 2. c. 17.

trat oder die callöse Beschaffenheit der Geschwürsränder eine Vernarbung unmöglich machte. Diese allgemeine Behandlung der Genitalgeschwüre fand nun auch bei den einzelnen, durch den Sitz bedingten Arten ihre Anwendung, und es reicht daher aus, hier nachzuweisen, an welchen Teilen die Geschwüre beobachtet wurden:

A. Geschwüre an den männlichen Genitalien.

Wie überhaupt, so sind auch im Altertum die Geschwüre der männlichen Genitalien am meisten gekannt und das, was die alten Ärzte darüber aufzubewahren für nötig erachteten, findet sich fast vollständig bereits bei Celsus (VI. 18) dargelegt.

a) Geschwüre der Vorhaut.

Nach Leonidas [1]) kamen Risse und Schrunden des Praeputium häufig vor, wenn es zu enge und mit Gewalt zurückgezogen wird, es traten dann Schmerzen und Phlegmone ein, und wenn die Heilung nicht schnell erfolgte, so nahmen die Ränder eine callöse Beschaffenheit an, welche mit dem Messer abgetragen werden mußte; häufiger aber brach die Wunde wieder auf, da, wie schon Hippokrates [2]) bemerkte, Wunden des Praeputium überhaupt schwer heilen. Für diesen Fall gibt Galenus [3]) ein ganz passendes Verfahren an. Während die Geschwüre der Eichel austrocknende Mittel erfordern, verlangen die der Vorhaut mehr *Epulotica*,[4]) namentlich *Anethum*. Wird das Praeputium brandig, so muß es kreisförmig abgeschnitten, die Blutung aber durch das Glüheisen gestillt werden; ist dies nicht nötig, so legt man *Aerugo* mit Honig oder Granatäpfel und Ervum auf.[5]) Geschwüre auf dem inneren Blatte der Vor-

---

[1]) Aëtius tetrab. IV. serm. 2. c. 14. Collect. L. c. 9.

[2]) Coac. praenot. Vol. I. p. 319. Aphorism. Vol. III. p. 752. Galenus method. med. lib. III. c. 1. (X. p. 161).

[3]) Meth. med. lib. XIV. c. 15. (X. p. 1001. sq.)

[4]) Galenus l. c. lib. V. c. 15. (X. p. 381.) de medic. simpl. temperam. ac facult. lib. VI. (XI. p. 832. 806.)

[5]) Paulus Aeginet. lib. VI. c. 57.

haut sowie auf der übrigen Haut des Penis erwähnt Celsus (VI. 18), letztere auch Galenus.[1]) Die Geschwüre auf dem inneren Blatte der Vorhaut geben nach Celsus nicht selten Veranlassung zur Entstehung der Phimosis und Paraphimosis, auch Verwachsung der Eichel mit der Vorhaut beobachtete Oribasius (L. c. 5.) und Paulus Aegin. (VI. 56) darnach, für welche diese Schriftsteller eine zweckmäßige pharmazeutische und operative Behandlung angeben. Unter dem Namen *cancer* des Praeputium beschreibt Celsus wie es scheint die *νομή* der Griechen, welche mit dem Schwarzwerden des Geschwürs beginnt. Zuweilen entwickeln sich aus den Geschwüren auch Excrescenzen, Condylome, namentlich das Thymium.

b) Geschwüre der Eichel.

Sie sind wie gesagt von Celsus (VI. 18) am besten pathologisch und therapeutisch im Zusammenhange beschrieben, doch würde es nutzlos sein, die schon so oft abgedruckte Stelle hier wiederum mitzuteilen. Er unterscheidet sowie auch Galenus[2]) trockene und reine, feuchte und eiternde Geschwüre, welche leicht zur Phimosis und Paraphimosis Veranlassung geben. Die abgesonderte Materie ist bald dünn, bald eiterartig, nimmt zuweilen einen üblen Geruch an; die Geschwüre greifen um sich in der Breite wie in der Tiefe, zerstören selbst die Eichel unter der Vorhaut, sodaß sie abfällt, worauf Paulus Aegin. (VI. 57) eine kleine bleierne Röhre in die Öffnung der Harnröhre legen läßt, damit der Kranke harnen könne. In anderen Fällen verwächst die Vorhaut mit der geschwürigen Eichel (Celsus, Paulus Aegin. Oribasius). Die Geschwüre *circa coronam glandis* erwähnt Aëtius.[3]) Eine eigne Art ist der *Cancer colis,* wahr-

---

[1]) Method. medendi lib. V. cap. 15. (X. p. 381.) Aëtius tetrab. III. 2. c. 15. empfiehlt beim Urinieren das Praeputium vorn zuzuhalten, damit der Urin zwischen Vorhaut und Eichel trete, wodurch die Geschwüre und Risse leicht geheilt werden.

[2]) Method. medendi lib. V. c. 15. (X. 381) Paulus Aegin. lib. III. 59. Oribasius Synops. IX. 37. Marcellus Empir. c. 33.

[3]) Tetrab. IV. serm. 2. c. 3.

scheinlich die νομή der Griechen, welche Aëtius [1]) als ein um sich greifendes laxes Geschwür schildert, das comprimiert eine dünne blutige Flüssigkeit ausscheidet, die nachher fäkulent wird. Es entstehen nach Celsus, nach Abfallen eines künstlich durch Ätzmittel oder Glüheisen gebildeten Schorfes, leicht Blutungen. Eine andere Art des Cancer ist die φαγέδαινα der Griechen, welche schnell um sich greift und selbst bis zur Blase dringt. Sie scheint mit ἄνθραξ identisch zu sein, obgleich Celsus den *carbunculus colis* besonders erwähnt; denn seine lib. V. c. 28 gegebene Beschreibung des Carbunkels paßt auch auf dic Phagedaena. Der ἄνθραξ[2]) beginnt mit Jucken, worauf eine Pustel oder mehrere hirsekornähnliche Bläschen entstehen, welche, einer Verbrennung nicht unähnlich, platzen und ein *Ulcus crustaceum* hinterlassen, wie einen Brandschorf, welcher fest anhängt, schwarz ist wie die Umgebung, die heftig entzündet ist. Die Entzündung hat nicht selten den Charakter des Erysipelas. Galenus[3]) beschreibt es als ἀνθράκωσις und gibt an, daß sich Bubonen hinzugesellen; er hält die Genitalgeschwüre in dem Wetterstande des Hippokrates (S. 320 ff.) teilweise für ἄνθραξ,[4]) woran ja auch Heron (S. 287) zugrunde ging. Eine andere Art Geschwür der männlichen Genitalien erwähnt Pollux[5]) unter dem Namen θηρίωμα, dessen auch Celsus (V. 28) gedenkt, ohne jedoch den Sitz anzugeben. Wie aus den Geschwüren der Vorhaut, so entstehen auch aus denen der Eichel mehrfache Excrescenzen, in anderen Fällen bilden sich Callositäten der Geschwürsränder und es bleibt eine callöse Erhabenheit zurück, welche die Griechen ἧλος, die Römer *clavus*[6]) genannt zu haben scheinen.

---

[1]) Tetrab. IV. serm. 2. c. 17.

[2]) Actuarius method. med. II. c. 12. Aëtius tetrab. IV. serm. 2. z. 18. Sextus Placitus Papyriensis c. V. 2. V. 43. Theodor. Priscianus I. 25.

[3]) Isag. c. 16. (XIV. p. 777.)

[4]) De temperam. 4. (I. p. 532.)

[5]) Onomast. lib. IV. c. 26. 206. *θηρίωμα, γίνεται μὲν ἕλκος περὶ ἀνδρῶν αἰδοῖα, ἔστι δὲ ὅτε καὶ περὶ δακτύλους* [l. *δακτυλίους*], *καὶ ἀλλαχοῦ, αἷμα πολὺ καὶ μέλαν καὶ δυσῶδες ἀφιὲν μετὰ μελανίας τὴν σάρκα ἀνεσθίον.*

[6]) Sext. Placitus Papyr. XV. 3.

Die Behandlung aller dieser Zustände gibt Celsus und die angeführten Schriftsteller.

B. Geschwüre der weiblichen Genitalien.

Wie bei der Betrachtung der Krankheiten der weiblichen Genitalien überhaupt, so tritt auch hier die Schwierigkeit der Unbestimmtheit der den einzelnen Teilen gegebenen Namen ein, denn nicht nur bedienen sich die Griechen häufig des allgemeinen Ausdrucks *αἰδοῖα*, *μόρια*, sondern sie gebrauchen auch *ὑστέρον* und *μήτρα* bald von der Scheide, bald vom Uterus, obschon die Spätern wie Galenus[1]) die Scheide *ἡ ὑστέρα*, den Uterus *ὁ ὑστέρος* nennen, ohne sich jedoch darin gleich zu bleiben. Dasselbe Verhältnis findet bei den Römern mit *locus, pars* und *vulva* statt, welches Wort bei Celsus, Plinius und den meisten Spätern für Uterus steht.

Die unbestimmten Ausdrücke *dolores*,[2]) *inflammatio* oder *phlegmone*[3]) der Genitalien übergehend, obschon die dafür angegebene Behandlung deutlich zeigt, daß häufig Geschwürsbildung gleichzeitig vorhanden war, finden wir die Ulcerationen der weiblichen Genitalien am ausführlichsten im Zusammenhange von Aretaeus,[4]) Paulus Aegineta (III. 65—68.) und Aëtius[5]) nach Archigenes, Soranus und der Aspasia beschrieben.

---

[1]) Isagog. c. 11. (XIV. p. 710) *ταῖς δὲ γυναιξὶν ἡ ὑστέρα ἔοικεν ὀσχῇ ἀνεστραμμένῃ*, obgleich dem Folgenden nach hier auch der Uterus verstanden werden kann. Commentar. in Hippocrat. de alimento (XV. p. 326.) *περὶ δὲ τῆς ὑστέρας ὀλίγα ῥηθήσεται· καὶ πρῶτον μὲν, πότερον ὑστέρον ἢ μήτραν κλητέον ἐστὶ τὸ μόριον ἐκεῖνο, ὃ πρὸς τὴν κύησιν ἔδωκε φύσις ταῖς γυναιξὶν, οὐδὲν διαφέρει.* Auch *κόλπος* gebrauchen die Ärzte, wie Galenus de tumor. praeter naturam c. 4. (VII. p. 717) für Fistelgang, ebenso die Römer ihr sinus.

[2]) Celsus lib. V. c. 25. Marcellus de medic. c. 7. cap. 17. Sextus Placit. Papyr. II. 7. XV. 2. XXXI. 12. L. Apulejus de herb. XLIX. 1. LXXIV. 3. CXXI. 2.

[3]) Celsus lib. V. 28. 25. Galenus Vol. II. p. 150. X. p. 993. XI. p. 91. XIII. p. 1001. XVI. p. 180. XVII. B. p. 274. 855. XIX. p. 428. Oribasius de virt. simpl. lib. II. 1. s. v. Leucoion; de loc. affect. lib. IV. c. 112. Aëtius tetrab. I. serm. 1. s. v. Leucoion. tetrab. IV. serm. 4. c. 83. Actuar. meth. med. lib. VI. c. 8. 9.

[4]) De sign. chron. lib. II. c. 11.

[5]) Tetrabibl. IV. serm. 4. c. 88—94.

An den weiblichen Schamlefzen kommen nach Aëtius (l. c. c. 110) Abscesse vor, welche, wenn sie nach dem After zu gehen, nicht durch das Messer geöffnet werden dürfen, da leicht Fisteln entstehen, was nicht zu befürchten, wenn sie nach der Harnröhre zu gehen. Derselbe (c. 109) spricht von *Pustulae scabrae* in der Scheide und am Muttermunde, welche kleienartige Schuppen abstoßen, und (c. 108) von *Tubercula miliaria* an denselben Stellen, die durch das Gefühl zwar wahrgenommen, aber besser durch den Mutterspiegel *(Dioptra)*[1]) erkannt werden, *ex coitus affrictu* die Menstruation und Konzeption hindern. Es sind dies offenbar die vergrößerten Schleimdrüsen, welche noch jetzt häufig beim Tripper beobachtet werden. Nicht selten haben die Geschwüre die Gestalt von Rissen (*ῥαγάδες, fissurae, rimae)*, besonders am Muttermunde,[2]) welche teils callös werden, teils zu Excrescenzen Veranlassung geben; sie ergießen meistens eine dünne Jauche und sind beim Coitus schmerzhaft. Die eigentlichen Geschwüre sind nach Aretaeus entweder oberflächlich, mehr Excoriationen, breit und jucken als wäre Salz eingestreut, entleeren eine geringe Menge dicken, geruchlosen Eiters und sind gutartig; hierher gehören wahrscheinlich die aphthosen Geschwüre des Hippocrates;[3]) oder sie gehen mehr in die Tiefe, sind schmerzhaft, ergießen ein übelriechendes Eiter und sind übler, ohne jedoch einen bösartigen Charakter zu haben. Gehen sie noch mehr in die Tiefe, so erhalten sie harte, rauhe Ränder, ergießen eine übelriechende Jauche und der Schmerz ist heftiger als bei den übrigen Arten. Die Substanz des Uterus wird dadurch zerstört, auch bilden sich Excrescenzen, wodurch die Vernarbung sehr erschwert wird. Diese Art nannte man auch Phagedaena, sie ist gefährlich, zumal wenn der Schmerz zunimmt und die Kranke den Mut ver-

---

[1]) Der Mutterspiegel wird von Aëtius auch cap. 86. 88. erwähnt und sein Gebrauch angegeben; ebenso von Paulus Aegineta lib. III. c. 65. lib. VI. 73 und zur Untersuchung des Mastdarms lib. VI. c. 78.

[2]) Galenus de loc. affect. lib. VI. c. 5. (VIII. p. 436.) Paulus Aegin. lib. III. c. 59. 75. Aetius tetrab. IV. serm. 2. c. 15. srm. 4. c. 107.

[3]) De natura muliebri Vol. II. p. 586. (588) 591. de morbis mulier. lib. II. Vol. II. 878.

liert. Es fließt eine faulige Jauche aus, welche selbst der Kranken unerträglich ist, das Geschwür ist gegen Berührung wie Arzneimittel sehr empfindlich, es führt den Tod herbei und wird Krebs genannt. Die *νομή*,[1]) den Karbunkel und *sordida ulcera* des Uterus erwähnt Aëtius a. a. O., lehrt ihre Untersuchung durch den Mutterspiegel und gibt ihre Behandlung besonders durch Einspritzungen[2]) und Pessarien, aus mannigfachen Arzneimitteln bereitet, an. Nicht selten gab schlechte Behandlung der Scheidengeschwüre zu Verwachsungen Veranlassung, welche Celsus[3]) durch das Messer zu entfernen lehrt. Daß aber die Geschwüre der Genitalien der Frauen den Männern, welche mit ihnen den Beischlaf übten, Nachteil brachten und deshalb von ihnen gefürchtet wurden, geht aus der Erzählung des Cedrenus[4]) hervor.

---

[1]) Nonnus Epitom. cap. 206. unterscheidet *ῥυπάρον ἕλκος, νομὴ μετὰ φλεγμονῆς* und *ἄνευ φλεγμονῆς νομή*; ebenso Paulus Aegin. lib. III. c. 66.

[2]) Mit der Mutterspritze *μητρεγχύτης*. Galenus synopsis medic. sec. loc. IX. c. 8. (XIII. p. 316.) Oribasius collect. medic. lib. X. c. 25.

[3]) Lib. VII. c. 28. Plinus histor. nat. XXX. 4. Sextus Placit. Papyr. XXXII. 2. Paulus Aegin. lib. III. cap. 73.

[4]) *Σύνοψις ἱστορικὴ*. ed. J. Goar et H. Fabrot. Paris 1647. fol. p. 266. Als unter Diocletian die Christenverfolgungen allgemein waren, wurde eine schöne und keusche Jungfrau beschuldigt, von den Göttern unehrerbietig gesprochen zu haben und zur Strafe dafür in ein Bordell mit dem Befehl geschickt, daß sie dem Wirte täglich 3 Schillinge entrichten müsse. Als sie von diesem preisgegeben wurde, habe sie alle, die sich ihr nähern wollten, damit von sich abgehalten, daß sie versicherte, sie habe an geheimen Orten ein Geschwür; sie möchten bis zu ihrer Heilung warten (*προςφασιζομένη ἕλκος ἔχειν ἐπὶ κρυπτοῦ τόπου καὶ τούτου τὴν ἀπαλλαγὴν ἐκδέξασθαι*). Dieselbe Geschichte erzählt Palladius hist. lausiac. c. 148, als zu Corinth vorgefallen und nennt das Geschwür ein übelriechendes, welches den Besuchern leicht Haß gegen die Jungfrau erregen könne. (*λέγουσα, ὅτι ἕλκος ἔχω τι εἰς κεκρυμμένον τόπον, ὅπερ ἐσχάτως ὄζει, καὶ δέδοικα μὴ εἰς μῖσός μου ἔλθητε τῷ ἀποτροπαίῳ τοῦ ἕλκους· ἔνδοτε οὖν μοι ὀλίγας ἡμέρας καὶ ἐξουσίαν μου ἔχετε καὶ δωρεάν με ἔχειν*). Das letztere spricht zugleich für die leichte Heilbarkeit der Geschwüre. Vergl. Nicephorus hist. eccles. lib. VII. c. 12. 13.

4) Geschwüre des Afters.

Wir haben bereits S. 121 gesehen, daß Fissuren und Geschwüre des Afters eine nicht seltene Folge der Unzucht des Pathicus waren, gleichwohl findet sich bei den Ärzten auch nicht die geringste Andeutung darüber. Die Kenntnisse der Alten von den Affektionen des Afters hat Aëtius,[1]) besonders nach Galenus, ziemlich vollständig zusammengestellt; die übrigen Schriftsteller handeln sie meistens gemeinschaftlich mit den ähnlichen Affektionen der Genitalien ab und empfehlen im ganzen auch dieselben Mittel dagegen, weshalb wir in dieser Beziehung auf das dort Beigebrachte verweisen können. Nur dürfte die Bemerkung nicht überflüssig sein, daß jene Zusammenstellung auf die Ansicht der Alten von der gleichen Ursache und Beschaffenheit der Affektionen der Genitalien und des Afters hinzudeuten scheinen, wie sie denn auch dieselben Gründe für die Anlage zu derartigen Krankheiten beibringen. *Ardentes dolores*[2]) und *Pruritus*[3]) des Afters sind nicht selten. Entzündungen[4]) treten häufig als Folge von Fissuren, Excrescenzen und Geschwüren auf. Die Rhagades und Fissuren[5]) finden sich entweder in dem Sphincter oder in dem

---

[1]) Tetrab. IV. serm. II. c. 1. 2. 3. 9. 10. Galenus synops. medic. sec. loc. lib. IX. c. 6. (XIII. p. 306.)

[2]) Galenus Euporist. lib. I. c. 14 (XIV. p. 381.) Synops. med. sec. loc lib. IX. c. 7. (XIII. p. 315) Oribasius de loc. aff. lib. IV. c. 93. Paulus Aegin. lib. III. c. 59.

[3]) Galenus Euporist. lib. I. c. 14. (XIV. p. 382)· Oribasius de loc. aff. lib. IV. c. 94.

[4]) Galenus synops. med. sec. loc. lib. IX. c. 6. (XIII. p. 309) c. 7. (p. 314) Synops. med. sec. gen. lib. V. c. 12. (XIII. p. 837.) Oribasius de loc. affect. lib. IV. c. 92. Paulus Aegin. lib. III. c. 59. Nonnus Epit. c. 198.

[5]) Celsus lib. VI. c. 18. lib. VII. 30 lib. V. c. 20. Galenus synops. medic. sec. loc. lib. IX. c. 6. (XIII. p. 309.) Synops. medic. sec. gen. lib. V. c. 13. (XIII. p. 840). De simplic. med. temp. ac facult. lib. IX. c. 3. 23. (VII. p. 231.) lib. XI. c. 1. (XII. p. 333.) Paulus Aegin. lib. III. c. 59. lib. VI. c. 80. Oribasius de loc. affect. lib. IV. c. 95. Dioscorides lib. I. c. 34. c. 94. Scribon. Largus de compos. med. c. 223. Marcellus c. 31. Nonnus epitom. c. 196. Isidor. Origin. lib. IV. c. 7.

Mastdarm und sind ein Begleiter der Kondylome, wenn diese sich entzünden und ausdehnen, wodurch die Umgebung zerreißt; die Ränder nehmen nicht selten eine callöse Beschaffenheit an, und müssen dann durch Abtragung in ein einfaches Geschwür verwandelt werden. Nicht selten entstehen infolge der Entzündung Abscesse,[1]) welche leicht zu Fisteln Veranlassung geben. Die Geschwüre[2]) nehmen zuweilen den Charakter der *νομὴ φαγέδαινα* an. Sitzen sie am Sphincter, so dürfen sie weder durch Messer noch durch Glüheisen behandelt werden; denn nach Durchschneidung des Muskels entsteht Unvermögen, den Kot zu halten, welches sich auch ohne Operation einstellt, wenn die *νομὴ* den Muskel zerstört. Sitzt die *νομὴ* aber unterhalb des Sphincters, so kann man sowohl das Messer als auch das Glüheisen anwenden. Zuweilen geben die Geschwüre Veranlassung zur Verwachsung der Aftermündung, welche durch Bleiröhren beseitigt werden muß.[3]) In andern Fällen entstehen aus den Rhagades und Geschwüren Excrescenzen.

5) Bubonen.

Bubo, panus, paniculus, inguen.

Unter Bubo verstanden die alten Ärzte jede Entzündung der Lymphdrüsen; da diese nun vorzugsweise in der Inguinalgegend vorkömmt, so wurde die Entzündung der Inguinaldrüsen vorzugsweise, ebenso wie die Inguinalgegend selbst mit diesem Namen belegt. Auch die Römer gebrauchten *inguen* für die Gegend wie für die Krankheit. Späterhin machte man mehrere Unterschiede, nannte *βουβὼν* die mit Anschwellung verbundene Phlegmone, *φῦμα* die schnell entstehende und zur Eiterung neigende (Bubo mit Eiterpustel auf der Mitte) und *φύγεθλον* die mit erysipelatöser Entzündung (der Haut) verbundene Drüsen-

---

[1]) Aëtius l. c. c. 9 aus Leonidas. Paul. Aegin. lib. VI. c. 78.

[2]) Celsus VI. 18. Galen. method. med. lib. V. c. 15 (X. p. 381.) Synops. medic. sec. loc. Lib. IX. c. 6. (XIII. p. 307). De simplic. temperam. ac facult. lib. VI. (XI. 821.) Paulus Aegin. lib. III. c. 59.

[3]) Paulus Aegin. lib. VI. c. 80.

anschwellung,[1]) welche, wenn sie in Verhärtung übergeht, *χοιρὰς* oder *struma* genannt wird. Die beste pathologisch-therapeutische Darstellung findet sich bei Galenus.[2]) Die Drüsen sind vermöge ihrer lockern Struktur überhaupt geneigt, Rheumata aufzunehmen; daher schwellen die Drüsen der Weichen, Achseln und des Halses an, wenn Geschwüre an den Zehen, Fingern und am Kopfe entstehen. Ist der Körper mit schlechten Säften überladen, so entstehen die Bubonen ebenfalls und sind dann schwerer zu beseitigen. Auch Hippocrates[3]) leitete die Bubonen bei Frauen von verhaltner Menstruation her, und behauptet,[4]) daß der größere Teil in einer Leberaffektion ihren Grund habe. Die meisten Schriftsteller stimmen aber darin überein, daß unter andern Ursachen auch Geschwüre vorausgingen,[5]) obgleich keiner ausdrücklich von Geschwüren der Genitalien spricht, wenn wir nicht die S. 317· erörterte Stelle des Hippocrates hierherziehen wollen, wo *ἑλκώματα, φύματα ἔξωθεν ἔσωθεν τὰ περὶ βουβῶνας* eine solche Erklärung allerdings zulassen könnte, nur müßte man dann die Worte nicht auf jeden einzelnen Kranken beziehen, sondern so fassen, daß Geschwüre und bei einigen in der Harnröhre, bei andern in den Weichen zur Eiterung neigende Drüsenanschwellungen entstanden, wofür die S. 193ff. erörterte Krankheit des Eunuchen sprechen könnte, da der Übergang der Bubonen in fistulöse Geschwüre von Celsus und Anderen allerdings beobachtet wurde. Indessen ist

---

[1]) Galenus meth. med. ad Glaucon. lib. II. c. 1. (XI. p. 77). De tumor. praet. nat. c. 15. (VII. p. 729.) Comment. in Hippocrat. Aphorism. (XVII. B. p. 636). — Paulus Aegin. lib. IV. c. 22. Actuarius lib. II. c. 12. Alexander Aphrodis. lib. I. probl. 107. lib. II. probl. 12. Cassius problem. 42. Nonnus epitom. 247. Heliodor in Mai class. auctor. e Vatic. edit. Vol. IV. p. 13 n. 3.

[2]) Method. medendi lib. XIII. c. 5. (X. p. 880 folg.) Vergl. Celsus lib. V. c. 28. Oribasius synops. lib. VII. 31., de morb. curat. lib. III. c. 46.

[3]) De natura pueri Vol. I. p. 390.

[4]) Epidem. lib. VI. Vol. III. p. 619.

[5]) In bezug auf den *ἄνθραξ* sagt Galenus Isagog. c. 16. (XIV. p. 277) *ἀνθράκωσις δέ ἐστιν ἕλκος ἐσχαρῶδες μετὰ νομῆς καὶ ῥεύματος καὶ βουβῶνος ἐνίοτε καὶ πυρετῶν γινομένων περὶ τὸ ἄλλο πᾶν σῶμα, ἔστι δὲ ὅτε καὶ περὶ ὀφθαλμούς.*

es gar nicht wahrscheinlich, daß die Geschwüre an den Füßen die alleinige Ursache der Bubonen abgegeben haben sollten, vielmehr kann man annehmen, daß dies als der seltnere Fall grade besonders von den alten Ärzten hervorgehoben wurde. Außerdem haben wir S. 363 gesehen, daß die Ärzte die sympathischen Bubonen selten oder nie zu Gesicht bekamen, da die Kranken das Geschwür selbst behandelten und die Bubonen dann von selbst verschwanden. Auch Oribasius hält die Bubonen infolge eines Geschwürs für gefahrlos. Endlich sind sekundäre Bubonen bei der vorherrschenden Richtung des Krankheitsprozesses, sich auf die Haut zu werfen, überhaupt selten und wenn sie entstehen, heilt meistens das Geschwür, und der Arzt wurde dann nur zu Rate gezogen, wenn die Bubonen nicht verschwinden wollten. War aber das Geschwür noch vorhanden, so suchte der Arzt dasselbe auch zu erhöhter Tätigkeit zu bringen, wie dies deutlich aus Galenus a. a. O. hervorgeht. Man legte Charpie, mit *Tetrapharmacum* bestrichen, welches durch *Ol. rosaceum* flüssig gemacht war, auf, machte darüber warme Umschläge; auf den Bubo selbst anfangs mit warmem Öl befeuchtete Wolle, dem, wenn der Schmerz und die Geschwulst des Gliedes beseitigt, Salz beigemischt ward. Plethorische oder kakochymische Subjekte läßt man zur Ader oder schröpft sie. Ist der Bubo entzündet und neigt er zu Eiterung, so muß er, nachdem man den Kranken abgeführt hat, skarifiziert werden. Hierauf versucht man die Zerteilung durch Breiumschläge mit Honig, nicht durch Pflaster, welche leicht Entzündung hervorrufen. Zeigt sich Eiter, so muß man nicht sogleich, wie einige raten, zur Öffnung schreiten, sondern die Umschläge fortsetzen, bis die Phlegmone beseitigt ist. Die scharfen Umschläge passen erst beim Übergang in Verhärtung. Gelingt die Zerteilung nicht und hat sich der Eiter in größerer Menge angesammelt, so muß man die erhabenste Stelle, wo die Haut zugleich am dünnsten ist, öffnen. Ist ein Teil der Haut mißfarben, so muß er weggeschnitten werden. Einige raten, stets ein myrthenblattförmiges Stück auszuschneiden, andere machen sehr lange Einschnitte, wodurch nicht nur eine häßliche Narbe entsteht, sondern oft auch die Bewegung des Teils gehindert wird. In der Regel reicht ein einfacher Schnitt hin, welcher in der Inguinalgegend quer, nicht mit dem graden Durchmesser des Schenkels parallel geführt werden muß, indem dann bei der Beugung des Gliedes die Hautränder sich von selbst einander nähern.[1]) Nach der Öffnung des Abscesses ist dieser, wie jedes andere Geschwür, besonders mit feingesiebtem Weihrauch zu behandeln. Erwähnen wollen wir noch, daß nach Sextus Placitus Papyriensis[2]) das Tragen der Genitalien des Hirsches ein Prophylaktikum gegen Bubonen sein soll.

6) Exantheme an den Genitalien.

Bereits Hensler suchte in dem S. 17 angeführten Programm nachzuweisen, daß einige die Genitalien befallende Ausschläge durch den Beischlaf mitgeteilt und acquiriert worden seien; namentlich gelte dies zunächst von Herpes, unter welchem Namen man, wie bestimmt aus einer Stelle des Galenus[3]) hervorgeht, einen mit Ulceration verbundenen Ausschlag zu verstehen hat. Wenn auch die von Hensler angeführten Stellen des Hippocrates[4]) in betreff des *Herpes esthiomenes* noch einigen Zweifeln unterliegen dürften und die Erklärungen des Pollux (Onomast. IV. 25. 191) *φλυκτίς*, *φλύκ-*

---

[1]) Galenus a. a. O. S. 887. *ἐχούσης δὲ τῆς τοιαύτης τὸ μῆκος μεῖζον τοῦ πλάτους, ἐγκάρσιον ἔστω τὸ μῆκος ἐπὶ τοῦ βουβῶνος, οὐ κατ' εὐθὺ τοῦ κώλου· καὶ γὰρ κατὰ φύσιν οὕτως ἐπιπτύσσεται τὸ δέρμα ἑαυτῷ, καμπτόντων τὸ κῶλον.*

[2]) De medicamentis ex animal. cap. I. n. 14. Cervi pudenda si tecum habueris, inguina tibi non tumebunt, et si tumor antiquus fuerit, velociter recedet. Nachträglich müssen wir noch bemerken, daß man auch Prophylactica gegen den Frauentripper gekannt und gebraucht zu haben scheint, wenigstens führt Galen. Euporist. lib. II. c. 26. u. 37 (XIV. p. 485) Mittel gegen das Feuchtwerden der weiblichen Genitalien während des Beischlafs an (*πρὸς τὸ μὴ καθυγραίνεσθαι τὸ αἰδοῖον ἐν ταῖς συνουσίαις τῶν γυναικῶν*), welche namentlich aus unreifen Galläpfeln, Asche und Wein, zum Waschen, oder Galläpfelinfusum mit geschwefelter Wolle zum Scheidenzäpfchen, Honig und Nitrum zum Einreiben bestehen!

[3]) Method. medendi lib. II. c. 2. (X. p. 83.)

[4]) Aphorismor. Vol. III. p. 742. de liquidorum usu Vol. II. p. 163.

ταινα ἐπιμήκες, μάλιστα περὶ βουβῶνας καὶ μασχάλας. φύγεθλον, φῦμα περὶ βουβῶνα μετὰ πυρετοῦ, sich nur auf Bubonen beziehen dürfen, so gilt dies doch von den S. 317 besprochenen *φύματα* um so weniger, als selbst Celsus (VI, 18) erklärt: *Tubercula etiam, quae φύματα Graeci vocant, circa glandem oriuntur, quae vel medicamentis vel ferro aduruntur; et cum crustae exciderunt, squama aeris inspergitur, ne quid ibi rursus increscat;* und vielleicht gehört hierher auch die Stelle des Galenus[1]) *πρὸς δὲ τὰ ἐν αἰδοίοις φυόμενα ἀπίου σπέρμα ἐπίπασσε καὶ τραγείᾳ χολῇ περιχρῖε*, wenn gleich sie sich auch auf die Tuberkeln in der weiblichen Scheide (S. 403) beziehen läßt. Die von Hensler gleichfalls für verdächtigt erklärte Epinyctis[2]) dürfte ebensowenig hierhergehören, denn schon der heftige Schmerz spricht gegen eine derartige Affektion; ihr Erscheinen in *eminentibus partibus* erklärt Pollux a. a. O. 197. deutlich durch den Zusatz *περὶ κνήμας καὶ πόδας ἐν νυκτὶ γενομένη*, und daß Celsus nichts anderes damit bezeichnen wollte, geht aus den Worten bei der Beschreibung des *φλυζάκιον* hervor, welches *raro in medio corpore, saepe in eminentibus partibus* entsteht. Doch wollen wir damit gar nicht bestreiten, daß männliche Genitalien wenigstens von den Alten zu den *partibus eminentibus* gerechnet wurden, und da die Schankerbläschen sich meistens plötztich und häufig während der Nacht erheben, so hätte man dies immerhin durch *Epinyctis* bezeichnen können, zumal da nach Hippocrates[3]) *ἐκ τῶν ἐπινυκτίσων ἕρπητες* entstehen, welche aber Pollux l. c. 206 ebenfalls wieder den *κνήμαις καὶ ποσίν* älterer Leute anweist, woraus sich schließen läßt, daß Epinyctis der Alten nichts anderes gewesen sein dürfte als die Impetigoart, welche man gewöhnlich Salzfluß nennt. — Aëtius[4]) erwähnt *Pustulae spontaneae in pudendis,* welche *Phimosis* hervor-

---

[1]) Synops. medic. sec. loc. lib. IX. c. 8. (XIII. p. 317.)

[2]) Celsus lib. V. c. 28. Oribasius de morb. curat. lib. III. c. 54. Synops. lib. VII. c. 37. c. 42. Collect. lib. XLIV. c. 11. Mai l. c. p. 31. Aëtius tetrab. IV. serm. 2. c. 61. Paulus Aeginet. lib. IV. c. 9.

[3]) Prorrhet. lib. II. Vol. I. p. 204.

[4]) Tetrab. IV. serm. 2. ç. 15.

rufen und beschreibt[1]) *Scabies scroti* mit Übergang in Geschwürs- oder Schuppenbildung, nach deren Verschwinden nicht selten heftiger *Pruritus scroti* zurückbleibe. Galenus (XIX. p. 449) definiert die *Psoriasis scroti* als eine mit Jucken, zuweilen auch mit Geschwüren verbundene Verhärtung des *Scrotum*.

Zu den exanthemischen Formen gehören auch die Kondylome, welche die Griechen, wenn sie an den Genitalien und an anderen Körperstellen vorkamen, *σῦκος*, *σύκωσις*, *σύκωμα*, *συκώδης ὄγκος*, die Römer *Ficus* nannten, während dieselbe Affektion, wenn sie sich am After zeigte, vorzugsweise den Namen Kondyloma[2]) erhielt, obgleich dieser Unterschied keineswegs festgehalten wurde, namentlich wurden die größeren Formen von Thymus mit dem Namen *σῦκος* belegt, obschon es scheint, daß Thymus als Gattungsname aller Eminentia des Afters und der Genitalien gebraucht ward. *Σῦκος* oder *Ficus* ist nach Galenus[3]) ein exulcerierender, Feuchtigkeit absondernder Tuberkel (während der Varus trocken ist), nach Oribasius[4]) von runder Form, rötlicher Farbe, härtlich und etwas schmerzhaft. Er kommt besonders an den behaarten Teilen des Körpers vor, am Kopf, Kinn, After und den Genitalien,[5]) wie die S. 122 angeführten Stellen des Martialis beweisen. Am häufigsten scheinen sie an den Genitalien der Frauen vorgekommen zu sein, wo sie bereits Hippocrates[6]) unter dem Namen *κίων*[7]) als übelriechend beschrieb. Aspasia[8]) sagt, *condyloma est rugosa eminentia. Rugae enim circa os uteri*

---

[1]) Tetrab. IV. serm. 2. c. 20.

[2]) Galenus defint. medic. Vol. XIX. p. 446.

[3]) Aëtius tetrab. IV. serm. 2. cap. 3.

[4]) Synops. medic. sec. loc. lib. V. c. 3. (XII. p. 823) Aëtius tetrab. II. serm. 4. c. 14.

[5]) Synops. lib. VII. c. 40. Aëtius I. c. Paulus Aegin lib. III. c. 3.

[6]) Marcellus de medic. c. 31 teilt Vorschriften mit ad ficos qui in locis verecundioribus nascuntur. Nonnus epit. 214.

[7]) De natura mulier. Vol. II. p. 588. de morb. mulier. lib. II. Vol. II. p. 879. Das Ethymologicum magnum s. v. erklärt *κίων* durch *ἀπὸ τοῦ κίειν καὶ ἀνιέναι εἰς ὕψος*. Vergl. Phil. Ingrassias de tumor. praet. natur. p. 273.

[8]) Aëtius tetrab. IV. serm. 4. c. 106.

existentes dum inflammantur, attolluntur et indurantur, tumoremque ac crassitudinem quandam in locis efficiunt. Paulus Aegineta (III. 75. VI. 71) beschreibt sie unter dem Namen Haemorrhoides als schmerzhafte, rötliche, blutige Excrescenzen, welche platzen (*διαλείμμασι*) und eine bleiche Flüssigkeit tropfenweise ergießen (? *στραγγώδη*).

Bei weitem häufiger kommen die Kondylome am After[1]) besonders bei Männern vor und wurden hier, wie wir S. 122 gesehen haben, besonders der Paederastie zugeschrieben, weshalb es denn auch unmöglich ist zu entscheiden, welche Kondylome primärer und welche sekundärer Natur waren, was uns aber keineswegs berechtigt, das Vorkommen der letzteren im Altertum zu leugnen.

7) Excrescenzen an den Genitalien.

σαρκώδη βλαστήματα, verrucae.

Im allgemeinen scheinen die Griechen die Excrescenzen besonders der Genitalien und des Afters mit dem Namen *θύμος* oder nach Celsus vielleicht richtiger *θύμιον* genannt zu haben, als deren Unterarten sie dann *σῦκος*, *ἀκροχορδὸν* und *μυρμήκια* angeben. Das *θύμιον*, welches zuerst Celsus[2]) ausführlich schildert, ist ein warzenartiger, rötlicher (nach Paulus Aegineta auch weißer, meistens schmerzloser) fleischiger Auswuchs, an der Basis dünn, oben breiter, härtlich und rauh an der Spitze, welche Ähnlichkeit mit der Blüte des *θύμος* hat, wcher auch

[1]) Celsus lib. VI. c. 18. Aëtius tetrab. IV. serm. 2. c. 3. Paulus Aegin. lib. III. c. 59. lib. IV. c. 15. lib. VI. c. 80. Sextus Placit. Papyr. XI. 7. Apulejus de herb. LXXX. 8. Eine Menge Mittel dagegen führt Galenus an: Vol. XIII. 309. 312. 422. 447. 512. 560. 715. 738. 781. 787. 824. 829. 831. 833. 837. 840.

[2]) Lib. V. c. 28. Vergl. Galenus defin. med. (XIX. p. 444.) Oribasius Synops. VII. c. 39. Collect. lib. XLV, c. 12. lib. L. c. 7. (bei Mai l. c. p. 43. p. 186.) Aëtius tetrab. IV. serm. 2. c. 3. serm. 4. c. 105. Paulus Aegin. lib. III. c. 59. lib. VI. c. 58. 71. Nonnus epit. cap. 197. Pollux Onomast. lib. IV. c. 25. sect. 194. *θύμος, ὑπέρυθρος ἔχ.ρυσις, τραχεῖα, ἔναιμος, οὐ δυςαφαίρετος, μάλιστα περὶ αἰδοῖα καὶ δακτύλιον καὶ παραμήρια· ἔστι δ' ὅτε καὶ ἐπὶ προςώπῳ.* Marcellus c. 33. Myrepsus XXXVIII. c. 157.

der Name kommt; läßt sich hier leicht spalten und blutet dann (mehr als man seiner Größe nach erwarten sollte, Aëtius), was er zuweilen auch wohl von selbst tut. Gewöhnlich hat er die Größe einer ägyptischen Bohne, zuweilen ist er sehr klein. Es entsteht bald ein solcher Auswuchs, bald finden sich mehrere, teils in der Handfläche, teils an den Füßen; die übelsten sind aber die an den Genitalien. Nach Aëtius, welcher die größeren Arten *σῦκον* nennt, findet sich der Thymus auch am After und im Gesicht, bei den Frauen an den Schamlefzen, in dem Eingange der Scheide und in dieser selbst, verbreitet sich von hier aus bis zum After und selbst über die Schenkel, was auch Oribasius bestätigt, welcher, so wie Paulus Aegineta und vielleicht auch Celsus, eine gutartige und eine bösartige Form unterscheidet. Die gutartigen fallen häufig von selbst ab, werden sie aber abgeschnitten, so bleibt nach Celsus eine runde Wurzel zurück, welche tief ins Fleisch dringt, und sie wachsen nicht nur wieder, sondern nehmen auch die Beschaffenheit der bösartigen an, werden schmerzhaft und füllen sich mit blutiger Jauche. Die bösartigen entstehen mit und ohne Geschwürsbildung und nach dem Abfallen des gutartigen Auswuchses, sie sind härter, rauher und größer, haben eine schmutzige livide Farbe, sind schmerzhaft besonders bei der Berührung. Die Thymus, welche an der Eichel entstehen, sind gefährlicher als die der Vorhaut,[1]) zumal wenn sie eine carcinomatöse Beschaffenheit annehmen. Die gutartigen soll man mit der Spitze eines Skalpells abkratzen und dann ein gelindes Ätzmittel anwenden, deren die oben genannten Schriftsteller mehrere angeben. Die bösartigen unterbindet man nach Paulus Aegineta entweder mit einem Pferdehaar und entfernt sie dann durch Messer oder Glüheisen, oder wendet nach Oribasius letzteres sogleich an. Da aber am Praeputium oft gleichzeitig sowohl an der inneren als äußeren Fläche sich Thymus finden, so darf man diese nicht auf einmal brennen, weil dadurch die Vorhaut zerstört werden würde; vielmehr beginnt man mit den auf der inneren Fläche sitzenden, schneidet sie erst ab, brennt sie dann und

---

[1]) Hippocrates de ulcer. Vol. III. p. 319 kennt sie bereits.

wenn sie vernarbt sind, geht man zur Behandlung der anderen über. Manche sind aber auch unheilbar.

Ἀκροχορδόν[1]) ist eine glatte, runde, fleischige Erhabenheit, mit einer dünnen und runden Basis, gleichsam als hinge sie an einer Seite, woher auch ihr Name kommt: sie ist schmerzlos und callös, hat gewöhnlich die Farbe der Haut und ihre Größe übersteigt selten die einer Bohne. In der Regel entstehen mehrere auf einmal, fallen aber von selbst wieder ab, zumal wenn sie nur klein sind, zuweilen entzünden sie sich auch und gehen in Eiterung über; abgeschnitten hinterlassen sie keine Wurzel. Nach Galenus und Aëtius kommen sie am After, nach Philumenes bei letzterem auch an den weiblichen Genitalien vor. Sie werden entweder durch einen Faden oder durch das Messer entfernt, doch gebraucht man auch Ätzmittel und andere scharfe Medikamente.

Eine hartnäckigere Form ist die *μυρμήκια* oder *formica* der Spätern, welche fast immer von den Schriftstellern gleichzeitig mit dem *ἀκροχορδόν* beschrieben wird; sie ist nach Celsus niedriger und härter als das *θύμιον*, hat tiefere Wurzeln, ist schmerzhafter, an der Basis breit und an der Spitze dünn, weniger blutreich und selten größer als eine Lupine. Ihre Farbe ist nach Aëtius schwärzlich. Wenn man sie berührt, so hat der Kranke ein Gefühl, als werde er von einer Ameise gebissen. Da an den Händen eine ganz ähnliche Excrescenz auftritt, so sprechen die meisten Schriftsteller wie Celsus und Oribasius nur von dieser; indessen beschreibt sie Aëtius ausdrücklich als am After und an den weiblichen Genitalien vorkommend, und an letzterer Stelle sah sie Philumenes, oder Aëtius (l. c. cap. 105) bei seiner eigenen Frau, welche er durch dreitägiges Räuchern mit *Origanum* davon befreite. Außer den gebräuchlichen Ätz-

---

[1]) Celsus lib. V. c. 28. c. 1. Galenus defin. med. (XIX p. 444.) Oribasius Collect. lib. XLV. c. 11. c. 14. (Mai l. c. p. 41. 43.) Aëtius tetrab. IV. serm. 2. c. 3. serm. 4. c. 105. Paulus Aegin. lib. IV. c. 15. lib. VI. c. 87. Actuarius lib. II. c. 11. lib. IV. c. 15. lib. VI. c. 9. Pollux Onomastic. lib. IV. c. 25. sect. 195.

mitteln, von denen besonders Aëtius mehrere Formeln mitteilt, gehört die von den Schriftstellern angegebene Behandlung durch Ausgraben mit dem myrthenblattförmigen Skalpell, *Scolopomachaerion* genannt, durch Ausdrehen mit einer Feder oder Metallröhre und namentlich das Ansaugen mit den Lippen und Abknaupeln, was zu des Galenus [1]) Zeit besonders sehr Mode war und von diesem als neue zu Rom gemachte Erfindung geschildert wird, offenbar zu den Warzen an den Händen.

§ 42.

Rückblick.

Wenn wir die soeben besprochenen verschiedenartigen Affektionen der Genitalien noch einmal übersehen und mit denen vergleichen, wie wir sie jetzt zu beobachten Gelegenheit haben, so wird uns wohl jeder vorurteilsfreie Leser zugestehen, daß sie von letztern kaum in irgend etwas verschieden sind und daß jeder Zweifel gehoben sein würde, wenn die ärztlichen Schriftsteller ihren jedesmaligen Beobachtungen beigesetzt hätten „durch Ansteckung beim Coitus erlangt." Woher leiten wir aber dergleichen, ungeachtet des Leugnens des Kranken, sich keiner Ansteckung ausgesetzt zu haben? Setzen wir es nicht als gewiß voraus, daß eine solche vorherging? Notieren wir etwa in jedem unserer Krankenjournale den dem Schanker etc. vorausgegangenen Beischlaf, und ging dieser der Weglassung wegen nicht voraus? Für uns wenigstens ist es ausreichend, daß Laien und selbst ein Arzt wie Galenus den unumstößlichen Beweis geliefert haben, einige jener Affektionen der Genitalien wurden durch den Beischlaf acquiriert, denn für andere, z. B. die Excrescenzen, bestätigt es die Angabe, daß dieselben am After der Pathici erscheinen, und es bedarf keines großen Scharfsinns zu schließen, daß, wenn der (unnatürliche) Beischlaf am After dergleichen hervorbrachte, dieselben auch an den Genitalien ihren Ursprung dem Beischlaf

---

[1]) Method. medendi lib. XIV. c. 17. (X. p. 1011.)

verdankten. Verdankten jene Affektionen aber dem Beischlaf ihren Ursprung, so muß notwendig dabei noch etwas anderes wirksam gewesen sein, als der bloße Akt des Beischlafes; und wenn die Kranken nun dem Arzte (Galenus) erklären, daß die Frauen, mit denen sie den Beischlaf ausgeübt, an demselben Übel (Tripper) litten, so wird doch gewiß niemand etwas anderes glauben, als daß eine Übertragung mittelst eines Contagiums stattgefunden hat. Genitalaffektionen, welche beim Beischlaf mittelst eines Contagiums übertragen werden, pflegen wir als primäre Formen der Lustseuche zu betrachten; die im Altertum auf dieselbe Weise erlangten und verbreiteten müssen also mit demselben Namen belegt werden. Nun erstrecken sich aber diese primären Formen nicht auf die Genitalien allein, sie wurden auch auf dieselbe Weise durch die Figuren der *Venus illegitima* am After und dem Munde mit ihren Umgebungen acquiriert, Stellen, an denen wir jetzt hauptsächlich die sekundären Formen auftreten sehen, weshalb es den Alten (wie auch wohl den Neuern noch jetzt) unmöglich war, einen Unterschied zwischen primären und sekundären Formen zu machen und man das Vorhandensein der letztern an jenen Orten durchaus nicht leugnen kann, zumal da bei aller Verbreitung der Unzuchtarten schwerlich so viele Männer mit krankem Gliede Mund und After gemißbraucht haben werden. Sind wir aber gezwungen, Mund und After, bei der Betrachtung der sekundären Formen, gleichsam außer Spiele zu lassen,[1]) so bleiben uns nur noch Haut- und Knochenleiden übrig, denn die *Ozaena,* welche von den alten Ärzten[2]) für unheilbar gehalten wurde, kann der

---

[1]) Vielleicht könnte man Gewicht darauf legen, daß die alten Ärzte dieselben Mittel, welche sie bei Genitalgeschwüren anwandten, auch gegen Geschwüre des Mundes und der Nase empfehlen. Vergl. Celsus lib. VI. cap. 18.

[2]) Celsus lib. VI. c. 8. lib. VII. c. 11. Galenus synops. medic. sec. loc. lib. III. c. 3. (XII. 678.) Oribasius de loc. affect. Vol. IV. c. 45. 46. Aëtius tetrab. II. serm. 2. c. 90. 91. 93. Paul. Aegin. lib. III. c. 23. Alexander Trall. lib. III. c. 8. Caelius Aurel. morb. chron. lib. II. c. 1. Actuarius meth. med. lib. II. c. 8. lib. VI. c. 4. Nonnus epit. c. 93. Pollux Onomast. lib. IV. c. 25. sect. 204. Interessant ist die Bemerkung

primären Mundaffektionen wegen ebenfalls nicht weiter in Betracht kommen, wenn man nicht das *ῥέγχειν* der Tarsier als sekundäres Leiden der Pathici auffassen will. Was die Hautaffektionen betrifft, so haben wir gesehen, daß die Leichenes oder das Mentagra in Psora und Lepra (S. 251, 264) überging, daß schon hieraus geschlossen werden kann, die sekundären Haut-Formen der Lustseuche seien der Lepra überwiesen worden, was auch eine uns eben vor Augen kommende Stelle des Johannes Moschus[1]) zu bestätigen scheint, worin erzählt wird, daß ein Mönch des Klosters Penthula den Mahnungen des Fleisches nicht mehr Herr werden konnte, nach Jericho wanderte, um dort in einem Bordell sich des Überflusses zu entledigen und als er dort eingetreten, plötzlich von der Lepra befallen ward, worauf er schnell in sein Kloster zurückgekehrt sei. In wie weit die Lustseuche bei der Elephantiasis beteiligt ist, müssen spätere Forschungen entscheiden. Jedenfalls ist ihre Häufigkeit in Ägypten, ihr Auftreten mit den Leichenes in Italien, ihre Ansteckbarkeit (S. 312), sowie die Äußerung des Celsus (III. 25), welcher sie einen *ignotus paene in Italia morbus* nennt, daß selbst die Knochen dabei leiden sollen, der Beachtung wert. — Da endlich die Neigung des Krankheitsprozeßes, sich auf die Haut zu werfen, durch den Einfluß des Klimas bedingt wurde, Hautformen der Lustseuche zu den häufigsten Erscheinungen gehörten, so mußten nicht nur die Affektionen der

---

des Galenus Isag. c. 20. (XI. p. 792), daß Einfallen der Nase vom Gaumen aus den Kranken ein affenähnliches Ansehen gebe. (*ἀλλὰ κἂν ἐξ ὑπερώας μεσίζῃ ἡ ῥίς, ὥς φησι, σιμοῦνται ἀθεράπευτος*). Eine besondere Nasenspritze, Rhinenchytes, erwähnt Caelius Aurel. chron. lib. c. 4. lib. III. c. 2. Vergl. Salmasius ad Solin. p. 274.

[1]) Pratum spirituale c. 14. in Magna bibliotheca veterum patrum. Tom. VIII. Paris 1644. fol. p. 1062. *Ὁ Ἀββᾶς Πολυχρόνιος πάλιν ἡμῖν διηγήσατο, ἡμῖν λέγων, ὅτι ἐν τῷ κοινοβίῳ τοῦ Πενθουκλὰ, ἀδελφὸς ἦν πάνυ προσέχων αὐτὸν καὶ ἀσκητής· ἐπολεμήθη δε εἰς πορνείαν, καὶ μὴ εἰςενεγκὼν τὸν πολέμον, ἐξῆλθεν τοῦ μοναστηρίου καὶ ἀπῆλθεν εἰς Ἰεριχὼ πληρῶσαι τὴν ἐπιθυμίαν αὐτοῦ· καὶ ὡς εἰςῆλθεν εἰς τὸ καταγώγιον τῆς πορνείας, εὐθέως ἐλεπρούθη ὅλως· καὶ θεασάμενος ἑαυτὸν ἐν τοιούτῳ σχήματι, εὐθέως ἐπέστρεψεν εἰς τὸ μοναστήριον αὐτοῦ, εὐχαριστῶν τῷ θεῷ καὶ λέγων, ὅτι ὁ θεὸς ἐπήγαγέν μοι τὴν τοιαύτην νόσον, ἵνα ἡ ψυχή μου σωθῇ*

Schleimhäute, sondern auch die der Knochen in demselben Maße in den Hintergrund treten und seltner werden. So gut wie aber die Schleimhäute wirklich ergriffen wurden, gab es sicher, wenn auch ungleich sparsamer, Knochenaffektionen, welche ja bekanntlich überhaupt in den heißen Klimaten noch jetzt zu den Seltenheiten gehören. Des Zernagens der Schienbeine gedenkt Plutarch (S. 228), und von eigentümlichen Schmerzen des Periosteums, welche so tief eindringen und fix sind, daß der Kranke glaubt, die Knochen selbst seien der Sitz des Schmerzes, spricht bereits Archigenes bei Galenus,[1]) welcher letztere auch hinzufügt, daß diese Schmerzen gewöhnlich ὀστοκόποι genannt würden. Dürfte man nun die S. 272 besprochenen Exostosen der Kopfknochen, welche bei den Bewohnern Cyperns so häufig gewesen sein sollen, daß die Insel deshalb nach einigen κεραστία[2]) genannt wurde, hierherbeziehen, so hätten wir in der Tat die Beweise von dem Vorhandensein

[1]) De locis affect. lib. II. c. 8. (VIII. p. 91. 104) τοὺς δὲ ἀπὸ τῶν περὶ τὰ ὀστέα προστυπεῖς εὑρήσεις, ὡς αυτῶν δοκεῖν τῶν ὀστέων ὄντας· — ὅτι δ' οἱ τῶν περικειμένων τοῖς ὀστοῖς ὑμενων πόνοι βύθιοί τ' εἰσὶν, τοῦτ' ἔστι διὰ βάθουστοῦ σώματος ἐπιφέροντες αἴσθησιν, αὐτῶν τε τῶν ὀστῶν ἐπάγουσιν φαντασίαν ὡς ὀδυνωμένων, οὐδὲν θαυμαστόν· ὀνομάζουσι γοῦν αὐτοὺς ὀστοκόπους οἱ πλεῖστοι, γίνονται τὰ πολλὰ μὲν ἐπὶ γυμνασίοις, ἔστιν ὅτι δε καὶ διὰ ψύξιν, ἢ πλῆθος.

[2]) Natalis Comitis mythologia lib. III. p. 383. Deinde dicta (Cyprus) Cerastia, ut inquit Xenagoras in libro secundo de insulis, quod illam homines habitarent, qui multos tumores, tanquam cornua quaedam in capitibus habere viderentur, cum cornua κέρατα dicta sint a Graecis et κεράσται cornuti. Vergl. Stephanus de urbibus. s. v. Κύπρος, Σφήκεια. Tzetzes in Lycophron. Cassandr. v. 474 p. 173. ἐκαλεῖτο δὲ καὶ Κεραστία. ὡς μὲν Ἀνδροκλῆς ἐν τῷ περὶ Κύπρου λέγει, διὰ τὸ ἐνοικῆσαι αὐτῇ ἄνδρας, οἳ εἶχον κέρατα· ὡς δὲ Ξεναγόρας ἐν τῷ περὶ Νήσων, διὰ τὸ ἔχειν πολλὰς ἐξοχάς· ἃς κέρατα καλοῦσι, Κεραστία ὠνομάσθη. Mag auch die Etymologie eine Fabel sein, muß es deshalb auch die Tatsache sein, worauf sie basiert wurde? Auch Pollux Onomast. lib. IV. c. 25. sect. 205 sagt: κέρατα, ἐν τῷ τόπῳ τῶν κεράτων περὶ τὸ μέτωπον πωρώδεις ἐκφύσης. Das hierauf noch folgende περὶ τὸ δέρμα ist sicher zweckmäßiger mit dem ihm folgenden ἕρπης zu verbinden. Beim Sextus Placitus Papyr. cap. VI. 5 heißt es: Elephantis stercus illitum omnes tumores emendat duritias, quae ni fronte nascuntur, mire tollit, was indessen wohl nur auf Hauttuberkeln zu beziehen ist.

sämtlicher jetzt die Lustseuche constituierender Symptome im Altertume, welche wir nur zu einem Gesamtbilde zu vereinigen und mit dem jetzt gebräuchlichen Namen zu belegen brauchen, um zu dem Endresultat zu gelangen, daß die Lustseuche im Altertum, wenn auch nicht als solche von den Ärzten erkannt und dargestellt, in der Tat vorhanden war.

Schluß.

Mit diesem Resultate an dem Schlusse des ersten Teiles unserer Untersuchungen angelangt, würde es uns nun noch obliegen, die bisher ohne Rücksicht auf Zeit und Ort, nur dem gleichen Inhalte nach zusammengestellten Angaben einer zeitlichen und örtlichen Anordnung zu unterwerfen, um so zu einer Darstellung der Entwicklung der Lustseuche im Altertum zu gelangen. So gern wir uns dieser Aufgabe unterzögen, und so notwendig ihre Lösung auch ist, da ja hierin die eigentliche Geschichte der Krankheit besteht, so müssen wir doch offen bekennen, daß uns für jetzt noch zu sehr die dazu nötigen Anhaltspunkte fehlen, als daß wir imstande wären, etwas mehr als Andeutungen zu liefern; das Fehlende aber durch Hypothesen zu ersetzen, welche notwendig alles realen Grundes entbehren müssen, verträgt sich, nach unserer Ansicht wenigstens, nicht mit der Würde und Aufgabe des Geschichtsforschers. Was die örtlichen Bestimmungen betrifft, so sind der Stellen, in denen uns dergleichen gegeben werden, nur äußerst wenige und wir verdanken sie meistens den Nichtärzten; bei den Ärzten, welche hier notwendig am meisten in Betracht kommen müssen, fehlen sie fast ganz, und obgleich es fast nur Griechen sind, so bleibt es in der Mehrzahl der Fälle doch stets unentschieden, ob die Beobachtungen, deren Resultat übrigens nur gegeben wird, in Griechenland, Rom oder Kleinasien gemacht wurden. Wenn sich aber hier auch Gewißheit darböte, so ist der örtliche Raum doch im Verhältnis zum ganzen Altertum zu gering, als daß wir diese Angabe zur Darstellung einer allgemeinen Geschichte der Krankheit mit Erfolg benutzen könnten. Nicht besser steht es mit den zeitlichen Bestimmungen, besonders bei den Ärzten, welche, abgesehen von der Ungewißheit des Zeitpunktes, in welchem die meisten überhaupt lebten und beobachteten, schon deswegen dem größern Teile nach schlechte Gewährsmänner sind, weil sie offenbar sich gegenseitig ausgeschrieben haben, oder wenigstens so weit sie uns vorliegen, etwa mit Ausnahme des Galenus, gemeinschaftliche Quellen benutzten, welche leider sämtlich verloren gegangen sind; was um so mehr zu bedauern ist, als sie grade der Blütenperiode der wissenschaftlichen Medizin, den Alexandrinern, angehörten. Hierzu kommt nun noch, daß es uns bis jetzt an einem Nachweis der Aufeinanderfolge der epidemischen Konstitutionen im Altertum, unter deren Beihilfe das geschichtliche Moment der Lustseuche erst erkennbar wird, durchaus mangelt, und wie es scheint, ist auch keine Hoffnung vorhanden, hierüber jemals etwas Genaueres zu erfahren, was dann wiederum sich auch nur auf Griechenland, Rom und Kleinasien beziehen könnte, da, wie früher schon angedeutet, in den Ländern der heißen Zone der Genius epidemicus überhaupt nur selten den Genius endemicus zu überwältigen imstande ist. Alles, was sich demnach bei einer solchen Lage der Dinge mit einigem Grunde als nicht ganz hypothetisch herausstellt, dürfte etwa im folgenden bestehen.

Krankheiten der Genitalien entwickelten sich nach und nach fast bei allen uns näher bekannten Völkern des Altertums unter den früher besprochenen günstigen Bedingungen, allein bei der Menge hindernder Einflüsse erreichten sie selten eine bedeutende Intensität, blieben meistens örtlich, in Gestalt von Schleimflüssen und oberflächlichen Geschwüren, ohne allgemeine Reaktion des Organismus hervorzurufen, und da wo diese ja stattfand, war es die Haut, welche sie übernahm, um den Krankheitsprozeß in Gestalt von Hautkrankheiten zu eliminieren. Dies dauerte meistens so lange, als sich die Völker in gegenseitiger Abgeschlossenheit erhielten, sobald sie diese aber aufgaben und sich die Individuen fremdartiger Stämme in zügelloser Wollust zu vermischen begannen, nahmen die Genitalkrankheiten nicht nur an Häufigkeit zu, sondern es wurde ihnen auch ein bösartiger Charakter aufgedrückt, mit welchem nicht nur die Entwicklung, sondern auch die Intensität eines Contagiums in gradem Verhältnis stand. Belege hierzu finden sich in der Plage des Baal Peor unter den Juden zu Sittim (§ 8, 9), in der Einführung des Kultus des Dionysos zu Athen (S. 65) und des Priapus zu Lampsacus (S. 66), welche beide mit dem Zuge des Bacchos nach und von Indien in Beziehung stehen, so wie endlich auch in der Einführung des Lingamdienstes in Indien selbst (S. 60), Angaben, welche sämtlich darauf hinweisen, daß eine auffallende Häufigkeit und Bösartigkeit der Genitalaffektionen mit von außen eingedrungenen Einflüssen, wohin wir auch die epidemische Konstitution zu rechnen haben, in Verbindung standen und die um so interessanter sind, als wir ihnen im XV. Jahrhundert wieder begegnen, wo ihre unrichtige Auffassung zu den widersprechendsten Ansichten führte. Daß jene Einflüsse aber so wie ihre Einwirkung nur vorübergehend waren, zeigt die einstimmige Angabe, daß die durch sie hervorgerufenen Erscheinungen nach einem gewissen Zeitraume wieder verschwunden sind, welcher nur bei den Juden unter endemischem Einfluss länger gedauert zu haben scheint. Ein gänzlicher Mangel aller Genitalaffektionen läßt sich daraus aber auf keinen Fall beweisen, wie dies, freilich nach einem Zwischenraum von mehr als tausend Jahren, wenn wir anders jene Ereignisse als bestimmte historische Facta gelten lassen wollen, der Hippocratische Wetterstand und die wahrscheinlich mit ihm im Zusammenhange stehende, von Thucydides beschriebene Pest zu Athen dartun, in welchen uns ein unzweifelhafter Beweis gegeben wird, daß die Genitalaffektionen, wie wahrscheinlich auch das sie bedingende Contagium, unter günstigem epidemischen Einfluß an Häufigkeit, Bösartigkeit und Intensität zunahmen, während die sekundären Formen sich vorzugsweise durch einen exanthematischen Charakter aussprachen. Fast ein halbes Jahrtausend hindurch sind wir wieder ohne Nachrichten, aber die Mitteilungen des Celsus zeigen, daß man reichliche Gelegenheit gehabt hatte, die Genitalaffektionen zu beobachten und zu behandeln. Zur Zeit des Pompejus, wo Themison seine Beobachtungen über die Häufigkeit der Satyriasis auf Kreta machte, entwickelte sich nun, wie es scheint, unter freilich unbekannten Bedingungen, eine vorherrschend exanthematische Konstitution, welche sich lange, wie wohl gewiß mit mehrfachen Unterbrechungen, erhalten zu haben scheint, und unter deren Begünstigung zuerst die Elephantiasis und späterhin unter Claudius das Mentagra, welches besonders zur Zeit des Martialis die Römer heimsuchte, entwickelte und Feigwarzen an der Tagesordnung waren. Von jetzt an verschwinden die historischen Momente der Lustseuche immer mehr, bis endlich nur noch die Rezeptbücher von der fortwährenden Notwendigkeit ärztlicher Hilfe und somit von dem Vorhandensein der Lustseuche uns Kunde geben.

Anhang.

Zu S. 51 ff., Defloration *per procuram* wäre zur Erklärung dieses sonderbaren Brauches auch zu bedenken, daß man die Jungfernschaft oft nicht nur für keine Tugend, sondern sogar für etwas Überflüssiges hielt, dem man keinen Wert beimaß, sondern als ein Hindernis für das beiderseitige Vergnügen ansah. Im alten Indien hielt man, d. h. die drei obersten Kasten, streng darauf, daß die Braut *virgo intacta* war; heutzutage kennt man einige Stämme, die sich gar nicht um das Vorleben der Auserwählten kümmern. Indonesien schließt sich dieser Anschauung z. T. an: man denke an das obscöne Fest *lepas-kain-kadu* bei den Alfuren von Ceram. Andererseits finden wir die Roheit, die Jungfernschaft öffentlich festzustellen. — Außer dem von Rosenbaum angezogenen Beispiele vom Könige von Calicut findet man solche für Entjungferung durch Fremde (oder sonstige Ersatzmittel!) zusammengestellt bei Schmidt, Liebe und Ehe 225 ff.

Zu S. 60 ff., Legende von der Entstehung des Lingam-Dienstes: bei Schmidt a. a. O. p. 22 ff. steht die von Rosenbaum nach Sonnerat wiedergegebene Erzählung unverkürzt, daneben noch eine andere Legende, die Abraham Roger überliefert hat.

Zu den obscönen Darstellungen in Indien, die Rosenbaum p. 72 Anm. erwähnt, vergleiche man jetzt die neueren Arbeiten von Richard Payne, Le Culte de Priape; Lamairesse, Le Kamasoutram; Sellon, Annotations; Boeck, Durch Indien ins verschlossene Land Nepal; und von alten Reiseschriftstellern Della Valle und Linschoten: alles bei Schmidt a. a. O. p. 13 ff.

Der ὄλισβος der alten Griechen, den Rosenbaum S. 143 Anm. 1 nennt, war auch in Indien wohlbekannt; das Kamasutram kennt allerdings keine ledernen *plaisirs de dames,* wohl aber solche aus verschiedenen Metallen, Elfenbein und Büffelhorn, wozu dann noch penisähnliche Früchte, Knollen und Wurzeln treten, deren sich besonders die Haremsdamen *faute de mieux* bedienen. (Kamas. p. 371. 469 der Übersetzung von Schmidt.)

Auch der παιδοκόραξ der Griechen und *corvus* der Römer (bei Rosenbaum p. 235) hat eine indische Parallele. Vatsyayana lehrt nämlich im Kamasutram (a. a. O. p. 215): *„Si autem vir et femina inversis corporibus eodem tempore alter altero fruuntur, amor cornicum est"*; und der Kommentar des Yasodhara zu dieser Stelle lautet: *„Inversibus": in [modo coęundi], patera laterali" [appellato] vir caput suum in femoribus feminae ponit in eundemque modum femina in viri. Ita „eodem tempore alter altero fruuntur", cum eodem tempore utriusque pudenda ore comprehendantur. — „Amor cornicum est": quod vir et femina quasi cornices sunt, cum ore res impurae comprehendantur, inde vocabulum sumptum est.*

Über die Beschneidung in Indien im weitesten Sinne, also einschließlich Hinter- und Niederländisch-Indien, hat zuletzt R. Schmidt gehandelt: Liebe und Ehe S. 186 ff. Rosenbaum sieht in der Circumcision eine ursprünglich religiös-diätetische Maßregel, eine Ansicht, der man heutzutage nicht mehr allgemein beipflichtet, wie man bei Schmidt nachlesen kann. Mit der Depilation, die auch in Indien wohlbekannt war und noch ist (s. Schmidt, Beiträge p. 873 ff.), mögen eher diätetische Zwecke verfolgt werden; eine indische Quelle — die Smaradipika: a. a. O. p. 341 — betrachtet sie freilich vom ästhetischen Gesichtspunkte, indem sie in dem Fehlen der *pubes* eine der sechs guten Eigenschaften der Vulva sieht. *De gustibus non est disputandum.*

Waschen nach dem Coitus (Rosenbaum 345) empfiehlt das Kamasutram p. 219: „Wenn sie die Leidenschaft gestillt haben, gehen beide verschämt, als kennten sie sich nicht, ohne einander anzusehen, einzeln nach dem Waschraum". Die indischen Mediziner machen sogar die Unterlassung der Waschung oder ihre

Vornahme mit verdorbenem Wasser verantwortlich für die Entstehung der mannigfachen Erkrankungen der Geschlechtsteile der Männer: s. Schmidt, Liebe und Ehe p. 265. —

Ein reiches Quellenmaterial zur Geschichte der Lustseuche findet sich auch in „Medizin, Aberglaube und Geschlechtsleben in der Türkei. Mit Berücksichtigung der moslemischen Nachbarländer und der ehemaligen Vasallenstaaten.“ Von Bernhard Stern. 2 Bände 437 und 417 Seiten. Berlin 1903.

Register.

1.

Verzeichnis der erläuterten oder verbesserten Schriftsteller.

2.

Verzeichnis der erläuterten griechischen Wörter.

3.

Verzeichnis der erläuterten lateinischen Wörter.

4.

Sachregister.

A.

B.

C.

D.

H.

I.

K.

L.

M.

N.

O.

P.

R.

S.